JN262473

辻中豊編
現代世界の市民社会・利益団体研究叢書
《全6巻》

❷ 現代韓国の市民社会・利益団体
―日韓比較による体制移行の研究―

辻中 豊・廉 載鎬編著

木鐸社刊

はじめに

辻中豊・廉載鎬

　本書は,『現代世界の市民社会・利益団体』シリーズの第 2 巻として,現代韓国の市民社会・利益団体を分析する。すでに第 1 巻（辻中編 2002）で触れたように,1997年の日本調査に始まり,韓国（1997年）,アメリカ（1998 - 99年）,ドイツ（2000年）,そして中国（2001年 - 2003年）と私たち国際的な JIGS チームの調査研究は進行した（トルコとロシアがそれらに続いて2003 - 4 年調査中である）。本書は第 2 回調査であった韓国 JIGS 調査（廉載鎬・辻中豊主査）に基づく研究であるが,韓国 JIGS 調査および日本 JIGS 調査のデータをもとにした比較分析にも力点が置かれている。さらに調査時点から 6 年を経,韓国の市民社会の変容も著しいことから,本書では,現代韓国研究者による事例研究を第Ⅲ部として盛り込み,サーベイ調査結果を深め,現代韓国市民社会をより立体的に捉えるように心がけた。

　JIGS 調査は,「団体の基礎構造に関する調査」であり,Japan Interest Group Study の略称である。現在では英文表記はより正確に Cross-national Survey on Civil Society Organizations and Interest Groups としている。この比較調査は,各国首都及び他の地域の 2 ヵ所（以上）のすべての市民社会の団体（基本的には企業と政府,家族など純私的集団を除く全ての社会団体を対象）を母集団として,悉皆もしくは2000 - 5000規模のランダムサンプリングによる質問紙郵送調査を行ったものである。1990年代後半以降,「市民社会」やソーシャルキャピタル,NGO,NPO などの現象や概念はブームの観があるが,私たち国際 JIGS チームは,JIGS 調査のような国際比較調査および比較分析抜きの概念的な議論には限界があると考え（辻中 2002）,世界の学界に基礎的な経験的データと出発点となる基本分析を提供することを願っている。

　韓国調査と日本調査との微細な違いについては序論で述べる。また韓国調査時点の韓国の政治社会状況についても「統合空間ダイナミクス」モデルに基づいて,政治空間や社会空間を見る中で後にやや詳しく検討する。統合空

間ダイナミクスモデルとは，国家・制度次元と社会・資源次元の2次元が形作る空間によって市民社会の利益集団の活動空間が表現できること，その空間に対する国家，企業，伝統的共同体の侵入や占拠を差し引いたものが市民社会組織の実際の活動空間であること，さらにその活動空間内でも，社会サービス団体セクター，生産団体セクター，宗教団体セクター，アドボカシー団体セクターなど各セクターの空間の陣地取り合戦（競合）がそれぞれの活動空間を規定することを示す模型図である。

　ここでは韓国JIGS調査の出発点での問題意識とその調査を日本と比較分析する中で生まれた問題意識について触れておこう。

　1997年度に韓国調査を企画していた時の問題意識は，民主化宣言（1987年6月29日）から10年後の韓国において，市民社会・利益団体に見られる民主化の成熟，進展はいかなるものか，もっと直截に言えば，「民主化途上の過渡期社会」としての韓国の市民社会はいかなる状態か，特にそれを日本の市民社会をスケールとして計測しようというものであった。そのことによって，成熟した自由民主主義体制下の日本の市民社会の状態が，権威主義の残滓のある韓国と対比されて浮上するはずであった。本研究を通じて，確かにそうした側面が浮き彫りになった場面もある。

　他方，すでに第1巻において統合空間ダイナミクスモデルを採用する過程で述べたように，韓国の市民社会の組織，諸団体が，日本以上に民主化や政治化の問題で突出する，少なくともより活発であることを示す場面も多々観察された。

　こうした韓国の「後進性」と「先進性」，その複雑な両面性・多義性については本論で多角的に分析し，解明していきたい。先進・後進といった用語法自体，自由民主主義化への直線的な進展を予定する近代化モデルを前提として，また日本から日本を基準として韓国を見るという「偏見」の現れの可能性もあるが，仮に各社会の個性をこう表現する。

　ここでは，1997年秋から冬，つまり金泳三政権末期以後の韓国の市民社会の軌跡も想起しながら，再度，問題を立ててみたい。

　韓国では，この調査の時点直後，初めての文民政権であった金泳三政権下で，金大中が大統領選挙に当選（1997年12月），初めての純粋「旧野党」政権

が登場（1998年2月），さらに既成旧野党勢力よりも市民運動に基礎をおく盧武鉉が大統領当選（2002年12月），同政権が登場（2003年2月）へと急速に，市民社会の革新化・政治化が進んだように見える。2つの大統領選挙の間の国会議員選挙では，「落薦」市民運動も大きな力を発揮した。こうした政治体制の移行，変化については，後の章に詳しい。

　他方で日本の軌跡は，1993年細川連立内閣で1955年以降初めての「旧野党・分裂保守連立」政権が登場するも，1年保たずに瓦解，94年には，短命の羽田政権を経て，自社さ政権（村山内閣），そして97年からは自民党主導の連立政権（橋本，小渕，森）へと復帰し，自民党主導のまま小泉政権（2001年－）へと至った。

　こうした中で，私たちは，「なぜ韓国の市民団体（アドボカシー団体セクター）は，市民運動型リーダーへの政権交代を可能にするほど市民社会でスペースを獲得したか。なぜ日本はその逆に従来型の生産者団体（セクター）型の政権構造が存続するのか？」という率直な疑問を持たずにはおれないのである。

　韓国では，ごく最近まで，そしておそらく現在も底流として，「韓国の民主主義への移行において，それほどにも強い民主化運動がなぜ政治社会で自己を組織化するのに失敗したかは一つの謎である。1987年の6月抗争以後，市民社会内の民衆運動の勢いは実にめざましかった。階級と部門，地域と職業による新しい政治的・社会的組織が爆発的に結成された。にもかかわらず，それらは政治社会において強力に組織された勢力とはかけ離れていた」（崔1999：267）という問いが投げかけられている。

　無論，こうした設問は，市民社会組織と利益団体の基礎的な調査，しかも1997年の時点での調査だけで，答えることはできない。政治過程や政治構造の分析も必要である。そうした限界を踏まえた上で，日韓比較を行った本書を編集しつつ，私たちは，市民社会組織の有り様にこれらの答えの実質的部分があると考えるようになったのである。

　このように問題を提起したからといって，韓国の市民社会が日本より成熟したとか，先進的であると結論するものではない。またその逆を言おうとするものでもない。比較政治的にみれば両国にはそれぞれ特有な成熟性と先進性，未発達性と後進性が見出されるのである。それらを説明する上で，統合

空間ダイナミクスモデルのいう空間の占拠関係，その歴史的な経路依存性が鍵となるであろう。いずれにせよ，現代韓国の市民社会を検討することによって，私たちは，韓国の現代政治・社会を理解することができると同時に日本の市民社会と政治について，より深く，しかもこれまでの西欧型社会の比較とは異なる視角から理解を進めることができると確信したのである。

　先に触れた韓国JIGS調査は，廉載鎬（高麗大学政府学研究所長，現在，同大学企画・予算担当処長）を初めとする高麗大学政府学研究所チームと，辻中豊を中心とする日本の筑波大学チームとの共同調査として，実施された。本書の執筆・編集に関しても，日韓協力体制がとられ，韓国側の分析者，執筆者選定は日本滞在者を除いて廉載鎬が，その他は辻中豊が責任を持って行った。

　前巻に引き続いて，日韓において多くの方がたに指導や協力をいただいた。ここではお名前を列挙（敬称略）し，感謝の意を表したい。

　三宅一郎（神大名誉教授），村松岐夫（学習院大学），恒川恵市（東京大学），中野実（故人），蒲島郁夫（東京大学），大嶽秀夫（京都大学），猪口孝（東京大学），森裕城（同志社大学），李進（雄鎮専門大学学長），李政熙（韓国外国語大学），李宗範，鄭文吉，崔章集（高麗大学），韓相一，金榮作，韓敬九（国民大学），曺圭哲（韓国外国語大），金雄熙（仁荷大），趙仁源（慶熙大），金浩燮（中央大），李淑鐘（世宗研究所），金用学，文正仁（延世大），坪郷実（早稲田大学），五十嵐暁郎（立教大学），古田博司（筑波大学），黄順姫（筑波大学），近藤康史（筑波大学），木宮正史（東京大学），増山幹高（成蹊大学），ロバート・ペッカネン（ハーバード大学），ピーター・カッツェンスタイン（コーネル大学），スーザン・ファー（ハーバード大学），フランク・シュワルツ（ハーバード大学），T. J. ペンペル（カリフォルニア大学）。

　特に，恒川先生のほか増山，ペッカネン両氏は辻中・廉とともにはるばる南アフリカ，ダーバンまでIPSA2003年大会日韓市民社会・利益団体比較の報告パネルまで付き合って下さった。その他，多くの優れた先生方，先輩方に感謝の言葉を捧げたい。様々なご教示，ご批判，知的刺激無しには，こうした共同研究は生まれなかった。また，筑波大学の研究の諸先輩，仲間から得た刺激にも感謝したい。特に素晴らしい研究環境，時間，スペースと研究資

金を提供して下さった大学当局にも心から感謝する。

辻中研究室がデータの最終的なチェックと完成原稿の整備・調整に当たったが，そこで共同研究者の崔宰栄を筆頭にしたスタッフの多大な協力を得た。とりわけ，比較市民社会・国家・文化特別プロジェクトの助手を務めた足立研幾（金沢大学），現助手の大友貴史，研究室助手の仙保隆行，近藤加奈，筑波大学人文社会科学研究科の大学院生でありまた RA であるレスリー・タック・カワサキ，河正鳳，朴仁京，李芝英，地域研究科大学院生の川村祥生（現富山県庁）にも感謝したい。研究助手をしつつ索引を作成したのは，学群ゼミ生であり，筑波大学人文社会科学研究科に入学したばかりの濱本真輔である。労を多としたい。

最後に，刊行が大幅に遅れたにもかかわらず，いつも忍耐強く，しかも適切に筆者を励まし勇気付けて頂いた木鐸社社長　坂口節子氏に感謝申し上げたい。韓日の共同作業は予想以上に手間取ったし，また発展途上の編者たちの研究は，試行錯誤の繰り返しであった。そのため期待を持って待ってくださり，いまこの書を手に取っていただいている読者諸賢にも感謝申し上げたい。

そして，本書は，辻中豊，廉載鎬の合計10名の家族全員に捧げられる。

これまで得た助成金，補助金は，以下の通りである。審査委員，事務局など関係各位に心から感謝申し上げる。日本でも，世界的な実証調査が可能となったのは，こうした迅速かつ適切な資金援助のお陰である。

助成金リスト
「団体の基礎構造に関する調査」（JIGS）および「地球環境政策ネットワーク調査」（GEPON）研究に関して受けた研究助成基金の一覧
- 文部省科学研究費補助金基盤研究（A）（1）（07302007）「日米独韓における環境政策ネットワークの比較政治学的実証分析」（1995-1997）
- 文部省国際学術研究（共同研究）（09044020）「日米独韓における環境政策ネットワークの比較政治学的実証分析」（1997-1999）
- 筑波大学学内プロジェクト補助金 S（1997-2000）「世界における地球環境政策ネットワークの比較政治学的実証分析」

- 筑波大学学内プロジェクト補助金A（2000－2003）「世界における地球環境政策ネットワークの比較政治学的実証分析」
- 文部省科学研究費補助金基盤研究（A）（1）（12372001）「現代中国を中心とした利益団体および市民社会組織の比較実証的研究」（2000－2003）
- 文部省科学研究費補助金基盤研究（A）（1）（10302002）「米欧アジア主要国家における地球環境政策ネットワークに関する比較政治学的実証分析」（2000－2001）
- サントリー文化財団助成金（1996－98年度）「現代日本およびフランスの政治構造・政治過程に関する研究」
- サントリー文化財団助成金（2000－2001年度）「異なる連立政権の形成とそのインパクト」
- 松下国際財団助成金（1998－2000年度）「米欧アジア主要国家における地球環境政策に対する情報ネットワーク分析およびキーパーソンの認知に関する調査」
- 筑波大学特別プロジェクト「比較市民社会・国家・文化特別プロジェクト（2003－2008）」
- 「多元的共生社会に向けた知の再編：多元的共生に関する国際比較」人文・社会科学振興のためのプロジェクト研究事業　日本学術振興会（2003－2005）

現代韓国の市民社会・利益団体　目次

はじめに　　　　　　　　　　　　　　　　　　　　　　　　　辻中豊・廉載鎬

第Ⅰ部
導入：政治・社会体制変動と市民社会

第1章　序論　　　　　　　　　　　　　　　　　　　　　　　辻中豊・廉載鎬
　はじめに：本書の目的と焦点　　18
　1　統合空間ダイナミクスモデルからみた韓国　　25
　2　言葉の問題　　31
　3　韓国JIGS調査時点（1997年末）の意義　　32
　4　韓国JIGS調査の概要と日本調査との比較　　37
　5　韓国JIGS調査での団体分類　　42
　6　本書の構成　　43

第2章　体制変動と市民社会のネットワーク　　　　　　　　　　　　磯崎典世
　はじめに　　52
　1　韓国の体制変動と国家－社会関係の変化　　57
　2　民主制定着期の国家－社会関係：
　　　行政・政党と社会団体間のネットワークの変化　　63
　3　データによる素描　　70
　4　結論　　76

第3章　市民社会のイデオロギー変化：1987年を画期として　　　　　辻中豊
　はじめに　　86
　1　設立時期と団体イデオロギー分布　　87
　2　民主化（87年）前後設立年別の団体イデオロギー分布（ソウル）　　89
　3　民主化（87年）前後設立年別の団体イデオロギーの振れ（ソウル）　　93
　4　結論　　98

第4章　団体形成と政治体制の変化：　　　　　　　　　　辻中豊・崔宰栄
　　　　　国家コーポラティズムから労働政治を経て「普通」の多元主義へ
　はじめに　102
　1　韓日米比較による概観：民主化前後における団体総量・種類・規模の変容
　　（事業所を持った市民社会組織に関するアグリゲート・データ）　105
　2　韓日米独比較による概観：民主化前後における団体設立の変容（JIGSサーベイ調査による市民社会組織データ）　117
　3　団体分類と設立時期　120
　4　韓国における民主化以前の団体形成と日本の戦前の団体形成　128
　5　結論　134

第5章　社会空間　　　　　　　　　　　　　　　　　　　　辻中豊・河正鳳
　はじめに　142
　1　これまでの社会的次元の政治学的把握　142
　2　韓国経済の急成長　145
　3　産業別人口構成　147
　4　韓国社会の変容と現状：日本と対比して　152
　5　労働をめぐる諸条件と労働運動の成長と停滞　156
　6　財政規模：中央と地方　159
　7　結論　160

第6章　政治空間：団体に対する政治活動規制の日韓比較
　　　　　　　　　　　　　　　　　　　　　　　辻中豊・河正鳳・足立研幾
　はじめに　164
　1　団体に対する政治活動規制（JIGS韓国調査時点：1997年）　164
　2　団体に対する政治活動規制（韓国98年以降，現在まで）　166
　3　団体に対する政治活動規制（日本）　169
　4　団体に対する一般規制・政治活動規制：日韓比較　171

第7章　市民社会とニューガバナンス：民主化以後の市民団体の政治化
　　　　　　　　　　　　　　　　　　　　　　廉載鎬（川村祥生訳）
　はじめに　184
　1　韓国の政治的民主化と市民団体の特性　185
　2　市民団体の政策過程における影響力とニューガバナンス：　196
　　　　3種類の事例
　3　韓国の市民運動と市民社会化の論議　206
　4　結論：市民社会とニューガバナンスの展望　209

第Ⅱ部
政治過程・構造と市民社会・利益団体：
韓日 JIGS データの比較分析

第8章　与党ネットワーク：団体と政党・行政関係の日韓比較　　大西　裕
　はじめに　216
　1　与党ネットワークの性格　217
　2　団体の活動地域　218
　3　団体と行政　227
　4　団体と政党　234
　5　結論　239

第9章　市民社会と影響力構造　　　　　　　　　　　　　　辻中豊・崔宰栄
　はじめに　244
　1　これまでの調査分析からみた韓国の「多元主義性」　244
　2　JIGS 調査での認知影響力の順位　246
　3　認知影響力の日韓比較　250
　4　影響力評価の主成分分析　251
　5　主成分分析の日韓比較，影響力順位との比較　253
　6　結論　256

第10章　団体の「自己影響力」を規定する諸要因　　　　崔宰栄・辻中豊
　　はじめに　262
　　1　団体の自己影響力　263
　　2　分析データの概要　266
　　3　分析手法の概要　269
　　4　自己影響力と諸要因との関連分析　271
　　5　結論　279

第11章　アクター・団体間関係の構造　　　　　　　　　辻中豊・崔宰栄
　　はじめに　282
　　1　どのアクター・分野の協調度が高いか　282
　　2　どのアクターとどのアクターが対立・協調しているか　285
　　3　アクター協調・対立から見た主成分分析　289
　　4　主成分分析結果の日韓比較　292
　　5　協調・対立評価の構造と影響力評価での構造との比較　292
　　6　結論　294

第12章　団体から見た政策の構造　　　　　　　　　　　辻中豊・崔宰栄
　　はじめに　298
　　1　関心の高い政策分野と日韓および地域差　299
　　2　政策関心の主成分分析　307
　　3　主成分分析結果における日韓の構成の共通点と相違点　310
　　4　主成分分析結果と団体の分野　312
　　5　結論　315

第Ⅲ部
事例分析

第13章　市民運動と市民団体の理念・組織・行為様式
　　　　　　　　　　　　　　　　　　　　　　　　　　趙大燁（朴仁京訳）
　　はじめに　322

1　理念の標準化とイシューの多様性　325
　2　競争的組織化と市場的動員化　330
　3　市民運動の戦略と行為様式　336
　4　結論：集権化された権力構造と政治志向の市民団体　341

第14章　政府―非政府組織（NGO）間の政策競争と合意形成過程
　　　　　　　　　　　　　　　　　　　　　洪性満（李芝英訳）
　はじめに　346
　1　政府とNGOとの競争戦略や協議方式についての理論的考察　347
　2　政府とNGOとの政策競争と協議方式の形成過程の分析　354
　3　結論　366

第15章　女性運動　　　　　　　　　　金京姫（川村祥生・朴仁京訳）
　はじめに　372
　1　韓国の女性運動の成長と歴史　373
　2　80年代の民衆女性運動　378
　3　女性運動理論の転換―"女性の権利"：1990〜1992　380
　4　女性的観点の女性運動：1993〜1997　382
　5　性主流化と経済危機：1998〜現在　385
　6　結論　387

第16章　ほどほどの地方分権：韓国住民運動のラブホテル戦争　　大西　裕
　はじめに　392
　1　契機と成果　392
　2　ラブホテルとの戦争：事件の経過　395
　3　説明　408
　4　結論：不十分さの勝利　410

第IV部
総合的な分析と結論

第17章　市民社会の団体配置構造：数量化Ⅲ類による日韓比較
辻中豊・崔宰栄

 はじめに　416
1. 方法　416
2. データ　417
3. 数量化Ⅲ類による分析結果　417
4. 全体の変数配置の分析と考察　434
5. 結論　443

第18章　結論
辻中豊・廉載鎬

 はじめに　452
1. 政治体制と市民社会　453
2. 市民社会の活性化　455
3. 影響力配置　457
4. 中央のエリートによる政治社会と分離した市民社会　458
5. 残された問いかけ：現代日韓分析への示唆　459

参考文献　463

索引　484

第Ⅰ部

導入：政治・社会体制変動と市民社会

第1章

序　論

辻中豊・廉載鎬

　本章は，本書の目的，焦点，比較分析の説明模型，用語の問題など全体のモチーフについて述べた後，韓国での調査時点（1997年10－12月）の意義，韓国JIGS調査の概要と日本JIGS調査との比較，韓国調査での団体分類，そして全体の構成について触れる導入である。

　本書は，韓国に関する初めての実証的な現代市民社会分析である。韓国の市民社会の団体配置と政治体制の関係はいかなるものか？　市民社会の活性化は本当か？　韓国の市民社会・政治構造における影響力配置はどのようなものか？　という大きな3つの問いかけを中心に，主として日本との比較をもとに分析を進める。

　本シリーズを貫く比較枠組みとして統合空間ダイナミクスモデルを用いているが，その現段階での概要について紹介する。韓国はこの模型で説明する格好の対象である。用語問題では韓国において一般的な用語として「団体」は使われないことを確認する。調査時点は経済危機の生じた時期と重なり，調査の終期には，金泳三大統領から大統領選挙（12月）を経て当選した金大中大統領候補へ急速に権力が移行する。

　韓国調査は，日本調査との相違はほとんどなく，また実施時期もほぼ同時期である。韓国調査の問題点としては回収率が1割台と低いことが挙げられるが，18団体分類でみた比率代表性は確保されている。

はじめに：本書の目的と焦点

　1987年6月29日，盧泰愚（当時，与党大統領候補）による民主化宣言から2003年2月，盧武鉉大統領誕生に至るダイナミックな変化に富む現代韓国政治は，比較政治学，政治体制論，政治発展論，政治過程論の研究者にとって格好の分析対象である（表1-1後出33頁参照）。そして，日本政治を世界政治，比較政治の中で捉えたい研究者にとってもこれほどよい比較対照の素材はない。

　このおよそ20年間に韓国社会と韓国政治に何が起こったのか，それを市民社会，利益団体の観点から実証的に明らかにするのが，本書の目的である。本書は，その主たる素材として，民主化宣言から10年目の1997年末に行われた韓国JIGS調査と同年それに先行して行われた日本JIGS調査を用いる。これらはいずれも市民社会の基礎構造を団体レベルで明らかにするためになされた質問紙法に基づく郵送調査で，首都と他の地域における企業と国家機関，純私的集団を除くすべての社会組織を母集団とし，それに無作為抽出法によって標本を抽出した点に特徴がある（後述）。また，このサーベイを補完するために本書では，日韓の現代韓国研究者による事例研究を行い，事件，組織の現実により深い接近を試みた。筑波大学と高麗大学を中心とした日韓の現代政治研究者の共同作業としてこの調査と分析は企画，実施された。

　本書が明らかにしようと努めた問いかけは大きく3つである。
(1)　韓国市民社会の団体配置の変容(1)と政治体制の変化(2)を関係づける。市民社会と政治体制はどのような関係にあるか？

　韓国が1987年を分岐点に，市民社会と政治体制の根本的な変容をきたしたことを疑うものはいない。しかし，それ以前の市民社会と政治体制の性格付け，その後の市民社会と政治体制の性格付けをめぐって必ずしも意見の一致はない。(3)

　私達は，これまで主として韓国の研究者によって歴史的に，記述的に，また実践的（参与観察的）に論じられてきた韓国の市民社会に対して，いわば外側から，市民社会を分析的・行動的・量的に，かつまた比較政治的，体系的に，市民社会の団体・組織（市民社会組織，団体と略記。いわゆる市民運動，市民団体，アドボカシー団体に限られない，市民社会に存在する非企業

（非営利）で，非政府，非親密・私的な組織。辻中編 2002：21 - 22）に注目しつつ，観察することによって，韓国の市民社会と政治体制に接近したい。マクロな政治社会構造に接近するにはこうした方法も有効で発見的であると主張する。

その際，第1の関心は，市民社会と政治体制の相互関係である。つまり，韓国市民社会の団体配置の変容を政治体制変化から説明したり，団体変容で体制変化を説明したりすることは可能かという点である。私達は従来の多くの書物のように市民社会や政治体制の概念論争に立ち入らない。ここで私達は広義での市民社会の組織に注目した本書のデータがいかにこうした政治学の根本問題の核心にせまりうるかを示唆するに止める。

まず，この20年間（1981～2001年）を団体に関する事業所統計で概観しよう。事業所統計はJIGS調査のような標本調査でなく，政府が指定統計として行う悉皆調査，つまり全数をもれなく調査員が出向いて行う本格的な公式調査である。しかも国によって毎年もしくは3 - 5年おきに定期的に調査されるので，経年的な変化を追うのに適している。ただし，基本的には人々を雇用する永続的な事業所を構えた組織，大部分は企業への調査であって，団体に関してもこの基準に合うものだけを数えているので，市民社会の全体像を描くにはやや部分的である。団体の形成や消滅に伴う時系列にそった量的な変化，団体で働く人々の量的な変化については，第4章で別に詳しく論じるので，ここでは端的に20年の間に生じた差にだけ着目したい。

韓国のグラフに注目して欲しい。事業所としての団体（密度）は，20年間で12.8から29.6となり2.31倍増である。これはアメリカの1.50倍，日本の1.35倍と比べればその激増振りがわかる。しかし，団体の従業者の伸びは逆に減少し（その間増大期もあるものの，結果として）0.912倍であり，アメリカの1.51倍，日本の1.45倍のような増加は見られない。他方で構成比に着目すれば，再びその劇的な変化に驚く。かつては経済団体が団体数で7割以上，従業者数で9割近くを占めたのに，現在ではそれぞれ13％，20％にすぎないし，他の国よりも低い。これに対し雑多な団体を含む「その他」の団体が団体数でも従業者数でも10倍以上に拡大し，団体数で15％から59％へ，従業者数で5％から51％へ割合を広げた。2001年には市民団体という新たな分類が登場し，政治団体や専門家団体，労働団体と肩を並べるほどの規模を誇っている。

20

図1-1　韓国・日本・アメリカの団体事業所密度・団体従業者密度（合計）

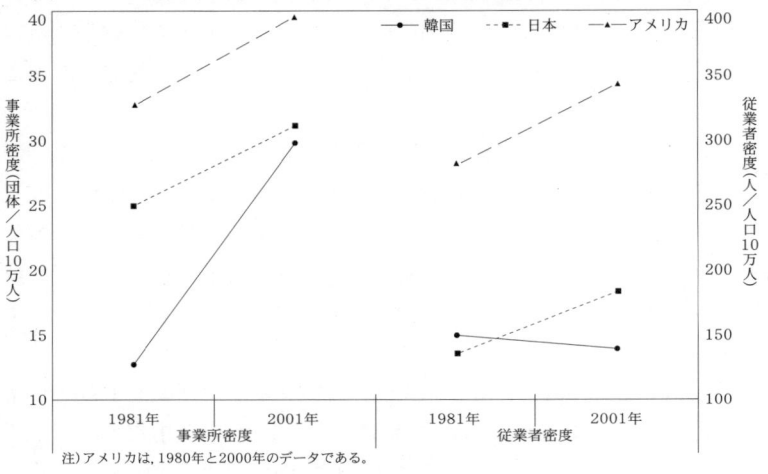

注）アメリカは、1980年と2000年のデータである。

図1-2　韓国・日本・アメリカの団体事業所密度・団体従業者密度

(a) 事務所密度（団体／人口10万人）

韓国
2001年: 29.6　3.8　2.6　1.7　1.6　2.5　17.4
1981年: 12.8　9.2　0.5　0.5　　　1.5　1.9

日本
2001年: 31.2　11.8　4.1　0.7　　　0.8　13.7
1981年: 24.9　10.8　3.7　0.7　　　0.5　9.3

アメリカ
2001年: 39.6　6.1　6.3　0.9　15.2　2.7　8.5
1981年: 32.8　4.9　9.1　0.5　13.4　2.0　2.9

合計　経済　労働　政治　市民　専門家・学術　その他

(b) 従業者密度（人／人口10万人）

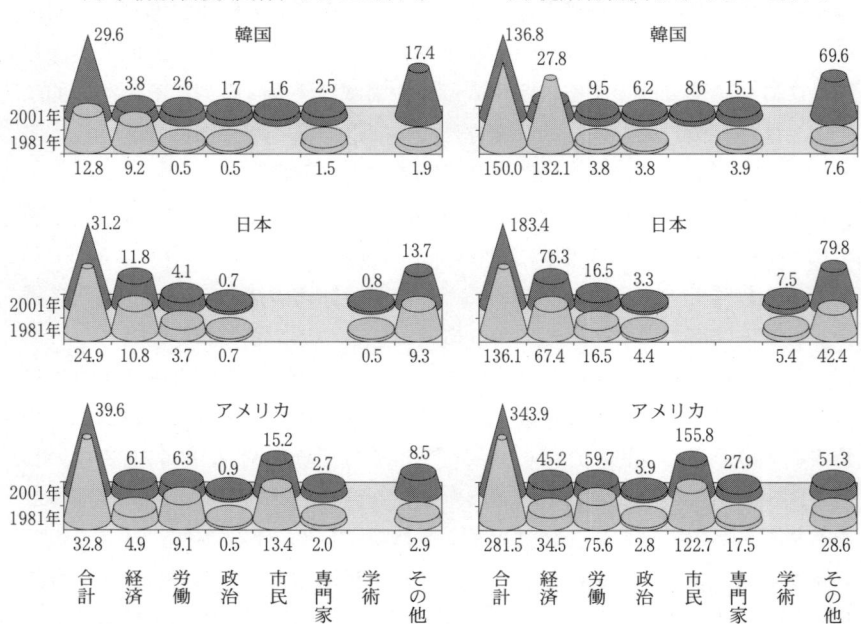

韓国
2001年: 136.8　27.8　9.5　6.2　8.6　15.1　69.6
1981年: 150.0　132.1　3.8　3.8　　　3.9　7.6

日本
2001年: 183.4　76.3　16.5　3.3　　　7.5　79.8
1981年: 136.1　67.4　16.5　4.4　　　5.4　42.4

アメリカ
2001年: 343.9　45.2　59.7　3.9　155.8　27.9　51.3
1981年: 281.5　34.5　75.6　2.8　122.7　17.5　28.6

合計　経済　労働　政治　市民　専門家・学術　その他

労働，政治，専門家の各団体の密度の伸びも著しい。労働団体も団体数で4％弱から9％弱へ，従業者数で3％弱から7％弱へ比率が倍増している。同様に専門家団体も，団体数で5％弱から8％へ，従業者数で3％弱から11％強へ比率が増大している。

　韓国において市民社会の団体配置がこのように「激変した」ことがまず出発点である。図に見られるように，日本でもアメリカでもこうした激変は見られない。両国のグラフ（図1－1）は平行しており，分類ごとの変化（図1－2）も小さい。私たちは韓国のこうした市民社会の団体世界の大変貌を説明しなければならない。逆に，この変容は，韓国政治の変容を説明するかもしれない。いずれにせよ，この20年の韓国現代政治において，図1－1，1－2を見る限り韓国の市民社会は激変したのであり，それはいかなるものであるのか，どのように生じたのか，どの部分でどのように生じたのか，それはどのような性格を有しているのかを，分析していく必要がある。ただし，「激変」したのはこの表の「数値の差」に見られる限りにおいてであり，変化の過程自体が急激なのか，緩やかなのか，アップダウンがあるのか等は，変化の過程を分析する必要があり，それは第4章で行われる。1987年の民主化宣言やそれに続く歴代大統領による政治統治の変化，政治体制の変容がそれに関連することは直観的には明らかであるが，私たちは，市民社会の諸団体に対する実証的なデータ，事例研究，統計資料を駆使して，政治体制の変化と市民社会の変化の関連についてその詳細を明らかにしたい。無論，韓国JIGS調査のような1時点でのサーベイで長期の時系列的な関連を分析するには限界がある。それを補うために，民主化以前との違いを聞いたリコール設問の活用や他の資料に基づく事例研究や統計分析がある。

(2)　韓国市民社会の活性化は本当か？

　図1－3を見ていこう。これは韓国JIGS調査で，団体の指導者に聞いた設問「下記の諸グループが韓国の政治にどの程度影響力を持っていると思いますか」として，7段階で点数化を尋ねた設問である（韓国Q29，日本Q26ほか）。いわば他のアクター（政治・社会主体）への影響力の認識や評価を尋ねたものであり，実際の影響力とはもちろん同じではない。詳細は，第9章で分析される。ここでこれを引証したのは，私たちのもう1つの問題意識を明らかにするためである。

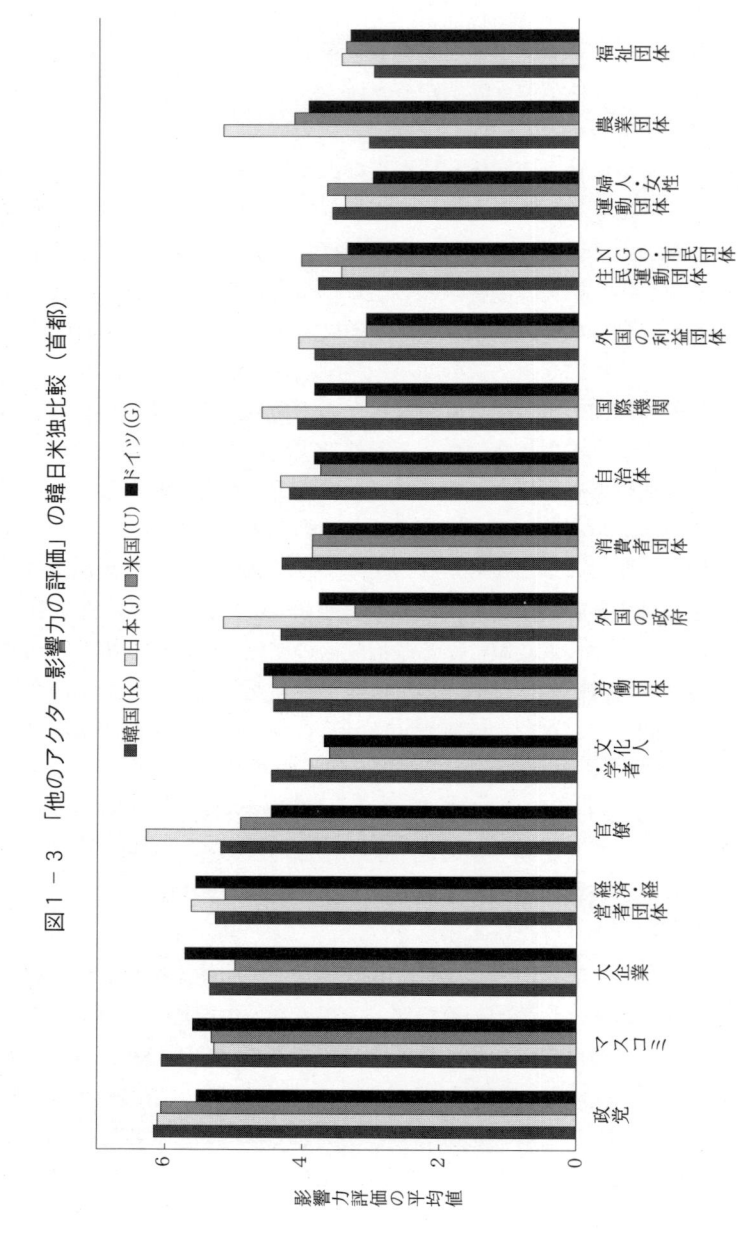

図1−3 「他のアクター影響力の評価」の韓日米独比較（首都）

1987年以後の韓国社会の変化の中で，韓国において狭義の市民社会，すなわち市民団体，NGO，NPOなどアドボカシーセクターの団体が活性化したという議論が台頭した。増大し活発に見える市民団体などの活動を目前にして，韓国の方が日本より（参加）民主主義的という議論も見出される。韓国の経済発展に見られるように，政治においても「後発利益」(Gerschenkron 1962)はあるだろうか。果たして本当に市民社会の諸団体は活性化しているのだろうか？　そうだとすればどのレベル，どのグループがそうなのか。何が，なぜそれらを活性化させているか，という問いが当然，私たちの問題意識となった。

　他方で，こうした民主化以後「急造」された市民社会（狭義）に，脆弱性の問題，政治・社会構造の安定性の問題，政治社会との連結やそれ自体の制度化の問題はないかと問うことも必要である。例えば，80年代から一貫して韓国の国家と市民社会を論じ，分析し続ける崔章集（注3参照）は「韓国の民主主義への移行において，それほどにも強い民主化運動がなぜ政治社会で自己を組織化するのに失敗したかは一つの謎である。1987年の6月抗争以後，市民社会内の民衆運動の勢いは実にめざましかった。階級と部門，地域と職業による新しい政治的・社会的組織が爆発的に結成された。にもかかわらず，それらは政治社会において強力に組織された勢力とはかけ離れていた」（崔1999:267）という根本的な問いを投げかけた。さらに「市民運動は労働運動より一層脆弱で，一層早く凋落する。……支配勢力が脅威を抱いた運動の性格を抜け出し，各部門運動がそれぞれの部門のための利益集団運動となってしまった。すなわち文字通り多元主義的で，同時に単一争点中心的な運動に変化した」（同：358，原文は1993），と観察し，97年の時点でも，「市民社会が自由民主主義の理念によって現実化されただけで，経済と国家の力関係によって，大きく影響され制約されている……民主主義が深化し，市民権の内容が社会経済的な権利にまで拡大され，労働者や排除されている社会集団を政治に参加させる面では依然として低いレベルにとどまっている。今なお市民社会の市民的下部基盤がきわめて弱い」と語っている（同369，原文は97年）。

　果たして，韓国の市民社会は強くなったのかどうか。これを韓国において時系列的にまた日本など他の先進国との比較において分析してみよう。無論，

崔章集のような包括的で質的な問題を論じようとするわけではない。ただ崔も無意識に西欧諸国を引照枠組みとして前提にしており，日韓で比較するとおそらく異なる傾向が見出される。ここでは，日韓で見ることによって，韓国の市民社会に対して異なる視角が生まれる可能性を示唆しておきたい。

図1-3は，1997年における団体指導者の認知のレベルを4ヵ国比較の中で窺い知ることができるデータである。

韓国での順位は以下の通りである。
①政党，②マスコミ，③大企業，④経済・経営者団体，⑤官僚，⑥文化人・学者，⑦労働団体，⑧外国の政府，⑨消費者団体，⑩自治体，⑪国際機関，⑫外国の利益団体，⑬NGO・市民団体・住民運動団体，⑭婦人・女性運動団体，⑮農業団体，⑯福祉団体

日本での順位も同様に示す。
①官僚，②政党，③経済・経営者団体，④大企業，⑤マスコミ，⑥農業団体，⑦外国の政府，⑧国際機関，⑨自治体，⑩労働団体，⑪外国の利益団体，⑫文化人・学者，⑬消費者団体，⑭福祉団体，⑮NGO・市民団体・住民運動団体，⑯婦人・女性運動団体

米独の順位は省略する。

私たちにわかり易い日本を準拠枠に比較すれば，韓国では，マスメディア（調査票で「マスコミ」を用いたため，調査からの直接引用はマスコミを用いる。一般の文章ではマスメディアを用いる），労働団体，文化人・学者，外国の利益団体，消費者団体，NGO・市民団体・住民運動団体，女性・婦人団体で日本より高い影響力認知を受け，官僚，農業団体，国際機関，福祉団体などの認知が日本より低い。

さらに，4ヵ国比較の中で韓国を見ても，政党，マスメディア，文化人・学者，消費者団体で1位であり，農業団体，福祉団体は4位である。

この結果は，あくまで首都での団体の影響力認知であり，それ以上のものではないが，韓国の市民社会の位置を知る1つの材料を提供するだろう。ちなみに，影響力評価の4ヵ国比較において，評価点数分布の相関をとれば，韓国と似ているのはドイツであり，日本と最も異なっていた。順位でも，韓国はドイツと類似し，アメリカと最も相違していた（詳細なデータは第1巻77頁の表3-2参照）。

韓国の市民社会の活性化をいかに把握するか，その実態解明と政治過程や政治構造との関連について分析するのが，私たちのもう1つの焦点となる。そしてこのことは直ちに，第3の問いに直結する。つまり，現代政治学者のいつもの問いかけである。

(3) 韓国の市民社会・政治構造における影響力の配置はどのようなものか？

韓国の政治体制変化と市民社会の関係，市民社会の活性化を検討した後，私たちが知りたいことは，いうまでもなく現代韓国の影響力配置である。ただし，私達が主として依拠するのは，市民社会組織が認知したデータである。市民社会の側から政治・社会アクターの影響力がどう見えているのかである。そこで主成分分析やグラフィカル分析，数量化分析などの手法を用いて，認知の背後にある構造を探っていきたい。

1 統合空間ダイナミクスモデルからみた韓国

私たちは，日本を中心に分析を行った第1巻において，予め日韓米独4ヵ国の集計データを見る中で，比較分析の1つの枠組みとして，統合空間ダイナミズムモデルを構想した。このモデルは，名前は仰々しいが，言わんとする内容は常識的なものである。国家からの規定性と社会資源からの規定性，そして市民社会の空間配置（政府・企業の侵食と団体セクター間の陣地取り）の歴史的経路依存的な規定性の3要因を統合して，それを可視化した点がポイントである。[4]

こうした空間論的な発想は，崔章集が，日本の敗戦による解放後の「市民社会の爆発と呼びうる政治・社会団体の組織化に表現される市民社会の蘇生と急膨張」（1999：3）や「米軍政下の国家多元主義」（38）について分析し，89年以後も「市民社会が自由民主主義の理念によって現実化されただけで，経済と国家の力関係によって，大きく影響され制約されている」（369）と認識し，「労働者階級がなぜ政治的および社会的レベルにおいて階級として組織化できなかったのか」（305）と問い，「社会勢力間の巨視的力の配分問題」（306）を分析するとき，暗黙に想定されているモデルであると考えてもよい。

先に述べた2つの分析の焦点，つまり，韓国市民社会の団体配置の変容を政治体制の変化と関連付ける第一の焦点と，韓国市民社会の活性化は本当かを検証する第二の焦点は，いずれもこのモデルと関連付けて考えることがで

きる。

　先の図１－１において，人口10万人当りという形で標準化し，日米との比較を可能にした時の韓国の団体数や従業者数に，もう一度注目してみよう。20年前の1980年頃には，アメリカのおよそ３分の１，日本の半分であった人口当り団体数が2001年にはほぼ日本並みに位置していることがわかる。他方で，従業者数は，逆に1981年には日米の間，そして2001年には日本とほぼ同じだがやや少ない数値になっている。

　こうした一見すると解釈に困難をきたすような現象も，統合空間ダイナミクスモデルのような複合した力学を念頭においたモデルの枠組みにおいては解釈可能である。統合空間ダイナミクスモデルとは，国家・制度次元と社会・資源次元の２次元が形作る空間によって市民社会の利益集団の基本活動空間が表現できること，その空間に対する国家，企業，伝統的共同体の侵入や占拠を差し引いたものが市民社会組織の実際の活動空間であること，さらにその活動空間内でも，社会サービス団体セクター，生産団体セクター，宗教団体セクター，アドボカシー団体セクターなど各セクターの空間の陣地取りがそれぞれの活動空間を規定することを示す空間競争の模型図である。国家・制度次元と社会・資源次元という２つの環境要因と多様な団体のセクター間の相互作用・競合と政府・企業からの干渉・影響という複雑な要因間関係がここに凝縮されているモデルである（下記参照，辻中編 2002：223－226）。

　　統合空間ダイナミクス論自体，「開発途上」であるが，２次元では，まず下の３種類の関数からなりたつ。
　　１）工業（都市）化／社会発展要因が規定する社会・資源次元（横軸）と制度（自由）化／政治権力要因が規定する国家・制度次元（縦軸）。
　　　①　利益集団世界の基本規模＝
　　　　　　　資源（横軸の長さ）×自由（縦軸の長さ）
　横軸：近代化論的な社会発展の程度，豊かさと社会分化の程度を示す。市民社会組織，利益団体の世界に動員されるべき「資源」を提供する次元である。原点から離れるほど，発展している。
　縦軸：国家制度による規制，憲法，根拠法，法人制度，税制などを示す。市民社会組織・利益団体の世界に活動の正負の意味での「自由」を提供

する次元。規制による抑圧や促進を示す。原点から離れるほど自由もしくは促進的である。どちらかの軸の伸縮がともに広い意味での利益集団空間の規模を規定する。ここで利益集団という機能概念（辻中編 2002：25-26）を再度持ち込んだのは，この空間自体は，利益団体によって必ずしも担われるとは限らないからである。しかし，この絶対的な規模の大小は利益団体にとっても重要である。

　2）外枠の面積で比喩される「利益集団空間の場・規模」に対して，内側の面積で比喩される「利益団体（市民社会組織）空間の場・規模」の区別には意味がある。

　②　利益団体世界＝資源×自由－
　　　　　　国家関連領域－企業関連領域－伝統的共同体関連領域

　JIGS 調査ではこの利益団体世界の「形」や「特性」を浮き彫りにしようとした。それは，国家や企業から侵食され，影響を被る可能がある。また利益集団空間や利益団体空間の収縮は，それ自体大きな政治過程の紛争要因である。国家・企業関連領域とは，国家そのもの，企業そのものが利益集団世界に侵入する，つまり機能的に代替する空間である。国家（中央政府や地方自治体）の一部，完全な付属機関がそうした機能を行ったり，企業が内部に機能を取り込んだりすることを指す。

　3）さらに国家，企業からの侵食・浸透やそれに絡む摩擦や紛争とも関連して，利益団体（市民社会組織）世界における各セクター類型相互の位置と関係も重要である。一応，仮定として，資源軸（企業占拠地）に近い生産者団体，制度軸（国家占拠地）に近い社会サービス団体，伝統的共同体占拠地に近い宗教団体，そしてそのどれとも異なる場にアドボカシー団体を布置した。

　③各市民社会団体セクターの空間世界＝
　　　　　　　　　利益団体世界－他のセクターの空間合計

ここでは，空間世界といった曖昧な言葉で，そのセクターの団体の活動，機能を示した。相互に量的・質的な規定性があるため，単純に関数化しにくいが，そうした関係があること自体は想定しても不自然でない。

　日本や他の国との比較を踏まえ，韓国の団体数・団体従業者数や活発性に

関する相対的な状態を説明し解釈する場合，基本活動空間の規模は国家・制度次元と社会・資源次元の2次元の積として，実際の活動空間をその空間に対する国家，企業，伝統的共同体の侵入や占拠を差し引いたものとして検証し説明可能であれば，十分に解釈可能である。

　本書の，3つの焦点の1つである政治体制変化と市民社会の諸団体の相互連関は，主として国家・制度次元での，韓国社会の変化の問題として，また国家関連領域の占拠領域の変化として検討することができる。すでに触れたように民主化といった体制移行，それに伴う国家コーポラティズムといった下位類型の変容後の実態も実証的に見ることができる。

　また市民社会の活性化，とりわけ市民団体やNGOなどが含まれるアドボカシー団体セクターの活性化については，他のセクターの団体との空間競争，空間占拠の歴史的な経路規定性として検討することができる。このモデルにしたがった基礎的な検討は国家の規制（第6章）と社会のリソース（第5章）の観点から行い，他の章でも，政党や市民の組織化を検討する中で分析する。

　この統合空間ダイナミクスモデルから見ると，先の2つの焦点，市民社会の団体配置の劇的な変容と市民社会組織の活性化は，なぜそれらを可能とした国家・制度次元と社会・リソース次元の変化が生じたかという問題と，アドボカシー団体セクター（の台頭を前提すると）はなぜそのスペースを獲得，拡大したか，という問題として考察される。さらにそれは，そうした市民社

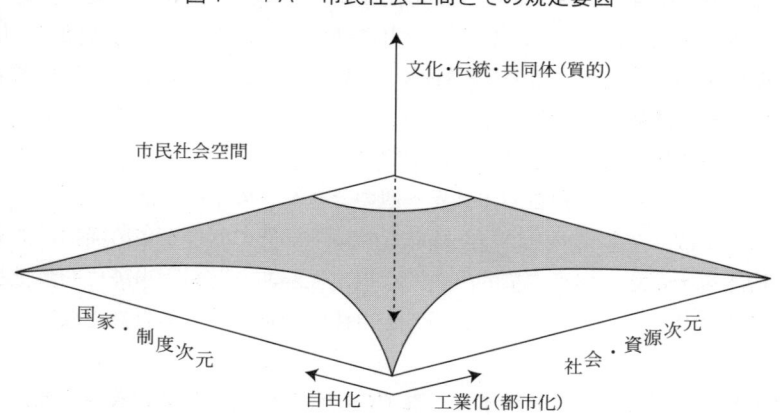

図1-4A　市民社会空間とその規定要因

会の変化がいかに政治過程や政治競争の変化（金大中政権から盧武鉉政権誕生）へ結実したかという問いに連なる。本書はこうした大きな問題設定に，部分的ではあるが実証的に答えていこうとするものである。

その過程で，大統領制など制度の違いを考慮に入れつつ，まず，どのようなセクターが利益集団スペースを獲得しているか，権威主義から自由民主主義への体制移行過程で団体レベルでどのような変化が生じたか，さらにその結果，現在，各々のセクターはどのような関係と行動の特性を有しているのかなどを検討していくことになる。こうした大きな問題設定の中で，基本的

図1－4B　韓日米の市民社会組織の統合空間ダイナミクスモデル

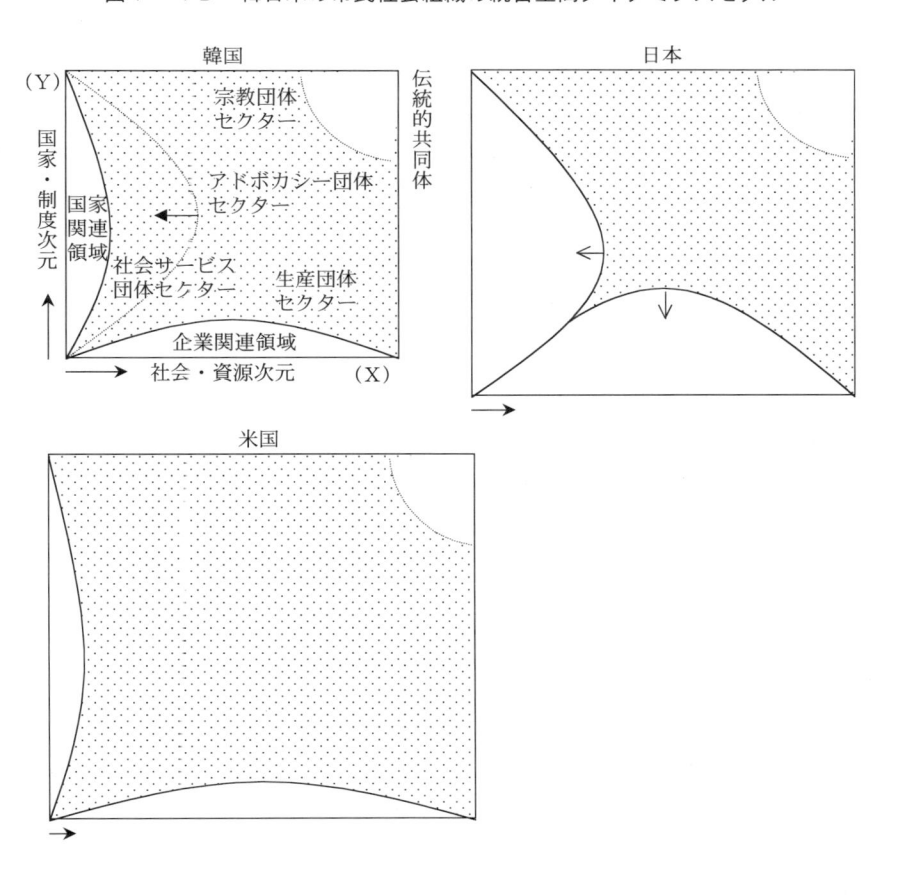

には仮説探索的な記述的推論を行う。

　日韓の対比に関しては，すでにこれまでの検討で，韓国ではエリートレベルもしくは中央において市民社会組織が，革新的でかつ強力である（日本はこのレベルでは弱い）こと，他方で，日本は草の根レベルもしくは地方において市民社会組織が保守的でかつ強い（韓国はこのレベルでは弱い）ことが示唆されている（辻中編2002，Pekkanen 2003，Kim 2002ほか）が，果たして韓国JIGS調査でこれは実証できるか？　一見すると逆のようだが，崔章集が問いかけるような，市民社会組織と政党や官僚制など政治社会との関係も重要である。韓国の民主主義への移行において，強い民主化運動がなぜ政治社会で自己を組織化するのに失敗したか（2003年の盧武鉉政権時点はなお検討を要するが，少なくとも1997年の調査時点までは），という問いへの答えは，とりわけ，既成の政党，政治家，官僚制などとの関係を解くことから導かれる可能性がある。

　つまり，先の３つの焦点に加え，以下の問いも念頭におきたい。

(4)　韓国ではエリートレベルもしくは中央において市民社会組織が，革新的でかつ強力であるが，草の根レベルもしくは地方において市民社会組織が弱い，という議論は実証できるか？　また市民社会組織と政党や官僚制など政治社会との関係はどうか？

　これと政治社会と関連する別の疑問は，日本との対照の中で浮上する。つまり日本と韓国は同じ発展志向型の資本主義国家であるのに，

(5)　なぜ韓国では生産者団体（セクター）が市民社会で十分なスペースの確保に成功しなかったか，なぜ韓国の経済団体や労働団体などは，市民（アドボカシー）団体のスペース獲得を許したかといった問いにである。それは翻って，なぜ日本では生産者団体（セクター）が一貫してスペースの継続的な確保に成功しつづけているか，アドボカシーセクターはいかにして日本において大きなスペースを獲得できるのかという問題に答えることにもなるだろう。この問いは，崔章集の問い，韓国では労働者階級がなぜ政治的および社会的レベルにおいて階級として組織化できなかったのかという問題に連なるだろう。

　これは正に統合空間ダイナミクスモデルの追求するテーマである。

　こうした問いかけには，政治制度的な違いや，政党の社会集団的基礎との

関係(政党が議員政党か,集団組織化しているか),社会経済的なリソースとの関係(日本の空間競争激化期1945～60年ごろと韓国の空間競争激化期1987～2003の時代背景の違い),財閥と経済団体,大企業と政党,政府管轄部局との関係,労働組合運動の性格と歴史的経緯,市民運動との関係など多様な問題点がそれに関連するだろう。本書は,こうした興味深い日韓比較上の問いかけに,市民社会の包括的な団体調査を素材にして答える試みである。

2　言葉の問題

　韓国における市民社会,市民社会組織,利益団体,利益集団,圧力団体,市民団体,NGO,NPOなどの言葉はいかに使われ,いかなる意味を持つかについて,触れておこう。

　日本と同様に,利益団体,利益集団,圧力団体,ロビー,ロビイングといった言葉は,政治学界の用語であり,一部のメディアではロビー,ロビイングなどは使われるが,一般の用語というほどではない。こうした用語に関する状況はほぼ日本と対応するが,韓国では政治学や政治学者の社会的位置が一般に日本より高く,アメリカ政治学の影響がより強いこと,また政治学者のメディアなどへの影響力も大きいため,政治学用語であるという性格は変わらないが,日本よりやや頻出度が高い可能性がある。

　問題は,「組合・団体」といった私たちが調査対象とした市民社会組織を網羅するような概念がないことである(これについては本章4節の調査方法論で述べる)。韓国では,一般的に団体や組合と総称されることはなく,団体はとりわけ市民団体や経済団体として,組合は労働組合として認識されることになる。あえて総称する言葉をさがせば,「民間団体」「社会集団」,「社会的な媒介組織」ということになる。本書では日本分析との連続性を考え,日本語での表記では日本研究と同様に基本的には,団体,団体・組合などを用いた。ただし,各論者はその理論的な背景,理由から一般的な市民社会組織を指して,社会団体やNGOなどの用語を用いる場合があるが,それは各自の用法に委ねた。

　他方で日本ではまだ「団体用語」として定着していない「市民社会」という用語は,アドボカシー団体,(主義主張を行う)市民団体の総称として韓国では定着している。また市民団体やNGOは学界だけでなく普通に用いられ

る。NPOはそれほどではないが、日本から輸入され、徐々に用いられ始めている。このような用語の点でも、先に触れた市民団体の活性化が言説の面で示されたものと見ることができる。

3 韓国JIGS調査時点（1997年末）の意義

韓国JIGS調査は後述のように1997年10月から12月に行われた。日本JIGS調査が1997年3月から5月であったから、日本調査と同時に企画され、およそ半年後に実施されたのである。日本の読者にとっては、この時期がいかなる時期かはすぐには理解しにくいかもしれない。市民社会、利益団体の政治の観点から、後のいくつかの章は時代分析を行うが、ここでは読者におぼろげながらもこの時代背景と時代の意義について理解してもらうために、韓国現代史と民主化宣言以後の政治過程についてスケッチしておこう。

表1－1の年表は、韓国における独立以後の憲法体制と団体に関連する諸法制の変容、主要な市民社会組織の動向のみを纏めたもので、韓国現代史を市民社会から概観することができる。また政党系譜図（図1－5）は磯崎によるもので、これも民主化宣言前後から現在にいたる政治変動を概観する助けになるであろう。

朴正熙から全斗煥政権までの権威主義体制下の団体関連法制とそれ以後の法制とは当然その目指す方向が異なるが、それらの意義については後の章（特に2, 13, 15）に説明を譲る。97年末とは、金泳三政権が96年のOECD加盟でその世界化政策の成果を謳歌した時から1年余り後、97年秋のアジア経済危機が韓国に波及し、IMFの救済支援を受け、他方政治的には大統領選挙で金大中が当選するという激動期と重なりあう時期である。

1987年以降の韓国現代史を政権別にスケッチしておく。[6]

1988～1992年（盧泰愚政権）

1987年6月　民主化運動の盛り上がりの中、与党の大統領候補であった盧泰愚は、民主化宣言を行い、大統領選挙を予定通り秋に実施すること宣言した。同年7～8月には労働運動が最大の盛り上がりを見せたが、中間層の支持は得られなかった。同年12月、大統領選挙は金泳三と金大中の野党候補が統一できず与党候補盧泰愚の勝利に終わる。1989年、「経済正義実践市民連

表1-1　市民社会・利益団体の観点から見た韓国現代史年表

1948　第1共和制（李承晩政権）「国家保安法」制定
1950　「国会議員選挙法」が制定される。1950.6～1953.7　朝鮮戦争
1952　「寄付金品募集禁止法」制定
1958　「民法」が新規制定され，非営利法人の制度が整備される。民議院議員選挙法が制定される。
1960　第2共和制（張勉政権）。尹潽善大統領，張勉首相（内閣制）。
1961　「社会団体登録に関する法律」が制定される。朴正熙（当時少将）らが軍事クーデターをおこす。（5月16日）
1962　第3共和制（朴正熙政権）
1963　「社会団体登録に関する法律」が全面改正される。「外国民間援助団体に関する法律」が制定される。「国会議員選挙法」が制定される。
1970　「社会福祉事業法」制定
1972　第4共和制（朴正熙政権）
　　　大統領令第6104号によって，セマウル運動に対する行政による指導体制確立
1975　「公益法人の設立・運営に関する法律」が制定される。
1980　「政治資金規正法」第三次改正がなされる。「セマウル運動組織育成法」
1981　第5共和制（全斗煥政権）
1982　「韓国女性開発研究院」が設置される。
1983　「社会浄化運動組織育成法」制定
1985　第1回女性会議（民族・民主・民衆と共にする女性運動）
1986　「消費者保護院」が設立される。
1987　「民主化宣言」が出される（6月29日）。「韓国女性団体連合」（21.運動団体）が設立される。
　　　10月　第6共和制（盧泰愚政権）
1988　「公害追放連合」が設立される。「憲法裁判所」発足。12月　体制守護宣言。
1989　「経済正義実践市民連合」が発足する。「韓国自由総連盟」が創立される。
1991　「パルゲザリキ（正しく生きる）運動育成法」制定
1992　12月　大統領選挙が行われ，金泳三が第14代大統領に選出された。
1993　4月　「環境運動連合会」発足
1994　「社会団体登録に関する法律」が「社会団体申告に関する法律」に改正される。「公職選挙及び選挙不正防止法」が制定される。9月　「参与連帯」（NGO）発足
1995　「寄付金品募集禁止法」が「寄付金品募集規正法」に改正される。
　　　11月　「民主労総（民主労組のセンター）」発足
1996　10月　OECD加盟
1997　「社会団体申告に関する法律」が廃止される。「労働法」が改正される。
　　　1997.11～2001.7　通貨の大暴落を端緒にデフォルトの危機に陥り，IMFの救済支援を受ける（IMF管理とは別）。大統領選挙が行われ，野党の新政治国民会議の金大中が第15代大統領に選出された。（12月18日）
1998　「公職選挙及び選挙不正防止法」が改正される。
　　　政府，セマウル運動中央協議会会長に姜汶奎を任命。「労働法」改正（民主労総の合法化）
1999　「政治資金規正法」の労働団体にのみ政治献金を禁止する規定に対して違憲判決が憲法裁判所全員裁判部によって出される（11月25日）。「国政監査モニター市民連帯」発足
2000　「非営利民間団体支援法」公布
　　　第16代国会議員選挙において，約460の市民団体が「総選（挙）市民連帯」を発足させ，落薦落選運動を展開する。「改正公職選挙及び選挙不正防止法」が公布される。（2月16日）
2001　1月　女性部新設　5月　「国家人権委員会」設置
2002　大統領選挙が行われ，盧武鉉が第16代大統領に選出された。（12月19日）

図1-5　現代韓国の政党の系譜（1980年代以降）

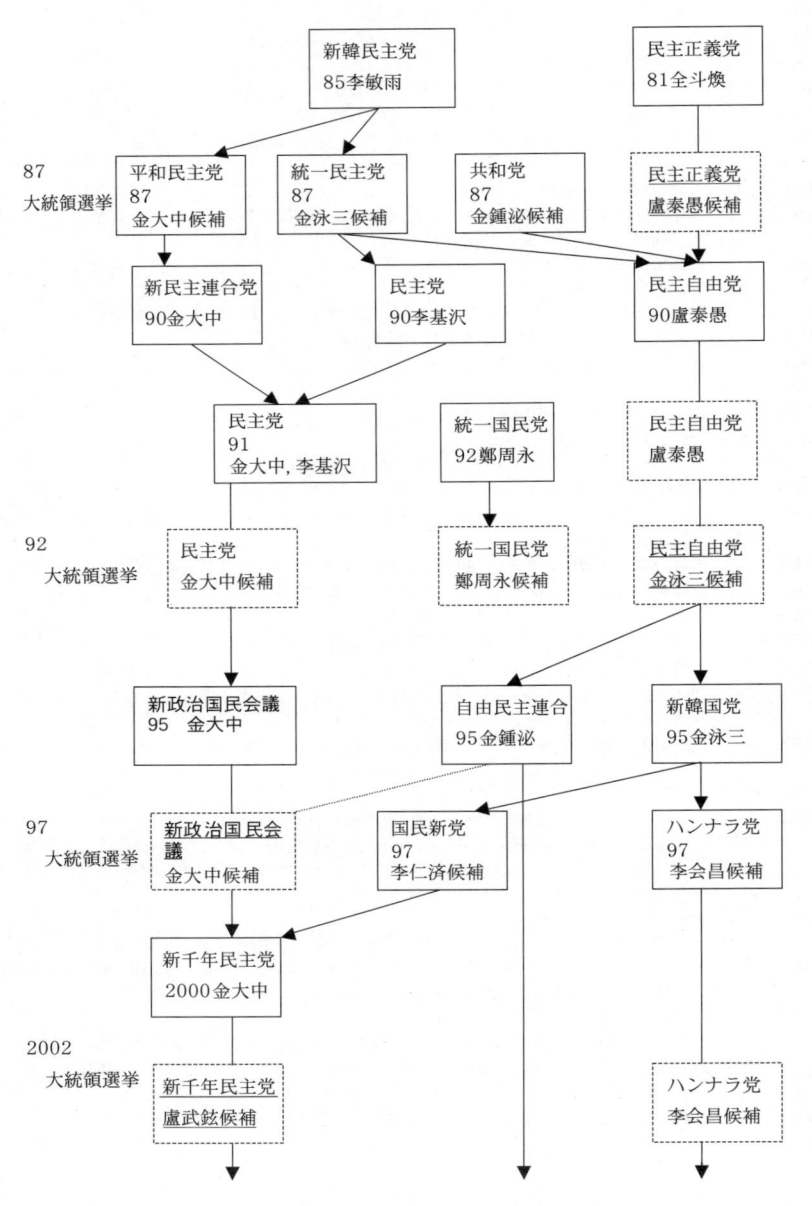

```
                              新韓民主党                    民主正義党
                              85李敏雨                     81全斗煥
                                  │                          │
                    ┌─────────────┼─────────────┐            │
                    ▼             ▼             │            ▼
87            平和民主党      統一民主党      共和党       民主正義党
大統領選挙     87            87            87           盧泰愚候補
              金大中候補      金泳三候補      金鍾泌候補
                  │             │                           │
                  ▼             ▼                           ▼
              新民主連合党    民主党                      民主自由党
              90金大中       90李基沢                    90盧泰愚
                  │             │                           │
                  └──────┬──────┘                           │
                         ▼                                  ▼
                     民主党           統一国民党         民主自由党
                     91              92鄭周永           盧泰愚
                     金大中,李基沢
                         │               │                  │
                         ▼               ▼                  ▼
92               民主党              統一国民党         民主自由党
大統領選挙        金大中候補          鄭周永候補          金泳三候補
                         │                                  │
                         ▼                                  ▼
              新政治国民会議        自由民主連合        新韓国党
              95 金大中            95金鍾泌            95金泳三
                         │               │                  │
                         ▼               ▼                  ▼
97            新政治国民会         国民新党            ハンナラ党
大統領選挙     議                   97                  97
              金大中候補           李仁済候補          李会昌候補
                         │
                         ▼
              新千年民主党
              2000金大中
                         │
                         ▼
2002          新千年民主党                              ハンナラ党
大統領選挙     盧武鉉候補                                李会昌候補
```

(注)　2003年11月　新千年民主党からヨリンウリ党（開かれた我々の党）が分党。
　　　各大統領選挙では下線候補が当選。磯崎典世作成。

合」の発足。労働運動の攻勢を受け，1988年12月「体制守護宣言」を出した盧泰愚政権は，92年まで労働運動に抑圧的な姿勢を取り，公安政局と呼ばれた。

1993～1997年（金泳三政権）

　かつての野党指導者金泳三は，1990年12月に与党に合流（民主自由党結成）し，92年12月与党候補として大統領選挙を戦い勝利する。金泳三政権下ではいくつかの制度的な民主化の進展が見出される。例えば「金融（取引）実名制」（93年8月）である。また多様な市民団体も出現した。93年4月「環境運動連合」の発足。94年9月「参与連帯」の発足。参与連帯は，親労働的・民衆的な性格を帯びていた点が注目される。さらに1995年，韓国の現代史において凍結されていた地方自治が本格的に再開した。金泳三政権は「世界化」を提唱するなど新自由主義的な色彩を強める（国家競争力を重視）。結果として労働運動にやや抑圧的姿勢を取る（雇用の柔軟化のため労働法を改正しようとした）。他方，同年11月には，革新的な「民主労総」が発足し，96，97年労働法改正反対運動を展開し，概ね成功を収める。

　他方で経済的側面から観察すると1995年下半期以降，景気は緩やかではあるが，下降しつつあった。GDP（国内総生産）成長率は，1995年の9％から，1996年7％，1997年5％と下がっていたし，工業生産増加率も1994年と1995年，各々11.1％，11.9％から96年に8.4％まで落ち込んだ。特に，1994年から輸出の減少による経常収支が赤字に反転し，その赤字総額は1995年85億ドル，1996年に237億ドルに膨らんだ。

　1997年に入っては，新興韓宝財閥の倒産（1月）と労働法改正を巡っての労働者のストライキによって景気は一層悪化した。この景気の低迷と経常収支赤字の拡大は単なる景気循環という見方も政府当局者を中心とする一部論者に存在していたが，当時の多くの専門家たちは，韓国経済の「構造的な脆弱性」を指摘していた。すなわち，高賃金，高金利など生産要素の高費用と非弾力的な労働市場，非効率的な金融業が韓国経済のネックになっていたのである。

　しかし，政府及び政界の関心は，1997年12月に予定されていた大統領選挙に向けられ，危機への認識は十分ではなかった。10月から海外からの貸出金

回収が本格化されたが，金泳三当時大統領が危機の深刻さを知ったのは11月中旬であった。やがて，韓国は11月19日国際通貨基金（IMF）による救済金融を要請したことを公式に表明する。その後3年8ヵ月間続いたIMF管理体制の始まりであった。それを切っかけに危機の対応に失敗した政府・与党への批判が高まったのはもちろん，根本的な変革が行われなければならないとの認識も国民の間に広まった。

その年の12月18日に行われた第15代大統領選挙では野党である新政治国民会議の金大中候補が当選した。「国難」とも言われる経済危機の不安感が社会を覆っているなか，1997年は幕を降ろした。

調査年である1997年秋冬（10～12月）はこうした戦後最大の経済危機の最中であった。その後の韓国社会の動きも同様にスケッチしておこう。

1998～2002年（金大中政権）

1997年11月以来，IMFの勧告による，いわゆる「構造調整」が行われた。「構造調整」の主な内容は，限界企業の退出，金融機関の再編，企業関連事項での国際基準の適用（グローバル・スタンダード）などであった。通貨危機の過程で，財閥の非効率な経営実態と政府の甘い管理体制が明らかになり，その責任の追及のため労働運動と市民運動が活発化した。特に，金大中政権は，改革推進における市民団体の友好勢力化を図り，市民団体に好意的な態度を取った。

IMF以後の主要な社会変化として，年功序列にかわって年俸制が主流になり，集団・組織より個人（転職の活性化）という風潮が台頭，また大企業中心からベンチャー企業に社会の関心は向かった。他方，失業率は高く所得格差が広がった。政府は社会保険制度の拡大，地域医療保険と職場医療保険の統合を図り，95年5.6％であった社会保障予算は，2001年には10.8％に跳ね上がった。また国家人権委員会の設置（2001年5月），女性部新設（2001年1月）などとともに，1998年には労働法を改正し，これによって労働者の解雇が可能になったかわりに労働運動への規制が緩和された（民主労総の合法化）。

2000年国会議員総選挙において落薦・落選運動が，市民団体主導で政治改革の一環として行われた。また，この選挙には，労働者勢力の政治勢力化を全面に掲げた政党である「民主労働党」が初めて参加した（結党は2000年1

月)。

　2002年日韓共催ワールドカップを経て自信を深めた若者を中心に変化を求める気運が高まった。インターネットを通じて世論を主導,盧武鉉候補の当選に大きな役割を果たした。

　メディアでは社会の主役は20,30代に,政治の主役は民衆運動勢力となったと喧伝された。

　以上のようにIMF危機から金大中大統領当選にいたる激動の時期と私たちの韓国JIGS調査が丁度重なった。調査時点として適当であったか否かはともかく,こうした不安定な時期が,調査結果に影響していることを考慮する必要がある。そして金大中政権下でそれまでの保守・革新の複雑なジグザグ路線は次第にアドボカシー団体の優位へと向かい,盧武鉉政権へとつながっていくのであり,調査時点は丁度その転換点にあたる。

4　韓国JIGS調査の概要と日本調査との比較

　1997年末に「韓国団体の基礎構造に関する調査」すなわち韓国JIGS調査は行われた。この節では,この調査の目的,方法,質問票について記述する。方法において,特に回答率,標本,回答団体の代表性についても検討する。最後に団体分類に含まれる団体の内容についても触れる。

調査目的

　韓国JIGS調査は,現代韓国社会において,さまざまな団体(下記　調査方法参照)がどのように存在し,どのような活動を行っているのかを,研究・分析することをその目的としている。同調査は,世界の各国,これまで5ヵ国(日韓米独中)において行われたJIGS調査の日本に次いで行われた2番目の調査である。

　韓国において,社会に存在する団体の数は,「民主化宣言」後大幅に増加し,それが政治過程に与える影響力の増大が度々指摘されている。しかし,韓国の団体に関する研究は,依然,個別の団体,個別の政策過程における団体の活動を扱う研究に偏っている感がある。こうした事例研究が,団体の活動に関する生き生きとした具体的情報を与えてくれることは確かである。その一方で,個々の事例研究のみからでは,現代韓国社会における団体活動の全体

像は見えてこない。そもそも，韓国には団体が，数量的にどの程度存在しているのか。いかなる性格の団体が，どのような割合で存在し，そのうちどの程度の団体が政治的な活動を行っているのか。団体が政治に働きかけようとするとき，いかなる方法で行われるのか。こうした記述的で仮説探索的な問いかけこそが，実は韓国の政治社会体制・構造問題と直結するのではないか。これが本調査の根底にある問題意識である。

調査方法

本調査は，上記のような目的に応えるため，政治的に活性化していない団体をも含めた包括的な社会団体，民間団体を対象とした。但し他のJIGS調査同様，営利企業と政府，純粋な私的集団は除いた。これが市民社会組織の実質的な調査であると私達は考えているが，そこには様々な程度の市民性，自発性，自律性，自立性をもった組織が含まれており，そうした多様性を分析することが，市民社会の質を知るために必要なのである。

つまり，韓国調査でも，包括的な団体母集団に対してランダムサンプリングによるサーベイ調査を，他国における調査同様，首都であるソウル特別市，及び地方の京畿道の2地域において遂行したのである。その際，調査サンプルを抽出する母集団として，韓国通信発行の『電話番号簿』（業種別電話帳）を用いた。母集団となった団体は，この『電話番号簿』に掲載されている44項目の内，団体と考えられる16分類に掲載されているものであり，ソウル8,647，京畿2,874，の計11,521団体であった。これを日本で区分されている団体分類や韓国での民間団体（ディレクトリー）の分類等を参考にしつつ，18(7)に再分類した。

上記母集団からの抽出に際しては，無作為系統抽出法を用い，調査方法としては郵送法を用いた。郵送法には，①調査費用が相対的に安価であること，②同時に多量の調査対象を調査できること，といったメリットがある一方で，調査票の回収率や調査票内設問での回答率が低くなる可能性がある，といったデメリットも指摘されている。調査は韓国高麗大学行政問題研究所（現政府学研究所）および筑波大学辻中研究室によって行われた。本調査では，1997年10月20日にソウル，京畿あわせて3,890団体（ソウル2,940，京畿950）に調査票を郵送し，締め切りは1997年12月15日とした（同年11月11日，11月

第1章 序論 39

表1-2 ソウル・京畿道 団体の母集団・標本・回収 (団体数)

区分	ソウル			京畿			不明	計		
	母集団	調査対象	最終回収	母集団	調査対象	最終回収	最終回収	母集団	調査対象	最終回収
国民年金	20	7	1			0	0	20	7	1
国際機関	8	2	1			0	0	8	2	1
消費者団体	37	12	0	36	20	0	0	73	32	0
外国機関	87	29	1			0	0	87	29	1
芸術団体	32	10	2	2	2	1	0	34	12	3
文化団体	133	44	14	31	12	0	0	164	56	14
業界団体	1,048	349	57	608	198	25	2	1,656	547	84
環境保護団体	69	23	4	46	18	4	0	115	41	8
青少年団体	115	38	5	60	19	1	0	175	57	6
学会団体	213	72	10	26	12	0	1	239	84	11
労働団体	116	62	16	105	34	6	0	221	96	22
宗教団体	1,294	474	39	457	143	17	1	1,751	617	57
社会福祉団体	350	117	48	191	59	17	3	541	176	68
社会団体	2,136	708	55	861	279	26	1	2,997	987	82
産業経営者団体	1,743	581	56	351	114	5	1	2,094	695	62
専門家団体	806	266	51	84	31	5	1	890	297	57
女性団体	72	24	1	16	9	0	0	88	33	1
政治団体	368	122	7			1	0	368	122	8
計	8,647	2,940	368	2,874	950	108	10	11,521	3,890	486

注) 最終回収の総493団体の内, 7団体は欠損値である。

表1-3 ソウル・京畿道 団体の母集団・標本・回収 (構成比)

区分	ソウル			京畿道			不明	計		
	母集団	調査対象	最終回収	母集団	調査対象	最終回収	最終回収	母集団	調査対象	最終回収
国民年金	0.2	0.2	0.3	0.0	0.0	0.0	0.0	0.2	0.2	0.2
国際機関	0.1	0.1	0.3	0.0	0.0	0.0	0.0	0.1	0.1	0.2
消費者団体	0.4	0.4	0.0	1.3	2.1	0.0	0.0	0.6	0.8	0.0
外国機関	1.0	1.0	0.3	0.0	0.0	0.0	0.0	0.8	0.7	0.2
芸術団体	0.4	0.3	0.5	0.1	0.2	0.9	0.0	0.3	0.3	0.6
文化団体	1.5	1.5	3.8	1.1	1.3	0.0	0.0	1.4	1.4	2.9
業界団体	12.1	11.9	15.5	21.2	20.8	23.1	20.0	14.4	14.1	17.3
環境保護団体	0.8	0.8	1.1	1.6	1.9	3.7	0.0	1.0	1.1	1.6
青少年団体	1.3	1.3	1.4	2.1	2.0	0.9	0.0	1.5	1.5	1.2
学会団体	2.5	2.4	2.7	0.9	1.3	0.0	10.0	2.1	2.2	2.3
労働団体	1.3	2.1	4.3	3.7	3.6	5.6	0.0	1.9	2.5	4.5
宗教団体	15.0	16.1	10.6	15.9	15.1	15.7	10.0	15.2	15.9	11.7
社会福祉団体	4.0	4.0	13.0	6.6	6.2	15.7	30.0	4.7	4.5	14.0
社会団体	24.7	24.1	14.9	30.0	29.4	24.1	10.0	26.0	25.4	16.9
産業経営者団体	20.2	19.8	15.2	12.2	12.0	4.6	10.0	18.2	17.9	12.8
専門家団体	9.3	9.0	13.9	2.9	3.3	4.6	10.0	7.7	7.6	11.7
女性団体	0.8	0.8	0.3	0.6	0.9	0.0	0.0	0.8	0.8	0.2
政治団体	4.3	4.1	1.9	0.0	0.0	0.9	0.0	3.2	3.1	1.6
計	100.0	100.0	100.0	100.0	100.0	100.0	100.0	100.0	100.0	100.0

注) 四捨五入により, 100.0%にならない場合もある。以下の表についても同様である。

25日には督促状を発送)。結果,全体で481(ソウル371,京畿110)の有効回答を得,有効回答率はソウル12.6%,京畿11.6%であった。ちなみに,回答者は,団体の事務局長もしくは日常業務の責任者である(辻中編1999参照)。そして,母集団,抽出したサンプル数,有効回答があった団体数をまとめたのが表1−2であり,それを構成比率で示したのが表1−3である。

すでに触れたようにIMF経済危機下,大統領選挙直前という時期,郵送調査という方法のためか,結果的には調査の回答率は一割台と低いものにとどまった[8]。しかしながら,回収された18分類の割合を母集団の割合と比較してみると,若干の相違は存在するものの,低い回収率の割にはかなりの程度母集団と同様の割合になっていることがわかる[9]。母集団での分類中0.5%以上の団体はすべて回収団体に含まれており,この調査によって捕捉された団体が,ある程度,代表性を有するものと見てよいであろう。

調査質問表と各国比較

本調査は,韓国の市民社会組織を包括的に捉え,その構造,及び政治過程との相互関係を明らかにすることに加えて,諸外国との比較を通して韓国の市民社会組織の国際的な位置付けに関する仮説を提示すること(仮説探索的調査)をその目的としている。それゆえ,本調査では,韓国調査に先立って行われた日本調査と比較可能にするため,質問票は,可能な限り日本調査と同一のものとした。質問票は大きく39の設問から構成されている。その内容を記すと以下のようになる。ただし,日韓の間には当然政治文脈等に相違が存在するため,一部質問票のワーディング,質問内容に差異がある(表1−4)。質問項目は以下の通り。

Q1(団体分類),Q2(関心のある政策分野),Q3(団体の目的・活動),Q4(法人格の有無),Q5(会員の保革イデオロギー),Q6(活動の地理的範囲),Q7(活動地域における影響力),Q8(国の行政機関との関係),Q9(地方自治体との関係),Q10(行政への直接的働きかけ),Q11(行政への間接的働きかけ),Q12(行政機関からの働きかけ),Q13(政党支持),Q14(政党接触),Q15(政党にとって働きかける魅力があるか),Q16(選挙活動),Q17(政党からの選挙に関する働きかけ),Q18(政治との関係),Q19(国の予算編成における働きかけ),Q20(自治体の予算編成における働

表 1 - 4　日本調査 J-JIGS と韓国調査 K-JIGS の質問表の違い

J-JIGS	K-JIGS		相違	違いの内容など
Q 1	Q 1	団体分類	違	K-JIGS の団体の自己分類には宗教団体が加えられている。
2	2	政策関心	○	
3	3	活動内容	○	
4	4	法人格の有無	○	
5	5	保守か革新か	△	Q5.1とQ5.2　J-JIGS 革新的→ K-JIGS 改革的
6	6	活動地域	○	
7	7	影響力自己評価	○	
8	8	政府との関係	○	
9	9	自治体との関係	○	
10	10	直接的働きかけ	△	Q10. (国) 1. 大臣・局長クラス→局長，長官，次官；(自治体) 1 首長→局長以上
11	11	間接的働きかけ	△	(国に対して) (3) 首長，地方議会の議員→地方自団体長，地方議会の議員
12	12	行政からの相談	○	
13	13	政党支持	対応	政党支持に関する質問で韓国政党の名前に変更。
14	14	政党への接触	対応	政党支持に関する質問で韓国政党の名前に変更。
37	15	団体の政治的魅力	○	
16	16	国政選挙時活動	△	国政選挙→国会議員の選挙
38	17	政治からの接触	○	
39	18	政治との関係	○	
16	19	国の予算編成	○	
17	20	自治体の予算編成	○	
18	21	信頼度順位	○	
19	22	働きかけ有効度	○	
20	23	利益代表性	○	
21	24	働きかけ手段	対応	「自社さ連立政権成立以降を念頭において」→「文民政権以降を念頭に」
22	25	活動情報源	○	
23	26	人脈	△	Q23. 4自治体の首長→Q26，4地方自治体の団体長
24	27	マスコミ露出度	○	
25	28	政策への態度	対応	K-JIGS では1987年以降の重要政策決定に関する質問表を用いる。
26	29	影響力他者評価	○	
27	30	他団体との関係	違	J-JIGS では「非常に対立的：1」→ K-JIGS「非常に協調的：1」で，1から7まで反対。
28	31	政策実施実績	○	
29	32	政策阻止実績	○	
30	33	団体設立年	○	
31	34	設立時援助	違	韓国質問表には（はい，いいえの選択の質問）がなく，記述式のみである。
32	35	会員数	○	
33	36	有給職員数	○	
34	37	団体予算	対応	K-JIGS 予算を韓国のウォンで示す。Ex) J-JIGS:100万円→1000万ウォン
35	38	補助金	対応	金額の単位が K-JIGS: 万ウォン，J-JIGS:，万円
36	39	情報機器導入	○	

注1)　記号の意味○ =J-JIGS, K-JIGS の違いがほとんどなし。△ = 表現の違いなどが多少あるものの，大きな違いではない。対応 =J-JIGS の質問票を韓国の現状に対応させて，固有名詞などが変えられている。違 =J-JIGS, K-JIGS の質問表に一定の相違あり。

注2)　J-JIGS と K-JIGS は質問表の順番が一部異なる。これは上記表で示した通りである。

きかけ), Q21 (行政機関, 政党・国会議員に対する信頼), Q22 (政党, 行政, 裁判所のどれが有効か), Q23 (利益代表人数), Q24 (ロビイング), Q25 (情報源), Q26 (個人的に接触できる有力者), Q27 (マスコミ登場回数), Q28 (重要政策決定との関係), Q29 (影響力), Q30 (協調・対立), Q31 (政策実施成功の有無), Q32 (政策修正・阻止成功の有無), Q33 (団体設立年), Q34 (団体設立時の援助), Q35 (会員数), Q36 (職員数), Q37 (予算), Q38 (補助金・奨励金), Q39 (情報機器導入の程度)。

ちなみに日本におけるJIGS調査は, 1997年3月に調査票を発送(東京3,619, 茨城381, 計4,000), 督促状送付後5月に無回答団体 (及び追加247) に対して調査票を再度発送し, 結果4,274団体のうち, 1,635 (38.3%) が有効回答であった (辻中編2002)。また, 米国調査は, ワシントン D.C. (2,643) とノースカロライナ州 (2,625) を対象に1999年7月に実施され, それぞれ740 (28.0%), 752 (28.6%) の回答を得た。ドイツでは, 2000年4, 5月にベルリン (4,572対象は2,488), ハレ (1,086対象は612) を対象に調査が実施され, それぞれ642 (25.8%), 154 (25.2%) の回答を得た。中国でも北京市 (2,188全数), 浙江省 (5,263半数) で調査が行われ, それぞれ627 (28.7%), 1,782 (33.9%) の回答をえた。各国調査についても, 順次分析が進行中であり, 比較分析も行われている。以上のようなランダムサンプリングによる包括的調査は, 韓国, 中国では初めての試みであろう。また, 同一の調査枠組みによって各国の市民社会組織の比較調査を行うという本プロジェクトは, 世界に1つの範型を示すものであるといえる。

5　韓国JIGS調査での団体分類

調査団体の電話帳を基にした分類, 回収団体のその分類での頻度を見たので, 後にたびたび用いられる韓国JIGS調査での団体分類との関連について説明しておくことにしたい。質問票では, Q1として「あなたの団体は, 下の9つの団体分類のどれにあたりますか。該当する番号を1つお選びください」と聞き, 団体の当事者に自分の団体を分類させている。いわば自己団体分類, 団体の自己認知分類である。この分類をもとに私たちは分析を進めることになる。実際には分類項目は11あるので, この11項目 (以下Q1分類)[10]と先の電話帳母集団を研究者が分類した18項目 (以下電話帳分類) の関係で

表1-5 調査票での団体分類と母集団での団体分類の関係（ソウル）

	区分	調査票												計
		農業	経済	労働	教育	行政関係	福祉	専門家	政治	市民	宗教	その他	欠損	
母集団	国民年金												1	1
	国際機関		1											1
	消費者団体													
	外国機関											1		1
	芸術団体											1	1	2
	文化団体				2	2		1				8	1	14
	業界団体	7			5	5	2	2	1	4		22	9	57
	環境保護団体							2				2		4
	青少年団体				3			2						5
	学会団体				4		1	5						1
	労働団体			14	1	1								16
	宗教団体				1			1			33	3	1	39
	社会福祉団体				3		4			2		3		48
	社会団体	2			6	3	6	1	1	16	1	18	1	55
	産業経営者団体	3	38			3		1				9	2	56
	専門家団体				5	3	1	36		2		2	2	51
	女性団体											1		1
	政治団体								7					7
	計	12	39	14	29	17	51	47	9	28	35	69	18	368
	11分類合計	13	39	14	3	17	51	48	9	28	35	69	18	371

ある。

表1-5の行列にあるような関係が，Q1団体（11項目）分類と電話帳に基づく当初の団体（18項目）分類の間にある。これはソウルの場合である。表を行（横）と列（縦），両方から見る必要がある。

労働団体，政治団体，宗教団体の場合，Q1分類と電話帳分類の間に互いに同名の項目があることもあり，（行列・縦横とも）齟齬はないかほとんどない。

経済団体関係では，経済団体（Q1）と認知するものはほぼ産業経営者団体であるが，産業経営者団体と分類された団体の自己認知はある程度，その他や，農業，行政関係団体（Q1）に散らばっている。業界団体と分類された団体の自己認知は，経済団体でなく（0），「その他」が多数であり，農業，教育，行政関係，市民団体にまで散らばっている。業界団体の用法の違いが窺われる。

6　本書の構成

本書は，日韓共同研究による産物である。日本側研究者は，基本的に日韓

比較を行いつつ，日本との異同をいかに把握し説明するか，記述的に推論を重ね理論化するかに力点を置いた。また韓国側の研究者は，主として韓国でのこれまでの研究との関連で，それがいかに検証されるかという観点から韓国データの分析を行った。本書には紙数の関係から主として韓国の事例について，サーベイデータを離れた事例研究を行った論文を収録した。

　第Ⅰ部は，「政治・社会体制変動と市民社会」をテーマとして，政治体制変動，特に1987年の民主化宣言を転機とする変動と市民社会の相互関連について，マクロな視座から検討した。第一の焦点，政治体制と市民社会を主として検討した諸章からなる。団体ネットワークと体制（磯崎第2章），市民社会組織のイデオロギーシフト（辻中第3章），市民社会組織の形成，設立と体制（辻中・崔第4章），そして統合空間ダイナミズムモデルの内，縦横2次元の空間論について，社会軸・社会空間論，政治軸・政治空間論について韓国の実態をマクロに制度的に分析（辻中・河第5章，辻中・河・足立第6章）する。最後に，体制変化と市民社会の変化がガバナンスの変化に結びついていることを分析（廉第7章）する。

　第Ⅱ部は，「政治過程・構造と市民社会・利益団体」をテーマに韓日のJIGSサーベイデータを比較分析した。与（政権）党ネットワークの韓国での不在（大西第8章），影響力構造（辻中・崔第9章），自己影響力規定要因（崔・辻中第10章），団体間関係（辻中・崔第11章），政策関係（辻中・崔第12章）を分析し，政治過程でのアクター関係に関する記述的統計的な発見と共に主成分分析によって政治構造や影響力などに関する認知構造を析出した。こうした認知構造は第三の焦点に関係する。

　第Ⅲ部は，主として，市民社会は活性化したか，特にアドボカシー団体（いわゆる市民団体）での活性化を，事件や事件の過程への事例研究や組織事例研究を行った諸章である。主要な中央市民団体の現状（趙第13章），市民団体と政府の競合と合意形成（洪第14章），女性運動（金第15章），住民運動と自治体（大西第16章）からなる。第二の焦点である市民社会は活性化したか，それはどのような部分で生じているかを，具体的に扱う部分である。

第Ⅳ部は，結論的な総合分析として，主要なJIGSサーベイの質問間の関係を包括的かつ構造的に把握しようとして数量化Ⅲ類による分析（辻中・崔第17章）を行い，鳥瞰図的な整理を行うとともに，全体の構図を描く軸を抽出した。それは日本とほぼ同一の３つの軸であり，その異同のなかにこれまでの個別の検討を網羅する韓国の特徴が彫塑された。結論（辻中・廉第18章）では，これまでの諸章によって，最初の問題提起（(a)から(e)）にいかに答え得たかを要約した。

最初の意図，問題提起にどれほど説得的に答え得たかどうかは，読者に委ねよう。しかし，少なくとも，日韓で，そして世界で初めての市民社会・利益団体の視座からの日韓比較は，これまで薄々と感じられ，また印象的にしか述べられなかった数多くの仮説的言明に対して，具体的データで裏付けられた実証的で視覚的な１つの回答を提出したことだけは確かである。

（1）　市民社会の団体，市民社会組織を辻中は第１巻において，政府と営利企業（さらに政党，家族）以外で，一定の継続性，恒常性をもった集団であり，政治や公共性への意識を有したものと定義（辻中編 2002：21-22）した。その後，世界的な用法を概観し，さらに機能的に「市民社会とは，国家，市場，共同体と相関しつつ現象する，多様な非政府の社会組織による公共的な機能，およびその機能の場（空間）」（辻中 2002：18）と結論づけた。機能的にみれば，政府以外の集団はすべてこの範疇に含めてよい訳だが，JIGS調査では，営利企業や学校，病院，教会・寺院，私的で把握しにくい団体などは作業対象外にしてきた。

無論，こうした機能的な定義や操作的な作業定義への批判は承知している。しかし，比較政治的にかつさまざまな理論に開かれた調査研究を行うには許容されるだろう。ただ韓国を研究する際，市民社会という語は一層，重要な意味を孕んでいることに留意したい。市民社会は，国家に抗するという意味を担ってきたのである。政治体制と市民社会について一貫して理論的かつ実践的に論じてきた崔章集は，「国家と対称的な概念として市民社会を定義」し，「社会または社会領域の自律性を構成する２つの指標，集団的 associational な組織と行為，そして党派的競争 partisan competition を重視」している。つまり，社会の集団が国家や第三者（企業など）によって「政治的に，不法に，任意に制約されることなく彼らの共同利益を表現し具現する」ために「自由に組織される状態」と「自由に政治過程に参加

できる党派的競争が可能な社会的条件」を指している(1999：35)。森山もこれに近く，「自発的な団体を自由に結成することができる社会」として市民社会を考え「韓国における市民社会の形成は，厳密にいえば87年以降のことといえよう」と述べている(1998：221)。

韓国の市民社会を崔章集は厳密に87年以降のみの現象とみるのではなく，1945年解放以後の韓国政治を市民社会と国家の関係の中で多様に理論化している。私たちも，崔と同様に権威主義体制下でも市民社会は一定程度機能し存在したと見る観点に立つ。

(2) 政治体制 political regime 概念について，政治学の歴史とともに始まるが，なお必ずしも明確な了解がない（猪口ほか編 2000の『政治学辞典』に項目なし）。日本では普通，山口定(1989；1998)の整理（「政治権力が社会内で広範な服従を確保し，安定した支配を持続するとき，それを形づくる制度や政治組織の総体」，正統性原理，統治エリート集団，国民の意思表出と政策形成の制度，物理的な強制力の役割と構造，社会の再編化の仕組み，を中心的な構成要素とする）を引用する(岸川2002)。政治システムの構造的類型であるが，主として，国家を単位とする場合が普通であり，国家類型とほぼ同義に用いられる。自由民主主義体制と非自由民主主義体制の区分およびその移行問題，移行過程がひとつの中心的テーマであり，そのほか，民主主義体制下での下位類型，非民主主義体制の下位類型も分析と理論化の対象である。辻中の下位類型への整理については，村松・伊藤・辻中(2002：61-80)参照。そこでは，国家決定機構への参加の軸と国家問題の規模の軸を中心に，エリート主義，多元主義，コーポラティズム，階級（闘争）モデルについて性格付けている。

本書で第一に問題となるのは，自由民主主義化，つまり民主化である。この点に関しては，ダールのポリアーキー polyarchy 概念が著名であり，7つの制度で定義している(Dahl 2003:79-81; ダール 1999:106-109)。すなわち①被選出公職者の政府政策への最終決定権，②被選出公職者に対する自由・公正・頻繁な平和的な選挙，③普通選挙：投票権，④普通選挙：立候補権，⑤批判・反対の表現自由権，⑥情報へのアクセス権，⑦政党・利益集団などの結社と参加の自由権である。これらは公的な異議申し立ての自由（権）と参加（包絡）権と要約される。ダールもポリアーキー以外の非ポリアーキーを下位類型化しているが，それを批判的に発展させたオドーネル・シュミッター(1986)は，実質的な民主主義の類型（社会主義的民主主義, 社会民主主義, 福祉民主主義）とともに独裁からポリアーキー（政治的＝手続き民主主義）に至る下位類型として，弛緩した・自由化された独裁，統制された・限定的政治的民主主義といった類型を提示している。先の崔章集はこの類型を引照している。リンスとステパン(1996)は，民

主主義の定着には5つの領域への国家の機能的意義（stateness）を強調するが，それはすべての社会的な存在が自律的に自らの利益を主張するために集団を形成する領域としての市民社会，政党などの政治社会，法の支配，官僚制，経済社会である。
（3）　韓国の現代政治を政治体制と市民社会概念を軸に，実践的観点から世界政治理論的に論じてきた崔章集ですら，1987年以後の体制に対する性格付けは揺らいでいるように見える。1987年以前の（軍部・官僚）権威主義体制（1999：12, 159）は「民衆の利益を代弁する結社を許容しなかった」ために「極度に低いレベルの利益代表機能」しか有さなかった（同214-5）が，87年を契機に民主主義に移行し，87，88年の選挙を経て「すくなくとも形式的なレベルでは民主主義の強固化（consolidation）段階に入った」（236）と述べ，「権威主義体制的要素が続いている民主主義」と性格づけた。他方で，この後の公安政局（1988-92）と呼ばれる労働団体等への抑圧を目前にしつつ，政権はかつての維新体制下同様の「国家コーポラティズムを復元」しようと試みていると特徴づけ，「弛緩した国家コーポラティズム的な枠組み」と「葛藤的多元主義」の並存が見られると述べる（315）。別の論稿では「構造的なレベルでは国家の縮小または弱体化と，市民社会の膨張が達成された」が，「87年以後の実験は，自由化は大きく進展したが，民主化はそうではない」と結論付け，体制を「選挙主義，寡頭的民主主義，委任民主主義」と特徴づけている（337）。さらに，「公安政局以後の体制はシュミッターの体制分類に従って，『統制された民主主義』ではなく，むしろ『弛緩した独裁』と定義しうる」とまで述べた。別の書物では，様々な民主主義への制約の大きさから，「韓国の民主主義は依然として『発達不全の民主主義』creeping democracy の性格をあらわにする」とした。以上はいずれも93〜95年ごろまでの評価であり，当然に，金大中，盧武鉉政権を経て，変化はみられるであろうが，政権の政策，政治過程とともに当然ながら，崔章集の性格付けは揺らいでいる。90年代中葉から韓国で噴出したのは，市民運動，NGO に力点を置く論稿であり，それらについては，本書の事例研究においてレビューされるので省略する。
（4）　後述するが，ここで示した2次元（図1-4 B）に加えて，第1巻で示した文化・規範モデル（辻中編 2002：222）を共同体（伝統・文化）の軸に新たに加え，3次元（図1-4 A）で現在はこのモデルを発展させつつある。
（5）　かつて日本でも「圧力団体」という用語が輸入された1950年代後半，同様の指摘が升味準之輔，田口冨久治などからなされた。升味（1960），田口（1969）など参照。さらに，日本での「団体」は association, society, club といった欧米の用語ともニュアンスを異にしており，これも戦後日本の多

様な団体，とりわけ政府・自治体と関連する団体の存在抜きには考えられず，概念の社会的埋め込みの一例である。
(6) 河正鳳（筑波大学大学院）の助力をえてスケッチ部分を執筆した。
(7) 韓国通信（日本のNTTに対応）が発行している電話帳は，大きく分け人名編，商号編，業種編で構成される。このうち，業種編は，ソウルの場合，江北と江南に分け2冊の業種別電話帳となっている。また，京畿道の場合，市・郡単位で人名・商号・業種を1冊の電話帳で記載している。研究対象地域である京畿道では，この1冊の電話帳での団体の母集団を再分類し，それを基にサンプリングを行った。以下は，調査時点のソウルの業種別電話帳での関連分類である。

・競技後援業/競技団体	・洋服製造	・繊維製造
○団体・産業/経営者	○社会教育団体	・親睦会（郷友会）
・団体服（ユニフォーム）	○言論団体	○団体・社会（その他）
・公民館	・ユニフォーム製造	・団体服（制服）
・婦人会	・飲食店	・ライオンズクラブ
・スポーツウェア販売	・イベント・行事用品販売	○奉仕団体
・傘	○宗教団体	○消費者団体
・飲食店・ビュッフェ	○学会団体	○芸能団体
・衣類販売	○労働団体	・飲食店
○政治団体	・団体給食	・衣類販売
・出張料理	・同窓会	・在郷軍人会
○環境保護団体	・帽子製造販売	○青少年団体
・広告企画	・クリーニング屋	○協会団体
○団体・専門家	○女性団体	・葬儀屋
・同友会	・飲食料品流通	

上記分類中，○を付けたのが，韓国JIGS調査の対象である。とくに，団体・社会（その他）の場合，多様な団体が掲載されている。また，ここで述べた分類には，団体が該当分類に当てはまらないこともありうる。電話帳での分類とは，実際には団体分類の基本である相互排他性と包括性の条件を，完全には満たしていない。例えばこの分類には親睦会（郷友会）が入っており，直接の対象としなかった。しかし実際には，協会団体や団体・社会（その他）の中にも，親睦会の性格を持つものがあるからである。最終的にこのような団体を対象とし，既に日本で区分されている団体分類や韓国での民間非営利団体の団体分類を参考にしながら，18分類に区分し

た。
（8） 韓国のサーベイの一般的な回収率について。韓国の GALLUP 世論調査社は，韓国での郵送調査が1割台しか一般に期待できないことを注意している（http://www.gallup.co.kr）。
（9） ソウルにおいて回収率の割合が母集団に基づく予想値より多いのは，社会福祉団体（母集団4.0％，回収団体13.0％），少ないのは社会団体（同24.7％，14.9％）であるが，両者を広義の社会団体とみて合計すれば，28.7％，27.9％となりほぼ一致する。その他にも文化団体（1.5％，3.8％），労働団体（1.3％，4.3％），政治団体（4.3％，1.9％）などやや凸凹があるとはいえ，概ね代表性を保ち，本分析に耐えるサンプル分布と評価できる。
（10） 日本の設問（Q１）が9項目の設問であったため，韓国調査も質問文でこのように述べている。ところが，韓国調査では，パイロット調査から宗教団体という分類が必須であると判断されたため，日本調査にないが追加された。日本調査では，分類項目にはないが，母集団および回収団体にはある程度含まれていたので，「その他」と答えた団体の中から事後コード化した。韓国調査は，それら10項目とその他の項目を加えて，最終的には11項目となる。

第2章

体制変動と市民社会のネットワーク

磯崎典世

　本章は，調査によるデータを分析する前提として，韓国の市民社会の団体（社会団体）を政党や行政府との関係のなかで捉える認識の視座を提示することを目的とする。具体的には
  1．権威主義体制下における分野別の団体のあり方，社会団体と行政府・政党とのネットワークは，国家－社会関係を反映するものであり，より具体的には，政権の統治構造，分野別の政策によって規定された。
  2．体制変動により統治構造が変化して，古いネットワークを残しながらも，新たな社会団体が登場し，行政府や政党との間に新しい関係を作ろうとしている。
  3．政治体制の移行過程に応じて，ネットワークを作り変えようとするアクターの動きが，新たなネットワーク形成に大きく作用している。

　この枠組みは，社会団体と行政府・政党間のネットワークの形成と変化を分析するに際して，それを作ろうとするアクターに注目する視角である。政治体制の変化の過程において，政権側の統治方式や社会団体政策の意図，社会団体側の行動目的や戦略などがどのように変化したのか，それによって行政府や政党とのネットワークがどのように構築され変化しているのかを検討する。後半では，この枠組みに基づく仮説の妥当性の検証を念頭に，調査データによる素描を試みたい。

はじめに

　1987年6月の「民主化宣言」は，権威主義体制から民主制へと移行する大きな契機となり，その後，新たな政治のルールが整えられ，民主制下で政治が展開してきた。そうした新生民主制である韓国の政治において，なぜ市民社会組織としての団体（以下，社会団体）の役割に注目する必要があるのか。まずそれから確認しておきたい。

　1994年の世論調査データをもとにした研究では，一般国民の政治参加の度合いは，「性別」「年齢」「収入」「学歴」「政治への関心」「政治に利益を見出す」などの変数よりも，「社会団体に加入」という変数が，最も高い説明力をもつという分析結果が示された（Shin 1999：116 - 118）。この場合の「政治参加」は，投票から陳情，抗議行動など多岐にわたっているが，そのいずれにおいても「社会団体への加入」が最も重要な意味をもっている。この結果は，学歴や政治への志向性が政治参加を規定するだろうという仮説を裏切り，民主化後の政治参加において社会団体のもつ重要性を明示するものとして注目される。これは，「社会資本（social capital　社会関係資本）」の議論に適合するようにも見えるが，ここでの「参加」は，「上からの動員」なのか「下からの参加」なのかは明確でない。シン自身は社会団体を通じた大衆動員という側面を指摘している（Shin 1999：119）が，あくまでも解釈にとどまっている。つまり，この研究では，移行後の政治における社会団体の役割の重要性は明確にされているものの，実際にどのような役割を果たしているのかを位置づけるには至っていないのだ。それを検討するためには，「社会団体の特徴」「社会団体と行政府の関係」「社会団体と政党の関係」などを実証的に分析する必要があり，韓国JIGS調査データ分析の重要性もここにあると言える。

　本章の目的は，韓国の社会団体を政党や行政府との関係のなかで捉える枠組みを，調査データを分析する前提として提示することにある。長期間続いた権威主義体制からの民主化という過程で，社会団体の位置をどのように捉えればよいのか。また，分析の対象となる97年という時期を，どう扱えばよいのか。そのための視角の設定である。

　第1章でも触れたように，1997年というのは，87年6月の「民主化宣言」からちょうど10年にあたる。5年に一度の大統領選挙の年であり，大きな政

治的経済的事件が起こっていた。「民主化宣言」を契機に，国民の直接選挙で任期5年の大統領が選出されるよう憲法が改正され，最初の選挙は軍人出身の盧泰愚が当選し，その後を継いで，92年に文民出身の金泳三が大統領に当選した。その間，権威主義体制時の与党の流れを汲む政党が政権を担当し，民主化は漸進的に進んでいった。ところが，金泳三大統領の任期切れとなる97年には，1月の韓宝グループを皮切りに中堅財閥の破綻が相次ぎ，韓国の金融機関への国際的な信用が低下，同年7月タイに始まった通貨危機の影響を受けて，IMFの緊急融資を要請するまでに至った。韓宝グループ破綻の背景には大規模な政経癒着があり，大統領の次男も収賄容疑で逮捕された。金泳三大統領は，任期初めの果敢な改革で国民の支持を得てきたが，この段階で人気は急落し，急進展する通貨危機にも有効な対策が取れず，政権への不信は拡大した。そうした中で，12月の選挙では野党候補の金大中が大統領に当選し，韓国で初めての「選挙による与野党交代」が実現した。まさに97年は「激動の年」だったと言える。

それ故，こうした調査時期が，例えば「行政機関への信頼度の低下」など，結果に何らかの影響を与えている可能性は，分析に際しても留意する必要があるだろう。しかし，より重要なのは，こうした体制移行後の調査結果に見られる「社会団体の特徴」「社会団体と行政府の関係」「社会団体と政党の関係」などを，何に起因するものとして分析するのかという問題である。それは，日韓の調査結果をどのような観点から比較するのかという方法にも関わる。一例をあげよう。

権威主義体制下の韓国は，農村を基盤に体制を安定させており，総選挙も「与村野都」という結果が現れていた[1]。つまり，大都市ほど野党の得票率が高く，農村部ほど与党の得票率が高いという，日本と共通するパターンである。ところが，今回の調査結果では，韓国の農業団体は団体別に見ると，イデオロギー的には労働団体，宗教関連団体と並んで最も「革新的」グループに分類され，その数値は市民団体を上回っている（表2-1および第3章）。農業団体が最も保守的である日本とは大きく異なる。これは一見すると非常に奇妙である。日本では「韓国の労働運動は過激で改革指向だ」「2000年の総選挙での落選運動に見られるように，改革指向の市民運動が盛んだ」という印象があり，農業団体が市民団体を上回る改革指向を示しているということが，

表2−1　団体分類別のイデオロギー比較（日韓，首都，執行部）

区分	東京 (%)				ソウル (%)			
	革新的	同程度	保守的	計	革新的	同程度	保守的	計
農業	13.3	13.3	73.3	100.0	58.3	16.7	25.0	100.0
経済	18.8	14.7	66.5	100.0	23.7	23.7	52.6	100.0
労働	58.1	15.2	26.7	100.0	72.7	9.1	18.2	100.0
教育	27.2	15.5	57.3	100.0	25.0	41.7	33.3	100.0
行政関係	15.5	16.5	68.0	100.0	12.5	12.5	75.0	100.0
福祉	36.1	16.4	47.5	100.0	34.9	14.0	51.2	100.0
専門家	31.1	17.9	50.9	100.0	41.9	18.6	39.5	100.0
政治	33.3	7.4	59.3	100.0	50.0	0.0	50.0	100.0
市民	57.4	13.0	29.6	100.0	46.2	7.7	46.2	100.0
宗教関連	0.0	28.6	71.4	100.0	62.1	3.4	34.5	100.0
その他	24.7	18.4	56.9	100.0	29.6	9.3	61.1	100.0
計	28.4	16.2	55.4	100.0	37.8	15.1	47.0	100.0

(注)　四捨五入により，計は100%にならない場合もある。以下同様。

　過去の「保守的な農村」イメージとうまく一致しない。民主化後に実施された調査結果を，政治体制の変動との関連でどう解釈するのかが問われている。さらに，この問題は，97年時点での日本の調査との比較の際にも重要になってくる。すなわち，この時点での日韓の差異を，韓国の政治体制の変動に起因するものとして解釈するのか，それとも別の次元での日韓間の差異に由来するものとして解釈するのか，ということにもつながってくるのである。

　ここで重要になるのは，韓国の権威主義体制下で，政府がどのように統治を行い，そこで社会団体がどう位置付けられていたかという問題である。そうした権威主義体制下の統治ネットワークが違えば，それに対応して，民主化後の社会団体の存在形態も変わってくる。政策領域で統治ネットワークのあり方における差異を考慮せず，民主化後の調査結果を単純比較してしまうと，誤った結論を導く可能性がある。

　上記の例と関連して農業政策を取りあげてみよう。政府は，60年代までは農協などを通じて政策を展開していたが，70年代になると，より総合的な「農村振興運動」を展開し（後述する「セマウル運動」がそれである），この社会団体（分類では「市民団体」）を主な媒介にして，農村統治を行った。農村近代化を推進する体制下で，農業が重視されたとは決して言えず，産業としては衰退していく。民主化過程で，こうした既存の統治ネットワークに対応・対抗する形で，農業それ自体の利益を掲げて政府の政策を批判する比較的小規模の農業団体が，多数登場する。つまり，農業団体だけを取り上げて

「農業問題に関わっている団体は非常に革新的だ」と結論づけると，農業問題に関わる保守的なネットワークを見落すことになるのである。一方，労働政策においては，「国家が限られた労働団体に権限を与え，それを通じて労働セクターを統制する」という国家コーポラティズム的統制を主軸にしており，民主化後は，それに対抗して新たな労働団体が多数登場している。このように，分野によって旧体制の統治ネットワークのあり方が異なり，民主化後，既存のネットワークに対抗・対応して登場する，新たな団体の現れ方も異なる。こうした新旧団体のネットワークのあり方は，団体分類ごとに平均をとるだけの単純な比較分析では，視野に入ってこない。分析視角の重要性は，こうした点に関連する。

従って，本章では，新旧団体が混在する97年の調査結果を解釈する前提として，権威主義体制下での統治ネットワークと民主化後の変化というものを視野に入れた分析視角を提示し，そこで確認された流れを今回の調査結果によって素描することにしたい。民主化という体制変動によって，行政府や政党のあり方自体が変化し，同時に，社会団体のあり方自体も変化している。その過程にある社会団体と行政府および政党との関係を捉えることは，体制移行の過程にそれらのネットワークの変化を位置付けることに他ならない。韓国の権威主義体制の構造，権威主義体制からの移行の様式は，他国とは異なる特徴的なものであるが，社会団体と行政府・政党とのネットワークとその変化を分析することを通じて，他国との比較可能な視座が提示できると考えている。

ここで議論に先だって，韓国の権威主義体制の構造と移行の様式について，あらかじめ概観しておこう。

韓国は，1961年の軍事クーデターで成立した朴正煕政権以降，政治・経済・社会福祉などすべての領域にわたって国家が資源を統括して，その配分をコントロールしようとする権威主義体制が継続した。①国家安保の名による政治的統制が強く，②経済分野においても国家が資源を掌握して「上からの開発」を推進し，③官製の社会運動を組織するなど社会サービスを提供する制度も国家が統率したのである。この体制の下で，政府と社会団体のネットワークも成立した。その後，80年代後半には，権威主義体制に抗する全国民的な民主化要求運動が高揚し，87年，体制の内部から大統領直選制導入など

を骨子とする「民主化宣言」が出された。こうして政治体制の移行が開始したが，国民による直接選挙の結果，全斗煥の後継者である軍人出身の盧泰愚が大統領に当選，与党・民正党政権は継続し，急激な体制転換は起こらなかった。続く選挙でも与党の金泳三候補が当選し，「30年ぶりの文民政権」にも旧体制の「遺産」が多く相続された。

　このように韓国の移行過程は漸進的で，政府と社会団体のネットワークも旧体制のものが残存した。しかし，政治体制の移行や社会の変化を背景に，そのネットワーク内部から改革の動きが起こると同時に，新しい社会団体が登場してくる。とりわけ，90年代になって，「市民運動」「NGO」を自称する団体が，社会での影響力を行使するようになってきた。これらは，旧来のネットワークに対抗しつつ，移行後も残る旧体制の「遺産」に因る問題の解決に取り組もうと試み，社会団体と行政府・政党との間に新たなネットワークが形成され始めたのである。さらに，1997年末の大統領選挙によって政権交代が起こり，「上からの新たなネットワーク形成」の試みも加速する。政治のルール自体が転換し制度が整えられて行く「民主化」という過程で，こうしたネットワーク自体も，旧体制のものから変化しつつあると捉えることができる。

　以上のように，権威主義体制下の統治構造，権威主義体制からの移行様式，民主化過程は，韓国の「固有性」があり，それが社会団体のあり方をも大きく規定している。しかし，その過程での社会団体と行政府・政党間のネットワークの変化に注目することで，他国との比較が可能になるものと思われる。

　本章の分析枠組みは，以下の通りである。
　　1. 権威主義体制下における分野別の団体のあり方，社会団体と行政府・政党とのネットワークは，国家－社会関係を反映するものであり，より具体的には，政権の統治構造，分野別の政策によって規定された。
　　2. 体制変動により統治構造が変化し，古いネットワークを残しながらも，新たな社会団体が登場，行政府や政党との間に新しい関係を作ろうとしている。
　　3. 政治体制の移行過程に応じて，ネットワークを作り変えようとするアクターの動きが，新たなネットワーク形成に大きく作用している。

　これは，社会団体と行政府・政党間のネットワークの形成と変化を分析す

るに際して，ネットワークを作ろうとするアクターに注目する視角である[2]。政治体制の変化の過程において，政権側の統治方式や社会団体政策の意図，社会団体側の行動目的や戦略などがどのように変化したのか，それによって行政府や政党とのネットワークがどのように構築され変化しているのかを検討するのである。

以下，第1節・第2節で，権威主義体制から民主制定着期に至る行政府・政党と社会団体のネットワークの変化を検討し，第3節では，前2節での確認事項に基づいて97年の調査結果に対する解釈を提示し，データによるスケッチを試みる。より体系的な実証は今後の課題としたい。

1　韓国の体制変動と国家-社会関係の変化

権威主義体制下における分野別の団体のあり方，社会団体と行政府・政党とのネットワークは，国家と社会の関係を反映したものである。権威主義体制下，そして民主制への移行の過程で，国家と社会の関係はどう変化したのか。そして，政権の統治構造，分野別の政策によって，社会団体とどのようなネットワークが築かれ，体制の変動する過程で，それらはどう変化したのか[3]。政治アクターの戦略に焦点をあててまとめてみよう。

1-1　権威主義体制期

1961年5月の軍事クーデターを契機に，軍人出身の大統領を頂点とする権威主義体制が成立し，その時期は，①朴正熙政権前期（61年〜71年），②維新体制期（72〜79年），③全斗煥政権期（80〜87年）と区分することができよう。各時期において，統治方法は調整再編され，政党の役割や社会団体への統制方式も変化した。国家権力を掌握したエリートが，政治制度・政党などを形成・再編したため，韓国で「分配」のシステムも不公正さを露呈する。韓国で「制度圏」と呼ばれる制度化された政治の領域に参加できるアクターは，少数に限られていた。

①朴正熙政権前期（1961〜71年）

1961年5月の軍事クーデターで政権を掌握した朴正熙は，63年の民政移管後も大統領として君臨した。軍政期に凍結した政党政治を復活させたものの，軍政期にクーデター勢力を中心に創設された与党・共和党が国会で多数を占

め，国家安保の名の下に国民の「政治的な自由」「政治への参加」は制限，政治活動は規制される面が多かった。経済分野でも，銀行を国有化し労働統制を行って物的人的資源を掌握，経済開発計画に基づく「国家主導の開発」を推進した。労働に関しては，軍政期に国家主導で労働団体を再編するため，韓国労働組合総同盟を設置，その後もこの団体を唯一のナショナルセンターとして労働政策を実施する。民政移管後は，個別の労働者保護を謳いつつ，集団的な活動への統制を行い，基本的には産別体制で統制を実施した。その他，一般的な社会団体に対しては，クーデター直後に多くの団体を解散させ，民政移管後は「社会秩序を維持するため」団体登録制を開始した。[4]

　こうして政府は，社会内部の資源を一元的に掌握する制度を構築したが，同時に，掌握した資源の配分を通じて，国家主導で社会サービスを提供し，効率的に統治を行おうとする。「特別法」を制定して社会運動を組織・育成し，それを通じて，国家が一元的に掌握している資源を提供しようというもので，経済的な余裕のなかった60年代には大規模に展開されないが，クーデター直後の「再建国民運動」にもその志向性は見られた。その一方で，地域社会におけるパワーエリートを組織化しようとする試みもなされる。61年の特別法に基づいて設立された大韓民国在郷軍人会などがそれである。このように，朴政権は，国民運動を担う「市民団体」や体制を支える地域のエリートの「親睦団体」を，特別法を制定して組織し，国庫補助金による財政的な支援その他，各種の特恵を与えて育成していった。このように特別法によって特恵を得る団体は，その後，「官辺団体」と呼ばれるようになる。[5]

②維新政権期（72～79年）

　72年10月，朴正煕政権は非常戒厳令を宣布して国会を解散，「10月維新」を宣言した。国民投票を経て実施されることになった「維新憲法」に基づく体制は，それ以前にあった多元的な要素をより統制し，大統領の権限を強化したものだった。維新憲法は，大統領直接選挙制を間接選挙制に変えて任期制限を廃止し，大統領緊急措置権を強化した。大統領に国会解散権が与えられ，国会の機能は縮小した。のみならず，国会議席の３分の１は，大統領が推薦する議員に割り当てられ，彼らは維新政友会という政党とは異なる団体を構成した。こうして，大統領の独裁的権限が強まり，政党の役割は後景に退いたのである。

経済においては「重化学工業化」が打ち出され，それを推進する大企業への集中的配分が強められた。また，維新憲法には，労働三権に対する「留保」が明記され，労働セクターの団体活動への統制は強まった。独裁体制に対する反対運動に対しては，大統領緊急措置令を発動して封殺，国民の基本的自由を制限して社会生活全般を統制しようとした。

　一方，社会サービスの提供に関しても，国家が有効に対応しようとする。「社会福祉事業法」(1970年新規制定)，「公益法人の設立・運営に関する法律」(1975年新規制定)などを通じて，社会サービスを提供する団体への行政府の統制を明確にした。行政サービスを代替・補完する福祉団体などへは補助金を支給し，体制を支える準政府機関として活用しようとしたのである。このような国家の政策に対応して，権威主義体制が強化された時期に，この種の団体設立が増加する傾向が現れた。

　さらに，より直接的な社会サービスの提供は，国民運動を通じて行われた。この体制の下で，「セマウル(新しい村)運動」という大規模な農村振興運動が，国民運動として展開された。社会運動を通じて地域社会を組織化し，国家が一元的に掌握している資源を提供，効率的に統治を行った典型例とされるものである[6]。各地のセマウル運動団体は，国家プロジェクトとして大きな位置付けを与えられ，全国にネットワークを持つ代表的な官辺団体に成長していく。こうして，朴政権は，開発も社会サービス提供も国家が資源を一元的に管理して遂行しようとし，その過程で国家と官辺団体のネットワークが構築・活用されていった[7]。

　このように，国家が資源を一元的に管理し，政治，経済，社会をコントロールする制度を作り上げた体制の下では，自律的な社会団体の活動領域は非常に狭い。国家は，民間の社会団体をコントロールするために重層的に法制度を作り上げ，それぞれを行政機関の裁量で規制もしくは便益を与える方法を採っていた。便益を受けた団体は，何らかの形で国家機構にぶら下がり，国家が組織するネットワークに組み込まれて活動することになる。国家主導のネットワークを通じて社会サービスが提供され，それで不足する部分は私的ネットワークによる相互扶助で補完していた社会では，活動に必要な資源も持たない社会団体が活動する余地がなかった[8]。その中で，比較的に自由を確保しやすい宗教団体の動きが，活発であった。

③全斗煥政権期（1980〜87年）

　全斗煥政権は，朴大統領暗殺後の民主化の流れに再び軍が介入して樹立された。国会解散・政党活動凍結という準軍政的な時期を経て民政の体裁が整えられ，維新体制とは形態を変えた権威主義体制に再編された（1980年10月，新憲法が発効し，第五共和国が発足。81年3月，全斗煥が新憲法による大統領に就任）。第五共和国憲法でも大統領間接選挙制は維持されたが，任期7年単任制として前政権との違いをアピールし，政党政治の枠組み内にあることを強調した。また，維新憲法よりは，大統領に対する国会の権限が強化されている。全政権は，過去の野党と政治家の政治活動を禁止する一方，新たに創設した与党・民正党を前面に打ち出し，「御用野党」を創設させ，外形上は政党政治システムを整えていった。

　他方，準軍政期から第五共和制初期にかけて，韓国社会に蔓延している不正腐敗を一掃するという目的で，全国的な「社会浄化運動」を組織し，都市部を中心とした官辺団体の育成を図った。(9) 国家主導という批判も出ていたセマウル運動は，社団法人「セマウル運動中央本部」を設立して民間団体に改編，セマウル運動組織育成法（1980年12月）によって，「地域社会と国家の発展のために国民運動を展開する組織」として新たに位置付け直した。さらに，急速な工業化・産業化に伴って，環境問題や消費者保護，女性の社会進出をめぐる問題などが注目されるようになり，政府は「準政府機関」を設置して，これらの問題に取り組む民間団体の活動に便宜を与えつつ統括しようとした。(10)

　こうして，全斗煥政権は，権威主義体制を再編し社会を統合しようとしたが，政権発足時の正統性の欠如は大きかった。また，「上からの開発」過程での分配システム，さらには，体制を支えるための「官辺団体」を通じた分配システムにおいて，不公正も露呈する。(11) 現体制は，実質は軍出身者が要職を占め，「安保」と「開発」を名目に基本的人権や政治参加を抑圧し，不公正な分配を行っているという認識が徐々に強まり，国民の批判は大きくなっていく（磯崎 1998：267-274）。他方，85年の総選挙に際して，政府に対する批判を鮮明にして旗揚げした野党・新民党が，選挙において大きく躍進し，「制度圏」から排除されている「在野」の民主化勢力との連携も進んでいった。

　政権への批判が高まるにつれて，社会内部でも，国家から自律して，社会内部に発生した各種問題に取り組もうとする社会団体が増加した。自律的な

活動指向は，それを抑圧する非民主的な体制の「民主化」要求へと繋がっていく。文化，言論，女性，環境，農民，労働，青年など様々な分野で「民主化」を要求する団体は連合を組織し，それぞれの課題を「政治体制の転換」と関連づけて提起した。(12)個別の問題も，すべて国家が一元的に政治，経済，社会をコントロールしてきたことに由来していると捉え，「国のあり方＝体制を変える」ことが問題の根本的解決だと位置付けられたからであろう。

　以上のように，個別の課題がすべて「体制の存続か転換か」に収斂し，政権への反対の意思は，87年の「大統領直選制への改憲」を求める国民運動でピークに達した。87年6月，与党内で全斗煥の後継者と目された盧泰愚が「民主化宣言」を発表して民主主義の制度化への方向性を提示し，金大中などの政治活動も解禁された。「制度圏」での位置を確保した民主化勢力の政治家たちは，その圏内で政権抗争を行う選択をした。こうして権威主義体制内穏健派と民主化勢力穏健派との妥協による体制への移行という通路が開かれた。

1－2　「民主化宣言」後：体制移行期

④盧泰愚政権期（1988～92年）：体制の変化と市民運動の登場

　民主化を求める国民的な運動は1987年にピークを迎えて体制内部からの「民主化宣言」を引き出し，体制の移行過程に至る。87年12月の大統領選挙で当選したのは，権威主義体制の与党・民正党の盧泰愚候補だった。自ら「民主化宣言」を発したものの盧泰愚自身は軍人出身で，80年の暴力的な政権掌握にも深く関与していた。それ故，盧泰愚政権は，前政権から継承した「遺産」に基盤をおきながらも，「民主的な政権」として国民に支持される改革は実施するという舵取りを迫られた。官主導の強圧的な組織という色彩の強かった「社会浄化運動」は，「パルゲサリギ運動（正しく生きる運動）」に改編し，韓国反共連盟も韓国自由総連盟に改編して，自由民主主義的な汎国民運動を国家が支援・育成する形に改めた。(13)しかし，政府支援金で運営される国民運動団体は，体制を支える組織としての役割が求められたと言える。

　このように旧体制の遺産に依拠して権力が運用される一方で，政治システムの外から新たな動きが現れてくる。それは当時の政党システムのあり方にも規定されたものだった。

　「民主化宣言」では，政党政治の健全化が謳われたが，韓国の政党システム

は社会からの要求を反映する制度として機能しなかった。政党は，有力な政治家を中心に組織され，政策やヴィジョンでほとんど差がなく，選挙においては政治指導者の出身地域を「地盤」に固めるという「地域割拠」が恒常化する。1990年に与党・民正党が，2つの野党（民主党・共和党）と合同して，巨大与党・民自党を結成したのを皮切りに，政党は政治指導者の行動に左右されて離合集散を繰り返した（第1章図1-5参照）。市民社会の間では，有力政治家の「私党」的性格が強い政党システム下で，選挙を通じて社会問題を解決するのは困難だという認識が強まった。

こうして，市民社会の内部では，徹底した体制変革を求める過激化した運動も一時的に存在したが，むしろ「体制の変化に対応し，新たな方法で社会内部の問題を解決する」という目的を掲げた新しい社会団体が登場し，90年代以降の主要な政治アクターとして成長していく。

当時は，「政経癒着」「財閥への経済集中」「環境問題」などが，大きな問題として噴出していた。これらは一般市民にとっては，過去の「上からの開発第一主義」に由来する問題であり，「民主化宣言」後に残された身近で切実な問題であった。このような社会経済的な問題を，「法の規制によって」解決するために積極的にアドボカシー活動を展開する団体が現れる。自らを「市民運動」と称し，①「非合法な変革運動から民主的手続きと討論による改革へ」方針を転換し，②「公共的な善」を活動目標とし，③公平な分配・土地・住宅・教育・環境など生活圏の問題を課題とする，と既存の変革運動との違いを強調した。また，1980年代に作られた運動体から活動方針を転換するものも現れた。体制変革運動の一環として自らを位置付けていた環境運動や女性運動が，それぞれの分野で個別具体的な課題を設定する変化を見せる。活動目標を必ずしも体制変革に結びつけず，個別課題に取り組む環境運動団体・女性運動団体として自らの活動を位置付けていくことになった。

盧泰愚政権は，このような「合法的な変革運動」を，むしろ容認する姿勢を示した。それは，「民主的な政権」として国民に支持されるような改革を実施する必要があったためで，また，「非合法で過激な変革運動」を孤立化させるためにも，「穏健な改革運動」に対する扱いは区別したのである。

以上のように，国家が長期にわたって行ってきた国家主導の開発・分配・社会コントロールなどの弊害を「新たな法や制度によって是正する」ため，

政治圏の外からアドボカシーを行う社会団体が登場し,「市民運動」を開始した。社会経済的な問題の是正を求める一般市民の要求を,これらの団体が代弁し,解決のための代替案を提示して活動したのである。行政府や与党とネットワークのある官辺団体が大きな位置を占めた社会の中に,新しい社会団体が登場し,「民主化」の勢いに乗って影響力を行使していく。

2 民主制定着期の国家－社会関係：
行政府・政党と社会団体間のネットワークの変化

以上のように,権威主義体制からの漸進的な移行過程で,旧体制の社会団体と行政府・政党間のネットワークは残存し,それに対抗する新たな社会団体も登場した。では,その後の民主制定着期において,ネットワークがどう変化していくのかを検討しよう。その際,新たにネットワークを作り変えようとするアクターの課題・戦略・活動方式に注目して分析する。

2－1 大統領府中心の改革と市民運動のアドボカシー：金泳三政権（93～97年）

文民政権である金泳三政権の下で,社会団体にとっての政治的機会構造は変化し,社会団体と行政府・政党間のネットワークも変化していく。体制移行後の政党システムや大統領の執権方式に対応して,社会団体とのネットワークが変化していくのである。よって,本節では,まず移行後の政党システムや大統領の執権方式に対応して,代表的な社会団体がどのような戦略で活動したのかを検討し,そこにおけるネットワークの変化についてまとめてみよう。

① 「民主化宣言」後の政党システムと市民運動

すでに指摘したように,「民主化宣言」では「政党政治の健全化」が謳われ,過去の大統領独裁への反省から国会の権限も強化されたが,韓国の政党システムは社会からの要求を反映する制度として機能しなかった。有力な政治家を中心に組織された政党は,政策やヴィジョンでほとんど差がなく,社会の要求を収斂する制度というよりは,有力政治家が率いる政治集団という色彩が強かった。選挙制度は新しい政治勢力に対する参入障壁が大きく,社会経済的改革を前面に掲げる「進歩勢力」も議会進出を試みたが実現しなかった。[18]
政党システムはエリート政治家のカルテル体制の様相を呈し,社会経済的な

問題は選挙の争点とはならず,政治指導者の出身地域を「地盤」に固め,特定地域で特定政党が票や議席を独占する状況が恒常化した。

このような背景で,新たに登場した社会団体,とりわけ改革的な市民運動団体は,社会経済的な問題を解決するため,メディアなどを通じて問題を争点化し,世論を背景に代替案まで提示して,政権に対応を迫る活動を展開した。「国民の支持」に相対的に敏感に反応する大統領に対して,市民運動が「国民の要求」を代弁してつきつける方式である。

②大統領府・議会・市民運動の関係の変化

さらに,金泳三政権では,大統領府と議会の間に従来とは異なる対立的な関係が生じ,大統領が新たに成長した市民運動に接近を試みる。その過程で,旧来の行政府・社会団体のネットワークとは異なる,新たなネットワークが登場してくる。

権威主義体制下の野党政治家として民主化勢力側にあった金泳三は,1990年に自らの党を率いて与党に合流し,その後与党・民自党の大統領候補として当選した(前章の図1-5参照)。だが,全斗煥政権与党の流れをひく党の内部で彼の基盤は弱く,政権当初は,国民の支持に基盤を求めた大統領が「国民の要求する政策」を議会や政党を迂回して執行[19],その過程で市民運動が「改革のパートナー」として浮上した。

初期の金泳三政権は,手続き面を軽視した大統領府中心のトップダウンの改革を,圧倒的な国民の支持を背景に推進した。それに対応して,市民運動は,世論を背景に政権に圧力をかけ,社会経済的な問題の解決を図る戦略を重視した。メディアを通じて問題を争点化し,具体的な代替案まで提示して政権の対応を迫り,必要に応じて政府機関との政策討議も行うという方法で,影響力を行使した。その過程で,経実連などは市民社会問題全般を扱う「総合型市民運動団体」として大型化し,女性問題や環境問題など個別イシューを扱う市民運動は,連合組織で統一イシューを設定し加入団体が取り組んで実行力強化を図った[20]。

また,金泳三大統領は,経実連・政策提言グループの大学教授を大統領秘書室首席秘書官に任命したのを皮切りに,市民運動関係者を大統領府に登用し,「改革の意志」を示した。彼らは団体を脱会して個人の資格で政権に関わったが,大統領府と社会団体が人的に繋がり,その市民運動団体の影響力が

増加した。こうして，政党内に基盤のない大統領が，国民の支持を求めて市民運動に接近しトップダウンの改革を行う状況になり，その過程で，大統領と改革指向の市民運動団体との間に人的なつながりを介した新たなネットワークが形成された。

　以上のように，行政府と新たに登場した改革指向の市民運動との間に，ネットワークが構築され始めた。

　一方，こうした市民運動と政党の関係はどうであったのか。上記のように，大統領府中心に権力を行使すると言っても，最終的な立法権は国会にある。市民運動は，世論を背景に政党に対してもプレッシャーをかける。活動目的を達成するために，政党全般に対してアドボカシーを行うのである。一方，政党体制が「地域割拠」の状態になっているとしても，各政党は全国に支持基盤を拡大する必要があり，与野党両方の，とりわけ「改革指向」の部分から，こうした「世論をバックに掲げた活動」に対応しようとする動きも現れてくる。つまり，この時期，(1)市民運動が政治システムの外からプレッシャーをかけ，(2)政党内に基盤のない大統領府がそれに接近し，(3)それによって市民運動の権力が可視化され，(4)政党もそれに対応しようとする，という動きが明確になってきたのである。

③新旧ネットワーク

　ところが，このような新たな団体と行政府のネットワークは，大統領と団体トップの個人的関係に依存する面が強く，地域社会の組織化などを含めた体制全体を視野に入れると，旧来からの政府・与党と社会団体のネットワークに実質的に依存して支えられている面が強かった。こうした過程で，金泳三政権下で問題になったのが，(1)権威主義体制下で「政治的な意図」から一部の「官辺団体」のみに特権を認めてきた制度をどうするか，(2)新たに成長して来た民間団体に対してどのような制度を構築するか，という問題であった。とりわけ，論議になったのが，国庫補助金である。[21]

　当時，権威主義体制下で特別法によって設立され，国庫からの補助や各種優遇を受けている官辺団体に対して，改革を掲げて新たに登場した社会団体からの批判が大きくなった。とりわけ，多額の補助を受けている「セマウル運動中央協議会」「パルゲサリギ（正しく生きる）運動中央協議会」「韓国自由総連盟」（92年当時の国庫補助金は，それぞれ15億ウォン，25億ウォン，25

億ウォンだった）は三大官辺団体と呼ばれ，問題にされた。

　こうした世論の批判を受けて，94年3月，国務総理は「96年から官辺団体に対する支援金をすべて削減する」と発表し，政府与党が縮小方針を掲げた。しかし，95年の秋には方針を変更して従来に近い額を計上した。上記三大官辺団体に対する国庫補助は，96年はそれぞれ20億ウォン，10億ウォン，10億ウォンとなり，97年にはそれぞれ30億ウォン，10億ウォン，10億ウォンが配分された。このように，従来の官辺団体への支援を堅持する金泳三政府に対して，改革的な市民運動団体が共同で批判活動を繰り広げた。

　金泳三政権は，こうした旧来のネットワークを維持する一方，改革的な市民運動団体との新たなネットワークを育成するため，新たに支援金を交付し始めた。公報処の支援金交付（94年13団体に計8億7000余万ウォン，95年27団体に計8億8000万ウォン，96年35団体に9億8000万ウォン）を始め，行政機関が非営利民間社会団体に対する支援を行うようになり，新たに社会の中で重要性を帯びるようになってきた社会団体・NGOとの間に行政府がネットワークを構築しようという試みが徐々に大きくなった。社会の変化に応じて，発生している問題に対処するためには，こうした新しい社会団体とのネットワークが重要だとする現場の認識をも反映したものであった。

　このように，金泳三政権は，旧体制から引き継いだ古いネットワークと，新たに登場した社会団体との「改革」を梃子にしたネットワークの，両方に軸足を置きながら自らの権力を確立しようとした。しかし，政権の末期には，前者に比重が移動していく。「OECD加盟」「先進国化」など国際的な地位の上昇を「国民的な課題」として掲げて推進，社会経済的な改革は後景に退いていき，前述した政経癒着スキャンダルなど旧態依然とした問題で政権の支持率は急落した。その渦中，97年9月に出された翌年度の予算では，セマウル運動中央協議会55億ウォン，パルゲサリギ（正しく生きる）運動中央協議会20億ウォン，韓国自由総連盟15億ウォンという大幅に増額された国庫補助が決定し，年末の大統領選挙対策だとの批判もなされた。こうした過程で，社会経済的な改革を目標とする社会団体は，大統領個人の改革意志や人間関係に依存したネットワークでは不十分だという認識が強くなる。[22]

2-2　与野党交代とネットワーク再編の試み：金大中政権（1998〜2002）

①与野党交代と政権の方針

　97年の大統領選挙では，野党の金大中候補が当選し，「選挙による与野党交代」を実現した。自民連・金鍾泌候補との野党候補一本化という「政治ボス間の野合」という側面も大きく作用したが，前述のような機能不全を起こした与党政府に対する国民の不支持という面も強かった。従来の体制の対抗エリートだった金大中の大統領就任によって，行政府や政党と社会団体の関係は，一層複雑になる。議会では野党勢力（前体制での与党）が多数を占め，既得権を剥奪する政策には抵抗した。少数連立与党のパートナーは朴政権の流れを汲む保守勢力であった。金泳三以上に「制度圏」で基盤の弱い大統領は，大統領府中心に社会団体をパートナーにし，議会を牽制しながら「国民の政府」として権力を行使しようとした。

　その際，金大中政権は，古いネットワークを換骨奪胎して利用しようとする。1998年8月に，政府は，セマウル運動中央協議会の新任会長に，姜汶奎（カンムンギュ）を任命した。彼は，民主化後に成長した市民運動団体の連動体である「市民団体協議会」の代表を務める人物であった。金大中政権は，セマウル運動を内部的に改革し，民間で政府の改革推進を支える組織として位置付けようとしたのである。さらに，大統領は，このセマウル運動協議会を中心に民間市民運動団体が参加した「第二の建国運動」という民間団体のネットワーク構想を発表した。政府による上からの制度改革と市民による下からの改革を有機的に結合する形で，民間の社会団体を支持基盤に，大統領中心の改革を提起したのである。IMF管理下に置かれた「建国以来の危機」に対応する国民運動の必要性というのが大義であった。こうした新たな「官によるコントロール」には，多くの市民運動・社会団体が反発して参加せず，政府の構想は頓挫した。

　それに対応して，政府は，民間社会団体の「自律的な活動を支援」する方向を強く押し出すようになる。その過程で，従来は官辺団体に対して特権的に配分されていた国庫補助金は，「完全公開競争方式」に変えられ，99年からのプロジェクト公募方式になった。その「公益事業」プロジェクト公募による補助金支援には150億ウォンを配分し，2000年1月には「非営利民間団体支援法」[23]を施行した。[24]

　以上のように，金大中政権は，「国民の政府」として「改革」を推進するた

め，民間の社会団体とのネットワークを再構築しようとしたが，社会団体の側では，そうした「官主導のネットワーク化」に対する警戒感も強い。さらに，改革を掲げる勢力の権力拡大を疑問視する勢力からは，影響力を増大した市民運動と金大中政権との「癒着」も批判されるようになり，民間の社会団体は，政権との関係や，社会における自らの課題の再検討を迫られるようになった。

その課題を「どのように」実現していくのかも再検討されるようになっていく。[25]

②市民運動の新たな方向性と市民社会内部の対立

金大中政権の「官による組織化」の試みに対して，自律的な活動を求める市民運動は，圧力対象や活動領域を多角化しようとする。これは，すでに金泳三政権期からも見られた傾向であったが，ここにきて明確になってきた。これまでの議論と関連して，2つの方向性をあげておく。

第一に，代表制である議会政治の改革推進がある。これまでも，自らのアドボカシーの対象として政党に圧力を行使してきたが，何らかの課題を実行させるのではなく，政党自体を改革させようとする方向性が打ち出される。[26]

1999年，40余りのNGOが参加して結成された「国政監査モニター市民連帯」は，議員の国政監査活動を常任委員会別に評価して公表する方式で，「国会監視」活動が本格的に始められた。有権者への情報公開を通じて，改革志向をもつ議員への支援，改革抵抗勢力への牽制を試みる活動で，2000年総選挙の「落薦落選運動」もこの延長線上にある。2001年は，各NGOが専門的に扱っている政策課題別に「常時の立法活動」をモニターする方針が出された。

また，代表を選ぶに際して新たな勢力の参入を困難にしている制度的な障壁を問題にし，政党法や選挙法を議論の対象に取り上げている。

第二に，行政の力によらず，司法の場に訴える方向性がある。韓国は，紛争解決のメカニズムが未発達で，社会団体も示威行動が盛んであるが，民主化後には裁判に訴える手段も多用されつつある。すでに盧泰愚政権期から，旧体制で制定された法律の改廃を求める方法として，憲法裁判所（1988年9月発足）に提訴する手段が採用されており，提訴・違憲判決によって法律が改正された例も多い。上記の選挙法に関しても，憲法裁判所への提訴によっ

て違憲判決を勝ち取り(2001年7月)⁽²⁷⁾，制度改正を必至なものとした。さらに，97年から参与連帯が取り組んでいる「小額株主運動」⁽²⁸⁾のように，訴訟による問題提起を通じて，既存の法律すら守られていない状況を変えようとする活動もあり，社会的な注目を集めている。

　以上のような改革勢力の活動の一方で，「改革の行き過ぎ」を憂慮するアクターによる反発の動きも顕著になる。メディアなどを通じた「改革」批判により世論を喚起し，それをバックにした社会団体が，政党や行政の保守勢力にプレッシャーをかけて，改革政策の制定・執行に反対するという構図も登場する。とりわけ，任期末になった金大中政権が，政策の方向性を失い，「大統領の息子の収賄」などで支持率が低下するに伴って，政府の政策執行力はより低下し，より社会の側からのプレッシャーに左右されるようになっていく。そうした過程でもネックになったのが，政党が社会集団の要求を収斂して政策にまとめあげ政策制定過程に反映するという機能を果たしていないという点であった。改革推進の市民運動団体が世論をバックに政権に圧力をかけたように，改革政策に反対する社会勢力も，金大中政権批判の世論を高揚させて支持基盤を失わせることを戦略とした。そうすれば，議会で多数を占める野党が，政権批判の世論をバックに政策に反対し，結果的に自らに不利になる政策の実施を阻止する，という方向に近い。

　このように，民主制の定着期には，移行期とは異なる社会団体の動きが顕著になっている。移行期には，権威主義体制下で体制を支えた社会団体とは異なる団体が多数登場し，「国家に抗する市民社会」とでもいう図式が成立したが，民主制の定着期には，社会の諸集団にとって「旧来の政治経済秩序を維持するのか否か」が非常に重要な問題となり，それをめぐって市民社会内部での対立が起こり，「市民社会 vs. 市民社会」とでもいう図式が顕在化する (崔章集 2002：191-192)。そして，社会諸集団が，自らの目的のために行政府や政党に対して影響力を行使しようとするが，とくに，政党が社会からの要求をくみ上げる機能を果たさず，安定的な制度化はなされていない。社会団体が，世論を通じた圧力行使という手段に頼るのはそのためである。その中でも，新たに登場した団体は，行政府や政党とも新しいネットワークを構築・活用しようとする方向に変化しつつある。民主化宣言から15年近く経過した韓国の現状を，このように捉えることができるだろう。⁽²⁹⁾

3 データによる素描

　以上が，権威主義体制からの移行期・定着期における行政・政党と社会団体間ネットワークの変化過程である。政治体制の移行過程に応じて，ネットワークを作り変えようとするアクターの動きに注目し，政府の社会団体政策の変遷，代表的な市民運動の戦略から，その過程を考察した。こうした背景が，今回のデータでどれだけ確認できるのか検討してみよう。データの全般的な分析は他の章，および今後の検討に委ね，ここでは本章の議論に絞って，社会団体と行政府・政党間の関係について素描したい。[30]

　先述したように，この調査が実施されたのは97年末金泳三政権の末期であり，この時期の社会団体と行政府・政党間のネットワークに関する議論は，以下のように設定できる。

(1) 漸進的な民主化が展開された韓国においては，旧体制から残存した行政府と社会団体間のネットワークと並存するかたちで，新しく登場した社会団体を中心に新たなネットワークが生成された。97年末の段階は，権威主義体制から続く与党支配の下で，新しいネットワークが影響力を及ぼし始める時期である。

(2) 新たなネットワークは，古いネットワークの存在を前提に，それと対抗する形で生成された。政治社会内の基盤の弱い金泳三大統領は，民主的改革の流れの中に自らを位置付けて権力を確立しようとする意図から，民主化後に改革を推進しようとする社会団体との間にネットワークを構築しようとした。しかし，実際の社会におけるパワーエリートは旧体制からのネットワークに属しており，政権は両方のネットワークに軸足を置かざるを得ない。

(3) このような背景にあって，古いネットワークに属する団体は，既得権益の確保を重視して活動するが，権威主義体制下のように政権に従属するのではなく，政権から距離を取った圧力団体として自らの意図を達成しようとする指向性を示す。新たなネットワークを構築しようとする団体は，行政府・政党の改革意志に期待をしながら，それに圧力をかけて現状の変革を試みようとする。

　以上のような大きな傾向は，どのように検証できるであろうか。

まず，新旧ネットワークの存在を理解するため，「団体の設立時期」と「執行部の保革傾向」に着目してみる。その際，なぜ「保革傾向」に着目するのか，反共を国是としている韓国で「保革」とは何を意味しているのか，「保革傾向」は何の指標となるのかを確認しておく必要があるだろう。

　韓国の政治学者が指摘しているように，韓国の保守主義は，何らかの体系的なイデオロギーを提示するというより「漠然とした反共産主義，反北朝鮮という基礎の上に，現在の安定を維持しようとする心理」に依拠する部分が多く，保革は具体的な政策指向性というよりも「既存の政治経済秩序の維持か改革か」という点においての差異を示している。(31) 97年の調査では，「民主化宣言」以降の重要な政策決定に対する賛否も質問しているが，「企業活動規制緩和に関する特別措置法」（93年6月11日）以外の「既存の政治経済秩序を改革する」方向性が強い法律に関しては，保守の方が反対する傾向を示している。とりわけ，「男女雇用平等法」「土地超過利得税法」，及び全斗煥・盧泰愚への処罰を規定した「5・18特別法」の制定に関しては，「保守の方が反対」という傾向が，統計的に有意だと示されている（ただし，Pearsonの相関係数はそれぞれ－0.168，－0.126，－0.133と数字は大きくない）。よって，権威主義体制から漸進的に民主化している97年の段階において，旧体制の政治経済秩序の維持を指向するか否かの指標として，保革イデオロギーを使用することは可能だと判断できる。

　ここで確認したいのは，上記の議論をより具体化した「権威主義体制下に設立されて存続してきた団体は，その体制を支える古いネットワークに属するものが多い。民主化後，新たに改革的な団体が多く設立され，旧体制下で抵抗していた団体をも取り込んで，新たな改革ネットワークを構築しようとしている」という仮説である。

　これを検討するため，まず団体の設立年度別に民主化宣言前後を分け（ここでは，1987年までを民主化以前，88年からを民主化以後とした）(32)，執行部のイデオロギーとの相関関係を取ってみた（本調査でのイデオロギー設問はカテゴリー変数であり，順位尺度に近いものであるが，ここでは連続変数と見なして検討している。他の変数に関しても同様に処理した）。ここでの保革指向性は，97年の段階のものであり必ずしも設立年度当時のものではない（例えば，権威主義体制下で体制を補完する機能を果たしていた労働団体が，

民主化後は自らをより改革的な団体として位置づけなおす事例はよく見られる）。また，権威主義体制下から政権を支えていた「三大官辺団体」の2つが民主化宣言後に組織改編され，名目上は民主化後に設立したことになっているように，設立年度が実態を反映しない部分もある。いうまでもないが，調査時である97年末までに設立された団体でも，この時点に存在しなければ含まれず，民主化宣言前後の比較といっても，あくまで97年末に存在した団体の設立年を基準にしたものである。こうした問題点を含んでいるため，大きな傾向は確認できるだろうが，両者の差違は相当ぼかされ，曖昧になっている可能性が強い。

　韓国の社会団体では，組織運営のトップダウンが特徴として指摘されるため，「執行部の保革傾向」（Q5-1）の結果を使用し（「非常に改革的：1」～「非常に保守的：7」），設立年度が民主化以前と以後のものに分けて，保革傾向の平均を比較し，その差が有意かどうかT検定によって分析した。結果は以下のように，有意な差が確認できた（表2-2）。

　さらに，民主化後の韓国社会で大きな役割を果す市民団体について分析すると，その変化はもう少し顕著になる。但し，すでに触れたように，韓国JIGS調査が97年に実施されており，「87年以前の設立団体」といっても，97年にまで存続した87年以前に設立された団体の97年時点での保革傾向であること，つまり，87年以前の団体が87年以前に有していたイデオロギー志向を測るものではないこと，そして，1997年の調査時点では，まさに新旧のタイプが入り乱れ，しかも保革のスタンス自体も曖昧であったことから，こうした統計的に有意ではあるが，やや対照のはっきりしない答えとなったものと見られる。これを第3章で見るように，団体分類別に見るともう少し明快になる。

　以上のように，民主化宣言の前後で，団体の改革指向に有意な差が発見さ

表2-2　設立時期による団体のイデオロギー傾向（全体と市民団体）

	全体			市民団体		
	87年以前設立	88年以後設立	差の有意確率	87年以前設立	88年以後設立	差の有意確率
保革傾向（執行部）	4.15	3.62	0.003	4.15	3.61	0.001
N	228	156		18	21	

（注）　分析サンプルはソウルと京畿道を合わせた全サンプルである。

れた。「権威主義体制下に設立されて存続してきた団体は，その体制を支える古いネットワークに属するものが多い。民主化後，新たに改革的な団体が多く設立され，旧体制下で抵抗していた団体をも取り込んで，新たな改革ネットワークを構築しようとしている」という議論とは矛盾しない結果である。

それでは，こうした新興の改革指向の団体と古い保守的な団体との間に，行政府や政党に対する関係で違いは確認できるのだろうか。「執行部の保革指向」「設立年度」を独立変数にとり，官僚や政党との「関係」「信頼度」「接触状況」などを従属変数として，回帰分析を行なった結果，以下のような「可能性」が浮上した（統計的には有意であるが，R2乗値が低く，さらなる計量的検討を要するので，現段階では可能性に留める）。前述のように，民主化過程において行政府や政党自体も変化過程にあるため，それぞれとの関係は流動的で，1時点の調査で決定的な根拠を得るのは困難である。また体系的な計量分析は後につづく章や後日の検討に委ねたいが，いくつかの傾向が示唆されたことだけ報告しておきたい。

まず，最も説明力が高い可能性が示唆されるのが，官僚との協調・対立関係である。「新しく設立された」「改革的（革新的）」団体の方が，官僚と対立的な関係にあることが，統計的に有意なものとして示された。他方，「現在の行政機関への信頼度」を従属変数にした分析からは，「新しく設立された」「改革的」（革新的）団体の方が，行政機関に対して不信感が強いという傾向は見られるが，統計的には有意でない。こうしたデータは，改革的団体が，行政機関の改革的な指向に望みをかけて圧力を加える活動を行っているという解釈と矛盾しない。また，政党や行政機関への接触を見てみると，統計的有意性が示された野党への接触のみならず，与党や行政機関への接触においても，改革指向性が接触の頻繁さと連関しているようである。

このように，改革指向の団体が，より活発に行政府や政党への働きかけを行っている傾向が見られるが，それはアドボカシー活動を通じて圧力を行使するという前節の説明と矛盾しない。

さらに，表2-3のように，改革志向の団体ほど「野党との接触」や「手紙・電話で圧力をかける」といえるが，また「与党と接触」「野党と接触」の間に強い相関関係が見られ，社会団体が，与野党の区別なく接触する傾向が示されている。さらに，そうした活動と，「行政官庁と接触」「手紙・電話で

表2－3　保革傾向と働きかけ関連変数間の相関係数

区分	保革傾向	与党と接触	野党と接触	行政官庁と接触	手紙・電話で圧力
保革傾向	1.00	−0.08	−0.23*	−0.05	−0.23*
与党と接触	−0.08	1.00	0.81*	0.61*	0.55*
野党と接触	−0.23*	0.81*	1.00	0.55*	0.55*
行政官庁と接触	−0.05	0.61*	0.55*	1.00	0.41*
手紙・電話で圧力	−0.23*	0.55*	0.55*	0.41*	1.00

(注)　*は，有意水準0.01で有意ある。

圧力」などにも相関が見られ，様々なルートを通じて，行政府や政党に働きかけようとする指向性を確認できる。(逆に言えば，政党・行政府との構造化が進んでいないという第8章の議論に連なる。)

　ここでもう一度確認しておきたいのは，この当時の与野党の差異である。両者の間には，政策やヴィジョンでの差は無く，相対的に野党の方が改革指向が強いものの，明確なイデオロギーの差は見られない。両者の差は，ずっと政権を担当してきた党か否かという点にあるが，それ自体が調査直後の大統領選で変動することになる。社会団体にとって，与党と野党の持つ意味が流動的だったと言えよう。

　こうしたデータから，相対的に改革的な団体が様々なルートや手段を通じて，政党や行政府に働きかけようとする傾向が確認できる。それは，そうした団体が，民主化後に設立された，もしくは，旧体制下で与党や行政府と繋がるネットワークの外にあった団体であるため，民主化後に変化しつつある政党や行政府に対して新たな関係を構築しようとしている，と解釈することは可能であろう。

　次に，旧体制から続いた古いネットワークに属する団体の，活動傾向について分析してみよう。こうした団体を析出するのに，政府補助金を受けている団体に注目する。先述のように，この時期はまだ，旧体制の官辺団体に対して優先的に補助金が配分されており，これらの団体の特徴が分析できる可能性があるためである。

　96年度に国から補助金を受けたと回答したソウルの団体は，以下のような分類になる。この団体執行部の保革傾向は表2－5のようになる。

　これら「国から補助金を受けている団体」と「その他団体」で，いくつかの項目について平均値を比較してみた。執行部の保革イデオロギーや与党支

表2-4
国庫から補助金受領団体数

区　分	団体数
農業団体	3
経済団体	2
教育団体	7
行政関係団体	2
福祉団体	19
専門家団体	9
政治団体	2
市民団体	3
宗教団体	4
その他	11
合計	62

表2-5
補助金(中央)受領団体の保革傾向

区　分	団体数
非常に改革的	4
改革的	9
どちらかといえば改革的	4
同程度	6
どちらかといえば保守的	17
保守的	8
非常に保守的	2
合計	50

持では,前者の方が保守的,与党支持が高いという数値が現れたが,その差はわずかなもので,T検定による差の有意度は見られなかった。

また,「行政機関への信頼度」(現在・10年前)では,補助金を受けている団体の方が高く(Q21:「まったく信用できない:1」～「非常に信用できる:5」),統計的にも有意な結果が現れた。他方,官僚・政党・大企業との関係は,数字が低いほど「協調的」と回答を設定しているため(Q30:「非常に協調的:1」～「非常に対立的:7」),とりわけ「大企業との関係」において「補助金を受けている方が良好な関係にある」ことが明確に示されている。

以上の結果は,97年末という調査時期が,2節で述べたように,補助金と政権支持・選挙工作などの問題が取り沙汰されている時期だったため,補助金を受けている団体が政権との関係を推察し得るような回答を慎重にしたためだという可能性も考えられないわけではない。しかしむしろ,体制が変動する時期において,将来的には政権が古いネットワークの団体の権益を擁護

表2-6　補助金受領の有・無(その他)による指向性の差

	中央から補助金	その他	差の有意度
保革傾向(執行部)	4.10	3.91	0.471
政党支持(新韓国党)	2.10	1.91	0.258
行政への信頼(現在)	2.93	2.62	0.022**
行政への信頼(10年前)	2.90	2.51	0.015**
官僚との関係	3.52	3.73	0.342
政党との関係	3.72	3.67	0.781
大企業との関係	3.40	4.02	0.000*

(注)　*は有意水準0.01で,**は有意水準0.05で有意である。

し得ないと判断し，政権との関係よりも社会のパワーエリートとの関係を重視して，自らの団体の権益を守ろうとする戦略変更を行っているという解釈が妥当であろう。上記の仮説(1)とは矛盾しない調査結果であると考えられる。

最後にもう1つ検討しておきたい点がある。

表2－4にあるように，補助金を受けている団体には，分野別の偏りが見られる。これと関連して，本章が分析枠組みとして設定している以下の点についてもデータで検討してみた。

(4) 権威主義体制下における社会団体と行政府・政党とのネットワークは，政権の統治構造，統治政策によって規定された。統治政策の違いによって分野別の社会団体のあり方も規定され，社会団体と行政府・政党間のネットワークも違いが生じる。

この点を検討するため，団体の保革傾向と設立年度を分野別に集計し検討してみた。ここでは詳しい分析結果は示さず（この点は第4章に譲る），結論だけを述べると，権威主義体制下での上からの団体育成は，分野によって異なるが，それは保守的な団体の設立年度分布にある程度反映されている。例えば，70年代以降の福祉政策（1970「社会福祉事業法」制定）や80年代の社会問題に関する準政府機関設置など「社会団体を通じた政策実施」を行った分野と，社会団体の活動を規制していただけの分野では団体の設立状況も異なる。また，「その他団体」の設立状況は，第1章1節で述べたように，統治の末端で親睦団体を活用していたことの反映とも推察できる。比較的統制の少なかった宗教団体の設立状況も，同節での考察と合致する。権威主義体制下の分野別「統治政策の違い」と「社会団体の設立状況の違い」の関連性は，いくつかの面において観察されたと言ってよかろう。

4 結論

以上の本章での分析と記述から，おおむね次のことが確認された。

1. 権威主義体制下における分野別の団体のあり方，社会団体と行政府・政党とのネットワークは，政権の統治構造，分野別の政策によって規定された。大統領を頂点に政府・与党が融合している体制を支えるための，ネットワークが構築された。
2. 体制変動により統治構造が変化し，古いネットワークを残しながらも，

既存の政治経済秩序を改革しようとする新たな社会団体が登場している。
3. 漸進的な民主化が展開された韓国では，旧体制から引き続く行政と社会団体間のネットワークが残存する中で，新しく登場した社会団体は，自らの活動目的を達成するため行政府・政党に対する働きかけを行った。
4. 新しい団体からの働きかけは，古いネットワークの存在を前提に，それと対抗する形で新たなネットワークを形成しようとした。政治社会内の基盤の弱い金泳三大統領は，民主的改革の流れの中に自らを位置付けて権力を確立しようとする意図から，民主化後に改革を推進しようとする社会団体との間にネットワークを構築しようとした。しかし，実際の社会におけるパワーエリートは旧体制からのネットワークに属しており，政権は両方のネットワークに軸足を置かざるを得なかった。調査が実施された97年末は，権威主義体制から続く与党支配の下で，新しいネットワークが影響力を及ぼし始める時期であった。
5. このような背景にあって，古いネットワークに属する団体は，既得権益の確保を重視して活動するが，権威主義体制下のように政権に従属するのではなく，政権から距離を取った圧力団体として自らの意図を達成しようとする指向性を示す。新たなネットワークを構築しようとする団体は，行政府・政党の改革意志に期待をしながら，それに圧力をかけて現状の変革を試みようとする。

こうした結論を踏まえて，韓国の社会団体の現況について確認しておきたいことがある。

民主化後の韓国社会団体の活動は，一見すると非常に活発で，大きな政治力を発揮しているかの印象がある。しかし，本章で述べてきたように，社会団体のそのような活動は，社会集団から乖離した政党の機能と表裏一体のものである。社会集団と政党の間に安定的な関係が制度化されていないため，社会団体が政治に働きかけるのは，有力者などを通じたコネか示威による圧力行使という方法にならざるを得ない。本章で，「新しいネットワーク」と称したものも，いまだ萌芽的で不安定な関係に過ぎない。

つまり社会団体の活動が盛んなことを，市民社会の成長，民主主義の成熟と直結して考えることはできない。Berman（1997）が，ワイマール共和国においては，市民社会からのインプットに対応できるほど政党や行政機構など

が制度化されていなかったため，盛んな社会団体の活動が民主制を崩壊させる結果をもたらしたとする。この研究が示唆するように，社会団体からの要求を政治過程に反映する制度という要素を抜きにして，この問題は捉えられない。本章が，社会団体の活動を，政党や行政府との関係の中で捉えようとしたのは，まさにこうした観点による。

　民主化という過程は，統治ルールの変更・新たな制度導入など流動的な時期で，「どんな新たな制度を」「誰がどのように作るか」をめぐる政治が展開する。とりわけ社会団体にとって重要なのは自らが利益を媒介するメカニズム，それを支えるルールが確立していないことである。この制度化は，新制民主性のあり方を大きく左右するものとなるだろう。自らをめぐる制度づくりに社会団体がどう関わるのか。新制民主制の制度化において，社会団体がどのような役割を果すのか。今後とも探求すべき重要な研究課題である。

　　（1）　ただし，この投票行動は，都市と農村という居住地や職業に規定されたものではなく，年齢と教育水準という変数によるものであることが明らかにされている。邦文の研究として福井・李（1998：61-62）を参照。
　　（2）　アクターとしての社会団体を分析する際，(1)何を活動目的とし，どんな戦略で行動したのかを，行政府や政党との関係の中で捉え，(2)民主化過程において，それらがどう変化してきたのかを検討する必要がある。ここでは，変化する政治的機会構造（political opportunity structure）の中で，社会団体の課題・戦略・活動方式はどう変わってきたかという視角を設定した。関連分野として，democratic consolidation の議論（Linz and Stepan 1996; Diamond and Kim eds. 2000など），社会運動論（McAdam and Zald 1996; Tarrow 1998など）を参照。これは，「民主化」というマクロの体制変動の問題と，新たな政治体制における「参加」の問題を，社会団体の活動を軸に考察することにも関連する。統治ルールを変更し制度を整備していく民主化過程では，「どんな制度をつくるか」をめぐって政治が展開するが，そのルールを「誰がどのように作るか」ということ自体が流動的であるという点を重視した分析視角である。なお，欧文文献では Kim San-hyuk (2000) が1950年代から90年代の韓国の民主化をめぐる政治過程と，そこにおける社会団体の役割を叙述しており，事実の整理には役立つであろう。
　　（3）　各種法律の内容・変遷に関しては，韓国法制研究院『大韓民国　法律沿革集』（全32巻）を資料として用いた。社会団体に関する制度の内容，変遷過程，改廃をめぐる議論の詳細に関しては，磯崎（2001）を参照。

（４）　63年に全面改正された「社会団体登録に関する法律」は，社会団体を組織した日から10日以内に必要事項を主務官庁に登録するものであり，1994年に改正されるまで中央官庁が社会団体を一元的に把握する制度として機能し，最終的には97年に廃止された。
（５）　「官辺団体」という概念は，一般的に使われる曖昧な言葉で，研究書では「政府や官の周囲に存在もしくは寄生する諸団体を指す言葉として，一種の準政府団体を意味する」と説明され，設立根拠に応じて２種類に分類されている。１つは，本文でも指摘したように，政府が団体の育成特別法を制定して，予算など財政上の支援や国共有施設を無償提供するなど各種の特恵を与えている団体。もう１つは，特別法に根拠をもたない任意団体で，政府予算から正式補助金を受けることはできないが，地方行政機関からの補助金を始め各種の特恵を受け，実質的に行政府の意図を代弁する役割を果している団体である（金永来編 1997：165－166）。以上のように，「官辺団体」は，後者をも含めたものとして使用されているが，後者の定義が曖昧であるため，本章では前者のみを「官辺団体」という概念で扱う。
（６）　セマウル運動は，1970年10月，全国の末端行政単位である里・洞にセメントを無償で支給し，村の環境改善事業を住民自らが推進する運動として開始され，1972年３月の大統領令第6104号によって行政府の指導体制が確立（金永来編 1997: 170），内務部主導で展開された。これは一種の農村近代化運動で，中央にセマウル運動中央協議会が，地方の行政区に運動担当部署が設置され，末端の各村では行政機関からセマウル運動指導者が任命された。その指導者を中心に住民を組織し，政府補助金で農道開発・住宅建設・上下水道整備などの事業を展開，高収量品種米の導入なども推進した（内務部 1984）。
（７）　一方，地域で体制を支える人々を，官辺団体を通じて組織化することも，同時に進展する。先述の「在郷軍人会」に続いて，1973年，全国に散在する「祖国の治安維持に身命をかけてきた前職警察官」を一つに束ねる親睦団体「在郷警友会」が，特別法によって設置された。
（８）　1952年制定の「寄付金品募集禁止法」により社会団体の寄付金募集が原則的に禁止されたため，一般の団体の活動資金供給は大きく制限された。この法律が「寄付金品募集規正法」に改正されるのは1995年である。
（９）　準軍政期である1980年８月，政府が「社会悪一掃特別措置」を断行したのに呼応して，社会浄化運動が開始され，10月には国務総理所属の中央行政機関である「社会浄化委員会」を新設し，運動を本格的に展開した。1983年５月には「社会浄化運動組織育成法」を公布，この特別法を根拠に社会浄化運動組織を官辺団体として育成した。この運動に関する資料としては，社会浄化委員会（1986）がある。

(10) 例えば，韓国女性開発研究院を設置し（1982年），政策研究や女性組織への支援・地域へのサービス提供を行って民間女性団体の活動をまとめようとした試みがある。消費部門では，86年に消費者保護院を設立し，消費者の被害救済，製品の試験検査とその情報公開などを通じて，民間の消費者団体活動との連携を進めた。環境部門でも，検査・研究を行う国立環境研究所が，80年代には地方自治体の保健研究所を通じて地域の環境保全活動への技術指導を行った。

(11) セマウル運動では，全斗煥大統領の実弟・敬煥が要職についていた（81～85中央本部事務総長，85～87会長）。彼がその地位を利用して公金横領・不正蓄財を行なっていた疑惑が取り沙汰され，盧泰愚政権下の88年，捜査の結果，全敬煥に刑事処罰が下された。

(12) 公害追放連合（KAPMA）の設立宣言文（88年）には，80年代の環境運動の認識が表明されている。環境汚染の原因を「利潤のみを追求する独占財閥とそれを庇護する軍事政権及びアメリカ」だと規定して，環境運動を体制変革の大きい運動の一部と位置付けていた。また，80年代の運動を経験した女性団体が設立した「韓国女性団体連合」〈KWAU〉の創立文（87年）では，女性を抑圧する社会的矛盾を「外勢による民族分断・軍事独裁政権による基本的人権と民衆抑圧的な経済政策によるもの」と位置付け，社会の民主化・自主化と女性解放を目標として捉えていた。

(13) パルゲサリギ（正しく生きる）運動中央協議会は，社会浄化推進委員会の組織と役員を吸収して，1989年に民間団体として発足，その主導下で「官主導の意識改革運動」が展開された。1991年12月に，「パルゲサリギ運動組織育成法」が制定され，運動に関与する団体は特別法を根拠に各種の特恵を受ける官辺団体となった。

　韓国自由総連盟は，韓国反共連盟を前身に，1989年に創立された。依拠する特別法は「韓国自由総連盟育成に関する法律」である。

(14) 87年の大統領選挙で，「慶尚北道・大邱＝盧泰愚」「慶尚南道・釜山＝金泳三」「全羅道・光州＝金大中」「忠清道・大田＝金鍾泌」という基盤が定着した。その後，党の再編や指導者の交代があるが，これらの地域で特定の党が議席を独占する傾向が続く。

(15) 80年代末から土地・株式・分譲マンションのプレミアムなどで発生する不労所得が増加し，不動産投機が流行して土地価格は暴騰した。宅地開発をめぐって大統領府・与野党・ソウル市を巻き込む大規模な贈収賄事件も発覚し，電子工場が排出したフェノールで大邱市200万人の水道が使用不能になる事件も起こった。

(16) 先駆的かつ象徴的な存在として，1989年に発足した「経済正義実践市民連合（経実連）」（Citizens Coalition for Economic Justice: CCEJ）がある。

公正な経済的分配と腐敗の追放を掲げて500名の会員で発足、不動産投機やマネーロンダリングに対する規制を求めて、アドボカシー活動を展開した。

(17) 例えば、体制変革を目標にしていた公害追放連合は、「生活の中で起こっているすべての環境破壊、汚染行為を根絶し、新たな環境意識と実践で自らの生きる場を健康に変えていく」ことを目標とする環境運動連合（KFEM）に改編された。韓国女性団体連合は「女性の権利を保障する制度の確立」を目標にし、女性関連法の改正や制定に組織的に取り組むようになった（ユ・パルム 2001：201-208）。

(18) 民主化後の選挙制度は、地域区・小選挙区制、全国区・比例代表制で、行使できるのは「一人一票」である。小選挙区での選択が、そのまま比例区に直結し、既成政党に有利に作用した。この点は、後述の通り2001年に違憲判決が下った。

(19) 大統領が強権を発動したのが、大統領緊急命令による「金融実名制」の実施だった。これは、経実連が発足当時から積極的に提起してきた「金融取引を実名で行うことを義務とする制度」で、不動産投機抑制・アングラ経済根絶・税負担の公平などを目的とする。経実連の積極的なアドボカシー活動で世論が支持していたこの制度は、盧泰愚政権でも導入が検討されたが、議会の抵抗で「骨抜き」になり、市民運動は活動を続けていた。それを、就任直後の金泳三大統領が、「大統領緊急命令」（1993年8月12日公布）によって実施を決定した。大統領緊急命令の発動は、1972年以来のことであった。メディアは「金融実名制実施は経実連の勝利」と取り上げ、市民運動団体の権力が目に見える形で示される契機となった。

(20) 女性関連法への取り組みは典型的である。88年以降、男女雇用平等法改正、家族法改正、性暴力特別法制定などの運動を進め、96年には電話相談に寄せられるドメスティックバイオレンスを争点化し、家庭内暴力防止法制定の成果をあげた。

(21) 以下、官辺団体に対する国庫からの補助金支給をめぐる議論、及び、各団体への支給額などに関しては、ユ・パルム（2001：214-217）。

(22) 代表的なものに、1994年に発足した「参与連帯」（Peoples Solidarity for Participatory Democracy: PSPD）というNGOがある。公権力から自律し権力を監視しながら「下からの参加」を重視する活動で、金泳三政権末期から注目されるようになり、現在、韓国NGOの要の1つになっている。

(23) 150億ウォンの半額が全国事業に配分されたが、その40％以上が「3大官辺団体」に支給された。その75億ウォンの上位支援団体と支援額は以下の通り。セマウル運動中央協議会（約18億）、自由総連盟（約8億）、パルゲサリギ中央協議会（約5億）、YMCA（約2億）、経実連、環境運動連合、民主改革国民連合、市民運動情報センター、緑色連合、女性団体連合、

YWCAがそれぞれ約1億ウォン（金グァンシク1999: 121）。その後，2000年制定の「非営利民間団体支援法」に基づくプロジェクト選定委員会が設置されて官辺団体優遇の是正が進み，2000年度行政自治部補助金の官辺団体への配当は16％となった。

(24) 「非営利民間団体支援法」（2000年1月公布）は，「非営利民間団体の自発的な活動を保障し，健全な民間団体としての成長を支援することで，非営利民間団体の公益増進と民主社会発展に寄与することを目的」としており，非営利民間団体への支援内容を定め，支援を受けようとする団体は行政官庁に登録するように規定している。最低限の要件を満たせば登録して優遇を与える方向が提示されており，支援を受けようとする団体を登録させるという制度だ。法律制定時から，運用の仕方によっては社会団体への統制となるという点や，補助金の使われ方や効率性を客観的に検証する制度がない点が問題として指摘されているが，制度としては画期的なものだった。磯崎（2001）を参照。

(25) 例えば，江原道の東江ダム建設白紙化に関する評価がある。これは，建設交通部が決定していたダム建設計画を，1997年開始された市民団体の反対運動が大きな圧力となって，環境部や金大中大統領も巻き込んだ論議となり，官民合同専門調査団による調査を経て最終的に建設中止が決定した問題である。環境保護運動の成果として取り上げられるが，そこに至る過程に関しては市民運動内でも議論があった。計画「白紙化」を決定したのは金大中大統領の「一声」であったため，環境NGOの内部から「民主的決定過程を無視した」大統領の政治的介入が批判された（『市民の新聞』301号，1999年8月）。本書第14章参照。

(26) その背景には，「政策決定過程への参加の制度化」という問題意識がある。社会経済的な問題を「法や制度によって」是正するためには，一般市民の声を反映した制度をつくる必要があるとして，代表制であり立法機関である議会政治に焦点が定められたのだ。

(27) 「一人一票制下での比例代表制配分方式」を定めた条項と，「地域区候補者登録に際して2000万ウォンを寄託し，一定票を獲得できなければ国庫に納める」ことを定めた条項に，違憲判決が下った。

(28) これは「財閥」企業が，オーナー一家の利益のために不当内部取引や系列金融機関からの資金調達などを行っていることを追及する運動で，該当企業の小額株主を集めて商法に規定されている小額株主権を行使，経営陣の不法行為に対する民事・刑事責任を問題にしている。

(29) 紙面の都合で十分に論じることはできなかったが，金大中政権末には「市民社会内部」の対立が一層大きくなる。それに関しては磯﨑（2003）を参照されたい。

(30) ここで「行政府」と述べたが，厳密には，執政と行政を区別する必要がある。民主化後，とりわけ金泳三政権以降，大統領府を中心とする執政機関と行政官僚との選好の違いや軋轢は顕在化している。この2つを区別した分析が重要であるが，ここでは，調査項目の制約もあるため，明確に区別せずに扱う。本章の文脈とは異なるが，大西（2002）が韓国政治における「執政と行政の区別」の重要性を明確に指摘している。

(31) 朴は，保革の差異が顕著になるものとして統一政策，対北朝鮮政策に注目して分析している。さらに，「冷戦反共主義下での上からの開発」を推進して来た既存の秩序に対する態度により，おおむね，保守勢力が「比較的親米で国家主義的，全体のパイを大きくすることを重視」，革新的な勢力が「比較的反米で民族主義的，分配を重視」という性向を示すとしている（朴ヒョジョン 1999：117）。

(32) 「民主化宣言」は6月29日に出されており，1987年をどちらに含めるかは議論が残るかもしれない。本章は，同年10月末の新憲法公布とそれに基づく大統領選挙を経て，88年2月に発足した盧泰愚政権の成立をメルクマールとして，88年以降を民主化後とした。体制転換の制度化，統治方式の変化が社会団体の設立及び活動に与えた影響を重視する見地に基づいた区別である。

第3章

市民社会のイデオロギー変化：
1987年を画期として

辻中豊

　本章で提示される分析結果は，1997年時点で，韓国には「保守」的団体と「革新」的な団体がほぼ拮抗して存在すること，また，権威主義「体制下」に設立された団体と，権威主義体制の「前」と「後」に設立された団体のイデオロギー傾向が明らかに異なることを示す。

　さらに民主化以前と以後の設立団体を分類ごとに，また執行部と一般会員別に，それぞれの保革のイデオロギー指数および保革の割合で比較した。その結果，民主化以前と以後の比較において，民主化が団体分類に与えた影響として，以下のことを推定した。

①全体としては革新化傾向が強いが一部分類の保守化傾向が見られ，両極化が生じている。

②一般会員より執行部で革新化がやや著しく，一般会員では保革同程度へのシフトが見られる。

③執行部で革新化や革新への揺れが生じているのは，農業，市民，福祉，宗教，労働など，特に市民，農業で革新化の揺れが大きい。一般会員では革新化の結果，労働，市民などで保革逆転が生じた。

④逆に保守化しているのは，執行部で経済や教育，行政，一般会員で専門家の団体である。

⑤日本（東京）とイデオロギー指数で大きな違いが見出されるのは，執行部で農業，宗教，一般会員で農業であり，いずれも韓国の革新度が高いことである。

はじめに

　本章は，第2章の問題提起を受けて，1987年民主化宣言後の体制の変動について，韓国調査データ（以下 K-JIGS）をより詳細に検討するものである。第2章での問題提起の1つは，「97年末という調査時点では，権威主義体制から続く与党支配の下で，新しいネットワークが影響力を及ぼし始める時期」であり，97年末の時点では，新旧2つのネットワークが同時にはっきりと存在し，混在状況にあるというものである。また新旧のネットワークに属する団体間で行動パターンなど有意な違いが見られる点がスケッチされている。磯崎はさらに，統治体制の団体ネットワークへのインパクトを示唆しているが，「社会集団と政党の間に安定的な関係が制度化されていないため，……新しいネットワークと称したのも，いまだに萌芽的で不安定な関係に過ぎない」（この点は第7章も参照）し，「社会団体の活動が活発なことを，市民社会の成長，民主主義の成熟と直結して考えることはできない」と慎重に評価している。

　本章は，上記の議論を，K-JIGS データの点からさらに補強するものである。

　第1節において，調査団体全体のなかで2つのネットワークが混在していること，つまりイデオロギー的な志向性や団体分類構成が異なる2つの団体グループの存在を示す。

　次いで2節では，首都の各団体分類の中で，新旧のネットワークに関連する団体の構成，具体的にはイデオロギー志向の面で異なる団体の割合を団体分類ごとに検討する。ここでは，団体分類ごとの保革イデオロギー（Q5）の平均点（以下，保革指数）を用いる。

　3節では，首都での団体分類ごとの保革割合が，民主化前後でいかに変化したかに注目し，その構成比の対比を行い，民主化前後の「揺れ」を確認する。またソウルと東京の団体分類間でのイデオロギー構成を比較する。韓国での団体分類のイデオロギー的位置を確認する。

　結果として，87年の民主化移行という体制変動のインパクトが97年末の時点でどのような形で見られるかを，87年以前設立の団体と以後設立の団体のデータ比較によって検証することになる。いうまでもなく，1997年調査時点に存在したデータである制約（民主化年以前設立団体といっても97年までに消滅した団体は含まれない），序論や第2章でも強調されているように，調査

時点の特殊性（IMF 危機下の不安的な社会状況）が影響している可能性を考慮に入れる必要がある。

K-JIGS データは，調査団体を全体で観察している場合は，ソウル特別市とソウルの直近周辺部である京畿道が含まれるのでソウル首都圏の状況を意味する。東京との比較の時はソウルだけのデータに限った。また基本的な時期区分は政権を基準にしたが，民主化の前後区分では87年から民主化後として扱ったため，86年以前と87年以後の設立団体を比較した（すでに第２章でも触れたが，87年をどちらに分類するかは議論があるところである）。

1　設立時期と団体イデオロギー分布

97年時点において，大きく分けて２つのネットワークが存在し混在することを，イデオロギーから確認しておこう。表３－１は執行部の保革分布と一般会員の保革分布を政権時期別に団体を分けて見たものである。イデオロギーについてはＱ５において「あなたの団体に属する人は，保守的な人と改革的（日本調査では「革新的であるので邦訳は革新的とする」）な人のどちらが多いですか。団体の執行部と一般会員について，下の尺度でお答えください」として「１：非常に革新的な人が多い」から「７：非常に保守的な人が多い」まで６段階で聞いたものである。分析に際しては，革新の３段階（1，2，3），保守の３段階（5，6，7）を合算し，同程度（4）と３つのカテゴリーに集約した場合がある。

執行部のイデオロギー分布を見た場合，まず，革新的と保守的が４割台で拮抗していることに注意したい。保革および同程度という３つのカテゴリーの政権時期別設立との関係（表３－１）は（カイ２乗検定のｐ値，0.342であり，統計的有意性はない），全斗煥政権以前，特に権威主義政権下では「保守的」が優位であり，とりわけ朴維新政権下で設立された団体執行部では６割近くが保守的優位であり，最も比率が高い。他方で，民主化宣言以後の盧泰愚政権より後では「革新的」が優位となり，金泳三政権下での設立団体では55％が革新的となっていて，対比が明確である。朴政権以前に設立された団体で現存のものでは，やや保守的が多いがほぼ保革が拮抗している。

一般会員のイデオロギー分布では，執行部よりやや革新的が減り，その分，保革同程度の団体が増えているが，やはり保革はほぼ拮抗している。イデオ

表3−1 設立時期と団体執行部と一般会員の保革分布（韓国：全団体）

	区 分		朴政権以前	朴政権(61〜71)	朴政権(71〜79)	全政権(80〜87)	盧政権(88〜92)	金政権(93〜97)	合計
執行部	革新的	度数	15	21	15	31	37	37	156
		構成比(%)	40.5%	39.6%	30.6%	36.0%	44.6%	55.2%	41.6%
	同程度	度数	5	7	6	13	14	6	51
		構成比(%)	13.5%	13.2%	12.2%	15.1%	16.9%	9.0%	13.6%
	保守的	度数	17	25	28	42	32	24	168
		構成比(%)	45.9%	47.2%	57.1%	48.8%	38.6%	35.8%	44.8%
合計		度数	37	53	49	86	83	67	375
		構成比(%)	100.0%	100.0%	100.0%	100.0%	100.0%	100.0%	100.0%
一般会員	革新的	度数	17	11	14	21	25	29	117
		構成比(%)	45.9%	20.4%	28.6%	26.3%	29.8%	45.3%	31.8%
	同程度	度数	8	15	8	14	27	16	88
		構成比(%)	21.6%	27.8%	16.3%	17.5%	32.1%	25.0%	23.9%
	保守的	度数	12	28	27	45	32	19	163
		構成比(%)	32.4%	51.9%	55.1%	56.3%	38.1%	29.7%	44.3%
合計		度数	37	54	49	80	84	64	368
		構成比(%)	100.0%	100.0%	100.0%	100.0%	100.0%	100.0%	100.0%

注）　四捨五入のため100.0%にならない場合がある。以下同様。

ロギー分布と政権時期別の設立との関係（表3−2）は統計的にないといえない（カイ2乗検定p値，同0.007），つまり関係が推定できる。ここではより明快に権威主義政権期（朴，全政権61〜87年）では保守的が半数を超え，朴政権以前と金泳三政権では革新的が5割近くに迫り相対多数である。盧泰愚政権ではやや保守的が多いものの同程度と革新的に全体が三分されている。朴政権以前に設立された現存団体では，執行部でのほぼ保革が拮抗と異なり，革新的が政権時期別ではもっとも多くなっている。

　執行部，一般会員を通じて，97年時点で，保守的団体と革新的な団体がほぼ拮抗する割合で存在すること，また，朴政権から全政権にいたる権威主義体制下に設立された団体と，権威主義体制の前（朴政権以前）と後（盧泰愚政権以後）に設立された団体のイデオロギー傾向の違いが，かなり明確に異なることが理解される。

　とはいっても，どの時期でも保守・同程度・革新の分布で，どれかが6割を越える時期はなく，混在しているし，統計的にも，執行部で保革分布と設立時期の関連は有意ではなかった。これは，1997年調査時点に存在したデータである制約（各政権時期別設立団体といっても各々の時期に設立された団体のうち，97年までに消滅した団体は含まれない）をまず考える必要がある。

そして第 2 章で述べられたように，民主化以後の団体の衣更えや性格替えによる適応なども割り引く必要がある。しかし，全体として，上記のデータ分析は，2 つのネットワークが同時にはっきりと存在し，混在状況にあるという，第 2 章での磯崎の主張を支持する結果である。

2　民主化（87年）前後設立年別の団体イデオロギー分布（ソウル）

表 3 - 2 は，団体分類ごとに，執行部と一般会員のイデオロギー分布を，民主化前後（1986年以前と87年以後）に分けて比較検討したものである。設問では，「1：非常に革新的な人が多い」から「7：非常に保守的な人が多い」まで 1 から 7 の 6 段階で聞いているので，非常に保守的を 0，非常に革新的を 6 として平均（保革指数）を計算した。前章で磯崎が指摘するように，調査時点はとりわけ団体の分類内で保守的なものと革新的なものが混在する状況であるので，こうした平均を出す方法には限界があるが，分類すなわち社会セクターごとの状況はこれで概容を理解できるだろう。

表 3 - 2 ①から④までの表は，左端に86年以前に設立された各分類での団体の保革指数（A），同様に 2 番目は87年以後に設立された各分類での団体の保革指数（B）である。民主化前後での違いを見るために，端的に両指数の差（B－A）をだした。また87年以後の保革度を，東京調査での各分類の保革指数（C）を参考に掲げ，これも東京での指数との差（B－C）を計算した。

執行部の保革イデオロギー状況から観察しよう。表 3 - 2 ①は，民主化前後で指数値の革新化（保革指数差B－A）が大きい分類順に，表 3 - 2 ②は民主化後の革新度（Bの値）が高い分類順に並べてある。ここで革新「化」といっても，あくまで，設立年が民主化前後のどちらであるかで各団体分類に含まれる団体の多数イデオロギーを示す平均値の違いを算出しただけであることに注意したい（そのため「化」としたが，以下引用符を省略）。

表の上方の農業，市民，福祉，宗教，（政治ではケース数 N が小さい），労働の各分類が，全体より指数の革新化が高く，また下方から経済，専門，行政，教育，その他は低くなっている。特に，民主化前後で全体が革新の方向に振れている（2.77から3.24）中で，経済，専門，行政の 3 分類だけは保守化しているのが興味深い。革新化の度合が大きいのは，民衆を多く巻き込む

表3-2 民主化前後の設立団体の保革度比較:団体分類革新・保守指数

(執行部) (3.00が同程度 0から6)

① 韓国において民主化前後で革新「化」の大きい順

	A 1986以前	B 1987以後	B－A* 差	C 東京	B－C** 差
農業	3.00	4.75****	＋1.75	2.00	2.75
市民	2.46	4.08	＋1.62	3.72	0.36
福祉	2.26	3.45	＋1.19	2.82	0.63
宗教	3.29	4.38	＋1.09	1.86	2.52
(政治	2.00***)	3.00****	＋1.00	2.26	0.74
労働	3.71	4.25****	＋0.54	3.65	0.60
全体	2.77	3.24	＋0.47	2.62	0.62
他	2.40	2.80	＋0.40	2.52	0.28
教育	3.14	3.25	＋0.11	2.54	0.71
行政	2.25	2.13	－0.12	2.28	－0.15
専門	3.19	3.00	－0.19	2.76	0.24
経済	2.64	2.00	－0.64	2.28	－0.28

(民主化前後, 執行部)

② 韓国において民主化以後の革新「度」の大きい順

	A 1986以前	B 1987以後	B－A* 差	C 東京	B－C** 差
農業	3.00	4.75****	＋1.75	2.00	2.75
労働	3.71	4.25****	＋0.54	3.65	0.60
宗教	3.29	4.38	＋1.09	1.86	2.52
市民	2.46	4.08	＋1.62	3.72	0.36
福祉	2.26	3.45	＋1.19	2.82	0.63
教育	3.14	3.25	＋0.11	2.54	0.71
全体	2.77	3.24	＋0.47	2.62	0.62
専門	3.19	3.00	－0.19	2.76	0.24
(政治	2.00***)	3.00****	＋1.00	2.26	0.74
他	2.40	2.80	＋0.40	2.52	0.28
行政	2.25	2.13	－0.12	2.28	－0.15
経済	2.64	2.00	－0.64	2.28	－0.28

(注) ＊ ＋は革新化, －は保守化。＊＊別個の調査であるので直接の比較は無理であるが, ＋はより革新的, －はより保守的な数値。＊＊＊政治 N＝1, ＊＊＊＊農業, 労働 N＝4, 政治 N＝6, それ以外はケースが7以上である。章末注(1)参照。

(一般会員)(3.00が同程度　0から6)

③ 韓国において民主化前後で革新「化」の大きい順

	A 1986以前	B 1987以後	B − A* 差	C 東京	B − C** 差
(政治	2.00***)	3.67****	+1.67	2.36	1.31
労働	2.14	3.75****	+1.61	2.94	0.81
他	2.43	3.40	+0.97	2.42	0.98
市民	2.62	3.46	+0.84	2.98	0.48
行政	1.71	2.38	+0.67	2.45	−0.07
福祉	2.47	3.13	+0.66	2.60	0.53
農業	3.00	3.60****	+0.60	2.03	1.57
全体	2.65	2.99	+0.34	2.47	0.52
教育	2.86	3.00	+0.14	2.54	0.46
経済	2.36	2.45	+0.09	2.10	0.35
宗教	3.00	2.90	−0.10	2.14	0.76
専門	3.27	2.07	−1.20	2.78	−0.71

(民主化前後, 一般会員)

④ 韓国において民主化後において革新「度」の大きい順

	A 1986以前	B 1987以後	B − A* 差	C 東京	B − C** 差
労働	2.14	3.75****	+1.61	2.94	0.81
(政治	2.00***)	3.67****	+1.67	2.36	1.31
農業	3.00	3.60****	+0.60	2.03	1.57
市民	2.62	3.46	+0.84	2.98	0.48
他	2.43	3.40	+0.97	2.42	0.98
福祉	2.47	3.13	+0.66	2.60	0.53
教育	2.86	3.00	+0.14	2.54	0.46
全体	2.65	2.99	+0.34	2.47	0.52
宗教	3.00	2.90	−0.10	2.14	0.76
経済	2.36	2.45	+0.09	2.10	0.35
行政	1.71	2.38	+0.67	2.45	−0.07
専門	3.27	2.07	−1.20	2.78	−0.71

(注)　* ＋は革新化，−は保守化．** 別個の調査であるので直接の比較は無理であるが，＋はより革新的，−はより保守的な数値．*** 政治 N＝1，**** 労働 N＝4，農業 N＝5，政治 N＝6，それ以外はケースが7以上である．章末注(1)参照．

タイプの団体分類に多い。保守化したのは経済・国家関連分類である。磯崎が第2章冒頭で触れたように，農業団体の革新化が最大であることは特徴的である。

革新「度」順の表3－2②での順位もほぼ革新化順と近く，労働が順位をあげ，（政治）が順位を下げているほかはほぼ変わらない（「度」についても以下「　」省略）。日本での調査の革新度と直接比較をすべきでないが，農業，宗教の革新度に大きな違いがあり，韓国が革新的である可能性を示す。

続いて，一般会員のイデオロギー状況に目を移そう。

一般会員の状況は，やや執行部の状況と異なっている。先と同様，表3－2③は，民主化前後で指数値の革新化が大きい分類順に，表3－2④は民主化後の革新度が高い分類順に並べてある。全体の革新化（2.65から2.99）は執行部（2.77から3.24）より小さい。

革新化（表3－2③）において上方にあるのは，（政治，N小），労働，その他，市民団体であり，値が大きく，逆に専門と宗教団体は例外的に保守化していることが分かる。革新度が高いのは，やはり労働，政治，農業，市民，その他の順で，革新化とほぼ共通であり，民衆的でありかつ政治的である団体分類において革新化が進み，また革新度も高い。

日本での調査の革新度と直接比較をすべきでないが，ここでも農業，そして政治の革新度に大きな違いがあり，韓国が革新的である可能性を示す。逆に専門は韓国がより保守的である可能性を示す。

以上，韓国における民主化以前と以後の設立団体を分類ごとに，また執行部と一般会員別に，それぞれの保革指数で比較してみた。参考として日本での数値を参照してみた。その結果，民主化以前と以後において，以下の可能性が推測される[(2)]。①全体として革新化傾向が強いが一部保守化する分類もあるので，全体として革新化しつつ両極化している。②一般会員より執行部で革新化がやや進んでいる。③執行部で革新化が生じているのは，農業，市民，福祉，宗教など民衆的な団体，一般会員では労働，（政治N小），市民など民衆的で政治的な団体である。④保守化しているのは，執行部で経済，一般で専門家である。⑤日本（東京）と保革指数で大きな違いが見出されるのは，執行部で農業，宗教，一般会員で農業，政治であり，いずれも韓国の方が革新度が高い。

3　民主化（87年）前後設立年別の
　　　団体イデオロギーの揺れ（ソウル）

　保革指数での分析で，民主化前後のインパクトが団体分類に及ぼした影響を推測したが，ここでは，各分類での保守的な人が多い団体，革新的な人が多い団体，同程度の3つのカテゴリーでの割合を民主化前後で比較したグラフを作成し，観察してみよう。ここでの注意点は，先の保革指数と同じで，全体に分類ごとではN（ケース数）が大きくなく特に政治団体などのNが小さいこと，民主化前後の設立期において各志向を示すと答えた団体割合の比較であり実際に揺れたかどうかを示す値ではないことである。これらを踏まえた上で，図を観察しよう。保革志向は同程度と答えた団体を支点としてあたかも民主化前後で，革新もしくは保守に「揺れた」ように見えるグラフである。図には，参考までに東京での割合を示すグラフも付記してある。各分類の並べ方は，1987年以後の設立団体において革新の割合が多いものの順である。

　まず，執行部での「揺れ」から見ていこう（図3-1）。最初の4つには農業，労働，宗教，市民の各団体が入り，いずれも民主化後の革新割合が6割を越えている。いずれも，民主化以前での革新割合を越えており，また日本での割合も越えている。民主化前後での「揺れ」が最も大きいのが市民団体，ついで農業団体である。農業では保守的な団体がなくなっている。この2つは革新化したのである。労働と宗教はもともと革新的であった。日本との差が大きいのは宗教であり，ついで農業団体である。

　次の4つに目を移そう。福祉，専門家，政治，そして団体計（全体）である。これらは，革新の割合が，4割から5割であり，民主化後，いずれも革新化し，やや革新よりで伯仲化した（保革の割合上のバランス）のである。いずれも日本より革新の割合が多い。

　最後の4つ，その他，教育，行政関係，経済の各団体は，いずれも保守的の割合が最も大きく，またその他を除いていずれも「保守化」した。行政や経済は日本とほぼ同じか，それを上回る割合の保守の割合である。

　さらに一般会員の「揺れ」を見てみよう（図3-2）。最初の4つには，政治，労働，その他，市民の各団体が入り，いずれも民主化後の革新割合が5

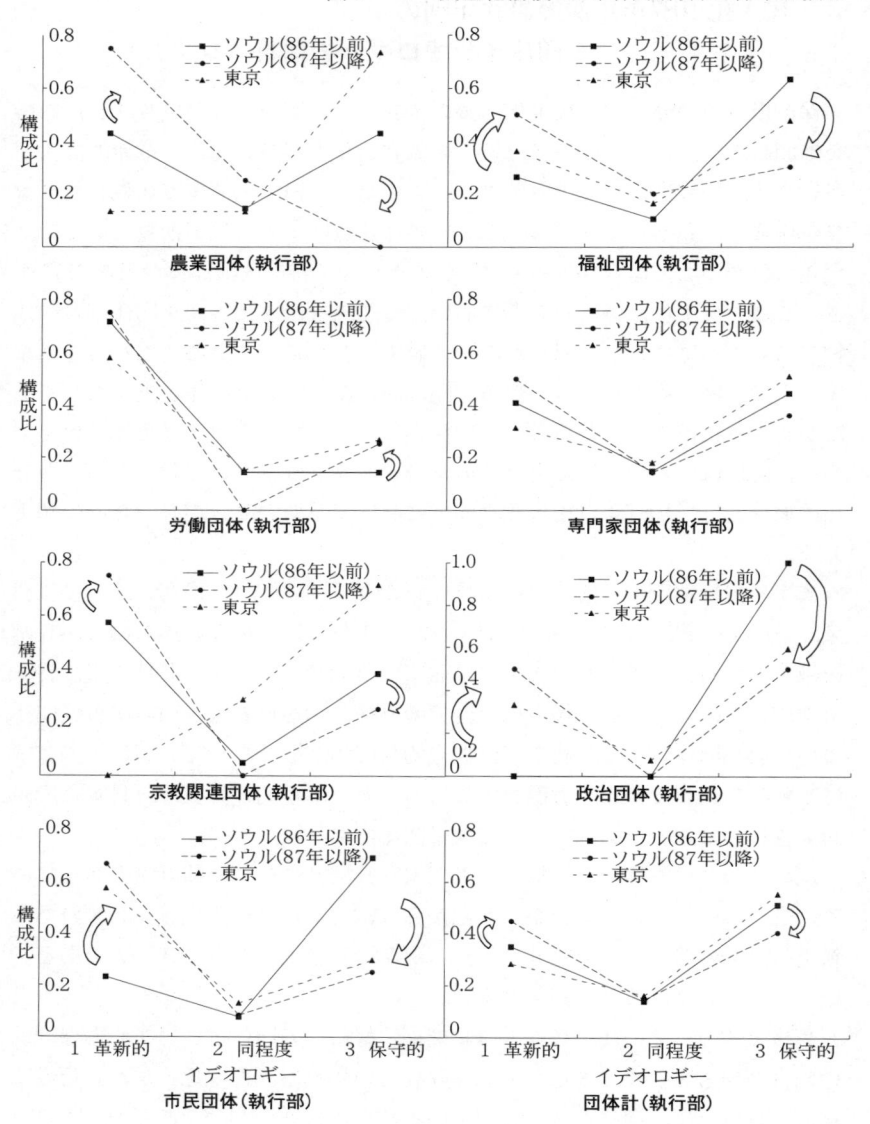

図3-1 民主化前後での団体執行部の保革の揺れ

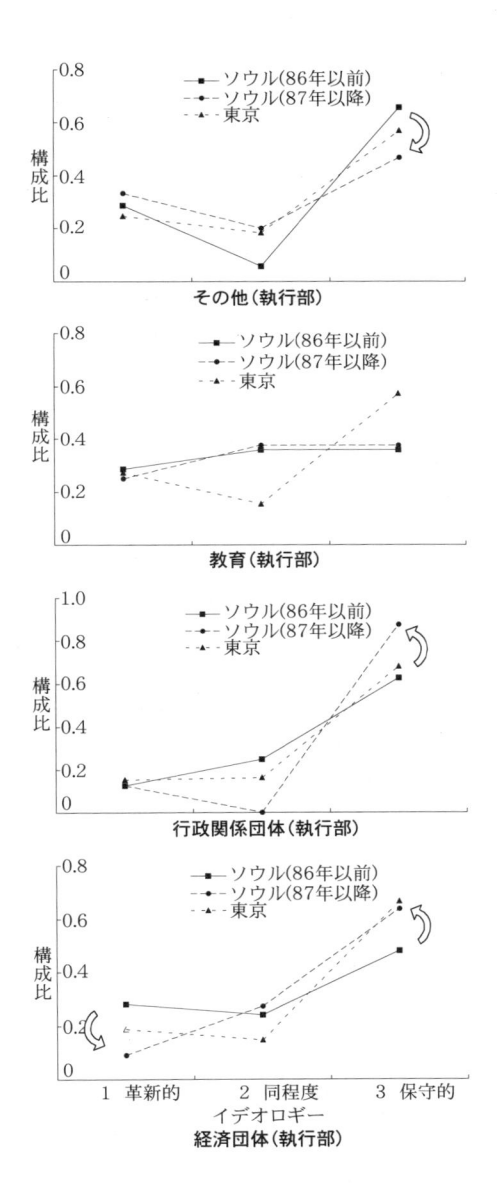

第3章　市民社会のイデオロギー変化：1987年を画期として　95

構成比 ／ その他（執行部）
― ソウル（86年以前）
― ソウル（87年以降）
― 東京

構成比 ／ 教育（執行部）
― ソウル（86年以前）
― ソウル（87年以降）
― 東京

構成比 ／ 行政関係団体（執行部）
― ソウル（86年以前）
― ソウル（87年以降）
― 東京

構成比 ／ 経済団体（執行部）
― ソウル（86年以前）
― ソウル（87年以降）
― 東京

1 革新的　2 同程度　3 保守的
イデオロギー

図3-2 民主化前後での団体一般会員の保革の揺れ

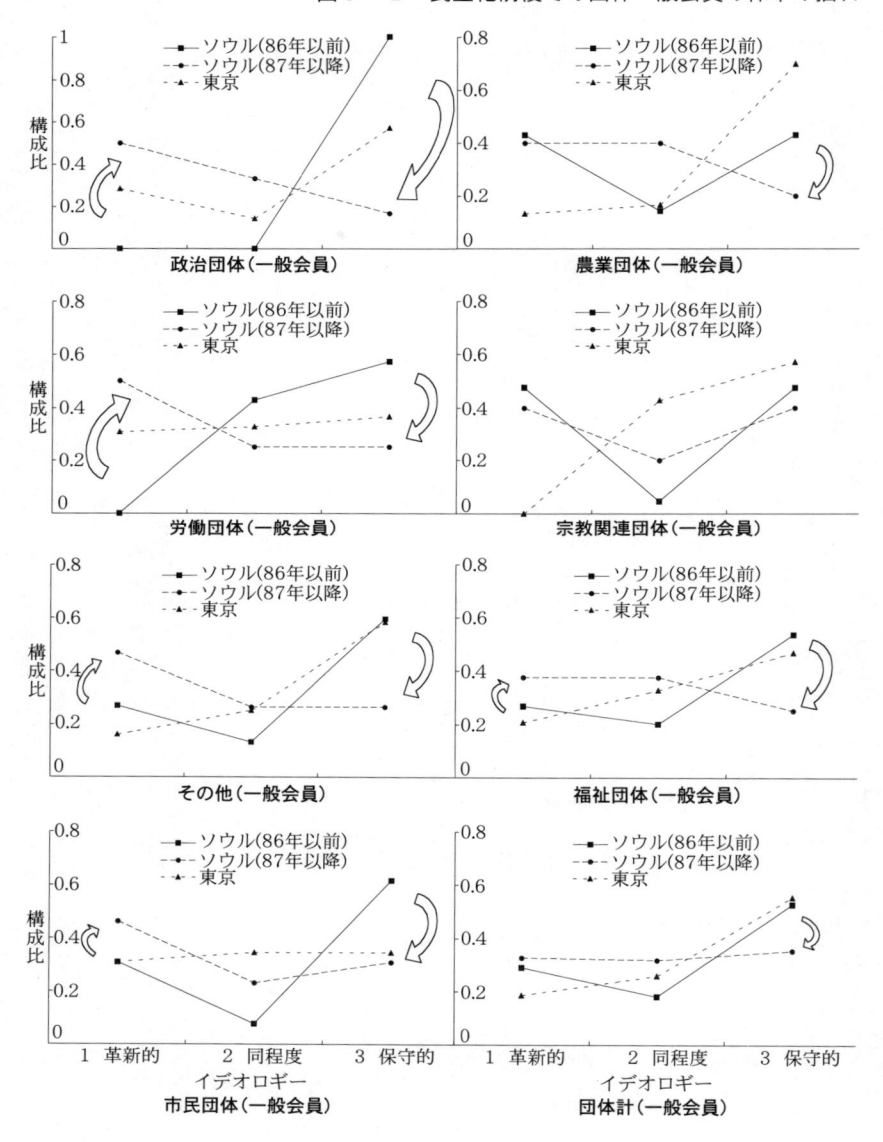

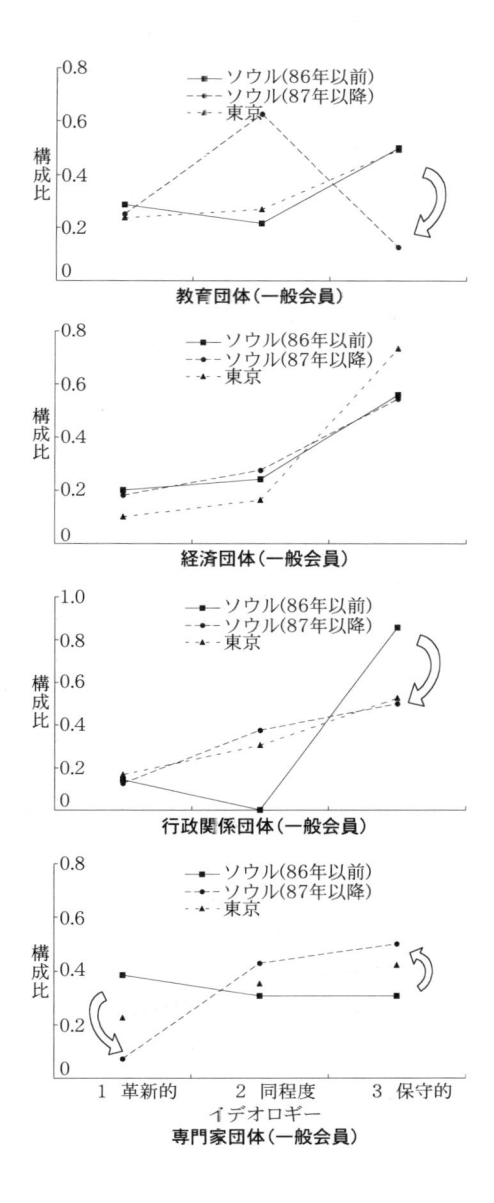

第3章 市民社会のイデオロギー変化：1987年を画期として　97

教育団体（一般会員）
　凡例：ソウル(86年以前)／ソウル(87年以降)／東京

経済団体（一般会員）
　凡例：ソウル(86年以前)／ソウル(87年以降)／東京

行政関係団体（一般会員）
　凡例：ソウル(86年以前)／ソウル(87年以降)／東京

専門家団体（一般会員）
　凡例：ソウル(86年以前)／ソウル(87年以降)／東京

イデオロギー：1 革新的　2 同程度　3 保守的
縦軸：構成比

割かそれに近い。民主化前には保守的6割程度かそれ以上であるから,「保革逆転」が生じたわけである。革新の割合はここでは日本の割合よりも顕著に大きい。

次の4つには,農業,宗教,福祉,団体計が入り,革新は4割前後である。革新化は顕著ではない。農業と宗教では民主化以前より革新割合は微減している。いずれも保革同程度の割合が増えているところに特徴がある。保守から保革混合に重点が移動したといえる。革新の割合は日本より大きい。

最後の4つには,教育,経済,行政関係,専門家の各団体が入る。民主化前後で,教育団体や行政関係団体は,保守的から保革同数に重点移動したのであり,経済はほぼ変わらず,そして専門家団体は保守化したと観察できるだろう。日本との比較では,専門家はより保守的であり,教育では同程度の割合が大きく,経済や行政関係は類似している。

以上,執行部と一般会員別に,民主化前後の団体分類でのイデオロギーの「揺れ」,具体的にはどのようなイデオロギーの人々が多い団体分類か,を観察した。先の保革指数での観察と共通する部分も多いが,平均点である指数とは異なり,3点での比重のシフト(揺れ)をより可視的に観察できた。

要約すると,①全体(計)としては少し革新化方向にシフト・揺れている傾向がある。②執行部で革新化が,一般会員では保革同程度へのシフトが見られる。③執行部で革新化が生じているのは,農業,労働,宗教,市民など,特に市民,農業で革新化の揺れが大きい。一般会員では(政治N小),労働,その他,市民などで「保革逆転」が生じている。④保守化しているのは,執行部で教育,行政関係,経済,一般で専門家である。⑤日本(東京)とイデオロギー割合で大きな違いが見出されるのは,執行部で宗教,農業,一般会員では全体に韓国の革新度が高いが,専門家はより保守的である。

4 結論

本章の検討によって,磯崎のいう2つのネットワークの存在がデータによって確認された。つまり97年時点で,保守的団体と革新的な団体がほぼ拮抗して存在すること,また,権威主義体制下に設立された団体と,権威主義体制の前と後に設立された団体のイデオロギー傾向の違いが明確に異なることが確認できた。さらに民主化以前と以後の設立団体を分類ごとに,また執行

部と一般会員別に，それぞれのイデオロギーでの保革指数および保革の割合で比較した。その結果，民主化以前と以後において，①全体として革新化傾向が強いが一部分類の保守化傾向。②一般会員より執行部で革新化がやや進み，一般会員では保革同程度へのシフト。③執行部で革新化や革新への揺れが生じているのは，農業，市民，福祉，宗教，労働など，特に市民，農業で革新化の揺れが大きい。一般会員では労働，市民などで保革逆転。④保守化しているのは，執行部で経済や教育，行政，一般会員で専門家。⑤日本（東京）とイデオロギーの保革指数で大きな違いが見出されるのは，執行部で農業，宗教，一般会員で農業であり，いずれも韓国の方が革新度が高い。

（1）本分析の弱点は，韓国ソウルでの調査団体の絶対数が小さいことである。ソウル全体で353，各分類ごとで最小の政治の9から最大でその他の69まで散らばっている。しかも86，87年の前後でそのNが分かれるので，指数計算の基になった各分類でのNは大変小さい場合がある。具体的には，86年以前の政治団体のNは1（他の分類は，農業7，経済25，労働7，教育14，行政7，福祉15，専門家26，市民13，宗教21，その他37である），87年以後の農業，労働のNは4，政治のNは6に過ぎない（他の分類は，農業5，経済11，教育8，行政8，福祉16，専門家14，市民13，宗教10，その他15である）。 因みに東京での調査団体は，1438，分類別では宗教団体（「その他」の中から抜き出し再コード化）の12は例外的に少ないが，ほかは政治団体の29から経済団体273，宗教以外の「その他」405などとなっている。

（2）設立年が民主化前後のどちらであるかで各団体分類に含まれる団体の保革イデオロギーの平均値（保革指数）を算出し，それらを比較しただけである。だからここでの推論のようにある団体分類の革新化，保守化といった現象の直接的な証拠ではない。民主化後の団体分類の集団での平均値がよりどちらかに振れていることから推測したにすぎない。またすでに（1）で触れたようにNが政治，農業，労働で少ないことに特に留意する必要がある。

第4章

団体形成と政治体制の変化：
国家コーポラティズムから労働政治を経て「普通」の多元主義へ

辻中豊・崔宰栄

　本章は，韓国での市民社会の団体の形成や規模の全体的な流れの特徴を掴むことである。まず1987年の民主化宣言の前後の過程変化に注目したい。加えて，87年以前の状況，前後の比較，87年以後の状況の検討も行う。つまり，分析のポイントは，1987年前後を含む全体の過程変化として，果たして変化は，「緩やか」に生じたか，「急激な」ものか，団体形成，市民社会の団体世界の総量は「経済の変数」かを検討することである。このことによって体制変化の市民社会への，また市民社会から体制へのインパクトを観察したい。結果として，大きな変化が漸進的に生じたこと，経済に規定されながらも政治の刻印が明確であることが浮上する。

はじめに

　私たちは，第1章で2つの焦点をあげた。すなわち，韓国市民社会の団体配置の変容を政治体制変化との関連が第1点であり，市民社会の活性化の真偽が第2点であった。この問題提起に続いて，第2章では，歴史的に，各時期の政治体制，政権によっていかなる団体政策が打ち出されたか，市民社会と国家の関係について概観するとともに，1997年時点における古いネットワークと新しいネットワークの複雑な混成について考察した。さらに第3章では，保革イデオロギーの団体内分布の設問から，2つのネットワークの共存をイデオロギー分布の異なるグループの存在によって示唆し，その設立時期別の変化，特に民主化前後の揺れについて分析した。確かに，87年の民主化宣言の前後の設立団体には，かなり明確な保革志向の違いが観察された。しかし，それは97年調査時点とサーベイ調査の性格もあり，第2章の記述を支持するものの，決定的な関係を明示するには至らなかった。

　第1章で述べたように，1987年を分岐点に，韓国が市民社会と政治体制の上で根本的な変容をきたしたことを疑う者はいない。しかし，「それ以前」の市民社会と政治体制の性格付け，および「その後」の市民社会と政治体制の性格付けをめぐって意見の一致は必ずしもあるわけではない。果たして民主化宣言以前の韓国の市民社会はいかなる団体地形を示しており，その後はいかに姿を変えたのだろうか？

　本章では市民社会の団体形成，設立，団体総量の変化を，多面的に量的に分析する。市民社会の変容を，マクロにかつ具体的に把握し，体制変化とともにどんな団体設立・分布上の変化が生じたかを明らかにしたい（因果関係を規定することはこの段階では留保しよう）。本章の特徴の1つは，民主化以前の団体世界の状況を示す資料，データも可能な限り分析し，87年以前の団体世界の性格付けも行うことである。そうすることで，私達は，第1章の冒頭の図で示したような韓国の急速な団体世界の多元化（小団体の急増と政治化，市民化，労働化，専門化傾向），韓国の市民社会の大変貌をより立体的に説明できるだろう。韓国の市民社会の激変はいかなるものであるのか，どのように生じたのか，どの部分でどのように生じたのか，どのような団体配置上の結果を有しているのかを，民主化前後のデータを併せて検討し，具体

的に可視的に解析し提示していくことが本章の課題である。

　ここで示す団体世界の形成は，体制や政権変化との因果連関まで明らかにできるものではないが，本書の枠組みで言えば団体統合ダイナミクスモデルで説明されるべき状況（被説明変数）である。第5，第6章でこのモデルによって，市民社会の団体空間の規定要因を検討する。

　ここでは比較対象として日本，アメリカをおき，その政治体制を念頭に，団体状況を同種のデータで観察する。データをもとに探査的データ分析 exploratory data analysis と，記述的な推論を行うものである。西欧とは異なる後進国から発した先進国である日米両国を比較対照の素材とし，自由民主主義や権威主義諸国の性格づけに用いられるコーポラティズム，多元主義，階級闘争（労働政治）などの概念を用いて，韓国社会を性格付けてみたい。

　ここでの比較は，市民社会組織・利益団体を尺度とし，アメリカや日本を一種の準拠枠組みとして，韓国のこの20年の体制「変化」に関して一般的な法則性（体系的構成要素）と特殊性（非体系的構成要素）の推察を行おうとするものである。本章では，はじめに日本，アメリカを，既存の研究に基づき，政治体制的な特徴づけを行い，それを物指しとして，韓国の1987年以降の利益団体セクターと体制変化について探査的な仮説を提起したい。この仮説は，他章でも，事例分析などによって，検証される。

　まず，規準となる日米の政治体制の特徴づけを行おう。

　アメリカについては，自由民主主義体制，および下位類型の多元主義の「理念型」と考えられている（ウィルソン 1986, Salisbury 1992）。確かに，多元主義という規定は戦後登場（ダール・リンドブルム 1961；原著1953）し，その規定に対して当初より，ミルズのパワーエリート論など，頂上エリートの役割を強調する議論は存在したが，多元主義批判は実証的，比較政治的な視野を欠き補完的な議論に止まった。1896年，1932年，1968年，1980年などを転機としてその多元主義になんらかの変容は見られると考えられるが，多元主義体制自体の変化，たとえばコーポラティズムや国家主導体制などへの変容を検証しえた研究はほとんどなく，一般的には多元主義の祖型と見なしうる（下平 1994．但しこのことが強力な国家，政府権力と矛盾するわけではない）。

　日本に関しては，かなり複雑で論争的である（村松・伊藤・辻中 2002，下

平 1994)。戦前の時期，1930年代までは明治憲法体制という天皇主権の立憲主義下で，権威主義の色彩を徐々に弱めつつ次第に「限定的な多元主義」化が進んだこと，それが1930年代に再び権威主義が強化され，軍部の独裁的な動員体制に移行したことにはほぼ異論はない（ハンチントン 1995：17）。動員体制が団体の組織的利用を含んでおり，国家コーポラティズムという規定も与えられる場合（ペンペル・恒川 1984）がある。他方，戦後は，45年の敗戦を契機に，占領下で急激な体制転換が生じた（ハンチントン 1995：18）。自由民主主義体制の憲法的骨格が整備され，次第に多元主義の様相を濃くしていくが階級闘争性，国家主導性も強く残存した。自由民主主義や多元主義の基礎は社会レベルでも必ずしも強固ではなかったが，1960年代に入ると階級闘争的色彩は急速に失われ多元性を増すとともに，1970年代からは保守連合が関与する一種の「社会コーポラティズム」的な方向が台頭し，1980年代には国政レベルでそれが明確になる（辻中 1986）。ところが多元主義とコーポラティズムの共棲は1990年代には薄まり，多元主義的な色彩が強まる（辻中 1997）。こうして日本では，「1945年」を除き，体制転換，体制変容が生じたか否かについては，議論が続いており，1993年以降の連合政権下の体制の性格づけについても定説はない。戦後は自由民主主義体制下で多元主義，コーポラティズム，国家主導の3つの下位体制が重点を変えつつ，混成しているとみることができる。この合金的な体制を「その目的」に着目し，発展志向型国家と呼んだのはチャルマーズ・ジョンソン（1994）であった。

　この玉虫色の合金性は，明快な規準とするには困難があるが，戦前の「限定多元主義」から「国家コーポラティズム」，敗戦直後の爆発的な「多元化」「階級闘争化」，そして高度成長期以降の「多元化」と「コーポラティズム」の共棲などを，木目細かに意識しつつ識別して用いれば，大局的な環境条件と文化の類似性を有する韓国(4)を理解する上で大変貴重な物指しを提供する。

　本章の団体の形成・設立を考える場合のポイントを列挙すれば以下のとおりである。

　まず，韓国での全体の流れの特徴を掴むことである。ついで，1987年の民主化宣言前後の過程変化，それ以後の変化，87年以前の状況，前後の比較を行う。

＊1987年前後を含む全体の過程変化

果たして変化は,「緩やか」に生じたか,「急激な」ものか。87年の過程は,革命的か,妥協・折衷的か。団体形成,市民社会の団体世界の総量は,「経済の変数」か（崔章集 2002),（種類別にはいえるか),（中央と地方の違いはあるか)。

＊1987年以後の変化
盧泰愚,金泳三,金大中政権下の違い,変化はあるのか,（民主化と関連する効果,変化は何時現れたか),はたして闘争的な階級政治から多元主義政治に変容したか。

＊1987年以前と以後の比較
団体設立の断絶・連続：総量,カテゴリー別（体制変化のインパクト),分類別の断絶・連続（連続：生き延びた団体）はあるのか。以前と以後の違いは何か。

＊1987年以前の状況
80年代前半（87年民主化以前）全政権期の意義（民主化との因果関係）は何か。はたして団体動向は,民主化に先行したのか。朴政権（前期,維新期）期や全政権期の意義はいかなるものか。

1　韓日米比較による概観：
民主化前後における団体総量・種類・規模の変容（事業所を持った市民社会組織に関するアグリゲート・データ）

1－1　団体の総量

　本節では1987年前後の変化を経済の関数か（崔章集 2002）という問題を念頭に,日米との比較により把握したい。

　第1章冒頭に1981年と2001年を対比した。2つの図（図1－1,図1－2）は,その20年間にも減少と急増と停滞・退潮という3つの複雑な局面が存在したことを示している。後掲の図4－3はさらにそれを詳述している。

　こうした過程の変化は経済の関数か政治の関数だろうか。答えは,むろん単純ではない。次章の政治空間,社会空間の検討でも同じ問題を国家規制や社会経済変数という別の角度から検討する。ここでは,事業所統計における団体合計の団体事業所密度（人口の違いを標準化するためすべて人口10万人

当たり数，つまり密度で示している。ただし煩雑を避けるため，以下，団体事業所数，団体数と表記），団体従業者密度（同様に以下，団体従業者数，従業者数と表記）によって団体世界を，全体の事業所数，従業者数によって経済変数を代表させて，その関連を推察してみる。

図4-1，4-2の「団体計」と「全産業」に注目してまず一般的に考えてみよう（相関分析について辻中編2002: 277-283参照）。

団体事業所総計では，全産業との関連性は，韓日でも言え，特に日本の関連性は高い。ただ，米国では団体事業所密度はほとんど不変で飽和状態を示しているようであり，全産業との関連性もない（但し，グラフは省略するが宗教団体が80年代に事業所は倍増，従業者は一貫して増えて同様に倍増）。このように日本は，団体の事業所，従業者ともに経済と関連が高いが，それでも説明できない時期がある。全産業との関連性については，日米など一般に団体従業者では言えそうだ。しかし，日米でも並行せず逸脱した時期がある。特に日本の1950年代の団体従業者は全産業が成長しているのに，一貫して急減している。非経済的要因が働いていると考えるべきだろう。

つまりここに政治の意義がある。市民社会の団体，利益集団は「経済の関数」と述べた崔章集も当然ながら，政治（国家）と経済（市場）両方の規定性を別のところでは言及（1999）しており，経済が一定の条件，一定の時期を規定しながらも，全てでないのは当然である。このことは特に，この20年の韓国に当てはまる。

韓国の団体事業所数密度（図4-1），団体従業者密度（図4-2）に注目してみよう。韓国では1981～2001年において，団体事業所は12.8から29.6へ2.31倍へ拡大しており，全産業事業所の伸び（1.89倍）より大きい。ところが団体従業者では155.1から136.8へかえって減少している。全産業の従業者はこの間に1.63倍に拡大している。団体の事業所は比較的経済に規定されるようだが，グラフには相当な上下動（86年の13.9から9.5へそして96年29.3）が見られ，さらに団体従業者で上下動（86年の13.1.6から92.3へそして96年251.4）が激しい。他方，このような上下動は，経済・全産業では見られず，伸びの大小のみである。つまりこうした激しい上下動のあることが，政治要因が効いていることを示唆すると見てよい。

政治要因と経済要因がともに働いた結果として，96年前後（後述の近年の

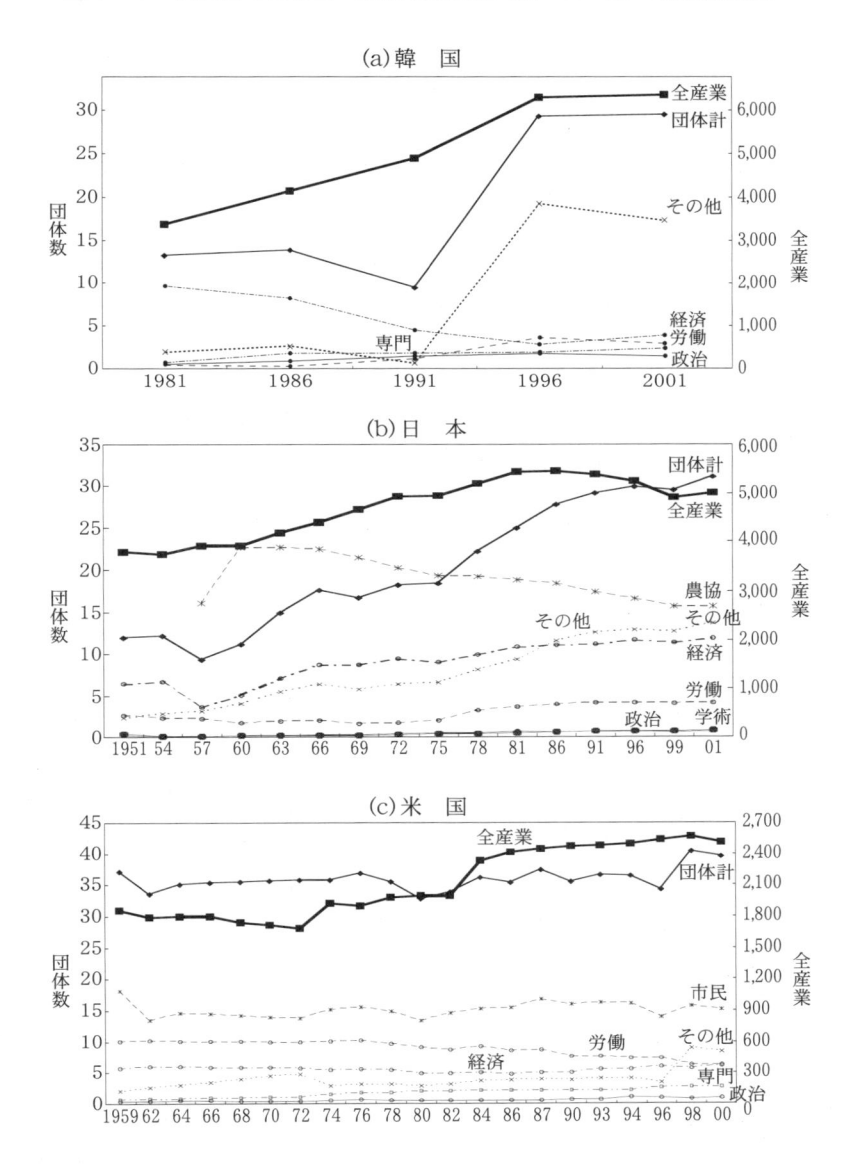

第4章　形成と政治体制の変化　107

図4－1　人口当り団体数・全産業の変化（韓・日・米：事業所統計）

図4-2 人口当り従業者数・全産業の変化（韓・日・米：事業所統計）

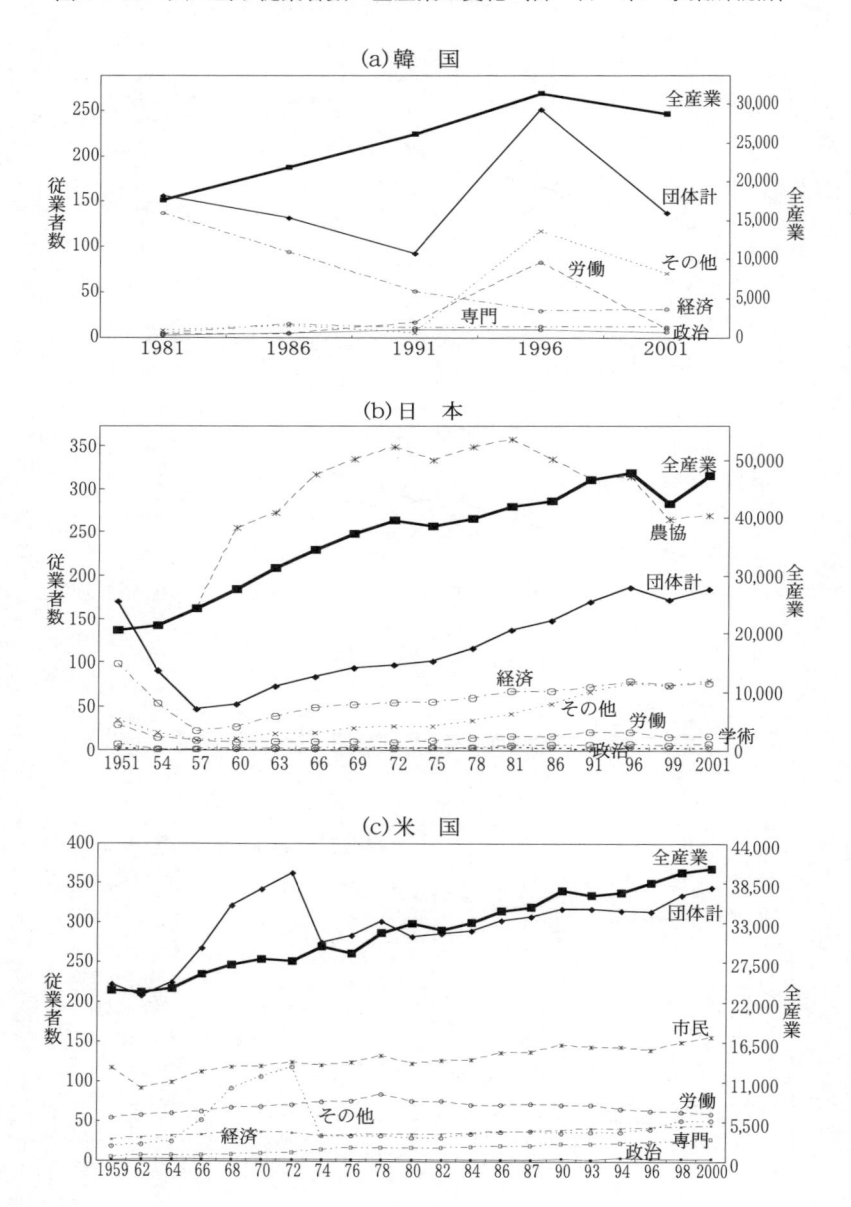

(a) 韓 国

(b) 日 本

(c) 米 国

詳細な動向分析によれば，95年が全団体でのピーク）には一旦ピークに達し，2001年には団体数ではその後横這い，従業者数では半減に近い減少を見ている。これを日本，アメリカと比較すると，ピーク時の95～96年の数値では，団体数でアメリカより少し少ないが，日本並み（10万人当り30団体），団体従業者数では日本を越えて日米の中間水準（10万人当り250人）のレベルに達した。この時点を見れば，韓国の「多元化」は日本を越えたのである。しかし，その後，従業者数は減少に転じた。2001年の水準は，団体数は日本並みであるが，従業者数では日本の4分の3程度に減少した。

　この過程で注目すべきは，経済危機が97年末であるから，同時もしくはそれよりやや先に団体従業者数が下降し始めた点である。やはり，経済要因より政治要因がここでも効いている可能性がある。

　もう一点，今述べたように，韓国では，民主化の生じた1987年の直後でなく，91～96年の間に大きな変化が起こっていることである。グラフにあるように民主化の過渡期である1986～91年には事業所数，従業者数ともに減少傾向であった。

　第2章で磯崎は1986～91年を「体制移行期」，91～96年を「民主化定着期」とし，また体制移行期について崔章集は，公安政局である点を強調し，弛緩した独裁から統制された民主主義，葛藤的な多元主義の時期，旧体制は民主化されたが，旧社会は残っている時期と性格付けた。民主化の定着期，主として金泳三政権期（1993～97）に市民社会の団体世界の拡大局面への変容は生じ，その期間中に再び縮小局面への変容が生じ，それは経済危機にやや先行したのである。

1－2　分類別の変容

　政治要因の影響は団体分類別に見るときより明白である。韓国と比べ，体制変更，政治要因の弱い日米において，団体分類構成は極めて安定的に推移しているが，韓国では著しい団体分類間の変化が見られる（但し，グラフは省略したが，米国の宗教団体は，80年代に大きな伸びを記録している：辻中1994ほか）。

　韓国の5年ごとの変化を具体的な数字を挙げてスケッチしてみる。

団体事業所密度

81〜86年　全体は緩やかな減少であるが，経済団体（以下，団体を省略），労働が減り，専門，政治，その他，（グラフにないが宗教52.3から74.4と4割り増し）がやや伸びる。

86〜91年：経済（8.2から4.5）が半減，専門家，その他は減る。労働（0.4から1.1へ3倍増），政治（0.9から1.5へ）が著しく増え，宗教がやや（17％）増える。

91〜96年：経済（4.5から2.8）が4割減，それ以外は増える。その他(5)（0.7から19.3），労働（1.1から3.5）の伸びが極めて大きく，専門，政治，宗教は2〜3割の伸びを示す。

96〜01年：市民団体分類（正確には社会的なアドボカシー）(6)項目が初登場（1.6），経済が持ち直し（2.8から3.8），あとは微減である。宗教はなお1割以上の伸びを示す。

団体従業者密度

81〜86年　全体は緩やかな減少であるが，経済だけが減り（136.6から94.1），専門（4.1から15.0），政治（2.6から5.1）が大幅に伸び，その他，宗教（グラフにないが宗教130.8から201.4と5割増し）も伸びる。

86〜91年：経済（94.1から50.3）が半減，専門家，その他も減る。労働（4.5から17.2へ4倍増），政治（5.1から8.6へ）が著しく増え，宗教がやや（19％）増える。

91〜96年：経済（50.3から29.7）が4割減，それ以外は増える。その他（5.7から117.5），労働（17.2から82.7）の伸びが極めて大きく。宗教，専門も伸びる。

96〜01年：市民分類初登場（9.2），労働（82.7から10.2）が激減，その他は減少，政治，宗教も微減である。経済が少し持ち直し（29.7から34.8），専門家は微増である。

日米との比較

　団体事業所密度（図4-1）：日米との比較で団体分類別の現状を確認しておこう。経済団体は，80年代までの時期には密度の絶対数でも日本の70年代の水準で全体の中で過半数を越える大きな割合を占めたが，2001年の現況で

はアメリカの半分，日本の3分の1まで縮小した。労働団体は，非常に少ない密度から日本の6割，アメリカの4割まで増大した。政治団体は日本とアメリカを上回っており，日米の約2倍である。市民はアメリカの1割である。専門家はアメリカと同程度である。

団体従業者密度（図4－2）

経済団体は，80年代までの時期には密度の絶対数でも日米を大きく上回った。2001年現在ではアメリカの6割，日本の3分の1まで縮小した。労働団体は，非常に小さい密度から爆発的に伸び，米国を凌駕したが急減し，日本の6割，アメリカの2割以下まで落ちて安定した。政治団体は日本とアメリカを上回り，およそ2倍である。市民はアメリカの6割である。専門家はアメリカの半分である。

以上を要約すると，81～86～91年の一貫した減少は，主として経済団体の減少による。他は緩やかに増える。傾向としては，全体として多元的になっており，権威主義の弛緩，特に経済・労働団体減少は国家コーポラティズムの緩みと消滅への過程を示唆する。86～91年には全体は経済団体の減少に引っ張られているが，民主化開始は労働，政治団体の急膨張につながった。91～96年の全体の爆発的な増大は，その他と労働が中心で，他の項目も増えている。93年の金泳三文民政権登場にともなう多元化の拡大が見て取れる。96～01年において，団体総量の変化は少ないが，労働，その他の従業者の減少が著しく，経済団体がやや持ち直し，市民分類の初登場専門家（政治並みの団体数で，政治以上で労働団体並みの雇用）が注目される。経済危機・IMF体制下の大きな影響は無論見られる，全体の従業者減少，特に労働の減少に端的に生じている。ただ下降自体はその前に始まっている。市民関連項目が登場したほか，団体事業所総量や全体はあまり変わらず，労働以外での多元化定着を示している。グラフにないが宗教はほぼ一貫した伸びである。

日米との比較では，韓国がかつて示した国家コーポラティズムの特徴は失われ，政治団体以外の密度も米日韓の順に少なくなり全体として類似化の傾向を示している。分類のなかでは日米を上回る政治団体の増大と米よりは少ないが専門家団体の増加に特徴がある。

1－3　韓国文民政権後（1993～2001）の詳細な分析

以上は，日米との比較によって韓国を見てきたが，1993～2001年には上記と同質の事業所に関する詳細なデータが利用できるようになったので，この時期だけに注目して詳しく見ていこう。

団体総量：団体数（図4－3A）は95年をピークに横這い，従業者数（図4－3C）は93～95年をピークに95～99年に半減し安定した。ここでの分析に宗教団体は除外しているが，もしそれを含めれば，宗教の増大が反映して団体数は緩やかな増大傾向であるし，従業者数も減少するものの宗教の横這いが反映してピーク時の3分の2水準で安定している。

分類の種類別：団体数（図4－3B）で94～95年に労働の急拡大，その後のなだらかな減少，経済の98年の急減などが目立つが，99年以降ほぼ安定し，経済，労働，専門，政治，市民の順であるがバランスが取れつつあり，多元的分布になっている。従業者数（図4－3D）でも，激しい労働の上下変動，経済の傾向的な低下の結果，多元的な安定に至っている。

これまでの検討から韓国を性格付けると，80年代前半は，緩やかな権威主義・国家コーポラティズムの減退，緩やかな自由化の進展と特徴づけうる。民主化後は，国家コーポラティズムの消滅，民主化直後に労働・政治団体の台頭である。注目すべきは，この移行期の変化ではなく，90年代に入って

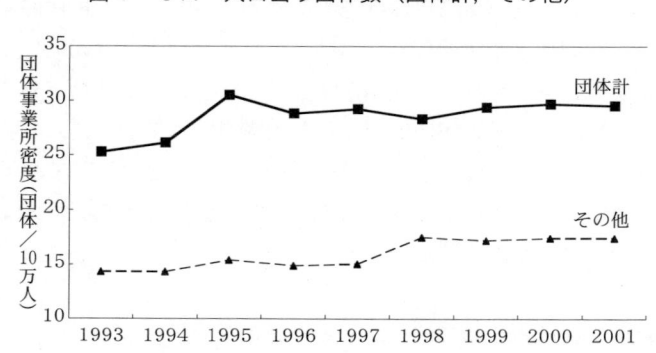

図4－3A　人口当り団体数（団体計，その他）

3B　人口当り団体数（経済，労働，専門，政治，市民団体）

3C　人口当り従業者数（団体計，その他）

3D　人口当り従業者数（経済，労働，専門，政治，市民団体）

資料：韓国統計庁website

(定着期に入って)その他・労働中心に団体多元主義的な爆発的増大が生じたことである。ところがその後，90年代後半，労働団体従業者の減退と経済の持ち直し，市民団体（統計上）の登場と複雑であるが，全体的には多元的安定を示している。

1－4　団体の従業者規模

　団体の種類別検討で浮き彫りになった，国家コーポラティズムの消滅から労働政治をへて多元的様相へという傾向を別の角度から見る。同じ事業所統計に基づく，団体従業者規模の比較検討である。団体従業者数を団体事業所数で除したもので，平均団体従業者数が計算される（単位：人）。
団体全体の総計で見る：コーポラティズムの特徴から平均的な規模へ
　韓国は，1981年の団体当たり従業者数11.7から2001年の4.6へと半減以下と急速に小規模化している（図4－4A）。米国の9.2，日本の5.9より小さい（図4－4B，C）。他方で，米国は80年には9.9，日本は81年に5.5であったから，81年の韓国は日米より大きい平均団体従業者数であったことになる。

　図に示されたように，日本は57年以降安定した規模が続いているが，それ以前は，韓国と同様に，それ以上に高い団体従業者数であったことがわかる（51年14.2）。アメリカにはそうした時期はこの統計のカバーする範囲ではない。1940年代の日本は，なお国家コーポラティズムの残滓を団体世界では引きずっていた可能性が高く，国勢調査での団体従業者数も米国より高い時期が1930年代から47年まで続いた（辻中 1994：457）。韓国のこの高い数値は，国家コーポラティズムの特徴と推定できる。このことは次に団体分類別にみることでより確証される。
団体分類で見る：コーポラティズム的な生産者団体の優位から規模の収斂化
　団体分類別で観察すると，韓国（図4－4A）では権威主義体制下の81年には経済が極めて大きく（14.3），そして労働（8.0），専門家（6.0），政治，その他，宗教となる。グラフで分かるように，労働が，96年まで急速に異常なまでに規模を拡大し（91年15.0，96年23.8），その後急速に凋落（2001年3.5）した。こうした異様な盛り上がりは，韓国でも労働だけであり，図4－4D，4Eでみるように94～96年度に跨っており，95年の全国民主労働総連盟の結成などこの時期の労働動向に注目すべきであることがわかる。但し，次章で

第4章 形成と政治体制の変化 115

図4－4 団体当り従業者数の変化（韓，日，米）

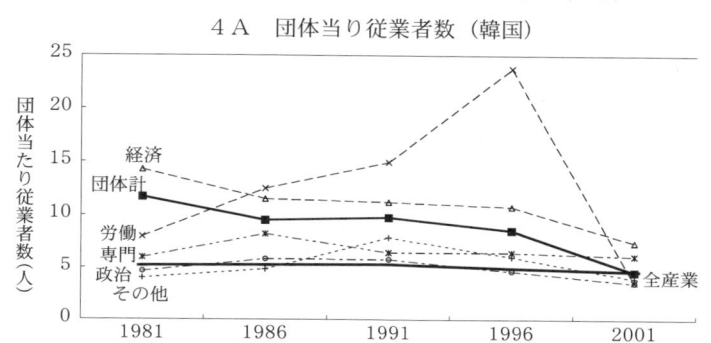

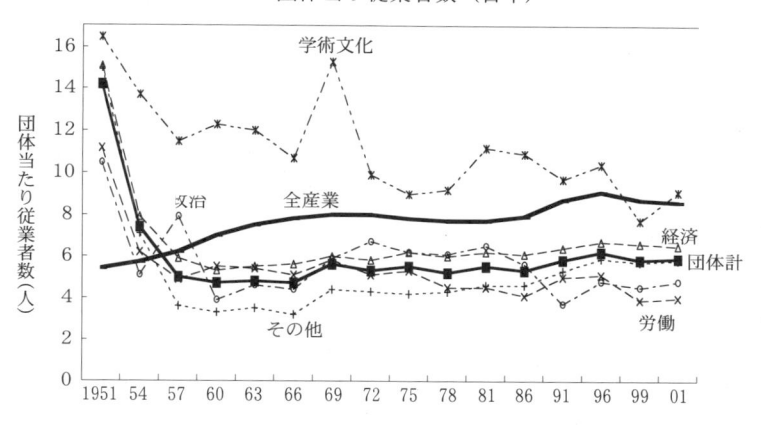

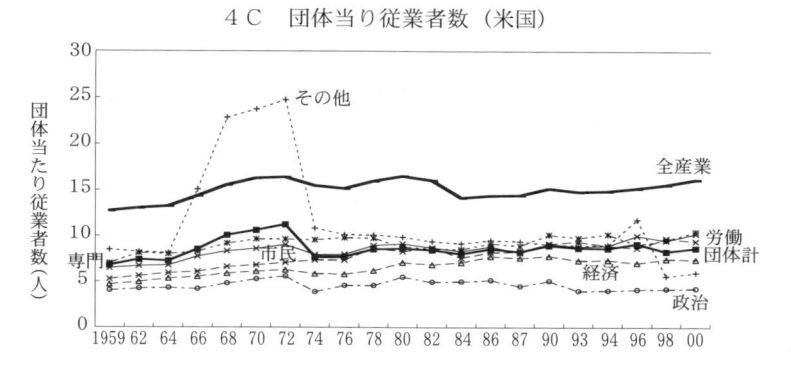

4A 団体当り従業者数（韓国）

4B 団体当り従業者数（日本）

4C 団体当り従業者数（米国）

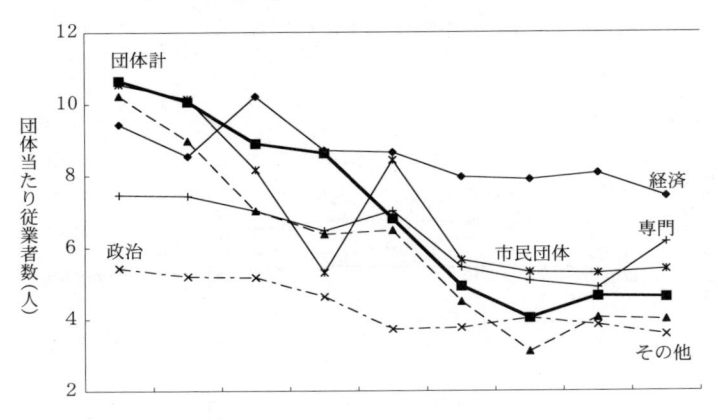

4 D　団体当り従業者数（韓国：労働除く1993−2001）

4 E　団体当り従業者数（韓国：労働1993−2001）

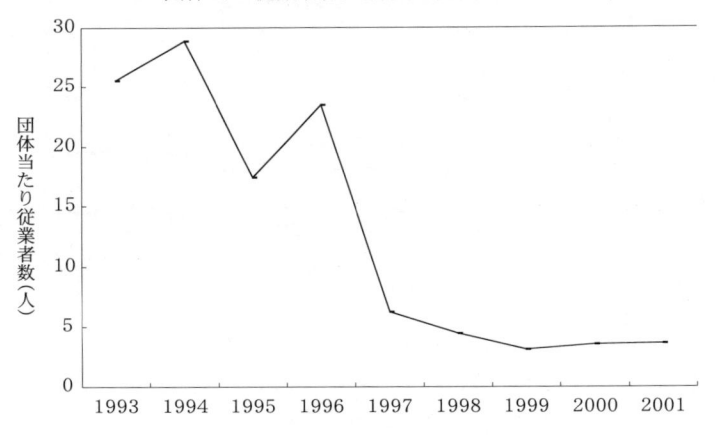

述べるように労働組合数，組合員数，労働争議数のピークはそれぞれ1989年か87年であり，この時期以前の移行期にある。

　2001年現在の韓国の団体従業者数自体は，すでに述べたように，米日より少し少なくなっているが，社会リソース，社会空間（第5章）的には米日との差は納得できる妥当なレベルである。またすべての団体分類がほぼ同じ程度の5名前後であるから，規模が収斂したといえる。これは韓国団体世界が，多元主義的に「平常」化したことを示すのであろうか。

まとめ：団体の総量の変化

　種類別の変化をみることで，80年代前半の韓国は，緩やかな権威主義・国家コーポラティズムの減退，緩やかな自由化の進展と特徴づけうる。民主化後は，国家コーポラティズムの消滅，労働・政治団体の台頭である。注目すべきは，この移行期の変化ではなく，90年代に入ってその他・労働中心に多元主義的な団体の爆発的増大が生じたことである。その後，90年代後半，労働団体従業者の減退と経済の持ち直し，市民団体（統計上）の登場と複雑であるが，全体的には多元的様相を示している。

　団体規模をまず，全体の総計で見ることで，コーポラティズムの特徴から平均的な規模への変化を，さらに団体分類別に見ることで，コーポラティズム的な生産者団体の優位から規模の収斂を確認した。

2　韓日米独比較による概観：
民主化前後における団体設立の変容（JIGS サーベイ調査による市民社会組織データ）

　1980年代から2001年に至る事業所統計というアグリゲートデータを分析し，韓国の市民社会の団体世界が，80年代の国家コーポラティズムの減退から転換し，労働・政治を中心とする団体世界の拡大多元化を経験し，その後さらに労働の減退と市民団体の台頭があり，結果として日米と類似の多元的な分布で安定したことを見てきた。

　本節では，1997年のJIGSデータでの設立年を分析することで，97年までの変容過程を別の角度から検討する。JIGSデータで現在分析可能な日本，アメリカ，ドイツのデータを参照する。韓国の団体設立は，これらの国との間に，どのような差異と類似性を有しているだろうか。体制の変動，民主化はいかなるインパクトを設立に与えたか。いかなる団体が調査時まで生き残っているのか。87年前後の全体の過程，87年以後，87年以前と以後の違いなどに注意しながら，観察してみよう。

　設立年データは，調査年に存在した団体の誕生年データであるということから，実際の団体設立数ではなく，設立されたもののうちその年まで存続した団体数を示すものである。ある設立年に他の年より多くの団体があるから

といって，必ずしもその年に他の年より多くの団体が実際に設立されたとはいえない。ただその年の団体が多く現存していることを示すのである。

　図4-5をまず見よう。これは4ヵ国の設立年別団体絶対数の折線グラフである。絶対数はその年を設立年とする団体がいくつあるかを明示するので，各年の特徴が現れる。ここでは韓国の団体は，太い実線で設立年が示され，その背後に点線，細線，破線で日本，米国，ドイツの団体の設立年が記されている。首都と地方でやや異なるが首都に注目すると，次のような特徴を指摘できる。

　日本では戦後すぐ，60年代初めから70年代真ん中，90年前後に波，特に戦後すぐの盛り上がりが印象的である。ドイツでは90年統一直後に大きく，戦後初期も少し盛り上がる。アメリカでは60年代末から80年代にかけてながく盛り上がる。これらと比較して見ると，韓国は，絶対数が少ないので，全体にグラフが低く特徴がないようだが，80年代以降しり上がりに設立が記録されているというのが特徴だろう。

　日本の戦後改革，東西ドイツの統一と戦後改革，アメリカの市民権・団体自由主義革命（T.Lowi）という特徴がそこに読み取れるようだが，韓国の体制変動はそれほど明白でないようにも見える。

　そこで，絶対数でなく，相対的な割合を，5年ごとに集計して表示してみた。それが図4-6である。

　これで，絶対数の制約を離れ，4ヵ国の設立誕生年分布がより正確に比較できる。先に述べた4ヵ国の特徴がより明確に現れている。韓国は，首都では70年代後半から設立年が増え，86～90年，91～95年に相当の割合の団体が設立されたことが分かる。地方ではさらに80年代民主化以前と以後のギャップが大きい。

　ここで最初の問題意識に戻ると，
　①韓国では，70年代中葉以前（地方では80年以前）の設立(現存)が少ない。
　②但し，首都では87年民主化以前にも相当な団体が設立(現存)されている。
　③とは言うものの，86年以後，特に91年以後の文民政権期の設立（現存）が最多である。
　④首都と地方では，地方の方で民主化にともなう設立へのインパクトが大

第4章　形成と政治体制の変化　119

図4-5　韓日米独の団体設立年

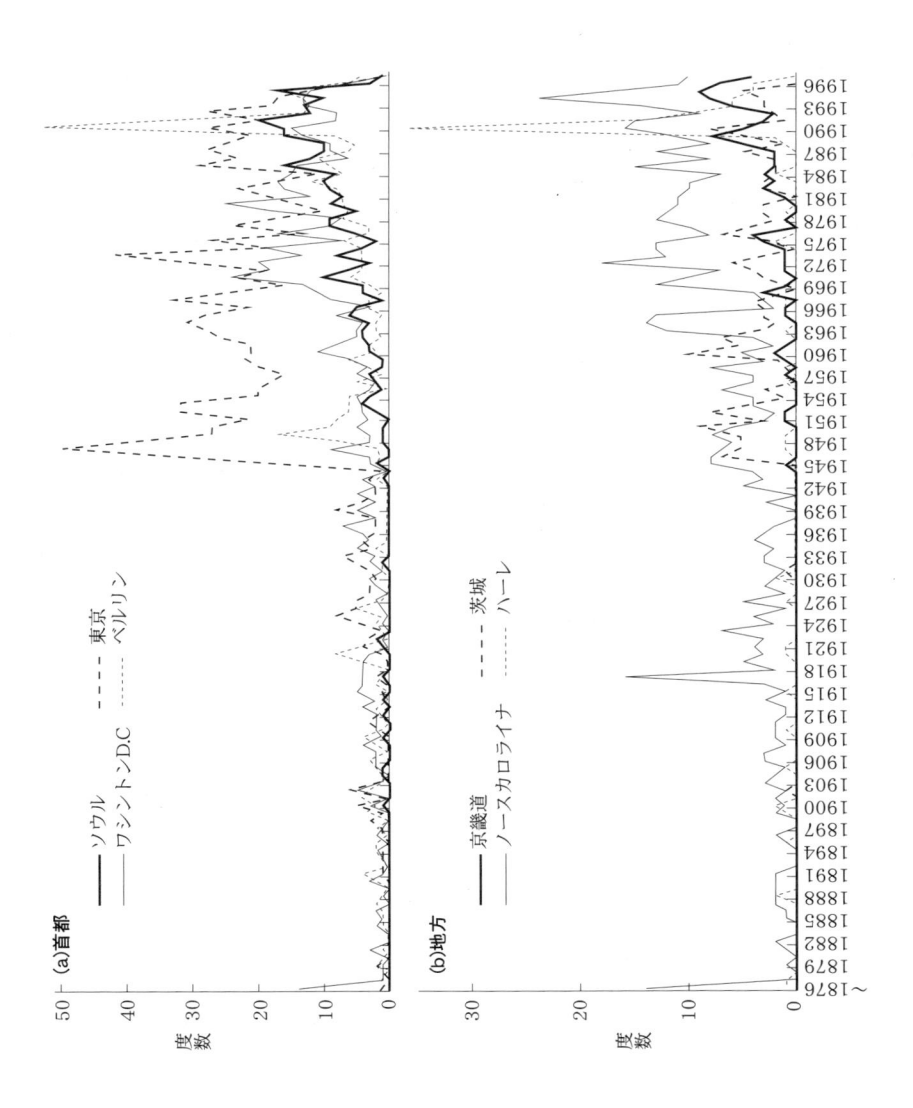

(a)首都　凡例：ソウル ―――　東京 -----　ワシントンD.C ……　ベルリン

(b)地方　凡例：京畿道 ―――　茨城 -----　ノースカロライナ ……　ハーレ

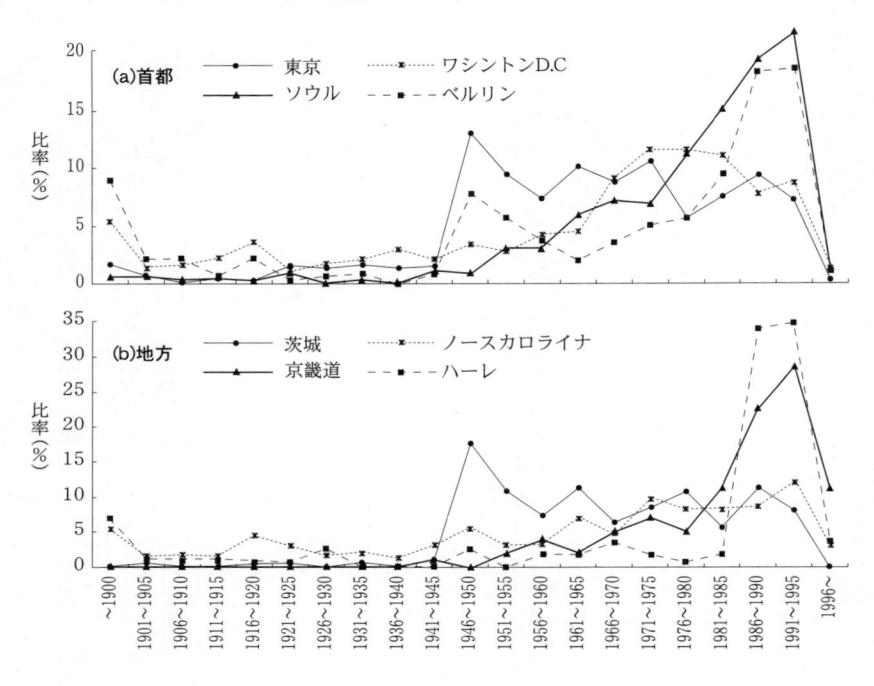

図4-6 韓日米独における団体設立年（5年毎集計）

きい。

たしかに民主化，文民政権期以後に団体の多元化が進展するが，そのインパクトはドイツのケースと似ているがそれよりやや小さく，それほど急激とはいえないかもしれない。

3 団体分類と設立時期

同じJIGSデータを用いて，団体の分野ごと，分類ごとの設立を検討したい。まず，大きく分野別に見ていこう。[7]

図4-7を見れば，韓国では社会サービスセクターが多い（首都・地方ともに約4割）こと，そして80年代から多く設立され，それが先の全体の設立動向を規定していることがまず印象的である。民主化以後に増えているのは，労働を含む生産者セクター，91年以後のアドボカシーセクターである。その

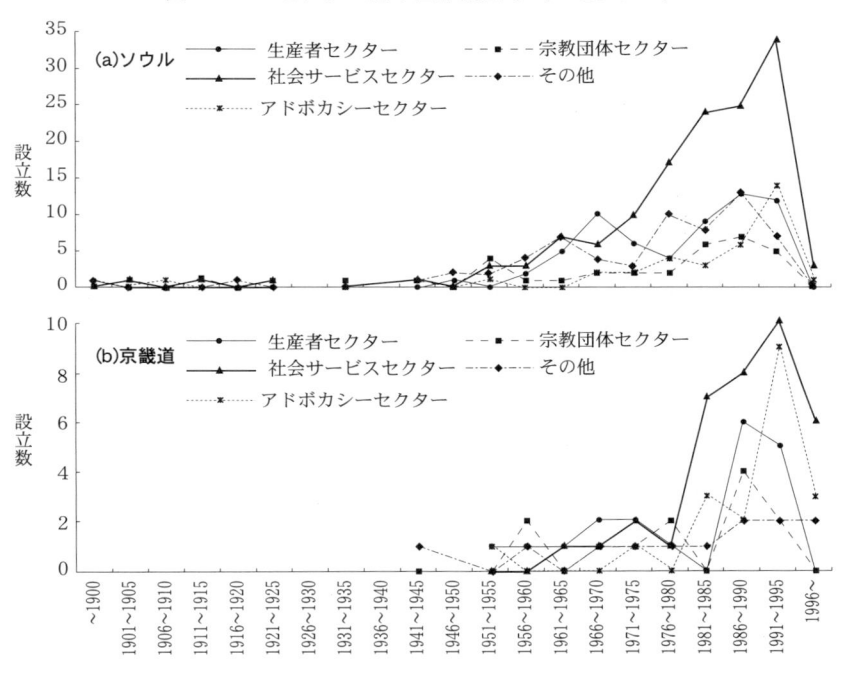

図4-7　セクター別の団体設立年（5セクター）

(a)ソウル
　　生産者セクター　　　　宗教団体セクター
　　社会サービスセクター　その他
　　アドボカシーセクター

(b)京畿道
　　生産者セクター　　　　宗教団体セクター
　　社会サービスセクター　その他
　　アドボカシーセクター

他の分類も民主化以後に増えてはいるが，大きく突出しているわけではない。次にもう少し詳しく，団体分類にまで細分して，政権別に見よう（ここではソウル特別市と京畿道の全体，首都圏で観察する）。

　表4-1は，各政権期別にどんな団体分類の調査対象団体が設立されたかを示したものであり，団体分類と政権別時期の関連性は統計的に推定される（カイ2乗検定有意水準0.01）から，関係があるといえる。

　ここでの設立時期は97年末の調査時点まで生き延びた団体のそれであるから，実際の形成ではない。実際の団体形成は不明だが，団体の総量の時系列的分析は1，2節で見たとおりであり，81年から91年まで漸減であったが，現存団体の設立は80年から92年までの2つの政権時期が多い。このことは，97年までに生き延びた団体は，80～87年，88～92年に誕生した団体が多いということで，この時期に団体世界ではどんどん団体数は減少していったが，

表4-1 団体分類別団体設立時期（韓国：全団体）

		朴政権 以前	朴政権 (61〜71)	朴政権 (71〜79)	全政権 (80〜87)	盧政権 (88〜92)	金政権 (93〜97)	合計
農業	度数	2	2	3	3	7	3	20
	構成比(%)	4.4%	3.4%	5.4%	3.1%	7.2%	3.8%	4.7%
経済	度数	2	14	6	7	9	3	41
	構成比(%)	4.4%	24.1%	10.7%	7.3%	9.3%	3.8%	9.5%
労働	度数	2	3	2	4	8	2	21
	構成比(%)	4.4%	5.2%	3.6%	4.2%	8.2%	2.6%	4.9%
教育	度数	3	1	8	8	3	7	30
	構成比(%)	6.7%	1.7%	14.3%	8.3%	3.1%	9.0%	7.0%
行政関係	度数	0	3	3	2	8	3	19
	構成比(%)	0.0%	5.2%	5.4%	2.1%	8.2%	3.8%	4.4%
福祉	度数	3	5	10	20	13	19	70
	構成比(%)	6.7%	8.6%	17.9%	20.8%	13.4%	24.4%	16.3%
専門家	度数	4	9	2	19	11	8	53
	構成比(%)	8.9%	15.5%	3.6%	19.8%	11.3%	10.3%	12.3%
政治	度数	0	1	0	0	3	5	9
	構成比(%)	0.0%	1.7%	0.0%	0.0%	3.1%	6.4%	2.1%
市民	度数	4	2	6	7	9	17	45
	構成比(%)	8.9%	3.4%	10.7%	7.3%	9.3%	21.8%	10.5%
宗教関連	度数	12	5	5	8	14	3	47
	構成比(%)	26.7%	8.6%	8.9%	8.3%	14.4%	3.8%	10.9%
その他	度数	13	13	11	18	12	8	75
	構成比(%)	28.9%	22.4%	19.6%	18.8%	12.4%	10.3%	17.4%
合計	度数	45	58	56	96	97	78	430
	構成比(%)	100.0%	100.0%	100.0%	100.0%	100.0%	100.0%	100.0%

注）　カイ2乗検定は，有意水準0.01で有意。また，期待度数5以下のセルがあるため，SPSS Exact Tests により評価された結果。
資料）　K-JIGS, Q33。

その時生まれた団体は生命力があり，調査時点まで生き延びたのである。先の全体の概況でみたように，全政権期の団体も生き延びており，体制変換が緩やかな過程であったことを推察させる。つまりこの時期にすでに，権威主義は緩んでいたか，その後の民主化が緩やかなものであったか（もしくはその両方）である。

3－1　政権時期別特徴

　分類ごとに，朴政権の権威主義体制以前，朴政権前期，朴維新政権，全政権と続く権威主義体制期，そして盧泰愚政権，金泳三政権と続く民主化以後のどの時期に設立された団体が調査時点まで存在したか，特徴を見よう。後で民主化以前の団体形成に関しては別の資料を基に分析する。

　朴正熙政権以前（日本植民地時代・日帝時代，米軍政期，李承晩期）：この

期で目立つのは，その他の団体，宗教関連団体で，両者で半分を越える。権威主義政権期を越えて生き延びたのは，宗教という外皮をもった集団か，曖昧な性格の団体であったことを暗示する。その他の団体には，公的性格を持った経済団体や社会団体が多く含まれる。[8]

朴正熙政権前期：この期では経済団体，その他，そして専門家団体が多い。

朴正熙政権維新期：この期では，その他，福祉，教育団体であり，そして経済，市民団体となる。

全斗煥政権：福祉，専門家，その他の団体である。

以上３つの権威主義体制下の政権では，それぞれその特徴を有した団体が多く形成され（図４-10，４-11参照），そのうちいくつかが生き延びたことを示唆している。高度成長を可能にし，発展志向型国家を支えるために，経済や専門家の団体が促進されるとともに，社会秩序を維持し，また社会を管理するために社会サービス団体の形成が続いたことを示唆している。

盧泰愚政権：ここでの設立分類は多様であり，宗教，福祉，その他，専門家，経済，市民と分散している。数は多くないが労働，農業もこの期にもっとも多く設立されている。

金泳三政権：福祉，市民団体が多く，専門家，その他，教育が続く。後に分析するように，脱権威主義，民主化の進展が，市民社会の多様な団体設立へ向かったことを示している。

結果として，調査団体の分布は，その他，福祉，専門家，宗教，市民の各団体が１割を超え，経済，教育などがそれに続いており，日本の分布と比べても，他のアメリカ，ドイツと比べても多元的な分布を韓国はもつに至っている（辻中編 2002：290 図13-1，13-2）。

3-2　団体分類別パターンの韓日比較

JIGSデータの団体分類別に見てみよう。ここでは政権毎の設立比率（図４-8）によって，農業，経済，労働，教育，行政関係，福祉，専門家，政治，市民，宗教，その他の11の団体分類を大きく３つの類型に分けることができる。団体分類と政権別時期の関連性は統計的に推定される（カイ２乗検定有意水準0.01）。ここでの設立時期は97年末の調査時点まで生き延びた団体のそれであるから，実際の形成ではない。

図4−8　韓国における団体分類ごとの設立パターン

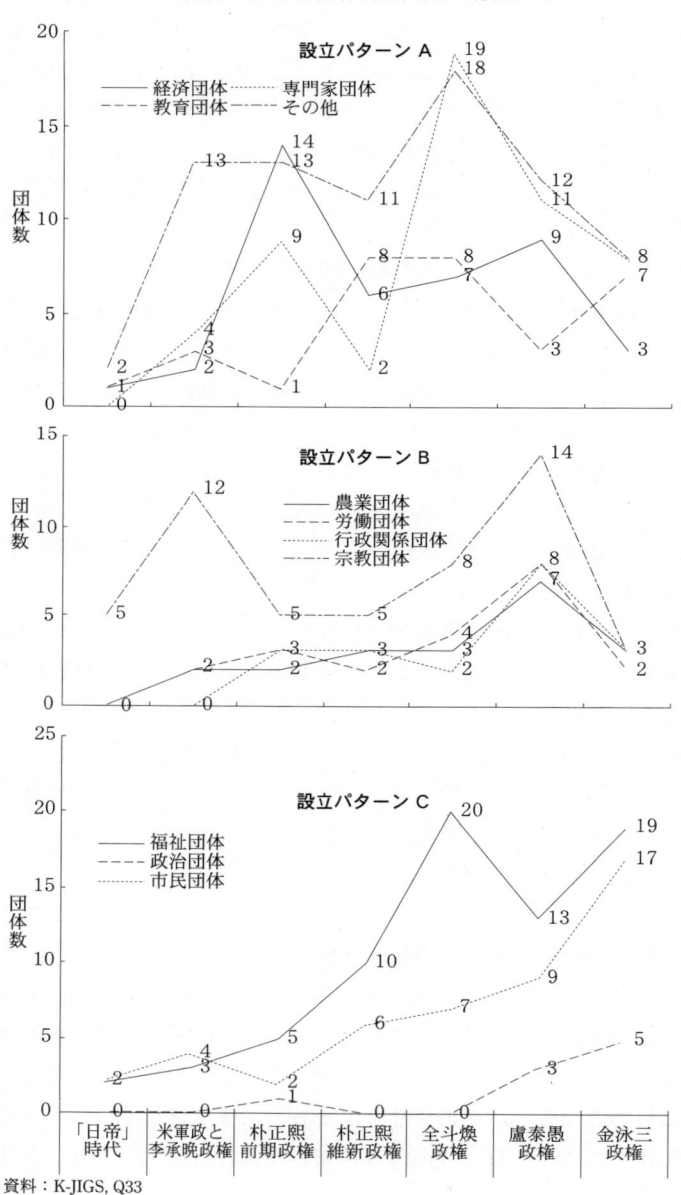

1) 1987年民主化以前，盧泰愚政権より前に設立の中心があるグループ（設立パターンA）。その他の団体，経済団体，教育団体，専門家団体（そして宗教団体）である。これらはそれぞれ，朴政権前期（経済），同維新期（教育），全政権（専門家，教育，福祉），特に中心がない（その他）と設立の集中した時期が異なっている。

2) 盧泰愚政権期に中心のあるグループ（設立パターンB）。行政関係団体，労働団体，農業団体，宗教団体がそこに入る。宗教団体は日帝時代や朴政権以前にもかなりの団体が設立されており，2つの峰をもつという特徴がある。

3) 金泳三政権に中心があるグループ（設立パターンC）。政治団体，市民団体，そして福祉団体を含めた。但し，福祉団体は，全政権にも同数の設立があり，第一のパターンとの混合である。

1) の設立パターンAは，後述の1987年団体名簿での分析とかなりの程度照応している。日本の場合も，同様にJIGSデータから5つのパターンを抽出した（辻中・森 1998a）。日本では法人格別にも検討した。

いずれの場合も，戦後50年以上を経過しているためもあり，戦前期の設立は多くない。すでに見たように戦前と戦後の断絶が大きいからである。[9]

日本の5つのパターン（図4-9）は，主として戦後の設立形成の型の違いに由来する。戦後直後に爆発的な形成を行うか（設立パターンa：経済，労働，社団法人），戦後直後だけでなく，他の2つの（60年代，80年代初頭）にも同様の形成の山があるか（設立パターンb：専門家，教育，福祉，財団法人），時期に関係なく緩やかに設立が続くタイプか（設立パターンc：学術研究文化，行政関係，特殊法人），徐々に設立が減少しているか（設立パターンd：農業，中小企業事業協同組合，商工業関連団体），近年，80〜90年代に設立が多いか（設立パターンe：市民，政治団体）である。

中央での団体を調査した1980年の調査（第一次圧力団体調査）の分析では，戦前期との関係を踏まえた連続関係を考えながら，

1) 戦前期の団体が多い行政関係，専門家。
2) 戦後第一期（1945〜49）に頂を形成する経済（大企業・頂上）団体。
3) 第一期から第二期（1950〜55）に多い，教育，農業。

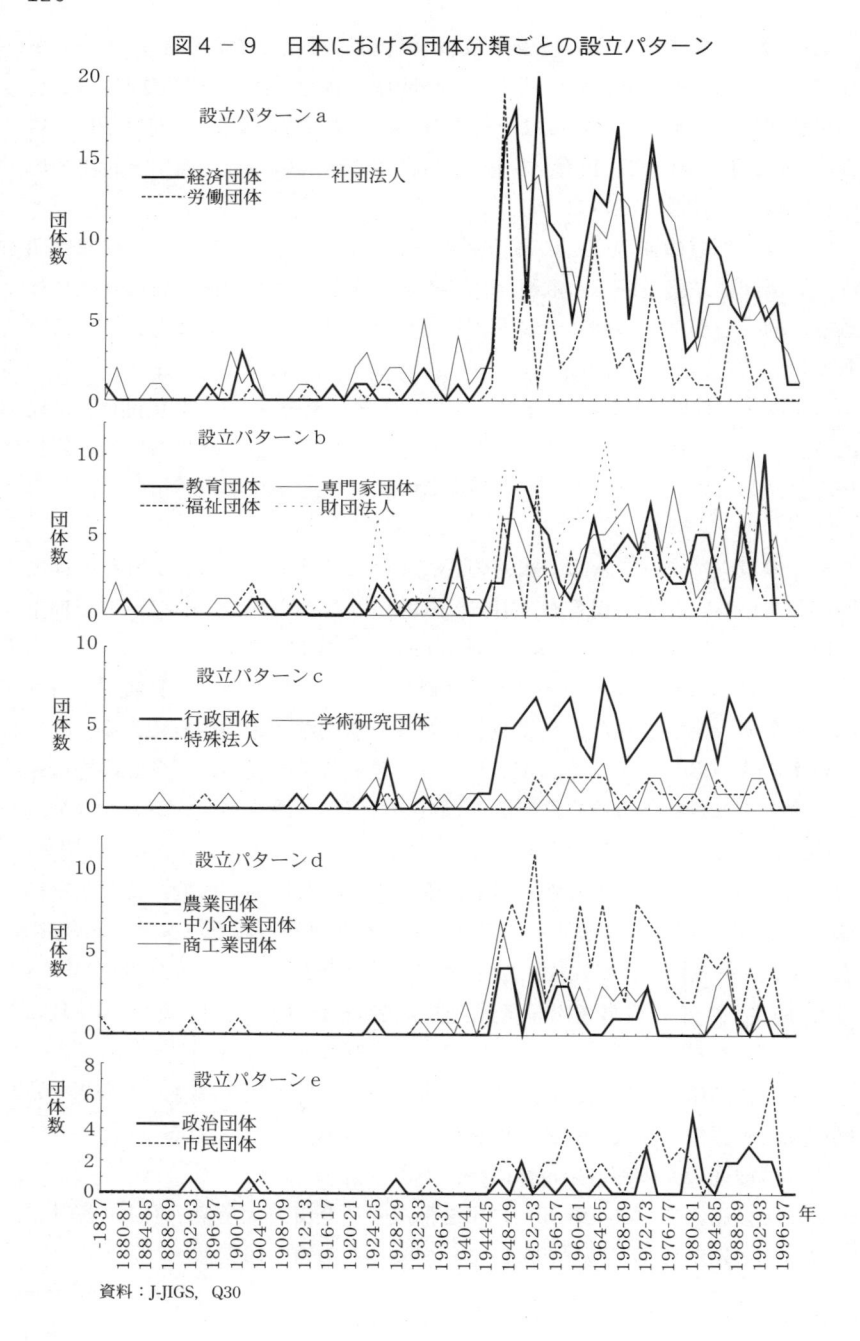

図4-9 日本における団体分類ごとの設立パターン

設立パターンa
― 経済団体　― 社団法人
--- 労働団体

設立パターンb
― 教育団体　― 専門家団体
--- 福祉団体　… 財団法人

設立パターンc
― 行政団体　― 学術研究団体
--- 特殊法人

設立パターンd
― 農業団体
--- 中小企業団体
― 商工業団体

設立パターンe
― 政治団体
--- 市民団体

資料：J-JIGS, Q30

4）第二期から第三期（1956～67）に多い，労働，経済（中小企業）。
5）第三期から第四・五期（1968～75，75～80）に多い，福祉，市民政治団体。

の5パターンを識別し，産業セクター団体（経済大企業，農業），政策受益団体（教育，経済中小企業，福祉），価値推進団体（労働，市民政治）という順に，団体設立（1980年現在まで存続した団体の設立）が進行し，それは（発展志向型国家における）団体の政治過程への定着順序と関係があるのではないかという仮説を提出した（村松，伊藤，辻中 1986：72-76）。

産業セクター，政策受益，価値推進団体という形成の順序は，ある程度，韓国でも踏襲されているようにも見える。

他方，韓国での政権と団体種別の設立パターン（図4-8）は，より端的に政権の政策的力点の反映であるようにも考えられる。朴政権前期の経済団体，同維新期の教育団体，全政権の専門家団体，教育団体と福祉団体，盧泰愚政権と自由化開始による労働，農業，行政関係，宗教団体の噴出，そして金泳三文民政権と政治，市民，福祉団体の噴出は，鮮やかに政権の性格を反映しているように見受けられる（第2章参照）。この点はさらに民主化以前の団体形成を次節で分析する。

韓日の共通点としては，経済，専門家などの産業の業界（セクター）の形成が先行することである。いわば発展志向型国家としての共通の性格を見出すことができる。さらに言えば，朴政権での経済団体，全政権での専門家団体（科学技術団体）に見られるように，日本と同時期に近い時点で多くの団体が設立されていることである。韓国は日本と直線的な発展段階の差があるわけではないが，一般的にこの時期20～25年の段階差があると考えられた（辻中 1994：445-448）から，この時期のこうした団体設立は日本と比べて極めて早期に導入されたと見ることができる（日本との相違点）。つまり，国家主導性の強い韓国では，ソフトとしての「団体」制度の早期輸入が見出されるのである。

もう1つの共通点は，もっとも最近の設立に，政治，市民，福祉団体が多いことである。韓国は民主化開始によって，日本は何度目かの「市民組織化」の波ゆえにであると推察されるが，現象的には類似している。両国での発展志向型国家の変容との共通性もあるかもしれない。また，こうした団体の存

続期間が短いことから，こうした結果が帰結するとの解釈も可能である。さらに検証する必要がある。

　両者の相違点として予想されるのは，第一に行政関係団体などの「政策受益」団体の位置であろう。おそらくこうした団体は政権毎に作り直されたために，盧泰愚政権以後近年の設立が多いのかもしれない。体制，政権の基本的連続性（日本）と断絶性（韓国）の相違ゆえと推察される。第二に，労働および農業の「民主化以後」の噴出である。これは現在の日本の設立分布とは当然異なるが，1945年直後の日本とは共通するものである。第三に，おそらく（データだけでは確認できないが）宗教団体の意義である。日本とはスケールが異なり大きいこと，さらに古くからまた最近まで設立が活発である。

4　韓国における民主化以前の団体形成と日本の戦前の団体形成

　韓国では，確かに民主化を契機に相当数の団体が形成され，団体事業所の総数（密度）は倍以上に激増した。ただ団体従業者数（密度）は一時期倍増したが，経済危機を契機に再び半減し，ほとんど民主化以前と変わらない水準である。民主化は大きなインパクトを韓国社会に与えたが，97年時点で現存した団体の半分以上は全政権以前の権威主義体制下で生まれた団体であった。その意味で，民主化過程は，混合であり，緩やかであったと見ることもできる。

　ここでは，前節でみたような現存する1987年民主化以前，盧泰愚政権より前に設立の中心があるグループ（図4-8設立パターンＡ：その他の団体，経済団体，教育団体，専門家団体そして宗教団体）の意義を見るために民主化以前の韓国に注目する。先の分類はそれぞれ，朴政権前期（経済），同維新期（教育），全政権（専門家・教育），特に中心がない（その他）とパターンが同じではないが，実際にこうした時期にどのような団体形成が生じたのだろうか。

　図4-10，4-11は1987年前後での各種政府編集名簿による団体設立の記録である。これは，JIGSデータとは性質が異なる可能性があるが，現時点では唯一比較可能なデータである。JIGSデータと同様に資料が編纂された段階で存在した団体の設立年（誕生年）データであって，実際の設立数そのものではない。これらは以下に示すような多様な団体の政府資料や団体名鑑に基

第 4 章　形成と政治体制の変化　129

図 4 - 10　民主化以前の韓国の団体設立数推移（合計，団体名鑑所載データ）

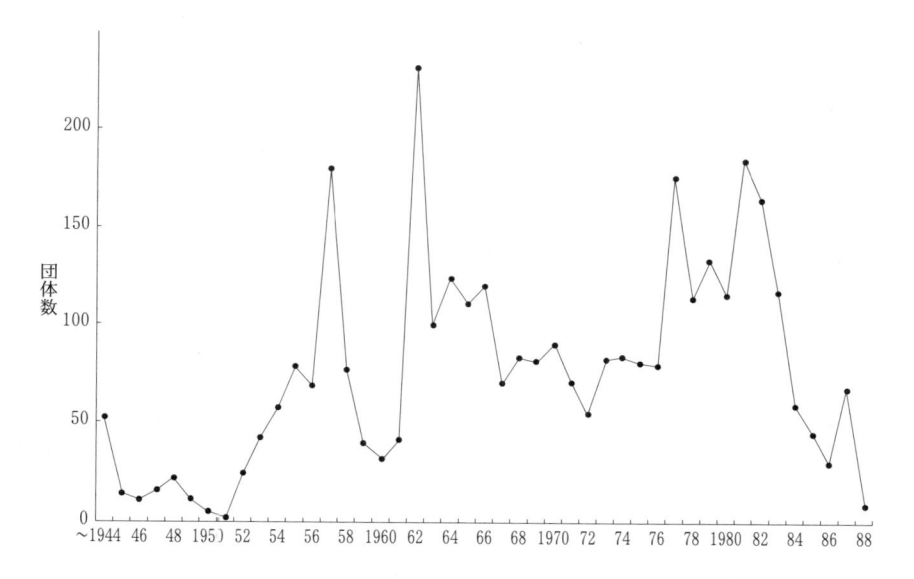

図 4 - 11　民主化以前の韓国の種類別団体設立数（団体名鑑所載データ）

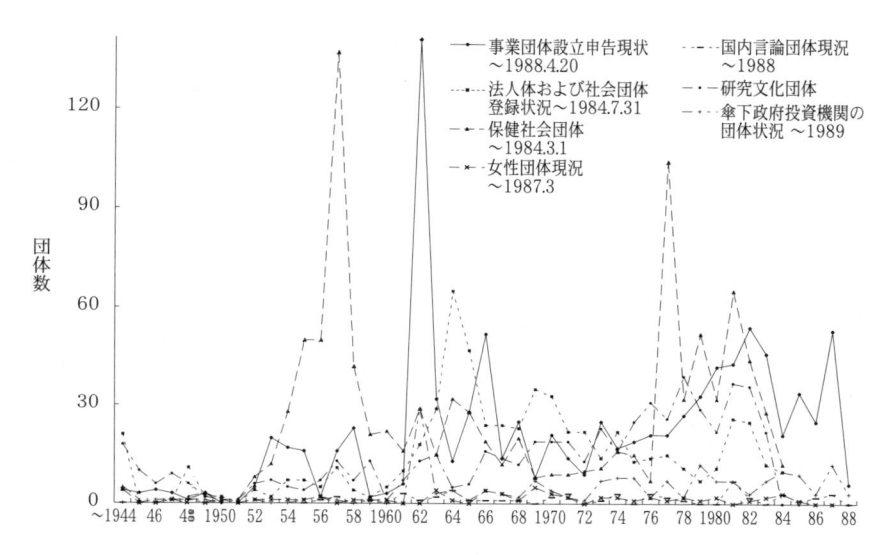

凡例：
- 事業団体設立申告現状 ～1988.4.20
- 法人体および社会団体登録状況 ～1984.7.31
- 保健社会団体 ～1984.3.1
- 女性団体現況 ～1987.3
- 国内言論団体現況 ～1988
- 研究文化団体
- 傘下政府投資機関の団体状況 ～1989

づくものであり，合計した図4-10に大きな意味を与えることはできないが，後に述べる戦前の日本の団体名鑑での記録との比較のために作成した。

4-1　合計グラフ：李・朴・全政権期にそれぞれのピーク

　図4-10が語るのは，「民主化」開始以前の現存団体設立記録では，朝鮮戦争後50年代中葉から団体設立が急増し57年にピークを記録し，次にとりわけ1962年をピークとして66年にかけての第一期朴政権の前半，第二期朴政権（維新体制）の70年代後半（77年をピーク）から81年をピークとして83年にかけての全政権の前半に大きな団体設立の山が存在することである。

　木目細かに分類別に検討する前に，一般的に言えば，李，朴と全という3つの権威主義体制が国家コーポラティズム的な団体政策をとった可能性を示唆する。第1章表1-1で示したように，李政権下では1958年に非営利団体に関する民法改正があり，その前年に団体設立が保健社会団体で多いこと，同様に朴政権開始早々の63年には社団登録に関する法律が制定されるが，それ以外に多くの団体関連法制が整備されること，1975年には公益法人の設立・運営に関する法律が制定されること，全政権下では社会浄化運動組織育成法（1982年）や女性や消費者，労働など各種の研究院が設立され，関連団体を育成したことなどを想起すればよいだろう（第2章も参照）。

　この3つの李，朴，全政権初頭の団体設立の山は，一見すると1997年の韓国JIGS調査において明白な痕跡を見出すことができない（図4-5，図4-6）。他方で，すでに触れたように割合としてみれば，全政権以前の団体も相当数残存している。しかし，図4-5を子細にみれば，団体の波動は確かに山は低くなったが，残存しているようにも読める。これは，次に見るように分類ごとに見ればより明確である。さらに日本の戦前・戦後と比べれば，ずっと明確に痕跡を見出すことができる。

4-2　団体分類ごとのグラフ：政権ごとに特徴

　政権別に見ておくと（図4-11），朝鮮戦争以前に設立されたものとして，文化，研究関係が多いことが分かる。朝鮮戦争から60年にかけて，保健社会団体，事業団体が増えていき，特に保健社会団体の急増によって57年前後は設立の波の大きな頂きをなす。

朴政権前期では，事業・政府投資機関など経済団体，続いて文化関連社会団体が多数設立され，女性団体も設立された。朴政権維新期では，保健社会団体，特に研究文化団体が多数設立され，民主化時点の87年まで存続したと推定される。全政権でも事業団体，保健社会団体，科学・研究・教育団体，文化関連団体がかなり設立され87年まで存続したことが見て取れるのである。

いわば，ここには朴，全による「権威主義的な上からの団体革命」「権威主義的（開発型）コーポラティズム」が見出されるのである。いずれの政権も，その初頭にその「手段としての団体」の設立を強力に促したことが推察される。

さらに，1987年までの政治体制においては，少なくとも1960年代の朴政権初頭の団体設立がよく保存され，存続していることにも注目すべきである。

1997年の韓国JIGSデータにおいても図4－8で見たように，米軍政から李承晩政権期に「その他」の団体，朴政権前期に経済，専門家，その他，朴政権維新期に教育，福祉団体，全政権期に福祉，専門家，その他，教育団体の多くの設立が記録されていたから，その軌跡は分類別には残っているのである。つまり，1987年の民主化によっても，相当数が消滅したが，完全にかつての団体世界を塗り替えたのではなく，ある程度それ以前の団体も生き残った。

4－3　日本の戦前のグラフ

こうした韓国の民主化以前の状況，および民主化後への残存を比較的に考えるために，日本の状況を見ていこう。日本は，戦前に限定的な多元主義から国家コーポラティズム的な権威主義，戦争動員体制を経験し，戦後，根本的な政治体制変動を経験したからである。

この日本のグラフ（図4-12, 4-13）は，基本的に第二次世界大戦突入直前に編集された1942年版の『同盟時事年鑑』に所収された団体名簿の設立年をプロットしたものであるが，労農団体（労働組合，農民組合など）に関しては30年代末に解散するため1937年版を用いている。図4－12には合計値と労農を含まない合計値を記載してある。図4－13は分類別である。

これらの図から，戦前の日本のおいても，1920年代から30年代にかけて急速に多元化が進行したことが理解できる。30年代末の労農の解散と裏腹に，

図4-12 日本の団体設立動向；1874～1942（合計，同盟時事年鑑1942）

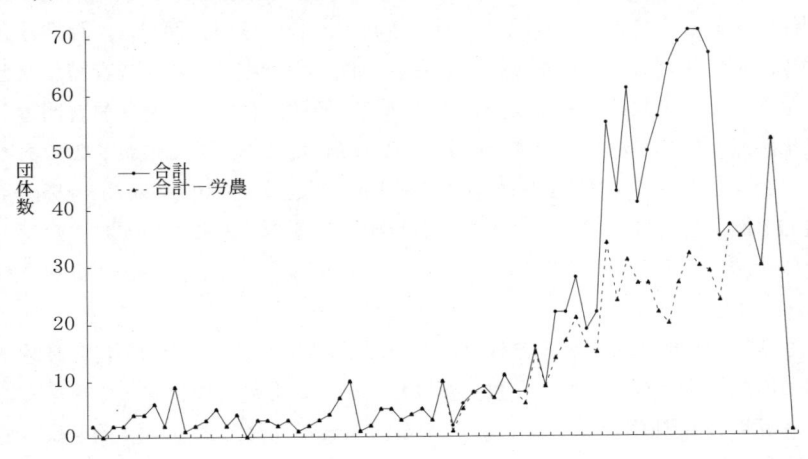

図4-13 日本の分野別団体設立動向；1874～1942（合計，同盟時事年鑑1942）

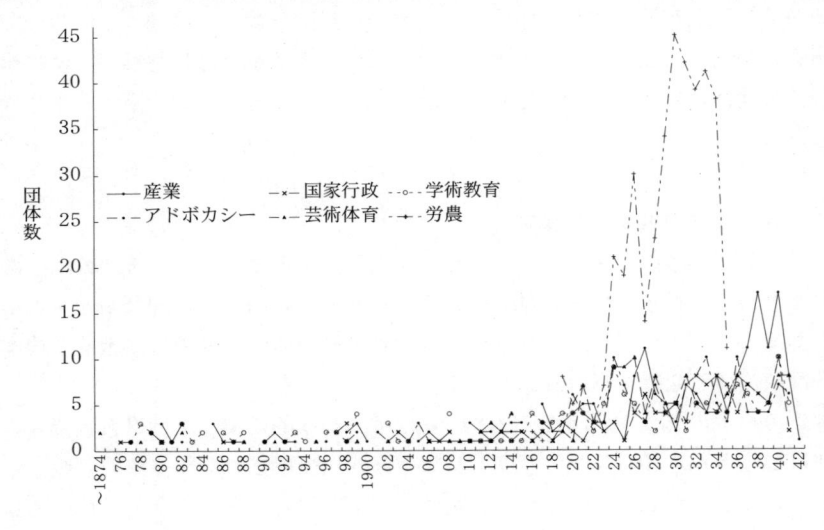

40年前後には産業報国会や各種統制会の設立にともなう団体設立の頂きが見られ，多元主義とともに権威主義的な国家コーポラティズムによる団体の波動が見られる。

図4-5,4-6の日本JIGSのグラフを復習してみよう。そこでは,大きく3つ,より詳細には4,5回の現存団体の設立の山(波)が見出される。日本での設立は近年になるほど多いという訳ではなく,いわば韓国の1987年での名簿データ(図4-10)のグラフと同様に,過去に山がある。すなわち,1946〜50年,52〜53年,63〜65年,72〜75年,85〜92年などの大きな設立の峰や高原がくっきりと痕跡を残している。他方で,図4-12と対照すれば,戦後の軌跡もやはり戦前の痕跡をほとんど留めてはいないことがわかる。

韓日の共通性は,次のように纏められるだろう。
1) 多数の団体設立がなす山は,歴史上何度か見られるが,それがすべて軌跡として現存するのではない。
2) 日本では1945年以前,韓国では1987年以前の団体の相当数が,消滅したと推定される。
3) 消えた増大期として,日本では1920年代から30年代前半(大正デモクラシー期),1940年前後(大政翼賛・統制期)があるし,韓国では,朴政権,全政権の初頭(60年代前半,80年代前半)の「上からの団体革命期」がある。

また韓日の相違点として,日本での1945年以前,韓国での1987年以前の団体の消滅の仕方が,異なる可能性がある。韓国では,1997年の時点で6割近くがなお87年以前の設立であるが,日本で1997年の時点で1945年以前の設立は8.2%である。これは10年前と50年余り前であるという時期の差が説明するのかもしれない。ただ過去に行われた事業所統計の団体設立調査でも,1957年調べで14.5%,81年調べで3.0%が戦前の設立に過ぎず,韓国と比べて,団体の「断絶」度は日本の方が目に見えて高い(辻中 1988：63)。

こうした団体状況の「断絶度」の差が実際上のものであるとすれば,その原因として3つの可能性が考えられる。つまり,
A) 体制変化「後」の団体自由度の状況がもし同程度と仮定すれば,変化前,すなわち,日本の戦前(戦時体制,国家コーポラティズム)と韓国の民主化以前を比べて,韓国の方が団体の自由度が大きく(特に全政権),それゆえ自由化後もそれらの団体のある程度は存続可能であった。または,民主化以前の団体が,こうした体制変化に寄与し,それゆえ存続した。
B) 体制変化「前」の団体自由度の状況がもし同程度と仮定すれば,変化後

の状況の自由化度の差を示す。つまり，日本の戦後の方が盧泰愚政権など民主化後より自由度が大きく，それゆえ日本の方がより爆発的な増大を見せ，断絶度が高く，残存度が低くなった。
C）A，Bの要因の複合。

筆者は，Cではないか，つまり，変化前後の体制変動の落差が，変化前と変化後の両方の観点から韓国では日本より小さい，と推察するが，その検証はさらなる体系的な検討が必要である。ちなみに，変化以前の体制について，ガー（Gurr, Ted Robert），マオツ（Maoz, Zeev）は（引用はラセット 1996 付表2）民主制と権威主義体制の中間的形態であると述べる。また変化そのものに対して，ハンチントン（1995：111-147）は韓国の体制変化を政府と反対派との「共同行為」によって民主化が生み出された「体制転換」と分類しているし，金浩鎮（1993:385）は革命モデルと上からの自由化モデルの折衷である「妥協モデル」と規定している。また崔章集（1997：30-35）も自由化後，金泳三政権もなお保守の「上からの改革」であり，依然として「発育不全の民主主義」と規定する。

5　結論

本章では，事業所統計，韓国 JIGS データ，団体名鑑など多面的なデータをもとに，また日本，アメリカなどの関連データも用いて，現代韓国の市民社会の団体形成，設立，団体総量（密度），分類の変化，団体規模の変化などを量的に追いかけ，マクロに具体的に把握し，体制変化とともにどんな団体設立・分布上の変化が生じたかを明らかにしようとした。端的にいえば，民主化という体制変化とともに生じた韓国の市民社会の激変はいかなるものであるのか，どのように，どの部分でどのように生じたのか，どのような団体配置上の結果を有しているのかを，比較的，具体的に分析していくことが本章の課題であった。

その際のポイントとして挙げた内容への答えは次のようになるであろう。
＊1987年前後を含む全体の過程変化：

労働団体のように激しい上下動が生じたり，経済団体のように急速な減少と再編が進んだりしたものもあり，新しい市民団体が登場したりと，大きな変化はある。ただ日本の戦前・戦後の体制変化と比べれば，90年代に入り変

化が進んだという点で緩やかで，旧いものも相当残存したという点で混成的である。

団体形成，市民社会の団体世界の総量については，経済がその成長や停滞を規定している点は否定できないが，激しい団体数の上下動や団体分類構成の大きな変化は，政治・国家要因の大きさを示唆する。

＊1987年以後の変化

団体多元主義と労働・政治団体の爆発的な拡大などの変化が1991年以後，特に金泳三文民政権以後に生じたことがまず重要である。また，経済危機から金大中政権を経て，次の変化，労働の退潮（従業者激減）も生じている。最初の経済団体の急減（再編）とその後の労働の退潮が大きいために，結果的に階級性から多元性への移行を分布は示している。

＊1987年以前と以後の比較

民主化以前は，経済団体中心の国家コーポラティズム的な特徴，次いで民主化移行期には労働団体・その他の団体中心の階級政治的な特徴，最後に民主化定着期には，市民団体（アドボカシー団体）の定着など多元的特徴を示す。

＊1987年以前の状況

97年時期にも80年代前半を中心とした民主化以前の団体が残存していることが特徴である。経済，専門家，その他，教育，宗教，福祉などの団体が中心だが，それ以外の市民や労働団体でもある程度いえる。こうした点は，権威主義体制下でも多くの団体が形成されていたこと，80年代前半に特に権威主義体制の緩みがみられること，そして87年民主化以後の過程も比較的緩やかに折衷的に進行したことを示唆する。

＊市民的多元主義の体制化か，自由化による団体バブルか？

ここでの主要な発見は，韓国の市民社会・利益団体セクターにおいて，1987年以後減少と急増大を含む極めて規模の大きい変動が生じたことである。それは労働の急拡大と一定の退潮，その他の団体や市民団体の急膨張が著しい。これらは日本の敗戦直後の変貌とある程度の共通性をもち，「対比しうる」ような，体制移行が生じたことを推測させる。他方，両者の相違点も明白であり，民主化以後の韓国における旧体制の「残滓」や民主化以前の旧体制の「権威主義の緩み」を推測させる。団体設立のパターン分析でも，日本

との共通性と相違点が確認された。韓国では多様性がアメリカほどでないが日本よりも分散的であり，団体の密度，従事者数など米日よりやや劣るとはいえ普通の先進国なみであることが見出された。1つ1つの発見に関して，いくつかの仮説定立，解釈の可能性がある。

　本論の最初の問題設定，体制との関係で性格づける点に戻るならば，以上のデータから，韓国が1987年以降，権威主義的体制から相当な市民社会組織と利益団体を誇る多元主義，自由民主主義へと類型的に移行したと述べることは説得的であろう。他方，我々は韓国の国家がなお完全には，団体へのコーポラティズム的な装置や権威主義的な団体規制の文化や慣行などその残滓を捨てきっていないことも見落とすわけにはいかない。と同時に，こうした市民的多元化は，すでに示唆したように，日本の敗戦直後と似た，自由化の爆発的衝撃による一時的な「団体バブル」の側面があった可能性も否定できない。それはとりわけ，労働，政治，市民団体に見られた。階級政治の担い手である労働・経済団体から団体形成の重心は公益的な市民団体，利益団体に移行したことも現象的には確実であるが，その意義についてはなお留保せざるを得ない。しかし，全体として，90年代末には安定した多元主義の様相を濃くしている。つまり，当初の問題設定に対して，現時点では以下のような3つのシナリオ（解釈）の余地が残っている。

　シュミッターが予測したように，現状は国家コーポラティズムからの政治発展（解放）の過程で多元的「混乱」，団体バブルが生じ，それが続いているとの仮説も成り立つ（シナリオ1）。また，韓国は，日本の軌跡やシュミッターの予測とも異なる軌道上にあるとの推測も成り立つ。即ち韓国は，日本を越えて多元化しつつあり，それは混乱でなく，より西欧的な多元主義体制として「安定」的なものになりつつあるのかもしれない（シナリオ2）。そしてもう1つの可能性は，確かに西欧型といって良いほど現在の団体セクターは多元的であるが，これは韓国のもつ「政治化し易い」文化とエリート中心の社会構造が団体構造に反映しているのであって，韓国社会の基底ではなお伝統的な集団構造が支配的であり，ここでの発見は上層部分の政治的多元化に過ぎないという見方も成り立つ（シナリオ3）。

　韓国の市民セクターは1997年以後の経済危機と1998年以後の金大中政権下で，そして盧泰愚政権下で如何なる変容を遂げたか，また遂げつつあるだろ

うか。こうした3つのシナリオからも，崔章集（1997）の言う「発育不全の民主主義」規定が払拭されたかどうかの当否はこの団体セクターの把握如何にかかっているのである。新たな仮説が経験的な計量記述的な比較によって実証的に提示された。その更なる検証は第Ⅲ部で示すよりミクロレベルでの実証的な検討と事例研究に開かれている。

(1) 「国民の大団結と偉大な国家への前進のための特別宣言」（与党盧泰愚民正党代表委員，大統領候補指名者）1987年6月29日付け。大統領選挙直接制（改憲）の実施，政治犯拘束者（金大中氏）釈放，言論自由保障，地方自治制実施，大学自律化，反体制運動家の赦免，復権などを宣言。7月1日全斗煥大統領が全面受容して，与野党大妥協のもと民主化が開始された（金 1993：97，371-373）。

(2) コーポラティズム，多元主義，階級闘争，エリーティスト（モニズム，国家主導）などについては，村松・伊藤・辻中（2002），辻中（1994），シュミッター・レームブルッフ編（1984，86），山口（1989），Linz and Stepan（1996），ペンペル・恒川（1984ほか）参照。

(3) 韓国では，民主化以前の体制規定として権威主義的コーポラティズム，階級（葛藤）政治などが用いられた。権威主義コーポラティズムについてChoi1989，金1987など。韓国での自由化以前の体制規定に関しては，権威主義が中心であるが，利益集団論では国家コーポラティズムを主とし，多元主義を従とする「弁証法的な思考」が支配的であった（李 1993）。階級政治について，階級という用語はなお支配的ではなく，同様の現象を指してより広い「葛藤conflict」という用語が用いられることが多い。金（1993：465-499）。李政熙は，自由化以後の利益団体と選挙の関係について一貫して追求しているが，そこでの彼の発見した仮説は，「90年代における漸進的な階級政治の衰微と公共利益団体の意義の増大」である（李政熙 1990；1992；1996；1997；Lee 1996；1997）。

(4) その類似性を世界的に見れば，「双子の国家」と呼ぶ研究者もいる。佐藤（1992），但し歴史的には逆に対照的な違いがあることを論じている。

(5) 「その他」という分類は，その名のとおり，内容が曖昧であるが，大きく割合を伸ばしており，その内容を特定したいところである。この分類は日本でも80年代から続伸し，注目された（辻中編 2002：85-86）。韓国では，JIGS質問票での11分類での「その他」との電話帳18分類とクロス表をとっている（第1章表1-5）。統計での「その他」と無論同じではないが，ヒントを与える。韓国JIGS調査（ソウル）で「その他」としたもののうち，最大は業界団体22，社会団体18，産業経営団者体9，文化団体8，

社会福祉団体 3，宗教団体 3 などである。日本同様，「その他」は市民団体というわけではなく，やや公的な性格がある団体が含まれている可能性がある。
(6) 1996年版になく2001年版に登場した項目9,193は，Social Advocacy Organizations という小分類で，その下位に Environmental Advocacy Organizations と Other Advocacy Organizations という項目を持つ。統計庁自体は，1993年からこうした分類で把握を始めていたが，公表は遅れた。現在は web サイトで，93年版からのデータが入手可能であり，次に分析する。
(7) それぞれのセクターには次の団体分野に属すると被調査団体が答えた団体分類をもとに再集計した。生産者団体セクター：経済，農業，労働。社会サービス団体セクター：教育，行政，社会福祉，専門家。アドボカシー団体セクター：政治，市民。宗教団体セクター：宗教団体。その他（団体）セクター：その他：辻中編 2002：263-269. ちなみに，セクター別の韓国の特徴を第1巻から引用すると下記の通り（同 265-266）。

セクター別の構成比表（首都％）

	生産者	社会サービス	アドボカシー	宗教	その他	計	N
韓国	19.0	41.0	10.5	10.5	19.0	100.0	353
日本	30.2	34.5	6.6	0.8	27.9	100.0	1403
米国	22.3	40.7	8.7	4.3	24.0	100.0	715
ドイツ	7.9	36.7	4.5	23.5*	27.4	100.0	597

* ドイツでは宗教とスポーツの合計。

韓国の特徴は，社会サービスが多いことである。アドボカシー，宗教も3ヵ国で最大である。他方，生産者とその他が少ない。生産者セクターが少ないのは事業所統計の動向と一致する。また事業所統計で「その他」が多く，それは社会サービスやアドボカシー団体を含んでいる。その傾向とも一致する。
(8) 「その他」全体で83団体のうち，電話帳での区分で，業界団体が31，社会団体が21，文化・芸術団体10，産業経営者団体9である。
(9) これは営利企業の場合とはやや異なった結果となっている。営利企業では1957年で32.9％，1981年で9.9％が戦前設立を報告しており，団体での1957年14.5％，81年3.0％より高い。
(10) データの出所：1987年以前の韓国の状況は，統計などが利用できないので，下記のような政府発行の各分野別名簿を体系的に収集し利用した。団体課編『事業者団体設立申告現況』1988. 4. 20。文化広報部編『法人体および社会団体登録現況』1984. 7. 31。保健社会府編『法人団体現

況』1984．3．1。保健社会部編『女性団体現況』1987．3。『国内言論団体現況』1988。韓国経営者総連合会『労働経済年鑑』1988。韓国大学年鑑編『研究文化団体現況』（株）エドヨング1984。商工部『政府傘下投資機関および団体現況』1989。同様に日本の戦前についても同盟時事通信社編発行『同盟時事年鑑』1942ほか。

第 5 章

社会空間

辻中豊・河正鳳

　本章と次章では，統合空間ダイナミクスモデルのうち，社会・資源（リソース）次元と国家・制度次元の2軸によって構成される市民社会空間（利益集団世界の基本規模）を分析し，モデルの外枠，空間部分を把握したい。本章では社会的次元に注目する。

　これは前章の市民社会団体の形成や配置を「部分的に」説明する。これが部分的なのは，多様な団体の形成，その社会での配置は，この2つの軸で構成される空間だけでなく，政府，企業，伝統的な共同体などからの侵食，浸透，そして団体分類間の相互作用という複雑な方程式によって決まるからである。とはいえ，韓国社会がどのようなレベルで資源を市民社会組織に提供できるのか，国家からの規制や促進はいかなるものかを把握することは，団体の現状を理解する基本である。ここでも準拠枠として，日本を用いる。

はじめに

　社会的なリソース次元は，これまでマクロには民主化論，政治変動論で注目されたし，そして異なる角度から資源動員論やブルデュー的なソーシャルキャピタルでもその前提とされてきた次元である。一定の社会的なリソース（資源）が人々に利用可能で，それが集団の組織化および組織や団体の活動，維持発展に用いられることは重要である。ここでは，まず社会的なリソース次元に関して，韓国での発展と現在の位置を，主として日本と比較しながら見ていきたい。

　ここで社会的なリソースの角度からいくつかの社会指標を検討するが，それはまた1987年の民主化の時点，1997年の調査時点，2003年現在の韓国がどんな社会であるかを理解することにつながるだろう。

1　これまでの社会的次元の政治学的把握

　社会経済的発展と政治的な発展の相関を重視する近代化論では，体制転換，民主化と社会経済環境という点から，社会リソースの蓄積を捉えてきた。例えばハンチントン（1995）は，民主化の第3の波を検討する前提として，民主化の条件としてこれまで考えられてきた要因（説明変数）を次のように列挙する。

　「経済的富，所得・富の平等な分配，市場経済，経済発展と社会的近代化，……強力なブルジョアジー（B.ムーア），強力な中間階級，高度なレベルの識字率と教育，消費文化よりも道具的な文化，プロテスタンティズム，社会的多元主義と中間集団……」少なくとも第1，第2の波では「経済発展，工業化，都市化，ブルジョアジーと中間階級，労働者階級と組織，経済的不平等の漸進的な減少」（同上：36-39）の相互の連関が重要であったとされている。ハンチントンは，第3の波の民主化＝体制移行ゾーンは，端的には1976における経済発展のレベルが1000〜3000ドル（同上：62-63）であることだと述べた。

　近代化論の将来モデルとする多元主義において，政治システムの違いを生み出す「経路」，背景となる社会は決定的に重要だとダールは述べる（ダール 1999：93）。社会経済的レベル，近代化の程度，それは1人当りの所得，

識字率，教育，技能水準，工業技術，工業化，都市化，新聞および雑誌の購読率，電子コミュニケーション，運輸施設……などで測られる。所得と大衆的消費の増大につれて，工業技術，識字率，教育，生活の豊かさ，マスコミュニケーションは拡大してゆく。それはまた，利益集団，政治的技能，有権者の顕著な拡大をともなう（同：96）。こうして社会の近代化は政治の近代化につながるのである。

　ダールはこうした社会を「近代的でダイナミックな多元的な社会」MDPと呼んでいる。そこで近代的とは，所得と富，消費，教育，都市化などの特質が，歴史を通じて高度な水準にあるという意味であり，ダイナミックとは経済成長や生活水準の向上を意味し，多元的社会とは相対的に自立した集団，団体，組織その他の単位が多数存在する社会である。MDPこそポリアーキーに適合（同：121）する。ポリアーキー政治制度の1つに政党や利益集団をはじめとする政治集団を設立し，それに加入する権利（同：108）をもち，その結果，「ポリアーキーのなかに，無数の多様な集団が生まれやすい。……比較的に自立している数多くの集団や組織をふくむ政治システムは，しばしば〈多元的システム〉と称される」（同：111）。

　日本の社会科学者は，多元主義や近代化論に立つわけでないが，社会的要因を重視する研究が見出される。工業化社会・都市化・大衆社会の意義を分析し，日本政治の条件や公共政策を分析した松下圭一がそうである。社会学者では一貫して社会変動の視点から産業社会と国家を分析する富永健一（1988）は，多様な産業社会の社会指数の推移を追いながら，労働運動の時代，労働者政党の時代，福祉国家の形成を分析する。マクロな政治史・政治過程学者では，升味準之輔が工業化と社会変動，社会変動と政治体制・政治変動の関係を，産業別人口を工業化指数として用いて，日本だけでなく西欧諸国を分析した。升味によれば，離陸期には農民が8割を数えるが，農民が5割をきる時期，第二次産業人口頭打ち時期，農民人口1割未満の時期，それぞれに興味深い政治変動が観察される。升味は社会階級の利益状況の変動，資本階級，労働階級，新中産階級，ブルーカラーのホワイト化，大衆社会の拡大とマスメディアの発達に注目している。政治分析では，三宅一郎（1985）や綿貫譲治が一貫して社会変容と政治行動に注目し，職業構成（自前と非自前，三宅1985）の変動を重視している。

私たちが理論的に依拠する1人である崔章集（1999：238-239）は，民主主義への移行の条件として，彼のシカゴでの師であるプシェボルスキーを引きながら，「西ヨーロッパの経験に照らして見るとき階級政治が民主主義制度化を通して政治社会に包摂される時点はおよそ農業人口が占める比率が非農業部門によって追い越される構造的変化の時点と一致する」「長期的な観点から見るとき，……社会経済的変化が現在の，そして近い将来における政治的民主化の基盤を提供」する。「しかしこのような構造的要因による説明はこれら2国（台湾と韓国）において，なぜ1980年代中頃という特定の局面において『政治的開放』がなされたかを示すことができない」と述べる。崔章集は，社会経済的変化を自明なものとして，その実態を経験的に把握しているわけではないが，理論枠組みとして傾聴すべき多くの指摘をしている。
　崔章集の理論的な解は，巨視的な歴史的・構造的文脈における韓国の位置にある。彼は4つの要因を指摘する（1997：11-14）。まず，(1)近代化の3つの過程が他の先進国の場合と異なり，韓国ではほぼ同時的に進行するようになったという点である。3つの過程とは，近代国家形成，資本主義的産業化，民主化であり，大部分の国家ではこれら3つの過程は相当の時間的間隔をおき，歴史的・継起的に進行した。こうした「近代化への変換の同時性」はハーシュマンのいう「後・後発産業国家群」の特徴であるとしている。(2)韓国において民主主義と資本主義を発展させた理念と諸制度が外部，アメリカから与えられたという「外部勢力の圧倒的規定力」。(3)韓国において近代化の諸過程が同時に，しかも短期間のうちに急速にかつ，圧縮されて展開したという「急速かつ圧縮的な変化」。(4)南北の分断状況による「外部の敵との恒久的な対峙状況の条件」である。
　崔章集が述べる各点に関して，社会的な諸指標を使い，できるだけ跡づけてみたい。
　民主化，多元主義，体制転換，政治勢力の配置の変容など多様な政治変動に対して，社会変動は大きな意義をもつことが確認されている。それは，社会経済変動が，社会的リソースという形で，市民社会の団体に影響を与え，それが政治配置に影響を与えるからである。無論，その逆の因果過程も重要であり，それは次のII部の課題となる。崔章集がいうような急速で圧縮した社会変動を，社会的なリソースの観点から見ていきたい。

2　韓国経済の急成長

まず，表5－1実質経済成長率を見ていこう。韓国経済は，1980年と98年の2回のみマイナス成長を記録したが，1960年代から40年にわたり平均8％の高度成長，70年代に9％，80年代に8.3％，90年代には98年を除いて7.2％，98年を含めても5.7％の画期的な成長（松本・服部 2001：3）を遂げた。日本経済が1950年代，60年代から石油ショックまで四半世紀に経験した奇跡と呼ばれた成長率を韓国は40年間にわたり続けたことになる。こうした点では，

表5－1　実質経済成長率
単位：％

年度	日本	韓国
1970	8.2	
1971		8.6
1972		4.9
1973		12.3
1974		7.4
1975	4	6.5
1976		11.2
1977		10
1978		9
1979		7.1
1980	4.1	−2.1
1981	2.8	6.5
1982	3.2	7.2
1983	2.4	10.7
1984	4.1	8.2
1985	4.3	6.5
1986	3.2	11
1987	5	11
1988	6.4	10.5
1989	4.9	6.1
1990	4.8	9
1991	3.8	9.2
1992	1	5.4
1993	0.3	5.5
1994	0.6	8.3
1995	1.5	8.9
1996	3.9	6.8
1997	0.8	5
1998	−2.9	−6.7
1999	−1.3	10.9
2000	0.5	9.3

出所：韓国銀行，内閣府『国民経済計算年報』

表5－2　1人当り国民所得
単位：米ドル

年度	日本	韓国	韓国／日本％
1970	1,953	249	12.7
1975		592	
1977		1,009	
1980	9,068	1,598	17.6
1985	11,508	2,229	19.4
1987		3,201	
1990	25,082	5,886	23.5
1994	37,524	8,998	23.9
1995	41,009	10,823	26.4
1996	36,572	11,385	31.1
1997	33,412	10,315	30.9
1998	30,124	6,744	22.4
1999	34,359	8,595	25
2000	37,556	9,770	26

出所：韓国銀行，総理府内閣府統計局（日本）

表5-3　輸出
単位：100万米ドル

年度	韓国	日本
1960	32	4,055
1965	175	8,452
1970	835	19,318
1975	5,081	55,757
1980	17,504	129,807
1985	30,283	175,638
1986	34,714	
1987	47,280	
1988	60,696	
1989	62,377	
1990	65,015	286,948
1991	71,870	
1992	76,631	
1993	82,235	
1994	96,013	
1995	125,058	442,937
1996	129,715	412,433
1997	136,164	422,881
1998	132,313	386,271
1999	143,685	417,442
2000	172,267	480,701

出所：韓国銀行，日本貿易振興会

表5-4　経常収支
単位：100万米ドル

年度	韓国	日本
1980	−5,312	−10,750
1981	−4,606	
1982	−2,550	
1983	−1,524	
1984	−1,293	
1985	−795	51,130
1986	4,709	
1987	10,058	
1988	14,505	
1989	5,360	
1990	−2,003	44,080
1991	−8,317	
1992	−3,942	
1993	989	
1994	−3,866	
1995	−8,507	111,040
1996	−23,004	
1997	−8,166	
1998	40,364	
1999	24,476	
2000	12,241	116,880

出所：韓国銀行，日本銀行

　韓国経済は，世界で最もダイナミックな経済成長を経験したといえる。
　そうした成長の結果，2000年の韓国の国内総生産は4,536億ドル（96年5,200億ドル）となり，日本の4兆7,651億ドルの約10分の1の水準である。後述のように為替レートの円高，ウォン安傾向を差し引いてみると人口は日本の3分の1，経済規模は5分の1程度である。1人当り国民所得（表5-2）で見ると，1970年に日本の1割の水準であったものが，90年代以降は2～3割の水準へと上昇した。
　為替変動があるので比較は容易くないが，購買力平価でみると円高（購買力で1ドル150円以上であるが実際の為替レートは100～120円），ウォン安（1ドル700～800ウォンであるが実際の為替レートには1,100～1,200ウォン［社会経済生産性本部 2003：200］であるから，差はもっと小さい。購買力でみれば，日本の半分から6割程度である。
　国際的には，70年代中葉に1,000ドルに満たなかった（その意味では，ハンチントンの言う第3の波で民主化する条件を満たしていなかった）韓国は，90年代中葉に1万ドル経済に突入，1997年末に為替レートが暴落し経済危機

に陥りIMF管理に入ったが，その後再び急速に持ち直した。

　韓国の経済発展が輸出志向であったことは有名だが，現在でも経済が日本の1割規模であることを考えれば，輸出の対日比率が1975年に9.1％，80年に13.5％，90年に22.7％そして2000年には35.8％という規模に膨れ上がっていることは驚きであり，輸出の伸びと輸出依存度に注目すべきである（表5－3）。貿易依存度は一時80％を越えていたが97年には6割を割る水準である（松本・服部 2001：4－5）。この輸出志向が，日本などから高度な部品・機械を輸入することで成立する「組立型工業化」（松本・服部 同）に基づくため，大きな経常収支の赤字を生み出し続けた。98年以降の黒字は輸入の減少による（表5－4）。

　これらは，極めて異例の高度成長のメカニズムを示すと同時に，その対外依存性を示す。

　経済規模や1人当り国民所得，そして輸出構造を見ることで，97年末以後の経済危機以前に韓国経済がOECDに加盟（1996年）し先進国に数えられるにいたった成長の軌跡を確認できた。これは，経済危機の影響はあるとはいえ，まず市民社会の団体の基本的な経済条件が成熟したことを示すだろう。但しこうした統計においては，韓国の相対的な位置は，日本と比べれば，かなり低い水準である。

3　産業別人口構成

　このような輸出型工業化に基づく継続的で急速な経済成長は韓国社会の様相を大きく変えていく。87年民主化の開始した時点で，10％であった農業の産業寄与率は，10年あまりで半減し，第3次産業が半分を越えた。日本と比べると第1次産業の割合は高いし，第2次産業の割合もかなり高く，4割を越える。韓国はこの点で工業国である（表5－5）。

　政治や社会団体により重要なのはこうした産業で働く人々の割合である。産業別人口構成は，中間層，都市層，政治意識の高い「注意深い市民」層（V. O. キィー Jr.）などとの関係が予想されるし，労働運動の強さ，労働者政党の強さなどとも関係が予想できる。社会的なリソース，ソーシャルキャピタルという点でも見逃すことができない。崔章集の言う「急速かつ圧縮的な変化」の人口構成変容が目に見えて確認できるのもこの点である。

表5-5　産業別寄与率

単位：％

年度	韓国			日本		
	第1次	第2次	第3次	第1次	第2次	第3次
1987	10.1	42.6	47.2	2.8	40.4	56.8
1990	8.9	44.9	46.3	2.5	39.5	58
1997	5.7	42.9	51.4	1.9	37.9	60.2
2000	4.8	44.4	50.8	1.4	32.1	66.6

出所：OECD in Figures　注：第2次産業（industry）は製造業を含む。

産業別人口構成の推移（韓日米比較）を見るとき，次の8つの点に注目したい。[1]

まず，①3つのグラフの全体形状（後発－後・後発国型ないし太平洋型，安定期のない型）である。英独仏などいわゆる西欧型社会では3つのグラフは比較的平行しており，早い時期の工業化の開始，その後の緩やかな社会変容がグラフに表される。クズネッツ（1968：103-104）によれば，19世紀中に英仏など主要な西欧諸国では第2次産業人口が台頭し第1位を占めるようになり，その安定した高原状の時期が長く続き，緩やかに工業国家としての人口構成の変容が進むのである（Mitchell 1992）。こうした形は，いわゆる後発国家には見られず，後・後発国家では1，2世紀かけて生じた変容が数十年で成し遂げられるのである。

これは次の②③と関係する，3つの産業人口の相互の比重，変化の問題でもある。

次のポイントは，工業社会化つまり，②第2次産業人口の相対的比重の問題である。つまり今触れた第2次産業人口が1位の時期があるかどうかである。そしてもう1つは③第2次産業人口の比率上昇期はいつまで続くか，という点である。いくつかの世代にわたる第2次産業への従事つまり，労働者生活が，労働世界（熊沢）を生みだし，労働運動の時代，労働者政党の時代（富永）を引き起こすとすれば，この期間は重要である。また，こうした労働の強さや永続性は，政治体制の問題，階級政治と多元主義，コーポラティズムと関係する。古くは「なぜアメリカに社会主義はないか」（ゾンバルト）から，「なぜアメリカにコーポラティズムはないか」（ソールズベリ，ウィルソン），「なぜ日本で社会民主主義政党は弱かったか」，「なぜ日本で（与野党）政権交代がなかったか」まで重要な体制問題とも繋がる点である。

同じく，3つの産業比重の移行時点，その移行期と移行期の間隔も重要である。つまり④農業などの第1次産業人口がなお1位だが半分を割る時点，⑤第2位化の時点，⑥マイノリティ（第3位）化の時点，およびそれらの間の間隔である。この間隔は，視覚的にはグラフの全体の形状によって理解できるので，①の問題である。農民（第1次人口）層の縮小問題は，民主化の開始時期（プシェボルスキー），地位の革命（ホッフスタッター），ファッシズムなどの独裁の起源（ムーア）など多くの論点を導く。

そして時期的に最後の論点は，⑦第3次産業人口の過半数化，そしてその内部での第4・5次産業人口の台頭である。この点は，まさにアメリカにおいて第3次産業人口が過半数を越えつつある1950年代にダニエル・ベルが脱工業化社会と命名し，その後，科学技術の新動向を踏まえ，多くの社会論者が注目した（トフラーの「第三の波」，知識社会など）現象の人口的基礎である。

最後に，⑧現状の3つの産業人口分布である。先進工業国家の構成は90年代以降，ほとんど類似のものとなった。地球化の時代において，先進国は類似化したのである。

韓国に注目して，太平洋型に属する3つの国のグラフを観察しよう（図5-1）。

韓国では1950年には第1次産業人口が77％と支配的で，第2次産業人口はわずか2％であり，明治初年の日本と同じ，離陸前の状態である。このように低かった第2次産業の比率は，60年代の工業化の本格化とともに急激に増大する。第2次産業人口は70年に15％，80年に23％，90年に28％まで増大する。これは日本の60年ごろの水準である。他方，第1次産業人口は1970年に半分を切り，日本の1920年代もしくは敗戦直後の状態になり，1980年には3分の1で日本の50年代末，1990年には2割で日本の60年代末，2000年1割以上で日本の70年代末の割合に減少していく。韓国は，後・後発型工業発展であるので，より進んだテクノロジーの導入から，経済実態より第2次産業人口比率は低い。

8つの注目点でみると

①ほぼストレートに鋏型の急激な変化，米日のような太平洋型の中でも明確な鋏型であり，後・後発国型を示す。

150

図5-1 産業別人口構成

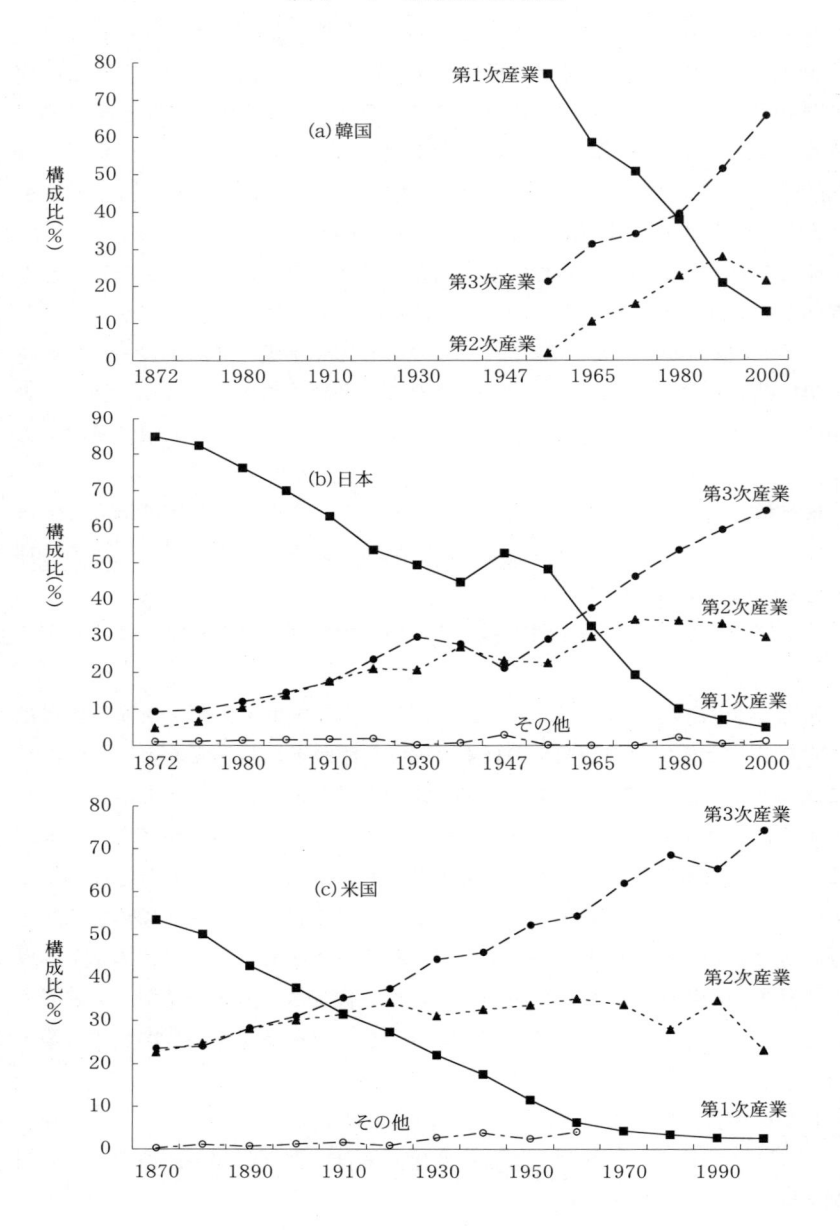

(a) 韓国　第1次産業／第3次産業／第2次産業

(b) 日本　第3次産業／第2次産業／第1次産業／その他

(c) 米国　第3次産業／第2次産業／第1次産業／その他

②第2次産業人口が第1位にはならない。最大でも3割に満たない。第2次産業人口がこの程度の少数派であるため，労働組合が影響力を発揮しにくいし，労働者政党を持ちにくい。

③第2次産業人口比率の上昇期は，図の基礎となる国勢調査では1990年の27.8％，経済活動人口調査（韓国統計庁）では1988年の28.5％までである。28％以上の時期は1987年から91年までで，その後漸減し，2002年には19.2％まで下がるが，これは1975年（19.1％）の水準である。次にみる労働運動の盛衰と綺麗に平行している。ただし，労働団体の拡大は前章でみたように，この後，金泳三文民政権期（92〜96年）に生じた。公安政局（1989〜92年）と呼ばれる労働運動を治安事象とみる盧泰愚政権の態度はまさに第2次産業人口比率のピークと重なる。日本でも，第2次産業人口が1位になることはない。上昇期は1920〜30年代，1950年から1970年代中葉までであり，70年代前半の最大割合でも35％程度である。戦前の労働運動の盛り上がりや戦後の組織率が安定し，組合員数が拡大した時期と綺麗に対応する。

プシェボルスキーが言うように，階級政治が民主主義的制度化によって政治社会に包摂されるのが，農業人口が非農業人口によって追い越される時期だとすれば，④第1次産業人口が半分を切る時点，と⑤第2位になる時点の間が，その近似値を示すだろう。④第1次産業人口は，1970年直後（71，73年以降）に韓国では半分を切り，⑤第2位には1970年代末から80年なることは示唆的であろう。森山（1998）が指摘するように，選挙の結果は韓国での権威主義の弱さ，野党の強さと民主化気運の拡大を示したが，現実には72年の維新体制，そして81年全斗煥政権の，2つのクーデターの時期とほぼ重なるからである。現実に民主化の生じた1987年とは，1986年頃に⑥農業人口が2割前後となり，マイノリティになった時であった。

日本では，1920年代と1940年代末に2回第1次産業人口は，半分をきり（④），それぞれ大正デモクラシーの政党政治期と戦後民主化と対応する。⑤の第2位には1960年代前半，後半には⑥第3位に転落する。こうした類推は，プシェボルスキーならずとも興味のあるところであり，西欧だけでなく，広く世界的に検討に値する。

他方で，民主化の生じた1980年代後半第3次産業の躍進が著しい。⑦韓国では第3次産業が1978年に1位になったあと，半分を越えたのは1987年であ

る。2000年には66％程度に達し，2000年での日本64％，ドイツ64％，イタリア63％などを凌駕し，フランス（94年）69％，アメリカ74％などに次ぐ高さである。後述のITの進展とともに韓国の脱産業化の著しい展開を示す数値である。

　以上，韓国では経済的な発展だけでなく，それ以上に産業別人口にはその後・後発国型の工業化とともに第3次産業にみる「先進国」性も現れていること，これまでの市民社会，団体世界の過程・軌跡を考えるうえでこの人口推移は，示唆を与えることを確認しておこう。次に産業・経済よりも社会的な条件・リソースに関係する指標を見てみたい。

4　韓国社会の変容と現状：日本と対比して

都市化

　韓国の都市化は，すでに見た経済成長や産業別人口構成から推察されるように60年代から急速に進展した。1955年には25％を切っていた都市人口（市部）は，70年には41％，農業人口が第2位になった70年代後半に半数を越え，80年には57％となり，90年には74％に達した（韓国統計庁 website http://www.nso.go.kr/eng/index.shtml 参照）。特にソウルなど大都市への集中は激しく，ソウルは1955年に157万人であったが，60年に245万人，70年には倍増以上の534万，80年には835万人，最大になった1990年には1,060万人，全人口の24.4％を誇ったが，2000年は985万人に漸減している（資料は同上。辻中 1994,滝沢 1992，森山 1998ほかも参照）。

　日本と対比すれば，1920年に18％の市部人口であったが40年と50年には38％，55年に過半数を越え56％，60年65％，70年72％，80年76％，90年77％，2000年79％と増大する。東京区部人口は50年に539万人，65年には887万人で最大，95年には797万人まで漸減している。東京都は65年に1,000万人を越え，2000年に1,206万人を数えなお増加中である。

　韓国の都市化は90年前後以降，日本と並んでいるし，ソウルなど大都市集中は，全国人口が日本1億2,692万人の3分の1強の4,700万人（2000年）であることを考えれば，3倍以上の集中度といえるだろう。

表5-6 年齢別人口比率

年度	韓国			日本		
	15歳未満	15歳以上 65歳未満	65歳以上	15歳未満	15歳以上 65歳未満	65歳以上
1920	38.7	56.1	5.2	36.5	58.3	5.3
1930	39.9	56.2	3.9	36.6	58.7	4.8
1940	41.9	54.5	3.6	36.1	59.2	4.7
1950	41.6	58.2	0.0	35.4	59.6	4.9
1960	42.3	54.8	2.9	30.2	64.1	5.7
1970	42.5	54.4	3.1	24	68.9	7.1
1980	34.0	62.2	3.8	23.5	67.3	9.1
1990	25.6	69.3	5.1	18.2	69.5	12
1997	22.4	71.3	6.3	15.3	69	15.7
2000	21.1	71.7	7.2	14.6	67.9	17.3

注）韓国の1920年と1950年は，各々1925年と1949年の値である。　韓国統計庁，内閣府統計局。

「青年」社会

2000年での韓国の人口ピラミッドは1970年度頃までの綺麗なピラミッド型を失い，やや王冠型になった。とはいえ，5年刻みの分布では，25～29歳層が最多であり，突出して多い上位5位までのクラスターは20歳から44歳までの層であり，そこに2,022万人，なんと人口の44％が収まる（韓国統計庁website）青年社会である。この点は，後のIT化の問題，労働運動，市民社会化などと深く関連する。

15歳未満の若年層人口を見れば（表5-6），1970年まで韓国では4割が15歳未満，それがかなり急速に減少し，2000年には21％まで低下している。他方，65歳以上の老年層は，90年までは5％未満，2000年でもまだ7％程度である。日本の統計（総務省統計局 http://www.stat.go.jp/index/index.htm）と比べれば，若年層は60年代から減少し80年代に2割を切り，2000年には15％を割ったこと，老年層は，7％になったのは70年ごろ，現在は17％を越えたことなど20年以上の開きがある。

教育

韓国は日本とともに教育熱心であることで知られているが，表5-7にみるように，1970年にわずか15％に過ぎなかった高卒以上は，80年に25％を越え，90年には50％に迫り，2000年には6割を越えた。これはほぼ日本の現状と近い割合である。韓国での文盲率は2％で，違いは急速に縮小している。

表5－7　学歴の構成比

単位：％

年度	韓国 高校卒業	韓国 大卒以上	日本 高校卒業	日本 大卒以上
1970	10.2	4.9		
1975	13.9	5.8		
1980	18.9	7.7	38	13.7
1985	25.9	10.2		
1990	33.5	14.1	40.7	19
1995	38	19.7		
2000	39.4	24.3	41.6	24.6

注）学歴の構成比＝教育段階別卒業者数／25歳以上の成人人口×100
　韓国は25歳以上の全人口、日本は15歳以上の全人口を対象。
　両国ともに在学者や未就学者は除いた。
出所：統計庁（韓），OECD「Education at a Glance」，国勢調査（日）

新聞，メディア，ニュー・メディア

表5－8から分かるように韓国の新聞はよく発達しており，特に民主化宣言後，千人当たり400前後まで倍増した。日本と比較してやや少なく7割の水準である。またラジオ，テレビの放送体制も整備されており，ラジオ受信機数は日本を越え，

表5－8　新聞発行部数

年度	韓国 種類	韓国 発行部数 1,000部	韓国 千人当り（部）	日本 種類	日本 発行部数 1,000部	日本 千人当り（部）
1970	44	4,396	138	178	53,304	511
1975	36	6,010	170	176	60,782	545
1980	30	8,000	210	151	66,258	567
1985	35	10,000	245	124	68,296	565
1990	39	12,000	280	125	72,524	587
1991	50	15,000	347	124	72,536	585
1992	63	18,000	412	121	71,690	576
1993	116	17,500	397	122	72,043	577
1994	62	17,714	398	121	71,924	575
1995	62	17,700	394	121	72,047	574
1996	60			122	72,705	578

出所：日刊新聞；UNESCO, Statistical Yearbook, 1999

表5－9　ラジオ・テレビ受信機数

単位：台／1,000人

年度	韓国 ラジオ	韓国 テレビ	日本 ラジオ	日本 テレビ	年度	韓国 ラジオ	韓国 テレビ	日本 ラジオ	日本 テレビ
1970	720	19	223	335	1992	1013	275	900	615
1975	850	71	520	359	1993	1013	295	906	641
1980	944	165	678	539	1994	1017	323	909	679
1985	1005	189	786	579	1995	1023	334	913	681
1990	1011	210	899	611	1996	1037	336	954	683
1991	1012	263	899	613	1997	1039	348	956	686

出所：UNESCO, Statistical Yearbook, 1999

テレビは日本の半分の水準（表5－9）である。

森山（1998：227－231）は，韓国のメディアはとりわけ民主化以前そして以後も問題を抱えていると指摘する。一面では政権との特殊な関係によって成長した点，逆に政府とそうした関係にない批判的なメディアを対象としてなお多くの言論・報道の自由を規制する法律および言論関係機関が存在する点である。

さらにニュー・メディアになるといわゆる「韓日逆転」現象（木宮 2003：90－92）が見出される。表5－10は，インターネット利用者数において90年代末にすでに韓日逆転が生じていたことを示している。表5－11によれば同じことは携帯電話でも生じたし，個人のパソコン（表5－12）でも生じる可能性がある。

木宮によれば，金泳三政権で推進された「世界化」という名の新自由主義・市場原理への適応政策の一環として「インターネットを普及させ，IT先進国を作ろうとする韓国政府の明確な意図が介在した」（木宮 2003：91）。またこうしたインターネットの普及はとりわけ市民運動団体に新しい政治メディアを与え，先の20～30代層を中心とした青年社会において，市民運動が大きな力を与えた。日本と比べて「韓国の場合には，社会的な要求を政治に結び付ける経路が組織化されず，非常に流動的でかつ無定型であるために，インターネットを利用した新たな経路が注目され重要な意味を持ちやすい。……韓国の場合には，新たな市民運動という組織形態が社会的要求をある程度組織化して，政治的パワーに変換することに成功している」（同：174）。「インターネットの普及なくして市民運動の政治的影響力増大は考えられなかったし，逆にインターネットが政治的影響力を持つためには，それを政治的パワ

表5－10　インターネット利用者数

年度	韓国	日本
1999	23	21
2000	40.5	29.3
2001	52.1	43.9

表5－11　携帯電話加入者数

年度	韓国	日本
1997	15	30
1998	30	37
1999	50	45
2000	57	53
2001	61	57

表5－12　個人パソコン保有台数

年度	韓国	日本
1997	15	20
1998	17	24
1999	22	29
2000	28	32
2001	32	35

表5－10～12
単位：名（人口100名当り）
出所：ITU, World Telecommunication Indicators

一に変換する市民運動の存在が不可欠であったからだ」(同：175)。

こうした指摘の実態については，後述の事例研究で検討してみたい。

経済的側面ではやや日本と距離のある側面を残す韓国社会であるが，社会的側面では，日本より著しい都市化，日本に並んだ教育の普及や新聞・メディアの発達，さらに韓日逆転のニュー・メディア，それらの担い手を提供する（後・後発国の特徴としての）青年社会的人口構成と，市民社会団体への社会的なリソースはこの側面では十分に提供されているように見える。

5　労働をめぐる諸条件と労働運動の成長と停滞

韓国の市民社会の社会的リソースを，経済的側面，社会的側面から検討してきた。

ここで，少し角度を変えて，市民社会の団体世界において，19～20世紀を通じて伝統的に最も注目されてきた労働について，その諸条件や労働運動，労働組合について検討してみたい。労働は，社会リソースの側面もあるが，他のセクター以上に政治的規制・国家次元が関連する領域である。また労働運動・組合は，社会リソースそのものでなく，その反映としての市民社会団体の，1つの分類である。ただ，その産業社会における基幹的な重要性のために，種々の統計が労働について完備しているため，社会次元と国家次元の関与と影響を観察しやすい領域であるので，特にここで取り上げてみたい。

労働条件：労働時間，労働分配率，賃金

表5-13から分かるように韓国の製造業の労働時間は1970年で53時間，2000年でも49時間と先進国では長時間労働と言われる日本（2000年39時間）と比べてもやや長いし，ほとんど短縮が進んでいないことが理解される。

表5-13　製造業平均実労働時間

単位：時間(週当り)

年度	韓国	日本	年度	韓国	日本
1970	53.4	43.2	1995	49.2	37.8
1975	50.5	38.7	1997	47.8	38.2
1980	53.1	41.1	1998	46.1	37.5
1985	53.8	41.5	1999	50	37.4
1990	49.8	40.8	2000	49.3	38.7

出所：統計庁(韓)，「毎月勤労統計調査」(日)

他方で，韓国での製造業の労働分配率は1985年で27.1％，1999年で19.4％であり，日本の35.2％（85年），39.5％（99年），アメリカの39.7％（85年），32.7％（94年）よりかなり低くなっている（社会経済生産性本部 2003:191）。賃金は為替レートの問題があるので比較しにくいが，2000年に製造業では平均月収160万ウォンであり日本円で15.2万円である。日本は36.9万円（2001年）である（同:188）から韓国は日本の約4割となるが，購買力平価的（前述）には韓日あまり変わらない水準であるといえる。

表5－14 労働組合諸データ

時期	労使紛争数	単位労組数	産業別連盟数	労働組合員数	推定組織率(％)
1963				224,000	9.4
1965				346,000	
1967				405,000	
1970	4	3,482	17	473,259	12.6
1971	—	3,507	17	497,221	
1972	—	3,391	17	515,292	
1973	—	3,268	17	548,054	
1974	—	3,784	17	655,785	
1975	133	4,073	17	750,235	
1976	110	4,371	17	845,630	
1977	96	4,580	17	954,727	
1978	102	4,857	17	1,054,608	
1979	105	4,947	17	1,088,061	
1980	407	2,618	16	948,134	14.7
1981	186	2,141	16	966,738	
1982	88	2,194	16	984,136	
1983	98	2,238	16	1,009,881	
1984	113	2,365	16	1,010,522	13.2
1985	265	2,534	16	1,004,398	12.5
1986	276	2,658	16	1,035,890	12.3
1987	3,749	4,086	16	1,267,457	13.8
1988	1,873	6,142	21	1,707,456	17.8
1989	1,616	7,861	21	1,932,415	18.7
1990	322	7,698	21	1,886,884	18.4
1991	234	7,656	21	1,803,408	17.2
1992	235	7,527	21	1,734,598	
1993	144	7,147	26	1,667,373	
1994	121	7,025	23	1,659,011	
1995	88	6,605	23	1,614,800	13.8
1996	85	6,424	23	1,598,558	13.3
1997	78	5,733	37	1,484,194	12.2
1998	129	5,560	39	1,401,940	12.6
1999	198	5,637	39	1,480,666	
2000	250	5,698	39	1,526,995	11.6
2001	—	6,150	38	1,568,723	

出所：社会経済生産性本部『活用労働統計』，韓国経営者総協会『労働経済年鑑』

表5-14は，労働組合に関連する統計を纏めたものである。韓国の労働組合は長らく権威主義下（朴，全政権）において政権の労働統制の下に置かれた。ナショナルセンターたる韓国労働組合総連盟（韓国労総）は御用組合化し，国家コーポラティズム的統制団体的な色彩を余儀なくされてきた。他方で，70年代後半以降，民主的な労組も結成され，民主化宣言以降，95年に民主的労組は全国民主労働組合総連盟（民主労総）を結成した（森山1998：211）。

こうした複雑な事情があるため，すでに見てきたように，韓国社会では，市民社会の社会リソースが急速に潤沢になってきたとはいえ，それに比例した変化が労働においては生じにくい状況であった。

労働組合数，労働組合員数はゆるやかに伸びていったものの，それは1990年頃まで続く産業別人口での第2次人口の上昇進展に並行したものではなかったし，組織率も12～15％程度の低い水準に留まった。日本では第2次産業人口の増大期である1975年までの期間，戦後すぐの爆発的な組織化期（この時期は1949年の56％を頂点に40％以上を保持）を除いて，組織率は34～36％台を保持した。韓国では，第2次産業人口のピークの時点（1988年）と民主化宣言（1987年）の時期がほぼ重なったが，88年に組織率は少し跳ね上がり，20％に迫ったがすぐ漸減傾向になり，旧来以下の11～13％水準に下がる。

労働組合数，労働組合員数ともに1989年がピークであり，組合数は権威主義体制期の2000から5000の水準を越える6000～7000の水準に跳ね上がり，労組員も100万人前後から140～190万人台の水準に上がった。とは言うものの，88～91年の高い水準は維持しきれず，92年以降漸減する。また97年末の経済危機の影響も見られる。

労使紛争は，とりわけ年毎に大きな違いが見られる。確かに1987～89年には，これまでにない年間1500件を越える労使紛争が生じ，特に87年には3,700件以上，126万人が参加し延べ700万日近い労働損失日数を数えた（これは日本の講和独立後最大の1975年紛争，3,391件，273万人，802万日にほぼ匹敵する）。その後，急速に減少したが，90年代を通じて70～250件の争議，5～20万人の参加，40～190万日の労働損失日数という水準であり，日本とは比較にならず先進国間での比較でも労使紛争は多く激しい（社会経済生産性本部2003：199）。

労働を取り巻く経済・社会環境は，ほぼ日本などと変わらない水準の社会的リソースを提供しているように見えるが，なお労働組合・労働運動は市民社会において窮屈な立場にある。その理由については，国家規制の問題，政党など政治アクターの問題などを検討するなかで再び触れたい。いずれにせよ労働を見ることによって，社会的リソースの側面だけでは，市民社会空間の問題が解明できないことが確認できるだろう。

6　財政規模：中央と地方

本書第Ⅱ部で国家の規制に触れるが，ここでは，国家の財政規模について検討する。財政自体は，公共政策を通じて，また各種の補助金などを通じて，団体への政策的な関与を行うことができるため，規制の側面を持つが，ここで検討するのは対 GDP 比の財政規模，中央・地方の対比である。中央政府・地方政府から提供されるリソースの可能性と関係する。

韓国では民主化宣言以後，地方自治は復活した。地方自治法は全面改正され，1952年から60年まで3回なされた後中断していた選挙も，91年には地方議会議員選挙，95年には首長選挙を含む第1回統一地方選挙が，98年には第2回，2002年に第3回の統一地方選挙が行われた。地方自治は実現期に入ったとされる（森山 1998：213）が，他方で機関委任事務の多さ，財政能力（自立度）の低さ，中央政府の指揮・監督権の広範さなど（同：217-8）多くの問題を孕むと指摘されている。ここではリソースの観点から財政のみに

表 5-15　財政規模の GDP 比

単位：％

年度	韓国			日本		
	総支出	中央政府	地方政府	総支出	中央政府	地方政府
1991	26.1	18.4	7.7	27.3	9.9	17.4
1992	27.2	18.4	8.8	27.9	9.6	18.3
1993	27.8	19.3	8.5	28.7	9.9	18.8
1994	29.8	20.5	9.3	28.7	9.9	18.8
1995	26.6	19.3	7.3	30	10.6	19.4
1996	28	20	7.9	29.4	10.4	19
1997	28.8	20.4	8.4	28.6	10.1	18.5
1998	32.2	23.7	7.8	30.5	11.3	19.2
1999	32.6	24.8	7.8	31.7	12.3	19.4
2000	33.5	24.6	8.9	31	12.3	18.7

出所：企画予算処（韓），OECD, *Economic Outlook* No70，地方財政統計年報（日）
注：政府歳出純計額の経常 GDP 額に対する比率

注目する。

表5-15から，まず中央・地方を合わせた財政規模のGDP比を見よう。GDPは2000年に4,572億ドルで，日本の4兆7,640億ドルの1割弱である。総支出の比率は，91年の26％から2001年の34％へと伸びており，日本のGDP比（2000年31％）を越えている。

中央と地方の対比では，91年が中央GDP比18.4％対7.7％（構成比70％対30％）から2001年の24.9％対8.8％（74％対26％）へと次第に地方へシフトしてきている。ただ，日本の12.3％対18.7％（40％対60％）という地方での支出が多い構造とは異なる。

端的に言えば，地方自治が実現期に入ったとはいえ，なお中央の財政支出に傾いた構造になっている。地方自治体は，日本を始め先進国では重要な市民社会の団体のパートナーであり，補助者であるが，韓国ではその側面がなお弱い可能性がある。

7　結論

韓国社会は，分断国家を余儀なくされた国際環境の下，近代国家形成，資本主義産業化を1960年代から強力な権威主義体制の下に推し進めた。民主化への契機も建国当初から存在し，社会変動の節目ごとに民主化圧力は政治過程に噴出した。社会変動は，日本のそれよりも激しく，「急速かつ圧縮した変化」と呼ばれ，先の「近代化変換の同時性」とともに大きな特徴をなした。

韓国の経済規模などは，ウォン安傾向もあって，比較してみた場合，例えば1人当りドルベース所得では日本のそれよりなお4分の1程度であるというように予想より低い。政治過程に大きな規定力をもつ産業別の人口構成はまさに急速・圧縮変動をとげ，特に第3次産業人口は90年代末の調査時点では日本ほかの先進国と変わらない水準である。こうした経済成長と産業人口の変容は，都市化，教育の高学歴化，メディアの発達を促し，他方で，なお人口の年齢構成では青年社会であることも相まって，IT社会化は日本など多くの先進諸国を凌駕している。このようにみれば，1997年の調査時点での韓国社会の社会・資源軸は，全体的にみて日本・西欧の先進国では中程度に位置する水準，つまり普通の先進国のレベルに到達していたとみてよい。韓国は，部分的には未発達な部門があるけれども，部分的には世界でトップクラ

スの部門もある現代社会になったのである。市民社会団体の発達，活動にとって十分な資源が社会から提供されていたと仮定することが可能である。

最後に社会・資源軸と国家・制度軸の交錯する分野として，労働組合・運動の軌跡を跡付けてみた。急速かつ圧縮した変化は，それに対応する制度化が遅れる可能性がある。また政治的な要因から労働は潜在的に最も大きな社会的セクターとして政治的「監視」を受けやすい。

社会的な資源要因として，労働時間や労働分配率が他の諸国より低い。労働組合の形成，組合数，組合員数などは民主化直後にピークを迎え，その後漸減する。労使紛争も87年がピークであり漸減するがなお高い水準である。国家・制度の要因，政治過程の検討を要する点である。

労働以外でも，地方自治体の近年（1990年代中葉）の復活に見られるように，他の先進国と比して未発達な部門も見られ，それが市民社会の団体の活動に，資源面（補助金など）から影響を与える可能性も考えられる。

  （1） 筆者は，先述の升味，富永，松下，三宅らに影響を受け，産業別人口構成の変動の比較を試みてきたが（辻中 1994），太平洋型・西欧型はその際の着想である。

第6章

政治空間：
団体に対する政治活動規制の日韓比較

辻中豊・河正鳳・足立研幾

　いうまでもなく韓国における市民社会，利益団体と政治過程の相互作用を考察するためには，団体が棲息する法的空間をきっちりと把握しておくことが重要である。実際，韓国の近代化は1961年の「5・16軍事革命」によって開始されたが，権威主義的な軍部政治によって市民社会の形成は制約されてきた。1987年の「民主化宣言」を契機として政治的民主化が進展し始めたものの，法的規制の変化・撤廃は漸進的であり，利益団体の政治活動に対する規制は依然少なくない。このような韓国における団体の活動，なかんずく政治活動状況を理解するためには，市民社会の団体，利益団体に対する政治活動の法的規制状況を把握しておくことが肝要である。また，韓国における利益団体の活動について，日本におけるそれと比較を行うに際しては，そうした利益団体に対する政治活動の法的規制状況に関して，日韓間に存在する相違を認識しておくことが重要であろう。

はじめに

すでに第5章で韓国の市民社会空間を社会リソース次元から検討した際，労働の問題を例として国家・政治規制次元の重要性を示唆した。崔章集が労働に関して「強力な国家の権威主義的強権機構による政治的抑圧の強度ほど重要な変数はない」（1999：307）と述べたことを引くまでもなく，国家の規制は，いかなる社会においても，市民社会空間を規定する上で重要である。韓国において，87年民主化宣言後にいかなる変化が生じたか・生じなかったかは，実証的にかつ比較的に検討されなければならない。87年前後の変化は，確かに大きな体制変化を伴うものであるが，急激な変化でなく，旧権力と新権力の妥協により成立したこと，市民社会団体の変化も直ちに生じた場合とその後文民政権期に生じたものがあること，など国家の規制が何時どのように変容してきたかと連関させて考察する必要がある。

そこで，本章では，本書で扱う韓国の市民社会の団体・利益団体が存在・活動する文脈を確定するために，まずは，韓国における利益団体の設立や政治活動に対する法的規制状況の変遷について概観する。その後で日本における市民社会の団体・利益団体の政治活動に対する法的規制状況を紹介し，韓国のそれとの相違を明らかにしたい。

1　団体に対する政治活動規制（JIGS韓国調査時点：1997年）

韓国において，市民社会組織・利益団体は，長らく朴軍事政権がクーデターの翌月制定した「社会団体登録に関する法律」（1961年6月，改正63年）により，中央官庁により一元的に管理され，その政治活動は厳しく制限されたものであった（第2章，及び磯崎 2001：357）。民間の市民社会の団体が利用できる資源は，1952年の「寄付金品募集禁止法」によって規制され，寄付金募集は原則として禁止された。税制上の優遇も中央官庁の自由裁量によって特恵が認められ，統制の道具として税制優遇が用いられた（磯崎 2001：356-7）。特に，団体の選挙運動については，国会議員選挙法（1950年），民議院議員選挙法（1958年），国会議員選挙法（1963年）によって，一貫して事実上禁止されていた。[1]

1987年の「民主化宣言」後も，こうした規制がすぐに緩和されたわけでは

ない。しかし，民主化が進展する中で，活動目標を体制変革に結びつけず個別の課題に取り組むいわゆる「合法的な変革運動」を志向する団体が登場した。こうした中，盧泰愚政権は，これら「合法的な」活動に関しては容認姿勢を示していく。だが，法的規制自体が緩和されたわけではなく，これらの団体の多くは，「社会団体登録に関する法律」には登録せず，未登録のまま活動を行っていた（磯崎 2001：366）。

団体の活動を規制する法制度が転換し始めたのは，いわゆる金泳三「文民政権」の登場以後である。磯崎の指摘するように，金泳三政権はこれらの未登録団体を改革のパートナーとしてみなすようになっていた。そこで，1994年1月，「社会団体登録に関する法律」を改正し，新たに「社会団体申告に関する法律」が制定された。そこでは，団体の登録を申告制に転換し，団体の管理を中央から地方自治体へと移管，また団体の自律的活動を阻害してきた「取り消し条項」が削除されるなどした。しかし，こうした変更も，団体の登録を促すことはなく，結局，1997年に同法は，「社会団体活動の自律性をより提供するため」に廃止された（磯崎 2001：366）。また団体に対する資金提供を遮断してきた「寄付金品募集禁止法」（1952，違憲判決1998年）も1995年に「寄付金品募集規正法」に改正されたが，なお規制的要素が残存している（磯崎 2001：366）。

団体の登録制度が廃止されたことが即，団体の自由な政治活動を保証するものではなかった。金泳三政権は，1994年4月に，それまでの各種選挙法を統合した公職選挙及び選挙不正防止法（以下，韓国公職選挙法）を制定したが，そこでは依然として団体の選挙運動に対する制限を継続していた。同法87条では，「団体は社団，財団，その他の名称に関わりなく，選挙期間中にその名義あるいはその代表者の名義で特定の政党や候補者を支持・反対行為，及び支持・反対の勧誘行為をしてはならない」とされ，団体が選挙運動を行うことが全面的に禁止されていた。もちろん，団体が選挙に関わることを一切禁止したわけではなく，韓国公職選挙法第10条では，団体が選挙不正を監視するなど公明選挙推進の活動を行うことができうると定めている。また，同第58条では，「選挙に関する単純な意見・意思の表示・立候補と選挙運動のための準備行為または通常的な政党活動は選挙運動として見なさない」と規定されていた。その結果，団体の選挙への関わり方は，公正な選挙の監視，

投票参加の呼びかけ，あるいはその団体の理念を支持する候補者のために，選挙ボランティアを派遣し候補者の選挙を助けるといった，間接的な参加が主たるものとなったのである。

政治資金の寄附に関しては，政治資金に関する法律（以下，政治資金法）第12条によって，外国法人及び外国の団体，国家・公共団体または特別法の規定によって設立された法人，言論機関及び言論団体，学校法人，労働団体，宗教団体などがそれを行うことを禁止していた。また同法第5条では，同法第12条で規定された政治資金寄付制限者および政党法第6条によって政党の党員になれない者は後援会の会員になれない旨規定されていた。

また，特に労働組合に関しては，1963年の軍事政権の登場とともに労働法が改正され，政治活動自体が全面的に禁止されていた。1997年3月に，ようやく労働法が改正され，労働組合の政治活動は許容されるようになったものの，依然として選挙運動，政治資金の寄附は禁止されていた。

韓国においてJIGS韓国調査を行った1997年末当時の，団体の政治活動に関する法的規制状況は以上のようなものであった。社会団体の登録制度は，団体の活動実態にそぐわなくなったため撤廃され，団体が法的に国や地方自治体によって活動を規制されたり，管理されたりすることはなくなっていた。だがその一方で，政治資金法によって一部の団体が政治資金の寄附を行うことが禁じられ，また韓国公職選挙法によって，団体が選挙運動を行うことは一切禁止されていた。もちろん，こうした法規制によって，団体が一切の政治活動を行うことまで禁止されていたわけではない。だが，こうした法規制が団体の活動を規定することは不可避であった。特に，団体が選挙運動を行うことが法的に全面禁止されていたという事実は，韓国における団体の選挙への関わり方にとどまらず，団体と政治過程の相互関係を考察する上で留意する必要がある極めて重要な前提であるといえよう。

韓国の市民社会空間における国家規制の緩和が金泳三文民政権期（1993～97）に始まった点は，団体事業所密度や団体従業者密度の変化の時点，すなわちその他や労働団体を中心とした急増の時期と一致する（図4－3）。

2　団体に対する政治活動規制（韓国98年以降，現在まで）

韓国における団体に対する規制・促進上での新たな展開は，第2章でふれ

たように，団体への補助金の改革，官辺団体への支援から公募方式への（複雑な過程を経ての）転換，そして最終的に「非営利民間団体支援法」（2000年1月施行）へと結実した。

政治活動・選挙運動の規制は，その後の民主化進展を受け，その改廃が度々論議されている。本書は，1998年以後の韓国における市民団体の活動に関する事例研究を収録しており，1998年以後の政治活動規制状況の変遷についても，ここで概観しておくこととする。

最初に政治活動に関する規制が緩和されたのは，労働組合の政治活動に関してであった。既述のように，1997年には労働法が改正され労働組合の政治活動が法的に容認されていた。その後，1998年4月には上述の韓国公職選挙法が改正され，労働組合の選挙運動も認められるようになった。労働組合の政治活動，選挙運動が合法化された背景には，1997年末に通貨の大暴落を端緒に韓国がデフォルトの危機に陥り，IMFの救済支援を受けるに至ったことが関係している。経済危機の克服のため，金融制度改革のみならず，韓国産業の生産性向上に向けた抜本的な経済構造改革に取り組むことを迫られた。1998年2月6日には，経営上の理由に基づいた整理解雇や勤労者派遣制度が可能となる旨，労働者，経営者，政府（労使政）3者間で合意された。それと引き換えに，労働団体の政治活動と教員の労働組合設立，公務員の職場協議会設置が許容されるなど労働界の要求も一部受け入れられたのである。また，いわゆる「労使政委員会」は1998年6月から政府機構として常設化されている（詳細は木宮 2001）。さらに，この時点では労働組合が政治献金を行うことは政治資金法で禁止されていたものの，[8] 1999年11月には，この規定に対して違憲判決が出され，労働組合の政治活動が全面的に認められるようになった。[9] もちろん，労働組合のみの選挙運動が許可され，その他の団体の選挙運動が禁止されているこのような法的状況の是非に関しては論争が存在したが，この点について憲法裁判所は合憲という判断を下した。[10]

依然，法的に労働組合以外の団体の選挙運動が禁止されている状況下で，団体が間接的に選挙に関わろうとする努力は継続していた。そんな中，どこまでの活動が団体に許容されるのかという線引きは困難な問題であった。団体は，選挙運動自体を行うことは禁止されている一方で，公明な選挙を推進するための活動と候補者を招き，対談・討論する活動は許されている（韓国

公選法第10条)。また，選挙運動の定義（韓国公選法第58条）において，選挙に関する単純な意見の公表および意見表明は選挙運動とみなされない旨明記されていたが（韓国公選法第58条），どこまでが「選挙に関する単純な意見の公表および意見表明」の範囲に含まれるのかは，微妙であった。[11]

しかし，市民団体が質・量ともに拡大するにつれて，市民団体の選挙への関与は増大の一途を辿っていった。2000年の第16代国会議員選挙においては，環境連合などを中心に約460の市民団体が「総選（挙）市民連帯」を発足させ，落薦・落選運動を大々的に展開した。[12]そして，この落薦・落選運動において不適格者とされた89名中，実に59名が落選したのである。こうした市民団体の活動に対して政界は反発し，検察・選挙管理委員会の選挙法違反に対する取り締まりが行われた。[13]しかし，金大中大統領や世論が，こうした市民団体の落選運動についての理解を示していたこともあり（徐 2001：175），結局，総選連帯指導部6人に課せられた罰金は各50万ウォンという小額にとどまった。

こうした中，労働組合以外の団体の選挙運動を禁止する韓国公職選挙法第87条の改廃が盛んに議論されるようになっていった。2000年1月21日，中央選挙管理委員会は，同法の改正意見を国会に提出，その後国会審議を経て，2月16日，改正韓国公選法（以下，2000年韓国公職選挙法）が公布された。この2000年韓国公職選挙法では，社団・財団などの名称に関わらず，労働組合，及び候補者を招聘・対談討論会を開催できる団体が選挙運動を行うことが可能であると規定された。[14]このような法改正によって，各種の団体は自由に選挙運動を行うことが可能となったのである。

もちろん，このことは，団体がまったく規制を受けずに選挙運動を行うことが可能であるということは意味しない。2000年韓国公職選挙法では，選挙運動の自由・公正を期すため，選挙運動期間内の選挙運動についても，様々な規制を行っている。例えば，マスメディアへの候補者評価の公表，電話・インターネットを利用した選挙運動，政党・候補者の演説会での演説など法定選挙運動を利用した団体名義の支持・反対行為等は，許されている一方で，広報物の配布，集会の開催，街頭行進，署名捺印運動，新聞・放送での広告，選挙対策機構の設置などの積極的な方法（有権者との対面接触）を用いて候補者の当・落選運動を行うことは制限されている。[15]そのため，団体の選挙運

動規制緩和を求める動きは，依然として継続している。だが，少なくとも団体の政治活動，選挙運動に関する規定は，近年大幅に緩和されているとは言えよう。

　このように金泳三文民政権期から始まった市民社会の団体への国家規制の緩和は，経済危機を受けて成立した金大中政権で，かなり複雑な政治過程を経ながらも，一層の進展を見ることになった。こうした韓国の規制の意義を日本との比較によって確認するのが，次の課題である。

3　団体に対する政治活動規制（日本）

　日本においては，団体の設立や活動に対する国家規制は，税制の優遇や特定の公益法人としての許認可・認証といった（公的特権付与的な）規制以外には，見当たらない（許認可類は多数存在する。そして結社の自由を保障した憲法21条に対して，そうした規制や運用の違憲性を指摘する研究者［たとえば松井 2002：470］も多い）。

　さらに政治活動規制に関しては，韓国において存在していたような団体や特定組織への禁止規制的な制度は見られない。民法第34条で規定される社団及び財団は，基本的には，公共の福祉に反しない限り政治資金の寄付を含めて政治的行為をなす自由を有すると考えられている(16)。しかし，日本の公職選挙法自体，団体の特定類型に対して差別的ではないが全体に（個人，団体を問わず）政治活動抑制的であることは否めない。

　その団体への抑制の根拠付けは，次のようなものである。政党や政治活動を行う団体が選挙期間中に行う政治活動については，必然的に選挙運動的色彩を帯び，またその選挙に及ぼす影響は小さくない。こうした政治活動を放任するときは，個人の選挙運動に対して厳格な規制を加えて公明な選挙の実現を期している公職選挙法の趣旨に反する（土本 1995：293）。それゆえ，公職選挙法第14章の3においては，選挙の公正と政治活動の自由という対立する要請を調和させるため，必要最小限の範囲で政党や政治活動を行う団体の選挙運動を規制している。(17)

　公職選挙法第201条の5では，衆議院の総選挙の期間中及び選挙の当日に，①政談演説会の開催，②街頭政談演説の開催，③宣伝告知のための自動車・船舶・拡声機の使用，④ポスターの掲示，⑤立て札および看板の類の掲示，

⑥ビラの頒布，を政党及び政治活動を行う団体が行うことを禁止している。ただし，その一方で，衆議院小選挙区選出議員の候補者届出政党および同比例代表選出議員選挙の名簿届出政党は，選挙事務所の設置，選挙運動自動車等の使用，文書図画の頒布及び掲示，新聞広告，政見放送，個人演説会の開催，及び街頭演説等の選挙運動が認められている。[18]

参議院選挙に関しても，政党及び政治活動を行う団体が，同様に上記6つの活動を行うことは禁止されている（公職選挙法第201条の6）。ただし，ここでも，参議院名簿届出政党等であり，または当該選挙において全国を通じて10人以上の所属候補者を有する政党その他の政治団体で，自治大臣からの確認証の交付を受けたものは，一定の制限の下に，これらの活動を行うことが許可されている。また，公職選挙法の適用を受ける全ての選挙において，⑦連呼行為，⑧掲示または頒布する文書図画（新聞紙，雑誌を除く）における特定候補者の氏名等の記載を行うことは禁じられている。

しかし，こうした公職選挙法の規定は，選挙期間中ある一定の方法による政治活動を規制するものであり，上記以外の政治活動を行うことは完全に自由である。その一方で，団体によっては，政治活動に関する規制を受けるものも存在する。それは国から補助金等を受けている団体である。国から補助金，負担金，利子補給金その他の給付金を受けている団体は，政治活動に関する寄附を行うことが政治資金規正法22条3の1において禁じられている。[19] また，同22条3の2では，国から資本金，基本金その他これらに準ずるものの全部又は一部の出資又は拠出を受けている団体が，政治活動に関する寄附をしてはならないことが定められている。団体が，国から得た資金を政治資金として使用することに関しては厳しく規制がなされているのである。[20]

また，団体が直接国から給付金等を受け取っていない場合であっても，間接的に利益を受けている場合，そうした団体が選挙に関して寄附を行ったりすると，政治や選挙に関し不明朗な影響を及ぼす恐れがある。そこで，公職選挙法第199条の2では，団体が融資を受けており，その融資先が国や地方公共団体から利子補給金の交付を受けているときは，その団体が選挙に関して寄附を行うことを禁じている。[21]

日本においてJIGS調査を実施した1997年以降，団体に関する法律としては，1998年に特定非営利活動促進法（通称ＮＰＯ法）が制定されている。こ

の法律が対象とする団体からは，政治活動や選挙運動を行う団体が排除されていることが特徴の1つである。(22)この根拠付けは次の通りである。すなわち，同法は団体が政治活動や選挙運動を行うことを制限・禁止する目的で制定されたものではない。NPO法は，法人格がなく活動に困難をきたす団体に法人格を付与する目的で制定されたものである。それゆえ，既存の法体系でカバーされていた政治活動行う団体や宗教活動を行う団体は，重複を避けるために除外された。また，NPO法は非営利公益法人に関する一般法である民法第34条の特別法という位置付けであることから，一般法である民法第34条が対象とする範囲よりも何らかの形で狭くなるように限定することで棲み分けを図ることが必要とされた。このため，特定非営利活動に該当する活動の項目が，限定的なものとなったのである。

　以上のように，日本においては，基本的に結社の自由とともに，団体が自由に政治活動を行うことが保証されているといえよう。その一方で，日本の選挙規制自体が一般的に政治活動抑制的であり，特に公正な選挙の実施という要請からの選挙期間中の活動規制が行われる。市民社会の団体に関してはまた政治資金の不明朗な流れの防止という観点から，国，地方公共団体から給付金を受けている団体等の政治活動は規制を受けるのである。(23)

4　団体に対する一般規制・政治活動規制：日韓比較

　以上，韓国と日本における団体に対する一般規制と政治活動の規制状況を概観してきた。本節では，本書が分析の対象とする1997年末，あるいはそれ以降の韓国の市民社会組織と政治過程との相互関係を考察する際に留意する必要がある規制状況について，日韓の規制状況を比較し，その相違を列挙したい。

　第一に，日本においては，戦後現行憲法下において，基本的に団体の自由な設立と活動が認められていたのに対して，韓国においては，1997年に至るまで，法的には団体は登録が義務付けられ行政機関によってその設立，活動を管理されていた。1997年になり，ようやくこうした法律は廃止されたものの，長期間にわたって中央の行政機関によって団体の活動が管理されていたことは（大統領制の強さと共に）留意しておく必要があろう。

　第二に，1997年時点での公職の選挙における団体の活動についても，日韓

各国の法的規制状況には大きな相違が存在した。日本においては，選挙期間中，一定の方法による選挙運動が規制・禁止されているのに対して，韓国においては，1997年の調査時においては，団体の一切の選挙運動が禁止されていた。わずかに，選挙の不正監視などの公明選挙推進運動や，選挙に関する意見の表明等が許可されるに過ぎなかったのである。この点は，韓国における，団体の選挙に対する関わり方を大きく規定するものであったことは間違いない。団体が選挙に直接関わることはなかったものの，一部市民団体は，公明選挙推進運動，意見表明と選挙運動の境界線上ぎりぎりの活動を盛んに繰り広げた。市民団体の活動がどこまで許容されるのかという点に関しては，度々法律論争が行われていたのである。

第三に，政治資金に関する法規制も，韓国においては，日本におけるそれよりも厳格である。日本においては，基本的に国または地方公共団体から補助金等を受けている団体の政治活動に関する寄附が規制されているのに対して，韓国においては，そうした団体に加えて，外国法人や言論機関及び言論団体，労働団体，宗教団体等による政治活動に関する寄附が禁止されていた。

このように，1997年末の調査当時，韓国における団体の政治活動は，日本に比べるとある程度厳しく制限されたものであった。このことは，韓国における団体の政治への関わり方を一定程度規定し，日本における団体のそれとの相違を生む1つの要因となる可能性があると思われる。両国の団体活動に関して比較を行う際には，この点には十分に留意する必要があるだろう。

しかし，その一方で，韓国における団体の政治活動規制は，緩和される傾向が継続している。特に98年以降，経済危機に直面した韓国は，まずは労使政の協調によって経済構造改革に取り組むため，労働組合に対する政治活動の制限を緩和した。さらに，市民団体が，韓国公職選挙法上の規制境界線上の活動を盛んに行い，特に2000年の国会議員選挙では落薦・落選運動が大いに注目を集めた。憲法裁判所は，この運動は韓国公職選挙法違反であるとの判断を示したものの，運動に対しては，世論だけではなく，金大中大統領も理解を示したこともあり，韓国公職選挙法改正の機運が高まった。その結果，その直後に韓国公職選挙法は改正された。日本の場合と同様，一定の選挙運動の方法に関しては，規制・禁止されているものの，そうした韓国公職選挙法の規定に従う限り，各種団体が自由に選挙運動を行うことが可能となった

のである。

　このように，韓国における団体の政治活動に関する規制は急速に緩和されつつある。それに伴って団体の活動がいかに変化したのか，日本における団体の活動との相違，共通点がいかに変容したのか，ということも非常に興味深い点ではある。

　しかし，こうした点に関する議論は，本章の射程を超えており，後の事例分析に譲るとともに今後の課題にすることとしたい。ただ97年の調査時点でもこうした政治状況の流れの中に市民社会の諸団体がいたことにも留意しておく必要がある。過去の国家による規制の惰性と新しい自由化への動向の狭間に，市民社会はあったのである。

（1）　1950年4月12日に制定された韓国の国会議員選挙法によると，国家・地方自治団体の公務員，選挙管理委員を除いては，自由な選挙運動が許容されていた。ただし，同法第36条の2項で「本法の第29条の第2項の第2号または第3号に該当する団体員は団体の名義で選挙運動を行うことができない」と規定して，「行政府の支持または，支援で組織された社会団体，一般国民から会費を集める団体，国費の補助を受ける社会団体・青年団体」はその団体の名義での選挙運動が禁止されていた。その後，1958年1月25日に，制定された民議院議員選挙法では「候補者，または選挙事務長，選挙運動員ではないものは選挙運動を行うことができない」とされ，団体の選挙運動が事実上禁止された。1963年1月16日に改正された国会議員選挙法では「選挙運動はこの法に規定された以外の方法で行われてはならない」とされ，団体の選挙運動の禁止は維持された。

（2）　この「代表者」という語は，1997年11月14日に，「代表」に改正された。

（3）　このように，財団，社団を問わず，団体が選挙運動を行うことを一切禁止することについて，憲法裁判所は，以下の4点を上げて合憲であるとの見解を表明している。①民主政治の健全な発展を導く上で，政党法の立法趣旨からも，政党の要件を満たさない団体，政党に準ずる各種の政治活動を行う団体の乱立は，我が国の政治文化を後退させる。②特定の政党や候補者を支持・反対する活動を許したら，選挙は必ず過熱し，金権選挙ないし相互批判等が起こる。③団体利己主義や集団利己主義を代表する候補者が当選する可能性が高くなり，特に個人的な縁故を基礎に組織された各種親族団体，地域団体，学閥団体等が選挙に深く介入するため，公職選挙が健全な政策対決ではなく，私情と親族関係，地域感情等によって左右される結果を招く危険がある。④各種団体がその構成員の意思と関係なしに，

幹部もしくは数名の意見に基づいて団体の名前を使って，特定の政党や候補者に対して支持・反対の意思を表明する場合，世論を誤って誘導する危険がある。ただし，憲法裁判所事務局長の朴容相は，団体が特定の政党や候補者を支持または反対する行為を全面的に禁止するこのような法律は，政治的な表現の自由を制限することであり，憲法に規定されている表現の自由に抵触する可能性があると疑問を投げかけている。(朴容相 2000：41-173)。

(4) 公明選挙推進活動とは，一般的には不法な選挙運動の監視(特に買収行為)，棄権防止活動を言う。

(5) 政治資金法では，第3次改正(1980年12月31日)以来，労働組合に限らず，全ての労働団体による政治資金の寄附を禁止していた。その後，この規定は撤廃されるのだが，こうした政治資金法の変遷については，本章末の参考資料を参照されたい。

(6) 政党の党員になれないものとは，政党法第6条によると，①国家公務員法第2条及び地方公務員法第2条に規定された公務員，②総長，学長，教授，副教授，助教授・専任講師を除いた私立学校の教員，③その他，法令の規定によって公務員の身分を有する者，である。

(7) ただし，選挙運動が合法化されたのは，「労働組合及び労働関係調整法」の第12条によって関係行政機関から申告証の交付を受けている連合団体としての労働組合と単位労働組合だけに限定されていた。それゆえ，公務員，教員，鉄道，通信労働組合など，申告証のない労働組合は対象外であった。もちろん，こうした労働組合の選挙運動も無制限に認められているわけではなく，その活動方法は，マスメディアへの候補者評価の公表，電話・インターネットを利用した選挙運動，政党・候補者の演説会での演説など韓国公職選挙法(第79条(公開場所での演説・対談)，第81条(団体の候補者など招聘・対談)，第82条の3(コンピュータ通信を利用した選挙運動))などに規定された方法に限られる。

(8) 政治資金法12条では，事業または事業場別に組織された単位労働組合が政治資金の寄付を行うことを禁止し，政治資金を寄付しようとする労働組合は，政治資金の寄付のための別の基金を設置・管理しなければならないことが定められている。

(9) 憲法裁判所全員裁判部は1999年11月25日，「労働団体の政治献金を禁止する『政治資金に関する法律(第12条5号)』は憲法違反である」との判決を下した。裁判部は「使用者団体には政治献金を認めながら，労働団体にのみ政治献金を禁止するのは政党への政治献金を通して政党に影響力を行使し，政治的意思決定の過程に参加することを制限し，労働者に不利な結果をもたらす恐れがある。労働団体の政治献金禁止規定は労働団体の表

現・結社の自由を侵害するものであり，労働団体にのみ政治献金を禁止するのは平等の原則に反する」と述べている（「労組専従者の賃金支給問題と政労使の取り組み」『海外労働時報』，2000年2月，293号）。

(10) 韓国の憲法は，すべての国民に結社の自由を保障しており結社の1つの形態である労働組合に関しては，一般の団体とは違い特別な保護と規制を行っている（憲法33条）。労働組合は「勤労者が自主的に勤労条件の維持・改善と勤労者の経済的・社会的地位の向上を目指すことを目的」とする団体であり，またそのような目的遂行に必要な組織をもっている反面，憲法第21条に規定されている団体は，その設立目的が労働組合とは異なり，その組織が憲法において規定されておらず，そのような組織を形成する義務があるわけではない。したがって，公職選挙に特定の政党や候補者を支持・反対し，支持・反対を促す選挙運動を行うことにおいて，「各種団体」を「労働組合」と比較し，差別的に取り扱うことにしたとしても，憲法を根拠として，これを合理的な差別であり，労働組合ではない団体に対して選挙運動を許可しないことは憲法上の均等保障規定および平等原則に違反しているとは言えないというのが，その判決事由である（朴容相 2000）。

(11) 例えば，1998年の地方選挙の際に，地方選挙に出馬した候補の公約を検証・点数化し発表するという市民団体の活動が公職選挙法に違反するのではないかという論争が勃発した。この点について，点数化を行った経済正義実践市民連合（経実連）は，選挙に無関心な有権者たちの関心を喚起し，候補者に対して具体的で実現可能な公約を発表させるようにするものであると説明した。これに対し選挙管理委員会は，特定候補者の公約を点数化・比較し発表することは，韓国公選法の第87条に違反するという警告を発した。選挙管理委員会によれば，公約を点数化することは支持度を発表することと変わりがなく，選挙結果に大きな影響を及ぼすことが予想され，選挙期間中に団体や代表の名義によって，特定の政党・候補者を支持・反対したり，それを促したりする行為を行うことは出来ないと規定した公職選挙法に違反すると主張したのである（朴 2000）。

(12) 落薦・落選運動における団体の活動とその法的正当性，憲法論議について論じるものとして，徐輔健（2001）がある。

(13) 総選挙市民連帯は市民社会団体の落選・落薦運動を禁止する選挙法の条項が国民の参政権を侵害，憲法に違反しているとして憲法訴訟を提起した。これに対して，裁判所は判決文において，「市民団体が行っている落選運動の方式が単純な意見の表明や意思表示の水準を越えており組織的に行われた点から，特定候補に対する当選運動と差がないため，一種の選挙運動の制限を受けることが妥当である」と述べ，落選・落薦運動は韓国公選法違反であるとの判断を示している。

(14) こうした候補者を招聘・対談討論会を開催することができない——すなわち選挙運動を行うことができない——団体とは，以下の団体である。①国家・地方自治団体，政府投資機関，各協同組合，地方公社，公団，②郷民会（県民会），宗親会（同じ祖先を持つもの同士の集まり），同窓会，山岳会などの同好人の会，そして契（相互扶助のための韓国の伝統的な組織）などの個人間の私的な集まり，③候補者やその家族が運営する団体，特定政党または候補者支援団体など（韓国公職選挙法第81条）。

(15) 韓国公職選挙法では第58条から第118条において，選挙運動に関連する規制が規定されている。まず，韓国公職選挙法上，選挙運動と見なされない行為——韓国公職選挙法第12条の単純な意見の表明や意思の表示に該当する——とは以下の3つである。①政党の候補者推薦前に推薦反対対象人の名簿を，記者会見などを通じ外部に公表する行為，及び公表の内容をインターネット・コンピュータ通信で掲載しておく行為，②政党の推薦候補者決定後，推薦撤回要求対象人の名簿をその政党に渡す行為，及びその内容をインターネット・コンピュータ通信で掲載しておく行為，③当該政党に対して推薦撤回を要求する行為と推薦者についての情報の収集，または，その情報を当該政党に提供する行為，である。また，韓国公職選挙上許された団体の選挙運動方法は以下の通りである。①政党・候補者の法定選挙運動の方法である印刷物，演説会，対談・討論会などの機会を利用して団体の名義あるいはその代表者の名義で支持・反対の内容を掲載，演説，対談，討論などを行うこと，②特定の政党・候補者に関する支持・反対の内容を電話を利用して有権者に知らせたり，インターネット・コンピュータ通信で掲載しておいたりする行為，③団体の会員が商店街，ターミナル，町などの公開場所で拡声機器などを使わないで肉声だけで特定政党・候補者に関する支持・反対意思を表示する行為。そのほか，選挙運動の方法に関する規定としては，第66条（小型印刷物），第69条（新聞広告），第70条に（放送広告），第91条（拡声装置と自動車などの使用制限），第94条（放送・新聞などによる広告の禁止），第105条（行列などの禁止），第107条（署名・捺印運動の禁止）などがある。

(16) 憲法第3章で保障されている基本的人権の保障が，この根拠である。こうした解釈は，八幡製鉄の政治献金をめぐって行われた訴訟において示されたもので，「基本的人権の保障は，性質上可能な限り内国法人にも及ぶので，会社は，国民と同様，公共の福祉に反しない限り政治資金の寄付を含めて政治的行為をなす自由を有する。それが政治の動向に影響を与えても，国民による寄付と別異に扱う憲法上の要請はなく，また国民の参政権を侵害するものではない。（下線は筆者による）」とされた。（八幡製鉄政治献金事件：最大判，昭和45年6月24日）。

(17) ちなみに，政治活動を行う団体とは，公職選挙法上明確な定義規定はないが，政治資金規正法3条に定めるそれと同義であるとみなされている。政治資金規正法第3条よれば，政治活動を行う団体とは以下のような団体である。①政治上の主義若しくは施策を推進し，支持し，又はこれに反対することを本来の目的とする団体，②特定の公職の候補者を推薦し，支持し，又はこれに反対することを本来の目的とする団体，③前2号に掲げるもののほか，次に掲げる活動を，その主たる活動として組織的かつ継続的に行う団体，（イ）政治上の主義若しくは施策を推進し，支持し，又はこれに反対すること，（ロ）特定の公職の候補者を推薦し，支持し，又はこれに反対すること。

(18) これは，平成6年に公職選挙法が改正されたことに伴う規定である。改正により，小選挙区比例代表並立制が導入され，立候補者は，原則として政党が届け出ることとされ，政策・政党本位の選挙に改められた。これに伴い，政党その他の政治団体の選挙運動を大幅に認めることとなった。

(19) 正確には，給付金の交付の決定の通知を受けた団体は，その通知を受けた日から同日後1年を経過する日（当該給付金の交付の決定の全部の取消しがあったときは，当該取消しの通知を受けた日）までの間，政治活動に関する寄附をしてはならない。ただし，試験研究，調査又は災害復旧に係るものその他性質上利益を伴わないもの及び政党助成法（平成6年法律第5号）第3条第1項の規定による政党交付金（同法第27条第1項の規定による特定交付金を含む。）を除く。

(20) しかしその一方で，国から資本金を得たりあるいは給付金を受けている団体が，地方公共団体の議員や長に対して行う，政治活動に関する寄附は禁じられていない（政治資金規正法22条3の3）。ただし，地方公共団体から給付金や資本金を得ている団体は，地方公共団体の議員や長に対して，政治活動に関する寄附を行うことはできない。政治資金規正法22条3の4，5。

(21) ここでも，国から利子補給金の交付を受けている場合は，衆参両院議員の選挙に関する寄附を禁じ，地方公共団体から給付を受けている場合は当該地方公共団体の議員，及び長の選挙に関する寄附を禁じている。ちなみに，利子補給金とは，一定の融資機関が特定の資金を要するものに公共的な融資をした場合に，国または地方公共団体からその融資機関に対し利子補給として給付される金員をいう。

(22) 実際，特定非営利活動促進法第2条のロでは，「政治上の主義を推進し，支持し，又はこれに反対することを主たる目的とするものでないこと」，またハでは，「特定の公職の候補者（当該候補者になろうとする者を含む。）若しくは公職にある者又は政党を推薦し，支持し，又はこれらに反対する

ことを目的とするものでないこと。」が明記されている。
(23) その他，団体の選挙運動の規制と関連しうる規定として，公職選挙法第136条の2がある。ここでは，公務員等がその地位を利用して選挙運動を行うことを禁止するものであるが，そうした公務員等として，日本道路公団，農用地整備公団，森林開発公団，石油公団，地域振興整備公団，船舶整備公団，日本鉄道建設公団，新東京国際空港公団，水資源開発公団の9公団の役職員，国民金融公庫，住宅金融公庫，農林漁業金融公庫，中小企業金融公庫，北海道東北開発公庫，公営企業金融公庫，中小企業信用保険公庫，環境衛生金融公庫，沖縄振興開発金融公庫の9公庫の役職員，また住宅・都市整備公団，首都高速道路公団，阪神高速道路公団，本州四国連絡橋公団の4公団の委員，および役職員が挙げられている。ちなみに，こうした規定は，公務員等がその地位を利用して選挙運動をなすことが，公務員の職務の中立性からして好ましくなく，また投票等に関する意思決定に不当な影響を及ぼす恐れがあるため定められた（土本 1995：179）。

参考資料

韓国公職選挙法の変遷に関する比較表（河正鳳訳，関係箇所のみ）

第10条（社会団体などの公明選挙推進活動）

改正2002.3.7	改正2000.2.16	1994.3.16
①社会団体などは選挙不正を監視するなど公明選挙推進の活動を行うことが出来る。但し，次の各号の1に該当する団体はその名義，あるいはその代表の名義で公明選挙推進の活動を行うことが出来ない。 1. 特別法によって設立された国民運動団体として国家，または地方自治体の出捐・補助を受けている団体（正しく生きる運動協議会，セマウル（新しい村）運動協議会，韓国自由総連盟など）と第2建国汎国民推進委員会。 2. 法令によって政治活動が禁止された団体。 3. 候補者，候補者の配偶者，そして，候補者またはその配偶者の直系尊・卑属と兄弟姉妹あるいは候補者の直系尊・卑属と兄弟姉妹の配偶者（以下	①社会団体などは選挙不正を監視するなど公明選挙推進の活動を行うことが出来る。但し，次の各号の1に該当する団体はその名義，あるいはその代表者の名義で公明選挙推進の活動を行うことが出来ない。 1. 特別法によって設立された国民運動団体として国家，または地方自治体の出捐・補助を受けている団体 2. 法令によって政治活動が禁止された団体。 3. 候補者，候補者の配偶者，そして，候補者またはその配偶者の直系尊・卑属と兄弟姉妹あるいは候補者の直系尊・卑属と兄弟姉妹の配偶者（以下「候補者の家族」と称する）が設立または運営している団体。 4. 特定の政党（創党準備委員会	①社会団体などは選挙不正を監視するなど公明選挙推進の活動を行うことが出来る。但し，次の各号の1に該当する団体は団体の名義で公明選挙推進の活動を行うことが出来ない。 1. 特別法によって設立された国民運動団体として国家，または地方自治体の出捐・補助を受けている団体 2. 法令によって政治活動が禁止された団体。 3. 候補者，候補者の配偶者，そして，候補者またはその配偶者の直系尊・卑属と兄弟姉妹あるいは候補者の直系尊・卑属と兄弟姉妹の配偶者（以下「候補者の家族」と称する）が設立または運営している団体。 4. 特定の政党（創党準備委員会を含む）または候補者（候補

第6章 政治空間

「候補者の家族」と称する）が設立または運営している団体。 4. 特定の政党（創党準備委員会を含む）または候補者（候補者になろうとする者を含む）を支援するために設立された団体。 5. 国民健康保険法によって設立された国民健康保険公団。 6. 第87条の但し書き規定によって選挙運動ができる労働組合と団体の中，選挙運動を行う，或いは，行うことを表明した労働組合または団体。 ②社会団体などが公明選挙推進活動を行う際には，常に公正な姿勢を堅持すべきであり，特定の政党，あるいは，候補者の選挙運動に至らないよう留意しなければならない。 ③各級選挙管理委員会（投票区選挙管理委員会を除く）は社会団体などが不公正な活動を行う場合に，警告・中止または是正命令をしなければならないし，その行為が選挙運動に及ぶ場合，或いは，選挙管理委員会の中止・是正命令に従わない場合には告発など必要な措置を講じねばならない。	を含む）または候補者（候補者になろうとする者を含む）を支援するために設立された団体。 5. 医療保険法によって設立された組合及び医療保険連合会と国民医療保険法によって設立された国民医療保険管理公団 ②社会団体などが公明選挙推進活動を行う際には，常に公正な姿勢を堅持すべきであり，特定の政党，あるいは，候補者の選挙運動に至らないよう留意しなければならない。 ③各級選挙管理委員会（投票区選挙管理委員会を除く）は社会団体などが不公正な活動を行う場合に，警告・中止または是正命令をしなければならないし，その行為が選挙運動に及ぶ場合，或いは，選挙管理委員会の中止・是正命令に従わない場合には告発など必要な措置を講じねばならない。	者になろうとする者を含む）を支援するために設立された団体。 5. 医療保険法によって設立された地域医療保険組合または医療保険連合会 ②社会団体などが公明選挙推進活動を行う際には，常に公正な姿勢を堅持すべきであり，特定の政党，あるいは，候補者の選挙運動に至らないよう留意しなければならない。 ③各級選挙管理委員会（投票区選挙管理委員会を除く）は社会団体などが不公正な活動を行う場合に，警告・中止または是正命令をしなければならないし，その行為が選挙運動に及ぶ場合，或いは，選挙管理委員会の中止・是正命令に従わない場合には告発など必要な措置を講じねばならない。

第58条（選挙運動の定義など）

改正2000.2.16	1994.3.16
①この法における「選挙運動」とは，当選のために行う行為，他人を当選あるいは当選させないために行う行為を指す。但し，次の各号の1に該当する行為は選挙運動と見なさない。 1. 選挙に関する単なる意見・意思の表明。 2. 立候補と選挙運動のための準備行為。 3. 政党の候補者の推薦に関する単なる支持・反対の意見や意思の表明。 4. 通常の政党活動。 ②何人も自由に選挙運動ができる。しかし，この法または他の法律の規定によって禁止あるいは制限されている場合はそうではない。	①この法における「選挙運動」とは，当選のために行う行為，他人を当選あるいは当選させないために行う行為を指す。但し，選挙に関する単純な意見・意思の表示・立候補と選挙運動のための準備行為または通常的な政党活動は選挙運動として見なさない。 ②何人も自由に選挙運動ができる。しかし，この法または他の法律の規定によって禁止あるいは制限されている場合はそうではない。

第81条（団体の候補者などとの対談・討論会）

改正2000.2.16	1994.3.16
次の各号の1に該当しない団体は，候補者（比例代表国会議員選挙と比例代表市・道議員選挙を除く）と対談者または討論者（大統領選挙及び市・道知事選挙の場合に限り，政党または候補者が選挙運動を行える者の中から選挙事務所あるいは選挙連絡所毎に指名された一人を指す）一人あるいは数人を招待して所属政党の政綱・政策，候補者の政見，その他の事項を知るための対談・討論会をこの法に定めるところによって屋内で開催できる。 1. 国家・地方自治団体，または第53条の第1項の第4号乃至第6号で規定された政府投資機関。 2. 郷民会，宗親会，同窓会，山岳会などの同好人会，契（ケイ）などの個人間の私的な集まりなど。 3. 第10条の第1項の各号の1に規定された団体。 ②第1項での「対談」とは，一人の候補者または対談者が所属政党の政綱・政策あるいは候補者の政見などについて司会者あるいは質問者の質問に答えることをいう。「討論」とは，二人以上の候補者または討論者が司会者の主管で所属政党の政綱・政策あるいは候補者の政見などに関する主題について司会者を通じて質問・答弁することをいう（改正1997.11.14）。 ③第1項の規定による対談・討論会を開催しようとする時には，中央選挙管理委員会の規則に従って，主催団体名・代表者氏名・事務所の所在地・会員数・設立根拠など団体に関する事項と招待する候補者または対談・討論者の姓名，対談または討論の主題，司会者の姓名，進行方法，開催日時と場所及び出席予定者数などを開催日2日前までに管轄選挙区選挙管理委員会またはその開催場所の所在地を管轄する区・市・郡選挙管理委員会に書面で申告しなければならない。その場合，招待する候補者または対談・討論者の出席承諾書を添付しなければならない。 ④第1項の規定による対談・討論会を開催しようとする時は，中央選挙管理委員会の規則に従って，第1項による対談・討論会であることを示す標識を掲示しなければならない。 ⑤第1項の対談・討論会は全ての候補者に公平に行わなければならないが，招待された候補者が承諾しなかった場合にはそうではない。また，対談・討論会を開催する団体は対談・討論会を公正に進行しなければならない。	①次の各号の1に該当しない団体は，候補者（全国区国会議員選挙を除く）及び対談・討論者（大統領選挙及び市・道知事選挙の場合に限り，政党または候補者が選挙運動を行える者の中から選挙事務所あるいは選挙連絡所毎に指名された一人を指す）一人あるいは数人を招待して所属政党の政綱・政策，候補者の政見などを知るための対談・討論会をこの法に定めるところによって屋内で開催できる。 1. 国家・地方自治団体，または第53条の第1項の第4号乃至第6号で規定された政府投資機関。 2. 契（ケイ）などの個人間の私的な集まり。 3. 第10条の第1項の各号の1に規定された団体。 ②第1項での「対談」とは，所属政党の政綱・政策あるいは候補者の政見などについて司会者あるいは質問者の質問に意見を発表することをいう。「討論」とは，二人以上の候補者または討論者が司会者の主管で所属政党の政綱・政策あるいは候補者の政見などに関する主題について自身の意見を発表したり，司会者を通じて答弁することをいう。 ③第1項の規定による対談・討論会を開催しようとする時には，中央選挙管理委員会の規則に従って，主催団体名・代表者氏名・事務所の所在地・会員数・設立根拠など団体に関する事項と招待する候補者または対談・討論者の姓名，対談または討論の主題，司会者の姓名，進行方法，開催日時と場所及び出席予定者数などを開催日2日前までに管轄選挙区選挙管理委員会またはその開催場所の所在地を管轄する区・市・郡選挙管理委員会に書面で申告しなければならない。その場合，招待する候補者または対談・討論者の出席承諾書を添付しなければならない。 ④第1項の規定による対談・討論会を開催しようとする時は，中央選挙管理委員会の規則に従って，第1項による対談・討論会であることを示す標識を掲示しなければならない。 ⑤第1項の対談・討論会は全ての候補者に公平に行わなければならないが，招待された候補者が承諾しなかった場合にはそうではない。また，対談・討論会を開催する団体は対談・討論会を公正に進行しなければならない。 ⑥政党，候補者，対談・討論者，選挙事務長，選挙連絡所長，選挙事務員，会計責任者または第114条（政党及び候補者の家族などの寄付行為

⑥政党，候補者，対談・討論者，選挙事務長，選挙連絡所長，選挙事務員，会計責任者または第114条（政党及び候補者の家族などの寄付行為制限）の第2項の候補者またはその家族と関係ある会社などは第1項の規定による対談・討論会と関連して、対談・討論会を主催する団体または司会者に金品・饗応，その他の利益を提供，提供の意思表示，または，その提供の約束などの行為をしてはならない。 ⑦第1項の対談・討論会を開催する団体はその費用を候補者に負担させてはならない。 ⑧<u>第71条（候補者の放送演説）の第12項の規定は候補者の招待対談・討論会にそれを準用する（新設1998.4.30）。</u> ⑨対談・討論会の開催申告書と標識の書式，その他の必要事項は中央選挙管理委員会規則で定める（改正1997.11.14）。	制限）の第2項の候補者またはその家族と関係ある会社などは第1項の規定による対談・討論会と関連して、対談・討論会を主催する団体または司会者に金品・饗応，その他の利益を提供，提供の意思表示，または，その提供の約束などの行為をしてはならない。 ⑦第1項の対談・討論会を開催する団体はその費用を候補者に負担させてはならない。 ⑧対談・討論会の開催申告書と標識の書式<u>及び公正な開催のための</u>その他の必要事項は中央選挙管理委員会規則で定める。

第87条（団体の選挙運動禁止）

改正2000.2.16	改正1998.4.30	1994.3.16
「団体は社団・財団，その他の名称に関わりなく，選挙期間中にその名義またはその代表の名義で特定の政党や候補者を支持・反対行為，及び支持・反対の勧誘行為をしてはならない。<u>但し，労働組合及び労働関係調整法の第2条の規定による労働組合と本法第81条の第1項の第1号乃至第3号に規定された団体以外の団体はその限りではない。</u>」	「団体は社団・財団，その他の名称に関わりなく，選挙期間中にその名義またはその代表の名義で特定の政党や候補者を支持・反対行為，及び支持・反対の勧誘行為をしてはならない。<u>但し，労働組合及び労働関係調整法第2条の規定による労働組合はその限りではない。</u>」	「団体は社団・財団，その他の名称に関わりなく，選挙期間中にその名義またはその代表者の名義で特定の政党や候補者を支持・反対行為，及び支持・反対の勧誘行為をしてはならない。」

（注）下線は，変更点を強調するために筆者達によって挿入されたものである。

韓国政治資金法の変遷に関する比較表（日本語訳，関係箇所のみ）

政治資金法第12条（寄付の制限）

改正2002.2.16	改正1989.12.30	1980.12.31
①次の各号の1に該当する者は政治資金を寄付することができない。 1. 外国人・外国法人及び外国の団体。ただし，大韓民国の主導下にある外国法人及び外国団体は除く。 2. 国家・公共団体または特別法の規定によって設立された法人。 3. 国家または地方自治団体が株式または持分の過半数を所有している企業体。 4. <u>言論機関及び言論団体。</u> 5. <u>事業または事業場別に組織された単位労働組合。</u> 6. 学校法人。 7. 宗教団体。 8. 3事業年度以上続いて損失を出し，その損失が補填されていない企業体。 ②<u>政治資金を寄付しようとする労働組合は政治資金の寄付のための別の基金を設置・管理しなければならない</u>	①次の各号の1に該当する者は政治資金を寄付することができない。 1. 外国人・外国法人及び外国の団体。ただし，大韓民国の主導下にある外国法人及び外国団体は除く。 2. 国家・公共団体または特別法の規定によって設立された法人。 3. 国家または地方自治団体が<u>株式または持分の過半数を所有</u>している企業体。 4. <u>言論機関及び言論団体。</u> 5. 労働団体。 6. 学校法人。 7. 宗教団体。 8. 3事業年度以上続いて損失を出し，その損失が補填されていない企業体。	①次の各号の1に該当する者は政治資金を寄付することができない。 1. 外国人・外国法人及び外国の団体。ただし，大韓民国の主導下にある外国法人及び外国団体は除く。 2. 国家・公共団体または特別法の規定によって設立された法人。 3. 国家または地方自治団体が株式の過半数を所有している企業体。 4. 政党法第17条但し書きで定められた言論人が所属する言論機関及び言論団体。 5. <u>労働団体。</u> 6. 学校法人。 7. 宗教団体。 8. 3事業年度以上続いて損失を出し，その損失が補填されていない企業体。

その他，改正に関する解説

1980年12月の第3次改正で労働団体も寄付ができない団体として挙げられていたが，2000年2月の第11次改正において労働団体を削除すると共に，項目②が新たに設けられた。また，政治資金法第5条（後援会）では第12条で規定された政治資金寄付制限者および政党法第6条によって政党の党員になれない者（①国家公務員法第2条及び地方公務員法第2条に規定された公務員，②総長，学長，教授，副教授，助教授・専任講師を除いた私立学校の教員，③その他，法令の規定によって公務員の身分を有する者）は後援会の会員になれないとされている。なお，後援会は個人，法人，団体からなるが，第11次改正（2000.2.16）から団体が追加された。

第7章

市民社会とニューガバナンス:
民主化以後の市民団体の政治化

廉載鎬（川村祥生訳）

　本章では、民主化以後急速に台頭し、社会的かつ政治的なプレゼンスを拡大した「市民団体」（韓国統計庁では、社会的アドボカシー団体と表記）に注目する。
　市民団体の成長と組織特性を分析するとともに、90年代の政策決定過程において影響力を発揮した3つの事例をとり上げ、韓国政治に与えたインパクト、それが新しいガバナンスを導く可能性について検討する。市民団体の性格、そのガバナンスへのインパクトこそが、87年以降の政治体制のもっとも重要な帰結であるからである。官僚集団、財閥、政治家・政党が、市民団体の活動と関与によって、その活動に変調をきたし、新しい多元的なガバナンスの可能性が生じているのである。
　さらに、本章では、西欧的な文脈での市民社会の議論に対して、韓国の市民団体と市民運動がなぜ「包括的な市民運動」の性格を帯びるかを歴史制度論的に考察し、その中央集権性、在野運動の制度的遺産、エリート主導性、矛盾した志向性など、韓国の市民団体のもたらす新しいガバナンスの本質と限界について展望する。

はじめに

　政治的な民主化は，選挙制度の民主的手続きだけでなく，市民団体の急激な浮上をも促した。ある調査によると，韓国では，1999年の時点で4039個の市民団体が存在しており，これらの支部および学術団体等を含めると約2万個にも及ぶ団体が活動をしていることが明らかになっている。また，これら市民団体の56.6％は，1990年代に設立されている（市民の新聞 2000）。市民団体の中で，全国的な規模を持つ経済正義実践連合（経実連），参与民主社会市民連帯（参与連帯），環境運動連合等は，政策過程において積極的な役割を担っている。これらの市民団体が，さらに連合した総選挙連帯は，「落薦・落選運動」を通じて，国会議員選挙に大きな影響力を行使するようになった。[1]市民団体の政治的影響力の増大は，韓国社会における NGO（Non Governmental Organization）に対する関心を増大させた。そして，これらの役割に対する肯定的な世論を背景として，1999年には非営利民間団体支援法が制定され，市民団体に対する政府レベルの財政的な支援が行われている（李根柱 2000）。

　しかしながら，このような市民団体の影響力の増大によって，韓国社会が，政治的民主化と共に，西欧で議論されるような市民社会へ発展しているのかという点では議論の余地がある。なぜなら最近の市民団体の政治的影響力は，韓国の政治的民主化過程から出現した韓国社会の特殊な現実を反映しているからである。韓国の市民団体の活動は，ブルジョワ階級を含む「市民社会」対「国家」という二分法的な構造から成り立っているものではない。また「草の根の民主主義」である住民運動や市民運動のレベルから発展して来たものではなく，エリート中心の「上からの市民運動」として成り立ってきたため，西欧的な意味の市民社会への発展として理解することには無理がある。そして韓国の市民団体の活動は，反政府的な在野勢力等の活動が政治的な民主化運動を終えた後に，ただちに始まったために，［民主化された］政府と親密な関係が存在するのである。他方で，韓国市民社会の性格が，まだ定かではない状態で，市民団体が乱立しているために，これらの役割についての体系的な分析を通じてのみ，韓国の市民社会化の現状を推測できるだろう。

　本章では，韓国の市民団体の活動を通じて，政治的民主化過程の中から出

現した韓国社会の市民社会化を理解したい。まず政治的な民主化過程に現れた市民団体の特性を分析し，市民団体の政策過程における影響力の強化の事例をニューガバナンスの観点から分析し，韓国社会における市民社会の展望とニューガバナンスの可能性を評価したい。

1　韓国の政治的民主化と市民団体の特性

1－1　市民団体の成長と市民社会化

　1987年の「6月民主抗争」によって勝ち取られた韓国の政治的民主化は，その後の韓国社会において手続き上の政治的民主化を保障したが，構造化された政治権力の問題をすべて解消してしまったということではなかった。政治改革が未だに議論されており，政党内の民主化等は達成されていないと言えるだろう。ある面で韓国の政治的民主化は，韓国社会に市民社会への発展という課題を新たに投げかける契機になったに過ぎないのである。また政治的な民主化は，大統領の直接選挙および代議制民主主義を可能にしても，それのみによって社会システムの権威主義的な要素が，一挙に解消されるということは無いからである。1960年代から形成された権力支配体制による市民社会に対する統制は，長い間制度として定着し，未だに国家の政策運営において権威主義的形態として存在している。

　このような国家システムの権威主義的な要素は，市民の自発的な参加に依拠する市民社会化を通じてのみ克服することができるのである。したがって韓国社会において政治的な民主化が，市民社会への発展にどのような影響力を及ぼしているのかを検討することが必要となる。つまり，いわゆるホワイトカラーと呼ばれる中産階級市民の自発的な参加によって成し遂げられた1987年の政治革命が，その後1990年代に入って市民社会的な民主化も同時に成し遂げたのかどうかということに対しては議論が必要であろう。

　韓国社会において政治的な民主化を通じて社会的な民主化が，量的な側面で進展したことは事実である。これは以下の現象を通じても確認できるだろう。第一に，政治的民主化以後，量的に市民団体の数が急増加したという事実である。前に指摘したように著しい数の市民団体が新たに登場して，様々な社会的課題に対して影響力を行使している。「市民の新聞」から1997年に発

刊された『韓国民間団体総覧』には，団体3,898個とその支部組織5,569個の合計9,467個が収録されている。これらのうち設立年度が分かっている3,200個の民間団体の分析結果によると，民間団体の設立は，民主化以後継続的に増加していることが分かる。その分布を年度別に分けてみると，60年代までの分布は7.7％，61年～70年が10.3％，71～79年が11.0％，80～86年が15.0％，87～89年が14.4％，90～92年が17.7％，93～96年が23.7％となっている（市民の新聞：1997）。この結果は，1987年に民主化されて以降に設立された新しい団体が，全民間団体のうち55.8％に達することを意味している。

　第二に，市民団体の特性や種類が多様になり，「生活の政治」(Life Politics)のための純粋な市民団体の設立も，政治的な民主化以後著しく増加していることが挙げられる。辻中と筆者の1997年の K-JIGS 調査によると，市民団体の性格が，設立年度別に差異があることが明らかになっている。

　このような分析を種類別に分けてみると，組織の設立についての傾向（第4章表4－1参照）が明らかになった。まず朴正熙政権の開発独裁体制の期間には，経済団体の設立（20団体，17.5％）が目立って現れた。特に全体の経済団体（41）の中で半数がこの時期に設立されている。高度経済成長を成し遂げたこの時期に，政府の積極的な主導のもとで，経済団体が主に設立されたことが，容易に理解できるだろう。同じく軍部の抑圧的統治期であった全斗煥政権期では，軍部政権でありながら社会正義を政策理念として大きく掲げていたために，政府動員型の福祉団体（20.8％）と専門家団体（19.8％）が多く設立されたのが分かる。

　盧泰愚政権期では，比較的多様な社会団体が設立された。ある１つの領域を中心にして団体が設立されたというよりは，福祉団体（13.4％），宗教団体（14.4％），専門家団体（11.3％），経済団体（9.3％），市民団体（9.3％），労働団体（8.2％）等，色々な分野の団体が設立されたことが特徴的である。これらのことは，盧泰愚政権が「6.29民主化抗争」の結果として誕生したためで，盧泰愚大統領は軍部出身であったが，政治的民主化を通じて社会の多様な勢力を認める市民社会へ韓国社会が近づいたことを意味する。盧泰愚政権を他の政権と比較すると，この時期に全労働団体の38.1％，全行政団体の42.1％，全宗教団体の29.8％，全市民団体の20.0％が設立されていることから，市民社会の特性を持った団体が盧泰愚政権以後に，主として設立されたこと

が理解できるだろう。

　最後に，金泳三政権期には，福祉団体（24.4％）と市民団体（21.8％）の設立が急増していることが目立っている。特にこの時期に全市民団体の37.8％，全政治団体の55.6％，全教育団体の23.3％，全福祉団体の27.1％が設立されており，このような点は文民政府と呼ばれる政権の性格に起因するところが大きいことが分かる。

　第三に，代表的な市民団体の場合でも，その勢力が急激に大きくなっていることが分かる。環境運動連合の場合，1993年にソウルの公害追放運動連合を中心に8個の地方環境団体等が統合して発足した。創立当時には約5千人の会員から発足したが，1997年には会員が2万5千名，常勤の活動家が130名へとその規模が拡大した。経実連の場合も1989年7月に500名の会員から発足したが，1997年には会員数約1万5千名に，常勤の人員が中央には約70名，地方には約80名に，それぞれ達している。参与連帯の場合，1994年に約200名から発足したが，2002年には約3万名へと会員が増えて，常勤の人員も約50名に達している。

　第四に，以前の国家によって動員された結社組織等が，民主化以降に自立性を回復する過程を通じて，市民社会化が進行していることが分かるだろう（任爀伯 2000）。新たな市民団体等が登場したことも重要な変化であるが，国家主導のもとで動員された昔の社会団体等も，民主化以後改めて自立性を確保する過程を経るようになったのである。例を挙げると，軍部権威主義体制下において国家によって動員された労働組織と農民組織等が，民主化を通じて内部組織の民主化を推進している。組織の長が，国家からの任命ではなく，民主的制度によって選出され，組織運動にも内部の民主化が成し遂げられている。韓国労総，農協，漁協のような政府系組織にも，組織内の民主化が起こっており，全国規模の民労総が登場して，既存の韓国労総に対抗する組織として均衡するようになった。

　第五に，政府が市民団体を積極的に支援する態勢を準備したことによって，市民社会化への発展を助けるようになった。1999年には行政自治省に政府と市民団体との協力を図るための民間協力課が新設された。また国家によって動員された市民団体等よりも，新しく登場した市民団体に対して政府の支援が強化された。例としては，セマウル［新しい村］運動中央協議会等の政府

系市民社会団体の3大官辺団体に対する支援額が，1999年までは政府の全支援額の40％を占めていたのが，1999年に非営利民間団体支援法が制定され，2000年には，それが16％程度に激減したことが挙げられる（李淑鍾 2002）。

　第六に，市民団体の量的な増加だけでなく，経実連，参与連帯，環境連合等のような全国的な規模の市民団体が政策過程に大きな影響力を行使するようになった。経実連は，韓国の医薬分業過程において，政府が困難な立場に置かれると仲介者の役割を担い，金融実名制の推進を積極的に支持するなど，様々な経済政策に影響力を行使した。参与連帯は，少額株主運動を通じて財閥の企業構造の透明化のために先頭に立ち，国会議員等の議会活動を監視し，汚職防止のためのモニタリング活動を展開している。環境連合は，色々な環境問題および政策過程に参与して，東江ダム建設等で政府の政策を変更させる決定的な役割を担った。以前の在野集団が，独裁的な政治権力に対抗し闘争したと言うなら，民主化以後の市民団体は，政策過程の民主的手続きと市民の参与を誘導することによって政策に影響力を行使していると言えるのである。また政府の各種の諮問委員会に，従来では大学教授や専門家，または企業の重役等が参加したが，現政権においては大部分の省庁の委員会に市民団体の代表らが参加することが日常化している。

　このように政治的民主化以後の市民団体の政策過程における影響力は，強化されていることが明らかになった。特に新自由主義の思潮の影響によって小さな政府と規制緩和が，韓国でも強力に推進されている中で，新しいガバナンスの形態として市民の政策参与が拡大している。そうだとすれば，韓国の市民団体が，どのような人的および財政的な資源を持ち，このような政策過程において影響力を行使しているのかを調べることが必要であろう。

1－2　韓国の市民団体の組織的な特性

　韓国の市民団体は，政治過程における影響力の程度と比較して人的資源，財政資源，組織構造等は，極めて貧弱な水準にある。全国規模の市民団体として政治的な影響力が大きい経実連，参与連帯，環境運動連合の場合でも会員数，常勤の勤務者，財政水準において，極めて貧弱な水準に止まっている。約2～3万名の会員と100名未満の常勤の勤務者は，外国の市民団体等と比較してみると，微々たる組織にすぎないことがわかるだろう。

(1) 人的な特性

　第一に，市民団体の会員を見ると韓国の市民団体の会員数は，影響力が大きな経実連，参与連帯，環境連合等の場合でも約3万名の水準に止まっている。これは英国の環境関連NGOである王立自然保全協会の1990年度の会員が21万2千人であり，野生動物保存協会の会員数が11万名であることと比較すれば，非常に少ない水準である。ドイツの場合でも，約5万個のNGOが存在し，約1000個程度の環境NGO等の会員数が，30万名を超えていることと比較して見ても，非常に少ない水準であろう（張勲 2000）。

　韓国JIGS調査でも1000名以上の会員を持っている市民団体が，33％にとどまっており，会員数においては市民の参与が少ないことが明らかになった。勿論，設立当時に1000名以上の会員を持っていた団体は13.0％にすぎず，10年前に1000名以上の会員に達していた団体も，市民団体全体の中で24.7％にすぎなかったことに比べて，かなりの増加を見せているが，未だに500名以下の団体が54.6％を占めていることを考えると，韓国の市民団体は会員数において，極めて小規模な水準に止まっているのである（表7－1，参照）。

　第二に，市民団体の常勤職員も10人以下の場合が，80％を超えていることから分かるように，零細な組織運営をしていることが分かるだろう。まず常勤者についての韓国民間団体総覧の分析によれば，1,226団体中で，常勤者が1人の場合が15.4％，2～5人が53.8％，6～10人が13.7％，11～20人が8.6％，21～50人が5.2％，51～100人が2.0％，101人以上が1.4％であり，10人以下の場合が82.9％と大部分を占めているのである（市民の新聞：1996）。特にこの調査で51人以上の比較的大規模な人員がリクルートされている34団体の中では，奉仕および保健医療を含む福祉団体が41.2％（14団体），産業界団体が26.5％（9団体）と比較的高い比率を占めていることが分かった[3]。このような結果は，福祉団体が比較的大規模に福祉施設を運営していることを意味すると同時に，福祉サービスに人力が集約的に供給されていることを意味している。産業界団体もしくは全経連等の業界を代表する全国規模の組織や産業別組合を中心として，比較的規模が大きく，集権化して運営されていることが分かるだろう[4]。

　韓国JIGS調査でも，常勤および非常勤の有給職員数を調査した結果，常勤職員が，10名以内である団体が全体の69.7％（274団体），11～30名が14.8％

表7-1　市民団体の会員分布

		個人会員数	団体会員数	団体構成員の総合計
設立当初	1-10	27 (10.0)	43 (39.8)	12 (7.5)
	11-50	92 (34.4)	37 (34.3)	48 (30.2)
	51-100	44 (16.4)	13 (12.0)	18 (11.4)
	101-500	56 (20.8)	9 (8.3)	39 (24.5)
	501-1000	15 (5.6)	1 (1.0)	9 (5.6)
	1001以上	35 (13.0)	5 (4.6)	33 (20.8)
	合計(名)	269 (100.0)	108 (100.0)	159 (100.0)
10年前	1-10	6 (3.6)	25 (33.8)	3 (2.8)
	11-50	30 (18.1)	21 (28.4)	16 (14.6)
	51-100	25 (15.0)	11 (14.8)	12 (11.0)
	101-500	45 (27.2)	11 (14.8)	31 (28.5)
	501-1000	19 (11.4)	0 (0.0)	7 (6.4)
	1001以上	41 (24.7)	6 (8.1)	40 (36.7)
	合計(名)	166 (100.0)	74 (100.0)	109 (100.0)
現在	1-10	11 (3.6)	45 (31.7)	3 (1.4)
	11-50	48 (15.7)	40 (28.2)	26 (12.5)
	51-100	34 (11.1)	16 (11.2)	19 (7.6)
	101-500	74 (24.2)	23 (16.2)	42 (20.1)
	501-1000	38 (12.4)	5 (3.5)	20 (9.6)
	1001以上	101 (33.0)	13 (9.2)	102 (48.8)
	合計(名)	306 (100.0)	142 (100.0)	209 (100.0)

出所：辻中/廉載鎬 韓国JIGS調査。

(58団体)であることが分かった。非常勤職員の場合でも大部分が10名以内であり，調査団体全体の75.2%を占めている。この調査結果は，『市民の新聞』が調査したものと類似しており，韓国における市民団体の人的資源の動員は未だに脆弱な状況にあり，その活動が依然として小規模に行われていることが分かるだろう。

(2)財源の実態

　韓国の市民団体は，政治的な影響力に比べて，人的資源および財源が脆弱なことが明らかである。全体的な財務規模が小さいだけでなく収入源も安定的でないため，大部分は，予算執行を通じた事業運営よりは，ボランティア等の奉仕活動による事業運営が，主となっている。第一に，市民団体の予算規模を見ると，非常に脆弱なことがわかる。韓国JIGS調査によると，財務状況を把握できる347団体の財務実態は，表7-2の通りである。財務規模が，1千万ウォン以下の団体が全体の11.2%（39団体），1千万～5千万ウォンの団体は21.6%（75団体），5千万～1億ウォンの団体は15.3%（53団体）となっている。1億～10億ウォンである団体も36.0%（125団体）であったが，こ

れらの団体は，大型の福祉団体や経済団体等が主であった（表7－2参照。参考：為替レート2000年で1ウォン＝0.095円，およそ10分の1にすると円に換算可。）

団体別に財務規模を把握した場合，幾つかの興味深い事実としては，財務状況が1千万ウォン以下である団体中には市民団体の比率が一番高かったということである。要するに，このような市民団体の財務が，一番脆弱であることを意味するのである。43個の市民団体の中で3億ウォン以上の団体は，僅か3団体しかないのである。年間予算1億ウォン未満の市民団体が，全体の72.1％に該当する。

全国的規模の代表的な市民社会団体である環境運動連合，参与連帯，経実連等の決算報告書を見ても，財政資源は豊かではなく安定的でないことが分かる。環境運動連合は，1997年，約11億4千万ウォンの総収入によって運営された。そのなかで会費および賛助金から充当されたものが50.6％を占めており，財政事業収入，教育事業収入，プロジェクト収入等の事業収入が49.2％を占めている。参与連帯の場合，1999年，約7億9千万ウォンの総決算額の中で，会費が48.1％を占めており，賛助金が9.5％，保険事業等の事業収入が35.1％を占めている。一方で経実連の場合，1999年，約8億4千万ウォンの総決算額の中で，会費が9.7％，賛助金が42.6％，事業収入が42.3％を占めている（李根柱 2000）。このような脆弱な財務状況で運営をしているために，

表7－2　基礎市民社会団体の財務状況

(単位：ウォン)

	1千万以下	1千万－3千万	3千万－5千万	5千万－1億	1億－3億	3億－10億	10億－20億	20億－100億	100億以上	合計
農業団体	2	2	2	2	2	4	1	0	3	18
経済団体	4	1	2	4	9	8	6	5	3	42
労働団体	2	4	2	4	5	0	1	2	0	20
教育団体	2	5	3	6	6	4	2	3	0	31
行政団体	2	1	2	4	0	3	1	3	2	18
専門家団体	4	10	3	6	16	12	4	7	3	65
福祉団体	5	6	7	11	11	13	0	1	1	55
政治団体	1	2	0	4	2	1	0	0	0	10
市民団体	12	6	8	5	9	3	0	0	0	43
宗教団体	5	6	3	7	14	3	3	3	1	45
合計	39 (11.2)	43 (12.4)	32 (9.2)	53 (15.3)	74 (21.3)	51 (14.7)	18 (5.2)	24 (6.9)	13 (3.7)	347 (100.0)

出所：辻中／廉載鎬 韓国JIGS調査。
注）（　）は，構成比である。

表7-3 韓国における23市民団体の予算平均比率

収入源	比率（％）
会費および賛助金	41.2
企業協賛金	8.5
政府支援金	14.8
公共基金	6.8
収益事業	12.8
その他	15.9
計	100.0

注：ヤン・ヨンヒ（1998），朴サンピル（2001a）から再引用。

常勤職員の場合でも民間企業の20〜30％に過ぎない給料しか受け取っていない。このような側面から，これら市民団体は，未だにボランティア等を中心として運営されているなど，民主化闘争の延長線上の理念の実現を目指す運動をしていると解釈できる。

第二に，韓国の市民団体の収入源は，会員の会費や寄付金によって充当されており，安定的な財源確保および自立性の維持が望ましいが，現実的に極めて脆弱である。韓国の市民団体の収入源を見ると，会費と賛助金が全体予算の50％にも達しておらず安定性がないのである（朴サンピル 2001a）。1998年度に，23個の市民団体を対象として調査したものによると，会費と賛助金は約41.2％に止まっている（ヤン・ヨンヒ 1998；表7-3参照）。

このような安定的でない財政資源において，会費や寄付金，または収益事業以外に，財政支援を受けることが出来るものとして政府からの支援がある。金大中政権の発足後，非営利民間団体支援法に基づいて積極的に市民団体が支援されているが，その規模は未だに微々たるものである。2000年度の政府の支援事業を見ると，この事業によって総計151団体に対して，195件の活動が支援され，平均3800万ウォンの支援金が配布された。これは1999年度の平均支援額5300万ウォンより30％程度少なくなっており，開発事業団の支援額が減少していることを示している。すなわち財政支援を求める団体は増加しているが，政府の支援は限定されているのである。また市民団体に対する政府の支援は，2000年度と2001年度の非営利民間団体の支援状況をみれば，いまだに政府の政策を支持する市民団体活動に政府の支援が集中していることが現れている（表7-4参照）。

K-JIGSの分析結果でも，類似した結論を導き出すことができる。政府からの補助金および支援金を，国家と地方自治体からの支援実態を中心に見ると，国家と地方自治体からの補助金および支援金の規模が，100万ウォン以下である割合が，各々67.5％，64.7％である[6]。非営利民間団体支援政策にもかかわらず，政府機関からの補助金および支援金の支給は，極めて貧弱な状況で

表7－4　政府の民間団体支援事業の配分内訳

(単位：億ウォン)

分野	2000年 件数	金額	比率(%)	分野	2001年 件数	金額	比率(%)
国民統合	29	12.5	16.7	国民統合	22	8.4	11.2
ワールドカップ/文化市民運動	11	4.4	6.0	ワールドカップ/文化市民運動	21	8.7	11.6
ボランティア/青少年保護	38	12.6	16.8	ボランティア	20	8.2	11.0
不正腐敗追放/新知識人	13	5.4	7.2	透明社会構築	8	3.2	4.3
資源節約/環境保護	21	8.1	10.8	資源節約/環境保護	21	8.2	10.9
安全管理/災害救助	7	2.6	3.5	安全管理/災害救助	10	3.5	4.6
北朝鮮住民/在外同胞支援	11	5.3	7.1	民族和解協力	24	7.0	9.3
市民参与拡大	43	15.1	20.2	市民参与拡大	34	11.8	15.7
人権保護/国際交流等	22	8.9	11.9	人権/女性/青少年の人権保護	35	9.9	13.2
				NGO基盤構築/国際交流	21	6.5	8.6
計	195	75	100	計	216	75	100

出所：李根柱（2000），李淑鍾（2002）より再構成。

あることが分かるだろう。

　一方で先進国の非営利組織の財源基盤についての調査結果を見ると，アメリカの非営利団体の場合，財源の中で政府からの支援は30％，民間寄付金は19％，サービス提供を通じた収入および会費は51％となっている。日本の非営利団体の場合は，政府からの支援は38％，民間寄付金は１％，サービス提供を通じた事業および会費は60％となっている（電通総研/ゼ・ジンス訳1999）。これは先進国の場合，財源の自己充当比率が，韓国の場合よりかなり高い反面，政府からの支援もその比率が極めて高いことを示している。しかし韓国の場合，政府の個別支援額が，平均４千万ウォン以下であり，それほど大きくないので市民団体の運営に大きく寄与するものではない。したがって市民団体の場合は，政府からの支援を意図的に避けている現状までも出てきている。

(3)組織構造と意思決定システム

　市民団体の組織構造と運営方式は，いまだに集権的であり，エリートを中心としている。一般的に市民団体の会員数が少ないために事業を運営する過程で，役員と少数の専門家が中心になって仕事が進められることは理解でき

るが，全国規模の団体でも会員の参与は，かなり制約的なものになっている。

　経実連の場合，ソウルには本部を，地方には，2000年現在，計42個の支部を置いている。支部は自律的に活動しており，1ヵ月おきに1回の全国事務局長会議，支部代表の常任執行委員会の参与等を通じて，中央と支部の関係を維持している。経実連の最高議決機関は会員総会であり，ここで共同代表と中央委員を選出している。中央委員会は事業計画，事業報告の承認，予算と決算の承認，規約の制定および改定を担当して，常任執行委員を選任している。経実連は，現在4名の共同代表と50人以上60人以内の常任執行委員会によって運営されている。常任執行委員会は，経実連の中核組織であり，ここを中心として事業がなされている。執行委員会の傘下には事務局，政策研究委員会，組織委員会がある。政策研究委員会は，約500名の教授，弁護士等の専門家らによって構成され運営されている。これ以外の活動組織として政策協議会，市民立法委員会，組織委員会，国際委員会，倫理委員会，政治改革委員会，財務委員会等があり，個別機関として不正腐敗追放運動本部等の関連機関がある。

　このように多様な組織構造を有しているが，経実連の意思決定は，ほとんど常任執行委員会を中心として成り立っており，会員の参与による意思決定を期待することは困難である。その上，常任委員会の場合も50～60名の人員が同時に参与して事業運営を討議できないために，大部分の試案が事務総長，政策協議会議長，組織委員長等の常任執行委員会の中心的人物8～9名程度によって決定されている場合が多いと言われている（梁現謨 2000）。このような問題は，経実連の内部メンバーによっても，次のように指摘されている。「経実連の社会的影響力や活動規模を考えた場合，あたかも数十万人の会員を抱えているような印象を与えているが，私達は会員運動というよりは名望家中心の運動に基づいて経実連の名声を維持してきたのが実情である。……このように会員がいてもいなくてもある程度の幾人かの運動家達が運動を独占したことが原因で，市民の力に基づいて社会を改革しようとする我々本来の狙いを自ら壊してしまった」（経実連 1996；梁現謨 2000：105）。

　参与連帯の場合も経実連と同じように，最高議決機関である総会と常設機関である運営委員会および執行委員会によって構成されている。運営委員会は，総会の委任を受けて参与連帯の組織と運営および事業と活動に関する重

要事項を議決し，2ヵ月おきに定期運営委員会が開かれる。執行委員会が，参与連帯の活動を直轄する活動組織を管理し，予算を編成，執行し，このような事業のための事務局を設置して，運営するようになっている。参与連帯も5名以内の共同代表を置いて，事務局を中心として様々な活動機関を運営している。現在は，事務局の組織として総務部，政策室，市民監視部，市民権利部，市民事業部，文化事業部が存在する。また参与連帯の事業のための自律的な機関として，透明な社会構築本部，司法監視センター，議会監視センター，納税者運動本部，小さな権利保護運動本部，経済民主化委員会，社会福祉委員会，国際連帯委員会等がある。これ以外に，一般会員が中心となった「明日を開く青年村」等の多様な社会的議題を対象とした市民の集まりが，活発になされている。

しかし参与連帯の場合でも，会員の参加による運営は，かなり制約的である。例としては，最高議決機関である総会の議決定足数規定さえも満たすことはできなかったことが挙げられる。それは正会員の僅か10分の1以上が出席することによって，総会が成立するという規定に過ぎなかった。運営委員会や執行委員会の場合も，大部分の運営委員が執行委員を兼任しているため，実質的には執行機関が議決機能までも遂行している結果となっている（梁現謨 2000）。参与連帯の場合，市民の集まり等を活性化して会員達の参加を促しているが，組織の活動において，中央集権的であり少数エリート構成員によって組織が運営されている限界を克服できないでいる。また多数の共同代表および共同事務局長が存在し，多様な活動機関が存在しているという組織の複雑性が，一般会員の中央組織への参加を制限している要因として作用している。

結局，市民団体の場合，小規模の団体は組織の長を中心としてある少数の役員が事業を主導しており，また全国規模の大規模市民団体の場合においても一部の専門家達が運営を独占している。このような現象は，市民団体の運動が市民の自律的な必要によって形成されていたというよりは，教授，弁護士等の専門家集団によって始められたために，組織運営の集権化が際立つ特性が現れているのだと考えられる。

人的資源と財源および組織構造の側面から考察した場合，韓国の市民団体の制度的な基盤は，未だに成熟した段階に達していないのである。政策過程

において影響力を持つ市民団体においても，人的資源と財源がそうした団体にある程度集中しているにもかかわらず，こうした団体の資源さえも十分ではない。また議事決定および会員の参加形態等から分かるように組織構造の体系化もなされておらず，少数の指導的エリート達によって事業と運動が主導されている。このような点から，いわゆる「草の根の民主主義」や「生活政治」の次元での市民運動として発展することは，時間が必要であることが分かる。

2　市民団体の政策過程における影響力とニューガバナンス：3種類の事例

　韓国の市民団体は，政策過程において他の先進国の場合よりも，かなりの強い影響力を見せている。外国の市民団体は，住民運動と環境運動のような市民生活に直結する「生活政治」の次元で推進されている。したがって政府の政策に対してというよりは，地方自治体の政策に対して影響力を持っている。このような傾向は，以前の市民運動が階級間の葛藤と労働運動を中心に行われていたのとは異なり，身近な生活の問題を解決するための運動へ変貌していったことを意味し，いわゆる新社会運動へと発展していることと関係がある。これは，過去の社会運動がマルクス主義と市場自由主義の理念間の葛藤に基づいて労働者と市民の権益を確保するための運動として展開されたが，その後に労働者階級が中産階級へ浮上し，これと共に保守主義化が進行し，労働者中心の社会運動に変化が現れたと解釈されている。したがって地域社会において，生活の問題に関連した住民運動の側面から社会運動が展開されていることを意味しており，新社会運動へと発展していることを意味するのである。このような点から，西欧の社会運動は，地方自治，自主管理，反戦反核，フェミニズム，環境等の議題を中心に取り扱い，理念性よりは生活に関連した市民運動へと変貌しているのである。

　しかしながら韓国の市民運動は，住民運動のレベルというよりは政府レベルでの政策に対して，影響力を行使する傾向を持っている。これは，上記に考察したように，一般の市民が会員として参与し市民運動を行っているのではなく，エリート中心のリーダーが市民団体を指導しているために，主に政府の政策に影響力を及ぼすものとなっている。最近の代表的な政策過程にお

ける市民団体の役割は，以下三つの事例のように，これをよく反映している。金大中政権の発足後の市民団体が影響を及ぼした3種類の運動事例を参照すれば，これについて理解できるだろう。

2-1　環境運動連合：東江ダムの事例

東江ダムは，1990年10月に，漢江中流および下流に安定的な用水を供給し，漢江の下流の洪水を予防するため，建設が推進されていた。政府では，大体10年おきにダム建設長期計画を準備し，環境影響評価等を経てダムを建設していた。1990年に大統領の裁可を受けて推進された東江ダム建設は，1990年から1992年にかけてダム建設の妥当性調査を行い，1996年と1997年にかけて環境影響評価を実施し，これに従ってダム建設の基本設計および実施設計を行うようになっていた。

ダム建設が，推進された過程において地域住民との摩擦が社会的な議題となり，環境運動連合が，ダム開発反対運動に参加するようになったのは1997年8月のことだった。環境運動連合は，1997年10月に建設交通部が推進していたダム建設支援法律案について自らの立場を明らかにして，東江ダム建設に関する環境問題について社会的争点を形成し，積極的な世論動員戦略を通じて政策執行を不可能にしてしまった。特にダム建設予定地である東江流域の自然資源を保存することの必要性を強く主張し，環境部と文化観光部を説得して，地域住民と市民団体とが連携して，ダム建設反対の国民連帯を結成した。また国内外の権威のある環境運動の専門家達を招待して討論会を開催し，ダム建設反対の全国民百万人署名運動を展開し，募金運動を推進した。

これに対して建設交通部と水資源公社は，1999年8月まで生態系に及ぼす影響をより体系的に調査し，10月からは用地補償に入って2005年までにダムを完成させるという計画を発表した。しかしながら環境運動連合は，1999年3月23日に東江ダムの白紙化実現のための各界有志33人の徹夜籠城を開始し，全国的な反対運動を主導していった。同年4月3日には，参与連帯の支持声明が発表され，カトリック教会原州教区の正義平和委員会の反対声明等が，相次いで発表された。このような経緯から同年4月5日には，江原道知事がダム建設反対記者会見を行い，江原道議会と郡議会も反対の立場を明らかにし，共同宣言文を採択した。結局，同年4月7日の金大中大統領に対する建

設交通部の国政改革報告のときに，金大統領はダム建設について客観的な調査と世論に耳を傾ける必要があると結論付けた。このような経緯を経て，8月6日に金大中大統領は，環境保全の立場からダム建設に反対するという立場を表明して，東江ダム建設政策は白紙化されたのである。[7]

2-2　参与連帯：小額株主運動の事例

　1994年秋に結成された参与連帯は，小額株主運動を通じて韓国社会で最も影響力のある市民団体へと浮上した。「市民の力によって世の中を変える」という旗印を掲げて，「参与民主社会と人権のための市民連帯」という名前から出発した参与連帯は，経実連等の市民団体等が，政治的民主化以後に政界および官界に進出したことを非難して，純粋な市民運動として生き残るために，全国的な組織というよりは中央中心の運動として始まった。

　参与連帯の代表的な市民運動は，1997年の小額株主の権益保護と企業経営の透明性を確保のための大企業および金融機関を対象として始まった市民運動である。これは，韓国の高度経済成長過程における政府－金融－大企業が連結した経済運営システムに対して，根本的な制度的変化を求める市民運動でもある。既存の韓国経済は，政府が特定の産業や企業に対して政策金融を通じて大企業を育成し，大企業は資本蓄積過程において政府の特恵金融によって安定的な資本を獲得し，財閥として成長していった。しかし経済成長過程において，財閥企業は相互出資および不当内部取引等を通じて不健全な経営を維持し，政府はこれを暗黙的に支援してきた。これは，政府が国内大企業の国際競争力を高めるために，経済力集中を黙認してきた経緯から実現した制度的な特性である。特に財閥のオーナーである「支配」株主は，小額株主の意見に構わず経営を展開して，大株主の利益に副う不当な経営を通じて，小額株主の利益が侵害される現象を招いた。しかし小額株主は，自身の利益が侵害されても，少数の力によってこれに対応できる制度的仕組みを有していなかった。これに対して市民運動を通じて，このような社会的矛盾を改革するために，参与連帯が始まったのである。

　参与連帯の経済民主化委員会を中心として小額株主運動を主導した高麗大学の張夏成は，徹底した市場主義的な原則に立脚し投資家の権益を保護することで，市場経済を活性化することができると主張し，小額株主運動の目的

は「支配株主の不当取引を通じて，小額株主が損害を被る具体的な行為の責任を問うことによって，市民の権益を保護し救済すること」であるとした（張夏成 2001）。小額株主運動は，これら小額株主の権益を保護するために政策提案および立法請願活動，権益侵害事例に対する訴訟の提起活動，不公正取引や不当内部取引を行う企業を対象に経営陣の責任を問う訴訟の提起活動等を展開している。

　小額株主運動は，現行法上，上場企業の場合は株式所有の３％（1.5％）で臨時株主総会召集請求権，0.01％で代表訴訟提訴権，0.5％（0.25％）で理事解任請求権，0.1％（0.05％）で会計帳簿閲覧権，１％（0.5％）で株主提案権があるという法的根拠を基礎として大企業および金融機関の経営不振の責任を追及するようになった。参与連帯の小額株主運動は，金泳三政権の末期に経済危機を招く契機となった韓宝鉄鋼の不健全経営の責任を追及し，また韓宝鉄鋼に不健全な授信業務を提供した第一銀行を対象として始まった。参与連帯は，第一銀行の総株式の0.5％をわずかに超える84万株の小額株主達を集めた。小額株主達はわずか少数であっても1997年３月定期総会に参加し不健全経営に対する責任を問う発言権と議決権を行使した。しかし第一銀行では，これらの発言を阻止し，手続きなしに株主総会を進行して議決を行った。これに対して参与連帯は，株主総会決議の中止訴訟を提訴，勝訴して，銀行の元社長など４名の経営陣に対して400億ウォンの損害賠償請求訴訟を提訴し，10億ウォンの賠償を銀行に命じる判決を勝ち取った。

　参与連帯は，このような小額株主運動を財閥改革運動の一環として拡大発展させていった。韓国の最大財閥である三星電子が600億ウォンの転換社債を発行し，李建熙会長の長男が450億ウォンを引き受けたが，これは会社株式を廉価で譲渡する不健全な内部取引に該当するとし，参与連帯は処分禁止の仮処分申請を提起した。しかし三星電子は，仮処分申請を受け取る１日前に不意打ち的に転換社債を株式へと転換してしまった。参与連帯は，再度，三星電子に対して新株式発行無効請求訴訟を提起した。その後の裁判の新株式発行無効請求訴訟においては参与連帯が敗訴したが，三星物産と三星重工業の不当内部取引，三星電子がPan-Pacificという海外法人を通じて，三星自動車に偽装出資した事実および系列社である中央日報との内部取引を告発した。また三星電子のイチョン電気に対する出資および支払保障行為が不当で

あると指摘し，イチョン電気を買い取る過程で三星電子が1,904億ウォンの損害を被ったことに対して訴訟を提起し，理事9名に会社へ902億ウォンの賠償を命じる判決を獲得した。

一方で，参与連帯は，SKテレコムが大韓テレコムに不当利益を流し系列社に不当な資金を支援したという訴訟を準備していたが，その途中でSKテレコムは系列社へ支援した資金を全額回収するようになった。これ以外にも参与連帯は，現代系列社と大宇等の不当取引行為に対して訴訟を提起し，デイコムに対しては参与連帯が提示した経営透明化および企業支配構造改善案を受け入れるように仕向けた。

2−3　総選挙市民連帯：「落薦・落選運動」の事例

総選挙市民連帯は，韓国の代表的な市民団体である参与連帯，環境運動連合，女性団体連合，緑色連合等が中心となって，政治家として相応しくない人物に対して2000年4月13日の国会議員総選挙において，政党は公認すべきではないし，そうした人物には投票による落選を目指すという運動を繰り広げた。韓国の政治においては，地域政党の性格が強く，ボス中心の公認制度のために，有権者は制限された候補者だけを対象として選挙を行うことしかできなかった。したがって公認決定過程において政党のボスに莫大な［政党］支援金を提供した候補者が公認を受け，彼等が国会議員に選出されるために，有権者の政治的な選択権が制限されているといった不満が存在していた。すでに市民団体が政治改革を推進することもあったが，それほど効果的ではなかった。政治権力は，二党構図に分かれて我田引水型の政治攻防が横行し，腐敗した政治家が国会を掌握し，政治に対する不信感が深刻になっていた。政治的民主化がなされても，既存の与党政治家によって国民が願う改革的政治がなされることには，限界が見えていた。これに対して参与連帯の議会監視センターを中心として，国会議員の議会活動をモニタリングすることによって，市民社会の政治権力に対する改革作業が始まったのである。

国会活動に対するモニタリングは，1999年秋の定期政治国政監査時に常任委員会の活動に対して参与監視を行い，国会議員が請託や縁故によって不当な議会活動をしているかどうかを監視した。特にモニタリング過程において国会議員をことごとく評価し，2000年総選挙において，「落薦・落選運動」

を広げようとすると，国会議員の激しい反発が起こった。しかし政治権力が，多様な利害関係によって主体的に政治改革を達成できないことに対して，腐敗し無能な政治家は市民運動によって追放するとして，2000年総選挙を目前に「落薦」および「落選」運動が繰り広げられることになった。

　総選連帯によって「落薦」対象者は，現役国会議員329名の中で66名が選ばれて，元国会議員等の出馬予定者の中では46名が選ばれて，その名簿が発表された。「落薦」対象者の選定基準は，不正，選挙法違反，憲政破壊，反人権行為の前歴，地域感情の煽動行為，議会活動等の誠実性，改革法案および政策に対する態度，財産登録および前科記録等に関するものであった。「落薦」運動は，各政党から「落薦」対象者が公認を受けることが出来ないように，政党占拠抗議籠城，公認糾弾全国集会，公認撤回のための署名運動，公認撤回訴訟等を推進した（ジョ・ヒヨン2001b）。「落薦」運動と「落選」運動は，事前選挙運動等に該当し不法であると判断され，金大中政権の支援を受けて行われているという非難も受けたが，政治権力に対する不信から世論は総選連帯の活動を支持した。

　「落薦」対象者から不出馬を宣言した人を除いて，最終的に102名中64名が公認を受けた。その他に出馬した人の中で「落薦」対象選定基準に照らして問題がある人物の22名を追加して，86名についての「落選」対象者リストを総選連帯は，2000年4月3日に発表した。結局，総選連帯の「落選」運動を通じて，「落選」対象者86名中の68.6％に該当する59名が落選し，首都圏では対象者20名中19名が落選，95％の落選率を記録した。また22名の集中落選対象者に対しては，戦略的な運動を行い，22名中15名が落選する結果を引き出した。

　このような総選挙市民連帯の「落選」運動は，大法院［最高裁］によって2001年1月26日に選挙法違反行為として有罪判決を受けた。これに対して総選連帯は，大法院の判決が「国民の支持を得て平和的に繰り広げられた落選運動に対して，裁判所が［教条主義的な］視野の狭い解釈から選挙法違反容疑を適用し遺憾」であると反発し，憲法裁判所に憲法訴訟を提起した。しかし憲法裁判所は，市民団体の「落薦」および「落選」運動に対して，選挙法の禁止事項は合憲であるとの決定を出した。

2−4　3種類の事例の政策的意味：ニューガバナンスの可能性

　上記において考察した韓国の市民運動と関連した代表的な3種類の事例は，今までの権威主義的体制下における支配エリートの政策運営の既得権に対して市民団体が闘争した事例であると考えられる。この3種類の事例は，大別して官僚集団，財閥，政治権力を対象にしている。これは，韓国社会を発展させてきた3集団の中心軸の制度的な基盤に対しての闘争であるとも言える。韓国社会の支配集団である3集団は，長い間韓国社会を一般的に支配してきた。このように長期間の権威主義体制下において制度的に形成された国家および社会運営システムは，官僚，政治権力，財閥の堅固な三角支配構造を形成し，このような制度的基盤は，政治的民主化が成し遂げられても簡単に変わるものではない。すでに第三世界国家の政策執行理論等で分析されているように，政権が変わって新生独立国になっても，革命以前や植民地時代の政策システムがすぐに変わるものではないという歴史的経験は多く存在する。したがって政策内容は変化しても，これを執行する［政策実施］制度が変化しなければ，政策執行は時々に非効率になるのである（Grindle 1980）。

　韓国も1987年の市民抗争によって政治的民主化は達成したが，盧泰愚政権と金泳三政権を経て，国民は全く変わらない政治権力と財界そして官僚システムを経験した。ゆえに政治的民主化にもかかわらず，政治権力に対する不信感は深刻化したのである。政治家は，理念的対立と民主化を勝ち取るという目標を喪失して，政党は地域政党へ転落し，政治権力を活用して利権を得ようとする政商輩の集団であると感じられたのである。財閥の経済的民主化も全く進展がなかった。政治的民主化以後，財閥への経済力の集中現象は，むしろ強化されたかのようになってしまった（Yeom 1998）。官僚制度および行政システムの改革も，官僚の利害関係のために効果的な行政改革を成し遂げることはできなかった。小さな政府を推進する新自由主義の傾向にもかかわらず，政府官庁の数は増えて，官僚の数も増加した（Yeom 1999）。政治的民主化にもかかわらず，政策運営の透明性と民主的参与は増大しなかったのである。つまり権威主義体制と高度経済成長期に形成された制度的な特性等は，政治的民主化のみによっては急激な変化を引き起こすことはできないということである。

　権威主義的な制度の連続性に対する韓国社会での政治的民主化は，いわゆ

る断絶された均衡（punctuated equilibrium）を鮮明な形では実現することができなかった。政治的民主化が成し遂げられても政策過程は，依然として権威主義時代の制度的な特性を維持していたのである。金泳三政権において様々な改革作業が推進されたが，推進過程で多くの限界にぶつかった。このような側面から上記の三種類の事例は，政策過程が官僚組織と，少数の社会エリート集団によって閉鎖的に運営されて来た権威主義の制度的遺産が，市民団体の活性化によって徐々に崩壊していることを意味しているのである。

　まず東江ダム白紙化の事例の場合，官僚集団の一般的な政策運営についての制度的特性が，市民団体によって変容させられたことを意味する。韓国が，国連から水不足国家として分類され降雨量の大部分が雨季である6月と9月に集中していることを考えると，水資源の効率的な活用のためには，ダム建設は不可避なことであった。しかし環境運動連合は，市民運動の一環として環境保護の次元から，政府が10余年間準備して来た政策を白紙化させたのである。政府は機能主義的観点から政策を企画し執行しようとしたが，環境という新しい基準が，市民団体によって登場したのである。これは韓国の政策事例において，重要な意味を持っている。過去の権威主義体制では，政府の政策が市民団体の要求によって，廃止されることや修正されることは，全く無かった。ダム建設等のような政府の建設政策は，一部の住民による補償要求等から対立を引き起こす場合はあったが，政策自体が廃止されることは東江ダムの例が，最初であると考えられる。これは官僚による政策の独占的運営が，市民団体からの闘争によって限界を見せ始めたと言えるのである。このような市民団体の政策参与は，その後の国家政策の運営と管理に多くの変化を及ぼすことができるのである。最近の例を挙げると全羅北道のセマングム干拓事業の場合があり，環境団体と知識人が参加して事業を全面的に修正するように要求しているなど，その後の国土建設事業に市民運動レベルの参加が拡大される見通しである。

　次に参与連帯の小額株主訴訟運動は，韓国経済において異常に肥大化した財閥の企業運営についての透明性を確保するための制度の改変であると考えられる。政治的民主化以後，金融実名制導入等の政府の積極的な経済改革の努力にもかかわらず，財閥総帥による財閥企業の独占的運営は減少しなかった。政府は経済改革のための監視者というよりは，むしろ環境変化に沿った

大企業の衝撃を緩和させる役割を担った。政府は財閥改革過程で，時折大企業と妥協してしまい，政治的民主化が経済的民主化を自動的に引き起こすだろうという期待は消えてしまったのである。(10) 韓国政府の事業および経済運営の制度的基礎は，産業政策を中心とした企業の支援政策であった。したがって，企業中心の経済政策運営の制度的特性は，容易に変化することは可能ではなかったのである。

このような点から経済改革のための政府の政策的努力よりも市民団体の小額株主運動等が，企業統治（corporate governance）を民主化する上で極めて効果的なものであると証明された。財閥企業は政府の規制ゆえにではなく，市民団体の監視に対応するために経営の透明性を引き上げ始め，「支配」株主の経営権も以前のような帝王的権限を行使できないようになった。手続き的な合理性を無視した経営は，小額株主運動によってブレーキが掛けられ，不当内部取引，系列企業間の不公正な資金支援，無理な事業拡張等は，徹底的に抑制された。市民団体の小額株主運動は，政府の財閥企業についての不公正な行為の規制よりも，より効果的であることが明らかとなった。

最後に総選挙市民連帯の「落薦」および「落選」運動は，政治家が，利害関係とボス中心による政党運営の後進性のために政治改革の必要性にもかかわらず，効果的に改革を推進できなかったことを，代わりに市民団体が，改革を成し遂げた事例であると言える。公認過程が不透明で，有権者の選択の権利が侵害される可能性があった。なぜなら有権者は，公認された候補者だけを対象にして投票しなければならないからである。しかしネガティブ・キャンペーンであった「落薦・落選運動」は，政治権力では不可能であった政治改革を，市民団体の手で可能にした事例なのである。「落薦・落選運動」は，単純に2000年総選挙の結果にのみ影響を及ぼしたのではなく，現職の国会議員の議会活動にも大きな影響を及ぼしている。なぜなら彼らの議会活動は，市民団体によって徹底的にモニタリングされて，次の総選挙に大きな影響を及ぼす可能性があるからである。

このような市民団体の活動は，制度的遺産を簡単に変えることができない社会システムを変容させる上で，決定的な役割を果たした。例を挙げると政策過程において政府領域と非政府領域が，協調して政策を決定する現象が増大している（洪性滿 2000）。政府の委員会に必ず市民団体の代表者が出席で

きるようにして，公聴会や「立法予告」［法律制定の事前公示制］を通じて，市民の意見が政策過程に反映することができるようになっている。

　このような点から韓国の市民団体の政策過程での影響力は，新しい統治形態（new governance）の可能性を示してくれる。最近の西欧社会に現れているニューガバナンスの論議は，国家中心の政策運営の限界を説明している。20世紀の国家機能の強化と福祉政策の拡張によって肥大化した政府の役割が，グローバル化，情報化，新自由主義の理念等によって縮小され始めた。そして規制緩和，自由化，民営化の概念が，政府の役割を縮小化させ始め，現在は「政府無しのガバナンス［共治］（governance without government）」の概念が登場し始めている（Rosenau, J. N. & E. Czempiel 1992）。ニューガバナンスは，社会問題に対して政府主導の統治方式から，政府を含む社会の多元的な主体による協力的な統治方式を意味する新しい形態の国政管理を意味する。特に市民社会の登場による，「国家」と「市場」の二分法的論議から，「国家」と「市場」，そして「市民社会」の有機的な連携関係による社会運動方式への統治形態の変容を意味するのである。

　市民社会におけるニューガバナンスは，市民社会の成熟による地域NGO，民間団体，地方自治体，国際機関の支部，多国籍企業等の多様な市民社会組織が，自律的にネットワークを構築して市民社会の問題を解決して行くのである。このようなニューガバナンスの統治モデルは，Petersの参加的政府モデルのガバナンス（Peters 1996），国家と市場の二分法を越えた社会の自然な調節（Jessop 1998, 2000），社会の多様性と複雑性の増大に伴う社会調節のメカニズム（Kooiman 1993）の理論と文脈を同じくするものである。つまり現代社会における統治の問題を，「国家」と「市場」または「政府」と「市場」の二分法に基づいて考察するよりは，「市民社会」が社会問題を直接解決するシステムであることを意味するのである。現代社会は，政府が市場を統治できるように，権限を市民から委任されている代表民主主義のシステムを採っている。しかしながら代表民主主義において，政治勢力が市民からの委任を受けている代理人の役割を忠実に遂行できず，政治家から委任を受けた官僚もモラル・ハザード（moral hazard）を示す場合が多い（Moe 1990）。したがって，これらに取って代わる新たな共同体的社会運動方式としてニューガバナンスが登場したのである。

このような観点から，最近の韓国で現れた市民団体の積極的な政策過程における参与は，ニューガバナンスの性格を帯びているものと見られよう。政府が効果的な行政によって政治，市場の問題を解決できないことが分かると，このような制度的硬直性を解決するために市民が直接参加し，社会問題を解決するというアプローチであるからである。しかし韓国の市民団体の活動が，西欧で議論されている成熟した市民社会の性格とニューガバナンスの特性を持っていると断定するのはまだ早い。なぜなら韓国市民団体の政策参与は，上記の事例にも述べたように政策形成的なネットワークを構築するものよりは，形成された政策を拒否する抵抗的市民運動のレベルに止まっているからである。また自律的な参加による社会問題解決というよりは，市民団体のエリートによって動員された社会運動の性格が強いので，ニューガバナンスの特性とは差異が存在する。さらには多様な社会団体間に相互協力による統治を導き出すものではなく，制度化された権力に抵抗して問題を解決しようとする進歩的社会運動の性格が依然強く残っている。

3　韓国の市民運動と市民社会化の論議

　韓国の市民団体による市民運動が，西欧的な意味での市民社会化の性格を持っているのかどうかを検討することは，権威主義的政治体制から政治的民主化を成し遂げた韓国の政治社会的な性格を理解するために重要である。特に近年の市民団体による積極的な政策参与が，市民社会への発展を促しているのかという点は，韓国の政治社会の特性を理解する上で重要な変数となるからである。もし市民団体の活動に現れたような市民社会組織 (Civil Society Organizations) の急速な発展が，市民の自発的な参加と市民意識の成熟に基づく社会問題解決の中心軸として登場したならば，韓国の政治的民主化の水準は飛躍的に成長したものとして評価することができるからである。

　まず西欧的な意味での市民社会の特性を考察するならば，市民社会とは「自発的であり，自生的であり，そもそも自助的であり，政府から自立的であり，法秩序や一連の規範に基づいて制約を受けている社会」を意味する (Diamond 1994)。ある面では市民社会は，国家の権力に抵抗する市民の集団として「国家」と「市民」の二元論の観点からアプローチできる[11]。最近ではコーヘンとアレイトの「国家」と「市場」，そして「市民社会」という三分法的区

分が，新社会運動と関連して注目を集めている（Cohen & Arato 1992）。国家に対応する市民社会という概念は，経済的土台に基づく階級的社会構造の領域も含むが，国家と市場の行き過ぎた展開に対応する生活世界の側面を強調した市民社会を主に指している。したがってこれらの側面の市民社会は，政治権力によって形成された国家と商品の生産と消費によって形成された経済とは，また違った次元の領域として区別される。つまり新社会運動において主張されるような「生活の政治」に関連した人権，女性，環境等の主題を対象としている。

しかし韓国の市民社会化には，西欧の新社会運動的な観点とは差異が見られる。Fischer と Kling が考える新社会運動の特性は，地域社会を中心として階級横断的な集団化と文化的アイデンティティーを追求し，既存のヒエラルヒー的な社会関係よりは，直接民主主義の可能性を追及し，文化と社会的アイデンティティーを強調し，政治的で文化的領域の分節性を指摘し，地域社会の自立性を強調する（Fischer & Kling 1994）。したがって西欧のこのような新社会運動は，フランスの1968年5月運動の延長線上から発達した地方自治運動，反戦反核運動，フェミニズム運動，環境運動，人権運動等の理念的志向を共有している（金ソング 2001）。このような側面から考えると，韓国の市民団体の活動は，新社会主義的特性を共有する部分が存在するが，全面的に同一の軌跡のもとで活動が行われているとは考えられない。

韓国の市民団体の特徴は，西欧の市民社会が旧社会主義運動から新社会主義運動へと発展したのとは差異が存在する。その重要な理由としては，韓国の市民社会運動が，既存の政治的民主化運動の制度的遺産を伴って始まったという事実が挙げられる。第一に，韓国の市民社会の特性は，韓国社会の政治制度の特性を反映している。まず韓国の市民団体の活動は，中央集権的特性を帯びている。異常に強大化した国家と経済力が集中した市場システムが，中央集権的な体制を維持しているのと同じように，韓国社会の市民団体もソウルを中心として，1つの中央集権的活動を行っている。地域的基盤に基づいて「生活の政治」から発展した市民社会というよりは，中央でのエリート指導者を中心として動員された市民運動の性格が強いのである。したがって，しばしば「市民無しの市民運動」であるという批判を受けることもある。また韓国の市民社会は，ブルジョワ無しの市民社会の特性を帯びている。市民

社会においてブルジョワの利益を代表しながら、国家権力に抵抗するという自由主義的市民運動の西欧的伝統が、韓国の市民社会団体の活動には現れていないのである。

第二に、韓国の代表的市民団体の性格には、政治的民主化の過程で現れた反体制的抵抗運動の制度的遺産が存在する。韓国の政治的民主化運動は、いわゆる在野と呼ばれる反体制政治勢力が、市民を動員する方式を通じて軍部権威主義に対抗する運動を繰り広げた。政治的民主化以後に、これらは政治権力側に吸収されて政党を通じて政治活動を繰り広げるかもしくは市民団体を通じて市民社会運動を広げるようになった。市民を動員し政治的民主化を追及した反体制側の勢力が、一部は政治体制へと吸収されて、残りが市民団体という新しいシステムへと制度的に進化したと考えられる。したがって韓国の市民団体の活動対象や方式は、以前の民主化運動方式を継承していることが多いのである。

第三に、民主化運動の制度的遺産による韓国の市民社会運動は、草の根の市民運動ではなく、エリート中心の政治化された運動であるために活動領域が広範囲である。西欧や日本の市民運動とは違って、活動領域が個別のイシューや領域に限定されておらず、社会の多様な問題を対象として行っているという市民運動の形態を帯びている（崔章集 2000；任爀伯 2000）。したがって、このような市民運動は、包括的市民運動（catch-all civil association）、または総合的市民運動（encompassing civil association）であると称されている（ジョ・ヒヨン 2001）。

第四に、民主化運動の制度的遺産は、理念的志向において矛盾した結果を招くこともある。軍部権威主義体制に対抗する民主化運動は、一方では独裁体制に反対して民主的な手続きと市場秩序の確立を志向し、他方では進歩的な立場から平等や社会福祉を志向してきた。政治的民主化以降に、このような理念的な志向性にひびが入り、一方は新自由主義のような市場至上主義の方向へと発展し、他方は福祉社会の方向へと発展していった（金均 2002）。したがって、前者の場合は小さな政府を志向し、後者の場合は政府の積極的な市場介入が行われる大きな政府を志向する。市民運動の場合にも、小額株主運動のような市場志向的な方式から、手続き的民主主義を確保するための運動が存在しているし、それと同時に社会福祉次元の進歩的市民運動も展開

されている。

　このような側面から韓国における市民団体の活動は，政治的民主化運動のような多様な次元で市民の支持を受けている。しかしながら「生活の政治」のような共に参加する市民運動へとは発展していない。ゆえに政治的民主化と共に制度化された社会的権力に対抗する運動の段階から，市民が参加する市民社会化の段階へと発展しなければならないという課題を持っているのである。

4　結論：市民社会とニューガバナンスの展望

　韓国の市民社会は，市民団体が量的に増加し，また政策過程での市民団体の影響力は強化されたが，市民社会としての発展や新社会運動としての進化へとは，未だに到達していないのではないかと考えられる。市民団体の数が，量的には急速な増加を示しているが，組織構造，人的資源および財務状況は，依然微々たる水準に止まっている。また民主化運動の制度的な特性を受け継ぎ，市民団体の活動は政府レベルでは影響力を発揮しているが，市民の直接参加による積極的な社会運動へと発展することには限界を示している。それゆえに，韓国の市民団体は，まだ弱体であったり，役員中心の中央集権的な組織構造を持っていたり，活動内容も政治的次元の社会運動を繰り広げているものと思われる。

　しかし，このような政治的次元の社会運動が，住民運動へと拡散する現象も起こっている。最近では，一山（イルサン）新都市にラブホテルが乱立し，それに住民が抗議して選出された市長をリコールしようという住民運動が起こった。また環境問題に関連した住民運動が，市民団体と連携して，多様に発生している。このような現象は，韓国の市民団体が政策過程で行使している大きな影響力に刺激を受けて，自分達の権利を守ろうとする「草の根の民主主義」が，韓国社会に起こっていることを意味している。地域中心の住民運動の拡散は，韓国の市民社会化とニューガバナンスの発展の可能性を示している。中央レベルよりも地域コミュニティーレベルを中心とした住民の自発的な参加によって，地域問題を解決するために政策イシューを形成し，社会問題解決のための政策設計ならびに持続的な相互作用と意見調節を行う現象は，未来市民社会のニューガバナンスの核心的な特性であるからである

(Jun 2002)。

　またキリスト教倫理実践委員会のポルノ映画上映禁止運動のような社会的価値と理念を守ろうとする市民運動も出現している。このような市民運動は自生的であり，自発的な会員の参加に基づいて行われている。国家や社会的勢力に抵抗する勢力としての市民団体ではなく，市民自らが望ましい市民社会を作るための自発的かつ積極的な参加に基づいた市民団体の活動が拡がれば，西欧的な意味での市民社会への発展が可能になるのである。社会問題について市民団体が，政府や他の社会勢力と協調して調節しながら，国政運営を推進するならば，市民団体の活動が拡大され韓国の市民社会化とニューガバナンスの可能性が大きく現れる。つまり現在は，政治的民主化を定着化する過程で出現した少数エリート中心の市民団体活動に過ぎないが，市民団体が政策過程において大きな影響力を行使することによって，今後の韓国社会が市民社会へと発展してくるという兆しを提供してくれるだろうと考えられる。

　このような側面から韓国の市民団体の活動は，今後の韓国の政策形成および執行に大きな影響力を及ぼすことができるだろう。例としては，ニューガバナンスの側面から政府が政策決定過程における市民団体の参加を積極的に促していることが挙げられる。政策が決定された後に，それを修正，廃止することは，多くの社会的費用がかかる。それゆえにこれを少なくするために政策を推進する前に，市民団体を政策過程に参加させるというニューガバナンスの運営方式を採っている。したがって政策決定過程で委員会等に市民団体の代表が積極的に参与して，公聴会および「立法予告制」等を通じて事前に市民の意見を集約する制度的な政治を行うようになった。結局このような市民団体の積極的な活動が，社会改革の中心的な役割を遂行し，長期的には市民の社会意識を変化させ，上からの市民運動を下からの市民運動へと発展させるのである。

　　　＊　［　］内の言葉は，読者のために訳者が補足したものである。
　　　＊　韓国語独特の表現である場合には，訳者が括弧「　」もしくは傍点・・を加えた。
　　（1）　韓国の世論を主導している専門家（教授，政治家，官僚，大企業重役，

言論人，法曹人等）約1000人を対象として調査した資料によれば，「韓国を動かしている最も影響力を持つ集団や勢力」としては，政治中枢（27％）次に市民団体（25％）が重要であるという結果が出た（『時事ジャーナル』576号，2000年11月9日）。その次に影響力がある団体としては，与党の民主党（16.2％），野党のハンナラ党（14.9％），財界（11.1％），マスコミ（10.2％），労働界（5.1％），宗教界（4.7％），官僚集団（4.1％），財界団体である全経連（4.0％）の順になった。第1章参照。
(2) K-JIGS調査実証分析についてのコードブックは辻中豊編著『団体の基礎構造に関する調査（韓国）K-JIGSコードブック』（1999年2月）参照。
(3) 51人以上の人員が充足されている34団体のなかには，意外にも市民団体（3団体），労働団体（1団体），女性団体（1団体），環境団体（1団体），教育団体（1団体），体育団体（1団体），レジャー団体（1団体），宗教団体（1団体），国際団体（1団体）等などが存在するが，やはりこれに比べても福祉団体および産業界団体の規模が，相対的に大きいことがはっきり分かる。
(4) このような結果は，組織規模の比較的大きい福祉団体および産業界団体が，相対的に政府の政策に対する影響力も大きいだろうという仮説を提示する。
(5) 調査された社会中間団体の有給職員数は，常勤と非常勤を区分してみると，まず常勤数の場合は1～10名（274：69.7％），11～30名（58：14.8％），31～50名（15：3.8％），51～70名（9：2.3％），71～90名（5：1.3％），91～200名（15：3.8％），200名以上（17：4.3％）であり，次に非常勤数は，1～10（160：75.2％），11～30名（33：15.5％），31～50名（11：5.2％），51～70名（3：1.3％），71～100名（1：0.5％），100名以上（4：2.0％）であることが明らかになった。
(6) 政府からの補助金および支援金の実態は次の通りである。まず国家からの支援状態について89団体が明らかにしているが，援助なし（30.3％），100万ウォン以下（67.5％），100～500万ウォン（0％），500～1000万ウォン（0％），1000～5000万ウォン（2.2％），5000万～1億ウォン（0％），1億ウォン以上（0％）となった。地方自治体からの補助金および支援金の実態は82団体が明らかにしたが，支援金なし（32.9％），100万ウォン以下（64.7％），100～500万ウォン（1.2％），500～1000万ウォン（0％），1000万～5000万ウォン（0％），5000万～1億ウォン（1.2％），1億ウォン以上（0％）となった。
(7) 東江ダム建設に関連した環境運動連合と建設交通省および水資源開発公社間の政策葛藤および相互戦略に関する具体的な論議については，第14章及び洪（2000）参照。

（8） 括弧内の％は，上場企業の中で資本金1千億ウォン以上の企業の場合の％である。一方で非上場企業の場合は，臨時株主総会の招集請求権は3％，代表訴訟提訴権は1％，重役解任の請求権は3％，会計帳簿閲覧権は3％，株主提案権は3％になっている。
（9） 歴史的制度主義についての議論は，Steinmo, Thelen, & Longstreth (1992) 参照。また断絶された均衡および政策研究の制度的特性についての論議は，Krasner (1984, 1988)，廉載鎬 (1994) 参照。
（10） 韓国社会の政治的民主化と経済的民主化の関係については，Moon & Kim (2000) 参照。
（11） 伝統的に市民社会の論議は，マルクス主義的市民社会の論議とトクヴィル的な市民社会論に二分することができる（金ホギ 2002）。マルクス主義的市民社会は，国家と市場を二分法的に区分し，国家権力に対応する領域として市民社会を捉える。ここでは，市民社会に内在する階級的性格を強調し，市民社会は経済的な土台に基づいて形成された社会的階級から構成されるものとみなされる。他方，トクヴィルの市民社会は，民主主義の社会文化的な特性に焦点をあてて説明される。ここでの市民社会は，市民の自発的で積極的な参与を通じた結社と多元主義的で平等主義的な市民文化に基づいて形成される。
（12） 韓国の市民社会の性格に関する国家−市民社会の二分法と国家−経済土台−市民社会の三分法に対する論争は，孫浩哲 (2001) と金ソング (2001) 参照。

第Ⅱ部

政治過程・構造と市民社会
―韓日 JIGS データの比較分析

　第Ⅱ部では，政治過程のアクターに関連した実証的な分析を行う。韓日の JIGS データを用いて，韓国および日本の政治過程・構造と市民社会・利益団体の実態や認知の背後にある構造に迫る。

　ここでは，最初に第8章が日韓比較により政治過程全体の概観を行いつつ，韓国には与党（政権党）ネットワークがないという特徴づけにいたる。同章によって，政治過程のアクターと利益団体について JIGS 調査から全貌が分かると共に，日韓の違いや共通性が浮かび上がる。特に行政と政権党の性格が異なるという指摘は重要である。

　続く第9章は市民社会の団体による多様な政治・社会アクターへの影響力評価（認知）について検討する。韓国では文化人・学者，マスメディア，消費者団体や NGO などの影響力が高く評価されている。また，主成分分析によって，背後にある団体指導者の影響力の認知構造を取り出す。ついで第10章では韓日の団体による「自己影響力」を規定する要因を探り，それを図象的に表現する。日本では協議や政策要因が，韓国ではマスコミ関係，執行部のイデオロギーがより重要である。第11章では団体間の協調・対立関係からやはり団体指導者の団体関係への認知構造を探り，第12章では政策への関心から，日韓の団体の認知構造を分析する。

第8章

与党ネットワーク:
団体と政党・行政関係の日韓比較

大西　裕

　日本で見られるような団体と行政・政権党との密接な関係，すなわち与党ネットワークの存在を示す特徴が，韓国には存在しないようだ。活動地域の広さと団体活動の違いは明瞭でない。官僚は団体とそれほど協調的でなく，行政指導や情報源としての行政も，助成もあまり重要でなく，団体からのポスト提供も少ない。行政は規制し，団体は意見を述べるが，利益交換の構造は未成熟であり，経済と専門家団体でのみ双方向の関係が見られる。

　政党との関係もあるにはあるが，深いとはいえない。選挙活動は全体に低調である。団体の支持や接触において特に与党と第1野党の違いが見られない点が日本と異なる。長期にわたって1つの系譜の政党が政権を握り続けたにもかかわらず，韓国で団体と政党は系列化されず，行政とも関連が弱く，与党ネットワークが形成されなかったのである。

　本章の分析では，その原因を特定することはできないが日本とは違い，韓国の行政は自己完結的で，「底が抜け」て（伊藤1980：26）いないため，行政が団体に働きかけること自体が重要でなかったことを示唆している。大統領制下の韓国の行政は日本とはずいぶん性格が異なるものである。政党も，民主化以降は政党ボスの出身地域を基盤とする地域割拠型政党に再編され，出身地域が有権者の投票行動を規定するようになったため，地縁・血縁団体を除いて政党は団体を選挙に動員しようというインセンティブを持たなかった。このような行政や政党の持つ性格の違いが，韓国で与党ネットワークを発達させなかった原因として本章が示唆する点である。

はじめに

　日本の政治社会の特徴として，自民党による長期にわたる一党優位政党制の継続と，ネットワークの存在があげられてきた（辻中 1988；曺 1995；Schwartz 1998）。1955年から続いた自民党単独政権時代は，同時に日本の経済が絶好調の時期でもあった。日本内外の研究者は，自民党及び行政組織を軸として，企業や利益集団が調整を行う，濃密なネットワークを，日本経済の成功の重要な原因と考えた。産業政策に関連し，ネットワークの重要性を指摘する研究は極めて多い[1]。

　自民党単独政権の時代が1993年に終焉した後も，それまでに形成された政治的なネットワークは機能している。特に，利益集団と自民党との交互作用が活発であることは，経験的にはパクチョルヒらが，数量的にはこのプロジェクトの第1巻が示している（朴 2000；辻中編 2002）。第1巻に示されたように，基礎自治体レベルの活動を中心とする利益団体や，セクター団体や政策受益団体は，自民党や行政ときわめて密接な関係を構成している。この関係は，自民党が長期にわたり支配的な与党であったことによるものと考えられている。奇妙かも知れないが，濃密なネットワークの存在は，この時期の経済的失敗の原因としても語られる。ネットワークがレントを発生させ，経済的な停滞を招いているというのである（文 2001）。

　本章は，同じく長期にわたり与党の交代がなかった韓国においても同様の「与党ネットワーク」が存在したか否かを検討する。文のように，近年の日本の経済的停滞を指摘する研究は，利益団体と政権党，行政の関係を一括りにして緊密なネットワークが存在するという傾向がある。しかし，村松・伊藤・辻中の研究（1986）が，政権党ネットワークと，行政ネットワークを区別したことに示されるように，利益団体と政権党の関係と，行政との関係は本来同質のものではない。第1巻で森・足立と森が分析したように，2つの関係はそれぞれ別個に研究されるべきものである。ただし，長期にわたる一党優位政党制の継続は，この2つのネットワークを相互補完・強化しうると考えられる。村松（1985）がかつてモデル化した2環モデルにおける「政策過程」に登場するアクターで2つのネットワークが特に区別されていなかったことに示唆されるように，政策形成にあたって，3者は利益の実現のため

に相互に交渉する必要があった。

　そこで，本章では，2つのネットワークを特に区別せずに「与党ネットワーク」として取り扱い，分析していく。使用するデータは，1997年に辻中および辻中－廉の調査チームによって行われた日本および韓国の団体の基礎構造調査である。韓国では，1980年以降1998年に金大中政権が誕生するまで約20年間，政党レベルでは政権交代がなされたことはなかった。この長さは，韓国においても何らかの与党ネットワークが形成されておかしくないものである。加えて，韓国では日本同様，行政が政治社会において重要な役割を果たしてきた。行政は政策の執行のみならず政策の形成にも重要な役割を果たしており，いわゆる「官僚優位論」的な観点から政治過程を論じられることが多かった（Johnson 1987；Wade 1992）。官僚が政策形成を支配してきたかどうかはともかくも，行政が政治社会において重要な位置を占めていることにはほとんどの論者の間で異論はない。行政が重要であるという点でも，韓国は日本と類似している。政治経済学の議論の中でも，韓国の経済的成功は国家－企業間に張り巡らされたネットワークが重要であると指摘する議論も多かった（Evans 1995）。この点で，韓国は日本に展開されたのとほぼ同じ議論がなされてきたのである。

　与党が政権を維持するために，利益集団と様々な取引をするのは不思議なことではない。行政が重要であれば，利益集団は自分の利益を実現するために行政に働きかけるのも当然である。もしこの関係が長期に及べば，それが「与党ネットワーク」として固定化しても不思議ではない。韓国においても与党ネットワークが形成されておかしくないのである。

　本章は，第1巻の5，6，7章で試みられた日本の利益団体と行政・政党関係についての分析と，基本的に同じことを韓国の利益団体にも行い，双方のデータを比較して，与党ネットワークの存在を検討する。結論を先取りしていうと，これまで紹介した諸議論とは異なり，韓国には日本のような与党ネットワークは存在しない。団体と政党，行政の間には，日本よりも淡い，冷めた関係しか存在しない。

1　与党ネットワークの性格

　まず，第1巻で確認された，日本における与党ネットワークの主な特徴を

あげておこう。そこでは，利益団体の活動地域，行政との関係，政党との関係を分析することで，日本の特徴が浮かび上がっている。このうち，活動地域とは，利益団体が活動する範囲のことで，基礎自治体にとどまるのか，広域自治体に及ぶのか，広域圏なのか，全国規模なのか，世界規模なのかに分けて分析がなされている。政党は，1997年に存在した主要政党で団体との関わりを尋ねている。その結果明らかになった主な特徴は，次の通りである。
・行政との関係では，ローカルになるほど自治体との接触が増える。
・政党との関係では，ローカルになるほど自民党との接触が増える。
・団体と官僚との関係は協調的である。
・行政指導が重要な役割を果たしている。
・団体の支持・接触では，自民党が優位に立っている。
・地方の方が中央より選挙活動に熱心である。
・団体の支持・接触のパターンは，保革イデオロギーに方向付けられている。

そこで，上記の特徴が韓国にも存在するかどうかを，以下，活動地域，行政との関係，政党との関係に分けて検討していく。

2　団体の活動地域

団体は，いかなる領域を活動範囲としているのか。以下，第1巻5章の手続きにほぼ従って見ていくことにする。なお，分析にあたって採用したデータは，特段の断りがない限り東京とソウルに限定している。

2－1　団体の活動地域

最初に，団体が活動する地理的範囲の分布を検討しよう。表8－1がそれである。日本については，東京と茨城では活動範囲に大きな違いがあり，東京で世界レベルや全国レベルが多数なのに対し，茨城ではローカルが8割を占めている。韓国でも同様の傾向が確認できるが，京畿道は茨城ほど利益団体の活動がローカルにはなっていない。ただこれは，京畿道の相当部分がソウルのベッドタウン化し，独自の生活圏域を形成していないという，茨城との違いが反映しているかも知れない。

これに対し，首都では全体の構成は似通っているが，団体別に見ると，違いの大きさが目につく。すなわち，韓国では，農業，労働，専門家，市民団

表8－1 活動対象の地理的範囲

日本		市町村	県	広域圏	日本全国	世界	N
東京	全体	14.3	11.0	11.1	49.7	13.8	1388
	農業	28.6	22.9	2.9	45.7	0.0	35
	経済	16.2	13.2	16.5	48.9	5.1	272
	労働	16.8	14.0	23.4	39.3	6.5	107
	教育	4.9	7.4	7.4	67.2	13.1	122
	行政	11.9	14.8	8.9	57.0	7.4	135
	福祉	24.7	15.3	8.2	40.0	11.8	85
	専門家	4.5	3.8	7.5	63.2	21.1	133
	政治	20.7	24.1	10.3	34.5	10.3	29
	市民	32.8	8.6	6.9	27.6	24.1	58
	宗教						
茨城	全体	51.8	33.5	8.4	4.2	2.1	191
	農業	76.8	14.3	7.1	1.8	0.0	56
	経済	69.0	24.1	3.4	3.4	0.0	29
	労働	18.2	36.4	27.3	18.2	0.0	22
韓国		市郡区	広域市・道	広域圏	韓国全国	世界	N
ソウル	全体	17.8	11.5	3.7	54.3	12.6	348
	農業	7.7	15.4	7.7	61.5	7.7	13
	経済	12.8	15.4	12.8	43.6	15.4	39
	労働	21.4	28.6	0.0	50.0	0.0	14
	教育	13.3	16.7	6.7	53.3	10.0	30
	行政	29.4	11.8	0.0	58.8	0.0	17
	福祉	36.0	14.0	0.0	36.0	14.0	50
	専門家	10.4	4.2	0.0	75.0	10.4	48
	政治	44.4	22.2	11.1	22.2	0.0	9
	市民	14.3	7.1	3.6	67.9	7.1	28
	宗教	11.8	0.0	2.9	52.9	32.4	34
京畿	全体	59.2	8.7	5.8	19.4	6.8	103
	農業	62.5	0.0	0.0	37.5	0.0	8
	経済	75.0	0.0	25.0	0.0	0.0	4
	労働	57.1	0.0	0.0	14.3	28.6	7

体が全国レベルなのに対し，日本はこれらがよりローカルレベルであり，他方，行政関係，政治団体はその逆である．世界レベルの活動は，韓国では経済・経営団体によって引き上げられているが，日本で重要な専門家，市民団体は全国レベルに集中し世界レベルではない．

　これは，ローカルレベルと全国レベルでは利益団体の主役が随分異なることを示している．基礎自治体レベルについては，東京では4つに1つが経済・経営団体である（22.7％）のに対し，ソウルでは8.1％にすぎず，ソウルで29％を占める福祉団体が，東京では10％でしかない．全国レベルでは，東京の経済・経営団体の多さが目につく．

2-2 団体の政策関心

次に、団体の政策関心について見てみる。表8-2からわかるように、活動地域の違いによる政策関心の違いは両国ともに存在するが、違いの大きさは、韓国は日本ほどではないように思われる。念のため、政策項目ごとに、政策関心の差異と活動地域の違いに有意な関係があるかどうか、カイ2乗検定を行ってみたところ、日本では、有意確率が5％を超えた、すなわち、有意な違いが確認できない政策項目は、運輸交通、通信情報、安全保障、環境の各政策に限られるのに対し、韓国では、逆に、有意確率が5％以下のものが地域開発、国際協力、通商、科学技術、外交の各政策に限定される。すなわち、日本では活動地域の違いが政策関心の差異と関連しているのに対し、韓国では関連していることをあまり確認できない。

2-3 情報源と政治的標的

では、団体は活動をする上でどこから情報を得、何を標的にして政治活動を行うのか。表8-3は、12のリストから団体が最も重要な情報源を3つ選択し、1～3の順位をつけた結果を集計したものである。最も重要とされたものに3点、2番目に2点、3番目に1点を与え、その得点の合計に応じて情報源を順位化した。これを見ればわかるように、日本も韓国も活動地域が異なると情報源が異なる。しかし、異なり方には差異がある。第一に、日本の場合、活動地域が狭いほど自治体へ、広いほど国へ情報を依存する傾向があるが、韓国では世界レベルをのぞいて全体として国への依存度が高い。また、活動範囲が広くなっても自治体を情報源としている。第二に、基礎自治体レベルでマスメディアへの依存度が大きい。第三に、韓国では、日本に見られるような、学者・専門家への依存度と活動地域の広さとの関係は明確でない。第四に、団体の構成員と協力団体への依存度に、日本ではトレードオフ的な関係が見られるが、韓国では両者の間にほとんど関係がない。

表8-4は、政治的標的として1位に選択されたものを活動地域別に見たものである。日韓とも、行政が重要な働きかけの対象となり、裁判所が最も少ないという、共通性が見られる。日本の場合は更に、活動地域によって政党、裁判所の重要性に違いがあるが、韓国では、広域自治体以下のレベルで政党がやや重要であることを除けば、活動地域による差はほとんどない。

表 8-2 活動領域と政策関心（％）

〈日本〉

市町村		県		広域圏		日本全国		世界	
厚生福祉	45.2	厚生福祉	45.1	業界	39.6	環境	35.8	国際協力	67.2
環境	39.2	業界	39.9	厚生福祉	39.0	業界	35.8	文教スポ	47.9
消費者	37.2	財政	35.9	金融	36.4	国際協力	33.3	環境	34.9
財政	36.7	消費者	30.7	労働	35.7	厚生福祉	32.9	厚生福祉	28.6
地域開発	36.2	金融	30.1	財政	33.8	消費者	27.7	科学技術	24.5
地方行政	35.2	労働	30.1	通商	30.5	財政	25.5	外交	22.9
業界	35.2	環境	28.1	環境	29.9	金融	24.9	通信情報	20.3
金融	31.7	地方行政	24.2	消費者	27.9	通商	24.3	業界	19.8
労働	25.1	文教スポ	19.0	公共事業	24.7	労働	22.3	財政	19.8
通商	24.6	地域開発	19.0	文教スポ	20.8	通信情報	22.0	通商	17.7
文教スポ	20.6	通商	18.3	国際協力	20.8	文教スポ	20.8	地域開発	17.2
公共事業	20.1	公共事業	18.3	地域開発	19.5	科学技術	18.4	金融	15.1
国際協力	15.6	通信情報	14.4	通信情報	18.2	農林水産	17.8	消費者	14.6
農林水産	13.6	国際協力	13.7	地方行政	15.6	運輸交通	17.4	労働	12.5
運輸交通	14.6	農林水産	13.7	農林水産	13.6	地域開発	17.0	司法人権	12.5
通信情報	14.1	運輸交通	13.1	運輸交通	13.6	公共事業	16.5	地方行政	12.0
司法人権	14.1	司法人権	10.5	外交	11.7	地方行政	12.3	農林水産	11.5
治安	13.1	科学技術	6.5	科学技術	11.7	外交	7.8	運輸交通	11.5
安全保障	10.1	安全保障	5.2	司法人権	8.4	司法人権	7.7	安全保障	11.5
科学技術	8.5	外交	5.2	安全保障	7.8	安全保障	6.5	公共事業	9.9
外交	8.0	科学技術	4.1	治安	4.5	治安	6.2	治安	6.8

〈韓国〉

市郡区		広域市・道		広域圏		韓国全国		世界	
地域開発	44.6	厚生福祉	29.3	業界	46.2	厚生福祉	34.0	厚生福祉	42.2
厚生福祉	38.5	文教スポ	24.4	厚生福祉	38.5	文教スポ	33.0	文教スポ	42.2
環境	32.3	労働	24.4	財政	38.5	環境	30.9	環境	42.2
文教スポ	20.0	業界	22.0	通商	38.5	業界	24.7	国際協力	31.1
労働	18.5	運輸交通	22.0	文教スポ	30.8	国際協力	20.6	外交	28.9
消費者	18.5	環境	17.1	環境	30.8	財政	19.1	財政	24.4
業界	16.9	金融	17.1	金融	30.8	地域開発	17.0	金融	24.4
金融	16.9	地方行政	12.2	地域開発	30.8	消費者	16.0	通商	24.4
地方行政	16.9	地域開発	9.8	農林水産	23.1	金融	14.9	科学技術	24.4
財政	15.4	財政	9.8	国際協力	23.1	司法人権	12.9	業界	20.0
通信情報	15.4	通商	9.8	労働	15.4	通商	12.4	地域開発	20.0
運輸交通	12.3	消費者	4.9	運輸交通	15.4	労働	11.9	司法人権	20.0
治安	12.3	治安	4.9	地方行政	15.4	公共事業	11.3	消費者	17.8
国際協力	10.8	公共事業	4.9	通信情報	15.4	農林水産	10.8	労働	15.6
科学技術	10.8	農林水産	4.9	科学技術	15.4	科学技術	10.8	通信情報	15.6
安全保障	10.8	通信情報	2.4	安全保障	15.4	地方行政	9.8	運輸交通	13.3
通商	9.2	国際協力	2.4	消費者	7.7	治安	8.8	公共事業	11.1
司法人権	9.2	科学技術	2.4	公共事業	7.7	通信情報	8.2	農林水産	11.1
公共事業	9.2	安全保障	2.4	司法人権	7.7	運輸交通	7.7	安全保障	11.1
外交	7.7	司法人権	2.4	外交	7.7	安全保障	6.7	地方行政	8.9
農林水産	6.2	外交	0.0	治安	0.0	外交	6.2	治安	6.7

注）　数値は，各活動領域ごとにその政策に関心を持つ団体の割合を表示したもの。

表8-3　活動領域と情報源

日本	市町村		県		広域圏		日本全国		世界	
1位	協力団体	1.00	自治体	1.00	協力団体	1.00	国	1.00	専門家	1.00
2位	自治体	0.93	協力団体	0.90	国	0.96	団体員	0.70	団体員	0.97
3位	団体員	0.61	専門紙	0.88	専門紙	0.94	協力団体	0.66	協力団体	0.85
4位	専門紙	0.54	国	0.57	マスコミ	0.76	専門紙	0.64	専門紙	0.73
5位	マスコミ	0.52	マスコミ	0.54	団体員	0.67	マスコミ	0.44	国	0.66
6位	国	0.46	団体員	0.54	自治体	0.54	専門家	0.39	マスコミ	0.65
7位	地方議員	0.27	専門家	0.20	専門家	0.40	企業	0.19	その他	0.33
8位	専門家	0.24	その他	0.12	企業	0.36	自治体	0.14	企業	0.23
9位	その他	0.18	地方議員	0.10	その他	0.12	その他	0.11	自治体	0.18
10位	企業	0.12	国会議員	0.08	国会議員	0.10	国会議員	0.04	国会議員	0.06
11位	政党	0.10	政党	0.06	政党	0.08	政党	0.03	政党	0.02
12位	国会議員	0.09	企業	0.04	地方議員	0.03	地方議員	0.01	地方議員	0.01
韓国	市郡区		広域市・道		広域圏		韓国全国		世界	
1位	専門紙	1.00	専門家	1.00	専門紙	1.00	国	1.00	マスコミ	1.00
2位	マスコミ	0.89	団体員	0.67	国	0.80	団体員	0.91	専門家	0.71
3位	政党	0.86	自治体	0.64	協力団体	0.75	マスコミ	0.87	団体員	0.71
4位	専門家	0.79	専門紙	0.57	マスコミ	0.70	専門紙	0.67	協力団体	0.62
5位	自治体	0.75	マスコミ	0.45	団体員	0.65	専門家	0.56	専門紙	0.55
6位	国	0.56	国	0.37	専門家	0.60	協力団体	0.54	国	0.38
7位	団体員	0.37	協力団体	0.34	その他	0.50	自治体	0.25	その他	0.17
8位	企業	0.23	政党	0.19	自治体	0.10	その他	0.13	自治体	0.14
9位	協力団体	0.09	その他	0.03	国会議員	0.00	国会議員	0.09	企業	0.05
10位	地方議員	0.07	地方議員	0.03	政党	0.00	政党	0.05	政党	0.00
11位	国会議員	0.04	国会議員	0.01	企業	0.00	企業	0.04	国会議員	0.00
12位	その他	0.02	企業	0.01	地方議員	0.00	地方議員	0.02	地方議員	0.00

注）順位の算出方法：回答団体が情報源の1位として選択したものに3点，2位に2点，3位に1点を与え，その得点の合計を順位の基準とした。
　　表中の数値は，それぞれの空間において最高点を獲得した情報源を1とした場合の比率。

表8-4　働きかけの対象（1位）

	行政	政党	裁判所
市郡区	1.00 (1.00)	0.30 (0.42)	0.11 (0.25)
広域市・道	1.00 (1.00)	0.36 (0.45)	0.04 (0.14)
広域圏	1.00 (1.00)	0.00 (0.62)	0.00 (0.24)
韓国全国	1.00 (1.00)	0.16 (0.38)	0.03 (0.15)
世界	1.00 (1.00)	0.10 (0.30)	0.07 (0.16)
全体	1.00 (1.00)	0.19 (0.41)	0.05 (0.18)

注）数値は，行政を1とした場合。括弧内は日本の数値。

　つまり，情報源と標的の違いについては，日本は双方で活動地域の違いが現れているが，韓国では明確な違いが示されないのである。

2-4 団体-行政関係

　情報源としても政治的標的としても重要な行政と団体とはいかなる関係にあるのか。前項での検討から，日本については活動地域の違いが団体-行政関係に明瞭に浮かび上がるのに対し，韓国では日本ほど明確ではないことが予想される。そこで，以下，具体的な団体-行政関係，行政との直接接触の有無，間接接触の有無について，日韓のデータを対比してみた。

　表8-5，表8-6は，具体的な団体-行政関係に関するものである。日本では，世界レベルを除くと，活動地域が広いほど国との関係が深くなり，地方自治体との関係が浅くなるという，予想された結果が出ている。これに対し，韓国では全体として団体と行政の関係は深い。活動地域別では，全国と世界を領域とする団体と行政との関係は，どちらかというと浅い。日本同様，国と団体の関係は活動範囲が大きくなるほど深くなり，自治体との関係はその逆であるが，国・自治体双方と濃い関係を持つのは，日本とは異なり広域圏ではなく基礎自治体を活動地域とするものである。

　このように，日本とは形が異なるが，韓国でも行政との関係は活動地域に

表8-5　団体-行政関係：韓国

国	許認可	法的規制	行政指導	協力支持	意見交換	委員派遣	ポスト提供	補助金
市郡区	44.6	46.2	52.3	24.6	43.1	26.2	7.7	18.5
広域市・道	58.5	53.7	63.4	14.6	58.5	24.4	12.2	7.3
広域圏	69.2	38.5	53.8	38.5	61.5	30.8	7.7	15.4
全国	47.9	38.7	44.8	12.9	52.1	23.2	5.7	10.8
世界	48.9	33.3	37.8	8.9	42.2	17.8	4.4	13.3
全体	49.4	41.1	47.8	15.6	50.3	23.5	6.7	12.3

自治体	許認可	法的規制	行政指導	協力支持	意見交換	委員派遣	ポスト提供	補助金
市郡区	49.2	49.2	46.2	26.2	36.9	15.4	6.2	24.6
広域市・道	46.3	39.0	48.8	7.3	58.5	19.5	4.9	12.2
広域圏	46.2	15.4	30.8	23.1	69.2	30.8	0.0	15.4
全国	22.2	15.5	24.2	11.9	35.6	11.3	1.5	4.1
世界	31.1	20.2	17.8	11.1	26.7	8.9	0.0	4.4
全体	31.8	24.9	30.4	14.2	38.5	13.4	2.5	9.2

国と地方自治体の両方	許認可	法的規制	行政指導	協力支持	意見交換	委員派遣	ポスト提供	補助金
市郡区	43.1	44.6	44.6	20.0	30.8	15.4	6.2	13.8
広域市・道	39.0	36.6	46.3	7.3	51.2	14.6	4.9	4.9
広域圏	46.2	15.4	30.8	7.7	53.8	23.1	0.0	0.0
全国	19.1	13.9	22.7	6.7	32.0	9.3	1.5	1.0
世界	28.9	20.0	15.6	4.4	26.7	8.9	2.2	0.0
全体	27.9	22.9	28.8	8.9	34.1	11.5	2.5	3.9

注）数値はいずれも，各活動地域の項目ごとに該当する団体の割合をパーセント表示したもの。

表8-6　団体-行政関係：日本

国	許認可	法的規制	行政指導	協力支持	意見交換	委員派遣	ポスト提供	補助金
市町村	29.6	29.1	33.2	12.1	16.1	3.5	3.5	7.5
県	28.8	35.9	40.5	17.0	26.8	5.2	4.6	10.5
広域圏	46.8	44.2	48.1	5.8	38.3	9.7	3.9	11.7
全国	40.4	35.2	54.3	17.5	44.5	19.7	12.6	15.5
世界	38.0	20.3	30.7	9.9	32.3	10.4	7.3	19.3
全体	37.3	32.6	44.5	13.9	35.0	13.0	8.4	13.5

自治体	許認可	法的規制	行政指導	協力支持	意見交換	委員派遣	ポスト提供	補助金
市町村	36.7	26.6	38.7	19.1	26.6	16.1	6.5	35.7
県	47.1	39.9	49.7	18.3	35.9	16.3	7.2	24.2
広域圏	35.7	32.5	42.9	7.8	29.9	7.8	2.6	7.8
全国	11.9	11.7	18.4	7.2	20.6	6.8	1.6	3.6
世界	11.5	10.4	10.9	5.7	19.3	6.8	1.0	4.2
全体	21.6	18.6	25.7	9.7	23.4	9.0	2.9	10.8

両方	許認可	法的規制	行政指導	協力支持	意見交換	委員派遣	ポスト提供	補助金
市町村	22.1	21.1	22.1	8.0	12.1	2.5	0.5	4.5
県	20.3	29.4	32.7	13.1	20.9	4.6	1.3	4.6
広域圏	28.6	30.5	35.1	3.9	27.3	5.8	1.3	2.6
全国	9.9	10.4	17.0	5.2	18.3	5.4	1.2	1.4
世界	10.4	8.3	9.9	3.6	16.7	5.2	1.0	2.6
全体	14.7	15.6	19.8	6.0	18.0	4.8	1.0	2.4

注）数値はいずれも，各活動地域の項目ごとに該当する団体の割合をパーセント表示したもの。

表8-7　行政との接触（単純集計）：韓国の場合

	国	自治体	少なくとも一方
市郡区	50.8 (24.1)	64.6 (68.3)	75.4 (71.9)
広域市・道	65.9 (37.9)	68.3 (69.9)	82.9 (75.8)
広域圏	69.2 (58.4)	84.6 (55.2)	84.6 (70.1)
全国	74.7 (74.8)	51.5 (37.7)	78.4 (78.8)
世界	55.6 (64.6)	44.4 (39.1)	62.2 (67.2)
全体	66.8 (58.4)	56.1 (46.3)	76.5 (72.6)

注）数値は，各活動地域ごとに該当する団体の割合をパーセント表示したもの。括弧内は日本の数値。

表8-8　国・自治体との接触のパターン

	両方	国	自治体	非接触
市郡区	22.2 (21.1)	28.2 (3.0)	35.9 (47.2)	13.7 (28.6)
広域市・道	25.3 (32.0)	32.5 (5.9)	33.7 (37.9)	8.4 (24.2)
広域圏	29.0 (43.5)	29.0 (14.9)	35.5 (11.7)	6.5 (29.9)
全国	24.5 (33.6)	38.2 (41.2)	26.3 (4.1)	11.1 (21.2)
世界	21.5 (36.5)	31.6 (28.1)	25.3 (2.6)	21.5 (32.8)
全体	24.1 (32.1)	34.6 (26.3)	29.1 (14.2)	12.2 (27.4)

注）　数値は，各活動地域ごとに該当する団体の割合をパーセント表示したもの。括弧内は日本の数値。

よって異なるように思われる。ただし，韓国の場合，このデータでは活動地域の違いで統計的な有意差があるとは言い難い。まず，委員派遣とポスト提供では国，自治体ともに有意差がなく，活動地域による差はないと判断してよい。次に，国については協力支持以外の項目で有意差がでなかった。

表8－7は，行政との直接接触の有無を，表8－8は，接触のパターンをまとめたものである。(10) 前者より，日本同様，韓国でも，世界を活動地域とする団体を除くと，活動地域の拡大と国との接触は比例しているが，韓国では

表8－9　行政への間接接触：韓国の場合

国		市郡区	広域市・道	広域圏	全国	世界	全体
地元の国会議員	①	35.3(22.6)	34.4(26.8)	54.5(26.0)	33.8(13.6)	31.0(9.4)	34.7(17.1)
	②	42.3(43.8)	43.5(48.3)	62.5(38.9)	37.5(16.7)	45.0(14.5)	40.7(22.5)
	③	28.0(15.9)	11.1(13.7)	33.3(7.8)	16.7(4.0)	0.0(0.0)	18.6(9.1)
	④	61.1(38.9)	57.1(50.6)	71.4(58.2)	53.7(32.1)	77.8(23.1)	58.8(38.2)
	⑤	21.2(3.2)	16.7(2.6)	25.0(1.1)	20.7(2.3)	10.0(4.3)	19.1(2.7)
上記以外の国会議員	①	25.6(14.6)	37.5(24.8)	50.0(27.9)	43.7(27.1)	44.8(20.8)	40.2(24.3)
	②	31.8(31.3)	50.0(37.9)	55.6(43.3)	48.2(33.3)	57.9(30.6)	52.2(34.2)
	③	19.0(9.3)	0.0(16.8)	33.3(6.3)	24.0(8.6)	20.0(2.9)	19.4(9.2)
	④	70.0(24.1)	64.3(16.8)	57.1(59.7)	67.9(60.3)	71.4(55.8)	67.0(38.8)
	⑤	12.1(3.3)	16.7(2.6)	40.0(3.4)	26.6(6.8)	36.4(7.9)	24.2(5.8)
首長・地方議会議員	①	50.0(21.6)	36.4(22.9)	44.4(28.8)	35.0(8.6)	29.6(9.9)	37.9(13.3)
	②	58.6(37.5)	47.8(43.1)	57.1(26.7)	39.3(9.3)	33.3(14.5)	43.4(15.9)
	③	38.1(16.6)	10.0(10.5)	0.0(7.8)	16.0(6.3)	22.2(1.5)	22.4(9.4)
	④	71.4(33.3)	76.9(42.9)	60.0(40.3)	58.6(19.8)	57.1(25.0)	62.9(28.4)
	⑤	41.7(7.7)	10.0(2.6)	25.0(2.3)	17.7(1.6)	20.0(4.3)	22.6(2.9)
自治体		市郡区	広域市・道	広域圏	全国	世界	全体
国会議員	①	27.7(14.6)	38.7(19.6)	27.3(18.8)	32.3(6.8)	25.0(9.9)	31.2(11.1)
	②	36.4(16.2)	50.0(25.2)	30.0(29.4)	44.4(14.2)	33.3(22.7)	41.6(19.3)
	③	7.1(11.1)	0.0(6.5)	0.0(5.8)	12.2(2.3)	10.0(1.7)	9.9(3.6)
	④	53.3(25.0)	60.0(36.4)	33.3(40.3)	48.1(16.8)	62.5(23.1)	51.0(24.4)
	⑤	15.6(2.2)	18.8(2.6)	20.0(2.3)	21.8(0.7)	10.0(5.0)	18.5(1.9)
地方議員	①	54.9(48.2)	32.3(44.4)	50.0(23.8)	36.8(10.7)	19.2(12.5)	38.8(22.6)
	②	61.5(60.3)	41.7(56.1)	54.5(50.6)	48.7(23.8)	29.4(29.3)	49.1(40.6)
	③	33.3(22.2)	0.0(17.4)	0.0(13.0)	18.4(2.8)	0.0(1.7)	16.7(6.2)
	④	75.0(70.4)	53.3(76.6)	50.0(67.2)	57.4(26.3)	57.1(26.9)	59.2(46.6)
	⑤	45.7(22.0)	12.5(11.8)	50.0(8.0)	21.1(1.2)	5.3(6.4)	25.2(6.1)
地方有力者	①	55.3(21.1)	28.1(17.0)	36.4(18.8)	39.8(7.8)	23.1(11.5)	39.3(12.5)
	②	62.9(26.5)	37.5(23.4)	40.0(30.6)	56.3(17.7)	35.3(26.7)	51.8(23.1)
	③	33.3(9.5)	0.0(0)	0.0(4.3)	12.5(1.9)	0.0(1.7)	12.8(5.2)
	④	86.7(26.9)	42.9(24.7)	50.0(35.8)	63.5(15.6)	71.4(26.9)	63.8(22.4)
	⑤	40.6(14.3)	16.7(9.2)	20.0(5.7)	23.7(3.0)	5.3(5.7)	24.0(5.6)

注）数値は，各活動領域の当該項目ごとに該当する団体の割合をパーセント表示したもの。
　①当該活動地域の全体　　　　　　　　　　④政党接触ありの場合
　②国（自治体）への直接接触ありの場合　　⑤政党接触なしの場合
　③国（自治体）への直接接触なしの場合
　括弧内は日本の数値。

基礎自治体レベルでも国との接触が50％を越えており，日本ほど明確な関係を見いだすことはできない。後者から読みとれるのは，日本と比べて，韓国では行政と非接触の団体が少ないこと，活動地域と，どのレベルの行政に接触するかの間に明確な関係がないことである。

では，国会議員など何らかの媒介を通じての間接接触についてはどうか。表8－9は，国および自治体に対して，いかなる媒介を通じて接触することがあるのかを見たものである。[11]国について，直接接触に比べると間接接触の方が低い点，広域の方が間接接触を試みる傾向がある点は，韓国も日本と類似している。ただ韓国の方が全体として間接接触を試みる団体が多く，日本のように低調だとはいえない。自治体との接触，直接接触と間接接触の関係についても同様の傾向がある。ただし，韓国のデータでは，統計的な有意差がでたのは国に対する地元の国会議員と，上記以外の国会議員の，活動地域全体の数値と，国への直接接触なしの場合の4つ（表8－9のうち上1段，2段の①と③）に限られる。全体として日本ほど活動地域による差は明確には出ていないというべきであろう。

2－5　団体－政党関係

では，政党との接触は活動地域によって差があるのか。表8－10は，活動地域と政党接触の関係を，表8－11は主要政党別の接触の程度を見たものである。[12]表8－10より，日本では活動地域がローカルなほど政党接触が多くなる傾向がはっきり現れているが，韓国ではそうした傾向はない。日本との違いは，基礎自治体レベルでの接触の少なさであろう。では，具体的にいかなる政党と接触しているのか。表8－11を見ればわかるように，日本ではローカルなほど自民党との接触が突出して多くなっている。韓国では，当時与党新韓国党は，全国レベル，世界レベルを除いて広いほど接触が増え，その占める割合も大きくなっている。他方，国民会議，自民連は，広域市・道で最

表8－10　活動地域と政党接触

	市郡区	広域市・道	広域圏	全国	世界	全体
接触あり(韓国)	33.8	46.3	53.8	37.1	22.2	36.3
接触あり(日本)	54.3	50.3	43.5	38.0	27.1	39.8

注）数値は，活動地域別に該当する団体をパーセント表示。

表8−11 政党別接触の内容

韓国	市郡区	広域市・道	広域圏	全国	世界
新韓国党	24.6 (72.7)	39.0 (84.2)	46.2 (85.7)	34.0 (91.7)	17.8 (80.0)
国民会議	20.0 (59.1)	43.9 (94.7)	38.5 (71.4)	27.8 (75.0)	22.2 (100.0)
自民連	16.9 (50.0)	31.7 (68.4)	30.8 (57.1)	24.7 (66.7)	17.8 (80.0)
民主党	15.4 (45.5)	26.8 (57.9)	30.8 (57.1)	22.2 (59.7)	11.1 (50.0)
日本	市町村	県	広域圏	全国	世界
自民	45.2 (83.3)	39.9 (79.2)	35.1 (80.6)	32.9 (86.6)	24.5 (90.4)
新進	19.1 (35.2)	22.9 (45.5)	18.8 (43.3)	19.0 (50.0)	13.5 (38.5)
民主	19.1 (35.2)	21.6 (42.9)	17.5 (40.3)	13.5 (35.5)	10.4 (38.5)
共産	12.6 (23.1)	11.8 (23.4)	4.5 (10.4)	5.8 (15.3)	6.3 (23.1)
社民	16.1 (29.6)	18.3 (36.4)	15.6 (35.8)	12.0 (31.7)	8.3 (30.8)
太陽	9.5 (17.6)	13.1 (26.0)	10.4 (23.9)	9.7 (25.6)	8.3 (30.8)
さき	9.5 (17.6)	13.7 (27.3)	9.7 (22.4)	9.7 (25.6)	8.9 (32.7)

注）数値は，各活動地域の項目ごとに該当する団体の割合をパーセント表示したもの。
括弧内の数値は，「接触あり団体」を分母とした場合。

も接触が多く，占める割合も大きい。しかし，全体としていえるのは，政党の規模と接触団体の多さは活動地域に関係なく比例していることで，日本のように，基礎自治体レベルで自民党との接触頻度が飛び抜けて大きいということはない。

2−6　小括

全体として，活動地域の違いが明確に出る日本に比べ，韓国ではあまり出ない傾向がある。対比がよく出るのは，基礎自治体を活動地域とする団体が，日本では政党と接触することが多いのに対し，韓国では行政と接触することが多い点である。特に自民党の突出具合は韓国の各政党と比べてやや異様である。

3　団体と行政

もし，与党ネットワークが発達しているのであれば，団体は行政と密接な関係を有し，協調的で，互酬的であると想像される。ただし，すべての団体が与党ネットワークに関わっているということはまずありえない。団体分類と，行政との協調的な関係は関連があるのか。本節では，団体と行政の関係に関する，日韓の異同を見て，韓国に日本と類似した与党ネットワークが存在するのかどうかを検討する。なお，本節では，中央政府と団体の関係に焦点を置くので，基本的には，東京とソウルで，全国レベルを活動地域とする

団体を選択している。ただしそのために，対象とするケースが日韓双方で半減し，利益団体一般というよりも，より政治的に活性化された団体を取り扱うことになる点に注意が必要である。

3－1　団体－行政関係の協調性

最初に，団体から行政はどの程度協調的と見られているのかを，表8－12で確認しよう。(13) 日本では，官僚が最も協調的であるが，韓国では官僚の協調度は中間程度にとどまる。なお，官僚と協調度で有意な相関があるのは，政党，経済，地方自治体に限定されており，あまり団体と協調的でないことが示唆される。いかなる団体と協調的なのかを見たのが表8－13である。これから，特に協調的でないのは日韓ともに労働団体であることがわかる。

では，行政をどの程度信頼できるか。団体別に10年前の値とあわせて掲載したのが，表8－14である。(14) 日本の結果は表8－12と共通して，現在でも10年前でも農業，経済，行政関係団体からの信頼度が高く，労働団体からの信頼度は低くかつ低下している。しかし，韓国の場合，高い信頼度を寄せたのは，現在は市民，労働，専門家団体で，10年前は農業，市民，労働団体である。この結果は，表8－13の協調度の上位が経済，農業，行政関係団体であったのと全く異なり，理解が容易ではない。日本に比べて韓国のデータは統

表8－12　協調度平均値

	韓国			日本		
	協調度平均値	標準偏差	N	協調度平均値	標準偏差	N
労働団体	4.29	1.030	118	4.24	1.0570	491
農業団体	4.31	1.074	118	4.08	0.8270	482
経済団体	4.23	1.020	117	4.38	1.1120	498
官僚	4.26	1.192	125	4.67	1.1900	511
政党	4.34	0.939	114	4.35	0.8500	495
大企業	4.05	1.099	115	4.29	1.1160	492
マスコミ	4.73	1.162	128	4.44	0.9620	507
文化人・学者	4.73	1.313	132	4.54	0.9780	499
消費者団体	4.37	1.046	122	4.30	0.8620	489
福祉団体	4.62	1.168	120	4.39	0.9080	479
ＮＧＯ・市民団体	4.64	1.158	122	4.21	0.8280	473
女性運動団体	4.39	1.023	115	4.16	0.7880	476
自治体	4.51	0.998	114	4.48	0.9040	491
外国の政府	3.99	0.870	108	4.02	0.5830	468
国際機関	4.14	1.027	110	4.12	0.6990	471
外国の利益団体	3.64	1.002	22	3.91	0.6420	464

表8-13 団体分類×官僚との協調度

	韓国			日本		
	協調度平均値	標準偏差	N	協調度平均値	標準偏差	N
農業団体	4.40	0.548	5	4.86	1.0995	14
経済団体	4.90	1.595	10	4.91	1.0540	102
労働団体	3.00	1.871	5	3.63	1.4031	38
教育団体	4.22	0.833	9	4.45	1.0980	66
行政関係団体	4.29	0.951	7	5.15	1.2386	55
福祉団体	4.20	1.033	10	4.63	1.4225	19
専門家団体	4.21	1.473	29	4.68	1.1420	62
政治団体	4.00		1	4.00	1.6330	10
市民団体	4.20	0.862	15	4.08	0.2887	12
宗教団体	4.00	0.943	10			
全団体	4.26	1.192	125	4.60	1.1956	502

表8-14 行政信頼度

韓国	現在			10年前		
	信頼度平均	標準偏差	N	信頼度平均	標準偏差	N
農業団体	2.88	0.991	8	3.00	1.265	6
経済団体	2.67	1.234	15	2.67	1.303	12
労働団体	3.00	1.265	6	2.80	1.095	5
教育団体	2.33	0.985	12	2.30	0.483	10
行政関係団体	2.78	1.302	9	2.80	0.837	5
福祉団体	2.46	0.877	13	2.10	0.876	10
専門家団体	2.93	1.112	30	2.59	1.098	22
政治団体	2.00	1.414	2	1.50	0.707	2
市民団体	3.27	0.799	15	2.82	0.874	11
宗教団体	2.53	1.007	17	2.57	1.158	14
全団体	2.76	1.022	159	2.59	1.031	123

日本	現在			10年前		
	信頼度平均	標準偏差	N	信頼度平均	標準偏差	N
農業団体	3.20	0.6761	15	3.13	0.8338	15
経済団体	2.87	1.0011	111	2.80	0.9854	102
労働団体	2.33	0.8281	36	2.47	0.9288	34
教育団体	2.45	1.1323	65	2.37	1.1927	60
行政関係団体	2.68	1.0899	63	2.75	1.1844	57
福祉団体	2.63	1.2091	24	2.50	1.3572	20
専門家団体	2.57	0.9954	63	2.43	1.0019	54
政治団体	2.50	0.8498	10	2.38	0.7440	8
市民団体	2.29	0.7263	14	2.00	0.8528	12
全団体	2.59	1.0342	530	2.56	1.0782	484

計的に有意でないことからくる部分があると考えられるが，労働団体からの協調度の低さや市民団体の信頼度の高さは統計的に有意であるので，データの問題ばかりともいえない。

表8-15 必要情報源

韓国	全団体		農業団体		経済団体		労働団体		教育団体	
1位	国	1.00	国	1.00	国	1.00	団体員	1.00	学者	1.00
2位	マスコミ	0.84	マスコミ	0.69	団体員	0.57	マスコミ	0.64	国	1.00
3位	団体員	0.84	団体員	0.69	マスコミ	0.47	専門紙	0.43	団体員	0.84
4位	専門紙	0.60	協力団体	0.38	専門紙	0.33	協力団体	0.29	マスコミ	0.68
5位	学者	0.54	専門紙	0.31	協力団体	0.13	学者	0.29	専門紙	0.53
6位	協力団体	0.45	自治体	0.15	自治体	0.07	国	0.21	協力団体	0.21
7位	自治体	0.24	学者	0.15	学者	0.07	自治体	0.07	自治体	0.11
8位	その他	0.12	政党	0.08	企業	0.07	地方議員	0.07	地方議員	0.05
9位	国会議員	0.07	国会議員	0.00	政党	0.00	企業	0.00	企業	0.05
10位	政党	0.03	地方議員	0.00	国会議員	0.00	政党	0.00	政党	0.00
11位	企業	0.03	企業	0.00	地方議員	0.00	国会議員	0.00	国会議員	0.00
12位	地方議員	0.01	その他	0.00	その他	0.00	その他	0.00	その他	0.00
日本	全団体		農業団体		経済団体		労働団体		教育団体	
1位	国	1.00	国	1.00	国	1.00	専門紙	1.00	国	1.00
2位	団体員	0.70	団体員	0.70	団体員	0.72	団体員	0.84	団体員	0.92
3位	協力団体	0.66	協力団体	0.67	専門紙	0.62	協力団体	0.62	学者	0.86
4位	専門紙	0.64	専門紙	0.43	協力団体	0.51	マスコミ	0.60	専門紙	0.82
5位	マスコミ	0.43	学者	0.17	マスコミ	0.32	国	0.48	マスコミ	0.63
6位	学者	0.39	自治体	0.07	企業	0.18	学者	0.22	協力団体	0.58
7位	企業	0.18	国会議員	0.07	学者	0.16	企業	0.21	企業	0.32
8位	自治体	0.14	地方議員	0.07	その他	0.05	政党	0.13	その他	0.15
9位	その他	0.11	企業	0.07	自治体	0.04	その他	0.10	自治体	0.14
10位	国会議員	0.04	マスコミ	0.03	政党	0.02	国会議員	0.06	政党	0.05
11位	政党	0.03	政党	0.00	国会議員	0.01	自治体	0.00	国会議員	0.00
12位	地方議員	0.01	その他	0.00	地方議員	0.00	地方議員	0.00	地方議員	0.00

3－2 情報源

　日本の行政は，情報提供を，民間団体を特定の政策目的に誘導する手段として用いてきたとの指摘は多い。この点は，表8－15を見れば確認することができる。団体にとって，国は最も重要な情報源であり，労働，政治，市民団体を除いて，必要情報源の第1位に位置づけられている。韓国でも，日本と類似の傾向があり，国が最大の情報源となっている。国を最大の情報源としない団体も同じである。日本と異なる点は，国と同様に，マスメディア，団体の構成員も情報源として重要視されているところである。相対的に，日本ほど国が情報源として重要なのではないことがわかる。印象的なのは，韓国では日本と異なり，行政関係団体ではなく，経済団体の国への情報依存度が顕著なことである。

3－3 具体的な関係

　それでは，行政機関と具体的にいかなる関係を団体は有しているのか。表

（全国団体）

行政関係団体		福祉団体		専門家団体		政治団体		市民団体		宗教団体	
国	1.00	国	1.00	国	1.00	マスコミ	1.00	マスコミ	1.00	協力団体	1.00
マスコミ	0.93	マスコミ	1.00	団体員	0.82	専門紙	0.75	学者	0.70	マスコミ	0.90
専門紙	0.60	学者	0.58	専門紙	0.61	学者	0.50	専門紙	0.57	団体員	0.90
学者	0.33	協力団体	0.53	学者	0.41	協力団体	0.50	団体員	0.57	専門紙	0.71
協力団体	0.27	専門紙	0.42	マスコミ	0.39	団体員	0.25	協力団体	0.48	学者	0.43
自治体	0.27	団体員	0.37	協力団体	0.35	国	0.00	国	0.43	その他	0.29
団体員	0.20	その他	0.21	自治体	0.12	自治体	0.00	自治体	0.43	国	0.14
その他	0.13	自治体	0.16	その他	0.08	その他	0.00	国会議員	0.09	国会議員	0.14
地方議員	0.00	国会議員	0.11	国会議員	0.06	国会議員	0.00	その他	0.00	自治体	0.05
企業	0.00	地方議員	0.00	政党	0.04	政党	0.00	政党	0.00	政党	0.00
政党	0.00	企業	0.00	企業	0.02	企業	0.00	企業	0.00	企業	0.00
国会議員	0.00	政党	0.00	地方議員	0.00	地方議員	0.00	地方議員	0.00	地方議員	0.00
行政関係団体		福祉団体		専門家団体		政治団体		市民団体			
国	1.00	国	1.00	国	1.00	マスコミ	1.00	マスコミ	1.00		
協力団体	0.36	協力団体	0.67	団体員	0.91	国会議員	0.69	協力団体	0.94		
専門紙	0.26	マスコミ	0.36	学者	0.77	専門紙	0.62	学者	0.61		
自治体	0.24	学者	0.34	専門紙	0.65	学者	0.54	専門紙	0.61		
団体員	0.23	団体員	0.26	協力団体	0.61	協力団体	0.46	国	0.56		
マスコミ	0.14	専門紙	0.24	マスコミ	0.42	団体員	0.38	団体員	0.56		
企業	0.14	自治体	0.14	企業	0.16	国	0.31	企業	0.33		
学者	0.14	その他	0.07	自治体	0.10	企業	0.31	自治体	0.17		
その他	0.05	政党	0.03	その他	0.07	政党	0.15	その他	0.17		
国会議員	0.01	企業	0.03	国会議員	0.02	地方議員	0.15	政党	0.06		
政党	0.01	地方議員	0.02	政党	0.01	自治体	0.00	国会議員	0.06		
地方議員	0.00	国会議員	0.00	地方議員	0.00	その他	0.00	地方議員	0.06		

表8-16 行政機関との関係

	許認可	法的規制	行政指導	補助金	協力・支持	意見交換	委員派遣	ポスト提供
全団体（韓国）	47.6	37.6	45.0	11.1	13.2	52.9	23.8	5.3
全団体（日本）	41.2	35.7	54.8	24.4	17.9	44.8	19.9	12.6

注) 韓国, N=189, 日本, N=682, ただし補助金に関しては, N=438

表8-17 規制行政

韓国	P1	P2	P3	P4	P5	P6	P7	P8	合計
許認可	○	○	○	-	○	-	-	-	84
法的規制	○	○	-	○	-	○	-	-	79
行政指導	○	-	○	○	-	-	-	-	85
合計	43	10	12	10	19	16	20	64	194
(比率)%	22.16	5.15	6.19	5.15	9.79	8.25	10.31	32.99	100.00
日本	P1	P2	P3	P4	P5	P6	P7	P8	合計
許認可	○	○	○	-	○	-	-	-	279
法的規制	○	○	-	○	-	○	-	-	243
行政指導	○	-	○	○	-	-	-	-	375
合計	146	13	57	57	63	27	115	204	682
(比率)%	21.41	1.91	8.36	8.36	9.24	3.96	16.86	29.91	100.00

表8−18 規制行政と助成行政

韓国	規制行政あり	規制行政なし	日本	規制行政あり	規制行政なし
補助金あり	17(8.8)	4(2.1)	補助金あり	90(20.7)	17(3.9)
補助金なし	125(64.4)	48(24.7)	補助金なし	228(52.4)	100(23.0)

注）括弧内の4つの数値の合計は100％。

8−16は関係の性格をまとめたものである(16)。韓国も，基本的には日本と類似した傾向があるが，日本と異なるのは，行政指導，ポスト提供が，日本と比べて低いことである。日本とは異なり，団体と行政との関係はやや冷めたものであるといえそうである。官僚に対する協調度があまり高くないのと関係があるかも知れない。

次に，許認可，法的規制，行政指導の組み合わせを見てみたのが，表8−17である。日本と同様，韓国も7割の団体が何らかの規制行政を受け，なかでも3つすべてが2割を占めている。異なるのは，行政指導の位置の低さである。日本では，P7，P3，P4と，行政指導のからむ項目が多かったのに対し，韓国では行政指導のからまないP5，P6も相当の大きさを持っている。日本では行政指導が規制行政の中でも突出しているが，韓国ではそうでもないことがわかる。

規制行政と助成行政の関係を見た，表8−18は，日本ほど行政が団体に「アメ」を与えないことを示している。全体として，韓国でも日本と同様の傾向があるが，日本以上に規制のみを受ける団体が多い。助成を受ける団体は全体でも1割程度と日本の半分にとどまる。

3−4 小括

最後に，表8−19で，団体分類別の行政との関係を見て，行政との関係が密接であるかどうかと，行政から自立的であるかどうかで，分類してみよう。団体は，村松・伊藤・辻中（1986）に倣うとセクター団体，政策受益団体，価値推進団体に類型化できる。セクター団体は密接だが行政から自立的，政策受益団体は密接で非自立的，価値推進団体は行政と疎遠と理論的には考えられる。第1巻では，日本的要素を加味すればほぼこの分類が有効であることを示している。

韓国では，行政と密接なのは経済，専門家団体で，やや密接なのが農業，

表8-19 団体分類別に見た行政との関係

韓国	N	許認可	法的規制	行政指導	補助金	協力・支持	意見交換	委員派遣	ポスト提供
農業団体	8	25.0	50.0	62.5	12.5	0.0	75.0	12.5	0.0
経済団体	17	47.1	52.9	58.8	0.0	23.5	70.6	41.2	11.8
労働団体	7	71.4	57.1	42.9	0.0	14.3	28.6	42.9	0.0
教育団体	16	25.0	25.0	25.0	25.0	12.5	56.3	6.3	0.0
行政関係団体	10	50.0	80.0	60.0	10.0	0.0	20.2	20.0	10.0
福祉団体	18	61.1	33.3	55.6	0.0	11.1	61.1	22.2	0.0
専門家団体	36	75.0	36.1	55.6	19.4	13.9	63.9	36.1	11.1
政治団体	2	0.0	0.0	0.0	50.0	0.0	0.0	50.0	0.0
市民団体	19	21.1	5.3	21.1	5.3	21.1	57.9	21.1	5.3
宗教団体	18	33.3	38.9	16.7	11.1	5.6	22.2	11.1	5.6
全団体	189	47.6	37.6	45.0	11.1	13.2	52.9	23.8	5.3
日本	N	許認可	法的規制	行政指導	補助金	協力・支持	意見交換	委員派遣	ポスト提供
農業団体	16	68.8	50.0	87.5	42.9	68.8	81.3	37.5	37.5
経済団体	133	45.9	39.8	66.9	12.0	19.5	73.7	33.1	13.5
労働団体	41	14.6	29.3	17.1	10.0	9.8	48.8	17.1	2.4
教育団体	82	45.1	28.0	43.9	24.0	18.3	24.4	15.9	6.1
行政関係団体	77	50.6	42.9	77.9	43.1	20.8	44.2	15.6	27.3
福祉団体	34	52.9	29.4	67.6	32.0	11.8	20.6	2.9	8.8
専門家団体	84	31.0	29.4	47.6	29.8	14.3	41.7	23.8	9.5
政治団体	10	40.0	50.0	20.0	20.0	20.0	20.0	0.0	10.0
市民団体	16	37.5	18.8	25.0	22.2	6.3	6.3	12.5	0.0
全団体	672	41.2	35.7	54.8	24.4	17.9	44.8	19.9	12.6

労働, 行政関連団体である。これに対して疎遠なのは福祉, 市民, 教育, 宗教の各団体である。セクター団体が行政と密接で, 価値推進団体が疎遠であるというところは従来の議論に近い結果である。しかし, 行政から自立的でないと評価できるのは専門家, 教育団体に限られる。専門家団体はセクター団体に分類されるもので, 教育団体は疎遠だが非自立的という奇妙な関係を有することになる。

　全体として, 韓国では団体と行政の関係は日本と比べて浅いようである。官僚は日本ほど協調的ではなく, 情報源としても, 重要ではあるが日本ほどではない。その背景には, 行政と団体との関係の違いがあるようである。日本と同様, 韓国の団体は行政から様々な規制を受けている。しかし, 規制行政のうち, よりソフトで, ネットワークの形成を促進するであろう行政指導の役割は低い。助成もあまり受けておらず, 団体からのポスト提供も少ない。行政は規制し, 団体は行政に意見を述べるが, 利益の交換は少ないようである。

団体分類別にも，日本と類似しているとはいえない。日本では，政策受益団体が行政と密接で，セクター団体が密接だが自立的，そして価値推進団体が疎遠であった。ところが，韓国では，セクター団体のうち農業，労働は主に規制行政の対象であり，経済，専門家のみが双方向で密接である。政策受益団体は行政から疎遠ですらある。

4　団体と政党

最後に，政党との関係を検討する。第2節は，日韓の間で団体の対政党関係は随分異なることを示唆している。日本では与党自民党を中心に団体がネットワークに組み入れられているのに対し，韓国では個別の政党と団体の間に密接な関係は存在しないように思われる。以下，団体の選挙活動，政党への支持・接触，行政との関係を順次見ていこう。

4−1　団体の選挙活動

表8−20は，団体の選挙活動モードをまとめたものである[17]。その傾向は第1巻（図7−1参照）で示された日本と似ていて，労働と政治団体が比較的選挙活動に熱心である。韓国が日本と異なるのは，市民団体が選挙活動に熱心である点である。しかし，トータルに見たときの最大の特徴は，韓国では日本と比べ活動が全体として低調であることである。選挙活動の低調さは，団体が個々の政党とのつながりが薄いことを予想させる。

表8−20　団体の選挙活動：韓国

ソウル	全体 (371)	農業 (13)	経済 (39)	労働 (14)	教育 (30)	行政 (17)	福祉 (51)	専門 (48)	政治 (9)	市民 (28)	宗教 (35)	京畿全体 (110)
会員	8.89	15.38	2.56	35.71	6.67	17.65	0.00	0.00	44.44	14.29	14.29	20.91
一般	7.01	7.69	2.56	35.71	3.33	17.65	1.96	2.08	44.44	3.57	8.57	14.55
資金	3.23	0.00	0.00	14.29	3.33	5.88	0.00	0.00	44.44	3.57	2.86	5.45
人員	4.85	0.00	0.00	21.43	0.00	11.76	1.96	2.08	44.44	3.57	2.86	8.18
候補者	4.04	0.00	0.00	7.14	0.00	5.88	1.96	6.25	33.33	7.14	5.71	7.27

注）活動率＝(ある程度＋かなり＋非常に頻繁)／n×100

4−2　政党支持と政党接触

そこで，団体の政党支持状況をまとめたのが表8−21で，接触状況をまと

表 8-21　団体の政党支持：韓国

ソウル	全体 (371)	農業 (13)	経済 (39)	労働 (14)	教育 (30)	行政 (17)	福祉 (51)	専門 (48)	政治 (9)	市民 (28)	宗教 (35)	京畿全体 (110)
新韓国党	24.26	30.77	17.95	28.57	23.33	29.41	15.69	31.25	22.22	39.29	17.14	22.73
国民会議	22.64	23.08	17.95	64.29	16.67	17.65	19.61	22.92	11.11	35.71	20.00	24.55
自民連	12.94	7.69	10.26	21.43	13.33	11.76	1.96	18.75	11.11	21.43	11.43	13.64
民主党	11.32	7.69	7.69	21.43	10.00	11.76	5.88	12.50	0.00	21.43	5.71	10.00
その他	4.85	7.69	0.00	14.29	6.67	11.76	1.96	2.08	11.11	7.14	2.86	12.73

注）政党支持率＝（ある程度＋かなり強い＋非常に強い）／n×100

表 8-22　団体の政党接触：韓国

ソウル	全体 (371)	農業 (13)	経済 (39)	労働 (14)	教育 (30)	行政 (17)	福祉 (51)	専門 (48)	政治 (9)	市民 (28)	宗教 (35)	京畿全体 (110)
新韓国党	19.68	46.15	12.82	42.86	16.67	23.53	13.73	18.75	22.22	32.14	14.29	19.09
国民会議	15.90	38.46	10.26	57.14	13.33	23.53	9.80	14.58	11.11	28.57	14.29	17.27
自民連	12.94	30.77	7.69	21.43	13.33	17.65	3.92	14.58	33.33	25.00	14.29	10.91
民主党	9.16	15.38	5.13	14.29	6.67	17.65	1.96	12.50	22.22	25.00	8.57	7.27
その他	4.31	7.69	0.00	14.29	3.33	11.76	0.00	4.17	11.11	3.57	5.71	8.18

注）政党接触率＝（ある程度＋かなり頻繁＋非常に頻繁）／n×100

めたのが表 8-22である。政党支持について，韓国では全体として，日本に比べ与党に対する支持が低い。個別に見ると，農業，経済，政治団体の支持が相対的に低く，労働，専門家，市民団体の支持が相対的に高い。支持の状況は政党の大きさに比例する部分が大きく，与党故の優位さは政党支持に現れていない。この点は，日本の自民党支持と大きく異なる点である。ただし，与党に対する支持の相対的な低さは，本調査が，大統領選挙の直前で，しかも経済危機が発生していたという，与党不利の状況下でなされたことの影響かも知れない。

では，短期的なイベントの影響を受けにくい政党接触についてはどうか。表 8-22を見ればわかるように，韓国では全体として，日本に比べ与党への接触が少ない。特に地方で少ない。日本と異なり，与党と第 1 野党の間で際だった違いはない。韓国では農業，労働，市民団体が主に与党に接触しているが，接触割合は概ね政党の大きさに比例しており，与党だから団体が接触するとはいえない。これは，与党自民党の接触頻度が飛び抜けて多い日本とは異なる点である。

以上のデータを見る限りでは，選挙や経済状況という短期的な変動要因を除いても，韓国の政党支持・政党接触は日本と異なり，団体は特定の政党と

表 8-23　政党支持・接触の変化：韓国の場合

	新韓国党						国民会議					
	支持			接触			支持			接触		
	→	↑	↓	→	↑	↓	→	↑	↓	→	↑	↓
ソウル	78.1	7.0	14.9	79.8	10.6	9.6	86.4	9.2	4.4	83.5	13.6	2.9
農業	66.7	11.1	22.2	37.5	50.0	12.5	100.0	0.0	0.0	50.0	50.0	0.0
経済	83.3	4.2	12.5	82.6	8.7	8.7	95.5	4.5	0.0	86.4	13.6	0.0
労働	70.0	10.0	20.0	63.6	18.2	18.2	81.8	18.2	0.0	54.5	36.4	9.1
教育	86.7	0.0	13.3	86.7	6.7	6.7	85.7	14.3	0.0	78.6	21.4	0.0
行政関係	75.0	16.7	8.3	91.7	8.3	0.0	100.0	0.0	0.0	100.0	0.0	0.0
福祉	80.8	11.5	7.7	91.3	8.7	0.0	79.2	12.5	8.3	87.0	8.7	4.3
専門家	85.7	7.1	7.1	83.9	6.5	9.7	88.9	11.1	0.0	86.7	6.7	6.7
政治	75.0	0.0	25.0	75.0	0.0	25.0	80.0	20.0	0.0	66.7	33.3	0.0
市民	60.0	10.0	30.0	61.5	23.1	15.4	50.0	10.0	40.0	84.6	0.0	15.4
宗教	80.0	12.0	0.0	83.3	12.5	4.2	83.3	12.5	4.2	77.3	22.7	0.0
京畿	63.3	16.7	20.0	78.6	14.3	7.1	78.9	14.0	7.0	82.1	14.3	3.6

注1）記号は，（→）変化なし，（↑）活性化，（↓）停滞化，を示す。
注2）数値は，当該団体全体に占める割合。％表示。
注3）支持と接触の変化は，次のようにして算出した。なお計算対象とした団体は，それぞれの設問の「現在」と「10年前」の両方に回答した団体に限っている。
　　支持・接触の変化＝（「現在」についての自己評価）−（「10年前」についての自己評価）

結びついているわけではないように思われる。そこで，10年前の支持・接触状況と比べて変化を見たのが表8-23である。与党新韓国党では，政党接触は増えたが支持は低下している。他方，国民会議では政党接触が増え，支持も増えている。団体分類別にはケースが少なく，明確なことはいえない。これを見る限り，調査結果は，調査が経済危機の生じた97年末に行われたことが影響している可能性が大きい。しかし，その分を差し引いても，日本のように与党新韓国党が団体から特別の支持・接触を得ているとは言い難い。

　どのくらいの団体がいくつの政党と関係を持っているのであろうか。表8-24から，政党支持数では，韓国の場合，首都では日本と類似しているが，地方では支持なしがより多くなり，政党接触では，全体として日本より接触ゼロが多い。特に地方では接触が大幅に少なくなっていることがわかる。これは，全体として，日本より韓国の方が団体と個々の政党との関係が浅いことを示している。それは，表8-25，表8-26の政党支持・政党接触の相関の違いからも明らかである。日本では団体と政党の関係はパターン化されているが，韓国では，政党支持・接触双方で政党間の相関が極めて高く，政党によって団体とのネットワークが異なるということはない。

第8章　与党ネットワーク：団体と政党・行政関係の日韓比較　237

表8-24　団体はいくつの政党と関係を持っているか

政党数	ソウル(371) 支持	接触	京畿(110) 支持	接触	東京(1438) 支持	接触	茨城(197) 支持	接触
0	67.1	76.0	58.2	70.9	66.8	69.1	46.7	49.2
1	11.6	8.4	21.8	14.5	16.7	18.5	38.6	39.1
2	10.0	4.3	8.2	5.5	7.6	6.2	11.7	9.1
3	3.2	3.2	6.4	1.8	3.5	2.4	2.5	1.0
4	5.7	5.1	0.9	4.5	2.6	1.2	0.5	0.5
5以上	2.4	3.0	4.5	2.7	2.8	2.6	0.0	1.0
	100.0	100.0	100.0	100.0	100.0	100.0	100.0	100.0

注）支持，接触ともに「ある程度」以上。

表8-25　政党支持・政党接触の相関（ソウル）

	新韓国党	国民会議	自民連	民主党
新韓国党	1.00(1.00)	0.68(0.85)	0.70(0.83)	0.58(0.81)
国民会議	0.68(0.85)	1.00(1.00)	0.70(0.83)	0.77(0.79)
自民連	0.70(0.83)	0.70(0.83)	1.00(1.00)	0.78(0.87)
民主党	0.58(0.81)	0.77(0.79)	0.78(0.87)	1.00(1.00)

注）　表中の数値は，政党支持の相関（政党接触の相関）
注2）　有意水準は0.01である。

表8-26　政党支持・政党接触の相関（東京）

	自民	新進	民主	共産	社民	太陽	さきがけ
自民	1.00(1.00)	0.73(0.68)	0.58(0.49)	0.26(0.26)	0.45(0.43)	0.58(0.52)	0.52(0.51)
新進	0.73(0.68)	1.00(1.00)	0.71(0.68)	0.35(0.35)	0.54(0.60)	0.72(0.71)	0.64(0.68)
民主	0.58(0.49)	0.71(0.68)	1.00(1.00)	0.41(0.44)	0.77(0.83)	0.66(0.69)	0.73(0.73)
共産	0.26(0.26)	0.35(0.35)	0.41(0.44)	1.00(1.00)	0.53(0.52)	0.34(0.43)	0.41(0.44)
社民	0.45(0.43)	0.54(0.60)	0.77(0.83)	0.53(0.52)	1.00(1.00)	0.56(0.66)	0.68(0.75)
太陽	0.58(0.52)	0.72(0.71)	0.66(0.69)	0.34(0.43)	0.56(0.66)	1.00(1.00)	0.78(0.84)
さきがけ	0.52(0.51)	0.64(0.68)	0.73(0.73)	0.41(0.44)	0.68(0.75)	0.78(0.84)	1.00(1.00)

注）　表中の数値は，政党支持の相関（政党接触の相関）
注2）　有意水準は0.01である。

表8-27　保守-改革イデオロギーと政党支持・政党接触の相関：韓国の場合

		新韓国党	国民会議	自民連	民主党
ソウル	支持（執行部）	−0.48	−0.25**	−0.06	−0.18**
	（一般会員）	−1.69**	−0.26**	−0.16**	−0.23**
	接触（執行部）	−0.55	−0.16*	−0.10	−0.15*
	（一般会員）	−0.17*	−0.19**	−0.14*	−0.16*
京畿	支持（執行部）	0.03	−0.13	0.02	−0.15
	（一般会員）	0.00	0.06	0.07	−0.05
	接触（執行部）	0.54	−0.21	−0.06	−0.10
	（一般会員）	−0.02	0.09	−0.02	0.03

** は有意水準0.01である。　　* は有意水準0.05である。

では，団体構成員のイデオロギー傾向と政党支持・接触には関係があるのか。日本では団体構成員のイデオロギー傾向と政党支持・接触には相関関係が存在し，保守的な構成員を持つ団体ほど自民党を支持する傾向がでている。韓国についてその関係を見たのが表8-27である。[19] ソウルにおいては，改革的（邦訳は「革新的」，ただしここでは韓国語のまま改革的を用いる）な執行部・一般会員を有する団体ほど国民会議と民主党を支持し，接触もしていることははっきりうかがえる。しかし，一般会員レベルでは，新韓国党，自民連も改革的であるほど支持し，接触もしている。改革的な集団であるほど政党を支持する傾向があると考えたほうがいいかもしれない。他方，地方ではいずれの政党においても保革イデオロギーと政党支持・接触との有意な相関は見られなかった。一般に，韓国では政党は基本的に保守政党でイデオロギー的な差異はないとされているが，支持団体レベルでもイデオロギー的な差と政党支持・接触の関連はあまりないことが確認される。

4-3 行政との関係

韓国の団体は，全体として，選挙活動に熱意がなく，政党との接触・支持関係はあるが，特定の政党にコミットする度合いは低く，イデオロギー的傾向が支持政党に関連するわけでもないことが，これまでの検討でわかってきた。すなわち，団体と政党の関係は，日本と比べると浅いのである。最後に，政党との関係と行政との関係にいかなる関連があるのかを見ていこう。

表8-28は，政党・行政接触のパターンを見たものである。韓国でも，日本と同じように，政党接触派・行政接触派には分かれず，行政のみ接触派と政党・行政両方接触派に大きく二分されている。全体の数値を見る限り，行政のみ接触派が日本よりもやや多いといえる。政党のみ接触派は少数である。

ただし，団体分類別に見ると，日韓に違いがある。日本と同じく，農業，政治は両方接触派であるが，韓国ではこの他労働，市民団体も両方接触派である。行政のみ接触派については，日本と同様行政関係，福祉団体を含むが，教育は含まず，経済，専門家を含んでいる。政党のみ接触派といえる存在はない。なお，非接触派として，宗教，教育団体が存在することは日本との違いである。

ここで現れた接触パターンの違いと選挙活動の関連を見たのが，表8-29

表8-28 政党・行政接触のパターン：韓国の場合

	非接触	行政のみ	政党のみ	両方接触	N
ソウル	19.0(22.0)	44.2(38.2)	5.4(5.4)	31.4(34.4)	353(1438)
農業	7.7(14.3)	38.5(22.9)	7.7(0.0)	46.2(62.9)	13(35)
経済	7.7(13.9)	71.8(39.2)	0.0(5.1)	20.5(41.8)	39(273)
労働	14.3(21.8)	14.3(14.5)	14.3(22.7)	57.1(40.9)	14(110)
教育	30.0(22.0)	33.3(48.8)	3.3(4.9)	33.3(24.4)	30(123)
行政関係	17.6(11.8)	47.1(52.2)	11.8(0.0)	23.5(36.0)	17(136)
福祉	21.6(15.3)	60.8(50.6)	5.9(1.2)	11.8(32.9)	51(85)
専門家	12.5(23.0)	52.1(43.0)	2.1(3.7)	33.3(30.4)	48(135)
政治	22.2(10.3)	22.2(10.3)	0.0(24.1)	55.6(55.2)	9(29)
市民	7.1(18.3)	35.7(30.0)	7.1(8.3)	50.0(43.3)	28(60)
宗教	40.0(-)	31.4(-)	5.7(-)	22.9(-)	35(-)
京畿	17.8(15.7)	36.4(26.9)	6.5(3.6)	39.3(53.8)	107(197)

注）括弧内は東京（京畿の場合は茨城）の数値

表8-29 政党・行政接触のパターンと選挙活動

	両方接触	行政のみ	政党のみ	非接触		両方接触	行政のみ	政党のみ	非接触
ソウル	94.7	84.5	54.2	61.0	東京	48.5	3.3	51.3	3.8
京畿	90.7	82.1	100.0	76.2	茨城	76.4	9.4	100.0	16.1

注）数値は，当該団体に占める「選挙活動あり」団体の割合を％表示したもの。

である。表8-20で検討した選挙活動の5モードのうち，1つでも活動を行っている団体を＜選挙活動あり団体＞とみなすと，ソウルでは82.7％，京畿では85.5％の団体がこれに該当する。一方，日本の場合，全体的に同様な傾向ではあるもの，非接触派は相対的に選挙活動をしない傾向を示しているが，韓国は全般的に選挙活動に利益団体が関与している傾向（非接触派でも60％以上）がある。また，行政のみ接触派が関与をしないという傾向もない。以上の傾向は地方でも同じである。

簡単にまとめると，行政・政党・団体の関係は，接触のパターンを見る限りでは全体的な傾向は類似しているが，韓国の方が，政党との関係と行政との関係の関連は薄い。日本と異なり，団体の性格が政党との間にあまり関係がない，言い換えれば，団体は政党によって系列化されていないのである。

5　結論

第2節以降の検討結果は，第1節で述べた，与党ネットワークの存在を示

す特徴が，韓国には存在しないということである。活動地域の広さと団体活動の違いは，日本のように明瞭には浮かび上がってこず，団体と行政の関係は深いものの，日本で重要な役割を果たしたとされる行政指導はあまり重要でなく，政党との関係も，あるにはあるが深いとはいえない。

　長期に亙って1つの政党が政権を握り続けていたにもかかわらず，韓国で与党ネットワークが形成されなかったのには，いくつか原因が考えられる。例えば，ケースの半分以上が1980年代以降に設立されているなど，団体が日本に比べて若いこと，団体の選挙活動が，2000年まで選挙法によって禁止されていたこと，左派的な政治活動が長期に亙って禁止されていたため，イデオロギー的な多様性が韓国社会に欠けていることなどである。

　本章の分析では，その原因を特定することはできない。ただ，補助金受給団体の少なさや，行政指導の相対的な弱さは，日本とは違い，韓国の行政は自己完結的で，「底が抜け」（伊藤1980：26）ていないため，行政が団体に働きかけること自体が重要でなかったことを示唆している。一般にいわれているのとは異なり，韓国の行政は日本とはずいぶん性格が異なるものかも知れない。政党も，民主化以降は政党ボスの出身地域を基盤とする地域割拠型政党に再編され，出身地域が有権者の投票行動を規定するようになったため，地縁・血縁団体を除いて政党は団体を選挙に動員しようというインセンティブを持たなかった。このような行政や政党の持つ性格の違いが，韓国で与党ネットワークを発達させなかった原因として本章が示唆する点である。

　与党ネットワークの不在は，政党や行政が政策選択に当たって団体からある程度自由であることを意味する。特定団体の利益を損ねる政策を選択したとしても，それが政党や行政に対し直接的に不利益を与えない。金泳三政権下でのコメ自由化の許容や金大中政権下での金融自由化など，韓国はしばしば政策の大転換を行うが，それは政党や行政が団体のしがらみからある程度自由であったから可能であったといいうるであろう。

　　＊　本稿で用いられる図表のうち，日本に関するものは基本的に辻中編前巻で用いられたものをそのまま使用している。なお，韓国のデータ処理にあたって，宮本悟氏（神戸大学大学院法学研究科博士課程）の協力を得たので，感謝して記しておく。

（1） Okimoto（1989），樋渡（1991）など。産業政策とネットワークをめぐる議論については，建林（1994），恒川（1996）参照。
（2） 以下，日本での調査を，J-JIGS，韓国での調査を，K-JIGSと略記。
（3） 1998年の金大中政権登場による政権交代まで，1980年以降韓国では全斗煥，盧泰愚，金泳三が政権を担当した。政権与党名は変化したが，与党が野党になる，政党レベルでの政権交代ではなかった。ちなみに，政権与党は，全斗煥－盧泰愚政権前半が民主正義党，盧泰愚政権後半－金泳三政権が民主自由党（新韓国党）である。
（4） なお，韓国では，日本の都道府県に相当する広域自治体は広域市・道で，広域市の下の基礎自治体として，区と郡が，道の下のそれとして，市と郡がある。
（5） J-JIGS，K-JIGSとも質問Q6への回答である。
（6） J-JIGS，K-JIGSとも質問Q2への回答である。
（7） J-JIGSではQ22，K-JIGSではQ25への回答である。
（8） J-JIGSではQ19，K-JIGSではQ22への回答である。
（9） J-JIGS，K-JIGSとも質問Q8，9への回答である。
（10） J-JIGS，K-JIGSとも質問Q10，11への回答である。調査では，「あなたの団体が行政に＜直接的＞に働きかけをする場合，次のそれぞれの役職の方とどの程度接触（面接・電話等）されるでしょうか」という質問を行なった。提示した役職は，国については，大臣・局長クラス（韓国の場合，長官・次官・局長クラス），課長クラス，係長クラス，一般職員の4つである。これらのうち，1つでも接触している団体を，＜接触あり団体＞とみなし，その割合をまとめた。
（11） J-JIGS，K-JIGSとも質問Q11への回答である。
（12） J-JIGS，K-JIGSとも質問Q14への回答である。表8－10は，当時存在した政党のうち，少なくとも1つの政党に接触している団体を＜政党接触あり団体＞とみなした。
（13） J-JIGSではQ27，K-JIGSではQ30への回答を集計した。
（14） J-JIGSではQ18，K-JIGSではQ21への回答を集計した。
（15） J-JIGSではQ22，K-JIGSではQ25への回答である。集計にあたって，1位として選択された情報源に3点，2位に2点，3位に1点を与え，その得点の合計を基準に情報源を順位化した。なお，横に表8－15で示された数値は，1位の得点を1としたときにどの程度の得点を上げているかである。
（16） J-JIGS，K-JIGSともにQ8への回答を集計し，国との関係を聞いた（複数回答）。補助金については，J-JIGSではQ35，K-JIGSではQ38を利用し，金額を問わず補助金を受けているかどうかで集計した。

(17) J-JIGS では Q15,K-JIGS では Q16への回答である。表8–20は,「非常に頻繁」「かなり頻繁」「ある程度」と回答した団体の当該団体全体に占める割合を示している。
(18) ともに Q13,Q14への回答である。表8–21と表8–22は,「非常に」「かなり」「ある程度」と回答した団体が当該団体全体に占める割合を,政党支持率,政党接触率として示している。
(19) 7点尺度で測定された Q5の回答を使った。
(20) 本来の質問は,活動の頻度を尋ねるものであるが,ここでは頻度は問わない。表8–20とは異なり,「まったくない」という回答以外,つまり「あまりない」という回答以上を「活動あり」とした。また回答欄の全てが無回答の場合は,「活動なし」とみなした。
(21) 鄭用徳は,日韓行政の最大の違いとして,下位政府の発達程度を挙げている(鄭 2002)。
(22) 例として,次の文献に挙げられている選挙キャンペーンの事例研究を見よ(韓国政党政治研究所編 2000)。

第9章

市民社会と影響力構造

辻中豊・崔宰栄

　本章では，他の調査（GEPON）での日韓のアクター影響力評価を参照しながら，韓国と日本の市民社会団体による様々なアクターの影響力評価を比較する。

　すでに第1章で見たように，韓国では文化人・学者，消費者団体，マスメディア，労働団体，NGOなどが日本より強いものと認識され，逆に，農業団体，官僚，国際機関，福祉団体の評価が低い。

　こうした違いと共通性をもたらす要因について考察するとともに，15のアクターそれぞれへの影響力評価に関して主成分分析を行い，アクター評価を総合するいくつかの主成分に集約した。つまり，こうした評価を7点尺度で行い市民社会の団体の側にある認知の構造を見出そうとしたのである。主成分分析によって，日韓ともに，3つの成分が検出され，それぞれ体制権力構成成分，非「体制権力」構成成分，体制「外」構成成分と名づけることができた。こうした共通性とともに，それぞれの成分に入る団体分類は異なり，日本では経済団体だけでなく農業，労働団体が体制権力構成成分であり，韓国では文化人・学者，マスメディアがそうであり，それぞれのユニークな認知上の特徴が明らかになった。

はじめに

　私たちが，K-JIGS 調査や韓国 GEPON（地球環境政策ネットワーク調査）調査を1997年に行い，日本調査との比較分析を進めるにつれて，日本と韓国の市民社会の構造に関する興味深いパラドックスが徐々に浮かび上がってきた。つまり，自由民主主義政治体制としてはわずか10年余の歴史しかない韓国の方が，半世紀以上の歴史を誇る日本より，「多元主義」の程度が進んでいるように見えるという逆説である。(1) その結果，筆者ら（特に辻中豊）が知らず知らずに有していた近代化論的な発想の歪みが自覚され，JIGS データ分析による世界市民社会・利益団体シリーズは新たな分析モデルを求め，統合空間ダイナミクスモデルを開発するに至った。

　最初に比較分析した時の驚きを振り返りながら，日本と韓国の影響力構造を分析していきたい。

　1997年当時の認識として，韓国は，長い民主化闘争の歴史を持つとはいえ，独立後長く権威主義体制が続いた。1987年に民主化宣言によって自由民主化が開始されたが，盧泰愚政権，金泳三政権そして金大中政権と多難な過程を経て（2003年には盧武鉉政権）現在に至っている。他方，日本は戦前にも立憲君主制下の政党制民政の時期を有し，1945年の敗戦後，47年の新憲法以後，1回のクーデターもなく権威主義体制に逆行する政治機会・状況もなく，順調に自由民主主義体制が発展し，政党政治や利益集団，市民社会の諸組織が成熟してきたと概括できる。こう見れば，日本の多元主義性は韓国のそれとは比較にならない深化，成熟を示すはずと思われた。しかし，1997年より開始した，地球環境政策ネットワーク調査（GEPON）や事業所統計に基づく分析，そして JIGS 調査の示す結果はそれと矛盾するような事実を突き付けたのである。

1　これまでの調査分析からみた韓国の「多元主義性」

　1997年から開始された2つの調査での分析結果は以下の事実を明らかにしている。

　まず GEPON 調査。地球環境政策の重要なアクターの抽出作業によって選び出されたアクター群の日韓の構成比はほぼ同じであった。NGO，官庁，業

界団体，政府系シンクタンク，大企業，マスメディア，経済団体，審議会の順であった。[(2)]

　しかし，ここでの分析の結果見出された「日韓の違い」はすべて韓国の方がより多元的社会である可能性を示唆しているように思われる。すなわち，

　①100余りの国内重要アクターを選ぶ際に基準としたレフリーの得点は韓国が6点，日本1点と圧倒的に韓国が高かった。もし点を同じに例えば日本を6点にすれば，日本での選出数（国内アクター）はわずか39となり韓国（114）の方でアクター数が3倍近く多いことになる[(3)]。つまり，日本の大気圏地球環境政策分野は韓国に比べて少数のアクターで構成されるという意味で「狭い」。逆に言えば，韓国の方が多数のアクターが参加するという意味で広い。つまり，韓国の方が，特定政策分野への参加アクター数，政策分野の開放の程度からより多元主義的である可能性がある。

　②選ばれた組織に対する他組織からの影響力評価も，韓国が平均で25.0点，日本は15.7と10点近い差がある[(4)]。韓国の方が各アクターの影響力を強いと評価している。韓国の被調査者の回答傾向に文化・社会的な差があるという可能性をひとまずおくとすれば，韓国のアクターの方が政治への影響力が強いのかもしれない。政治アクターだけでなく社会的アクターの得点も高いから，それらの政治への影響力も強く，その点から見てもより多元主義的かもしれない。視角を変えれば，韓国の方が全体により政治化された社会，もしくは調査時点がより政治化した時期である，と考えることもできる。

　被調査アクター相互による影響力評価の各組織種別の平均得点順位には日韓で意味のある相違が見出された[(5)]。この観察から，

　③団体種別で，メディアの力が韓国で圧倒的に強い。日本では3位である。もしメディア（マスメディア）が市民社会の相対的に弱いアクターを媒介しその影響力を拡大するなら，いわば蒲島郁夫のメディア多元主義なら[(6)]，この点でもより多元主義的である可能性がある。

　④同様のことは政党にも言える。政党の力も韓国では2位であり抜群に強い。日本では6位である。これも複数の政党が社会アクターの利益を集約媒介し，その影響力を拡大する政党による多元主義なら[(7)]，その点でも多元主義的なのかもしれない。

　⑤NGOも日本（11位最下位）より強いかもしれない（韓国8位）。シンク

タンク (韓国 7 位) も同様に日本 (10位) より順位が高い。日本では，それに対して，経済団体，業種別団体，企業，審議会が韓国より順位が高い。こうした点でも，日本はより発展志向型国家の性格が強く，政府官僚制と企業社会の大規模組織の有機的関連が発達している。それに対し，韓国の方が市民の組織である NGO や科学や文化人・学者の力と関連するシンクタンクが強い。市民社会の組織の政策影響力の点でも，韓国の方がより多元主義的といえるのではないか。[8]

こうした観察から日本，韓国の政治社会体制を理解する上で確実に言えるのは，日本では体制が極めて緩やかに変容してきたのに対し，韓国では体制が急変 (転換) したことである。民主主義や市民社会の成熟という観点からはなお疑問が残るが，市民社会組織の構成上は韓国の方が，市民団体がより発達し影響力を有しているように見える。つまり，より多元主義的に見えるのである。但し，それがどの程度，一時的なものか，根を張ったものかは不明であり，[9] JIGS データでもその強さは大きいものではない。この点では第 4 章で分析されたとおりである。

本章ではこの初期の問題意識を持ちつつも，影響力の大小ではなく，その認知構造に接近したい。韓日 JIGS 調査の「影響力の認知」という設問から光をあて，両国の政治・市民社会構造の特質を明らかにする。[10]

2　JIGS 調査での認知影響力の順位

すでに影響力の認知については，第 1 章で 4 ヵ国比較を例示し触れたが，再度確認することから始めよう。日本 (東京)，韓国 (ソウル) で無作為に抽出された東京約4,000，ソウル約3,300の市民社会組織に発送した質問票に，東京1,438，ソウル371の組織が16種類の政治社会組織の影響力を評価した回答 (本問への有効回答，東京995，ソウル247) をとりあげよう。質問内容は次の通り。「下記の諸グループが日本の政治にどの程度の影響力を持っていると思いますか。『ほとんど影響力なし』を 1 とし『非常に影響力あり』を 7 とする下のような尺度にあてはめると，何点にあたりますか」(日本 Q26, 韓国 Q29)。

まず，組織別の平均値を見ていこう。

日本 (図 9 - 1) では，官僚，政党が平均で 6 点以上と 7 点満点の「非常

第9章 市民社会と影響力構造　247

図9-1　アクター影響力の評価（平均，日本）

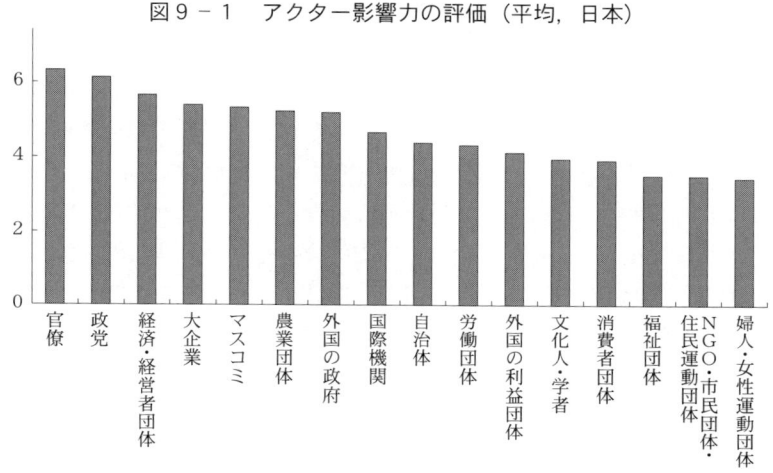

官僚／政党／経済・経営者団体／大企業／マスコミ／農業団体／外国の政府／国際機関／自治体／労働団体／外国の利益団体／文化人・学者／消費者団体／福祉団体／NGO・市民団体・住民運動団体／婦人・女性運動団体

図9-2　アクター影響力の評価（平均，韓国）

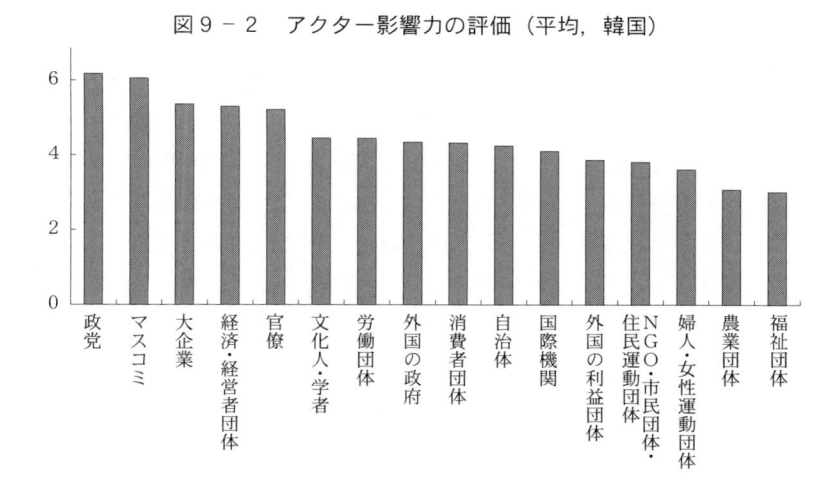

政党／マスコミ／大企業／経済・経営者団体／官僚／文化人・学者／労働団体／外国の政府／消費者団体／自治体／国際機関／外国の利益団体／NGO・市民団体・住民運動団体／婦人・女性運動団体／農業団体／福祉団体

に影響力がある」に近く，経済・経営者団体，大企業，マスメディア，農業，外国の政府が5点台，国際機関，自治体，労働団体，外国の利益団体が4点台，文化人・学者，消費者団体，福祉団体，NGOほか，婦人・女性団体が3点台となり，中間の点数である4点未満である。

　韓国（図9-2）では，政党，マスメディアが6点台，大企業，経済・経営者団体，官僚が5点台，文化人・学者，労働団体，外国政府，消費者団体，

自治体，国際機関が4点台，外国の利益団体，NGOほか，婦人・女性団体，農業団体，福祉団体が3点台である。

便宜的であるが，結果的に妥当なまとまりであるので，この6点台，5点台，4点台，3点台をそれぞれトップ，第2，第3，低位グループとして見ていくこととする。またデータに対する解釈も適宜付加していこう。

トップレベルを見れば，日本では官僚・政党が突出し，韓国では政党とマスメディアが突出している。この2つが両国の影響力の中心と認知されている。韓国で官僚はトップグループではなく第2グループ，日本ではマスメディアも第2グループである。

韓国において政党，マスメディアがそれ自体として高い評価なのか，それとも政党やマスメディアは大統領や大統領制のもとでの「政権勢力」と関連して評価されているのか，を今後考察していく必要がある。つまり大統領とそれをとりまく政党，マスメディアとしての評価である。日本の場合も政党は「与党」の意味で理解されているであろう。こうした解釈では，日韓両国のトップの2つは政権構成勢力と認知されているアクターであることになる。

もう1つの解釈は，政治と社会の「連動性」として解釈するものである。マスメディアが上位にあるということは政治と社会がよく連動している，世論が政治に影響を与えているとみるものである。これにも2通りの解釈が可能である。1つは民主主義的な応答性の高さとしてみるものである。もう1つは，大衆社会，マスメディアによる世論の誘導や扇動に乗せられやすい社会としてみるものである。実際，韓国では「風」「渦巻き」などの比喩を用いた政治の流動性を強調した説明（ヘンダーソン 1973）も見られる。

第2グループにおいて，日本，韓国ともにビジネス関係がくる。資本主義国家であることからの共通性であろう。日本では経済団体が，韓国では大企業がわずかに他を上回っている。激変を遂げつつもなお財閥を中心にした経済社会である韓国と，戦後改革期に財閥が解体され，企業グループとなり，経団連や業界団体の発達した経済社会である日本の違いが背景にある。

日本では，さらにマスメディア，農業団体，外国政府が第2グループに含まれている。マスメディアは韓国より低いが，比較的上位に位置している。農業団体は，下から2番目の韓国とは対照的に高い。第8章で分析されたような与党（政権党・行政）ネットワークの有無，両国の政権と社会集団の関

係の，大きな違いに由来する。日本の場合は保守政権と農業団体との長い同盟関係を考えればこの相対的に高い地位は自然である。韓国の場合，日本と類似の農業（自然）条件であるにもかかわらず，農業団体の地位がこれほど低いのは，第2章で触れられたような政権と農業団体との関係要因（権威主義体制下でのコントロールとそのシステムの崩壊，小団体の噴出）等もあるが，加えて，全国一区の大統領制度（大都市票に依存），政権の農業政策（相対的な軽視，輸出工業政策重視），国会議員の選挙や行動規範の違い（大統領・政党本部への依存）など政治的要因も関連する，と推察される。

　外国政府の位置も日本の方がやや高い。国際機関や外国利益団体の位置も同様である。日本の地球化現象，とりわけ1980年代以降常態化した外圧政治の進展のため，認知が進んだのであろうか。

　第3グループは日本ではこの国際機関から自治体，労働団体，外国の利益団体が入る。韓国では文化人・学者を筆頭に，労働団体，外国政府，消費者団体，自治体，国際機関が含まれる。順位は，韓国では文化人・学者の上位が目立ち，日本では第4グループであり低位である。同様，消費者団体も韓国でやや上位にある。

　最後の第4の低位グループには，日本では文化人・学者，消費者団体，福祉団体，NGOほか，婦人・女性団体が，韓国では，外国利益団体，NGOほか市民団体，婦人・女性団体，農業団体，福祉団体がくる。微妙な差であるが，NGOほか市民団体や婦人・女性団体の順位がやや韓国で高いこと，逆に農業団体同様，福祉団体も韓国でやや低いことは政権と社会団体との関係の文脈で考える時，興味深い。つまり，これまでに筆者を始め日本の政治学者が分析してきたように日本の自民党政権が政策受益団体として，農業団体や福祉団体など行政の施策や補助金などと関連付けて，多くの社会集団を包摂しようとしてきたことがこの微妙な差の背景にあるように思われる。他方で，NGOや女性団体の低さに関しては，90年前後までは政権は好意的でなかったことが関係するだろう。(11)

　以上のJIGSデータは一般の市民社会組織に聞いたものであるが，地球環境の主要アクターに聞いたGEPONデータの結果とよく対応している。GEPONでは，マスメディアの評価が韓国でトップ，日本で3位，政党の力の評価も韓国で第2位であり日本では6位，NGOも韓国で8位，日本で11位と最

下位であったことなど，韓国でのマスメディア，政党，NGOほかのこうした強さはJIGSデータでも確認された。同様に経済団体，国際機関，国際NGOがGEPONデータではやや日本での方が強かったが，これも裏付けられた形である。

3 認知影響力の日韓比較

影響力評価の順位について，全体の記述的な内容とその解釈の可能性については前節のとおりであるが，さらに日韓比較の図と表から，両者の共通点と相違点について確認しておきたい。

日本と韓国のグラフを単純に並べて比べる（図9-3）と，日本の方が得点が高い（0.2以上）のが，官僚，経済・経営者団体，農業団体，外国政府，国際機関，外国の利益団体，福祉団体である。中でも農業団体は2点以上，官僚は1点以上，外国政府や国際機関は0.5点以上，福祉団体，経済団体は0.3点以上，日本が高くなっている。反対に，韓国が高いのは，マスメディア，文化人・学者，労働団体，消費者団体，NGOほか，婦人・女性団体であり，中でもマスメディア，文化人が0.5以上，消費者団体やNGOほかが0.3以上高くなっている。

点数上あまり差がない（0.2未満）のは，政党，大企業，自治体，労働団体

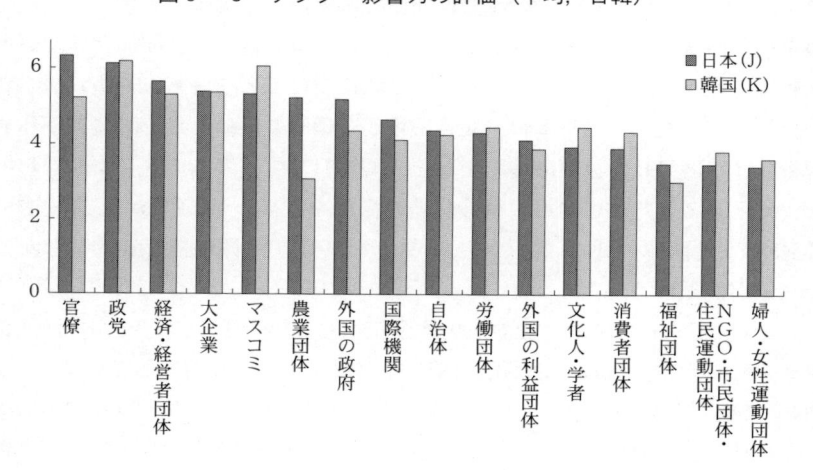

図9-3 アクター影響力の評価（平均，日韓）

表9-1 アクター影響力の評価の日韓比較（平均）

区分	日本(J)	韓国(K)	J－K	Jの順位	Kの順位	J順位－K順位
官僚	6.32	5.21	1.11	1	5	－4
政党	6.12	6.18	－0.06	2	1	1
経済・経営者団体	5.65	5.30	0.35	3	4	－1
大企業	5.38	5.36	0.02	4	3	1
マスコミ	5.32	6.06	－0.75	5	2	3
農業団体	5.22	3.07	2.14	6	15	－9
外国の政府	5.18	4.35	0.83	7	8	－1
国際機関	4.64	4.11	0.53	8	11	－3
自治体	4.37	4.25	0.11	9	10	－1
労働団体	4.30	4.45	－0.15	10	7	3
外国の利益団体	4.11	3.87	0.23	11	12	－1
文化人・学者	3.93	4.45	－0.52	12	6	6
消費者団体	3.89	4.33	－0.44	13	9	4
福祉団体	3.49	3.01	0.48	14	16	－2
NGO・市民団体・住民運動団体	3.48	3.81	－0.34	15	13	2
婦人・女性運動団体	3.42	3.62	－0.20	16	14	2

である。

　また順位という観点から，共通点と相違点を調べてみよう（表9-1）。興味深いことに日韓で順位が同じアクターはない。日本より韓国で順位が＋1なのが，政党，大企業，－1なのが，経済・経営団体，外国の政府，自治体，外国の利益団体である。このあたりは相対順位としてはあまり差がない，ほぼ共通した順位にあると考えられる。

　日韓で順位がかなり異なるアクターを見ると，日本より韓国で順位が上昇したものは，大きく変化したもの順に，文化人・学者が＋6，消費者団体が＋4，マスメディア，労働団体が＋3である。NGOほかと婦人・女性団体が＋2である。日本より韓国で順位が下降したもので大きく変化したのは，農業団体が－9，官僚が－4，国際機関が－3，福祉団体が－2である。

　つまり，点数の面でも相対順位でも，農業団体，官僚，国際機関，福祉団体は韓国より日本でより「強い」と推定される。また文化人・学者，マスメディア，消費者団体，NGOほか市民団体，労働団体は韓国の方が日本より「強い」と推定される。

4　影響力評価の主成分分析

　いままで用いてきた影響力評価の回答は，市民社会組織が15種類の政治社

会組織の影響力を評価したものである。ここまでは単に各アクターの評点の平均値のみを用いてきたが，この回答は，多様な組織への影響力評価という様々な情報内容が混在している。ここで多くの内容を代表できるいくつかの指標に，できるだけ簡潔に集約し，その特徴を分析する必要がある。ここではそのために主成分分析（Principal Component Analysis）を行った。[13]

まず初めに，この設問での主成分の見方，考え方を述べよう。日本，韓国で我々の調査対象である多くの市民社会の組織や団体は，15の社会・政治アクターに対してそれらの影響力を1から7の尺度で評価した。その15のアクターへの評価得点の間の相関を算出し，その相関値の行列において相関値の高いもの同士が一定の群をなし，それを説明する変数をこの主成分分析によって析出することができる。析出された成分で分類される諸変数（各団体種別）は，変数の値の高低はともかく，同じように変動する変数群である。そこに一定の共通する成分，つまり一定の認識の構造が被調査者側にあることが推定されるのである。今回は3つの成分が析出された。この3つの成分はそれゆえ無作為で抽出された市民社会集団の指導者の，認識の中にある枠組みであるが，それは日韓それぞれの市民社会・国家の中に実際にある枠組みを反映していると推定できるのである。

日本：主成分分析の結果，固有値1.0以上の3つの成分が析出された。[14] 3つの成分での累積寄与（説明）率は66％とある程度の水準を維持している。それぞれの成分には表9－2から表9－4にあるような変数が含まれ，それぞれ非「体制権力」構成成分（以下煩雑であるので「　」を外して表示する。寄与率26.8％），体制権力構成成分（同24.7％），体制外成分（同14.6％）と名づけることができる。

韓国：韓国でも同様に主成分分析の結果3つの成分が析出された。3つの成分での累積寄与（説明）率は62％とこれもある程度の水準を維持している。構成から見てこれもそれぞれの成分を，体制権力構成成分（寄与率25.0％），非体制権力構成成分（同24.4％），体制外成分（12.8％）と名づけることができる。

以下に見るようにここで抽出された体制権力構成成分と非体制権力構成成分，体制外成分と名づけうる3つの成分は影響力順位と関連しまたこれまでの経験的な研究の成果とも符合する。このような成分がそれぞれの国におい

表9-2　アクター影響力（日本）

	区　分	成分Ⅰ	成分Ⅱ	成分Ⅲ
	固有値	4.023	3.698	2.184
	寄与率（％）	26.817	24.656	14.560
	累積寄与率（％）	26.817	51.473	66.034
① 非体制権力 構成成分	福祉団体	0.885	0.113	0.065
	婦人・女性運動団体	0.882	0.090	0.133
	NGO・市民団体・住民運動団体	0.876	0.080	0.141
	消費者団体	0.840	0.183	0.079
	文化人・学者	0.587	0.221	0.286
	自治体	0.457	0.257	0.398
② 体制権力 構成成分	経済・経営者団体	0.123	0.803	0.217
	官僚	0.023	0.787	0.341
	政党	0.095	0.768	0.251
	農業団体	0.206	0.716	0.015
	大企業	0.085	0.672	0.325
	労働団体	0.438	0.634	−0.140
	マスコミ	0.330	0.436	0.379
③ 体制外成分	国際機関	0.227	0.171	0.842
	外国の政府	0.096	0.288	0.831

Kaiser-Meyer-Olkin 値0.889

て析出されたことはこの分析の有意性を示しているように思われる。

5　主成分分析の日韓比較，影響力順位との比較

体制権力構成成分

　まず体制権力構成成分に含まれる変数の構成に着目しよう。

　日本では経済団体をトップに，官僚，政党，農業団体，大企業，労働団体，マスメディアが含まれる。先の影響力順位と比べれば，経済団体，労働団体の順番が上がり，マスメディアが下がっているが，これは影響力の順位ではなく，体制権力構成成分の順位である。この成分表示は政官財エリートモデル特に財界を重視する階級主義的なそれと整合的な順に変数が含まれる。これは実態がそうであるかどうかはともかく，こうした認識で影響力の評価が下されていることを示す。認識の枠組みにおいて，政官財（財官政）エリートモデルが健在であることがいえるのである。そして続いて，自民党と長く同盟関係にある農業団体が入っている。

　大企業は体制外成分もある程度示し，労働は非体制権力成分をかなり示し，マスメディアは両方の成分をある程度示す。これも大企業の多国籍企業とし

表9-3 アクター影響力（韓国）

区分		成分Ⅰ	成分Ⅱ	成分Ⅲ
	固有値	3.749	3.657	1.924
	寄与率（%）	24.993	24.379	12.829
	累積寄与率（%）	24.993	49.372	62.201
① 非体制権力構成成分	マスコミ	0.799	0.265	0.090
	政党	0.797	0.137	0.068
	大企業	0.787	0.105	0.263
	経済・経営者団体	0.718	0.175	0.241
	官僚	0.647	0.027	0.298
	文化人・学者	0.609	0.392	0.104
② 体制権力構成成分	婦人・女性運動団体	0.088	0.847	−0.017
	NGO・市民団体・住民運動団体	0.110	0.835	−0.019
	福祉団体	−0.052	0.798	0.078
	消費者団体	0.342	0.693	0.189
	農業団体	0.212	0.593	0.052
	労働団体	0.336	0.558	0.080
	自治体	0.311	0.398	0.228
③ 体制外成分	国際機関	0.235	0.101	0.902
	外国の政府	0.320	0.070	0.876

Kaiser-Meyer-Olkin 値0.851

ての性格や，これまでの日本の労働と社会主義的な野党との関係，またマスメディアの「中立性」の標榜を考えるとき，極めて妥当な成分表示である。

韓国の場合，まずマスメディア，政党がほぼ並んでトップである。続いて大企業，経済団体，官僚，文化人・学者である。マスメディアの強い影響力はGEPON調査でもトップであったこと，先の影響力の順位でも2位であったことで示されていた。政党とマスメディアの両者が首座にあるという韓国の特徴がよく出ている。続いてビジネス関連がくるのも影響力順位と同じである。官僚がやや低く，文化人・学者が入るのも影響力順位と同じである。影響力順位と体制権力構成成分の順位が瓜二つである。文化人・学者の位置は韓国の特質の1つであり，学界と政界の相互関係・相互移動が盛んな状況を反映している。

非「体制権力」構成成分

次に非体制権力構成成分に含まれる変数の構成を見ておこう。

日本では福祉団体，婦人・女性団体，NGOほか，消費者団体，文化人・学者，自治体が入る。但し，後2者においては，文化人・学者では体制外成分がある程度含まれ，自治体では体制外成分がかなり強く，体制権力構成成分

表9-4　影響団体の成分分析（日韓総括）

区分		日本	韓国	成分別代表団体	
	Kaiser-Meyer-Olkin 値	0.889	0.851	日本	韓国
①/② 非体制権力 構成成分	固有値	4.023	3.749	経済/ 非営利 関連団体 (22.6%/ 10.5%)	市民/福祉/ 専門家/ 経済団体 (15.2%/ 12.7%/ 11.4%/ 10.1%)
	寄与率(%)	26.817	24.993		
	福祉団体	0.885	0.798		
	婦人・女性運動団体	0.882	0.847		
	NGO・市民団体・住民運動団体	0.876	0.835		
	消費者団体	0.840	0.693		
	文化人・学者	0.587	−		
	自治体	0.457	0.398		
	農業団体	−	0.593		
	労働団体	−	0.558		
②/① 体制権力 構成成分	固有値	3.698	3.657	経済/ 労働/ 行政関係 団体 (21.3%/ 12.0%/ 10.8%)	専門家/ /福祉/ 経済/ 宗教団体 (18.8%/ 16.3%/ 13.8%/ 10.0%)
	寄与率(%)	24.656	24.379		
	経済・経営者団体	0.803	0.718		
	官僚	0.787	0.647		
	政党	0.768	0.797		
	農業団体	0.716	−		
	大企業	0.672	0.787		
	労働団体	0.634	−		
	マスコミ	0.436	0.799		
	文化人・学者	−	0.609		
③/③ 体制外成分	固有値	2.184	1.924	経済/専門家 団体 (21.8% /10.1%)	福祉団体 * (15.9% /14.8%)
	寄与率(%)	14.560	12.829		
	国際機関	0.842	0.902		
	外国の政府	0.831	0.876		
	サンプル数			995	247

注）①/②：①日本の成分，②韓国の成分
　　* 教育，専門家，宗教団体

もある程度含まれるというように，性格はやや曖昧である．ここに含まれる変数は，影響力評価の下位から順に5つと自治体である．

　韓国では，婦人・女性団体，NGOほか，福祉団体，消費者団体，農業団体，労働団体，そして自治体が含まれる．農業団体と労働団体が日本とは異なり，体制権力構成成分ではない．特に農業団体はその体制権力成分（Ⅰ）は多くない．消費者団体，労働団体，自治体にはある程度この成分も含まれている．この7団体は影響力評価において国内では下位から7つに当たる．

体制外構成成分
　日韓ともに国際機関と外国政府（および外国利益団体）[15]からなる．韓国ではある程度体制権力成分も含まれている．

小括

日韓共通して，3つの対応する成分，体制権力構成成分と非体制権力構成成分，体制外成分と名づけうる要素が析出された。それによって統合された変数（団体種別）は，影響力の順位分析で試みた分類とほぼ対応し，またその成分値の順位もほぼ対応するものである。

この分析でも農業団体，労働団体，マスメディア，文化人・学者などの変数が示す2ヵ国の違いが明確に示されている。日本では，農業団体，労働団体が体制権力構成成分に含まれるが，韓国では非体制権力構成成分である。他方，文化人・学者は韓国で体制権力構成成分，日本では非体制成分である。マスメディアは韓国で高い体制権力構成成分を示すが日本ではどの成分も曖昧である。

日本と韓国の主成分分析の成分ⅠⅡ（体制権力構成成分と非体制権力構成成分）を図に示すと図9－4にようになる。この図からもここで述べた日韓の特徴が確認できる。

6　結論

影響力評価の得点順位の主成分分析でもほぼ共通した結果が析出された。最初に示したパラドックスが否定されるのではなく，どちらかといえば肯定する証拠と言える。つまり日本より韓国において，マスメディア，政党，NGOほかがより重要な役割を果たしていると認知されていることが示唆されたのである。

他方で，主成分分析で見出された日韓の違いにも着目しておく必要がある。日本では，経済・経営団体が高い成分を示すだけでなく，（韓国と異なり）農業団体や労働団体も体制権力構成成分であった。いわば，（経済）発展志向型国家でり，日本の場合，生産力を全般に広く拡大する方向で広範な利益団体政治として深化し，農業，労働を含めた協調主義的（コーポラティズム）な色彩を帯びているのである。これは議院内閣制下の議員行動，「生産性」民主主義下の利益代表の問題へ連なるであろう。そして，主成分分析から日本では体制権力構成部分とそれ以外の区分が比較的明瞭であることが解った。

韓国では，日本と異なり文化人・学者が体制権力構成成分であった。またマスメディアは日本より高い体制権力構成成分値を示した。いわば韓国はメ

第9章 市民社会と影響力構造　257

図9-4　アクター影響力の成分Ⅰ・Ⅱの比較（日韓）

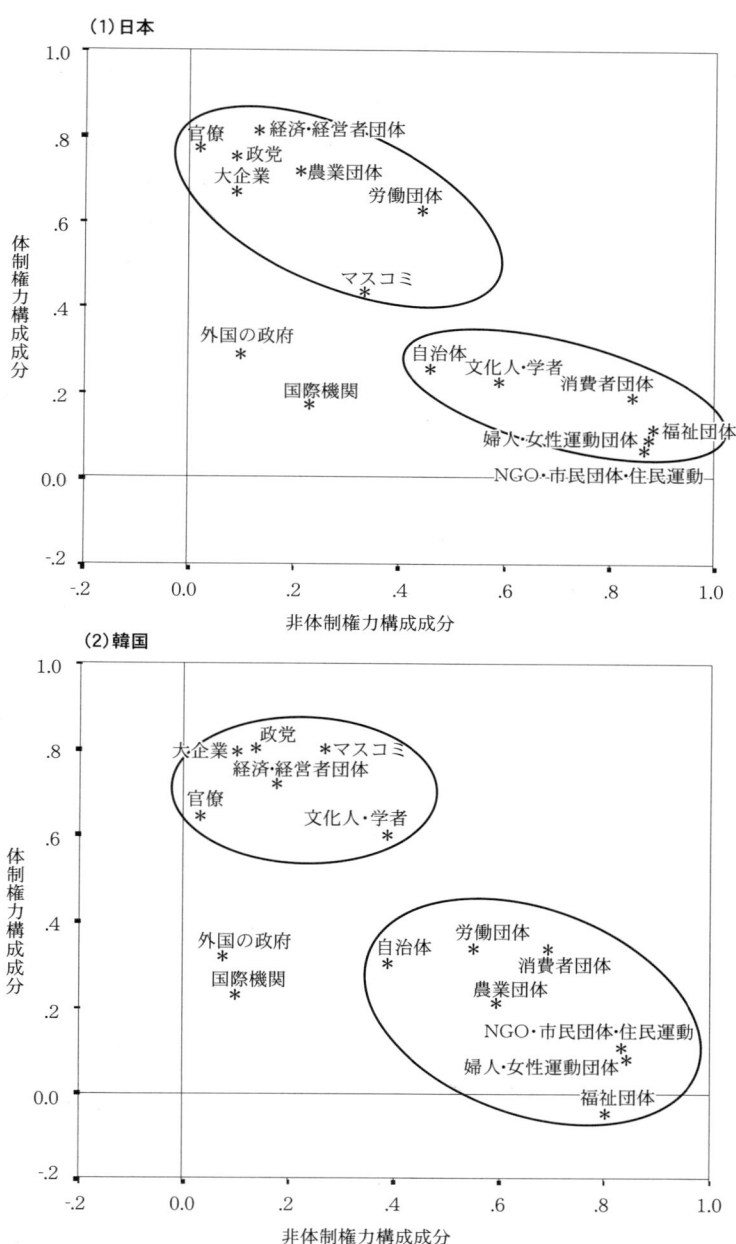

(1) 日本

体制権力構成成分（縦軸）／非体制権力構成成分（横軸）

官僚、経済・経営者団体、政党、大企業、農業団体、労働団体、マスコミ、外国の政府、自治体、文化人・学者、消費者団体、国際機関、婦人・女性運動団体、福祉団体、NGO・市民団体・住民運動

(2) 韓国

体制権力構成成分（縦軸）／非体制権力構成成分（横軸）

大企業、政党、マスコミ、経済・経営者団体、官僚、文化人・学者、外国の政府、国際機関、自治体、労働団体、消費者団体、農業団体、NGO・市民団体・住民運動、婦人・女性運動団体、福祉団体

ディア・文人政治の様相を示している。これは大統領制,「南北冷戦イデオロギー」緊張下でのイデオロギー,アイディアの重要性の問題やエリート民主主義の要素を示唆しているのかもしれない。他方で,韓国では,経済・経営者団体をのぞいて農業・労働など生産者団体も,他の団体同様「体制」に組み込まれていないように思われる。つまり,なお政党と利益団体からなる構造化は日本ほどには進んでいないのである。

　以上の発見は,すべて団体の指導者の認知レベルでの構造であって,実態がそれにどのように反映されているかは,別の検討を行う必要があることを忘れるべきではない。

(1)　多元主義と自由民主主義の関係についての筆者の整理については辻中（1997：130-132）を参照。
(2)　辻中（1999b：14）。但し,韓国調査では日本との比較可能性が強く意識された結果,粗リストの作成に際してほぼ日本と対応するものが組み込まれていた。しかし,選出自体はレフリー評点に基づいているので偏りはない。地球環境政策ネットワーク調査については,辻中編（2000）,辻中編（1999a）,辻中編（1999b）を参照。
(3)　辻中（1999a：10；1999b：15）参照。
(4)　辻中（1999b：15）。
(5)　日本では,1審議会,2国際IGO,3メディア,4政府官庁,5経済団体,6政党（全体平均）,7国際NGO,8大企業,9業種別団体,10政府系シンクタンク,11NGOほかの順。韓国では,1メディア,2政党,3国際IGO,4政府官庁,5審議会,（全体平均）,6経済団体,7政府系シンクタンク,8国際NGO,9NGOほか,10大企業,11業種別団体の順。
(6)　蒲島（1990）。
(7)　G.サルトーリ（1980：23-32）。
(8)　山本正ほか（1998）。
(9)　日韓の団体状況の比較分析および韓国の現状の考察として,本書第4章,辻中・李・廉（1998）を参照。
(10)　影響力の認知に関する先行調査・研究として,蒲島（1985）。村松・伊藤・辻中（1986）。蒲島（1990）。蒲島の2つの論文は,マスメディアがアクター間で「最も影響力が強い」と分析した歴史的論文である。ただそこでは政治的影響力ではなく「生活にどの程度の影響力を持っていますか」という社会的影響力であった。
(11)　辻中（1988）。村松・伊藤・辻中（1986）。広瀬（1981）。

(12) 日本Q26，韓国Q29は16項目のアクターカテゴリーがあるが，韓国の16項目において欠損値が多くあったため残余の15項目で行った。
(13) SPSSにおいては，主成分分析は因子分析の因子抽出法のオプションとして行うことができる。両分析は目的が異なり，因子分析が変数を共通因子に分解するのに対して，主成分分析は変数を統合する（浅野 1992:202）。しかし，その式自体は共通部分が多いため，主成分分析を因子分析の一種と見なす考え方もありうる。ここでもSPSSを用いた分析であるので，主成分という新変数を因子と表現することもある（SPSS Inc. SPSS Base 7.5 *Application Guide*, 1997. SPSS Inc. Chapter 16.）。
(14) 主成分分析の精度分析としては，カイ2乗値とKMO値（Kaiser Meyer Olkin値）を表示した。カイ2乗値はいずれも有意水準0.00，KMO値もいずれも0.80以上を示しており，標本妥当性として良好な高い水準にあることを示している。
(15) 日本，韓国ともに16項目で主成分分析も行ったが，それには外国の利益団体はこの体制外成分に含まれた。

第10章

団体の「自己影響力」を
規定する諸要因

崔宰栄・辻中豊

　本章では，第1巻（辻中編 2002）第3章「市民社会の政治化と影響力」で紹介された主要な変数を説明変数にして，団体自身がその活動地域での政策課題に対する影響力を自己評価したもの（主観的な自己影響力）を被説明変数として，日本と韓国における諸要因の関連を分析する。その結果，
(1) 自己影響力に関連する統計的に有意な諸要因は，日韓ともに6要因が共通である。団体の性格，行政や政治家，マスメディアとのネットワーク関係，とりわけ，団体と行政との関係，協議，行政信頼など行政との正統性に基づくネットワーク関係が重要である。
(2) 組織のリソースに関連する要因はすべて有意ではない。
(3) 日韓の微妙な違いとして以下の点をあげうる。
　(a) 政策関心分野と政策の実施実績の2要因が，日本のみ有意に関連しており，日本において市民社会の諸団体が政策関心や実施を通じて自己影響力をより強く認識していること。
　(b) 日本では，政治家を通じての対国・自治体ロビイング，行政協議，政策関心，政策実施実績がより重要であり，韓国では，マスメディアへの情報提供，執行部のイデオロギー，対国の行政との関係がより重要である。

はじめに

　市民社会組織の政治分析において，各団体がどのように影響力をもつかという問題ほど重要なテーマはない。それは政策決定過程というミクロな領域とも，政治体制というマクロな問題とも密接に関連する。しかし，それゆえに影響力の分析には多くの先行研究を踏まえるべきであり，その概念の操作化をめぐっても総合的な検討がなされるべきである。本章では，そうした本格的な団体の影響力の検討は，本シリーズの別の巻に譲って，すでに第1巻（辻中編 2002）第3章「市民社会の政治化と影響力」で紹介された変数を説明変数の中心にして，団体自身がその活動地域での政策課題に対する影響力を自己評価したもの（主観的な自己影響力）を被説明変数として，日本と韓国における諸要因の関連を分析する。

　本分析は，40弱の主要質問項目のうち約半数を用いた限定的なものであるが，それらの変数と団体の主観的な自己影響力との関係を明らかにするとともに，日本と韓国の共通性と相違を明らかにする。さらにその過程で後述の分析モデルの有用性について示すことも意図している。ここで用いる自己影響力について，活動レベルごとに検討したり，また団体の分類など同種の類型内での検討を行ったりすることが可能であり，また厳密な影響力の検討にはそうすることが必要であるが，今回の検討は，そうした一連の検討の第一歩としてまず首都データでのサンプルに絞って全般的に検討した。

　本章は仮説―検証型の論文ではないが，検討する際の変数選択にあたっては，異なるレベル，異なるタイプの調査に基づき分析された『戦後日本の圧力団体』における村松・伊藤・辻中が提示した仮説群を念頭に置いた。すなわち，組織リソース仮説，相互作用正統化仮説，バイアス構造化仮説，頂上団体統合化仮説である（詳しくは第1巻 46-47，村松・伊藤・辻中 1986：219-223）。ただし，最後の頂上団体統合仮説については，本調査が市民社会の基礎レベルの団体調査であることから，ここでは直接念頭においていない。それらを体系的に検証する作業も別巻に譲る。ここで述べたいのは，こうした諸仮説を念頭に，組織リソースに関連する変数（組織リソースの定義，操作化によって変数は変わるが，ここでは常識的な会員数，職員数，予算規模，補助金，設立年），相互作用に関する変数（政府・与党・野党・マスメディア

との接触有無），正統化変数（行政協議），バイアス構造化もしくは政治アクターとのネットワーク関係変数（対国・対自治体関係，政治家を通じた国・自治体ロビー），政治行動・政治参加関連の変数（予算・選挙・ロビイング全般，12大事件関与），他の影響力関係変数（政策実施実績，政策阻止・修正実績），団体の性格・属性に関する変数（政策関心分野，団体の目的・志向，執行部のイデオロギー）を，本分析では含めたという点である。

1　団体の自己影響力

　設問は，日韓ともにＱ７で，Ｑ６で「あなたの団体が活動対象とする地理的な範囲は，次のどのレベルですか。①日本：市町村レベル／韓国：市郡区（以下同様），②県レベル／広域市・道，③複数県にまたがる広域圏レベル／広域圏，④日本全国／韓国全国，⑤世界レベル／世界」と聞いたうえで，Ｑ７「Ｑ６でお答えになった『地域』でなにか政策課題が生じたとき，あなたの団体はどの程度影響力をおもちでしょうか。」と聞いている。

　このような設問形式から，地域別に検討することが妥当であるが，今回は，地域の区別をせず，全般的に検討する。全般的に分析するメリットは，ケース数を減らさずに検討できるため統計的にはより信頼性の高い検討が可能となることである。特にケース数が少ない韓国との比較を念頭に置くときこの点は重要である。

　表10－１は団体の分類（自己評価による分類）ごとの日韓別のクロス表である。後に検討するように，団体の分類の違いは，自己影響力を規定する要因としては統計的に有意であるほど大きくはない。しかし，どのような団体が，自らの活動地域，活動レベルでの政策に関して自己の影響力を実感しているかは，日韓の市民社会の性質を考える上では，重要である。

　合計にあるように全体で見れば，「非常に強い」と考える団体は日本で４％，韓国では５％，同様に「かなり強い」は日韓それぞれ11.8％，12.0％，「ある程度」は33.1％，43.4％，「あまりない」は34.1％，30.8％，「まったくない」が16.9％，8.8％となっている。　分布自体は両国で類似しているが，韓国の団体の方が，どちらかといえばより自己の政策影響力を実感しているようである。これを「非常につよい」に４点，以下「かなり強い」３点，「ある程度」２点，「ほとんどない」１点，「まったくない」を０点として平均をとる

表10-1　日韓の団体別自己影響力

区分		日本						韓国					
		非常に強い	かなり強い	ある程度	余りない	全くない	計	非常に強い	かなり強い	ある程度	余りない	全くない	計
農業	団体数	4	8	10	8	1	31	0	2	6	4	1	13
	構成比(%)	12.9	25.8	32.3	25.8	3.2	100.0	0.0	15.4	46.2	30.8	7.7	100.0
経済	団体数	10	32	78	111	28	259	1	5	14	14	5	39
	構成比(%)	3.9	12.4	30.1	42.9	10.8	100.0	2.6	12.8	35.9	35.9	12.8	100.0
労働	団体数	3	14	40	28	18	103	0	3	8	3	0	14
	構成比(%)	2.9	13.6	38.8	27.2	17.5	100.0	0.0	21.4	57.1	21.4	0.0	100.0
教育	団体数	2	17	36	39	22	116	0	2	11	13	3	29
	構成比(%)	1.7	14.7	31.0	33.6	19.0	100.0	0.0	6.9	37.9	44.8	10.3	100.0
行政関係	団体数	7	14	41	39	27	128	1	1	11	3	1	17
	構成比(%)	5.5	10.9	32.0	30.5	21.1	100.0	5.9	5.9	64.7	17.7	5.9	100.0
福祉	団体数	2	11	27	30	9	79	3	5	14	21	6	49
	構成比(%)	2.5	13.9	34.2	38.0	11.4	100.0	6.1	10.2	28.6	42.9	12.2	100.0
専門家	団体数	2	13	47	43	21	126	3	5	25	14	1	48
	構成比(%)	1.6	10.3	37.3	34.1	16.7	100.0	6.3	10.4	52.1	29.2	2.1	100.0
政治	団体数	3	3	16	6	1	29	2	3	2	1	1	9
	構成比(%)	10.3	10.3	55.2	20.7	3.5	100.0	22.2	33.3	22.2	11.1	11.1	100.0
市民	団体数	3	7	24	17	6	57	1	5	14	6	2	28
	構成比(%)	5.3	12.3	42.1	29.8	10.5	100.0	3.6	17.9	50.0	21.4	7.1	100.0
宗教関連	団体数	0	0	3	5	1	9	2	3	16	8	3	32
	構成比(%)	0.0	0.0	33.3	55.6	11.1	100.0	6.3	9.4	50.0	25.0	9.4	100.0
その他	団体数	16	34	107	116	85	358	4	7	27	18	7	63
	構成比(%)	4.5	9.5	29.9	32.4	23.7	100.0	6.4	11.1	42.9	28.6	11.1	100.0
計	団体数	52	153	429	442	219	1,295	17	41	148	105	30	341
	構成比(%)	4.0	11.8	33.1	34.1	16.9	100.0	5.0	12.0	43.4	30.8	8.8	100.0

と，日本1.52点，韓国1.74点となる。

　表10-1からも理解されるように，団体の分類ごとに自己影響力の評価は異なっている。この表10-1ではその多様さは理解されるが，団体分類ごとの違いを比較しにくいので，先の4点法での順位，また「ある程度」以上の団体の割合による順位という形で集約したものが表10-2である。

　ここではこれをより体系的に分析する余裕はないが，いくつかの注目点だけ列挙しておきたい。

　第一に前章での他のアクターへの評価（政党や官僚など団体以外の政治アクターも含まれる）にある団体分類への評価とはかなり齟齬がある点である。団体分類だけを取り出した場合，その前章（表9-1）での順位は，
日本：1）経済・経営者団体，2）農業団体，3）労働団体，4）消費者団体，5）福祉団体，6）NGO・市民団体・住民運動団体，7）婦人・女性運動団体。
韓国：1）経済・経営者団体，2）労働団体，3）消費者団体，4）NGO・市

表10-2 団体別自己影響力（日韓）

順位	4点法平均順位				構成比（%）順位					
	日本		韓国		日本	有り	無し	韓国	有り	無し
1位	農業	2.19	政治	2.44	労働	78.57	21.43	政治	75.86	24.14
2位	政治	2.03	労働	2.00	政治	77.78	22.22	農業	70.97	29.03
3位	市民	1.72	専門家	1.90	行政関係	76.47	23.53	市民	59.65	40.35
4位	福祉	1.58	市民	1.89	市民	71.43	28.57	労働	55.34	44.66
5位	労働	1.57	行政関係	1.88	専門家	68.75	31.25	福祉	50.63	49.37
6位	経済	1.56	宗教関連	1.78	宗教関連	65.63	34.38	専門家	49.21	50.79
7位	行政関係	1.49	その他	1.73	農業	61.54	38.46	行政関係	48.44	51.56
8位	教育	1.47	農業	1.69	その他	60.32	39.68	教育	47.41	52.59
9位	専門家	1.46	経済	1.56	経済	51.28	48.72	経済	46.33	53.67
10位	その他	1.39	福祉	1.55	福祉	44.90	55.10	その他	43.85	56.15
11位	宗教関連	1.22	教育	1.41	教育	44.83	55.17	宗教関連	33.33	66.67
	計	1.52	計	1.74	計	60.41	39.59	計	48.96	51.04

民団体・住民運動団体，5）婦人・女性運動団体，6）農業団体，7）福祉団体であった。自己影響力と比較して，特に異なるのは，経済団体の位置である。日本の場合，4点法順位では，経済団体は6位と低く，逆に市民団体は3位と高くなっている。韓国の場合も，経済団体は8位である。同様のことは「ある程度以上」の構成比順位でも観察できる。

　第二に，表10-2において，日本と韓国の違いも観察できる。日本では農業，福祉，経済，教育団体の順位が韓国より上位である。逆に，韓国では労働，行政関係，専門家団体の順位が高い。しかし単純に結論を下すべきではない。というのは仮にこの平均点が社会を交差して意味あるものとすれば，点数で比べれば，日本での農業団体は明らかに韓国のそれよりも高いが，それ以外の分類では点数そのものは韓国と変わらないか，やや低くなっており，早急に結論付けられない。そうした留保つきであるが，この違いは他の章での発見とは整合的である。

　第三に，ここで表には示さないが，団体分類での順位は団体の政策実施実績や団体の政策阻止・修正実績で影響力を見た場合の順位とも，表10-2の結果は相当な離齬があり，これらの変数間の相関，クロス集計を見ても自己影響力という変数は，必ずしも実際の実績との関連も強いわけではない。

　以上のことから，被説明変数としての団体の自己影響力は，日本と韓国の政治体制や市民社会の団体の位置を示す上で興味深い変数であること，ただ評判法的な位置づけや政策実施・阻止修正実績とは離齬があることから，この変数をもって単純に影響力を代表させることは難しいことが了解される。

自己影響力はあくまで団体の活動レベルでの政策影響力への自己評価である。

2 分析データの概要

主観的な自己影響力を規定する諸要因を明らかにするため，団体の「主観的な関与」，「イデオロギー」，「アクター関係」，「政治行動」，「12大事件への関与」，「成功実績」，「リソース」の計28要因（変数）を用いてその関連分析を行う。表10-3は分析用変数一覧を示したものである。

被説明変数となる「主観的な自己影響力」（日韓：Q7/Q7）は，該当団体の政治的な影響力の自己評価で，設問に「1. 非常に強い〜 3. ある程度」と回答した場合，影響力「あり」，（否定的な立場と見直した）欠損を含むそれ以外の場合，影響力「なし」でダミー変数化した。

また，28要因（説明変数）の中，団体の政治への「主観的な関与」を示す政策関心（Q2/Q2）と団体の目的（Q3/Q3）は，各設問の選択肢が多いため主成分分析により変数を再集約した。そのため，日韓の各要因（Q2/Q2, Q3/Q3）のカテゴリー内容は相違である。主成分分析の詳細は第12章を参照されたい。団体のイデオロギー性向は団体の執行部（Q5-1/Q5-1）と一般会員（Q5-2/Q5-2）に区分し，設問に「1. 革新的な人が非常に多い〜 3. どちらかといえば革新的な人が多い」に回答した場合「1. 革新的」，「4. 同程度」の場合「2. 同程度」，「5. どちらかといえば保守的な人が多い〜 7. 保守的な人が非常に多い」の場合「3. 保守的」で再構成した。

つぎに，団体との「アクター関係」では，対国行政（機関）関係（Q8/Q8），対自治体行政（機関）関係（Q9/Q9），行政協議（Q12/Q12），国・自治体（への）ロビー（Q11/Q11），政府省庁と接触（Q21-3/Q24-3）により対行政関係を，与党と接触（Q21-1/Q24-1），野党と接触（Q21-2/Q24-2）により対政党関係を，マスメディアへの情報提供（Q21-11, 13/Q24-11, 13）により対マスメディア関係を表す要因で構成される。また，これらの変数は，計量分析や解析を容易にするため，多数の選択肢のある設問を，団体との「アクター関係」有無で表す2値のダミー変数として再レコードした。各変数ごとの詳細は表10-3の該当箇所を参照されたい。

続いて，団体の「政治行動」は，予算活動（Q16/Q19），選挙活動（Q15/Q16），ロビイング全般（Q21/Q24）を用いて，その政治行動・政治参加を示す。と

表10-3 団体の主観的自己影響力と諸要因との関連分析用変数一覧(I)

	変数名	変数(日韓)		カテゴリーなど	
	主観的な自己影響力	Q7/Q7	0 ない 1 ある	「1. 非常に強い」、「2. かなり強い」、「3. ある程度」の答えを「ある」	
	団体分類	Q1/Q1	1 農業 2 経済 3 労働 4 教育 5 行政関係 6 福祉	7 専門家 8 政治 9 市民 10 宗教関連 11 その他	
主観的関与	政策関心	Q2/Q2 (主成分分析)	1 経済政策 2 安全政策 3 公共開発政策 4 福祉政策 5 教育政策 6 環境政策	韓国は7カテゴリー：「1. 経済政策」、「2. 科学政策」、「3. 安保政策」、「4. 地域政策」、「5. 公共開発政策」、「6. 環境(国際)政策」、「7. 教育政策」	
	団体の目的	Q3/Q3 (主成分分析)	1 内部的 2 経済利益 3 政治的アドボカシー 4 対外サービス	韓国は4カテゴリー：「1. 内部的な経済利益組織」、「2. 政治的アドボカシー組織」、「3. 行政的な利益の組織」、「4. 対外サービス組織」	
	イデオロギー	Q5/Q5 (執行部)	1 革新的 2 同程度 3 保守的	革新的：「1. 革新的な人が非常に多い」、「2. 革新的な人が多い」、「3. どちらかといえば革新的な人が多い」 同程度：「4. 同程度」 保守的：「5. どちらかといえば保守的な人が多い」、「6. 保守的な人が多い」、「7. 保守的な人が非常に多い」	
		Q5/Q5 (一般会員)	1 革新的 2 同程度 3 保守的		
アクター関係	対行政	Q8/Q8	0 ない 1 ある	選択項目「1～7」の中、どれか1つの回答に当てはまれば「1. ある」、どれもなければ「0. ない」	
		Q9/Q9 (対自治体・行政)	0 ない 1 ある		
		Q12/Q12 (行政協議)	0 ない 1 ある	―	
		Q11/Q11 (政治家を通じての国・自治体ロビー)	0 ない 1 ある	国・自治体の選択項目「1～3」の中、どれか1つに「2. ある程度」、「3. かなり頻繁」の答え	
	対政党	Q21/Q24 (政府省庁と接触)	0 ない 1 ある	該当項目での「3. ある程度」、「4. かなり」、「5. 非常に頻繁」の答え。但し、マスコミは項目11(情報提供)と13(記者会見)の合成。	
		Q21/Q24 (与党と接触)	0 ない 1 ある		
		Q21/Q24 (野党と接触)	0 ない 1 ある		
	対マスコミ	Q21/Q24 (マスコミへの情報提供)	0 ない 1 ある		
行動	予算活動	Q16/Q19	0 ない 1 ある	―	
	選挙活動	Q15/Q16	0 ない 1 ある	該当項目でのどれか1つに「3. ある程度」、「4. かなり」、「5. 非常に頻繁」の答えを「ある」。但し、ロビイング全般は項目1～3、10～14の合成項目。	
	ロビイング全般	Q21/Q24	0 ない 1 ある		
十二大事件	参加	Q25/Q28	0 ない 1 ある	どれか1つに、「2. 普通」、「3. 強い」／「2. 中立」「3. 賛成」の答え。	
	立場表明	Q25/Q28	0 ない 1 ある		

表10-3　団体の主観的自己影響力と諸要因との関連分析用変数一覧(II)

	変数名	変数(日韓)	カテゴリーなど		
成功実績	実施実績	Q28/Q31	0　ない 1　ある	—	
	阻止・修正実績	Q29/Q32	0　ない 1　ある	—	
リソース	会員数(現在)	Q32/Q35 (単位：人数)	2　1～49 3　50～99 4　100～499 5　500～999 6　1,000～4,999 7　5,000～19,999 8　20,000～99,999 9　10万人以上	Q32/Q35 (所属人数計)	2　1～99 3　100～499 4　500～999 5　1,000～4,999 6　5,000～19,999 7　20,000～99,999 8　10万以上
		Q32/Q35 (団体数)	2　1～9 3　10～19 4　20～29 5　30～49 6　50～99 7　100～249 8　250以上	—	
	職員数 (単位：人)	Q33/Q36 (常勤)	1　0 2　1 3　2 4　3, 4 5　5～9 6　10～29 7　30～49 8　50～99 9　100以上	Q33/Q36 (非常勤)	1　0 2　1 3　2 4　3, 4 5　5～9 6　10～29 7　30～49 8　50～99 9　100以上
	予算規模 (平成8年度) (単位：円)	Q34/Q37	1　100万未満 2　100万～300万未満 3　300万～500万未満 4　500万～1000万未満 5　1000万～3000万未満 6　3000万～1億未満 7　1億～2億未満 8　2億～10億未満 9　10億以上	—	
	補助金 (平成8年度) (単位：円)	Q35/Q38 (国から)	1　0 2　1～99万 3　100万～499万 4　500万～999万 5　1,000万～1,999万 6　2,000万～4,999万 7　5,000万～9,999万 8　1億～9億9,999万 9　10億以上	Q35/Q38 (自治体から)	1　0 2　1～99万 3　100万～499万 4　500万～999万 5　1,000万～1,999万 6　2,000万～4,999万 7　5,000万～9,999万 8　1億～9億9,999万 9　10億以上
	団体設立年	Q30/Q33 (設立年)	1　44年以前 2　45～54年 3　55～74年 4　75～98年	韓国は5カテゴリー：「1. 朴政権以前(60年以前)」、「2. 朴政権(61～79年)」、「3. 全政権(80～87年)」、「4. 盧政権(88～92年)」、「5. 金政権(93年～97年)」	

くに，ロビイング全般の場合，上述した団体との「アクター関係」で与党と接触（Q21－1/Q24－1），野党と接触（Q21－2/Q24－2），政府省庁と接触（Q21－3/Q24－3），マスメディアへの情報提供（Q21－11/Q24－11），団体の立場表明（Q21－13/Q24－13）に加え，大衆集会の開催（Q21－10/Q24－10），意見広告の掲載（Q21－12/Q24－12），他団体との連合形成（Q21－14/Q24－14）の内，どちらか1つでも回答があれば，ロビイング全般「あり」でダミー変数化した。そのため，ロビイング全般の「政治行動」要因と「アクター関係」要因の間では，多重共線性の問題が内在する恐れがあるため，以降の分析での変数選定に十分な注意が必要とされる。

さらに，各団体の政治的な影響力の実現に関する要因（「成功実績」）として，「12大事件」での参加（Q25－1/Q28－1），立場表明（Q25－2/Q28－2）の有無を，特定政策・方針の実施（Q28/Q31）や阻止・修正（Q29/Q32）での成功有無を設けた。

最後に，団体の規模などに関する「リソース」では，現在の会員数（個人，団体，所属人数計：Q32/Q35），職員数（常勤，非常勤：Q33/Q36），平成8年度予算規模（Q34/Q37），平成8年度の補助金（国から，自治体から：Q35/Q38），団体の設立年（Q30/Q33）で構成される。しかし，これらの変数は連続変数となっているが，（カテゴリー分類上の問題はあるものの）既存の日韓の各コードブックで分類しているカテゴリーをそのまま用いることとする。ただし，団体の設立年の場合，日韓の年代ごとの政権による社会・経済・政治状況などが異なっていることから，各国の状況に合わせ分類した結果，日本は4カテゴリーで，韓国は5カテゴリーの時期区分を得た。

3　分析手法の概要

主観的な自己影響力と諸要因（28変数）との間で，各要因との相関を分析するために相関分析（correlation analysis）を，自己影響力と各要因との独立性を検定するためにカイ2乗検定（chi-square test）をそれぞれ行い各要因間の関係を計量的に分析する。また，カイ2乗検定の結果から得られた統計的に有意な要因を用いて，多重分散分析（Multiple Classification Analysis; MCA）を行う。

多重分散分析（MCA）は，単純な線形モデルで，かつモデルの分析結果の

精度評価や解釈が容易な回帰モデルとして評価される分析手法である。ただし，MCA に用いる変数は，量的なデータの目的変数と，質的なデータの説明変数からなるものの，ここで用いた自己影響力は，影響力有無のカテゴリーという質的なものである。このことから，本分析では，質的な変数である自己影響力を，量的な変数と見なすこととする。自己影響力の有無は，「0＝影響力無し，1＝影響力有り」で，値が大きい（すなわちモデルによる推定値が1に近い）ほど，自己影響力があるものと解釈する。

一方，自己影響力と諸要因との関連は，相関分析，カイ2乗検定，多重分散分析（MCA）に加え，多次元尺度（Multi-Dimensional Scaling; MDS）分析を行い概念的なイメージを視覚化（以降，グラフィカル分析；graphical analysis という）する。多次元尺度（MDS）は，事象間の類似性（または非類似性）に関してデータ構造を幾何学的な図で表す統計手法である。類似性データとは，事象間の概算距離を表す類似性，非類似性，距離，あるいは接近性などに関して，事象間の関連性を量として反映するものである。ここでは，自己影響力，諸要因の各変数間の相関係数を事象間の距離と考え，その概念的な位置関係を図式化する。一般的に概念的な位置関係は，事象の間に類似性があれば2つの近接した点で，相違すれば遠く離れた2点で，平面上に表す。ここで用いる各計量分析の詳細なアルゴリズムなどは，SPSS (1991) を参照されたい。

グラフィカル分析に当っては，まず，自己影響力，諸要因の各変数間の相関行列により，MDS を行い各々の空間的距離の概念的な位置をプロットする。そのあと，カイ2乗検定から決定された有意な変数により MCA を行い各要因のカテゴリーレンジ（有意水準5％）だけを用いて，対応する変数間を結んで表現する。この線により，自己影響力の有無に影響を及ぼす諸要因の影響度（カテゴリーレンジ）を表すことができる。ここで，カテゴリーレンジとは，目的変数の総平均と説明変数の各要因のカテゴリー別平均との差（カテゴリー偏差）の範囲内で，要因別カテゴリーの影響による総平均の変動幅を示す指標である。その結果をまとめると図10-1で示すような，1つの総括図となり，各要因間の相関関係，有意な影響要因とその影響程度を一括し把握できる手法として評価されよう。

他方，自己影響力に影響を与える要因分析での MCA の分析精度は，主に

決定係数（r^2），残差の平均2乗（mean of squares due to residual errors），F値などで評価されるが，決定係数，すなわちモデルの説明力から見ると，日本が0.132で，韓国が0.213でそれ程高い水準ではない。しかし，求められた日韓のMCA分析モデルを用いて，自己影響力有無を各ケース（団体）別に推定して見ると，日本は有効分析サンプル947団体の66.3％が，韓国は有効分析サンプル371団体の66.8％が正確に推定され，約7割の精度で団体の自己影響力有無を判別している。これは，日韓のMCAモデル，すなわち理論的な推定線は，自己影響力の全変動（分散）を低いレベルで説明している（決定係数が低い）ものの，各パラメータ（β），すなわち説明変数（X）が1単位変化する時の目的変数（Y）の変化量は，求められた推定線での影響度を表すものである。そのため，求められた各モデルの推定線上での相対的な評価は可能である。また，決定係数は低い水準であるが，その判別率が相対的に高い水準となっているのは，MCAによる自己影響力の推定値が，整数である観測値に対し，小数となるため，観測値と推定値との差が大きくなった結果（決定係数が低い）と思われる。そのため，ここでのMCAモデルの精度評価は判別率を用いて行うのが，最も妥当であると判断される。

　また，これらのMCAモデルは，モデルに用いられる各要因n個の組み合わせ数（$\Sigma 2^n - 1$）について網羅的に探索的に検討された最適な要因の組み合わせの結果である。そのため，ここで分析される影響要因は，考えられる多くの要因のうち，最も客観的に評価される結果の1つであることを強調しておきたい。

4　自己影響力と諸要因との関連分析

　図10-1は，グラフィカル分析による自己影響力に及ぼす諸要因の関連分析を集約して表現したものである。変数間の距離が近いと，変数間の関係は高い（正の相関）ことを，変数間を結んだ線が太い（カテゴリーレンジ）と，自己影響力に与える影響は大きいことを意味する。ただし，変数間の位置関係において，距離が遠い場合，変数間の相関が低いか，負の相関関係であることに注意する必要がある。また，丸で囲まれた各変数は，有意水準0.05で自己影響力と関連性を持つもので，破線の丸が付けられた変数は自己影響力と負の関係（相関）を表す諸要因である。他方，線が結ばれたものがまず統

図10−1　団体の自己影響力に及ぼす諸要因の関連分析

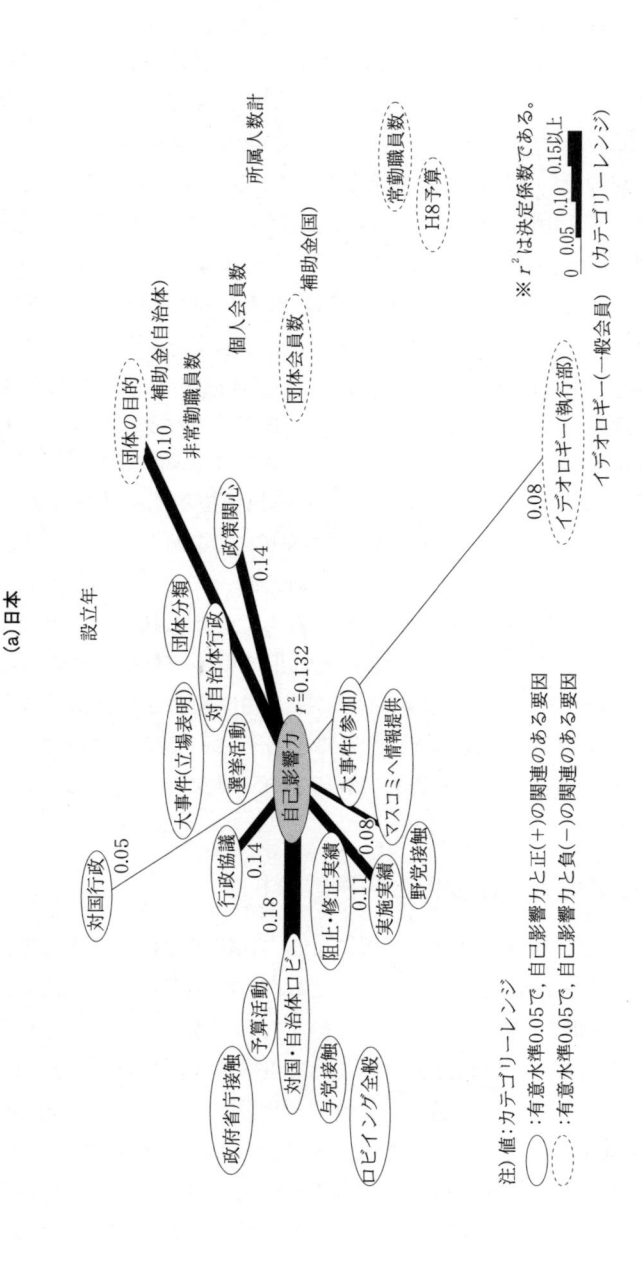

(a) 日本

第10章 団体の「自己影響力」を規定する諸要因 273

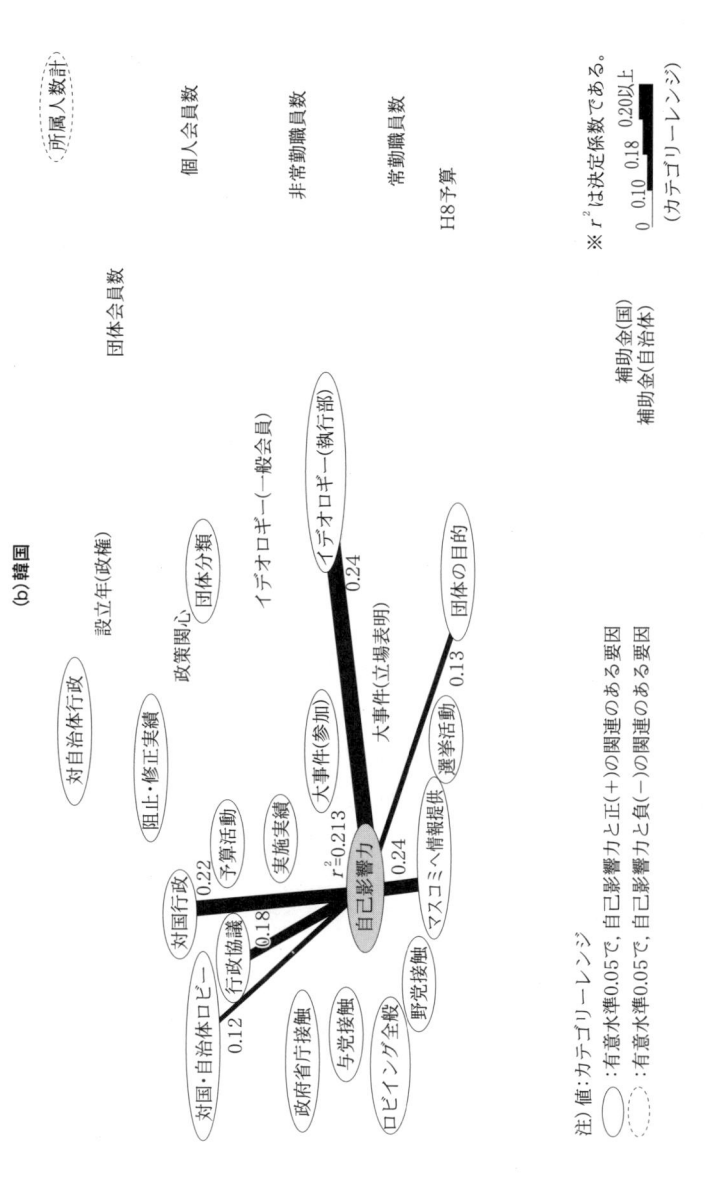

(b) 韓国

※ r^2 は決定係数である。

カテゴリーレンジ: 0 0.10 0.18 0.20以上

- 所属人数計
- 団体会員数
- 個人会員数
- 非常勤職員数
- 常勤職員数
- H8予算
- 補助金(国)
- 補助金(自治体)
- 設立年(政権)
- 対自治体行政
- 阻止・修正実績
- 政策関心
- 団体分類
- イデオロギー(一般会員)
- イデオロギー(執行部) 0.24
- 対国行政 0.22
- 予算活動
- 大事件(参加)
- 実施実績 $r^2=0.213$
- 大事件(立場表明)
- 団体の目的 0.13
- 自己影響力 0.24
- マスコミへ情報提供
- 対国・自治体ロビー 0.12
- 行政協議 0.18
- 選挙活動
- 政府省庁接触
- 与党接触
- 野党接触
- ロビイング全般

注) 値：カテゴリーレンジ

○：有意水準0.05で、自己影響力と正(+)の関連のある要因
⬭：有意水準0.05で、自己影響力と負(-)の関連のある要因

計的には有意であり，自己影響力と諸変数を結んだ線の太さは，MCA分析からのカテゴリーレンジで諸要因の影響程度を示す。脇にふった数値が大きければ大きいほど，自己影響力の変動（分散）を多く説明する要因，すなわち，自己影響力に与える影響が相対的に大きい要因として解釈できる。

　はじめに，日本での自己影響力に与える要因を見ると（有効分析サンプル947団体），関連するものは自己影響力を中心とし分布している。とくに，団体のリソースと関連する各要因は，他の要因と比べ自己影響力より，遠く離れており（負の相関），その関連性の統計的な有意性も殆ど認められない要因であることがわかる。また，自己影響力に及ぼす有意な要因は，主観的な関与（政策関心（Q2），団体の目的（Q3）），執行部のイデオロギー（Q5），アクター関係（国行政（Q8），行政協議（Q12），政治家を通じての国・自治体ロビー（Q11），マスメディアへの情報提供（Q21）），ロビイング全般（Q21）の8要因である。その内，相対的に大きな影響を与える要因は，政治家を通じた国・自治体ロビー（Q11）でカテゴリーレンジ0.18を，次に，行政協議（Q12）と政策関心（Q2）がカテゴリーレンジ0.14で同様な高い水準を示す。

　続いて，韓国での自己影響力に及ぼす要因の場合（有効分析サンプル371団体），自己影響力を中心に関連する諸要因が分布しており，団体のリソースに関する要因は，日本と同様に遠く離れて位置している。このようなことから，有効分析サンプルからみる限り，日韓ともに，団体の自己影響力を規定する要因として，団体のリソースは統計的に有意でないと言えよう。一方，自己影響力に及ぼす有意な要因は，団体の目的（Q2），執行部のイデオロギー（Q5），アクター関係（国行政（Q8），行政協議（Q12），政治家を通じた国・自治体ロビー（Q11），マスメディアへの情報提供（Q21）の6要因で，日本と類似した要因構成となっている。また，これらのうち，自己影響力に最も大きな影響を及ぼす要因は，日本と多少異なり，執行部のイデオロギー（Q5）とマスメディアへの情報提供（Q21）がカテゴリーレンジ0.24，0.24である。次に，対国行政関係（Q8）がカテゴリーレンジ0.22を示す。

　日韓を比較すると以下のことが確認できる。
1）自己影響力に関連する統計的に有意な諸要因は，日韓ともに6要因が共通である。日本では，韓国での6要因に加えて政策関心分野と政策の実施実績の2要因が有意な関係になっているだけである。つまり，自己影響力を規

第10章　団体の「自己影響力」を規定する諸要因　275

定する要因はほとんど共通であるといえる。団体の政治的な目的や執行部のイデオロギー，国の行政との諸関係，行政協議，政治家を通じての対国・自治体ロビー，マスメディアへの情報提供が重要であるということは，つまり団体の性格，行政や政治家，マスメディアとのネットワーク関係，特に行政との関係，行政との信頼や正統性に基づく関係が重要であるということである。

2）有意な要因が共通であるように，有意でない要因も共通である。組織のリソースに関連する要因はすべて（会員数，職員数から設立年まで）両国で有意でないだけでなく，図で示したように影響要因としては遠く離れていることも共通である。先に触れたように団体分類は両国で自己影響力と関連はあるものの，他の変数を含めて検討すれば有意でない要因であることも共通である。分類それ自体が決定的であるわけではない。

3）他方で，日韓の微妙な違いも興味深い。政策関心分野と政策の実施実績の2要因が日本だけで有意に関連していたが，それ以外にカテゴリー別影響程度の違いもある。

　日韓の微妙な違いを見るために，以下では，抽出された有意な各要因の各項目，すなわちカテゴリー別影響程度を詳細に見ることとする。図10－2には，有意水準1％と5％で有意である各要因別カテゴリー得点だけを用いて示す。カテゴリー得点の読み方は，標準化された平均0.0を基準とし，各要因のカテゴリー得点が，左側にあると自己影響力のない傾向（－）に，右側にあると自己影響力のある傾向（＋）に影響すると解釈する。

　まず，日本のみで有意な2つの要因を見てみよう。

　「政策関心」分野をみると，安全（安全・外交・治安・司法）政策，公共開発（土木・運輸・地域開発）政策分野に関心を持っている団体ほど自己影響力のある（＋）傾向である（カテゴリー得点0.07, 0.06）。逆に教育（国際交流・文教・科学）政策や環境（農業・環境）政策分野に関心をもつ団体ほど自己影響力がない（－）傾向である（カテゴリー得点－0.07, －0.03）。これは政治体制のもつ政策の中心・周辺性や政策中枢アクターとのネットワーク関係が反映した結果と推察されるが，詳細な分析は今後の課題である。この変数が日本でのみ有意になっていることは，そうした政策を通じた市民社会の構造化が日本においてより進行していることを示唆する。

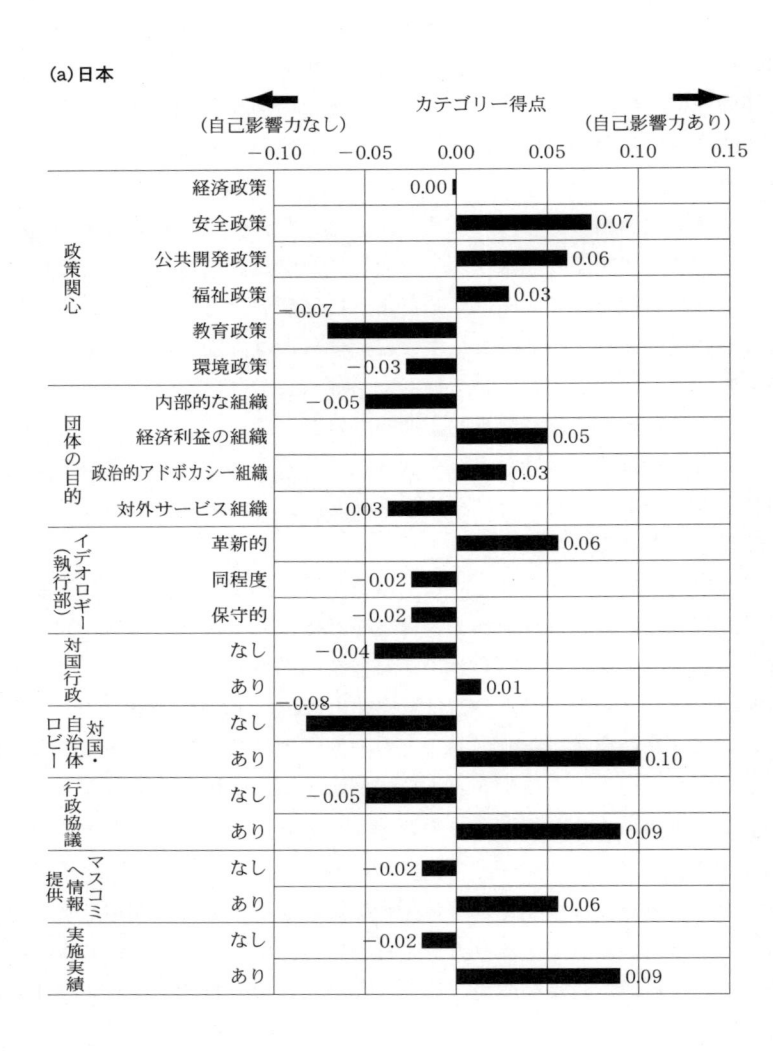

図10-2　自己影響力有無に与える

(a) 日本

		カテゴリー得点	
		(自己影響力なし) ←	→ (自己影響力あり)

大分類	項目	値
政策関心	経済政策	0.00
	安全政策	0.07
	公共開発政策	0.06
	福祉政策	0.03
	教育政策	−0.07
	環境政策	−0.03
団体の目的	内部的な組織	−0.05
	経済利益の組織	0.05
	政治的アドボカシー組織	0.03
	対外サービス組織	−0.03
イデオロギー(執行部)	革新的	0.06
	同程度	−0.02
	保守的	−0.02
対国行政	なし	−0.04
	あり	0.01
対国・自治体ロビー	なし	−0.08
	あり	0.10
行政協議	なし	−0.05
	あり	0.09
マスコミへ情報提供	なし	−0.02
	あり	0.06
実施実績	なし	−0.02
	あり	0.09

要因別カテゴリー影響度

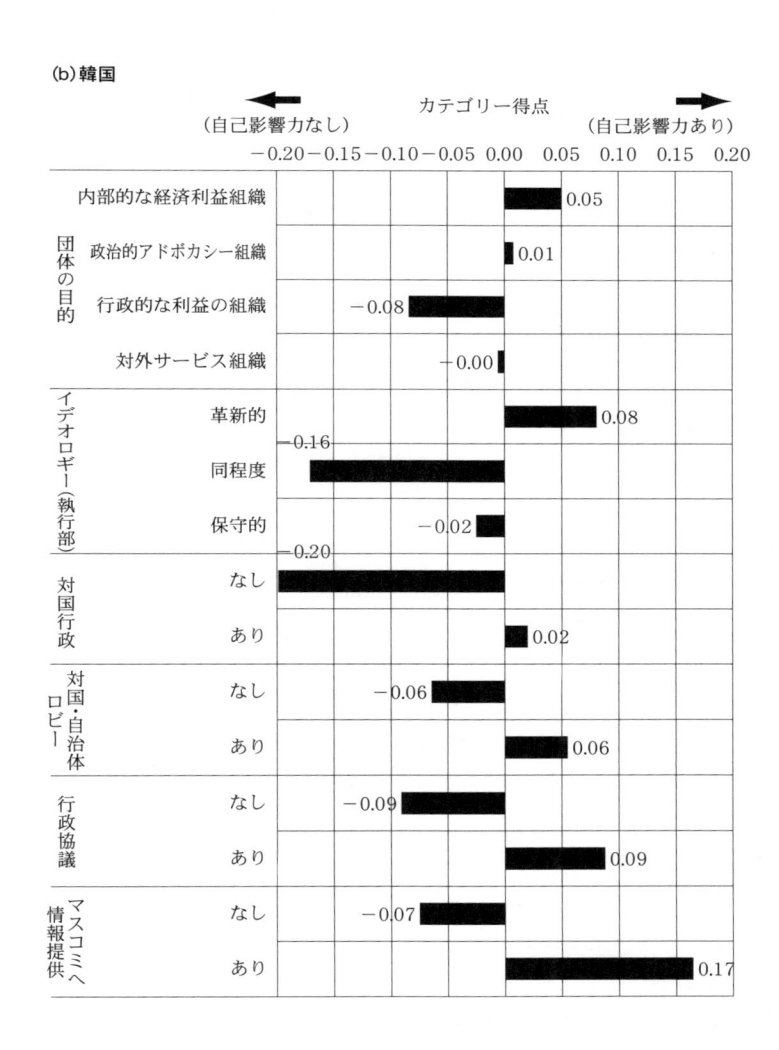

(b) 韓国

分類	カテゴリー	得点
団体の目的	内部的な経済利益組織	0.05
	政治的アドボカシー組織	0.01
	行政的な利益の組織	−0.08
	対外サービス組織	−0.00
イデオロギー(執行部)	革新的	0.08
	同程度	−0.16
	保守的	−0.02
対国行政	なし	−0.20
	あり	0.02
対国・自治体ロビー	なし	−0.06
	あり	0.06
行政協議	なし	−0.09
	あり	0.09
マスコミへ情報提供	なし	−0.07
	あり	0.17

政策実施実績のある団体が自己影響力のある（＋）傾向である（カテゴリー得点0.09）ことは，当然の結果であるように思われるが，これもなぜ日本でのみ有意なのかと問うことができる。政策実施経験の積み重ねが市民社会の諸団体であること，政策を通じた政治過程の意義の点で，日本が韓国と比べてより進展していることを示唆する。

　日韓ともに有意である要因における両国の違いに注目しよう。日本で最も有意な要因は，「政治家を通じての対国・自治体ロビイング」である（＋0.10〜−0.08）。韓国でも有意であるがカテゴリー得点差はそれほど大きくはなく，有意なものでの順位も低い。これもいわば団体・政治家・行政機関のネットワークの進展の違いと見ることができる。

　韓国で最も有意な要因は，マスメディアへの情報提供である（＋0.17〜−0.07）。日本でも有意であるがカテゴリー得点差はそれほど大きくはなく，有意なものでの順位も低い。マスメディアのもつ意義の違いが微妙に反映している。

　日本で2番目に来るものは，行政協議（0.09〜−0.05）と政策関心（0.07〜−0.07）である。行政協議は，行政から「政策形成や執行に関して相談を受けたり，意見を求められたりする」というものであり，国や自治体から正統性を認められていることを意味する。日本では，そうした関係にあることが特に自己影響力を持つ上で重要であり，韓国ではそうした関係にないことが自己影響力を持たない上で重要であるという微妙な違いが，やはり行政とのネットワーク関係から生じる正統性を見る上で興味深い。

　韓国で2番目に来るのは，執行部のイデオロギー（0.08〜−0.16）である。革新的であるほど＋である点は日本とも共通である。革新的の意味がいかなるものと解釈されたかという点は問題として残るが，韓国の方がこの要因がより強いというのは金大中政権発足直前という政治状況的によっても納得できる点である。

　韓国で3番目に来るのは，国の行政機関との関係（0.02〜−0.20）である。ここには公式・非公式の7つの関係どれかへの有無である。日韓ともに同傾向であるが，韓国で特に「ない」場合の−が大きいのが，先の行政協議と同様の傾向であり，興味深い。

　最後に，団体の目的との関係である。日韓では主成分分析の結果が異なる

が，日本（0.05〜－0.05）では，経済的な利益の組織，つまり補助金などの斡旋，行政上の便宜，経済的な利益，生活権利の防衛などを標榜する組織と，政治的なアドボカシーの組織，つまり情報の外部への提供，政策案の提示，啓蒙活動などを目的とする組織が，自己影響力に＋であり，他方，内部への情報提供，教育・訓練などの内部的な組織や一般向けのサービスや資金助成などの対外サービス組織は－である。韓国（0.05〜－0.08）ではこうした内部的活動や経済活動を行う組織が＋で，行政的な利益，つまり補助金斡旋，行政上の便宜などを図る組織や情報を外部へ提供する対外サービス組織が－（負）である。日韓ともに経済的な目的を掲げる組織が＋（正）である点は類似するが，日本ではさらに政治的なアドボカシーも＋である点，韓国では行政依存型が－である点が，興味深い。これもすでに触れてきた点とほぼ同傾向であって，情報や政策の提供などの政治的なアドボカシーが自己の影響力に反映する点で，日本の政治過程やネットワークの成熟が見られるからである。

5　結論

すでに述べてきた点を敷衍すると日韓比較として以下のことが確認できる。
(1)　自己影響力に関連する統計的に有意な諸要因は，日韓ともに6要因が共通である。団体の性格，行政や政治家，マスメディアとのネットワーク関係，特に行政との関係，行政との信頼や正統性に基づくネットワーク関係が重要である。
(2)　組織のリソースに関連する要因はすべて有意ではない。
(3)　日韓の微妙な違いとして以下の点をあげうる。
　(a)　政策関心分野と政策の実施実績の2要因が韓国ではなく日本だけで有意に関連しており，市民社会の諸団体が政策関心や実施を通じて自己影響力をより強く認識している。
　(b)　共通の要因のなかでの微妙な違いとして，日本では，政治家を通じての対国・自治体ロビイング，行政協議，政策関心，政策実施実績がより重要であり，韓国では，マスメディアへの情報提供，執行部のイデオロギー，対国の行政との関係がより重要である。これは，日本における政策を通じたネットワーク関係の構造化の進展，韓国でのメディアやイデオロギーの

意義，行政関係の−（負）の影響などを示唆している。

以上の諸点は，他の章との分析とも極めて整合的であり，本章の分析の妥当性を示しているといえるであろう。とはいえ，団体の活動レベルや団体の分類の違いを今回の分析は捨象しており，そうした変数や文脈の問題，さらにはここでの主観的認知とより客観的な影響力度数との関係など，影響力変数の体系的検討は複雑な問題を伴っており，本章はその序論としての意義をもつものである。

第11章

アクター・団体間関係の構造

辻中豊・崔宰栄

　アクター間の協調・対立関係に関する設問への回答を素材に，いわばアクター・団体間の関係構造の析出を試みる。

　アクター間の関係から主成分分析を行うことによって，影響力構造と対応した関係構造が析出された。日韓ともに，体制権力成分が2つに分かれ，韓国では非「体制権力」成分も二分された。その分かれ方に極めて興味深い両国の個性が表れているように思われる。日本の体制権力は，経済・官僚系と政党（労農）系，韓国のそれは政治（財官政）権力系と社会権力系である。韓国の非体制権力は市民系と階級系に分かれた。日本と韓国の大きな相違点として目立つのは，日本では労・農団体が，政党を媒介に体制権力成分になっているのに対して，韓国ではそれが非体制権力成分になっていることである。団体間の分析により詳細な認知された体制構造を把握できたように思われる。日本においては，体制構造での財官系と政党系という分岐，韓国では，体制構造での政治権力系と社会権力系，および非体制構造での市民系と階級系の分岐である。政党，マスメディア，文化人・学者が両国で異なる媒介的リーダーシップを遂行していることが浮かび上がった。多元性を示す韓国と協調性を示す日本という体制の特徴が浮上した。

はじめに

　影響力評価に基づく主成分分析（第9章）の結果，団体指導者の認知構造に関して，日本では，経済・経営団体が高い成分を示すだけでなく，（韓国と異なり）農業団体や労働団体も体制権力構成成分であった。いわば，（経済）発展志向型国家らしい特性を示した。日本の場合，生産力を全般に拡大する方向で政治は広範な利益団体政治として深化し，農業，労働を含めた協調主義的（コーポラティズム）な色彩を帯びているのである。韓国では，日本と異なり農業，労働団体は非体制権力成分であり，文化人・学者が体制権力構成成分であった。またマスメディアは日本より高い体制権力成分値を示した。いわば韓国はメディア・文人政治の様相を示している。これは大統領制，南北冷戦イデオロギー緊張下での，イデオロギーの重要性の問題やエリート民主主義の要素を示唆しているのかもしれない。このような仮説的な発見がなされてきた。[1]

　本章では，これまでの影響力の評価からみた構造から，アクター・団体間の協調・対立評価から見た構造へ視点を移してみたい。そして上の仮説的言明がどの程度支持されるのかを検討してみよう。

　本章で用いる質問は次のようなものである（日本 J-JIGS　Q27, 韓国 K-JIGS Q30）。

　　「あなたの団体は，下記の諸グループとどのような関係にありますか。「非常に対立的」を1とし「非常に協調的」を7とする下のような尺度にあてはめると，何点にあたりますか。」（1から7，4が中間）

1　どのアクター・分野の協調度が高いか

　どのアクターが協調的（対立的）か，という問題であるが，これには2つの側面がある。

　つまり，(1)どのアクターが協調的と（団体指導者によって）「考えられ」ているか（客体としての協調度），そして(2)どの分野の団体（団体指導者）が協調的と「考えている」か（主体としての協調度）である。

　(1)の問題は，各設問であげた16種類の諸グループのアクター，すなわち，労働団体，農業団体，経済・経営者団体，官僚，政党，大企業，マスメディ

ア,文化人・学者,消費者団体,福祉団体,NGO・市民団体・住民運動団体,婦人・女性運動団体,自治体,外国の政府,国際機関,外国の利益団体,これらに対する全回答団体の与えた得点を計算することで(平均獲得得点が)得られる(表11-1)(但し「外国の利益団体」は欠損値が韓国で多かったため,比較分析の対象から外した(後述,注5))。

もう1つは,そうした各回答組織のグループがどのような回答パターンを示したか(主体的)である。これは全回答団体のなかの,9つの団体分類(Q1)の,それぞれの回答集団がいかなる回答を主体的に行ったか,である。これは分類ごとに回答を集計・計算することで平均付与得点が計算できる(表11-2)。

まず表11-1から日韓ともに文化人・学者,マスメディア,福祉団体が協調の相手評価では平均値では最も高いクラスを形成し,外国利益団体が最低であるという共通性がある。詳しく日韓で対照してみよう。
1)まず,日本において韓国より協調度が高いものは,経済団体,大企業である。この2つは順位,数値ともに日本での方が高い。ついで自治体,官僚。この2つは,順位は日本において上がるが韓国と数値上はほぼ同じである。

表11-1 協調度の高い(客体)アクター順*

日本		韓国	
1) 自治体	4.6	1) 文化人・学者	4.9
2) 文化人・学者		2) 福祉団体	
3) マスコミ	4.5	3) マスコミ	4.7
4) 福祉団体		4) NGO・市民団体・住民運動団体	
5) 官僚	4.3	5) 消費者団体	
6) NGO・市民団体・住民運動団体	4.3	6) 自治体	4.6
7) 消費者団体		7) 農業団体	
8) 政党		8) 労働団体	4.5
9) 経済・経営者団体		9) 婦人・女性運動団体	
10) 国際機関	4.2	10) 政党	4.4
11) 婦人・女性運動団体		11) 官僚	
12) 労働団体		12) 国際機関	4.3
13) 大企業		13) 外国の政府	4.2
14) 農業団体	4.1	14) 経済・経営者団体	
15) 外国の政府		15) 大企業	4.0
16) 外国の利益団体		16) 外国の利益団体	3.8
単純平均**	4.3	単純平均**	4.5

* 順位は小数点2位まで計算して並べた。
** 各分類に含まれる団体数を考慮しないで,単純に項目毎に集計し,平均を求めたものであり,実際の全体での平均値とは異なる。

2）韓国において日本より協調度が高いものは，消費者団体，NGO・市民団体，農業団体，労働団体，婦人・女性団体である。いずれも順位，数値ともに韓国において高い。

3）日韓ほぼ同じものは，文化人・学者，福祉団体，マスメディア，政党，国際機関，外国政府，外国利益団体。これらはいずれも韓国において数値はやや高いが順位はほぼ同じものである。

影響力評価でもそうであったが，全体に韓国の平均値が高い。[3]

協調度の傾向は，影響力評価の傾向とやや類似した傾向を示している。影響力評価でも官僚，経済団体，自治体は日本で高かった（大企業は同水準）。また消費者団体，NGO・市民団体，婦人・女性団体，労働団体は韓国で高かった（農業団体は日本の方が有意に高い）。協調性と影響力に一定の関係があるのかもしれない。また協調度は社会的正統性と関係するのかもしれない。

次に表11-2は，主体的に協調する値が高い分類順の表である。

1）まず，日本において韓国より協調度が高いものは，専門家団体，労働団体である。前者は，順位上は日本での方が高いが数値は韓国が高く，労働は両方共に日本が高い。

2）韓国において日本より協調度が高いものは，教育団体，政治団体，いずれも順位，数値ともに韓国において高い。

3）日韓ほぼ同じものは，農業団体，福祉団体，市民団体，経済団体，行政関係団体。これらはいずれも韓国において数値はやや高いが順位はほぼ同じものである。

表11-2　協調度の高い（主体）アクター順

日本		韓国	
1）農業団体	4.7	1）教育団体	5.0
2）福祉団体	4.5	2）農業団体	4.9
3）教育団体	4.4	3）福祉団体	
4）専門家団体		4）政治団体	
5）市民団体		5）市民団体	4.8
6）経済団体	4.3	6）行政関係団体	4.7
7）労働団体		7）専門家団体	
8）行政関係団体		8）経済団体	4.6
9）政治団体		9）労働団体	4.1
単純平均*	4.4	単純平均*	4.7

*　各分類に含まれる団体数を考慮しないで，単純に項目毎に集計し，平均を求めたものであり，実際の全体での平均値とは異なる。

協調の主体性の点ではあまり大きな差はない。専門家団体や労働団体が日本でより協調的であるのは，労働およびセクター・コーポラティズムの歴史的文脈から納得がいく。また教育や政治の団体が韓国でより協調的であるのは，それらの韓国での社会的地位の高さと関連するのかもしれない。

2　どのアクターとどのアクターが対立・協調しているか

次に，上記で見たアクターと団体分類をクロス集計したもの（表11-3，11-4）を検討してみたい。これは，どのアクターとどのアクターが協調し対立しているかということを間接的に示していると見ることができる。

より視覚的に捉えるために，図11-1，図11-2を作成した。これは次節で述べる主成分分析の結果（説明は後述）に従って16(15)アクターを配列してある。これを観察することにしよう。まず注意すべきは，上（列）に並んだ9分類が回答主体であり，9分類が左横（行）の16(15)アクター（客体）に対してどのように協調度を答えたかということを示している。

1）まず全体の印象。平均値が韓国の方が高いことを反映して，韓国の方の色が濃く，全体の協調度は高い。また韓国の方の斑が目立つ。つまり協調・対立の差が激しい。

2）15のアクターと9つの団体分類は完全に対応するわけではない。だが，

表11-3　団体間の協調と対立（日本）

日本（東京都）	農業	経済	労働	教育	行政関係	福祉	専門家	政治	市民	全体
労働団体	4.2	4.0	6.2	4.0	4.2	4.2	4.2	4.0	4.2	4.2
農業団体	6.0	4.0	3.9	4.1	4.0	3.8	4.0	4.1	4.1	4.1
経済・経営者団体	4.0	5.0	3.1	4.4	4.4	4.2	4.2	4.4	3.9	4.3
官僚	4.7	4.7	3.5	4.5	5.0	4.3	4.5	4.1	3.8	4.3
政党	4.8	4.4	4.6	4.3	4.3	4.1	4.2	5.5	4.2	4.3
大企業	3.9	4.3	3.3	4.3	4.4	4.1	4.2	4.1	3.9	4.2
マスコミ	4.3	4.3	4.1	4.6	4.2	4.3	4.6	4.2	4.5	4.5
文化人・学者	4.3	4.2	4.3	4.9	4.3	4.3	4.9	4.3	4.4	4.6
消費者団体	4.8	4.3	4.6	4.3	4.0	4.2	4.3	4.3	4.8	4.3
福祉団体	4.3	4.1	4.8	4.5	4.3	5.8	4.3	4.8	4.8	4.5
NGO・市民団体・住民運動団体	4.0	4.1	4.7	4.4	3.9	4.7	4.2	4.4	5.3	4.3
婦人・女性運動団体	4.3	4.0	4.7	4.2	3.9	4.4	4.2	4.2	4.7	4.3
自治体	5.1	4.6	4.3	4.7	4.8	5.0	4.3	4.5	4.8	4.6
外国の政府	3.8	4.0	3.9	4.1	4.0	4.0	4.2	3.9	4.0	4.1
国際機関	3.9	4.1	4.2	4.2	4.1	3.9	4.5	4.0	4.2	4.2
外国の利益団体	3.8	3.9	3.9	4.0	3.9	3.9	4.0	3.7	4.0	4.1
総平均	4.7	4.3	4.3	4.4	4.3	4.5	4.4	4.2	4.4	

表11-4　団体間の協調と対立（韓国）

韓国（ソウル）	農業	経済	労働	教育	行政関係	福祉	専門家	政治	市民	全体
労働団体	4.4	4.0	6.1	4.6	4.3	3.8	4.5	5.4	4.3	4.5
農業団体	5.4	4.2	4.8	4.7	4.2	3.9	4.3	5.1	4.6	4.6
経済・経営者団体	4.1	5.4	2.5	4.3	4.0	3.7	4.1	4.9	4.2	4.2
官僚	4.5	5.0	3.2	4.4	4.6	4.0	4.3	5.0	4.3	4.4
政党	4.4	4.2	4.0	4.7	4.5	4.0	4.3	5.0	4.6	4.4
大企業	4.0	4.6	2.3	4.3	4.3	3.8	4.2	4.1	4.0	4.0
マスコミ	5.1	4.7	4.5	4.7	4.5	4.7	4.5	4.9	5.0	4.7
文化人・学者	5.0	4.8	4.5	4.5	4.6	5.1	4.8	5.3	5.3	4.9
消費者団体	5.3	4.4	4.5	4.7	4.7	4.3	4.3	5.3	4.8	4.7
福祉団体	5.0	4.1	4.3	5.1	4.4	6.2	4.5	4.9	4.8	4.9
NGO・市民団体・住民運動団体	4.6	4.3	4.5	5.1	4.6	4.8	4.5	4.3	5.2	4.7
婦人・女性運動団体	4.7	4.3	4.2	4.8	4.2	4.5	4.4	4.3	5.0	4.5
自治体	4.6	4.3	4.1	5.0	5.0	5.3	4.5	3.7	4.7	4.6
外国の政府	4.3	4.5	3.8	4.5	4.1	4.5	4.0	4.3	3.7	4.2
国際機関	4.2	4.4	4.4	4.5	4.1	4.5	4.2	4.9	4.0	4.3
外国の利益団体	4.0	4.2	3.3	4.0	4.5	4.0	3.4	3.0	3.6	3.8
総平均	4.9	4.6	4.1	5.0	4.7	4.9	4.7	4.9	4.8	

関連するものがかなり含まれる。日韓ともに，近い類型のもの同士が協調度が高いといえる。

図11-1, 11-2で濃い四角のセルで示される協調性の高い関係は，分類（列）での福祉団体はアクター（行）での福祉団体と，同様に市民団体はNGOほかの団体と，経済団体は経済団体と，行政団体は官僚と，農業団体は農業団体と，労働団体は労働団体と，というように。これはこれまでの団体調査での結果とも符合する。[4]

それ以外の関連を見てみよう。

3）非体制権力アクター群に協調を示すのは，日本では労働と市民団体，韓国では教育，福祉，市民，農業団体である。市民団体や福祉団体が自らの分野以外で高い協調度を示すのは日本では自治体，マスメディア，韓国では文化人・学者，マスメディアである。対立するのは，日本では労働，市民が体制権力アクターと，韓国では労働，福祉がやはり体制権力アクターと目立っている。

4）官僚と経済団体を含む体制権力Ⅰのアクター群に協調を示すのは，両国とも経済団体である。その他では，日本では行政関係団体や専門家団体，韓国では政治団体である。

これは韓国と日本での体制権力Ⅰの構成の違いとも関連している。政党が

第11章　アクター・団体間関係の構造　287

図11-1　協調と対立（日本）

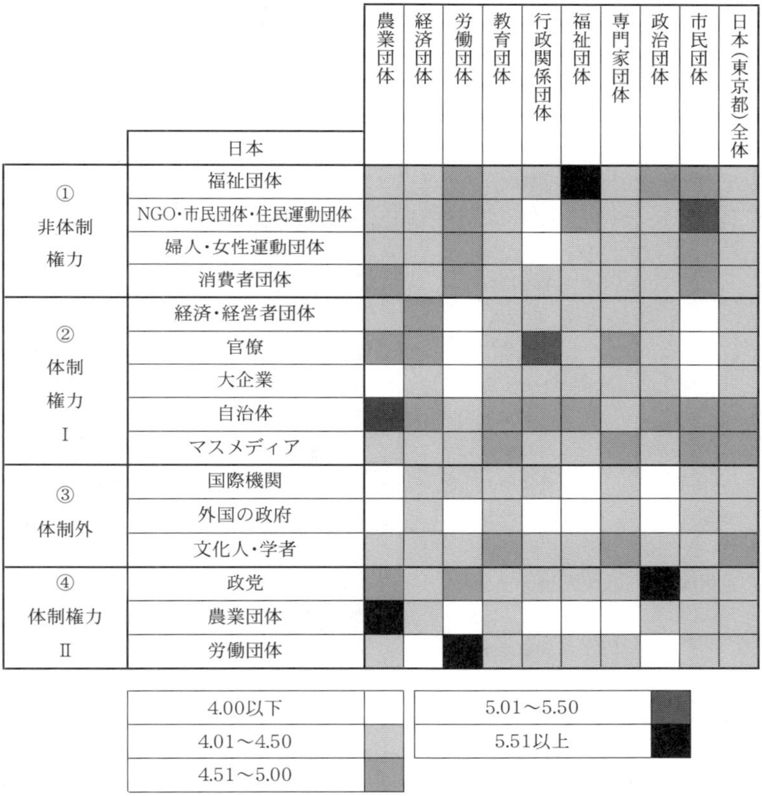

	日本	農業団体	経済団体	労働団体	教育団体	行政関係団体	福祉団体	専門家団体	政治団体	市民団体	日本（東京都）全体
①非体制権力	福祉団体						■				
	NGO・市民団体・住民運動団体									■	
	婦人・女性運動団体										
	消費者団体										
②体制権力Ⅰ	経済・経営者団体										
	官僚					■					
	大企業										
	自治体	■									
	マスメディア										
③体制外	国際機関										
	外国の政府										
	文化人・学者										
④体制権力Ⅱ	政党								■		
	農業団体	■									
	労働団体			■							

4.00以下		5.01〜5.50	
4.01〜4.50		5.51以上	■
4.51〜5.00			

含まれるかどうかである。また日本のコーポラティズムが官庁の周りに多くの関連団体を引き付けたこととも関係しているだろう。

　5）大企業やマスメディアなど韓国での体制権力Ⅱの社会的権力は日本ではⅠに含まれるが，協調の関係はよく似ている。日韓ともにマスメディアにはどの分類とも協調度が高く，逆に大企業は労働・農業団体などと協調度が低い。

　6）労働・農業団体に対して，自己のセクター以外では日本では協調度の高い分類が見当たらない。韓国では労働や農業の団体に対して教育団体や政

図11-2 協調と対立（韓国）

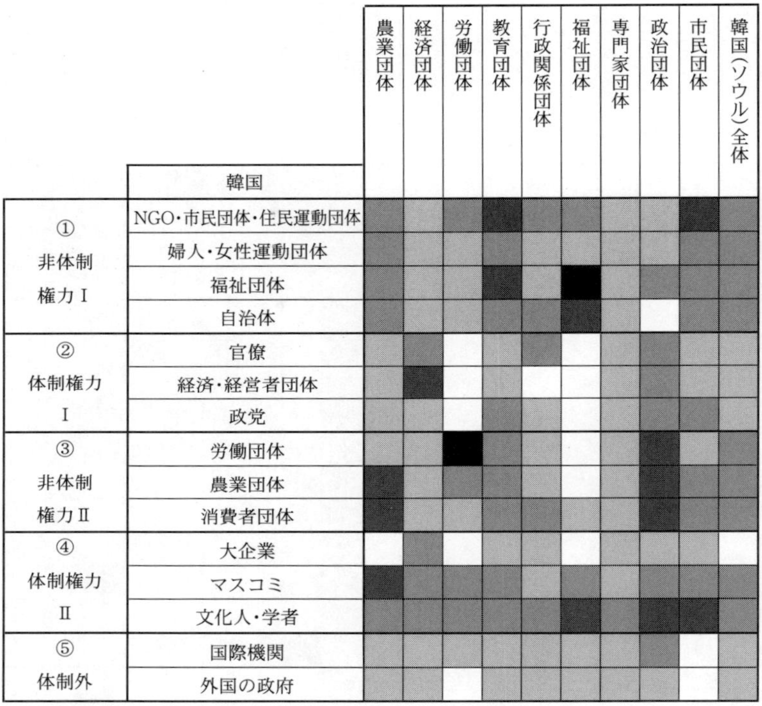

韓国		農業団体	経済団体	労働団体	教育団体	行政関係団体	福祉団体	専門家団体	政治団体	市民団体	韓国（ソウル）全体
① 非体制権力Ⅰ	NGO・市民団体・住民運動団体										
	婦人・女性運動団体										
	福祉団体										
	自治体										
② 体制権力Ⅰ	官僚										
	経済・経営者団体										
	政党										
③ 非体制権力Ⅱ	労働団体										
	農業団体										
	消費者団体										
④ 体制権力Ⅱ	大企業										
	マスコミ										
	文化人・学者										
⑤ 体制外	国際機関										
	外国の政府										

色分けは図11-1と同じ。

治団体の協調度が高い。日韓での，これらのアクターへの期待値の違いであろうか。

　他方，労働や農業から政党に対して，日本では協調度が高いが，韓国では低い。韓国では労農からのマスメディアや文化人・学者への協調度が高い。政党の占める位置の違いである。

　7）日本で様々な団体分類から協調度が高い（黒いセル）のは，自治体である。やや落ちてマスメディア，文化人・学者，福祉団体である。韓国では，文化人・学者が満遍なく協調度が高く，ついで福祉団体，消費者団体，NGOほか，マスメディアなどが続く。

　8）日本では，労働，農業（平均値は高いが），行政関係，市民，政治団体

に協調度の低い（白いセル）アクターが目立つ．韓国では，福祉，労働団体だけが目立つ．

　ここでの観察から，韓国の団体・アクター関係の多様さ，日本における亀裂，もしくは構造化が見出される．逆に言えば，日本では政党や官庁を通じた系列化が進んでいるのであろう．労働・農業団体と政党の位置の違いも興味深い差である．韓国では労農と政党の結びつきが弱いが，日本では強い．韓国では，政党は市民団体や教育団体との方で協調度が高い．日本と異なり，韓国での市民団体や教育団体は権力アクターとの協調度も高い．

　日本では労働と市民が体制権力Ⅰとした官庁・大企業系と対立し，外国系とは農業と政治団体が対立し，行政関係団体が市民団体の非体制権力団体と対立するという70年代以降の55年体制型保守・革新の構図が残っている．

　韓国では，労働と福祉が体制権力Ⅰおよび大企業と対立し，市民団体はそうではない．市民団体は外国系と対立している．大企業や経済・経営団体が対立する団体が多い．このように階級対立としてはすっきりした構図である．市民団体はユニークな位置を占めている．

3　アクター協調・対立から見た主成分分析

　いままで用いてきた協調と対立に関する質問は，市民社会組織が16種類の政治社会アクターとの関係を評価した質問である．ここまでは単に各アクターの評点の平均値のみを用いてきたが，この質問には，様々な情報内容が混在している．影響力の場合と同様にここでは主成分分析（Principal Component Analysis）を行った．主成分分析はあくまで，質問に答えた団体指導者の側の認知構造を推定する道具であり，実際の政治構造をどの程度反映しているかは別に検討する必要がある．

　日本：主成分分析の結果，固有値1.0以上の成分が析出された4つの成分での累積寄与（説明）率は64％と，ある程度の水準を維持している．それぞれの成分には表11-5にあるような変数が含まれ，それぞれ非「体制権力」構成成分（以下煩雑であるので「　」を外して表示する．寄与率21.2％），体制権力Ⅰ（官僚系）構成成分（同18.1％），体制外（国際）成分（同15.1％），体制権力Ⅱ（政党系）構成成分（同9.8％）と名づけることができる．

表11-5　団体関連の成分分析（日本）

区分		成分Ⅰ	成分Ⅱ	成分Ⅲ	成分Ⅳ
	固有値	3.182	2.721	2.266	1.468
	寄与率（％）	21.211	18.143	15.109	9.784
	累積寄与率（％）	21.211	39.353	54.462	64.246
①非体制権力構成成分	福祉団体	0.821	0.050	0.001	0.036
	NGO・市民運動・住民運動団体	0.821	−0.108	0.216	0.119
	女性運動団体	0.801	−0.110	0.260	0.217
	消費者団体	0.739	0.021	0.040	0.239
②体制権力Ⅰ構成成分	経済・経営者団体	−0.092	0.785	0.096	−0.007
	官僚	−0.120	0.755	0.183	0.250
	大企業	−0.089	0.726	0.306	−0.085
	自治体	0.376	0.579	−0.109	0.195
	マスコミ	0.392	0.472	0.439	−0.119
③体制外成分	国際機関	0.124	0.099	0.872	0.143
	外国の政府	0.074	0.143	0.843	0.179
	文化人・学者	0.434	0.314	0.545	−0.048
④体制権力Ⅱ構成成分	政党	0.068	0.463	−0.040	0.663
	農業団体	0.140	0.104	0.126	0.607
	労働団体	0.293	−0.263	0.158	0.603

注）Kaiser-Meyer-Olkin 値0.812

表11-6　団体関連の成分分析（韓国）

区分		成分Ⅰ	成分Ⅱ	成分Ⅲ	成分Ⅳ	成分Ⅴ
	固有値	3.051	1.886	1.798	1.726	1.696
	寄与率（％）	20.341	12.570	11.989	11.508	11.307
	累積寄与率（％）	20.341	32.911	44.900	56.408	67.715
①非体制権力Ⅰ構成成分	NGO・市民運動・住民運動団体	0.777	0.024	0.325	0.158	0.128
	婦人・女性運動団体	0.770	0.123	0.259	0.172	0.028
	福祉団体	0.747	0.065	0.112	0.175	0.059
	自治体	0.667	0.308	−0.108	−0.054	0.003
②体制権力Ⅰ構成成分	官僚	0.171	0.807	−0.050	0.056	0.132
	経済・経営者団体	−0.066	0.745	0.131	0.426	0.024
	政党	0.350	0.628	0.194	0.002	−0.050
③非体制権力Ⅱ構成成分	労働団体	0.099	−0.002	0.822	−0.063	−0.013
	農業団体	0.163	0.138	0.778	0.169	0.074
	消費者団体	0.456	0.099	0.484	0.267	0.079
④体制権力Ⅱ構成成分	大企業	−0.047	0.364	0.087	0.706	0.147
	マスコミ	0.450	0.005	0.138	0.641	−0.054
	文化人・学者	0.468	0.036	−0.004	0.639	0.076
⑤体制外成分	国際機関	0.163	0.072	0.026	−0.052	0.903
	外国の政府	−0.021	0.035	0.055	0.173	0.893

注）Kaiser-Meyer-Olkin 値0.756

韓国：韓国では主成分分析の結果析出された5つの成分の累積寄与（説明）率は68％と，これもある程度の水準を維持している。構成から見てこれもそれぞれの成分を，非体制権力構成成分Ⅰ（市民系）（寄与率20.3％），体制権力Ⅰ（政治権力系）構成成分（同12.6％），非体制権力構成成分Ⅱ（階級系）（同12.0％），体制権力Ⅱ（社会権力系）成分（同11.5％），体制外（国際）成分（同11.3％）と名づけることができる。

ここで抽出された主成分の構成は影響力評価での分析結果とほぼ符合し，

表11－7　団体関連の成分分析（日韓総括）

区分		日本	韓国	成分別	代表的な団体
	Kaiser-Meyer-Olkin 値	0.812	0.756	日本	韓国
①/① 非体制権力構成成分	固有値	3.182	3.051	福祉/市民団体 (16.4%/13.2%)	福祉/市民団体 (33.3%/15.2%)
	寄与率 (%)	21.211	20.341		
	福祉団体	0.821	0.747		
	NGO・市民運動・住民運動団体	0.821	0.777		
	女性運動団体	0.801	0.770		
	消費者団体	0.739	―		
	自治体	―	0.667		
②/② 体制権力Ⅰ構成成分	固有値	2.721	1.886	経済/行政関係団体 (34.8%/16.2%)	経済団体 (21.1%)
	寄与率 (%)	18.143	12.570		
	経済・経営者団体	0.785	0.745		
	官僚	0.755	0.807		
	大企業	0.726	―		
	自治体	0.579	―		
	マスコミ	0.472	―		
	政党	―	0.628		
③/⑤ 体制外成分	固有値	2.266	1.696	経済/専門家団体 (19.5%/14.0%)	福祉団体* (28.6%)
	寄与率 (%)	15.109	11.307		
	国際機関	0.872	0.903		
	外国の政府	0.843	0.893		
	文化人・学者	0.545	―		
④/③ 非体制権力Ⅱ構成成分	固有値	1.468	1.798	労働/経済団体 (32.7%/19.0%)	労働/専門家団体 (28.1%/15.6%)
	寄与率 (%)	9.784	11.989		
	政党	0.663	―		
	農業団体	0.607	0.778		
	労働団体	0.603	0.822		
	消費者団体	―	0.484		
/④ 体制権力Ⅱ構成成分	固有値	―	1.726		専門家/市民/経済団体 (18.6%/16.3%/14.0%)
	寄与率 (%)	―	11.508		
	大企業	―	0.706		
	マスコミ	―	0.641		
	文化人・学者	―	0.639		
	サンプル数			887	200

注）①/②：　①日本の成分
　　　　　　②韓国の成分
＊教育団体／宗教団体：14.3％／14.3％

またこれまでの経験的な研究の成果とも適合的である。このような成分がそれぞれの国において析出されたことはこの分析の有意性を示しているように思われる。

4　主成分分析結果の日韓比較

まず日韓の共通点と違いであるが、ここでの分析結果は密接に前回論じた影響力評価のそれと関連しており、日韓の違いの大枠については前回の分析記述と共通である。

日韓の共通点は、影響力分析同様に体制権力、非体制権力、体制外（国際）の3成分が基本的に析出されたことである。ただ今回は、両国とも体制権力構成成分が2つに分割されたこと、また韓国で非体制権力構成成分も2分割されたことである。

日韓の相違点は、体制権力では、体制権力Iにおいて、日本では政党を含まない財官を中心とした構成であるのに対して、韓国では政財官、つまり経済団体、官僚、政党という主要権力アクターが集中していることである。それと関連して体制権力IIでは日本は政党、そして労働、農業団体からなるのに対して、韓国では日本の体制権力Iの変数を含む大企業、マスメディア、そして文化人・学者からなる社会権力でそれが構成されていることである。労働、農業団体は韓国では体制権力ではない。

非体制権力も、韓国で農業、労働、消費者団体からなる非体制権力II（階級系）が存在する点が大きく異なる。労働・農業団体は日本では体制権力の一翼を担うアクターである。また韓国では非体制権力に自治体が含まれ、日本では（今回は）体制権力に含まれるという違いがある。また文化人・学者も日本では体制外（国際）に、韓国では体制権力II（社会権力）に含まれるという違いもある。

5　協調・対立評価の構造と影響力評価での構造との比較

次に、第9章で検討した影響力評価での変数構成とアクター間関係（協調・対立）評価での構造を比較してみよう。

日本での影響力評価での構造と協調・対立評価での構造の共通点・相違点を検討しよう（表11-8）。表からわかるように、まず言えるのは、各成分に

表11-8　影響力評価での構造とアクター間関係評価での構造（日本）

体制権力構成成分：		
影響力構造	アクター間関係構造	
体制権力構成成分	体制権力Ⅰ：官僚系	体制権力Ⅱ：政党系
経済団体	経済団体	
官僚	官僚	
政党		政党
農業団体		農業団体
大企業	大企業	
労働団体		労働団体
マスコミ	マスコミ	
	自治体	
非体制権力構成成分：		
影響力	アクター間関係	
非体制権力構成分	非体制権力	
福祉団体	福祉団体	
婦人・女性	婦人・女性	
NGO・市民	NGO・市民	
消費者団体	消費者団体	
文化人・学者		
自治体		
体制外構成成分：		
影響力	アクター間関係	
体制外	体制外（国際）	
国際機関	国際機関	
外国政府	外国政府	
	文化人・学者	

　含まれる変数は，日本で2変数が移動したに止まり，他は全く影響力の場合と大枠で（つまり体制，非体制，体制外の大分類で）は共通する。移動したのは，自治体，文化人・学者で，前者は非体制権力から体制権力Ⅰ官僚系へ，後者は非体制権力から体制外（国際）成分へ移動した。

　その他の大きな違いは，すでに触れたように，体制権力がⅠ，Ⅱに分かれ，Ⅰは経済界（経済団体，大企業）と官僚を中心とし，Ⅱは政党，農業団体，労働団体からなることである。前者は官僚系と名づけたが，正確には経済界・官僚系である。

　韓国に目を移そう（表11-9）。韓国では，体制権力も非体制権力も2つに分割されている。体制権力成分の分かれ方は日本のように，官僚系，政党系ではなく，政治権力系と社会権力系である。政治権力系（体制権力Ⅰ）には官僚，経済団体，政党が含まれる。いわば政財官複合体である。他方，体制権力Ⅱは大企業，マスメディア，文化人・学者と社会的に権力をもつ多様な

表11-9 影響力評価での構造とアクター間関係評価での構造(韓国)

体制権力構成成分:		
影響力構造	アクター間関係構造	
体制権力構成成分	体制権力Ⅰ:政治権力系	体制権力Ⅱ:社会権力系
マスコミ		マスコミ
政党	政党	
大企業		大企業
経済団体	経済団体	
官僚	官僚	
文化人・学者		文化人・学者
非体制権力構成成分:		
影響力	アクター間関係	
非体制権力構成成分	非体制権力Ⅰ:市民系	非体制権力Ⅱ:階級系
婦人・女性	婦人・女性	
NGO・市民	NGO・市民	
福祉団体	福祉団体	
消費者団体		消費者団体
農業団体		農業団体
労働団体		労働団体
自治体	自治体	
体制外構成成分:		
影響力	アクター間関係	
体制外	体制外	
国際機関	国際機関	
外国政府	外国政府	

3要素からなる。非体制権力成分も二分している。1つはNGOほか,婦人・女性,福祉団体と自治体からなるいわば市民系である。もう1つは,労働,農業,消費者団体からなる生産関連系,いわば階級系である。

6 結論

日韓で,協調の相手(客体)として最高(文化人・学者,マスメディアなど)と最低(外国系)はほぼ共通であるが,その中間では両国の個性が見出された。日本では経済系,官僚系(官僚,自治体)への協調度が高く,韓国では市民系へのそれが高い。これは影響力とも関連する。

アクター間関係では,近い種類のアクター同士の協調度が高いこと,全体に韓国の方が値は高いが,日本の方が平均的で斑が少ないことが理解された。両国では,労働,農業団体の政党関係の違い,韓国での教育,市民団体の協調積極性が目を引いた。

日本では労働と市民が官庁・大企業系と対立し,外国系と農業と政治団体が対立し,行政関係団体が市民団体と対立するという70年代以降の保守・革

新の構図が残っている。

　韓国では，労働と福祉が大企業と対立し，市民団体は外国系と対立し，大企業や経済・経営団体には対立する団体が多い。階級対立としてすっきりした構図であり，市民団体はユニークな位置を占めている。

　アクター間の関係から主成分分析を行うことによって，影響力構造と対応した関係構造が析出された。日韓ともに，体制権力成分が２つに分かれ，韓国では非「体制権力」成分も二分された。その分かれ方に極めて興味深い両国の個性が表れているように思われる。日本の体制権力は，経済・官僚系と政党（労農）系，韓国のそれは政治（財官政）権力系と社会権力系である。韓国の非体制権力は市民系と階級系に分かれた。日本と韓国の大きな相違点として目立つのは日本では労・農団体が，政党を媒介に体制権力成分になっているのに対して韓国ではそれが非体制権力成分になっていることである。

　影響力評価では大掴みに体制構造の基軸を把握できたが，今回の団体間関係の評価の観察から，我々は，より詳細な体制構造を把握できたように思われる。日本においては，体制構造での財官系と政党系という分岐，韓国では，体制構造での政治権力系と社会権力系，および非体制構造での市民系と階級系の分岐である。こうした分岐の中で，政党，マスメディア，文化人・学者が両国で異なる媒介的リーダシップを遂行していることが浮かび上がってきた。多元性を示す韓国と協調性を示す日本の体制把握にこうした発見は新しい視角を提供したといえるだろう。

（１）　本書第９章，辻中・崔（1999bほか）を参照。
（２）　この９分類以外に「その他」として日本では29.0％，韓国では18.6％の組織が含まれる。
（３）　日本と韓国ともにJIGS調査は代表性の高い無作為抽出調査である。但し，両国では回答率に有意な差がある。日本では37.2％（東京），韓国では12.6％（ソウル）であった。このことは韓国の方が，より活性的な社会集団が回答している可能性を否定できない。そのために様々な回答得点が高いという可能性がある。
（４）　辻中（1988：122-123）。伊藤（1998：76-77）。
（５）　日本Q26，韓国Q29は16項目のアクターカテゴリーがあるが，韓国の16項目において欠損値が多くあったため残余の15項目で行った。
（６）　SPSS Inc. SPSS Base 7.5 *Application Guide*, 1997. SPSS Inc. Chapter 16。

（7） 主成分分析の精度分析の一つとしては，カイ2乗値とKMO値（Kaiser Meyer Olkin値）を表示した。カイ2乗値はいずれも有意水準0.00，KMO値もいずれも0.75以上を示しており，標本妥当性として良好な高い水準にあることを示している。

第12章

団体から見た政策の構造

辻中豊　崔宰栄

　市民社会の団体の多様な政策への関心の有無に関する設問への回答を素材に，日韓の政策構造を析出した。東京，ソウルだけでなく首都周辺地域である茨城県，京畿道のデータも用いて，中央－地方の違いにも留意し，いくつかの事実発見があった。

　たいていの設問で日本より積極的である韓国の団体は，政策では日本よりやや低い値を示した。日本では地方の団体の政治化，政策化の深化は政党接触がその典型であるが，自民党との関係を通じての政策への関心が地方団体に浸透していると仮説化できる。これは第8章でみた与党ネットワークの一側面である。それは政策関心の特有なパターン化と関連する。

　政策への構造分析の帰結は，日本では（韓国よりも）政策の社会－政治の入出力循環構造がよりスムーズに機能し，政治の政策化が生じている可能性を示唆する。他方，韓国では安全保障でのイデオロギー政治や技術・地域開発が政策の前面に出ていることが認知構造的にも把握され，「分断国家」「後・後発発展志向型国家性」が窺える。

はじめに

　本章では団体が関心を持つ政策から，政策間の構造，地域や団体分類と政策の関係を検討したい。

　本章で用いた質問は次のようなものである（日本 J-JIGS　Q2，韓国 K-JIGS Q2）。

　　「国や自治体の政策のうち，あなたの団体が関心のある政策や活動分野はどれにあたりますか。あてはまるものすべてに○印を記入してください。
　　1. 財政政策，……（略）……21. 文教・学術・スポーツ政策，22. その他」

　これまでの日韓市民社会や政策ネットワークの検討から，次のような特徴が浮上してきている。

　まず調査分析の前提として，両国の有効回答率に差が見られた。日本では38.3％，韓国では12.4％であった。これが一定の傾向差をもたらす可能性がある。つまり韓国の団体がより活発な団体や公式的なものを実際より多く含む可能性がある。もしそうだとすれば，これとの関係が考えられるのが，これまでの韓国の回答に見る積極性，回答での積極的な回答の多さであった。規模や組織力，活動空間，行政関係[1]，影響力評価，協調性[2]など多くの設問で，日本との対比における韓国の団体の（日本と変わらない水準かそれ以上の）積極性が示されてきた。果して政策関心でもそれがいえるのか。

　次に，団体の設立や団体の構成比に関して，日本では60年代以降，緩やかな多元化が見出されたが，韓国では90年代に入ってからの急激な膨張の後，やや縮小すると共に多元化，市民化への激変が観察された[3]。

　同様の傾向は，影響力評価の分析でも，韓国の日本との対比における多元主義性が証拠づけられた。マスメディア，政党，文化人・学者の役割が体制権力成分として評価され，また市民セクターの影響力も日本より強いことが観察された。それらは日本の発展指向型国家性（経済・官僚・政党の統合と中心性），コーポラティズム性（農業，労働組み込み）と対照的であった。影響力認知の分析（第9章）を通じて，体制の権力構成成分と非体制権力成分，体制外成分の分岐が把握されたが，さらに団体間関係分析を通じて，日本では官僚系（経済・大企業，官僚ほか）と政党系（農業，労働）の分岐，韓国

では政治権力系と社会権力系の体制権力の分岐や，非体制権力の市民系と階級系の分岐も析出された。ここでポイントとなるのは，農業団体，労働団体の日韓での位置の差，つまり，日本では体制権力成分，韓国では非体制権力成分であるという差である。また体制権力や非体制権力の分岐やその内部分岐の持つ意味である。⁽⁴⁾

以上を念頭に，政策の構造の分析を始めたい。政策の構造は以上のような諸構造のいわばアウトプットの側面がある。設立や影響力，団体間関係の従属変数としての側面がある。政策の構造を体系的に見るために，本章では，首都だけでなく首都圏地域であり地方である地域での結果も分析した。このことによって政治体制の奥行きが照射できればと考えたからである。

1　関心の高い政策分野と日韓および地域差

日韓の比較に力点をおいた場合，⁽⁵⁾首都である東京，ソウルのデータを主として用いてきた。今回は首都周辺地域である茨城県，京畿道のデータも利用してみよう。東京－ソウルとくらべて，茨城県－京畿道の比較にはその地位特性への理解がさらに必要である。⁽⁶⁾いうまでもないが，データ自体が，ここでの4つの地域の特性を語っている。例えば表12－1の団体分類毎の団体数

表12－1　団体分類の日韓分類

	東京	ソウル	茨城	京畿道
農業	2.4	3.5	*28.9***	7.3
経済	*19.0*	10.5	15.2	3.6
労働	7.6	3.8	*11.2*	6.4
教育	*8.6*	8.1	2.5	2.7
行政	*9.5*	4.6	5.1	3.6
福祉	5.9	13.7	4.6	*21.8*
専門家	9.4	*12.9*	4.1	7.3
政治	2.0	2.4	*2.5*	0.9
市民	4.2	7.5	3.6	*16.4*
宗教*	0.8	9.4	1.0	*14.5*
その他	*28.2*	18.6	18.8	12.7
非該当	2.4	4.9	2.5	2.7
合計	100	100	100	100
N	1438	371	197	110

資料：J-JIGS, Q 1 。K-JIGS, Q 1 。
　　Q1．あなたの団体は，下の9＊つの団体分類のどれにあたりますか。
　　該当する番号を1つお選びください。
　＊　K-JIGSでは宗教団体を含め10項目，J-JIGSでは宗教団体は分類項目
　　にないが，その他を再コード化し韓国側と揃えた。
　＊＊　イタリックは4地域で最も高い％，下線は第2位の％を示す地域。

集計を見ればそれが理解できる。

　東京では，経済，行政関係，その他の団体が他と比較して多い。ソウルでは専門家団体が（福祉，市民，宗教の団体もやや）多い。茨城では，農業が圧倒的に多く，労働，政治団体も相対的に多い。京畿道では，福祉，市民，宗教団体が目立つ。このように，韓国では福祉，市民，宗教（専門家）団体が共通して多い。日本では，経済，労働，行政関係，その他が共通して目立っている。東京とソウルはやや類似（比率間の相関係数0.6745），茨城と京畿道はまったく分布としては異なっている（同，－0.0953）。

　次に地域別に政策関心を見ると，4つの地域を横断した表12－2および図12－1から，政策関心と地域の関係について，いくつかの特徴に気づくことができる。これら図表は東京の順位を基準に他の地域のものを順に並べ東京を基準に比較しやすいようにしている。

　まず表の最下段平均を見れば，日本の方（東京20.2％，茨城21.6％）が，

表12－2　政策分野への団体の関心（日韓比較）

（単位：％）

区分	東京 順位	東京 構成率	ソウル 順位	ソウル 構成率	茨城 順位	茨城 構成率	京畿道 順位	京畿道 構成率
厚生・福祉・医療政策	1	35.6	1	34.8	4	33.0	1	45.5
環境政策	2	33.8	2	30.2	7	31.0	2	35.5
業界の産業政策	3	33.4	4	22.4	4	33.0	12	11.8
文教・学術・スポーツ政策	4	29.9	3	29.9	15	14.2	6	16.4
国際交流・協力・援助成策	5	28.0	7	17.8	16	10.2	17	8.2
財政政策	6	27.7	6	18.3	3	39.1	8	14.5
消費者政策	7	27.1	9	14.6	7	31.0	10	12.7
金融政策	8	25.9	8	16.7	2	41.1	15	10.0
労働政策	9	23.2	9	14.6	9	27.4	12	11.8
通商政策	10	22.9	11	13.5	11	22.3	21	3.6
地域開発政策	11	19.8	5	21.6	6	32.0	3	23.6
通信・情報政策	12	18.8	16	10.0	13	16.8	14	10.9
土木・建設・公共事業政策	13	17.0	17	9.7	12	21.3	16	9.1
地方行政政策	14	16.8	14	11.1	10	26.9	4	21.8
運輸・交通政策	15	15.5	14	11.1	14	16.2	6	16.4
科学技術政策	16	15.2	13	11.3	21	4.1	21	3.6
農業・林業・水産政策	17	15.1	18	9.4	1	42.6	5	17.3
外交政策	18	9.7	19	8.6	19	7.1	17	8.2
司法・人権政策	19	9.5	12	11.3	16	10.2	10	12.7
安全保障政策	20	7.6	22	8.1	18	7.6	17	8.2
治安政策	21	7.0	19	8.6	19	7.1	9	13.6
その他	22	4.5	19	8.6	22	2.0	20	4.5
平均	—	20.2	—	15.6	—	21.6	—	14.5

注）構成率：政策別頻度の構成率(％)

第12章　団体から見た政策の構造　301

図12-1　政策分野への団体関心（日韓比較）

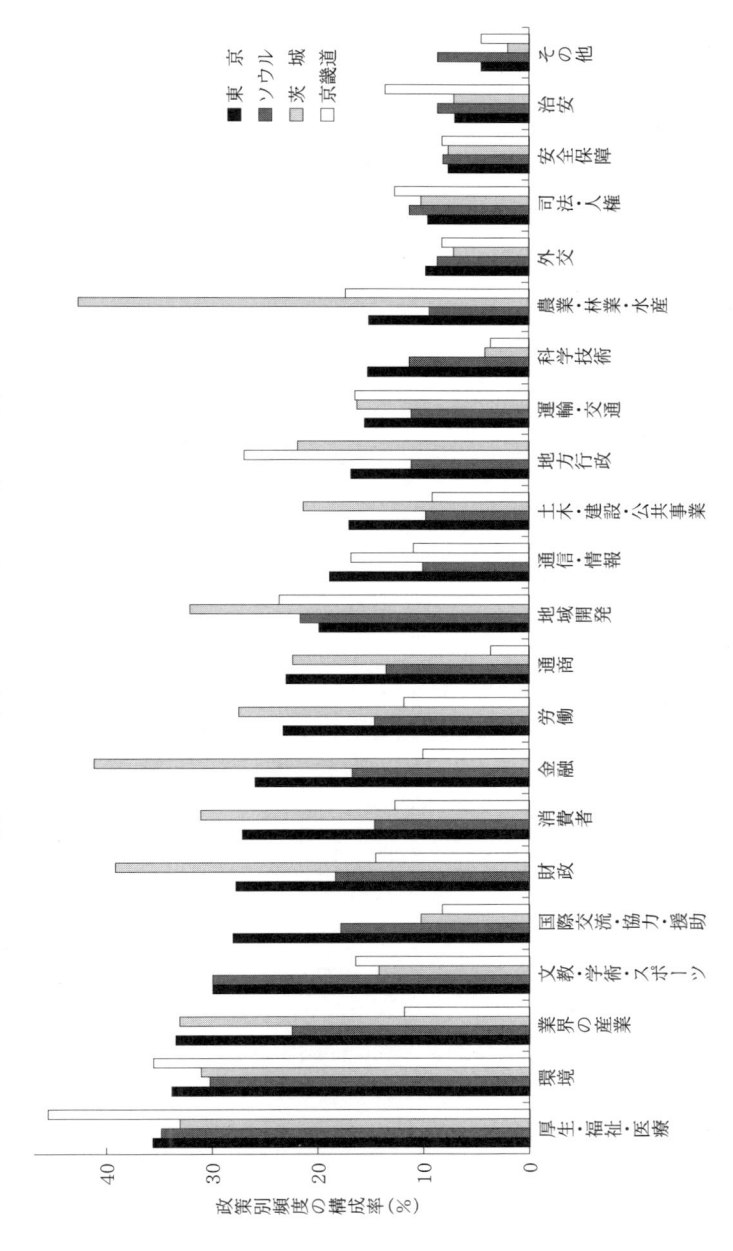

韓国（ソウル15.6％，京畿道14.5％）より政策関心有りの平均比率が高い。また常に東京が高いわけではなく，茨城や京畿道といった首都周辺地方の方が政策関心の高い政策も有ることがわかる。

東京では確かに全般的に政策関心が高いが，特に目立って高いものはあまり見られない。国際交流，科学技術政策がやや突出している程度である。ソウルは東京と似たパターンのようであり，比率は東京より低く突出したものはない。

興味深いのは，茨城のケースである。農業政策が突出するのは農業県であるから当然であろうが，金融，財政，地域開発，地方行政，土木・建設・公共事業などでも群を抜いた関心の高さである。また平均的にも政策関心が高く，東京を上回り，4地域中で1位である。京畿道はそれほどではないが，治安政策で目立っている。

個別に比較してみよう。まず，首都同士である東京とソウル，地方同士である茨城と京畿道，そして東京と茨城，ソウルと京畿道の4組について検討してみる。

東京とソウル：東京とソウルはいくつかの違いは見出せるものの，極めて類似したグラフになっている（図12-2）。（参考までに比率間の相関係数は0.84，順位間の相関係数は0.91でいずれも1％水準で有意。ここで相関を計算したのは，両者が因果関係など直接関連することを想定しているわけではない。両者の類似（相違）の背後に，例えば，ソウルと東京の場合であれば，首都としての要因，先進資本主義国家要因，東アジア要因，1000万規模の大都市要因などが働いて（もしくはその他の要因が働いて），類似性（もしくは相異性）を示すかどうかを見たいのである。ただ，体系的な検討は他の国々の場合も含め，別巻に譲る。他の地域間比較に関しても同様の趣旨である。）厚生・福祉・医療政策，環境政策，文教・学術・スポーツ政策という広義の民生的政策が最上位にあり，産業政策など経済政策の各分野がそれに続き，外交，安全保障，司法人権などの伝統的国家政策は両地域とも相対的に下位に位置している。

東京の方が関心ありの比率は平均して5ポイントほど高い（20.2％対15.6％）。また東京の方が，消費者，業界の産業政策，国際交流ほか，財政，通商，金融，通信情報，労働の経済を中心とした各政策分野で8ポイント以

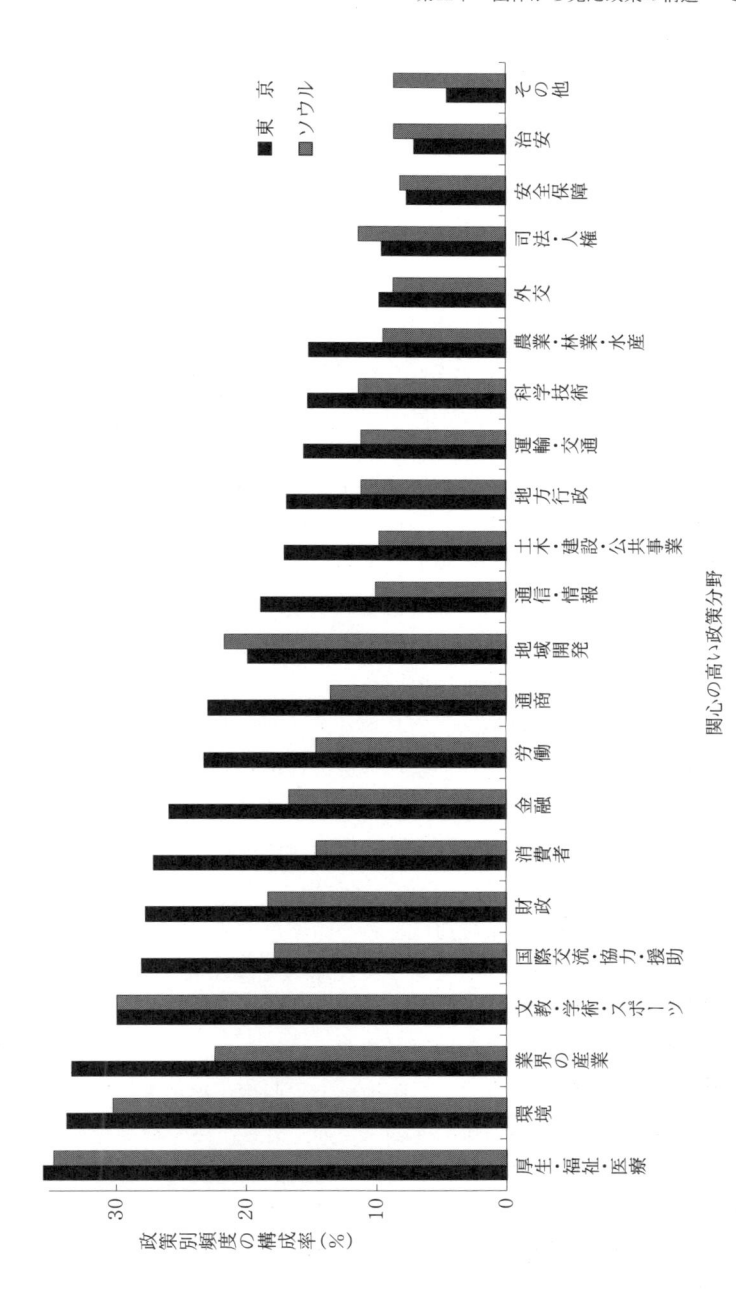

第12章　団体から見た政策の構造　303

図12-2　政策分野への団体関心（東京-ソウル比較）

上高くなっている。ソウルの方が高いのは地域開発，司法人権，治安，安全保障だけであり，その差も2ポイント以内である。

順位でも大きな差は少ない。2位よりも大きな差があるのは，7項目，その内，東京の方が順位が高いのは，通信情報，土木・公共事業であり（4位上），ソウルでは司法人権（7位上），地域開発（同6），科学技術（同3）である。

茨城と京畿道：両者は一見してわかるように，相当な違いが目立つ（図12-3）。環境政策，地域開発，地方行政，運輸・交通政策がほぼ共通して高いがその他の共通性は少ない（参考までに比率間の相関係数は0.47，5％水準で有意。順位間の相関係数は0.55で1％水準で有意）。

茨城の方が，平均的には相当高い（21.6％対14.5％）が，京畿道の方がかなり高い政策も見られる。茨城が20ポイント以上高い政策に，金融，農業ほか，産業政策があり，10ポイント以上では通商，消費者，労働，土木ほかの政策がある。京畿道が10ポイント以上高いものに，厚生・福祉・医療政策，3ポイント以上高いものに，治安と環境政策がある。

両者の違いは，日韓の首都圏地方のもつやや一般的な違いであるのか，茨城と京畿道の固有な地域特性の違いなのかはやや慎重に検討する必要がある。というのは，京畿道は首都圏を取り巻くような「道」であり，日本で対比すれば，千葉・埼玉といった首都隣接地域の性格を有した地域であるからである（注6参照）。

東京と茨城：日本における首都と地方の対比として，東京・茨城を対照してみよう（図12-4）。

両者の関係は，茨城と京畿道ほどちぐはぐな関係ではないが，明確な相違と一定の類似が見られる（参考までに比率の相関係数は0.63，順位の相関係数は0.62でいずれも有意水準00.1で有意）。

全体の関心度から見て，茨城の政策関心の「高さ」が興味深い。分野別では，図12-4からわかるように，両地域で，厚生・福祉・医療，環境，業界の産業政策，通商，通信情報，運輸・交通，外交，安全保障など各政策の関心有りの団体割合はほぼ同じである。他方で，大きな違いのある政策もある。東京が目立って多いのは，国際交流他，文教他，科学技術政策で10ポイント以上の開きがある。他方で，農業他，金融，地域開発，財政，地方行政政策

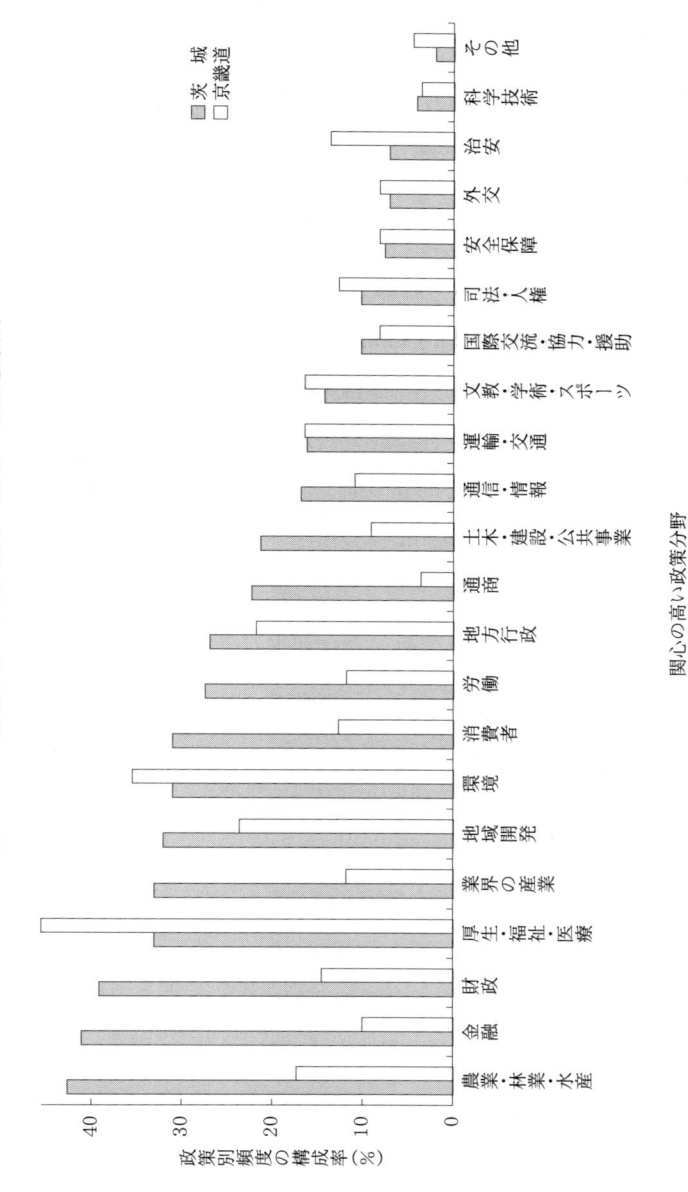

第12章　団体から見た政策の構造　305

図12-3　政策分野への団体関心（茨城-京畿道比較）

図12-4 政策分野への団体関心（東京-茨城比較）

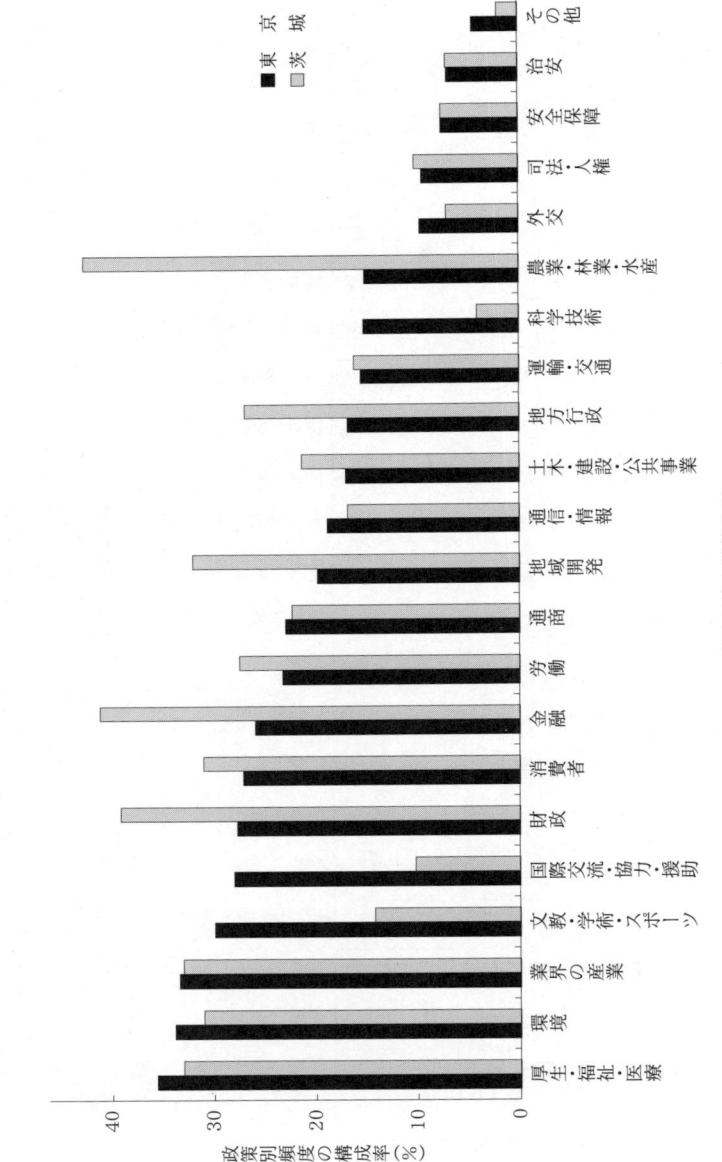

では茨城が10ポイント以上の差をつけている。こうした違いはほぼ常識的な地域特性に沿うものであるが、茨城県での政策関心の高さが注目される、農業や地域、公共事業政策だけでなく、金融・財政などマクロ政策や労働・消費者政策などの経済・福祉関連政策にも高い関心が示されているのは興味深い。

ソウルと京畿道：同様な比較をソウル－京畿道でしてみよう（図12－5）（参考までに比率間の相関係数は0.73で有意水準0.01、順位間の相関係数は0.47で有意水準00.5で有意）。

相関係数からもわかるように、比率の変化、上下関係はかなり並行しているが、順位にはばらつきがある。厚生・福祉・医療、地方行政、農業他、運輸・交通、治安政策など各政策の関心有りの団体では京畿道が5ポイント以上高く、文教他、業界の産業政策、通商政策、国際交流他、科学技術政策で5ポイント以上と今度はソウルが高い。こうした違いは、東京－茨城の場合と異なり、ほぼ常識的な地域の理解に沿うものである。

2　政策関心の主成分分析

いままで用いてきた政策関心に関する質問は、日韓の市民社会組織が22種類の政策への関心の有無を1つずつ聞いたものである。ここまでは単に有りと答えた団体の比率だけを用いて記述してきたが、この質問全体には、様々な豊かな情報が含まれている。22の質問への答え（ダミーデータ）を個々に検討するのではなく、これらをいくつかの主要な変数に統合して検討してみたい。そのために両国の首都のデータを基に影響力や団体関係の場合と同様にここでも主成分分析を行った。[7]

日本：主成分分析の結果、固有値1.0以上の6つの成分が析出された。[8] 6つの成分での累積寄与（説明）率は53.9％とある程度の水準を維持している。それぞれの成分には表12－2にあるような変数が含まれ、それぞれ経済政策成分（寄与率11.8％）、安全政策成分（同10.1％）、公共開発政策成分（同9.1％）、福祉政策成分（同8.2％）、教育政策成分（同8.0％）、環境政策成分（同6.7％）と名づけることができる。

韓国：韓国では主成分分析の結果7つの成分が析出された。7つの成分での累積寄与（説明）率は54.7％とこれもある程度の水準を維持している。そ

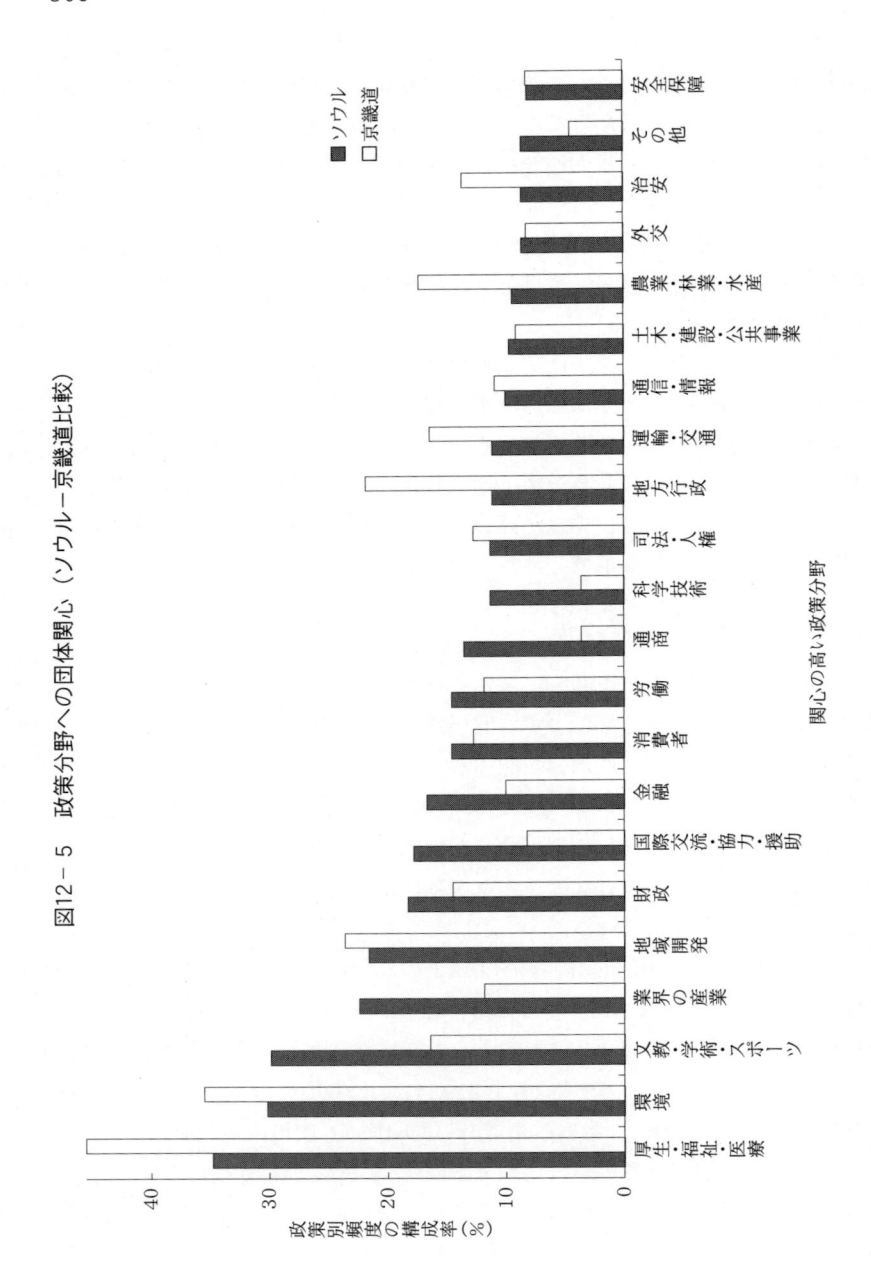

図12-5　政策分野への団体関心（ソウル―京畿道比較）

表12-3 関心分野の主成分分析（日本）

区分		成分Ⅰ	成分Ⅱ	成分Ⅲ	成分Ⅳ	成分Ⅴ	成分Ⅵ
	固有値	2.588	2.217	1.997	1.812	1.767	1.479
	寄与率（％）	11.765	10.079	9.076	8.238	8.031	6.723
	累積寄与率（％）	11.765	21.844	30.920	39.157	47.188	53.911
① 経済政策	通商政策	0.732	0.090	0.062	−0.107	−0.013	0.182
	金融政策	0.711	0.128	0.102	0.181	−0.052	0.052
	財政政策	0.620	0.140	0.198	0.324	−0.010	−0.011
	業界の産業振興政策	0.521	−0.125	0.370	−0.112	−0.159	0.283
	消費者政策	0.483	0.067	−0.060	0.274	−0.114	0.480
	通信・情報政策	0.469	0.166	0.290	−0.002	0.375	−0.086
② 安全政策	安全保障政策	0.184	0.791	0.052	0.080	0.129	0.035
	外交政策	0.248	0.713	−0.018	−0.035	0.248	−0.002
	治安政策	0.026	0.671	0.104	0.247	−0.007	0.117
	司法・人権政策	−0.039	0.545	0.043	0.474	0.124	0.158
	その他	−0.272	0.328	0.149	−0.181	−0.256	0.018
③ 公共開発政策	土木・建設・公共事業政策	0.067	0.029	0.763	0.084	−0.070	0.116
	運輸・交通政策	0.186	0.170	0.662	−0.001	0.031	−0.067
	地域開発政策	0.104	−0.068	0.571	0.265	0.179	0.325
④ 福祉政策	厚生・福祉・医療政策	−0.015	0.075	−0.070	0.739	0.073	−0.087
	労働政策	0.307	0.133	0.166	0.533	−0.097	0.020
	地方行政政策	0.115	0.092	0.339	0.526	0.058	0.231
⑤ 教育政策	国際交流・協力・援助政策	−0.069	0.183	−0.024	0.073	0.749	0.079
	文教・学術・スポーツ政策	−0.172	0.017	−0.052	0.036	0.713	0.019
	科学技術政策	0.241	0.134	0.323	−0.096	0.510	0.113
⑥ 環境政策	農業・林業・水産政策	0.074	0.102	0.039	−0.119	0.036	0.739
	環境政策	0.108	0.090	0.279	0.191	0.196	0.578

表12-4 関心分野の主成分分析（韓国）

区分		成分Ⅰ	成分Ⅱ	成分Ⅲ	成分Ⅳ	成分Ⅴ	成分Ⅵ	成分Ⅶ
	固有値	2.765	1.766	1.766	1.576	1.486	1.483	1.197
	寄与率（％）	12.568	8.026	8.026	7.162	6.757	6.742	5.440
	累積寄与率（％）	12.568	20.594	28.619	35.781	42.538	49.280	54.720
① 経済政策	金融政策	0.735	0.334	0.051	0.016	0.048	0.038	−0.025
	通商政策	0.727	0.240	−0.036	0.090	0.192	0.115	−0.021
	業界の産業振興政策	0.688	0.044	−0.093	0.023	0.283	0.003	0.001
	消費者政策	0.588	−0.191	−0.085	0.019	−0.152	0.320	0.092
	財政政策	0.504	0.391	0.238	0.184	0.017	−0.017	−0.070
	労働政策	0.478	0.120	0.125	0.223	−0.235	−0.231	0.035
② 科学政策	通信・情報政策	0.206	0.694	0.012	0.152	−0.005	−0.019	−0.016
	科学技術政策	0.167	0.664	0.045	−0.025	0.128	−0.014	0.082
③ 安全政策	治安政策	0.029	−0.035	0.740	0.003	0.027	0.075	−0.027
	司法・人権政策	0.038	0.034	0.619	0.252	−0.267	−0.034	0.127
	安全保障政策	−0.100	0.228	0.610	−0.115	0.188	−0.009	−0.005
④ 地域政策	地域開発政策	0.033	0.101	0.122	0.747	0.133	0.162	−0.025
	地方行政政策	0.135	0.056	−0.059	0.731	0.016	−0.096	0.028
⑤ 公共開発政策	土木・建設・公共政策	0.128	0.205	0.073	0.286	0.615	0.052	−0.019
	厚生・福祉・医療政策	0.038	−0.131	0.290	0.164	−0.570	0.165	−0.027
	運送・交通政策	0.216	−0.099	0.342	0.108	0.562	−0.042	0.028
⑥ 環境（国際）政策	国際交流・協力・援助政策	−0.080	0.273	−0.071	0.062	−0.111	0.643	0.240
	農業・林業・水産政策	0.131	−0.171	−0.031	−0.174	0.021	0.572	−0.229
	環境政策	0.138	−0.142	0.185	0.337	−0.141	0.536	0.130
	外交政策	0.036	0.416	0.291	0.068	0.196	0.451	−0.068
⑦ 教育政策	その他	−0.239	0.085	−0.112	0.070	−0.157	0.010	−0.788
	文教・学術・スポーツ政策	−0.358	0.166	−0.080	0.114	−0.182	0.082	0.634

れぞれには表12-3にあるような変数が含まれ，それぞれ経済政策成分（寄与率12.6％），科学政策成分（同8.0％），安全政策成分（同8.0％），地域政策成分（同7.2％），公共開発政策成分（同6.8％），環境政策成分（同6.7％），教育政策成分（同5.4％），と名づけることができる。

3　主成分分析結果における日韓の構成の共通点と相違点

　表12-5をみれば，両国の構成の異同が明らかになる。

　まず，共通点として，経済政策成分，安全政策成分，公共開発政策成分，教育政策成分，環境（広義）政策成分の5成分が，内容は異なるところはあるものの，ほぼ共通して存在することである。市民社会の多様な団体からの関心の有無に基づくものであるが，日韓の主要な政策構造は（発展志向型の）資本主義国家として共通した主要構造を有していると見てよいだろう。

　大きな相違点としては，日本にある福祉政策成分が韓国に見られないこと，逆に韓国では科学政策，地域政策が独自な成分を形成していることである。韓国で科学政策を形成する変数は，日本では教育政策と経済政策に含まれている。地域政策を形成する変数は，公共開発政策と福祉政策に含まれている。韓国では科学技術政策に対して国家を挙げて取り組んできていること，また地方自治体の実質化がごく近年90年代に入って生じたことがここに新成分として登場する所以であろう。

　日本で存在する福祉政策成分が，韓国で存在しないことはとりわけ注目に値する。日本では，厚生・福祉・医療政策，労働政策，そして地方行政政策（やや弱いが司法・人権政策もその成分を示す）がここに含まれる。地方行政政策は，福祉政策の実施ととりわけ関係している。また地方行政政策の相対的比重は後進地域で大きく，地方交付金などの配分を得て地方行政政策は所得再配分的機能も果たしている。韓国では，こうした変数に含まれる厚生・福祉・医療政策は公共開発政策に「負の成分値」を示すものとして，つまり「反」公共開発政策成分として，また労働政策は経済政策成分の1つとして，そして地方行政政策は地方政策成分の要素として存在しているのである。

　すでに表12-1で見たように，韓国に福祉団体が存在しないのではない。否，比率では倍以上存在し最大の分類である。市民団体，宗教団体も日本より格段に多い。それゆえこれは，様々な団体の政策関心の構造として，福祉

表12-5　関心分野の主成分分析（日韓総括）

区分		日本	韓国	成分別代表的団体	
	Kaiser-Meyer-Olkin 値	0.820	0.739	日本	韓国
①/① 経済政策	固有値	2.588	2.765	経済（45.5%）	経済（41.8%）
	寄与率（%）	11.765	12.568		
	通商政策	0.732	0.727		
	金融政策	0.711	0.735		
	財政政策	0.620	0.504		
	業界産業振興政策	0.521	0.688		
	消費者政策	0.483	0.588		
	通信・情報政策	0.469	—		
	労働政策	—	0.478		
②/③ 安全政策	固有値	2.217	1.766	非営利関連（18.2%）	福祉/宗教（30.9%/20.0%）
	寄与率（%）	10.079	8.026		
	安全保障政策	0.791	0.610		
	外交政策	0.713	—		
	治安政策	0.671	0.740		
	司法・人権政策	0.545	0.619		
	その他	0.328	—		
/② 科学政策	固有値	—	1.766	—	専門家（19.1%）
	寄与率（%）	—	8.026		
	通信・情報政策	—	0.694		
	科学技術政策	—	0.664		
③/⑤ 公共開発政策	固有値	1.997	1.486	経済/行政関係（34.2%/14.0%）	専門家（24.4%）
	寄与率（%）	9.076	6.757		
	土木・公共事業政策	0.763	0.615		
	運輸・交通政策	0.662	0.562		
	地域開発政策	0.571			
	厚生・福祉・医療政策		−0.570		
④/ 福祉政策	固有値	1.812	—	福祉/労働（23.3%/16.9%）	—
	寄与率（%）	8.238	—		
	厚生・福祉・医療政策	0.739	—		
	労働政策	0.533	—		
	地方行政政策	0.526	—		
/④ 地域政策	固有値	—	1.576	—	福祉/市民（27.9%/16.3%）
	寄与率（%）	—	7.162		
	地域開発政策	—	0.747		
	地方行政政策	—	0.731		
⑤/⑦ 教育政策	固有値	1.767	1.197	教育/専門家（23.9%/18.0%）	教育・その他/専門家（31.7%/13.3%）
	寄与率（%）	8.031	5.440		
	国際交流・協力・援助政策	0.749			
	文教・学術・スポーツ政策	0.713	0.634		
	科学技術政策	0.510			
	その他	—	−0.788		
⑥/⑥ 環境（国際）政策	固有値	1.479	1.483	経済/農業（28.4%/13.9%）	その他/宗教/行政関係*（23.9%/18.8%/14.6%）
	寄与率（%）	6.723	6.742		
	農業・林業・水産政策	0.739	0.572		
	環境政策	0.578	0.536		
	国際交流・協力・援助政策	—	0.643		
	外交政策	—	0.451		
	サンプル数	1398	353		

注）①/②：　①日本の成分　②韓国の成分
　＊　農業団体：12.5%

政策や労働政策，地方行政政策を統合する福祉政策成分が存在しないということを意味するのである。(9) こうした団体は，安全政策や地域政策の成分を示している。

細かな相違点としては，今述べた経済政策成分での通信，労働政策の位置の差，安全政策成分において日本で含まれる外交政策が韓国で含まれないこと，公共開発政策成分での要素の差，教育政策成分での要素の違いなどがある。

最後に環境政策成分の違いも興味深い。日本では，狭義での環境政策，もしくは自然環境政策といってよい農業・林業・水産業政策と環境政策（そして値はやや低いが消費者政策）が含まれるに留まるが，韓国ではそれらに国際交流政策，外交政策が含まれることである。むしろ国際・環境成分とした方が現実に近い。両者が1つになっていることの解釈には2通り考えられる。つまり，農業などの政策がウルグァイ・ラウンンド交渉など外圧がらみで認識されて，国際的政策が共に選ばれたとみるか，NGOなど環境政策に関心のある団体が国際的な政策にも関心を示すかである。後に見るように両方の分類の団体が含まれるが，この成分を形成したのは後者の集団であると推察される。(10)

4　主成分分析結果と団体の分野

調査された市民社会の各団体は，主成分分析での得点，値をもつが，各団体を最も高い値を示す主成分に分類し，それを10の団体分野ごとに集計し直して，全体の傾向（東京とソウル）を見てみることにしよう。

まず全体の市民社会団体の成分別分布を見ると（表12-6の最下段），日本（東京）では，1）福祉政策成分21.2％，2）教育政策成分20.7％，3）公共開発政策成分15.9％，4）経済政策成分14.9％，5）環境政策成分14.4％，6）安全政策成分12.9％の順である。他方で韓国（ソウル）では，1）教育政策成分17.0％，2）安全政策成分15.6％，3）経済政策成分15.6％，4）環境（広義）政策成分13.6％，5）科学政策成分13.3％，6）公共開発政策成分12.7％，7）地域政策成分12.2％の順である。比率を比較する場合，日本と韓国で主成分の数が6と7と異なるので注意を要する。

日韓を対比すれば，福祉政策成分は日本にしかないが，日本では最大の比

表12-6 団体別，関心の高い政策の成分（東京，ソウル）

区分	東京							ソウル							
	第1成分：経済	第2成分：安全	第3成分：公共開発	第4成分：福祉	第5成分：教育	第6成分：環境	合計	第1成分：経済	第2成分：科学	第3成分：安全	第4成分：地域	第5成分：公共開発	第6成分：環境（国際）	第7成分：教育	合計
農業団体	4	—	1	—	2	28	35	4	—	1	—	2	6	—	13
	11.4	—	2.9	—	5.7	80.0	100.0	30.8	—	7.7	—	15.4	46.2	—	100.0
経済団体	95	16	76	16	12	57	272	23	4	—	2	5	4	1	39
	34.9	5.9	27.9	5.9	4.4	21.0	100.0	59.0	10.3	—	5.1	12.8	10.3	2.6	100.0
労働団体	15	16	14	50	6	8	109	7	1	—	—	4	—	2	14
	13.8	14.7	12.8	45.9	5.5	7.3	100.0	50.0	7.1	—	—	28.6	—	14.3	100.0
教育団体	10	12	9	18	69	5	123	—	5	1	2	—	3	19	30
	8.1	9.8	7.3	14.6	56.1	4.1	100.0	—	16.7	3.3	6.7	—	10.0	63.3	100.0
行政関係団体	17	12	31	40	13	21	134	3	2	3	2	5	—	2	17
	12.7	9.0	23.1	29.9	9.7	15.7	100.0	17.6	11.8	17.6	11.8	29.4	—	11.8	100.0
福祉団体	5	3	1	69	5	2	85	3	5	17	12	3	7	4	51
	5.9	3.5	1.2	81.2	5.9	2.4	100.0	5.9	9.8	33.3	23.5	5.9	13.7	7.8	100.0
専門家団体	13	16	26	15	52	13	135	6	9	6	6	11	2	8	48
	9.6	11.9	19.3	11.1	38.5	9.6	100.0	12.5	18.8	12.5	12.5	22.9	4.2	16.7	100.0
政治団体	—	13	7	7	1	1	29	1	1	—	4	3	—	—	9
	—	44.8	24.1	24.1	3.4	3.4	100.0	11.1	11.1	—	44.4	33.3	—	—	100.0
市民団体	1	15	9	15	10	10	60	1	7	2	7	3	6	2	28
	1.7	25.0	15.0	25.0	16.7	16.7	100.0	3.6	25.0	7.1	25.0	10.7	21.4	7.1	100.0
宗教団体	—	7	—	3	2	—	12	1	6	11	4	1	9	3	35
	—	58.3	—	25.0	16.7	—	100.0	2.9	17.1	31.4	11.4	2.9	25.7	8.6	100.0
その他	49	71	48	63	117	56	404	6	7	14	4	8	11	19	69
	12.1	17.6	11.9	15.6	29.0	13.9	100.0	8.7	10.1	20.3	5.8	11.6	15.9	27.5	100.0
合計	209	181	222	296	289	201	1398	55	47	55	43	45	48	60	353
	14.9	12.9	15.9	21.2	20.7	14.4	100.0	15.6	13.3	15.6	12.2	12.7	13.6	17.0	100.0

率を示している。公共開発政策成分は日本が上位で比率も高い。他方で，安全政策成分は韓国が上位で比率も高い。また科学政策成分や地域政策成分は韓国だけに存在する。教育政策成分は日本では順位が2位で韓国は1位であるが比率は日本が高い。その他の経済政策成分，環境政策成分などはほぼ同じくらいと見て良い。つまり，相対的に見て，日本では福祉，教育，公共開発関連の政策成分を示す団体が多く，韓国では，安全，科学，地域政策関連がやや多い。

分野毎の特徴を日韓で見ていこう。

農業団体：日本では80％が環境政策成分である。この環境政策成分には，

日本では農業ほかの政策と環境政策が含まれるから当然といえる。韓国でのこの成分はより広義で国際的要素がある。韓国の農業46％がこれに含まれ、他方で経済政策成分に31％が入る。

経済団体：今度は逆に韓国では59％が経済政策成分、日本では35％に留まる。日本では公共開発政策成分に28％、環境政策成分に21％と分散している。

労働団体：日韓ともに1成分に半数が集中するが、日本は福祉成分（46％）へ、韓国は経済政策成分（50％）へと向かう。韓国では公共開発政策成分（29％）も高い。

教育団体：日（56％）韓（63％）ともに教育政策成分に6割が含まれ、単純である。

行政関係団体：日本では福祉（30％）、公共開発（23％）に分かれる。韓国では公共開発（29％）ほかに分散している。

福祉団体：日本では80％が福祉政策成分、韓国では安全（33％）、地域政策（24％）に分かれる。

専門家団体：日本では教育政策成分（39％）が最多で他は分散、韓国も公共政策成分（22％）が最多で分散している。

政治団体：日本では安全政策（45％）が中心、韓国では地域（44％）、公共開発政策（33％）成分に分かれている。

市民団体：安全と福祉政策成分が25％づつ、韓国では科学、地域が25％づつ、環境21％とわかれる。

宗教団体：日本では安全（58％）政策に集中、韓国では安全（31％）、教育（26％）の各政策成分に分かれる。

以上から日本では、福祉団体（81％）、農業団体（80％）、宗教団体（58％）、教育団体（56％）がそれぞれ関連政策成分との強い関係（（　）内の％）を明白に示している。韓国では、比較的にみて教育（63％）、経済（59％）、労働（50％）が明確である。

　いままでは団体別（横の行100％）に見てきたが、成分別に見る（縦の列100％）こともできる。先の表12-5の右端にこの縦（成分別100％）での代表的団体分類が記されている。

経済政策成分：日韓とも経済団体が4割以上を占める。

安全政策成分：日本ではその他の分類に含まれる非営利団体が最高だが2割未満（18%），韓国では，福祉（31%），その他（26%），宗教（20%）が占める。
公共開発政策成分：日本では経済34%，行政関係14%，韓国では専門家24%，その他18%である。
教育政策成分：日本では教育（24%），専門家（18%），非営利団体（13%），韓国では教育（32%），その他（32%），専門家（13%）である。
環境政策成分：日本では，経済28%，農業14%，韓国ではその他23%，宗教19%，福祉15%，農業13%，市民13%である。
韓国だけにある科学政策成分：専門家19%，市民15%。
韓国だけにある地域政策成分：福祉28%，市民16%。
日本だけにある福祉政策成分：福祉23%，労働17%，行政14%。

5　結論

　市民社会の団体の多様な政策への関心の有無に関する設問への回答を素材に，政策構造を析出し，以下のような事実発見があった。
(1)　日本の団体の方が，首都・地方とも韓国と比べ，多様な政策への関心が高い。
(2)　日本では，茨城の方が，東京よりやや政策関心が高い。韓国ではソウルがやや高い。
(3)　4つの地域間では首都同士の団体で，類似度が最も強い。
(4)　政策関心の順位は，茨城を除く3地域ではいずれも福祉，環境政策である。
(5)　茨城の団体の政策関心の高さは印象的である。農業，地域開発他の地域関連政策以外にも，マクロ経済政策ほか多くのものに高い関心を有するものが多い。
(6)　主成分分析の結果，日本で6，韓国で7の主成分が析出されたが，その内5つはほぼ共通の名称を付与しうる成分である。日本に特殊なのは福祉政策成分，韓国のそれは科学政策成分と地域政策成分である。
(7)　主成分別の団体分布では，相対的に見て，日本では福祉，教育，公共開発関連の政策成分を示す団体が多く，韓国では，安全，科学，地域政策関連

がやや多い。
(8) 日本では，福祉団体，農業団体，宗教団体，教育団体がそれぞれ関連政策成分との強い関係にあり，韓国では，教育，経済，労働が明確である。

　最初に述べた他の諸章での比較分析と対比して，次のような新しい方向が見出された。

　まず政策関心に関しては，韓国の団体の積極性仮説は当てはまらない。東京の団体はソウルより茨城の団体はどの地域より高い政策関心を示した。日本において地方の団体の政治化，政策化の深化は他の質問からも窺われる。政党接触がその典型である。[11]政党，とりわけ自民党との関係を通じての政策への関心が地方団体に浸透していると仮説化できる。これは第8章でみた与党ネットワークの一側面である。

　日本（福祉）と韓国（科学，地域政策）に特有な主成分分析の結果としての成分が発見されたが，それはそれぞれの国での政策関心の特有なパターン化と関連する。この結果に基づく団体の配置でも同様の結果（上記(7)）が出ている。これらは，日本における政権党と利益団体の制度化，つまり福祉，農業，宗教，教育などの領域の，政策受益関係の確立という問題[12]と関係するだろう。これも与党ネットワークの側面である。(8)の結果のように，政策入出力の制度化が進めば，関連団体と関連政策の対応が特定化するのかもしれない。

　上記(6)(7)(8)の帰結は，韓国では安全保障でのイデオロギー政治や技術・地域開発が政策の前面に出ていることと関係するだろう。また影響力や団体関係の分析で示されたような，韓国での階級的な亀裂，政治権力と社会権力，非体制の市民系と階級系の分立などが，福祉政策成分の成立を妨げている可能性も考えられる。教育・学術関係者のエリート層としての独自な意義や労使対立の政治は，協調的制度化ではないが政策と団体の対応の特定化につながっているのであろう。

　このようにみれば，これまでの日本政治の発展指向国家性，コーポラティズム性，緩やかな多元化，韓国政治の階級性と多元性という特徴づけは変わらないが，政策関心の分布構造からは，日本において（韓国よりも）政策の社会−政治の入出力循環構造がよりスムーズに機能し，政治の政策化が生じている可能性を示唆するものである。他方，韓国では安全保障でのイデオロ

ギー政治や技術・地域開発が政策の前面に出ていることが認知構造的にも把握され,「分断国家」「後・後発発展志向型国家性」が窺える。

（1） 辻中・朴（1998：49-75）。
（2） 本書9章,11章,辻中・崔（1999a；1999b ほか）を参照。
（3） 辻中（1999c）。
（4） 本書9章,11章,辻中・崔（1999a, 1999b）。
（5） 例外として1998年の辻中・森（1998）。
（6） 日韓,東京・ソウル,茨城・京畿についての基本データ（1994～5年）
人口：日本1億2,520万人,韓国4,485万人。面積：日本37.8万平方キロ,韓国9.9万平方キロ。一人当たりGDP（1994年）：日本；34,630ドル,韓国；8,260ドル。1, 2, 3次産業人口割合：日本（5.8％, 34.1％, 60.1％）,韓国（13.6％, 33.3％, 53.1％）。
人口：東京1,177万人,ソウル1,078万人,茨城296万人,京畿761万人,面積：東京2,189平方キロ,ソウル605平方キロ,茨城6,094平方キロ,京畿10,864平方キロ,1, 2, 3次産業人口割合：東京（0.5％, 25.7％, 72.1％）,ソウル（0.4％, 11.1％, 88.5％）,茨城（9.7％, 34.7％, 55.3％）,京畿（3.9％, 46.9％, 49.2％）。
（7） SPSS（1997：Chap. 16）。
（8） 主成分分析の精度分析としては,カイ2乗値とKMO値（Kaiser Meyer Olkin値）を表示した。カイ2乗値はいずれも有意水準0.000, KMO値も日本0.820,韓国0.739といずれも0.70以上を示しており,標本妥当性として良好な高い水準にあることを示している。
（9） 韓国において,その他を除けば最大の分類である福祉団体が福祉政策に関心がないのではない。実際,日本（32％）並みに韓国でも福祉団体はこの政策に関心（30％）を持っている。ただ主成分分析で統合されるような形で多様な団体の関心構造としては存在しないのである。
（10） 表12-6参照。また個別の政策に対する団体分類ごとのクロス表分析を行ってパターンを確認した。
（11） 辻中・朴（1998：59）。
（12） 辻中（1988）。

第Ⅲ部

事例分析

　第Ⅲ部では，韓国の市民社会における新しい動向を事例分析によって検討する。大規模な市民運動の登場とその活発な政治過程での動員や政策過程でのロビイング行動（第13章），政府との政策競争や政策協議（第14章），女性運動（第15章）や住民運動（第16章）に各章をあて，韓国での経験的な先行研究を踏まえ詳細に分析する。

　本書は，基本的に，JIGS調査というサーベイ調査や統計データを用いて韓国の基礎レベルでの団体の全般的な変化と民主化以後の韓国政治システムの変化との相互関係の把握に努めている。一般的にいって，こうしたミクロ・レベルでのデータからマクロ・レベルでの市民社会の特性を推論するのには限界がある。この限界を克服するために，本研究では統合空間ダイナミクスモデルを用いて，基礎団体のサーベイ調査結果を総合した。しかし，マクロ・レベルで韓国の市民社会を理解するにあたって，韓国の政治社会の変化が基礎団体の変化よりもいっそう激しく，この変容過程のなかで特定の「参与連帯」，「経実連」，「環境運動連合」などの影響力のある市民団体が非常に強いダミー変数（dummy variable）の役割を果たすため，分析結果の全体的な説明力を低下させる可能性がある。したがって，事例分析のような全体論（holism）的な方法論で補完して総合的にアプローチするとき，ミクロ・レベルの分析を通したマクロ・レベルの特性の理解が可能になる。

　こうした方法的な観点からだけでなく，韓国の専門家による詳細な分析は，韓国の現状をより鮮明に私たちに教えてくれる点でも第Ⅲ部は興味深い。

第13章

市民運動と市民団体の理念・組織・行為様式

趙大燁
(朴仁京訳)

　1990年代以降の韓国は「市民運動の時代」を迎えている。市民運動は，政治争点的には挑戦型から体制内の一員型へ，資源動員的には共同体型から市場型へ，社会運動からマスメディアとタイアップする市民運動へスタイルが変わり，運動から制度参加へと力点が移動した。
　本章ではこのような市民運動の実態を，経済正義実践市民連合，環境運動連合，参与連帯，緑色連合など主要な大規模市民運動に注目し，分析する。
　その結果，こうした主要市民団体の特徴として，脱理念化・理念の標準化，イシューの複合化，組織規模の巨大化，(政策への)影響力の政治を求める活動方式をあげることができる。その原因として，社会主義の崩壊といった国際環境，韓国の集権的な権力構造，民主化運動の遺産が挙げられる。

はじめに

　いまや韓国では10年余りにわたる市民運動の歴史を経て,「市民運動」という用語が日常的なレベルで通用するに至り,また市民運動を主導する団体はその規模が拡大すると同時に(政策への)影響力も増大した。経実連の発足から2000年に「総選挙市民連帯」の主導した落選運動が爆発的に噴出するまでの10年強の歳月の中で,市民運動団体は自ら市民の代弁者ひいては準政党としての役割を自任する程,急速な成長を遂げたのである。

　このような市民運動団体が1990年代に入って新たに作られたり,活動を拡大したりしたことは,市民運動組織の分化を示すものである(趙大燁 1996)。自発的運動団体を中心に見ると,80年代の民主化運動の組織は,政府に対して強力に抵抗する「挑戦型(challenger type)」が大部分であった。90年代に入ってこのような挑戦型の団体が新たに作られたこともあったが,この時期以降ほとんどの市民運動組織は体制内的・政策レベルのイシューを提起することによって「政治体の一員型(polity member type)」への分化現象を見せた。他方,資源動員方式及び活動方式を中心に見ると,「共同体型(communal type)」と「市場型(market type)」への分化が特徴的であると言える。共同体型の運動組織は,80年代の民主化運動の過程で作られたかそれ以前に構築された全国的規模の在野運動組織,とりわけ労働運動,学生運動,農民運動の組織で,概ね共通の地理的空間又は社会的関係を基盤に作られたものである。従って,成員構成が限られた集団からなり,組織管理体系は未分化で,主要な資源は個別的献身と意志に依存する傾向がある。また特殊なイシューに関与し,構成員の直接参加方式が特徴である。

　これとは対照的に新たに分化した市場型の組織は,基本的に成員を原子化された個人として確保し,専門化された組織管理体系を持ち,主要な資源は基金と会費に依存する。専門スタッフは会員の確保と(政策への)影響力の拡大のために絶え間なく多様で付加的な運動イシューを開発しなければならず,会員は市場で好きな商品を購入するように運動市場で運動商品を購入する形で市民運動組織に参加している。従って,ほとんどの会員は会費を納めることに活動の意味を見出す,間接参加方式が主流を成している。組織の活動方式もまた政策開発,代案提示,公聴会,討論会,声明発表,マスメディ

アを通じた報道に力を注ぐのが特徴であると言える（趙大燁 1999）。

　経実連，環境運動連合，参与連帯など1990年代に拡大した主要な市民運動団体はこのような市場型の特徴を持つ。1970年代にアメリカの社会運動研究はいわゆる「企業的観点」を提示し，「資源動員理論」という新しいパラダイムを流布させたことがある。経済社会学的モデルとも言える（イム・ヒソプ 1999）このパラダイムは，運動組織（social movement organization: SMO）を，運動商品を製造する一つの工場と見なし，このような運動組織の複合体を社会運動産業（social movement industry: SMI）と呼び，運動産業の信念が分布している全体を運動部門（social movement sector: SMC）と設定することによって，当時アメリカの制度的で安定的な市民団体の拡張と新しい運動産業を説明する理論化を試みたのである（McCarthy and Zold 1973; 1977）。このような論議は基本的に競争的な運動市場を念頭に置いたものであるが，近年韓国社会の主要な市民運動団体は少なくとも「形式的」には市場競争に基づく「米国化」の傾向を見せている。だが，アメリカの市民運動の市場性は成熟した市民社会と広範な運動市場と制度化された寄付の文化に基づいている。反面，韓国社会はいまだ限られた運動部門，依然として低水準の参加意識，並びに制度的，意識的側面で低い水準の寄付の文化という条件にもかかわらず，市場性を表しているのである。このような市場性は現実的には市民運動団体間の不当な競争，市民とは遊離した巨大組織化，マスメディア依存的・イシュー中心的活動及び百貨店式運用方式，中央集権化現象と名望家中心の指導力等で拡大再生産されている。

　市民運動団体の市場的膨張は結局，社会運動の市民社会内的制度化のもう１つの効果であると言える。つまりそれは社会運動の「運動性（movementality)」をますます衰退させる結果をもたらしている。社会運動において運動性を構成する最も核心的な要素は行為的水準で「一緒に動くということ」と認知的水準で「共有された信念を持つということ」である。集合行動のフレーム（Snow et al. 1986），集合的アイデンティティ（Melucci 1989）または政治意識（Morris 1984）等，どのように表現するにせよ，共有された信念を持って一緒に動くということは社会運動の最も基本的要素である。どのような運動であれ，「信念が一緒に動くということ」すなわち，信念の自己表出的特性が，どのような形であれ内在していてこそ，社会運動としての意義を持

ち得るのである。少なくともこの要素だけを持っている運動は運動として存在し得るが，この要素のない運動は運動と言いがたい。

　市民運動団体の市場性が拡大することによって「運動市場主義」が拡散すると，市民運動団体の制度化の水準はますます高くなる。このような高い水準の制度化は市民団体を市民社会の自律的な実践の論理に基づかせるより，国家及び市場の領域と同様の社会経済的条件で交わらせるので，市民団体はこれらの領域と葛藤的であるより協調的関係を強化するようになる。従って，市民運動団体は市民運動の経路よりは国家及び市場の領域と安定的関係を拡大する「制度化されたNGO」の経路をたどることになる。

　このような運動の転換と市民団体の分化は何よりも1980年代以来の国内及び国際社会のいくつかの変化と関連している。まず，東欧社会主義の大変革がもたらした効果があげられる。東欧の市場経済化は国内的には階級志向の民衆運動が追及するイデオロギーの喪失を招来し，80年代の民衆主義的民主化運動を急速に衰退させ，その代案的運動として市民運動を稼働させたのである。第二に，1980年代後半における韓国の資本主義の構造変化による中間階級と労働階級の物質的基盤の向上を挙げることができる（キム・ホギ2000a）。中間階級と労働階級の物質的向上は民衆主義的階級路線からこれらの階級を離脱させる根本的要因であったと言える。特に中間階級の拡大と彼らの急進的な選択が市民運動として帰結した。第三に，より直接的な原因としては80年代末以降の政治的民主化が挙げられる。6月の闘争を通じて抑圧的な軍部独裁から手続き的民主主義が確保されると，抵抗的民主化運動に対する国民的合意はそれ以上効力を発揮できなかった。従って，民主化運動の主導勢力は一方では多様な経路を通じて制度政治に入り，他方では政治の民主化によって拡張された市民社会で新しい運動を芽生えさせたのである。

　このような背景の下に転換と分化，制度化の過程を経た市民運動団体の現状をより具体的に見るため，本章は経実連，環境運動連合，参与連帯など主要な市民運動団体を中心にイデオロギーとイシュー，組織化方式，戦略と行為様式などの内容を検討する。その結果から韓国の市民運動団体の主要な特徴を導出した後，それらの特徴をもたらした歴史構造的条件を概括的に設定することによって，韓国の市民団体の未来を展望する端緒としたい。

1 理念の標準化とイシューの多様性

1-1 理念の標準化

「落薦・落選運動」で世界の視線を集中させた「総選挙市民連帯」の活動が成功裏に展開するにつれ，韓国での市民運動に関する議論の中には，いわゆる「進歩的市民運動」に対する関心が高まる傾向が見られる。

市民運動の理念的志向に関する論議は，さらに市民運動の時期区分論に拡張されている。すなわち，1987年までの市民運動を第1段階の市民運動と見なし，脱政治的・非政治的市民運動の時期と規定し，それ以来90年代半ばまでの市民運動を第2段階と見なし，保守志向の穏健な市民運動の現れと見るのである。第2段階の市民運動のアイデンティティが弱まったり周辺化されたりするにつれ，進歩的性格が強化される第3段階の市民運動が拡大したが，「参与連帯」は正に「進歩的市民運動」と規定できると言うのである（ジョ・ヒヨン 1999a；1999b）。全体的な論議の傾向から見ると，「保守的」ということと「進歩的」という用語に対する新たな規定なしに使われていることから，依然として「保守的」ということは反民衆的，そして「進歩的」ということは親労働運動的あるいは親民衆運動的という言葉と同じものと見なされていることがわかる。

そうだとすると，実際に主要な市民運動団体の理念的志向はどのような違いを見せるのか。

まず経実連の場合，「政府の政策に対する国民の自由な選択権が保障され，経済的に市場経済の効率性と躍動性を生かしつつ，クリーンで有能な政府の適切な介入により分配の偏重と独占寡占及び公害等市場経済の欠陥を解決する，自由と平等，正義と平和の共同体としての民主的な福祉社会を目指すべき運動目標」であるとしている（経実連 1989a）。経実連は発足当時から，80年代の民主化運動を主導してきた民衆・階級志向の在野運動との差違性を強調しつつ，自らの存在意義をアピールした。従って，運動の目標においても，市場の秩序自体を肯定的に受容するだけでなく，特定階級への志向という偏向を見せず，市場と政府の倫理的運用を要求している。少なくとも運動の目標に現れた理念的志向は脱階級的で「穏健改革的」特性を見せていると言え

よう。

　このような事実は経実連の志向する運動構成員の範疇においても明白に提示されている。経実連は創立趣意書で「我々が力を結集しようとする勢力は疎外され抑圧された民衆のみではありません。善良な志を持った，富者もこの運動の重要な主体です。なぜなら，韓国社会がこのままではやっていけず，必ず民主福祉社会に進まなければならないという善良な意志を持つ人ならば，彼が企業人であれ，中産階層であれ，この運動の重要な構成員になり得るからです」という点を強調している（経実連1989b）。運動の主体を脱階級的に設定し，いわゆる「市民」という範疇にまで拡張しているのである。

　参与連帯もさほど違わない。参与連帯は創立大会の辞で「公権力が乱用されて公職が特権の道具にされ，社会的な契約との合意が信頼を失っても我々は気にしませんでした。我々が参与民主社会の建設を打ち出すのは，このような市民の無関心を克服するためです」と謳っている（参与連帯1994）。参与連帯のこのような創立趣旨からは結局，現存する体制に取って代わる新しい体制についての理念的志向は見出せない。何よりも公共の利益と関連する権力と政策の運用を強調することによって，市民参加による，閉鎖的な政治秩序の開放を要求するレベルにあるものと言える。

　この点は，参与連帯の定款に提示されている団体の目的から，より明確に確認できる。すなわち「各界各層の国民の自発的参与で国家権力を監視し，具体的な政策と代案を提示し，実践的市民活動を通じて自由と正義，人権と福祉が正しく実現される参与民主社会を建設することを目的とする」ことによって，運動の目的と運動主体の範疇においては経実連と極めて類似していることが分かる。

　但し参与連帯は創立当時「民族の分断とそれを口実にした強権政治」に対する強い拒否感を示すと共に，「民主主義と人権のために献身した多くの先輩の犠牲に基づいて」その志を継いでいき，また「支配と疎外を克服し連帯の手を延べること」を唱えるなど，民主化運動の精神と疎外された階層に対する関心を情緒的に強く継承しているという点では，経実連との違いを強調する余地が全くない訳ではない。だが，経実連が提示する「民主福祉社会」と参与連帯が強調する「参与民主社会」のモデルの間の理念的志向において明瞭な違いを見出すのは難しい。

表13-1　主要な市民団体の理念的志向

団体	運動の主体	社会のモデル	理念的志向
経実連	各階各層の市民	民主福祉社会	穏健改革
参与連帯	各階各層の市民	参与民主社会	穏健改革
環境運動連合	住民，市民	持続可能な社会	穏健改革

　国内最大の環境運動団体である環境運動連合の理念は環境運動という特殊な争点を追求することから生態主義的志向が強く現れざるを得ないが，左翼と右翼，あるいは保守と進歩の理念的スペクトル上で見ると，他の市民団体と違いを見せない。93年に環境運動連合が発足する以前，その前身と言える「公害追放運動連合（公追連）」は左派環境主義的理念を強く示した。公追連は環境危機の原因を「金儲けに血眼になっている独占財閥とその庇護者である軍部独裁，そして韓半島を植民地のごみ捨て場と見なして君臨しているアメリカ」であると規定し，代案的な社会形態を「社会的不平等と自然からの疎外が克服された，真の民主社会」，「民衆が主人になる民主社会」と提示した（グ・ドワン 1996：218-219）。だが，環境運動連合は環境危機の主たる原因を企業と政府並びに市民個人であると設定し，運動が目指す社会の姿を「環境的に健全で持続可能な社会」と表現した。環境運動連合は運動の主体もまた住民あるいは市民と見なし，環境親和的産業構造及び環境保全的技術開発，生態親和的生活様式等を強調することによって政府や企業，市民社会の普遍的志向との共通性を見せている。

　近年，市民運動を主導する主要な市民団体の理念はこのように，左-右や保守-進歩のどちらか一方に傾かない「市民的」レベルの脱階級的志向に標準化している。たとえ現在市民運動団体の多くの活動家が民衆・階級志向の民主化運動を経験し，又脱理念化した市民運動を追求しながらも依然として労働運動との親和性を見せるにせよ，その結果そのような意味で参与連帯のような運動団体が進歩的市民運動を強調するにせよ，それは活動家が持つ情緒的親和性を意味するに過ぎず，組織自体の「理念的親和性」や「構造的親和性」とは見なせないのである。

1-2　運動イシューの多様化

　主要な市民運動団体の理念的志向が標準化する一方，運動のイシューは非常に多様化している。基本的に近年の市民運動団体は会員の間接参与方式が

大半であり，専門化された管理体系を整えて常勤のスタッフが絶え間なく新しい運動イシューを開発する，いわゆる「市場型」運動組織の特性を有しているため，イシューの多様化は組織特性から帰結する当然の現象であると言える（趙大燁1999）。

にもかかわらず，近年市民運動に対する批判の中で最もよく言及されるのは，あまりにも多様なイシューを取り扱うことに対する懸念である。言い換えると，「百貨店式運動方式」と「イシュー・ファイティング」を中心とした運動に対する批判が広まっている（ハ・スンチャン2000）。他方で，このようなイシューの多様化現象を「総合的市民運動」という概念で説明し，韓国社会の現実的状況と現段階の市民運動の水準では避けられない現象であるという点を強調する向きもある（ジョ・ヒヨン1999a）。百貨店式運動方式であると批判するにせよ，総合的市民運動の正当性を強調するにせよ，近年の主要な市民団体はイシューの多様化と重複という特徴を見せていることは間違いない。

まず経実連の運動イシューを見ると，初期は主に不動産投機の根絶のための活動に力を注いだ。土地公概念制度の導入と総合土地税の強化等税制改革に関するイシューを提示し，住宅問題の解決という観点から不動産投機の防止，土地公概念の強化立法，住宅賃貸借保護法の補完，公共賃貸住宅の供給拡大等の政策イシューを提案してきた。また，不動産実名制を持続的に主張し，95年1月，政府が不動産実名制の実施を発表した後もその問題点を指摘し強化を要求してきた。これと共に金融実名制の実施を求め続け，93年に大統領緊急命令で実ったことがある。それ以外にも経済部門では韓国銀行の独立要求，財閥の経済力集中問題，税制改革運動，90年からはウルグアイ・ラウンドの農産物交渉への対応及び韓国の農業を生かすための運動を多様な方式で推進してきた（経実連2000）。

政治・社会部門では公明選挙キャンペーン及び改革課題別政策キャンペーン，OECD早期加入延期及び制度整備要求，5.18特別法の制定と特別検査制の導入，地方自治制度の活性化のための法・制度改革，選挙法，政党法，政治資金法，国会法等の改革をはじめとする政治・行政制度の改革，市民の知る権利の保障と行政民主化のための情報公開法及び行政手続法の制定要求運動等，制度改革のための多様なイシューを開発してきた（経実連2000）。

参与連帯は司法監視センター，議会政治監視センター，クリーンな社会作り本部，小さい権利を取り戻す運動本部，経済民主化委員会，市民科学センター，社会福祉特別委員会，納税者運動本部等８つの活動センターで多様なイシューを開発している。各々の活動センターでは，検察の中立性の確保及び法曹非理剔抉等司法改革運動と非理法曹人告発運動，国会議員の議会政治活動の評価及び監視，無能腐敗政治家市民告発運動，政治改革立法運動及び国会制度改善のための政策研究活動，腐敗防止法制定運動等，法・制度関連イシューを持続的に提起している。他方では，地下鉄運行遅延事故による損害賠償請求訴訟，電波使用料廃止運動，文化財観覧料分離徴収運動，電話設置費返却運動，金浦空港騒音被害損害賠償請求運動等，市民の日常生活と関連するイシューを中心に多様な公益訴訟活動を展開している（参与連帯 2000）。

参与連帯は特に，経済民主化委員会を中心に展開してきた「小額株主運動」を通じて市民運動の爆発的効果を上げた。これと関連して政府の財閥政策に対するモニタリングも主要な争点だと言える。この他にも代案科学教育事業や国民福祉基本線確保と社会安全網拡充のための運動，公平な租税負担の実現のための租税制度改革運動，予算監視運動，情報公開運動等を推進している（参与連帯 2000）。

経実連と参与連帯は韓国社会で最もよく知られた市民運動団体であるという事実に相応しく，非常に多様な運動イシューを開発している。政治・経済的領域から社会・文化的領域に至るまで，そして法・制度的レベルから，日常生活の問題に至るまで，広範囲にわたって多種多様なイシューを取り扱っている。特に経実連と参与連帯は，韓国社会のほとんど全ての領域にわたって提起される問題に関心を持ち，正に「総合的」イシューを取り扱っている点で類似している一方，他方では多くのイシューが両団体で重複して追及されている点でも類似点を有する。

環境運動連合は環境部門に特殊なイシューを取り扱っているという点で，他の運動団体と違いを見せるが，単一の運動団体として取り扱うイシューはやはり多様であるという特徴を持つ。93年の発足以来環境運動連合は，洛東江の飲料水汚染問題，現代グループシベリア森林破壊反対運動，常習汚染企業不買運動，トクユ山緑地保存運動，グルアプ島核廃棄場建設反対，ヨンフ

ン島火力発電所反対運動, シファ湖汚染に対する対応活動, ゴルフ場建設反対, ジリ山バンダル熊を生かす運動, 台湾核廃棄物北朝鮮搬入阻止運動, 「生活ごみ半分に減らしましょう」運動, 東江ダム建設白紙化運動, 環境ホルモン・遺伝子操作農産物反対運動, セマングム干拓事業白紙化運動, 水節約運動, 日本のプルトニウム海上輸送反対運動等, 環境問題で提起される多様な事件をイシュー化してきた。こうした中, 運動イシューはより拡大され, 干潟保全と渡り鳥保護関連活動, 代替エネルギー関連活動, 緑地保全活動, 川を生かす運動, 反核平和運動, 野生動植物保護関連活動, 生命安全関連活動等, 環境と関連する全ての範疇の問題を提起している（環境運動連合 2000）。それだけではなく, 他の市民団体と連携して特別検査制導入要求運動や総選挙市民連帯活動等を推進することによって, 非環境領域のイシューにも関与している。

　このようなイシューの多様化現象は少なくとも自分の組織で無理なく多様なイシューの運動を忠実に管理していくことができる場合, それが百貨店式であれ総合的であれ, 大きな問題にはならない。だが, このようなイシューの多様化は何よりも前節で見た理念の標準化現象と軌を一にしているという点で懸念され得る。言い換えると, 均質的理念化の傾向は市民運動が追求すべき新しい理念志向の不在という現象を物語っているが, 新しい理念志向や価値志向なしに無原則に提示されるイシューは各々のイシュー間の分節性を克服しがたく, その点において単発的活動で終わる公算が大きいのである。その一方でこのような傾向は, 類似したイシューを生産する組織間の競争をより増大させ, そのためにマスメディア依存度を高めることによって, 組織がイシュー自体のマスメディア呼応性にだけ没入するようになる可能性を持ってくる。結局, このような点で, 過度なイシューの多様化は, 市民社会を「運動市場化」し, より多くの会員の確保と（政策への）影響力の拡大のための「市場適応性」を強化する方角に向かわせるのである。

2　競争的組織化と市場的動員化

2－1　市民団体の拡張と巨大組織化

　1990年代以来韓国社会では市民運動を専門的に追及する市民運動団体を含

表13-2　市民団体の分野別分布

分野の区分	頻度	%
市民社会	1013	25.2
地域自治	222	5.5
社会サービス	743	18.5
環境	287	7.1
文化	634	15.8
教育/学術	235	5.8
宗教	107	2.7
労働/農民・漁民	217	5.4
経済	501	12.5
国際	44	1.1
その他	20	0.5
合計	4023	100.0

出所：『韓国民間団体総覧2000』

めて，いわゆるNGOと呼ばれる市民団体が飛躍的に増大した。1999年に「市民の新聞」が発刊した『韓国民間団体総覧2000』によると，韓国社会の市民団体は4,023個に上っている。もし各団体の支部まで含めると，約2万個を超えるものと推定される（市民運動情報センター 1999）（表13-2）。

このような市民団体の量的拡大をより具体的に見ると，その大部分が1987年以降そして1990年代に入って爆発的に膨張する傾向を見せた。730の市民団体を対象とした調査研究によると，74.2％が1987年以降設立され，その内34.9％は1987年から1992年の盧泰愚政権時代に，そして39.3％は1993年から1996年の金泳三政権時代に設立されたものであった（キム 2000）。またこのような市民団体の内，特にマスメディア報道の頻度が最も高い90の社会運動組織を対象として調査した結果，65の団体が1987年以降設立されたことが明らかになった（クォン・テファン/イ・ジェヨル 1998）。

表13-3から分かるように，個別市民団体の量的規模も大きく拡大した。平均会員数は6,284人に上り，常勤職員数は平均7.76人に上る。また平均役員数も6.31人で，市民団体の年間予算額は平均4億8,843万ウォンに達し，平均的には相当な規模に至っているということを物語っている。無論このような市民団体の平均規模は我々が一般的に考える市民運動団体の現実とは大きく異なる。特に調査された市民団体の中には年間予算額が100億ウォン以上にも上る韓国貿易協会等の利益団体が含まれることによって，平均数値を大きく高めている。

公益性と自発性，そして運動性が強調される市民運動団体の場合，これよ

表13-3　分野別市民団体の会員数,常勤者数,役員数,予算額,傘下団体数の平均

(単位：人,万ウォン,個)

区分	会員数	常勤者数	役員数	予算額	傘下団体数
市民社会	8,130	7.17	5.91	29,875	11.62
地域自治	2,008	4.09	5.62	7,518	8.11
社会サービス	7,198	9.99	6.38	64,523	10.82
環境	3,594	4.20	6.26	16,428	11.15
文化	4,279	6.46	6.63	36,277	11.77
教育/学術	2,864	4.67	6.24	32,501	16.97
宗教	7,514	7.04	7.59	31,014	12.23
労働/農民・漁民	16,381	6.77	6.12	51,020	33.52
経済	2,469	13.39	6.83	122,115	39.24
国際	9,213	9.68	5.5	125,331	11.43
その他	31,462	5.36	12.88	16,966	24.80
平均	6,284	7.76	6.31	48,843	15.09

出所：『韓国民間団体総覧2000』

りははるかに小さい規模で運営されているのが事実である。表13-3でみると，市民社会分野は全体の平均水準に達しているが，環境分野の場合は平均に大きく満たない。そうだとしても，このような数値は実際の市民運動団体のみの平均を大きく上回るものであるが，市民社会分野では10万余人の会員を有するYMCAが，そして環境分野ではやはり10万人を超える会員を有する自然保護中央協議会のような官辺的団体が，平均規模を上げるのに寄与したためである。

　全体的に見ると，公益的，自発的，運動的特性を持たない官辺団体や職能的，利益追求的団体が量的規模を大きく増大させたという点を勘案しても，近年市民運動を主導する経実連，参与連帯，環境運動連合，緑色連合等の団体もまた，会員数及び常勤者規模において他の市民団体を凌駕する規模に成長したのは事実である。特にこのような主要な市民運動団体は常勤スタッフを中心とする組織規模が大きく拡大し，巨大組織化の傾向を見せもする。

　表13-4で見るように，現在主要な市民運動団体の会員数は，経実連が2万人，参与連帯が1万人余，環境運動連合が5万3千人，緑色連合が1万5千人と，次第にその規模が増大してきた。また中央組織を基準とする場合，常勤者数もまた大きく増加する傾向を見せている。すなわち，経実連56人，参与連帯48人，緑色連合28人，環境運動連合50人等で，他の市民団体に比べて常勤者の規模がはるかに大きく，全体の市民団体の平均に比べると圧倒的に多い数字であることがわかる。参与連帯を例に取って見ると，常勤者の規

表13-4　主要な市民運動団体の会員，常勤者，予算規模 *

(単位：人，ウォン)

区分	経実連	参与連帯	環境運動連合	緑色連合
会員数	2万	1万	5万3千	1万5千
常勤者数	56	48	50	28
年間予算	10億	8億	35億	10億

出所：『韓国民間団体総覧2000』
* 会員数，常勤者，予算規模は基本的に『韓国民間団体総覧2000』に基づく。だが，同書には各団体のこのような資料が統一的に提示されていない場合が多い。特に常勤者規模は数値で提示されず，実務者が載っている場合が多く，これを基に算出するか，直接該当団体に問い合わせて確認したもので，予算もまた提示されていない場合は団体の内部資料を参考した。

模は1994年創立当時13人で始まり，2000年現在48人で約4倍近く増えたことになる。

このような主要な市民運動団体の組織規模は常勤者数が大きく増えた点も注目に値するが，実際に関与している非常勤専門家の規模がはるかに重要な意味を持ちうる。経実連の場合事務所顧問や指導委員の肩書きで約90人の専門家が関与しているだけでなく，これに各委員会と個別機構，関連組織，敷設機関に関与する人を含めるならば，組織規模が実際に巨大化したと言えよう。市民運動団体は他の市民団体に比べてはるかに参与的性向の人が関与するため，このような非常勤の委員も課題によっては実質的役割を果たすものと考えられる。

2-2 市場型組織の市場的な動員化

近年，全体の市民運動もまた市場性が拡大する傾向を示す。その兆しは，運動組織が多く作られて競争的になり，いくつかの運動団体が巨大組織化する傾向を通じて確認できる。その一方で，資源動員の側面においては会員の直接参加よりは間接参加が増加し，会費依存度が高まる点を指摘できる。これは市民運動の主要な団体が人々を直接動員するより運動団体の専門組織化を強化する，市場型の特性をより強く持つようになったことを意味する。また会費以外にも，自分の団体の多様な運動商品を広報すると同時に，新しいイシューに対する共感を呼び起こすために試みられる，多様な収益事業が市場性を強化する要素として注目され得る。

まず表13-5と表13-6を見ると，市民団体が，会員及び財政規模において，1996年に比べ1999年にはかなり「両極化」していく傾向がみられる。会

表13-5　市民団体の会員・財政規模の変化(1996, 1999年)

(単位：%)

会員数	1996	1999	財政規模	1996	1999
50人未満	13.5	24.9	1千万ウォン未満	9.5	20.1
50～100人	12.2		1千万～1億ウォン	43.5	29.7
101～200人	14.3	32.0	1億～10億ウォン	33	
201～500人	17.6		(1～3億ウォン)		25.2
501～1000人	10.7	10.4	(3～10億ウォン)		14.8
1,001～10,000人	19.3	20.8	10億ウォン以上	14	10.1
10,001～100,000人	8.9	12.0			
100,000人以上	3.4				

出所：ジョ・ヒヨン 1999d

　員数は50人以下の小規模団体が大幅に増加する一方，1万人以上の巨大団体も次第に増加する傾向にある。また財政規模を見ても，1千万ウォン以下の小規模団体が増える一方，1億ウォンから10億ウォンの間の大きな財政規模を持つ団体も数年の間に大きく増加し，全体的には一種の両極化現象を示している。

　このような両極化現象は，市民運動組織の市場性が増大し，ひいてはこれが運動部門の独占寡占化傾向を強化するものと言える。

　他方で，市民運動団体の市場性が拡大するという事実は，原子化された個人を運動イシューや運動商品の選択を通じて参加させることである。このような参加の方式は直接的行動を通じた動員ではなく間接的参加，すなわち会費を収めることが重要で，このような資金の動員を通じて専門スタッフが商品を企画し生産するのである。従って，会費と購買は組織資源の最も基本的な要素であると言える。もし運動団体の（政策への）影響力が増大し，市民団体に対する寄付金制度が普遍化すれば，後援金の規模が大きくなり得るが，韓国社会の市場型組織は会費に依存する傾向が大きい。同時に各団体で開発する多様な収益事業は財源確保のためのもう1つの重要な方法であると言える。この収益事業は現在まで市民団体の財政的資源動員において会費に次ぐ要素になっている。具体的に経実連の場合，資料が不明な1997年を除いて見ると，会費収入に比べ収益事業を通じた収入が圧倒的に多いことが分かり，参与連帯も1998年までは概ね事業収入が会費を上回っている。環境運動連合は1997年の場合，会費及び後援金が収益事業とほぼ同じ水準を維持している（表13-6，表13-7，表13-8）。

表13-6　経実連の収入内訳(1993～97)

(単位：百万ウォン)

年度	総額	会費の合計	収益事業
1993	990	401 (41%)	589 (59%)
1994	993	409 (41%)	524 (59%)
1995	1,899	332 (18%)	1,567 (82%)
1996	1,666	280 (17%)	1,386 (83%)
1997	1,036	802 (77%)	234 (23%)

出所：パク・サンピル 1999

表13-7　環境運動連合の収入内訳(1997)

(単位：ウォン)

項目	金額
会費及び後援金	576,684,520
財政・事業収入	247,855,900
教育事業収入	47,067,370
プロジェクト収入	266,920,500
その他の収入	1,462,759
合計	1,139,991,049

出所：環境運動連合 1998

表13-8　参与連帯の収入内訳(1994～99)

(単位：千ウォン，( )内%)

区分	1994	1995	1996	1997	1998	1999
会費	26,305	50,083	29,580	97,722	195,615	380,433
	(20.3)	(20.3)	(13.4)	(24.7)	(23.0)	(48.1)
収益事業	37,543	52,345	113,221	121,014	422,151	277,759
	(29.0)	(21.2)	(51.5)	(30.6)	(49.7)	(35.0)
賛助金及び後援金	36,047	98,230	28,649	119,714	105,314	75,182
	(27.8)	(39.8)	(13.0)	(30.3)	(12.4)	(9.5)
その他(創立基金等)	29,773	46,533	48,631	56,496	125,659	58,366
	(23.0)	(18.8)	(22.1)	(14.3)	(14.8)	(7.3)
計	129,668	247,191	220,081	394,946	848,740	791,739
(%)	(100.0)	(100.0)	(100.0)	(100.0)	(100.0)	(100.0)

出所：ユ・ソクチュン／キム・ヨンミン 2000

　一般的に会費と後援金，そして収益事業を通じて市民団体が多様な活動をしていくという事実は特徴とは言えず，かえってあまりにも当然なことである。だが，韓国社会でかつて社会運動の主流を成した民主化運動団体（特に在野民主化運動）の場合，これと全く違う組織特性と資源動員の内容を持っていたのも事実である。特に運動は大衆の意志と直接参加という要素が最も重要であり，ほとんど学校や作業場等同一の社会空間で既に形成された共通の社会的関係に基づいて参加する傾向があった。このような傾向と比べると，90年代における社会運動の分化は非常に大きな変化であると言わざるを得ず，特に「市場型運動組織」の登場は新しいものである。会費納付中心の参加方式と収益事業を通じた財源の確保等は，この意味において市場型組織の市場性を表す重要な指標になり得る。近年の運動団体はさらに一歩進んで，度を過ぎた競争と「市場的膨張」のための画一化された活動様式を見せることによって，運動団体の両極化及び独占寡占化の兆しを見せている。

3　市民運動の戦略と行為様式

3-1　市民運動の戦略と（政策への）影響力の政治

　韓国の市民社会は何よりも市民社会の開放された空間の中で多くの市民運動団体が盛んに活動していると言えよう。特に90年代以降会員の確保を通じた財政の拡充，多様な機構の運営，活動家及び市民のための教育プログラム，イシューの設定，活動結果の評価等，組織内的活動から，請願及びキャンペーン，大衆集会，公開討論会，声明発表，対マスメディア活動等対外的活動に至るまで，制度化された行為であれ，制度化されていない行為であれ，大きな制約なしに活動空間を広げてきた。

　このような多様な行為様式は運動の戦略（strategy）という，より包括的な文脈から分析できる。戦略とは行為者の葛藤行動に対する総合的状況に基づいて，特に重要相手の内在的強みと弱点に力点を置き，意識的かつ長期的計画によって統合された総体的企画を言う（Rucht 1990）。D. Ruchtはこのような社会運動の戦略を表13-9のように類型化した。

　戦略の類型化は，何よりも「体系の統制」に関連する葛藤と「生活世界の様式」に関連する葛藤を区別して把握することを前提にしている。体系に対する対抗と対立は主に政治的意思決定の結果及び政治権力の分配に関心を持ち，運動は権力の獲得及び分有のための手段としての意味を有する。従って，このような運動は「道具的行為論理」（instrumental logics of action）に基づく権力志向（power-oriented）であると言えよう。他方で，生活世界に関連する葛藤は，主に文化的慣習，役割行動，自己充足，個人的アイデンティティ等

表13-9　社会運動の戦略類型

行為の論理	全般的戦略	具体的戦略
道具的	権力志向	政治参加
		交渉
		圧力の行使
		政治的対立
表出的	アイデンティティ志向	改革主義的逸脱
		下位文化的隠遁
		反文化的挑戦

出所：Rucht 1990

が強調されることによって多分にアイデンティティ志向的（identity-oriented）であると言える。これに関連する運動はそれが手段としての意味を持つわけではなく，文化的実践や新しい生き方の実践自体を追求するものであるため，「表出的行為論理」（expressive logics of action）に基づいている。

　無論このような二分法的区分が特定の運動に固有に適用され得るわけではない。概ねアイデンティティ志向の戦略は西欧の新社会運動の戦略類型を分析するための理念型であると言えるが，多様な新社会運動は両方の戦略的特性を共有している場合が多い。そうだとしても，この類型化は複雑な運動の戦略と行為様式を分析する上で理念型として十分有効と見なされている。

　韓国の「旧社会運動」と言われている民衆志向の民主化運動は，政治権力の交代ひいては社会変革を追求する運動であったという点で，基本的には高い水準の権力志向的戦略を試みたものと見られる。そうだとすると，90年代以降の市民運動は運動の戦略類型においてどのような変化をもたらしたのか。90年代以降，市民運動は環境，女性，多様なレベルの福祉運動，人権運動等に分化しつつ，新しい運動イシューを採り入れるようになったが，このようなイシューは西欧の新社会運動の価値及びイシューと類似性を有する。だが，具体的な活動様式と運動戦略を見ると，必ずしもアイデンティティ志向の戦略が中心であると言えない場合が多い。とりわけ近年の主要な市民運動団体の活動様式はたとえ民主化運動の権力志向的戦略には及ばないとしても，少なくとも開放された市民社会の空間の中で市民社会の公論領域と市民の権利，代議民主主義に相応の水準の社会改革及び政治文化の改革を要求しているのである。従って，市民運動の活動方式は，政治社会の変化を目的としているという点では権力志向的範疇に含まれる。にもかかわらず，代議民主主義の範囲内で世論と市民的関心及び参加を通じた変化を目指すという点では，直接的権力闘争の戦略とは異なる，いわゆる「（政策への）影響力志向の戦略」であると言える。

　主要な市民団体が追求するこの「（政策への）影響力の政治」（politics of influence）（Cohen and Arato 1992）は行為論理の側面においては依然として道具的である。政治民主化の課題であれ，経済民主化のイシューであれ，設定された目標のために運動は手段として位置づけられるのである。特に市場型運動組織の場合，（政策への）影響力の拡大のための運動政治の方式はマスメデ

ィアに依存する場合が多い。他の市民運動団体より多くの会員を確保することによって豊富な財源を運用する環境運動連合の場合は、マスメディアを通じた直接的広告を試みる程より積極的であると言える。だが、そうでない場合でも主要な市民運動団体はマスメディアを通じて自分の組織の活動を報道してもらうことが慣行になっており、それが世論を刺激する一方、他方では組織の広報と（政策への）影響力の拡大に寄与しているのである。

52の主要な市民運動団体を対象とした調査によると、これらの団体が1ヵ月にマスメディアを活用した平均回数は77.4回であった（イム・ヒョンジン/ゴン・ソクギ 1997）（表13-11参照）。このマスメディア活用方式は市民運動団体の他のいかなる行為様式よりも重要で、大きい比重を占める活動になっている。主要な市民運動団体のこのような傾向は地方の場合も例外なく踏襲され、各地方の地域組織活動はほぼ毎日地方のマスメディアに報道されている。

社会運動の戦略は特定の状況的条件や運動局面あるいは運動のイデオロギー的傾向、そして運動イシューによって設定されるものであるため、（政策への）影響力の政治や運動の道具化自体が問題であるとは言えない。問題はこのような（政策への）影響力の政治が運動市場での過度な競争力と結びつきマスメディア依存的になり、それが組織影響力の拡大と同一視される時、当該組織は成長し肥大になるかもしれないが、市民社会の質的成長とは無関係なものになりかねないという点である。近年韓国の市民運動団体の市場化傾向は「自己充足的（政策への）影響力の政治」に映る側面が多い。こうした点は結局、運動産業の独占寡占化傾向を強化しかねず、既に憂慮されている「市民なき市民運動」の問題を拡大するおそれがある。

3-2 非動員的行為様式の拡大

1990年代の市民運動が新しいという意味は、何よりも運動の行為様式が80年代の民主化運動とは異なってきたという点に見出すことができる。こうした行為様式の変化は、かつての民主化運動が権力政治の場に直接飛び込むことによって政治権力に対する高い水準の挑戦を試みたとするならば、市民運動は（政策への）影響力の政治を追求するという点に起因する。抵抗と挑戦の水位が低くなったため、閉鎖的空間で活動せず多様な制度的手段を活用で

き，行為様式が多種多様な形態に拡大されたと見ることができる。

にもかかわらず，多様な市民運動の活動様式を見ると，「外部志向的活動」に傾いているという点で，かつての民衆主義的民主化運動と大きく違わないことがわかる。概ね道具的運動組織は，表出的運動組織より外部志向的運動方式にはるかに多くのエネルギーを消費する傾向があるが（Gordon and Babchuk 1959），韓国社会もまた主要な市民運動団体の活動がこのような外部志向的運動に力を注ぐことから，運動自体が道具的行為論理に基づいていることを示している。

表13-10は市民運動の主要な行為様式を示している。近年の市民運動団体は公開討論会，抗議集会及びデモ，声明書発表及び署名を主要な活動方式としており，広報のための新聞及び雑誌の発行，そして会員教育プログラムもまた活発に運営していることが見て取れる。こうした方式の中で特に討論会や声明書発表，集会とデモは公論領域の関心を呼び起こし，これを集団的運動に転換させようとする，いわゆる「影響の政治」の方式であると言える（キム・ホギ 1997）。運動団体自らが発行する新聞や雑誌も，取り扱うイシューを，市民的共感を広げる手段として活用しており，同一の文脈で理解できる。女性運動と社会福祉運動団体の場合は，他の運動に比べて会員教育プログラムの頻度が高く，内部志向的活動が強化されていることを示している。だが，会員だけを対象とするプログラムだけでなく，近年の市民団体は多様な市民教育プログラムを開設し一般市民がだれでも申し込んで受講できるような制度を運営する場合が多く，こうした活動方式は当然外部志向的活動であると言える。

このように主要な市民運動団体の活動はほとんど外部志向的方式が主軸を成してはいるが，集会及びデモを通じた直接行動の方式は大きく弱まってい

表13-10 市民運動の主要な行為様式

(単位：平均回数)

	女性	環境	人権	社会福祉	旧社会
公開討論会	8.3	13.5	5.1	20.1	7.6
抗議集会及びデモ	10.4	10.2	8.4	8.7	13.0
声明書発表及び署名	9.2	11.2	9.4	15.4	22.6
新聞及び雑誌の発行	14.9	8.9	27.9	18.0	11.8
会員教育プログラムの運営	30.2	7.5	16.6	24.1	14.8

出所：キム・ホギ 1998

表13-11　52の市民運動団体の活動方式

	公開討論会	組織内の小規模の集まり	声名発表署名運動	集会,デモ(参加人員)	マスコミの活用回数	団体の新聞及び雑誌の数	教育プログラム(参加人員)
平均回数	13.0	22.3	19.2	13.6 (4880)	77.4	11.7	9.4 (1466.6)

出所：イム・ヒョンジン/ゴン・ソクギ1997

る。表13-11を見ると，直接行動を要求する集会及びデモは月平均13.6回で，少ない回数ではないが，参加人員が少数であり，特に特定のイシューに対する連合デモの形態が多いため，実際一つの団体の参加人員は活動家を中心として極く少数に過ぎない。こうした直接行動の方式は平均77.4回に上るマスメディアの活用頻度と比べると，より微弱であることが見て取れる。

　主要な市民運動団体のこうした活動方式は市民運動の運動性が弱まり，市場性が拡大する可視的指標と見ることができる。結局，（政策への）影響力の政治として作動する外部志向的で間接的な動員方式は，運動市場での（政策への）影響力競争につながり，こうした競争は組織規模の量的拡大のみに帰結しやすい。より多くの会員の確保と（政策への）影響力の拡大が，市民団体自体の過大組織化に帰結してはならない。韓国社会の現状を勘案すると，市民運動は政治と企業の腐敗を改革していくための手段としての役割を依然として遂行しなければならない。だが，それが（政策への）影響力の政治に傾いて市民的土台とますます遊離していくならば，市民運動の存立根拠は弱まらざるを得ない。市民運動は何よりも，変化の多い市民的欲求を「代弁」するのではなく，「表出」していくことにも重きを置かなければならない。

　実際に1990年代以降市民運動を主導する多様な市民運動団体は，既に市場型組織の特性のゆえ，会員の直接動員は難しいのが実状である。少なくとも運動において非受益者としての良心的支持者の位置にいるほとんどの会員を直接的に動員するということは既に源泉的限界を有しているとも見られる。だが，影響力志向の戦略と活動様式に傾いた運動方式は，運動において最も核心的要素である信念体系あるいは意味枠組み（frame）の拡散に，深刻な障害を招きかねない。従って，より変化に富んだ，小規模あるいは適切な規模の運動を開発して，会員ないし構成員が運動性を強化できるアイデンティティ志向の運動戦略を多角的に模索する必要がある。

4 　結論：集権化された権力構造と政治志向の市民団体

　韓国社会で社会運動は社会変動の実質的な動力として作用してきた。80年代の社会運動が民主化という政治変革を成し遂げたとするならば，90年代の市民運動は政治権力の残余的課題を刺激し市民社会の内容的変化を求めてきたのである。こうした点だけを見るならば，少なくとも社会運動は権力の政治と（政策への）影響力の政治という文脈では成果を上げてきた。とりわけ，4.13総選挙の時期に経験した「総選挙市民連帯」の活躍は市民運動の拡大した影響力を如実に見せつけた。

　だが，こうした（政策への）影響力の拡大は市民運動団体の市場的膨張という好ましくない現実と結びついているという点で，新しい省察を要求すると言わざるを得ない。これまで見てきたように，近年の主要な市民運動団体は，理念的標準化現象の中，自分の組織の先導的意義を見出すため，非常に多様なイシューを生産する一方，数多い市民団体の誕生により競争的状況を作り出してもいる。特に巨大組織はますます拡大するのに対し，小規模組織はもしかすると作ること自体に意義を見出すほどで，両極化の兆しさえ見せている。ひるがえって市民運動団体の戦略と活動方式を見ると，ほとんどが（政策への）影響力中心の運動を追及し，マスメディアに密着した活動と会員の間接的参加あるいは非動員的行為様式が支配的であると言える。こうした傾向は地方の市民運動団体の場合もそれほど違わない。地域レベルでは運動市場自体が小規模である上，会員の確保が難しく，数人の活動家を中心に維持されてはいるが，組織の運用実態はそれほど違わないのである。結局，こうした点は市民運動の運動性を弱化させ，運動の市場性を強化する結果をもたらしている。

　要するに，1990年代以降韓国の市民社会を主導する主要な市民団体の特徴は第一に，脱理念化及び理念的標準化，第二に，複合的イシュー化あるいは非特性化，第三に，組織規模の巨大化，第四に，（政策への）影響力の政治を中心とする活動方式を挙げることができる。

　それでは，韓国の市民団体がこのような特徴を持つようになった背景は何であろうか。

　第1に，社会主義圏の崩壊が挙げられる。東欧社会主義の崩壊は資本主義

の世界経済が各種のイデオロギーの煙幕を取り除きその本質をさらけだしたという点で（イ・スフン 1996），特に左－右イデオロギーのベールが取り除かれたという点で何よりも重要な意味を持つ。他方で，社会主義圏の崩壊は20世紀に展開した共産主義というユートピアに向けての階級主義の完全な挫折を意味するものでもあった。結局20世紀の最後に挫折した階級主義は市民社会と市民運動に再び希望を持たせたのである。つまりこのような社会主義圏の崩壊は1990年代の韓国の市民運動にも影響を与え，民衆主義路線の放棄と脱理念化あるいは市民団体の理念的標準化現象を作り出したのである。

　第二に，韓国社会の中央集権化された政治権力構造を挙げることができる。韓国社会は長い間権威主義的政治権力が支配してきたため，政治優位の社会構造と政治権力志向の文化パターンが維持されている。このような状況下では民主主義の課題は依然として政治権力に集中し，数多い特殊な争点の解決も中央集権化された政治権力の運用と結びついている場合が大部分である。このような点で，いわゆる総合的イシューの市民団体あるいは「準政党的」市民団体の強い政治志向性，組織規模の巨大化，（政策への）影響力の政治を中心とする活動方式の採用は，市民団体が中央集権化された政治権力構造に対応する中で現れた結果だと見られる。

　第三に，民主化運動の文化の残滓が挙げられる。周知の通り，1990年代以降市民運動を主導する市民団体の核心的活動家はほとんど80年代の民主化運動及び学生運動の経験を持つ人達である。1987年6月の闘争以来，民衆主義的な在野の運動勢力は一方では多くの名望家が制度政治内に進入したり新しい政党を作るのに参加した。また他方では市民運動に献身する傾向を見せた。その結果，団体の全体的志向は市民的かつ脱階級的で理念的標準化を示すが，構成員には依然として民主化運動の政治志向性と権力志向性が内在している。この事実は個人の問題であるというより民主化運動の運動文化が市民運動にも依然として残っているものと解釈できるが，客観的条件としての政治領域の非民主性がこのような運動文化に正当性を付与しつづけるものでもある。特にこのような運動文化の残滓は，行為様式における（政策への）影響力の政治を中心とする方式や全国的な主要な争点については市民団体の連帯運動がたやすく展開すること，また常設的な連帯機構を運営する方式などに見出すことができる。

上述したように，韓国の市民団体は民主化運動からの転換と分化，及び制度化の様相を呈している。外見上のこのような変化を見ると，市民団体は今後より多様化・専門化し，政府及び企業との葛藤的関係だけでなく，協調的な関係を適切に設定できる方向に進むのが当然であると見られる。だが，韓国社会の長い政治文化に基づく中央集権化された政治権力構造とそれに対応する運動文化の伝統を考えると，そのような多元的な秩序への変化が容易に訪れるとは思えない。実際市民団体の構造と行為様式の変化は，市民社会の性格と関連し，市民社会の性格は当該社会全体の特性と結びついている点で，非常に根本的な社会変動を意味するものである。勘案すると，韓国の市民団体の変化は政治権力構造の分散及び分権化，ボランティア活動や寄付の文化などの拡大を通じた市民文化の成熟，それに基づく自発的な市民参加の拡大と市民団体の自律性の拡大など，より根本的な問題と結びついている。

(1) 近年，公益を追求する市民団体が増え，その役割の重要性が認識されるにつれ，市民団体と関連する用語が非常に渾然として使われている。非政府機構と解釈されるNGO，非営利団体と解釈されるNPO，市民団体，民間団体等，多様な概念が混在しているのである。NGOは一般的に非政府組織あるいは非国家組織を意味するものであり，自発性に基づいた非営利的集団や組織または結社体，機構や団体，運動勢力等を意味し(UN, 1980)，NPOは利潤獲得を目的とせず，公益活動を行う民間の法人組織を指す傾向がある（電通総研 1996）。韓国では前者を指す概念で市民団体，後者を指す概念で民間団体という言葉を使うこともある（キム・ホギ 2000b）。市民団体の概念もまた明確でないが，シン・クァンヨンは「社会運動を行う自発性を持つ組織であり，活動を通じて経済的利益を追求しない民間結社体」（シン・クァンヨン 1999）と解釈することによって，韓国社会の「歴史・社会的特性による社会運動的性格と公益を追求するという性格が強く反映されていること」（キム・ホギ 2000b）がわかる。
(2) 戦術（tactics）は，戦略とは異なり，利用可能な資源に対する状況的評価だけでなく，多様な行為形態が行為者とその相手両方に対して持つ利益と費用に基づく，具体的葛藤行動に対する計画であると言える。戦術と関連する活動は必ずしも全般的な戦略的企画を通じて作られるのではない (Rucht 1990)。

第14章

政府―非政府組織（NGO）間の政策競争と合意形成過程

洪性満
（李芝英訳）

　1990年以降の韓国政策過程の特徴として，非政府組織（NGO，ここでは市民運動，市民団体と同義である）の介入によって政策が社会的・政治的な争点と化す事例が増大したことである。言い換えれば，政策が高度の社会化過程に巻き込まれつつある。第7章で示されたような政府中心のガバナンスから市民社会が関与するガバナンスへの展開の可能性がそこに見出される。

　本章の目的は，このような認識に基づいて政策過程における政府とNGOの合意形成過程を競争戦略と協議方式の概念を用いて分析することである。分析においては，戦略と協議方式に関する先行研究を検討し，政府とNGOとの戦略と協議方式を中心にした分析枠組みを提起する。それに基づいて，ヨンウォル（東江）ダム建設という政策事例の分析を試みる。つまり，政府とNGOがいかにして競争過程からパートナー関係へと進むかを，両者の戦略と協議の方式を中心に検討する。

　本章の分析の結果，一定の条件下で政府とNGOの政策競争関係が生じること，中立的な協議方式や説得戦略の重要性，NGOの柔軟な戦略対応の必要性，そして民主主義にとっての政策競争の意義が確認できた。

はじめに

　かつては政策組織にとって比較的簡単だった政策問題が，今では複合的な問題様相を呈し，政策の推進過程で中断されたり，計画自体が取り消されたりするといった事態が増え続けている。シファコ淡水化事業の中断をはじめ，東江ダム建設事業の白紙撤回，セマングム干拓事業の中断など，主な公共事業にもそのような現象が起きた。これらの政策で共通するのは，非政府組織（NGO）の介入によって政策が社会的・政治的な争点と化したことである。言い換えれば，政策が高度の社会化過程に巻き込まれたと言える。

　政策過程における対立や競争は両面性を持っている。建設的な方向に解決されると社会的厚生の増加をもたらすが，破壊的な方向に進めばその反対の結果をもたらす（Deutsch 2000：25-28）。政策における競争は，市民の多様な要求に対する政策組織の責任性と政策組織の市民に対する反応性を刺激すると共に，政策に対する市民参加を促進させる（Schmitter 1983：890）上で重要な意味を持つ。そういう観点からすると，ある政策領域で政府とNGOとが対立・競争といった対立関係から相互協力関係へ転換する可能性を探る研究は，政策の社会的効用を高めるという意義があると考えられる。

　それにしても，政策過程におけるNGOの介入過程，政府とNGOとの関係変化についての事例分析は多くない（ムン・スンホン 2000；ジョ・ムシォン 2000）。確かに，NGOの政策過程への介入が増えるに従って韓国学界においてのNGO研究も多彩になった。NGO活動の理論的根拠の模索（キム・ジュンギ 1998；ジュ・ソンス 1999；カン・ミョング 2000；ソン・ハジュン 2000；ジョン・スボク 2000），NGOの実態についての個別的・総合的紹介（キム・ジョンスン 1999；キム・ジュンギ 2000a；リ・グンジュ 2000），海外NGOの活動紹介（パク・フンシク 2000），NGOと政府との関係類型および関係のあり方（キム・ヨンレ 1999；パク・サンピル 1999；クォン・ヘス 1999；キム・ジュンギ 2000b；イ・ムスンビン 2000；オ・ジェイル 2000）など様々な研究が行われた。しかし，具体的に事例を通じての政府とNGOとの競争及び協力可能性を分析したものは数少ない。

　ところで，政府とNGOとの競争関係を設定する意義はどこにあるのか。それは，市民社会あるいは市場を圧倒する国家中心の統治構造が市民社会の

相対的な非力に起因する（パク・ジョンミン 1999）との従来の観念から，市民社会が政府の統制に挑戦ないしは競合している今の現実とその将来の可能性を提示することにある。長期的にはNGOの中の政府という構図になる（カン・ミョング 2000：59）という展望を開いてくれるかもしれない。政府とNGOの対立・競争関係に関する事例分析研究は，両者関係のあり方の模索と，変化に富んだ政策環境での政策の成功条件を発見するのになんらかの示唆を与えるものであると考えられる。

　本章の目的は，このような認識に基づいて政策過程における政府とNGOの合意形成過程を競争戦略と協議方式の概念を用いて分析することである。分析においては，政府とNGOとの競争関係を前提とする。戦略と協議方式に関する先行研究を検討した結果，政府とNGOとの戦略と協議方式を中心にした分析枠組みがまとめられた。それに基づいて，ヨンウォル（東江）ダム建設という政策事例の分析を試みる。分析の対象になる時期は，ダム建設予定地の告示時期である1997年9月前後から，ヨンウォルダムの白紙撤回が公式的に表明される2000年6月までである。ダム建設予定地の告示以前は，環境運動連合が介入しなかったので，分析の対象から除外した。また，便宜上，告示から社会的な争点に上る1999年2月18日までを社会争点化時期，その後から政治的な力学の中で白紙撤回が表明されるまでを政治争点化時期として分析を行う。事例分析の資料としては，関連文献や新聞，そして，環境運動連合，政府機関などの内部資料を用いた。関係者とのインタビューを通じて得られた資料も活用する。

1　政府とNGOとの競争戦略や協議方式についての理論的考察

1－1　政府－NGO関係と競争条件

　先行研究における政府－NGO関係は多岐に及ぶ。まず，Esman & Uphoff（1984：137-180）は，政府のNGOに対する連携を基準に，自律連携，弱い連携，中間連携，強い連携，指示連携に分類した。パク・サンピル（1999：261-278）は，NGO（市民団体）の財政的自律性と活動における自律性を基準に，自律，協力，従属，権威主義的抑圧あるいは民主的包摂関係に分けている。前者は政府を中心に，後者はNGOを中心に分類を行っており，政府－NGO

関係のダイナミズムを捉えるには限界があると言える。それに較べて政府とNGOの両者を考慮に入れた研究は，ある程度静態性を脱している。キム・ジュンギ（1999：665-694）は政府とNGOとの間の相互依存性を基準に，相互依存，NGOの政府依存，政府のNGO依存，相互独立と両者の関係を比較的動態的に区分したし，クォン・ヘス（1999：333-347）は政府とNGO（市民団体）との目的，手段が一致するか否かを基準に，自律，寛容，対立，抑圧関係に区分している。そして，シン・グァンヨン（1999：29-43）は政府の容認如何，NGOの組織類型を基準に，包摂，対立，協調，支配関係に分類した。一方，オゼイル（2000：351-369）はNGOの自主性の程度を基準にして，包摂／無関心，後見人，対立，パートナー関係に分けている。それらの研究はいずれも政府とNGOの相互作用の側面に注目したものである。最後にCoston（1998：358-382）はNGOに対する政府の制度的容認の如何，権力関係，接触形態という3つの基準に照らして，抑圧，敵対，競争，用役，第三者政府，協力，補充，共助型など多次元的な分類を行った。Costonの分類は，政府とNGOとの関係を包括的に捉え，NOGがいかにして制度に浸透するのか，その経路および関係変化の流れを見るのに適している。

　上述したとおり，政府とNGOとの関係は多様な基準によって分類されているが，おおまかに言うと，政府のNGOに対する抑圧・統制関係，政府とNGOの対立・競争関係，政府とNGOのパートナー・包摂関係として分類できる。しかし，本章が注目しているところは政府とNGOとの対立・競争関係，わけても，競争関係から両者がパートナーないし協力関係へと進む過程である。今までの政府の政策過程では，限られた行政関連団体以外の社会勢力は，政府の決定過程から排除されてきた。政策決定は官僚たちに独占されていたが，それがしばしば政策失敗を招く原因となっていた。NGOの政策過程への参加は，政府の独断的・非民主的な決定を牽制すると同時に，政策イシューの透明性や責任性を確保する一種の制御手段として働く（ソン・ハジュン 2000：383）。現にNGOは権威主義社会から民主化社会への移行において中心的な役割を果たした。最近では，国家主導型開発の行き過ぎや非効率的な国家介入によるいわゆる「政府の失敗」に対する代案的制度として機能している（キム・ヨンレ 1999：80）。そういう文脈で，政府とNGOの具体的な競争関係の分析は，政策失敗の回避と政策の生産的機能の向上という意

味を併せ持っている。

　それでは，政府とNGOとの競争関係はどのような状況・条件下で生ずるのか。競争は2人の行為者の立場が相互両立不可能なときに生じる。また，競争は広い意味の対立に含まれる（Boulding 1988：4）。政策過程における対立は，複数の社会集団が政策遂行および分析に際して，価値あるいは利害関係などの違いから合意を導き出すことができない状況で発生する（Pops & Mok 1991）。政策過程における競争も，複数の組織や集団が同一の対象（政策，事業，プログラム）に対しての価値，利害，目標などが明らかに異なる時に生じるが，競争は相違に基づいた戦略的な対応の様式であると定義される。先行研究においては，葛藤，競争の原因として，代替案および目標の葛藤（Pondy 1967；Campbell 1984；パク・ホスク 1996），相互依存性（Schimidt & Kochan 1972；ジュ・ゼボク 2000；ムン・テフン 2001），領域および管轄権の重複性（Campbell 1984），価値および利害関係の分離性（パク・グンフ 1992）などが指摘されている。このように，競争は暗黙的あるいは明示的な葛藤の側面を持っているし，政府とNGOとの競争の初期条件も葛藤によって整えられる。一方，暗黙的あるいは明示的な葛藤の存在だけでは競争は起こらない可能性がある。組織は，政策問題を組織にとって望ましい状態への解決を導く能力と意思が備えられて初めて競争状況に入る（Boulding 1988：58），という「効能性」はもう1つの競争の条件，つまり，力量条件となる。Hamel & Prahalad（1990）は，知識，技術，能力の保有を力量と定義し，さらに，その核心的要素として個人的な態度，リーダーの能力，機能的専門性などを挙げている。そのような要素が十分に充たされている場合，組織は問題解決に対する効能性を有する。政府－NGO関係で上述した条件が成立すると，両者間の競争が可能になる。

1－2　政府とNGOの対応戦略

　政府とNGOとの競争は，建設的な方向に進む場合もあれば，破壊的な方向に進む場合もある。建設的な競争状況下での行為者たちは，互いの目標を明確に定義しながら相手との相違点を理解する。言い換えれば，自己中心的ではなく，問題や状況を客観的に捉える可能性が高い（Chaiken, Gruenfeld & Judd 2000：161－163）。一方，破壊的な競争状況下での行為者たちは，勝

者と敗者を前提とし，多様な可能性に目を向けることなく，自己中心的な立場から問題解決を模索する（Deutsch 2000：27-28）。価値，利害の共通性より相違性を強調する結果，敵対的な態度や強制力の行使に終始し，対立と葛藤を定着させる。

　Thompson & McEwen（1958）は，組織間の相互作用関係を中心に，組織が組織外部勢力に対応する戦略として競争戦略と協力戦略を提示している。協力戦略には交渉，包摂（cooptation），連合などが含まれるが，相手に対するパワーが大きく，活用できる資源が多いほど組織は競争戦略をとり，十分なパワーの確保が難しく，外部資源の利用に制限が多いほど組織は協力戦略を取る。政府-NGO関係におけるある事案でNGOの方が政府に比べて資源活用面で優位に立ったり，外部支持が増強されたりするとNGOは政府への発言の強度を上げる競争戦略を取る可能性が高い。次にユン・ヒジュン／チャヒ・ウォン（1999）は，葛藤状況に置かれている圧力団体，大衆活動団体などの行動する公衆とそれに対応する相手組織との間で成立可能な戦略として，相互協力しながら相手の声に耳を傾け，自身も変化して互いの利益を図る妥協戦略と，両者が一方的に自分の主張を貫こうとする非妥協戦略を提示している。政府-NGO関係において政策を政府の意のままにできるとの確信があれば，政府はNGOを無視ないし排除しようとする。それに対応してNGOも独自の行動に出るなど非妥協的な態度を見せる可能性が高い。逆に，政府がNGOの協力を必要とする時は，政府から妥協を持ちかけるが，その時，NGOは協力するか，それとも，戦略的に協力を拒否するかの選択が可能である。リ・ゾンボム（1999：185-227）は，改革の対象になる組織・集団に改革を受け入れさせるための戦略として，パワー（power）戦略と説得戦略を提示している。パワー戦略には授権的な連携，非公式交渉，動機づけ，内部競争が含まれるのに対し，説得戦略には合理的な根拠の提供，葛藤の創出，正当化，シンボル管理が含まれる。それらの戦略は，競争当事者の受容度を高めるだけでなく，一般国民の支持を得る上でも利用できることから，政府-NGO間の競争関係分析に適していると考えられる。

　政府とNGOとの関係においては，競争相手のみならず国民，社会諸勢力の支持が関係変化で決定的な役割を果たすとの前提に立ち，3つの戦略形態を提示したい。まず，第一に，権力を基盤に主張や代替案の受け入れ可能性

を高めようとするパワー戦略がある。パワー戦略には，法，制度といたいわゆる規制を利用する方法（例：友好的な法の制定および改定）がある。それから，物理的な力を用いる方法があるが，可視性が高いもの（例：公権力の行使，示威の取り締まり，強制撤去，集団行動：署名活動，示威および集会），可視性が比較的に高いが物理的な力の使用水準は低い一方的な行動（例：宣言，立場表明，非難声明書），力の力学関係を利用するもの（協力要請に対する拒否および抵抗，一方の他方への参加の排除）などがある。また，公式的・非公式的ネットワークを形成するという連携もある。

　第二に，一定の条件に従って誘引価（valence）を提供し，個人や組織の行動変化を誘う誘引戦略がある。余剰資源を動員する手法の一種とも言える（Compbell 1984：294-334）。政府のように，政策裁量と物理的資源が比較的豊富な側が取りやすい戦略である。補償の内容と対象範囲を調節する補償活用（例：補償規定変化，支援），対象者を誘引しその行動を内部化させたり，意図通りに引き込もうとする包摂などが含まれる。

　第三には，合理的根拠，事実的主張，理論，価値，脈絡，状況条件などを提示して相手を説得（リ・ゾンボム）する説得戦略がある。具体的には，問題状況に適した論理の開発（例：争点提起，争点範囲の縮小および拡大，代替案模索），可視化された媒介手段による観念表現を利用するシンボル活用，信頼を形成して主張の受け入れ可能性を高める正当化などがある。正当化の方法には，ある事案が現在確定されたわけではないが，それが将来確実に達成されるとの前提の下で説得を試みる既成事実化（例：可視的宣言，現場学習），また，科学的仮説，法則の検証，論理的な証明を用いるのではなく，事実と価値両方を含む論理で説得を試みる（ユ・ミンボン 1994；キム・ハンギュ 1995；リ・ゾンボム 1999）合理的な根拠の提供などが含まれる。

　それでは，政府とNGOとの競争状況でどのようにして協力が得られるのであろうか。

1-3　政府とNGOとの競争における第三者介入と協議方式

　競争が破壊的な方向に進む時，政策の歪曲，否定的な波及効果などが発生する。従って，激しい対立状況に置かれている公共政策は，第三者の介入による解決の道を探る可能性が高い。Lan（1997：27-36）は，葛藤の類型・

性質，そして，参加者や解決戦略などによって解決の方法も異なるべきであると主張する。彼は解決戦略として交渉，情報調整，共通目標の設定，葛藤の拡大及び抑制，仲裁，問題の共同解決などの方法を取り上げている。中でも，第三者による仲裁は様々な状況で協力に導く方法となる（Lan 1997：27 −36；キム・ジュンハン 1996；キム・インチョル／チェ・ジンシク 1999：99−120）。葛藤状況だけでなく競争状況下でも第三者の審判者的機能（調整・仲裁）は合意形成に重要な役割を果たす。Kochan & Jick（1978）は問題解決のための第三者の役割として，交渉相手間の信頼の助成，懸案に対する正確な理解の確保，解決策に対する障害の明確化などを挙げている。Arunachalam など（1998：94）によると，成功的な第三者の役割は，当事者間の非合理性の減少，解決策模索の促進に加えて，一方の反対ないし妨害によってもたらされる不利益の明確化であるという。それから，第三者による情報交換のための交渉の場を設ける必要性がある。重要懸案に対する事実中心的な理解および判断を助けるためである。対立する両者の中，一方が他方に対して不正確な知識を持っていれば，認知的な偏見に陥りやすく，解決には不満が残ることになる（Bazerman & Carrol 1987）からである。競争相手との間での情報交換が促進されると，当事者の間で判断の正確性が高められ，その結果，より統合的な結果がもたらされる（Arunachalam & Dilla 1995）。

　政府と NGO との競争状況では第三者介入変数が協議方式を理解するのに欠かせない要素である。また，韓国では今まで政府が政策の主導権を握ってきた点から，前述した Coston（1998：358−382）の政府による制度的多元主義の容認如何なども考慮しなければならない変数であろう。ここで，今までの議論を踏まえて政府と NGO との間であり得る協議方式を 4 つの類型として提示したい。第一に，第三者の介入が存在しない状態で，政府が制度的多元主義を容認しないことによって NGO が制度的に排除される協議の類型がある（Ⅰ類型）。その場合，NGO の政策参加は制度領域の外にとどまらざるを得ず，懸案に対する合意が形成されるよりは競争が長引く可能性が高い。第二に，第三者の介入が存在しない状態で，政府が制度的多元主義を容認し，NGO と協議を模索する協議の類型がある（Ⅱ類型）。その場合，両者が共通分母を形成して合意に至れば，葛藤は解消される。しかし，政府と NGO とが対立に向かうと，相手に対する不信と価値介入のため，当事者間の交渉を

通じた合意形成は難しい。第三に，第三者の介入が存在すると同時に，政府が制度的な多元主義を容認する協議類型がある（Ⅲ類型）。第三者が介入することによって，競争当事者に対する調整や仲裁が可能になり，合意形成が促進され得る。第四には，第三者の介入が存在するが，政府が制度的多元主義を容認しないことによってNGOを排除する協議類型がある（Ⅳ類型）。このⅣ類型の協議過程においては，争点が全政府的レベルで議論されることが多い。また，第三者の介入はほとんど機能しない。

　第三者の公正性（ペク・ワンギ 1990）が保障されていると，介入はより効果的に機能する。[(2)]すなわち，競争当事者の間で第三者の中立性に対する相互理解が存在するほど，合意形成は容易になる。従って，政府とNGOとの競争状況で第三者の中立性は，交渉成功の重要な要素と言える。第三者が中立的でありながら競争当事者たちが説得戦略で臨むとき，合意形成の可能性はさらに高くなる。なぜなら，相手側やその支持勢力を対象に説得を試みることによって，より多くの情報が相手側はもちろん第三者に流され，懸案に対する理解が深まるからである。そうした過程を通じて相手による決定の不確実性が緩和される。また，相互接触の頻度が増すに従って他人に対する漠然とした不信感も和らげられ，相互協力の土台を築くことが可能になる（アン・ムンソク 1990）。説得戦略は，競争者排除的協議（Ⅰ，Ⅳ類型）より競争者参加的協議（Ⅱ，Ⅲ類型）に導きやすい。その時，第三者が中立的であると，合意形成の可能性はもっと高くなる。

1－4　研究の分析枠組み

　図14-1は政府とNGOとの政策競争過程とその協議方式を簡略に図式化したものである。まず，政策競争が起こるには2つの条件が必要である。1つは政策イシューに対する価値，理解，目的の相違を意味する組織間葛藤の存在である。もう1つは問題を組織にとって望ましい状態に解決できる能力，すなわち，組織力量に対する信頼の存在である。次に，政策競争状況に直面している政府とNGOは，自分の政策的立場の受容可能性を向上させるため，相手組織（範疇1），国民及び利害集団（範疇2）を対象に状況に応じてパワー，誘引，説得戦略で対応する。[(3)]そして，政府とNGOの戦略及び対応の諸相に従って様々な形の協議が生み出される。協議の過程を経て成果がもたら

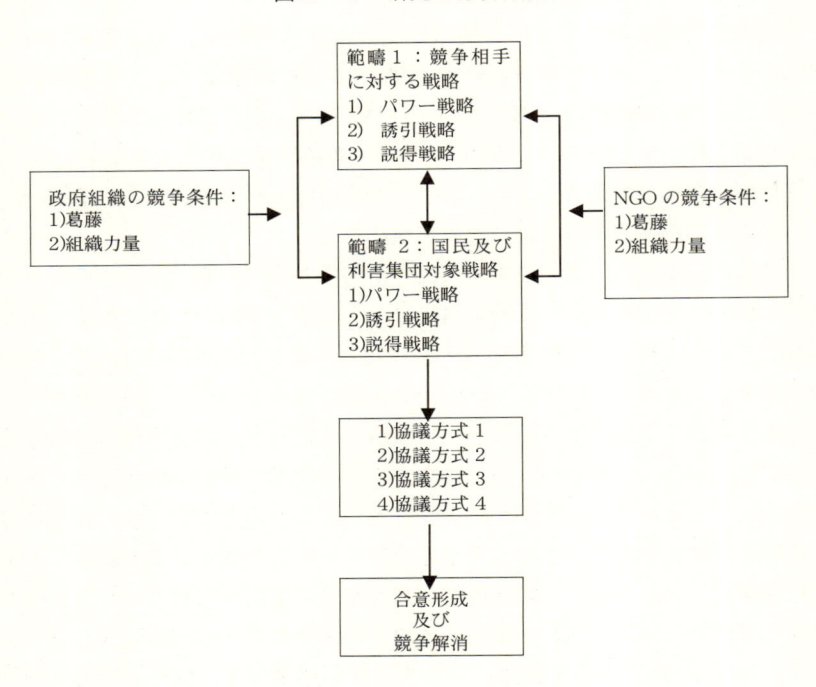

図14-1　研究の分析枠組み

```
                    ┌─────────────────┐
                    │範疇1：競争相手  │
                    │に対する戦略      │
                    │1) パワー戦略     │
                    │2) 誘引戦略       │
                    │3) 説得戦略       │
                    └─────────────────┘
                         ↑ ↓
┌───────────────┐   ┌─────────────────┐   ┌───────────────┐
│政府組織の競争条件：│→ │範疇2：国民及び  │ ←│NGOの競争条件：│
│1)葛藤          │   │利害集団対象戦略  │   │1)葛藤          │
│2)組織力量      │   │1)パワー戦略      │   │2)組織力量      │
└───────────────┘   │2)誘引戦略        │   └───────────────┘
                    │3)説得戦略        │
                    └─────────────────┘
                           ↓
                    ┌─────────────────┐
                    │1)協議方式1       │
                    │2)協議方式2       │
                    │3)協議方式3       │
                    │4)協議方式4       │
                    └─────────────────┘
                           ↓
                    ┌─────────────────┐
                    │  合意形成        │
                    │    及び          │
                    │  競争解消        │
                    └─────────────────┘
```

されると，競争も解消される。以下では図14－1の枠組みを用いてヨンウォルダム建設の事例を分析する。

2　政府とNGOとの政策競争と協議方式の形成過程の分析

2－1　ヨンウォルダム事例の概要及び政策競争の条件

　ヨンウォルダム建設案については，水資源確保問題と関連して従来から議論があった。しかし，具体的に建設計画の検討に入るのは，1990年夏の漢江大洪水の発生の後である。その年の10月には，漢江水系の恒久的な災害防止対策として，ヨンウォルダムの建設に関する大統領の裁可が下された。以後，漢江中・下流地域に安定的な用水の供給やダム下流地域の洪水被害の軽減，

水力発電による電力資源の確保などを目標に掲げて事業妥当性の調査（1990.12.28～1992.7.）と基本設計及び実施設計（1996.2.21～1997.12.15）が次々と行われ，ダム建設が本格的に推進された（建設交通部・水資源公社 1997）。建設交通部（以下建交部）がダム建設予定地を告示する1997年9月以前までは，政策の主導権は主に政策組織に握られていた。この時期のマスメディアのヨンウォルダム建設問題に対する報道も，集団間の葛藤問題（東亜日報 1994.8.18；1996.10.24；中央日報 1994.12.6）に焦点が当てられていた。この時期には，漢江大洪水と将来の水不足を解決するという論理が優位に立っていたから，建交部や水資源公社（以下水公）はさしたる困難もなくダム建設の手続きに沿って事業を進めていた。ただし，環境部から環境影響評価書の粗雑さが指摘され，それについての補完が求められた。が，建交部にその問題はさほど深刻に受け止められなかった。この時期に問題となったのは，水没地域の補償をめぐっての住民間の利害対立だけであった。ところが，1996年10月以降，ジョンソン地域の住民の一部がダム建設後の市街地水没対策の不十分と逆流可能性を理由にダム建設反対運動を起こした。そんな中，建交部のダム建設予定地告示をきっかけに環境運動連合が組織的な反対運動を展開し，マスメディアの報道が増加するとともにダム建設のイシューは徐々に社会の争点と化すようになった。

　公共財生産の一形態と言えるダム建設は，環境破壊の可能性がある場合，開発を優先する組織と環境保全を優先する組織との間での潜在的な対立可能性を孕む。すなわち，ダム建設は基本的に葛藤及び価値対立を随伴する政策問題である。ヨンウォルダム建設問題も例外ではない。環境部とダム建設を担当している建交部との対立は潜在的であるが，環境保存をその存立理念とする環境NGOと建交部との対立は，環境NGOの活動性の故，より明示的である。ヨンウォルダム開発政策は，開発担当部と環境NGOとの対立が社会的・政治的な議論を呼び起こした，いわゆる「開発対保存」の典型例である。

　本章では，政策競争の担当政策組織（建交部 水公）[4]と環境運動連合（以下環境連）との間で競争条件が作り出されたとみる。「今までダム建設を推進するに当たってほとんど失敗を経験したことがないから，ダム建設というのは，定められた手続きに従って進めれば成功するという思い込みがあった」（2000/10/13インタビュー）という発言から推測されるように，政策組織は組

織力量に対する自信を相当持っていたと考えられる。環境保護という確固たる理念に支えられている環境連も，問題解決に対する組織力量への信頼は高かった。その要因としては，会員規模の持続的な増加に加えて，相当数の専門家を組織内で確保していたこと，また，「環境運動の草分け」(韓国日報1996.4.6)と称されるほど，企業家的なリーダーを中心に盛んな活動を展開していたこと，「懸案イシューに介入して成功した経験が豊富だった」(2000/12/15インタビュー)ことなどが挙げられる。

2－2 政府とNGOとの政策競争の対応戦略および行動

a 社会争点化期の対応戦略および行動

ここでは，ヨンウォルダム建設イシューが社会的な争点になる時期に，政策組織と環境連の両者がとった競争戦略と対応行動を追うことにする。第一に環境連が地域住民と連携を図るのに対して政策組織は既成事実化で対応する。「介入の初期には，まだ大型ダムの問題点についての社会的認識は形成されていなかったし，ヨンウォルダム開発事業について住民側の問題意識もあまりなかった」(2000/6/5インタビュー)から環境連は地域住民と接触を保ちながら，ダム建設の問題点を知らせると同時に住民参加のための組織化を行った。1997年8月には東江に対する現地調査が行われ，政策組織と住民との初の接触が果たされただけでなく，ダム建設問題が徐々に社会的な関心事として浮上する。問題が拡大する徴候が見られると，建交部は環境部の環境影響評価が終わる前の1997年9月に急遽ヨンウォルダム建設予定地を告示する。その措置は，地域住民とNGOの反対が増すことが予想されたことから，早期にダム建設を既成事実化しようとしたものである。本来，建交部長官の専決によるダム建設予定地の告示は，「ダム建設および周辺地域支援などに関する法律」が国会で成立してから可能なものであったが，法案の成立前にその内容を先取りして適用するという異例の措置であった。

第二に，政策組織の友好的な立法の試みに，環境連は問題提起および代替案模索で対応する。建交部は多目的ダムに限って適用されていた「特定多目的ダム法」を廃止する代わりに，水資源開発をより容易にさせる内容の「ダム建設及び周辺地域支援などに関する法律」の立法を急いだ。その狙いは，ダム建設推進に有利な制度的環境を作り出すことであって，組織パワーの増

第14章　政府―非政府組織（NGO）間の政策競争と合意形成過程　357

強にほかならない。建交部の法案改正の動きを受けて，環境連は1997年11月６日に「無差別的なダム建設に反対する100人宣言」を発表した。宣言には，水資源政策に対する批判，水資源管理政策の一元化の必要性，小型ダムの活用，供給重視から需要管理への政策転換などが盛り込まれ，環境連からの問題指摘及び代替案提示の性格を持っていた。国会建設交通委員会の法案審査小委員会で同法案の保留決定（11月13日）が下されるには，環境連のそのような対応が大きく影響した。

　第三に，批判が増す中で政策組織は早期にダム建設の既成事実化を図ったのに対して，環境連は連携形成による勢力化で対応した。ヨンウォル郡がダム建設の条件として上水道管路の移設を要求すると，水公は，それを受けた形でヨンウォル郡の行政支援団と水没地域の住民代表３名にジンアン郡のヨンダムダム，ジャンフン郡のタンジンダム，ボリョン市のボリョンダムを見学させた。その狙いは，順調に進んでいるダム建設現場を見せることで自治体と住民のダム建設に伴う不安感を解消すると共にダム建設を既成事実化することであった。それに対して，環境連は35環境社会団体及び地域対策委員会と共同で「無差別なダム建設反対国民連帯」を結成する。また，ヨンウォル地域の住民たちと一緒にヨンウォルダム建設反対集会を開くなど，組織外部との連携を強化し，組織の対応能力を高めていった。

　第四に，ダム建設の問題が社会的な注目を浴びるようになると，両者はこぞって自分の主張に対する合理的な根拠を提供する説得戦略を取り始めた。環境連は1998年２月25日に「東江ダム建設に関する政策討論会」を開催する他，「ヨンウォル多目的ダム建設計画」のように他機関が主催する政策討論会にも参加してダムの安全性の問題やダム建設論理の不当性を訴えた。国民と社会団体を対象に問題を浮き彫りにさせようとしたのである。その過程でダム建設の危険性についての認識が一般に広まると，政策組織も自ら討論会を催すなど，積極的に広報活動に乗り出した。1998年５月７日には「環境にやさしい，持続可能なヨンウォルダムの開発」という専門家会議を催し，地域住民に対してダム建設の安全性説明を行った。ヨンウォルダムの管轄地域官庁であるヨンウォル郡は，郡首を委員長とするヨンウォルダム安全性検討委員会を発足させたが，それを契機に，ダム建設問題は安全性問題を中心として論争が激化した。一方，環境部は環境影響評価書の杜撰さを指摘し，建交

部にその補完および再補完を要求した。この時期,環境部は建交部に対して直接的に反対の立場を表明することを避け,ダム建設に否定的な立場をあくまでも間接的に表明するという姿勢を堅持する。そうした環境部の姿勢は,政府各部間の相互依存性に起因するものであると考えられる。[6]

　第五に,安全性問題が争点になると,両者は各自の立場を事実として受け入れさせるため,公式的な調査活動など説得戦略を持って対応した。ダムの安全性を誇示するために,水公はダム予定地域に対する追加調査に踏み切った。1998年9月11日から1999年9月10日までは生態環境(動植物)調査,1998年9月23日から1999年9月22日までは水没地内の洞窟調査などが実施された。しかし,調査結果が出る前の1998年12月1日と3日にダム建設の強行意志が表明されたところからすると,調査活動はダム建設の正当性を確保するための措置としか考えられない。その後「東江流域の洞窟分布度調査の結果,洞窟名と長さが確認されたところが75箇所,洞窟の長さを探査しているところが90箇所,河床から水が湧き出る水洞窟が27箇所など延べ192箇所の洞窟が発見された」との結果が公表された(環境連 1998年10月26日)。その調査結果は,水公が環境影響報告書の中で,水没地域の洞窟は21箇所であり,ダム水没地内にはハクリョン洞窟を除けば30m前後の6個の洞窟しかないとした前の調査結果(建交部・水公 1997:324-325)と相当な隔たりがあった。異なる調査結果が明らかになった結果,ダム建設の安全性に対する信頼は低下し,環境連の立場への支持が増えることとなった。1998年12月30日のヨンウォル郡議会のダム建設反対決議はそうした事態の展開を象徴する事件であった。

　第六に,ダム建設の推進が不利な状況を迎えると,政策組織は反対勢力の取り込みに出た。水公は,環境影響評価書に対して問題点を指摘した文化財管理局の文化財委員たちに環境影響調査の問題点の再調査を依頼した。[7]その動きはさっそくマスメディアに報じられた。それを受け,環境連は国政監査機関を利用してダム建設の問題点とその代替案を盛り込んだ政策提案書を国会環境労働委員会,建交部,環境部に提出した。その提案書は東江ダム建設の問題点に対する政府機関の注意を喚起させると共に,政策公論化を促すことになった。

　第七に,ダム建設が政策公論化され,その推進がさらに難しくなると,政

策組織は競争相手組織である環境連の包摂を試みるが、環境連は協力拒否で対応する。建交部は、一方通行式のダム建設推進を断念して共同評価団の構成といった公論の場を設けてダム建設を進めようとした。1998年10月以後、3回に互ってガンウォン（江原）道、環境部、環境連、緑の連合に評価委員の推薦を呼びかけた。しかし、環境連だけは推薦に応じなかった。拒否の理由は「ダム建設の妥当性に対する客観的な調査を行うため共同評価団を設けると言っているが、事実上ダム建設を前提にしたものなので参加できない」（2000/6/1, 2000/6/5インタビュー[8]）というものであった。建交部は1999年1月にも二度に互って再推薦と共同評価団への参加を要請したが拒否された。環境連が協力拒否の対応をとった背景には、外部の行政機関や社会勢力から一定の支持を得ることによってある程度の発言権が確保されたとの判断があった。言い換えれば、政策組織が環境連を排除したまま、ダム建設を推進するのは難しいという認識に至ったことを意味する。結局、環境連の対応は、政策組織により具体的な協議を模索させる契機となる。

b 政治争点化期の対応戦略および行動

両者の応酬の中、ダム建設に対する社会的関心と参加が広がった。また、地震、洞窟、石灰岩地帯、生態環境、文化財保護などヨンウォルダム建設地域の特異性が浮き彫りにされた。それが大統領及び政治領域の関心を引くことになった。しかし、東江ダムの白紙撤回を求める行政機関及び社会集団の声が高くなっていくにもかかわらず、建交部は1999年2月18日再びダム建設の継続を表明する。また、その年の多目的ダム建設に充てられた予算総額5,764億ウォン（約570億円）の70％を上半期で早期執行するとの方針を発表し（大韓毎日 1999.2.19）、競争は激しさを増すようになった。以降の両者の対応を追ってみると、まず、環境連は2月19日に建交部のダム建設強行を糾弾する集会を開き、ダム建設の不当性を知らせる世論形成に力を注いだ。環境連は、「東江を守る声」という一連の広告を始め、新聞、ラジオ広告を通じてダム建設取消しの根拠を繰り返し提示した。マスメディアも東江ダム問題に対する企画記事を集中的に掲載した。特に、1999年3月3日にKBSで放送されたドキュメンタリー「東江」は、東江に対する社会的・政治的関心を高める契機となった。当時の世論調査を見ると[9]、ダム建設の際、優先的に考慮されるべき点として、75.5％が自然生態環境およびダムの安全性と答えて

いる。それだけでなく，大統領は３月31日に東江ダム建設問題に触れ，「地域住民と環境団体の反発が強いだけに，代替案を考えるべきだ」（朝鮮日報 1999.3.13）という非公式な指示を出す。その指示は，公共政策決定過程で大統領が大きな影響力を持っている韓国では重要な意味を持つ。焦った水公は，より積極的にダム建設の正当性のアピールに乗り出した。水公のダム本部長は1999年３月 KBS 第１ TV の「キル・ジョンソプの争点討論」と iTV の「バク・チャンスクの本音で話しましょう」に相次いで出演し，ヨンウォルダム建設の必要性を力説した。リジョンム建交部長官も３月22日マスコミに「東江ダムの継続推進」を表明する（朝鮮日報 1999.3.22）。この時期，政策組織と環境連の両者は共にマスメディアを利用し，自らの主張の正当性を広めることに努めた。

　第二に，環境連はダム建設の白紙撤回を前提とした代替案を実践することによって撤回を既成事実化しようとした。それに対して政策組織は合理的な根拠の提供で対応した。環境連は「YMCA」，「消費者問題を研究する市民の集い」などと一緒に，環境部が主催する賞金１億５千万ウォンの「全国民水節約キャンペーンプロジェクト」に公募する一方，「水節約国民運動宣布式および水節約キャンペーン」を行った。それは，ダム建設の是非を議論するレベルを超え，ダム建設の白紙撤回を前提に代替案を実践したという点で，ダム建設問題の認知（schema）変化を狙ったものであった。この時期，環境連と環境部との間では「水不足解消のための代替案はダム建設より水節約運動であるとの認識を共有していた」（2000/12/16インタビュー）という証言から分かるように，環境部の環境連に対する理解がより明示的になった。1999年４月７日，大統領は建交部の国政改革報告を受ける際，「水対策，洪水対策，ダム建設地域の安全性問題などを国民に正確に伝え，合理的に建設の是非を決めるべき」との立場を示した。このように環境連の代替案実践や大統領の意見提示が行われたが，政策組織はなおダム建設の正当性を強く主張した。1990年４月９日水公のダム建設処長はチュンジュ環境連が主催する討論会に参加し，「東江ダムの建設がチュンブク（忠北）地域に与える影響」という主題発表を通じてダム建設の必要性を訴えた。反対意見が説得力を増す中で，政策組織は世論の動向に敏感にならざるを得なくなり，以前より説得戦略に力を入れるようになった。

第三に，環境連は討論会を通じて白紙撤回の合理的な根拠を提供して対応した。政策組織もダム建設の正当性に対する根拠を提示することで対応した。両者は政策イシューをめぐって説得戦略に傾くようになった。環境連の政策室は，1999年4月21日韓国日報と共同で主催した東江ダム討論会を終えて，「東江ダムが建設されてはならない12の理由」（環境連 1999）をホームページ及び紙面を通じて発表した。生態的な価値，安全性の問題，環境影響評価の手続き的正当性などの問題はもちろん，水質の特性など技術的で専門性が必要な問題も提起した。それは，同日づけ新聞に「東江ダム大討論会：東江ダム，大きな役割期待できない」（韓国日報 1999.4.21）という見出しで大きく取り上げられる。政策組織も主に政治集団が主催する討論会に参加して，ダム建設の妥当性と必要性を訴えながら対応した。水公のダム建設処長は1999年4月23日ハンナラ党及び東江自然保全フォーラムが主催する政策討論会で「ヨンウォルダムの妥当性」という主題で発表を行った。また，同年5月18日には新政治国民会議ガンウォン道支部が主催した政策討論会においても同じ主題で発表を行った。ダム本部長も6月16日，韓国経済学会主催の政策討論会で「ヨンウォルダムはなぜ建設されるべきなのか」という主題で発表するなど政策組織はダム建設の正当性の説得に懸命であった。両者の説得競争は大統領，国民および政治領域の関心を高めた。外部の評価や支持によってダム建設の行方が左右されるとの判断の下で，両者は熾烈な説得競争を繰り広げた。

　第四に，説得競争の過程を通じてダム建設に対する否定的な意見が優勢になると，政策組織は競争組織である環境連に協力を要請した。それに対して，環境連は協力のための条件を付けることで対応する。ダム建設に対する反対勢力の増加が環境連の交渉力強化に結びついたのである。1999年6月水質改善企画団の担当局長と水資源公社の関係者は環境連を訪問し，共同調査団の構成への協力を求めた。しかし，環境連は協力を拒否する。この事実は，東江ダム建設に関して環境連が一種のベトーポイント（veto point）になり得るほどの交渉力を持つに至ったことを示す。協力拒否の理由は「その当時，共同調査団の分科会が洪水予防分科会と水量確保分科会など争点を限定させる枠組みになっていたから」（2000/6/5）というものであった。それを受けて，水質改善企画団傘下の水管理政策調整委員会で共同調査団の構成条件が再議

論された。環境連も参加の条件として，共同調査団の構成員の推薦人数を政府と環境団体とで同じ比率にすることを要求したが，その条件は政策組織に受け入れられた。それは，環境連の競争的対応によって1999年6月大統領は業務報告を受ける際，「ヨンウォルダムを強行してはならない」（環境連2000.6.17）という立場を取るなど，政策組織による一方的な事業推進がもはや不可能な状況になったからである。こうした状況は，中立的な協議方式の形成および最終合意に決定的な役割を果たすことにもなる。

2－3 協議方式の形成及び競争解決の過程

　ダム建設を巡る戦略的な対応で成功を収めた環境連は社会的な支持を高め，その結果，ヨンウォルダムの白紙撤回の妥当性が外部に広く受け入れられるに至った。その反面政策組織の政策推進は大きな壁にぶつかった。そうした状況で，両者は第三者の介入下での協議を行うことになるが，多様な形態の協議方式が形成された。第一に，政府内の調整的協議（協議方式1）が現れた。競争の初期段階で環境連と政策組織は状況に応じてパワー及び説得戦略で臨んだが，環境連の方がイシューの社会的争点化に成功し，支持勢力を広げた。環境連はダム建設の白紙撤回の必要性に対して，合理的な根拠を提示しながら政策の転換を迫った。それに対応するため，政策組織は政府各部間における調整的協議を図る。国務総理室の水質改善企画団は，「環境団体の反対，関係部間の異見露呈などによって事業推進に支障が招来した」として2回に亙る関係部間会議を開き，「ヨンウォルダムの推進対策」を建交部と環境部に通達する。しかし，それ以後も，部間の異見の露呈や環境連との対立と競争が続けられた。当時の議論は，ダム建設推進を前提として各部間の協調の強化を求めるもので，政府レベルの垂直的な調整に重点が置かれ，協議方式内に環境連は排除された。従って，そのような協議では各部間の合意を形成することも難しかったし，競争組織との間で合意を形成することにも，協力関係を築くことにも繋がらなかった。

　第二に，非公式的な第三者の仲裁を通じた競争当事者間の合意（協議方式2）が現れた。前述した協議過程では競争相手が排除されることによってかえって問題を大きくした。それで，政策組織は競争組織を含む反対勢力を友好勢力化するため誘因戦略をとった。それに対して，環境連はダム建設の問

題点を強調しながら国民の支持を背景に協調を拒否するパワー戦略で対応した。一方，環境部は公式的に反対意見を表明するよりは環境影響評価書の補完，再補完および追加補完を5回に互って求める方法をとった。部間の異見が存在することに加えて，環境連の対応行動が活発になると，青瓦台（大統領府）はヨンウォルダム建設問題に対する仲裁に乗り出す。青瓦台環境担当秘書官の仲裁で建交部の実務担当者と環境連の事務総長を参加させて協議を行ったが，合意には至らなかった。合意に失敗したのは「当時，建交部からは実務レベルの人が出てきたが，それは格が合わない。本懸案のような場合には長官や次官といったもっと責任を持っている人と協議しなければ意味がない」（2000/11/20インタビュー）と環境連からの反発があったからである。環境連が既に戦略的な対応の過程を通じて相当な交渉力を有していたにもかかわらず，建交部はその現実をなかなか受け入れなかった。青瓦台の仲裁は建交部と環境連を比較的対等に取り扱っている点で大きな意味をもつ。それ以前には，制度的協議は主に政府機関内部での協議に終始し，環境連との競争も制度外で行われたが，環境連を政府内の制度的空間での交渉相手として認識したことは，大きな関係変化である。すなわち，政策形成の場が制度的空間へ移動したことを意味する。

　第三に，公式的第三者の仲裁的協議（協議方式3）が現れた。前述した青瓦台の仲裁による両者の合意が失敗することになって，両者は多様な形態の戦略的な対応をとった。その結果，政治領域での両者の支持勢力の力関係に変化が起きた。建交部と水公のダム建設論は支持勢力を失った反面，環境連は支持勢力を伸ばした。特に，環境連はこの過程で制度機関の広汎な支持を獲得したばかりではなく，大統領の立場転換を引き出すことにも成功した。また，国際的，社会的支持も広げ，ダム建設問題における環境連の交渉力は格段に増強された。それに対して政策組織は，水質改善企画団の提案を受け入れる形で，建交部主導の共同評価団を作ることで対応した。その意図は，すでに行われた調査結果および進行中の追加調査について合同検証を行うことで事業推進の透明性を確保すると共に国民の信頼度を高めることであった。また，専門家からなる評価団の客観的な意見を収斂し政策に反映する目的もあった（建交部 2000）。そのため，環境連，ガンウォン（江原）道，環境部の3機関の推薦によって共同評価団を構成しようとしたが，環境連の拒否で

結局建交部と水公主導で環境部所属の諮問委員8人，ガンウォン（江原）道推薦の11人，専門家推薦で11人など30人だけで運営することになった。その結果，共同評価団の設置もあまり成果をあげることはできなかった。それは，環境連が既にベトーポイント（veto point）を形成するほどの交渉力を持っているにもかかわらず，環境連の参加なしで共同評価団が運営されたからである。環境連は不参加のまま反対運動を続け，結局，共同評価団は正常に機能できないまま，水質改善企画団と水管理政策民間委員会の決定によって解散を迎えた。共同評価団は構成段階から中立性に欠けていたと言える。このように，第三者が中立的な性格を持っていない時には，協議形成が試みられても合意に至らない場合が多い。

　第四に，公式的第三者の中立的仲裁協議（協議方式４）が現れた。環境連は説得戦略を駆使して政治領域および制度機関に支持を広げた。政策組織もダム建設の妥当性に対する合理的な根拠を提供し，対抗しようとしたが支持勢力が増えるどころか反対勢力を増加させた。大統領も「環境保全の立場から多くの人々が憂慮する事業を，政府があえてする必要はない」との考えを示した。また，2000年3月に新しく与党となった民主党が東江ダム白紙撤回の方針を発表するなど，政治領域からの問題解決に向けての立場表明があった。第三者としての政府の介入態度が変化するにつれて，政府と競争当事者との間で新しい相互協議が始まった。共同評価団が解散された後，非中立的であった国務総理室水質改善企画団はより中立的な立場で調査の客観性を担保する方法を模索した。その結果，専門家および環境団体を参加させるべきとの結論に至る。ここで政策組織は，環境団体との共同調査団を構成することで意見を一致させ，水管理政策調整実務委員会の議決で共同調査団の発足を発表した。共同調査団の提案は3つの重要な意味を持つ。第一に，共同調査団を構成する際に「環境団体との協議の下で」という条件である。それは，特定の政策イシューにおいて個別NGOも政策組織を相手に対等な交渉力を創り出すことが可能であることを示唆する。第二に，共同調査団の構成における中立性である。環境連が掲げた50％の推薦権限が受け入れられることによって，専門家の構成比は政府推薦50％（建交部，環境部，カンウォン（江原）道），環境団体推薦50％と対等であった。第三に，環境連は，専門家を推薦する権限はもちろん，すべての争点を取り上げるよう共同調査団の分科会

第14章 政府—非政府組織（NGO）間の政策競争と合意形成過程　365

を5つに拡大することを要求した。要求は受け入れられ共同調査団は5つの分科会（水受給，洪水，ダム安全，環境，文化）に構成された。この例は，特定の政策領域において社会的支持を形成している組織に対等な権限が与えられれば，協力の方向に進む可能性があることを示唆する。

共同調査団では広汎な調査活動を行いながら10回くらいの全体会議が開催された。最終的にはダム建設の白紙撤回を明確に盛り込んだ報告書がまとめられた。共同調査団の活動の結果である報告書は，一種の相互協力を通じての成果と見なし得る。また，報告書は情報交換と情報結合の凝縮物でもある。

表14-1　政策競争組織間の戦略と協議方式形成のまとめ

争点化の時期	対応順序	戦略類型	戦略的な対応行動 Action		Reaction		協議方式
			組織	内容	組織	内容	
社会争点化	1	パワー vs 説得	環境連	連携の試み	政策組織	既成事実化	
	2	パワー vs 説得	政策組織	友好的な立法の試み	環境連	問題提起と代替案模索	
	3	説得 vs パワー	政策組織	既成事実化	環境連	連携形成	公式的な第三者の調整的な合意（関係機関協議）
	4	説得 vs 説得	環境連	合理的な根拠の提供	政策組織	合理的な根拠の提供	
	5	説得 vs 説得	政策組織	正当化のための公式的調査	環境連	正当化のための公式的調査	
	6	誘因 vs 説得	政策組織	包摂の試み	環境連	問題拡大及び代替案模索	
	7	誘因 vs パワー	政策組織	競争組織への取り込みの試み	環境連	協力の拒否	非公式的な第三者の仲裁協議（青瓦台の仲裁協議）
政治争点化	8	説得 vs 説得	環境連	マスコミを通じての正当化	政策組織	マスコミを通じての正当化	非公式的な第三者の非中立的な仲裁協議（共同評価団内の協議）
	9	説得 vs 説得	環境連	代替案実践を通じた既成事実化	政策組織	合理的な根拠の提供	
	10	説得 vs 説得	環境連	合理的な根拠の提供	政策組織	合理的な根拠の提供	
	11	説得 vs 説得	政策組織	協力の要請	環境連	協力条件の提示	公式的な第三者の中立的な仲裁協議（共同調査団内協議）

報告書の結論は，2000年6月5日「環境の日」記念式典で大統領がヨンウォルダムの白紙撤回を公式的に表明する形で反映された。その点を考えると，共同調査団の活動は最終的な合意の成果であり，政策形成に決定的な役割を果たした。[15] 協力の条件が充たされた結果，中立的な協議方式が形成でき，それによって最終的な合意はもちろん，政策対立及び政策競争の解決も可能になった。両者の戦略的対応過程における協議方式の形成および変化過程を総合的にまとめたのが表14-1である。

3　結論

本章では政府とNGOとの競争関係を前提にダム開発の政策事例を取り上げた。具体的には，環境連と政策組織が採用した競争戦略，そして協議方式を通しての合意形成過程を分析した。政策組織と環境連との間で行われた政策競争は，社会争点化過程を経て政治争点化した。それから，戦略的相互作用の中で支持勢力の力学に変化が生じ，中立的協議方式を形成するに至った。最終的には，牽制と協力を媒介として合意の成果が生み出された。

本章で導き出される示唆は以下の通りである。第一に，一定の条件の下で，政府とNGOとの競争関係を設定することが可能である。競争関係設定の利点は，政策過程のマクロなダイナミズムを捉えられることと，その過程，すなわち，NGOがどのように政府に働きかけ，どういう形で協力するのかという問題についての考察を可能にする。また，考察を通じて両者がどのような関係を定立するのかについても示唆を与えると共に，ガバナンス理論を利用した新しいモデルの端緒を提供する。第二に，紛争状態にある政策における合意の形成条件に関して一般的なガイダンスを提供する。中立的な協議形成メカニズム，すなわち，有力な政策競争集団の参加とその参加の条件に対する合意の存在，が前提されなくてはならない。そして参加及び参加の条件は固定されたものではなく，状況に応じて変化できるとの認識が必要である。競争関係にある組織間の協力は，互いに合意できる領域を持って対等な関係で協議するとの前提条件なしでは，破壊的な競争になりやすい。政府は，利害集団及びNGOという「第三の組織」と競争・対立する場合，かつての権威主義的な手法，すなわち，排他的な政策の決定や執行ではなく，まず協力の条件を確認すべきである。協力を通じての解決の方が社会的な費用を少なく

する。第三に，協議形成に説得戦略が重要な役割を担う。説得過程で多様な論理，根拠，情報が提供されることから各集団・組織の合理的な判断が可能になる。事実に基づいた社会的な説得や社会的な支持は政策の主導権を確保する時重要な意味をもつ。政策を推進するに当たっては，政策競争過程を念頭に置きながら，制度的な機関の支持だけでなく，社会の幅広い支持を集める戦略を練る必要がある。第四に，韓国のNGOが活用できる戦略についての示唆を与える。現在，NGOの役割及び機能は拡大しているが，環境連のように政策競争の潜在的な条件を備えた組織はまだ少ない。環境連が政策組織に劣らない交渉力を見せたのは，政策問題に関しての情報収集・分析能力を持っていたからである。共同調査団の構成においても，環境連は専門家を分科委員会別に均等に配置し，特定の分科委員会が独走する可能性を防ぐなど緻密な対応を行った。1つの戦略に固執せず状況に応じた戦略を取る環境連の柔軟な対応も目立った。例えば，集団行動，連携などを利用するパワー戦略と，社会集団，競争集団に対して自らの主張の妥当性を納得させる説得戦略を効果的に使い分けた。第五に，Schmitter（1983：890）が言うように民主的な競争は政策の民主性に結びつく。東江ダム建設問題をめぐる競争は，利害関係者はもちろん一般国民の関心を喚起させ，参加を拡大させた。そして政策競争過程で形成された多様な形態の協議方式とそこで決定された内容は，市民と関係集団の政策に対する接近可能性を高めるものであった。また，国民の意見を間接的な参加という形で政治システムに投入することによって，政策の責任性と民衆感情に対する反応性の向上も期待できる。こうした意味で，政府とNGOとの競争は，政策の民主性を測る尺度であり，ひいては，民主主義の成熟をも展望できる指標となり得る。

　しかし，本章は以下の限界を持っている。まず，1事例で活用された戦略を一般化するには多少無理があり，今後事例研究の蓄積によって補完される必要がある。第二は，合理的な選択論での戦略と競争組織が駆使した戦略との違いが曖昧である。合理的な選択論における戦略は，徹底的に計算された行動という概念であるが，競争組織の戦略はそれほど厳密ではない。しかし，政策事例の過程分析を行う上ではある程度やむを得ない問題とも言える。第三に，戦略的対応過程を順次的に分析したが，実際には並列的な出来事もあった。分析の目的を果たすためにこうした手法をとったが，核心的な対応の

順次性は保たれている。

（1） 調整（mediation）は第三者が参加者との間で自発的な合意を促すもので強制力はない。仲裁（arbitrators）は両方に受け入れ可能な解決策を提示するもので，場合によっては強制力を持つ（Arunachalam et al. 1998：95）。政府とNGOとの競争においては，当事者間での合意形成が失敗し，第三者の調整や仲裁を受ける場合，合意形成が難しくなる。第三者が政府である場合，政府組織に対しては統制能力を持っているが，NGO活動に対しては制度的統制能力を持っていないからである。
（2） 公正性に加えて，第三者が組織性，迅速性及び専門性（サ・ドクファン 1997）を備えていると，もっと効果的になる。
（3） 分析枠組みの理解を図るため，戦略対象範疇を区分した。
（4） 政府部局とその傘下機関は政策や事業において緊密な関係を結んでおり，企画および執行などで一体的な業務処理を行うという観点から，本稿においては，建交部と水公を一つの政策組織として取り扱う。
（5） 詳しくは，洪性満2001及び環境運動連合年間報告書（1993-1996）を参照。
（6） そうした理由の他，環境部も政府に属する一機関である以上，大局的には政府の政策基調に順応して対応せざるを得ない点，そして，環境部の東江ダムへの利害関心は，潜在的な対立関係が表面に現れるほどではなかったという点もそのような対応の要因と考えられる。
（7） 詳しくは，環境部と文化財管理局の公文を参照（環境部環評67121-296；1988.4.22；文化財管理局記念86700-1886：1998.7.20）。
（8） 環境連が共同評価団の構成意図を理解したのは当時水管理政策民間委員会の委員にチェ・ヨル事務総長が入っていたことからだと推測される。なお，詳しい拒否の理由については環境運動連合の公文（調査99-025:1999.1.28）を参照。
（9） 韓国日報の依頼でミディアリサーチが調査（1999年3月11日から13日まで全国男女1,000名を対象に調査）。
（10） ヨンウォルダム建設事業施行の透明性と効率性的な推進を柱とする内容で，詳しくは次の公文を参照すること（国務総理室水質改善企画団水改674000-124:1998.7.20; 水改67400-193：1998.9.30）。
（11） ガンウォン（江原）地域MBC共同会見（環境運動連合2000.6.12）。
（12） 推薦機関は環境団体（16名），建交部（11名），環境部（1名），民間委員（6名）など委員長を含めて総計34名の中，環境連は14名を推薦したが，それは建交部推薦委員11名を上回っている。

(13) 当時，環境連の事務総長が水管理政策民間委員会の委員として参加していて，「分科会拡大案は，国務総理室の水質改善企画団の水管理政策民間委員会で公式的に提起され，そこで合意がなされた」(2000/11/20インタビュー) という。

(14) 報告書の結論は「……ヨンウォル多目的ダムの建設は中断されるのが好ましい……ただ，水不足と洪水問題などに対する補完対策はかならず必要であるから……補完対策を講ずるよう政府に勧告する」という内容であった。国務総理水質改善企画団 (2000.6)，ヨンウォルダムに関する民間共同調査結果および措置計画 (国務総理指示 第2000-20号)。

(15) 2000年6月13日に国務総理会議室で国務会議が終わった後，水管理政策調整委員会が開催され，その結果，6月14日に白紙撤回に伴う後続対策が発令された (国務総理指示 第2000-20号：2000.6.14)。

第15章

女性運動

金京姫
(川村祥生・朴仁京訳)

　本章は，女性運動という市民のアドボカシー団体が，現代韓国において活発であるという現状だけでなく，それが権威主義期に長い抵抗の歴史を有すること，また民主化以後も多彩な多元的展開を見せていることを明らかにする。87年の転換が突発的なものでなく，それ以前に重要な市民社会の成熟があったこと，またそれ以後も活発な運動を展開し，先進国でも数少ない政府の単独省庁，女性省の設立へと結実したことを示す。ある意味で，最も先進的な市民社会部門である。

はじめに

　1990年代に入って，韓国社会で流行した市民社会と市民運動についての論議の中で，教育，消費，環境，女性運動等は，以前の労働運動や民衆運動の系統とは違った新しい市民運動の分野として浮上した（ユ・パルム，キム・ホギ 1995）。多様な市民社会の論議の中で，フェミニズムは87年以後になってようやく新たに登場した争点として扱われ，このような傾向は，市民社会論だけではなく西欧の新社会運動やポストモダン政治理論を紹介する文献にも現れる。その間進行した女性運動または市民運動内の女性達の参加を度外視したまま，以前の労働運動または民衆運動の系統とは違った，新しい争点である環境，女性，教育運動等が出現したと認識された（チャン・ミギョン/ベ・ウンギョン 1996）。

　本章で扱う韓国の女性運動は，80年代には女子工員および貧民女性の生存権，民主化，統一の争点を結合し戦闘的な反政府運動を展開し，90年代になってから女性の多様な関心と権利を社会問題として拡大させ，これを政策に反映させる運動として繰り広げられている。80年代には，女性の民主化運動への参与にもかかわらず社会運動という大きな流れのなかに埋もれて女性の役割が知られなかったために，90年代の女性運動が，まるで新しい運動であるかのように浮上したことは，当然なことかも知れない。

　韓国で，民衆運動の高揚期であった1980年代の社会運動に関する研究において，社会的性（gender）に対する分析の欠如は，一般的な現象であった。これらの研究には，参与者の感情，態度，役割についての男女の比較分析を除いて，女性についての言及を見つけ出すことは困難である。社会運動指導者，活動家，示威者のような性中立的な言葉が，男性か女性か誰が関与しているのかという情報を遮断する結果を招いた。例を挙げると，70年代の労働運動が，その当時の産業工場の働き手であった女子工員が主体になったにも拘わらず，労働者という中立的な言葉によって分析することが一般的であった。

　したがって社会運動についての女性的観点の解釈は，誰が，いつ，どのように，そしてなぜ女性が，社会運動に参与しているのかを明らかにする過程を含める必要がある。

本章では現在の多様な女性運動の流れの中で，80年代に民衆女性運動とし
て出発し，90年代に市民運動の1つとして成長してきた女性運動の活動を，
韓国女性団体連合を中心に考察する。韓国女性団体連合（以下，女連）は，
1987年に進歩的な21の女性運動団体が結成した全国的な連合体である。女連
は，民主化運動の過程で富川警察署性拷問事件糾弾，［国営放送 KBS 視聴料
金横領事件による］視聴料納付拒否，催涙弾の追放運動等を議題として扱い
87年6月の民主化運動を高揚させ，90年代に入ってからは，平等な女性の働
く権利，母性保護，そして女性に対する性暴力の一掃，統一問題，挺身隊問
題等，「生活政治」と呼ばれる争点を挙げて，女性運動の1つの大きな流れを
作っている。

　ここでは80年代と90年代以降とに，大きく2つの時期区分に分けて，女性
運動の特性を明らかにしたい。現在，女連の所属団体は30を超え，個別の運
動組織の特性と活動内容をすべて収めることはできない。したがって，女連
の優先課題と事業を中心に行われた運動の代表的な議論について考察を加え
ようと思う。女性運動の議論は，社会的不正や女性問題に関するその原因と
それに代わる代案を提示し，多様な経験を一貫した観点から連結して構成し
ている。運動の内容は，政治，社会，文化的文脈の中で形成されたものであ
り，運動組織の戦略と戦術，そして組織方法を通じて具現化された。運動組
織は，元来意図した目的や理念を現実政治に実現させる努力を払い，社会文
化的な相互作用を通じて具現化を図っているが，時には失敗もしている。

　次の節では，女性運動についての簡単な概念定義を行い，さらに80年代と
90年代以後の女性運動の主要な議論の内容を中心に年代順にその運動の特性
を考察したい。

1　韓国の女性運動の成長と歴史

1－1　女性運動の定義

　女性運動は，女性の地位向上を追求する社会政治的な運動であり，必ずし
もそうではないが主として女性によって構成されている運動であると広範囲
に定義される（Alvarez 1990）。

　80年代まで女性運動だけでなく社会運動は，進歩的／保守的，もしくは改

革的/改良的,反政府系/政府系的等のような二項対立の構図によって区分される傾向があった。勿論,当時の政治的状況下で,理念的な志向性がはっきりとしていたため,可能なことであった。女性運動の区分においても西欧の幾人かの研究者は,フェミニストとフェミニン運動を区分している。一般的に戦略的な女性の利益を増大させるために努力している女性運動は,フェミニスト運動として定義される。戦略的な女性の利益とは,女性に対する抑圧に全面的に挑戦し不平等な男女関係を変化させることである。戦略的な女性の利益のためには,性別分業の廃止,家事労働と育児の負担の軽減,法的かつ制度的な性差別の廃止,政治的平等の確立,堕胎の自由,男性による女性に対する暴力に対する罰則等々,女性抑圧を克服するための戦略が採用される。実質的な女性の利益を増大させるための女性運動は,フェミニン運動と定義される[1]。それは,母もしくは妻のような性別分業構造の中で,自身の性的役割から派生する。実質的な女性の利益は,要求に対する反応として,階級の効果とは無関係ではないが,たとえ,それが女性の抑圧から発生しているものであっても,それ自体に挑戦するものではないと考えられる(Molyneux 1985;Alvarez 1990)。

　しかし,このような分類は,即自的な問題や短期的な問題解決,既存の性別分業体系の受容は下位階級の女性の要求,長期的な問題解決や性別分業体系に対する挑戦は,中産階級の女性の要求であると対比する限界を露呈しかねない。韓国における女性運動の歴史の中で,女性の政治活動が,この分類に正確に当てはまるものではない。実質的,戦略的な女性の利益という概念は,断絶的に区分して使用されるよりは,連続的な概念として認識される必要がある。そうしてはじめて多様な女性の政治的活動と利害を,色々な側面から捕捉し説明できるようになる。90年代の国内外の情勢の変化と運動の多様化を経験して,二項対立的な運動の区分が,説得力をもつことは困難になった。このような点からウェストとブルームバーク(West and Blumberg)が,女性が参与している社会運動を争点別に,4つの理念型へと分類したことは,女性運動の傾向を把握する上で,有益である(West and Blumberg 1990)。第一の類型は,経済的な生存と関連している運動である。70年～80年代には,女子工員らの生存権の問題,貧民運動等が代表的であり,雇用現場での賃金と労働条件に関連した運動が含まれる。第二の類型は,民族主義的,人種的

争点に焦点を当てた社会運動への参与である。統一問題，挺身隊問題に関する運動，そして外国人労働者運動のようなものであるといえるだろう。第三の類型は，平和，環境，公共教育，精神の健康，刑務所の改革等の人本主義的で，社会的責任に関連する運動における女性の参加である。女性は，家庭内での責任を拡大させて，公的領域における自らの集合行動を正当化させてきた。韓国では90年代に入って，特に女性が主軸となって環境運動が展開された。ゴミ問題からリサイクルの問題，遺伝子組替食品への反対運動に至るまで，多様な環境運動団体がある。第四の類型は，地域的かつ国際的な水準での，女性の権利のための行動である。韓国の女性運動は，90年代中盤，北京世界女性会議を前後して，国際的な連帯活動を盛んに行っている。

　本章で考察した女性運動に対する概念と区分は，どの概念がほかの概念と比べて，説明力があり，絶対的であるなどとは言えない。女性運動を説明する多様なレベルを提示している点から，概念各々に長短がある。

　次に考察する韓国の女性運動は，上記の4つの理念型が提示する争点を，ほぼ包括している。現在30の女性団体が所属する女連の団体構成を見た場合，地域女性団体，宗教団体，労働者団体，主婦団体，環境団体，性暴力および家庭内暴力関連団体，文化運動団体，託児運動団体，女性農民団体，平和および挺身隊運動の団体等が含まれている。

1−2　女性運動の成長と歴史

　これまで韓国社会では90年代以降の市民運動の成長をめぐって，それを90年代以前の労働運動を中心とする民衆運動とは異なる性格を有する新しい運動として把握しようとする色々な論議と論争が行われた。このような論争の過程において，多くの学者が韓国の社会運動を時期区分してその特徴を議論してきた。韓国の社会運動に対する時期区分の試みは民主化闘争を起点として前後に分けたり，あるいは87年以前，87年〜90年代初め，90年代初め〜97年，そして97年以降と区分したりする。だが，このような時期区分は正確な指標や厳密な基準によるものというよりは韓国の市民運動の傾向性を読み取る試みと見るのが妥当と思われる。時期区分をめぐる論争は90年代以前の三民（民族，民衆，民主）理念に基づく民衆運動と90年代以降の新しい傾向性を持つ運動を，全く異なる文脈において解釈するか，それとも両時期の運動

を，歴史性を念頭に置いて関連させて解釈するかについての視角の違いである。90年代以前の女性運動は民主化運動を主要課題としたにもかかわらず，民主化運動という大きな流れに埋もれて女性運動の役割が見えなかったために，90年代の女性運動がまるで新しい運動であるかのように認識されたに過ぎない。このように歴史的な文脈における傾向性を読み取れず，特定の時点を基準として社会運動を民衆運動あるいは市民運動と区分することは，時には個別の運動を歪曲しかねないことを念頭に置く必要がある。つまり90年代以降全く新しく組織された運動はその時期の中に運動的意味を有するが，90年代以前に形成されて時期によって傾向性を異にする運動に対してはその歴史性の中で現在の運動性を説明することが望ましい。

このような観点から韓国における社会運動の発展過程で女性運動の成長を簡略に見ていくことにする（ジョ・ヒヨン 1995；ジョン・テソク 2001）。

第1時期の社会運動は1987年以前の運動で当時存在した官辺団体とは区別される脱政治化あるいは非政治化された運動として存在した。そのほとんどが民族，民衆，民主の三民主義を理念とする変革運動の流れとして現れた。この時期の社会運動は独裁政権に対抗した変革的な民主化運動で，70年代の労働運動と反独裁闘争，80年のソウルの春，光州民衆闘争を経た。だが，この時期を評価する視点は学者によって少しずつ異なる。1つの視点は70年代の民主化運動は，国家権力から基本的な市民権を獲得し，国家から相対的な自律性を享受できる市民社会の領域を確保するためのものであったので，包括的な意味の市民運動であると言えるのに対し，80年代の民衆運動は80年の政治的敗北に対する冷厳な評価と共に「科学的」「正統」変革理念が導入されたことによって，市民運動と激しく対立すると見る（ウォン・ジョンチャン 1995）。反面，ジョ・ヒヨン（1995：316-320）のような学者は民衆運動と市民運動間の連続性を強調している。この時期に形成された女性運動は，それ以前の官辺女性団体とは区別されるものとして自らのアイデンティティを規定し，民主化運動に女性が寄与しなければならないという使命を最重要の組織目標とした。この時期に形成された女性運動組織は83年に結成された女性平有会，韓国女性の電話，そして87年に組織された韓国女性民有会が代表的である。1987年には民主化運動に女性が連帯して参加するため，進歩的な女性団体で構成される韓国女性団体連合を結成した。

第２の時期は1987年以降である。同時期はさらに1990年代初めと90年代半ばから現在までの時期に区分することができる。1990年代初めには保守志向の穏健な市民運動と，民衆運動と距離をおく一種の反民衆運動的アイデンティティを強く追求する傾向を見せながらも，それまで現れなかった環境，教育，女性，文化，障害者，消費のようなイシューが社会的に可視化され組織化される特徴を見せる。この時期は特に女性及び環境イシューに対する社会的関心が表れ始めた時期でもあった。この時期の市民運動は運動方式，領域，主体の面において民衆運動と区別される新しい運動として認識される（ジョン・テソク／キム・ホギ／ユ・パルム 1995；ジョ・ヒヨン 1999）。すなわち，1980年代以前の政治的イシュー中心の民衆運動とは違って，日常生活の多様なイシューである環境運動，反戦・反核運動，平和運動，外国人差別撤廃，人権，女性運動，生活協同組合をはじめとする各種の消費者運動，中産層を中心とする意識改革運動，地方自治体における施政監視，政治改革運動等が活発であった。この時期の市民運動は西欧の新社会運動（New Social Movement）としばしば比較され，これを通じた市民運動についての理論化作業もかなり進行した。この時期に女性団体連合を中心とした女性運動はそれまで民主化運動の課題に力点を置いた運動方式から雇用平等，性暴力，家庭内暴力，母性保護のような女性特有の課題に比重を置くものに変わることになる。これは87年の民主化闘争と88年の総選挙を経て民主主義と民主的権利という大衆の政治文化が形成される文脈と無関係ではない。この時期には女性イシューもまた公的領域と政策領域で浮上した。表15－1で分かるように，この

表15－1　韓国女性団体連合の会員組織の変遷

組織の性格	1988～1989	1991	1993	1996
地域女性組織	3	11	11	11
宗教組織	8	5	2	4
女性労働組織	3	4	3	6
主婦組織	1	1	2	1
環境運動組織	1	1	0	0
研究者団体	2	3	2	3
女性の電話	1	1	2	2
文化運動団体	2	2	1	1
他の運動団体の下部組織	3	1	0	0
託児運動組織	0	1	1	1
女性農民団体	0	0	1	1
女子大生団体	0	1	0	0
合計	24	31	25	30

時期には他の社会運動組織の下部組織であったり，女性運動の目的を明確に持たなかった団体は，脱退したり自ら解散したりして，女性団体連合の会員組織は，女性イシューを目的とする団体だけが残るようになった。そして活動家内部で，生活人としての運動家という意識を鼓舞する努力が始まり，女性団体は活動家に対する常勤体制と給与体系を整えた。

この時期に女性運動は，政府の女性関連政策の決定及び執行の過程に対して批判的な立場に立って，制度政治にある程度関与する様相を呈した。政治，行政における女性の代表性が著しく低い現実において，女性運動は女性の利益を代弁する役割を果たしている。

次に，運動の主要な議論を中心として80年代と90年代の女性運動の特徴を見ることによって歴史性を持つ新しい運動としての女性運動を説明する。

2　80年代の民衆女性運動

1980年の光州闘争事件，全斗煥政権への移行並びに強力な反政府闘争は，民衆女性運動が成立する政治的な背景となり，特に1983年の全斗煥政権の宥和政策は，社会運動勢力に以前と比べて，多くの政治的な活動の余地を提供した（Shorrock 1986）。

宥和局面において，「ひとつの文化」，「女性の電話」，「民青連女性部」，そして「女性平有会」のような女性運動組織が作られた（イ・スンヒ 1994a）。これらの組織は，既存の韓国女性団体協議会を中心とした自由主義的な女性運動と自らを区別しようとした。主に学生運動出身の女性活動家，梨花女子大出身の女性学者，クリスチャン・アカデミーの女性社会教育生，そして70年代の女性労働者運動家が参与していた。84年以後，都市貧民と女子工員の生存権運動が起こり，働く女性の問題が進歩的な女性運動の主な課題として浮上，諸女性団体間の連帯活動を構成する契機となった。進歩的な女性団体は1985年の第1回女性会議で，「民族，民主，民衆と共にする女性運動」を掲げて女性の生存権獲得のための運動を展開した。1986年の朴鍾哲君拷問死事件と富川警察署性拷問事件は，社会運動勢力が結集する象徴的な事件であった。女性運動団体は，性を拷問の手段にする"軍事独裁政権の反人道的な暴虐"と"政権打倒"をスローガンにして，富川警察署性拷問事件を女性問題というより国民全体の民衆運動として政治化させる努力を行った（イ・ミギ

ョン 1998)。

　女性運動が，三民理念を女性運動の主な議論として受容する過程では，深刻な論争が存在した。「民青連女性部」の場合は，変革運動として女性運動を規定したのに対して，「女性平有会」内のあるグループは，女性運動は女性の特殊な問題を解決するための運動であるとして，女性を意識化，組織化する部分的な運動であると定義した。80年代中盤以後は，女性運動に対する定義と役割についての合意がなされず，互いに歩み寄ることのできない考え方の差異が存在していた時期であった。

　かつての理論論争と女性が社会の民主化運動に参与しながら得た経験は，多様な女性の要求を組織化し，女性が独自に全国的に連帯することの必要性を浮上させた（イ・スンヒ 1994b）。改憲局面では，大衆の政治意識が高揚し，女子工員だけでなく事務職の女性，主婦，性暴力，宗教，環境，託児等，以前には見られなかった多様な争点が浮上したのである。相対的に開かれた政治空間に，進歩的な21の女性運動団体は，韓国女性団体連合という全国組織を結成した。同時に，大小の女性運動団体が組織され，代表的なものとして「女性民有会」がある。「韓国女性民有会」は，1987年9月21日に設立されて，女性大衆を代弁する組織から，大衆が組織の中心になるものに変貌しなければならないという趣旨から作られた。「民有会」は設立当時，中間層，下層の主婦，女子工員と女子事務職，若い女性を組織の対象とし，創立宣言文においては，民有会の究極的な組織目標は，「自主的民主社会の建設」，「民族自立経済の樹立」，「真の男女平等の実現」であると定めた。88年から89年に至る間，「韓国女性民有会」は，主婦運動を組織し，環境問題，食品汚染問題等についての教育を実施し，この過程で生活消費協同組合を創立した。89年以後，生活協同組合は，女性の日常生活における経験を消費生活，環境保護，国内農業保護等のような問題に，社会的な意味と解釈を付与する作業を粘り強く行っている。

　しかし民主化への移行と女性問題の浮上は，自動的に女性に恩恵を与えてくれるものではなかった。民主化への移行過程において，旧政治勢力が選挙において勝利した。この時期に，女連は，相変わらず女性運動の重要目的の1つとして「どのように多くの女性を民主化運動に動員するか」に重点を置いていた（イ・ミギョン 1998）。創立後，女連は国民運動本部に参加し，大

統領直接選挙制への改憲を要求するデモに参加していた。6月の民主化運動を通じて,大統領直接選挙制を獲得したが,金泳三,金大中の野党の指導者が分裂し,候補者一本化が失敗,在野団体間に激しい立場の相違が生まれ,大統領選挙は野党の敗北に終わった。この過程において最後まで立場を整理できなかった女連は,12月11日に政権への批判的な支持の立場を表明し,このことは,その後,多くの会員団体の強い反発を呼び,1988年の総会で非難された(イ・ミギョン 1998)。

民選軍部政権の樹立と88年の総選挙による与野党逆転国会の成立は,不完全で歪んだ政治状態であると言えるが,女性関連政策の改正と制定が成し遂げられるという結果をもたらした。

80年代末の女連の政治活動は,制度の改革と女性の要求の法制化運動に焦点を置いて進めつつ,反政府運動をしなければならないという両面性を帯びていた(イ・ミギョン 1998)

さらに1980年代末の東欧圏の崩壊を契機として,韓国のマルクス主義と民衆理念の有する正当性に疑問が投げかけられ,女性運動の基盤になっていた社会主義とマルクス主義のフェミニズムの内容に,問題提起がなされた(Louie 1995)。

当時の民主化と独裁政権に対する反政府意識が,広範囲の政治文化を形成し,女性運動は,この政治文化の消費者になったが,「三民理念」という考え方は,女性問題を包括しているというよりは制限的な性格を帯びていたために,女性問題(woman question)を受容できる余地はなかった。

しかし80年代の民衆女性運動は,女性自らが民主化運動に参加し,それに寄与して,時代状況にあった責務を果たした。これらの点は,80年代の進歩的な女性運動の限界であると同時に意義でもあると評価できる。

3 女性運動理論の転換―"女性の権利":1990〜1992

1990年の女連の政策夏期研究会は,進歩的な女性運動への転換を行う1つの契機となった。女連の総会報告書は,次のように述べている。

> 「1980年代の運動課題の優先順位,そして運動方式,連帯の方式は1990年に入って,かなりの挑戦を受けていることを我々は自覚し始めた。つまり1980年代は,運動の最優先順位が,独裁権力との闘争と民主化であり,

また独裁権力の圧政下で，最も苦痛を受けた労働者階級の闘争に重点が置かれ，民間団体の組織もまた中央集権的なものであった。しかし1990年に入って，民主化の進展と共に，我々は世界的な情勢変化の流れの中に直面している。近年，政府が世界化を強調するような意味ではないが，我々が好むと好まざるとにかかわらず，1980年代とは違った組織形態がより効率的であり，これまで抑圧的な独裁政権との闘争の中で埋もれていた，他の様々な不便な問題，たとえば環境，交通，教育，物価，障害者，老人，青年，児童，そして女性といった問題を，政治的な課題としてとり上げなければならないという挑戦を受けている」（韓国女性団体連合定期総会 1991）。

　この時期の女性運動の主な議論は，女性の権利に関するものであった。女連が構成した女性の権利についての議論は，不完全な民主主義に対する問題提起であったが，平等な市民権は実質的には女性排除と差別を基盤としている点を中心に議論を形成した。このような議論は，雇用の平等，人権侵害としての性暴力の追放，そして平和を希求する女性という内容であり，女性大衆の利害と適応した。

　雇用の平等は，「女性の平等な労働権と母性保護」という争点を提起した。つまり女性の社会参与を困難にし，結果的に男女不平等を引き起こしているものが女性の出産と育児から始まると女連は主張し，社会的なレベルで母性保護を再評価すべきという要求を行い，母性保護を労働問題の一つとして認識し，平等に働く権利を確保する方法の一つとした（民主女性9 1990：37）。フェミニズムにおいて，常に論争になってきた保護と平等の問題は，この当時の女連における議論の中では，葛藤なしに並存していた。具体的な活動は，男女雇用機会均等法の改正，託児法の制定，生理休暇廃止に対する反対，そして勤労者派遣法の制定に対する抵抗等，女性に不利に作用する政府の労働政策に対応した（韓国女性団体連合定期総会 1991）。

　このような女性権利の議論は，国連を中心とした国際機構とグローバルフェミニズムの流れに適応することとなった。特に保護と平等の問題に対して，国際機構の基準はこのような議論を正当化させる役割を担った。

　性暴力追放という議題は，1992年と1993年の女連の重点事業であり，性暴力追放のための社会的キャンペーンとそのための法整備を目的とした。性暴

力は，被害者の貞操と道徳性の喪失であるという既存の通念から，人権に対する侵害であるという認識への転換を目標にした。その目標は，性暴力に関する法案の制定に置かれ，そのために女性連帯を構成した。大統領選挙という政治的な機会を利用して，性暴力防止法の制定は，選挙候補者の公約となった。性暴力についての争点は，1983年「女性の電話」が創立されて以来，継続的に問題提起されてきた。だが，1980年代には，性暴力の問題は，女性運動家や女性労働者に対する非民主的政府の統制手段であるいう点から政治化されて，民族自主性のための反米運動の一環として問題提起されたが，それが一般女性の経験へと拡大した。

4　女性的観点の女性運動：1993〜1997

4−1　女性の視点から

　文民政府へ移行すると同時に，市民社会が拡大して「生活の質の向上」と「世界化」という社会的議論と政府の政策は，反体制勢力，一般大衆，そして制度政治側のすべてに影響を及ぼした。特に国政選挙と地方議会選挙，及び世界女性会議は，女性運動が女性の観点から活動を構成することのできる政治的背景となった。これは，社会的にも政策的にも市民運動を許容する雰囲気を作り上げ，女性運動だけでなく他の市民団体にも，運動を拡大させる背景をなした。

　この時期の女性運動の主な議論は，女性の視点から社会を考察しようという「女性の観点」をめぐるものであった。

　1994年に女連は，1987年の創立当時からの組織目的を「女性団体間の協力と組織的交流の企画，男女平等，女性福祉，民主，統一社会の実現」へと修正した。その目的を達成するための事業として，女性の権益を伸張するために各種の法律，制度の制定および改善のための活動，女性福祉関連および働く女性関連事業，統一関連事業を含めた（韓国女性団体連合定期総会 1995）。

　常に進歩的な女性運動が提起してきた民族と統一問題も，女性的観点の議論の中に解釈された。女連代表の演説文は，そのような点をよく表している。

　　「女性の視点から我々の政治を新たに発展させようとする，我々が意図
　　することは，女性の視点から社会を新たに考察し，変化させようとする

ことである。すべての差別をなくし，すべての個人の人権を重要視し，和合と平和の共同体を作っていこうとする女性的視点こそが我が民族の当面の課題である統一にも貫徹されなければならない。女性が，統一運動の主役として積極的に参与する時はじめて，我が民族の統一も平和的に達成できると確信している」(民主女性18号 1994：2)。

　90年代に入って女連が繰り広げた統一運動は，80年代に民族，民主，民衆の課題を目標とした進歩的な女性運動のアイデンティティを維持する機能を果たした。この時期の女連の統一運動は，第一に，離散家族の女性が受ける，精神的心理的経済的影響を明らかにすること，第二に北朝鮮との民間レベルで直接交流することによって，統一のイシューが国家の独占物ではないということを示すこと，そして第三に，挺身隊運動を展開することであった。80年代後半になっても，イム・スギョン，ムン・イカン牧師の北朝鮮訪問事件によって，現実的なものとなった統一運動に対して，女連は，"もし女性が家庭内から統一のイシューを提起するならば，そのイシューは，韓国社会において支配的な家族中心主義的な保守主義を克服する1つの道になるだろう"と統一イシューを女性問題として明確に示すことはなかった（民主女性6号 1988：11-12）。しかし，90年代の統一運動は，平和と女性の視点が一致するので，統一は女性運動の主な議題になり得ると見るのである（民主女性19号 1995：34）。

　90年代に女性運動が展開した統一運動は，性と民族問題が融合されたものとして，この運動に対する女連の基本的な観点は，平和を希求する女性の資質が，統一運動に寄与することができるという側面と，以前から進行してきた民族，民主運動に女性が参加しなければならないという当為性を含んでいたものと解釈できる。

　女性の視点を強調する議論は，代表的には"生活政治"というイシューを中心に社会文化的に拡散した。

　1994年に女連は，"開かれた政治，生活政治"というスローガンを作り出した。これは1995年の4つの地方議会選挙を狙って作り出された言葉である。生活政治を通じて女性の政治的発言力強化（empowerment）を目的とした。韓国の政治過程は，男性支配的で，特定政党や集団によって統制され，政党政治もまた個人や地域に基盤を置いているという特徴を持っているため，女

性の政治参加はそれほど簡単ではない。したがって女連は，女性が政治的な領域に進出しやすい道は，地方議会への参加であると考えた（民主女性17号 1994)。生活政治は，環境，交通，住居，医療施設，教育と余暇の施設のような女性の私的な領域から提起されるすべての問題が，政治を通じて社会的なイシューになることができると見る。

このような生活政治の強調は，女連の所属団体に地域での女性運動の重要性を自覚させた。韓国女性民有会の場合は，生活協同組合を民有会内に統合して支部を活性化させ，本格的な地域中心の活動を広げた。地域から運動を大衆化するためには，家庭を中心に居住地域に本拠を置いている一般主婦が，運動に参加することが鍵となるために，生協運動と環境運動は，女性運動の領域を拡大し，活動家中心の女性運動から大衆運動へと転換している点において意味を持つ。

4-2 参加の政治

女性的観点の議論は，実践活動から"参加の政治"（politics of engagement)という形で出現した。90年代初頭から提起された平等に働く権利，人権としての性暴力追放，統一と社会の民主化運動という要求は，制度政治内に政策として受け入れられ，制度政治に対する介入として具体化された。このような特徴は，女性運動の認識において，80年代の敵対的な観点から女性問題を解決できる場所として国家が認識されるようになったことを示す。このような認識の変化が，女性運動組織の法人化の過程を加速させた。

参加の政治の内容を具体的に考察すると，第一に既存の女性政策を改正する絶え間ない努力がある。女性問題に関連する法律の改定運動は，新しいことではないかもしれないが，変化した点は女性政策がそのまま実行されるように圧力を加えるということであった。

この変化は，参加の政治の違った形である，女性に関する社会通念と慣行に対する挑戦として，主に訴訟を通じて現れた。代表的な事例は，［就職採用時の］容貌制限と［ソウル大学における］禹助手のセクハラ裁判である（男女平等のための教授集会 1994；ソウル大学助手セクハラ事件共同対策委員会 1994）。韓国女性民有会をはじめとして女性労働問題を扱う団体では，女性事務職の主要な労働問題である新人事制度，非正規職の拡大のような差別的な

人事制度と雇用関係を，社会的な争点として浮かび上がらせた。特に職場内のセクハラおよび募集採用時の容貌制限の問題を，大衆的なイシューとして浮上させた。

90年代に入って，女性の政治勢力化に対する関心が高まったが，女性運動は，大衆的な基盤が脆弱なために，重要な選挙のたびに可視的な成功を収めることはできなかった。90年代中盤，女連を中心とした女性運動の生活政治と地域女性運動の重要性に対する強調は，95年の地方選挙において6名の議員を輩出した原動力となった。

女性の政治参加の拡大は，「参加の政治」の典型的な形である。進歩的女性運動出身の活動家が，民主党の全国区議員に選出され，1995年の地方議会では，女連から推薦を受けた候補が，地方議会議員として当選した。1994年に女連は，地方自治と女性の政治参加の拡大という重点事業を設定して，地方自治体おける20％の女性参加を実現するための特別本部を発足させた。1994年に女連が中心となって，女性団体協議会と女性有権者連盟のような女性団体が連合して，女性割り当て制度の導入のための連帯を作った。[3]

5　性主流化と経済危機：1998～現在

1997年以降，女連は，3年連続で重要事業として女性の政治的経済的主流化（mainstreaming）を決めた。主流化についての関心は，すでに1995年の北京世界女性会議を起点として政府の女性政策だけでなく，女性運動にも多くの影響を及ぼす政策議論となっていた。北京会議の行動綱領の内容は，全般に亙って女性政策の主流化を強調している。性主流化（gender mainstreaming）は，両性平等（gender equality）を実現するために，性の観点（gender perspective）が，すべての過程に統合されることを意味するものである。事実この概念は，1995年に公式に採択されたが，1970年代に，開発過程に女性問題を統合させようという要求から生まれた視点である。1995年の北京女性会議において，性（gender）という概念と性主流化という用語を公式に行動綱領に記載した。同北京会議では，韓国の歴史の中でもNGOの活躍が最も目立った時期であったが，行動綱領で扱っている12種類の議題は，女性運動が，それまでに扱ってきたイシューでもあった。

女連が，政治，経済，福祉分野での女性政策と実践の主流化のために選定

した課題は，まず政治参加の推進のために国会議員と政党及び公務員の採用における割り当て制度の実施，女性有権者の主体化のためのキャンペーンの組織化であった。次に経済分野では女性労働力の非正規職化の防止と核心的労働者化，社会保障分野では国民年金制度における女性差別条項の改善と母性保護費用の社会的負担の問題を課題として選定した。

しかし90年代末は，その間に積み重ねてきた女性運動と女性政策の成果が，経済危機と新自由主義的政府の政策方針によって無力化しかねない危険な時期であった。経済危機と新自由主義の拡散の過程において，雇用平等のイシューは，女性労働の非正規職員化と失業，並びに貧困女性の増加によって大きな困難を経験した。他の国の経験と同様，経済危機や緊縮財政の時期に，政府は費用節約と公私領域の分離を根拠として，国家のサービス提供を女性のNGOに委任する傾向を見せた。90年代末に女性運動団体は，女性失業者プログラム，有職女性のための家事，そして性暴力相談所のような公的機構が行う業務を代行するような役割を付与された。大量失業の逆風の中で女連の所属団体は，98年に緊急救護活動と公共勤労事業の委託を受け，99年には女性の貧困化を制度的に防止するための国民基礎生活保障法の制定に力を傾けた。これは韓国の福祉政策が，社会的安定網を構築できていないことに起因するものではあるが，経済危機という局面で，女性問題を扱う場合の女性運動の選択であるとも考えられる（金京姫 2001b）。

サービス機能の強化と共にこの時期に見られる女性運動の特徴は，女性問題の専門家と地域の女性組織が連携し，女性の福祉の要求および実態に対する調査と政策提案を行う役割が高まった点である。女連の所属団体は経済危機を経験し，それが女性雇用，家族，家庭内暴力に与える影響等に対して調査し，政府に政策要求を活発に行った。

1998年に金大中政権は，女性政策を総括，調停する政府の女性政策担当機構として，大統領直属の女性特別委員会を新設し，この執行力を補完するための方策として，既存の労働部，保健福祉部，法務部，行政自治部，農林部，教育部等の6個の部署に，女性政策担当官室を新設した。女連は，1999年に政府組織の改編案に女性政策関連部署の縮小が含まれていたことに対して，強力な批判活動を繰り広げて，むしろ文化観光部，産業資源部，企画予算委員会等に女性政策担当官室を拡大設置しなければならないと主張した。女連

は，このような主張の根拠として，国連が女性差別撤廃条約を根拠として女性政策専門機構の実効性を確保するためには，女性特別委員会の地位と権限を強化しなければならないという勧告文を出した。2001年に大統領直属の女性特別委員会は，独立した部署である女性部（Ministry of Gender Equality）へと変化した。

この時期に目立つ現象の1つとして政党と女性特別委員会，そして地方自治体の女性政策担当官，女性部に女性学を専攻した者や女性運動出身者の活動家が進出した事実である。

90年代以降，女連が，参加の政治と性主流化を基礎として活動を繰り広げてきた過程で「参加の政治」と「代案の政治」の間の関係をめぐる問題が提起された。数年間，制度政治側で「参加の政治」を繰り広げたが，どの集団が，だれが，どのようにその機会を得るのかに対する戦略的，組織的論議は，大して進展しなかった。反面，非政治領域であった生活領域を政治化し，日常政治の回復を通じて既存の男性中心の政治，社会的規範を変えるための新局面を編成するという代案政治に対する論議が始まった（金京姫 2000）。

しかし制度の内と外は，女性強化の推進のためにすべて必要な空間であり，2つの空間を矛盾する領域として設定するより，この2つの空間をどう強化して連結しながら，相互依存的な発展を遂げることができるのか，更に知恵を絞る必要がある。

6　結論

本章では，韓国のすべての女性運動を網羅することはできなかった。主としてとりあげた女連の所属団体すべてが統一した指向性を持っているとは言えない。ここでは単に，およそ2世代に亙る韓国の女性運動の流れを整理することに努めた。不本意ではあるが，女性団体の活動内容を単純化したり，落としたりした可能性があることを認めなければならない。

このような限界はあるが，本章で考察した女性運動の流れの中で，将来の女性運動において，とり上げられると思われる2つの争点を選んで，結論の代わりとしたい。

第一の争点は，90年代を前後とする韓国の市民運動の成長過程において，学界および市民社会から提起された韓国の市民社会に対する批判的考察と関

連している。注目すべき争点としては，市民なき市民運動，名望家中心の市民運動，非民主的な意思疎通構造，専門性の欠如，市民団体間の連帯不足等のような問題提起がある（チャ・ミョンジェ 2000；ジョ・ヒヨン 2000）。

「市民なき市民運動」と「名望家中心の市民運動」に対する問題提起は，市民の参与を高めるためには日常的な努力が必要であり，事業および活動が，市民参加的な方法で行われる必要があるという意味である。そして"非民主的な意思疎通"の問題は，現在の市民運動の運動文化が，閉鎖的家族主義，成長主義，反共主義，縁故主義，儒教的なエリート主義，地域主義，権威主義，家父長主義に支配されることによって市民社会を歪曲しかねないという考察から出たものである。つまり市民社会内からは民主主義，市民社会の自律性，両性平等主義，人権と平和，生態主義的な生き方，男女間・人種間・民族間の平等と共存等の理念を堅持しながら多様な運動間の"開放的な連帯"の必要性が提起されている（ジョ・ヒヨン 2000）。

90年代に入って，女連を中心に全国単位の活動家組織が女性運動を代表するようになったことは事実である。女連の所属団体は，会員の重要性を認識し，大衆的な地域組織の拡張と発展を図る努力を行っている。近年主婦達や女性事務職等が女性運動の主な会員として登場するにつれ，70～80年代の民衆運動の経験から形成された社会運動に対する固定観念から脱皮し，新しい政治と運動についての理念の構築が必要となった。女性大衆が参与している運動は，従来の意味での「政治的」活動ではない。事実，地域社会を中心に形成された女性の文化と活動は，命名されてはいないが，政治学や社会学で従来的に使われてきた政治の意味によっては表現できない代案的な概念を必要とする。代案的な政治の概念化が必要な理由は，それが地域組織の存立根拠であり，さらに幅広い大衆を組織化できる資源であるからである（金京姫 2001a）。近年の女性運動の特徴は，地域性，階級，性によって構成される物質的な条件内で，自らの権力を増大させる努力であるとされている。つまり運動に参加する一般の女性大衆は，自らをフェミニストであると規定したり，性役割に対する挑戦を行ったりしないが，共同体のための目的に女性を中心に動員することは私的領域と公的領域を架橋する役割を果たす開放的な空間を形成するのである（Saldiva-Hull 1991）。したがって運動の潜在的な参加者になりうる女性大衆の感情と問題解決を提示してくれる代案的なフェミニズ

ムのモデルが必要である。

　第二の争点は，女性運動の制度化と自律性に関する関係モデルであり，上述した「参加の政治」と「代案の政治」という論争から分かるように，女性運動だけでなく，中央集権的な市民社会団体では重要な問題になっている。

　90年代の女性運動は，在野勢力から合法的な女性運動へと正当性を確保し，共同の事案に対して多様な性格を帯びている女性運動組織間の連合を構成し，国内の女性運動の争点を国際化し，女性の政治勢力化のため選挙に積極的に参加する「参加の政治（politics of engagement）」を繰り広げた（キム・ジュンギ 1998）。そして女性運動の代表は，政府の各種の委員会に参加することによって，制度政治にある程度介入している。女性運動は，どのように自律性を堅持しながら「参加の政治」を行わなければならないのかという難問から逃れることはできなくなったのである。

　さらに，女性に対する政策的，政治的な機会構造が広がるにつれ，未曾有の女性政策が形成され，金大中政権では，女性部および政府各部署に女性関連機関が作られて，女性運動活動家と個人フェミニストが，官僚や政治家として進出している。これら女性主義の官僚もまた政府内で女性だけのやり方で政治を行う方法があるのか，どのようにして女性主義の原則を持って，政府の官僚たりうるのか，官僚制内部の制約と外部の女性運動組織の要求と期待をどのように調節しなければならないのかについての課題を解決しなければならない責務を持っていると考えられる。

　　（1）　近年，ヘスとペリは，現代フェミニズム運動をフェミニストによって支持されている社会変化の目標と手段によって職業的フェミニズム，自由主義的なフェミニズム，急進的なフェミニズム，そして社会主義フェミニズムという4つの類型へと区分した（Hess and Ferree 1985）。シャペズとドウォーキンは，女性の参与を改良的運動と革命的運動とに区別した（Chafetz and Dworkin 1986）。
　　（2）　彼は80年代の民主化過程を通じて政党政治的領域の自律的分化が現れると同時に，軍部国家権力から自律性を持つ市民社会的領域が分化することになり，また，市民社会の分化によって市民社会内の問題領域が分化したと主張する。軍部政権の極端な抑圧期においては軍部政権の打倒が全ての問題解決の中心であったため，階級以外の問題領域は副次的に扱われるしかなかった。だが，このような戦闘的民衆運動の闘争が成果を上げるに

つれて，市民社会の空間が拡大し，このような状況の下で多階級的な問題領域及び消費生活上の問題領域に主要な基盤を置く穏健な志向の運動が現れるようになったという。
（3） 女性割り当て制のための集会は，各々の政党に候補者推薦において20％の女性を割り当てるように圧力を加えた。女性運動家達が満足するものではなかったが，連帯の結果，民自党は，5.5％，民主党は3.4％の女性候補を推薦した（民主女性19号 1995；韓国女性団体連合定期総会 1996）。

第16章

ほどほどの地方分権：
韓国住民運動のラブホテル戦争

大西　裕

　韓国の市民運動は，これまで「市民なき市民運動」と呼ばれてきた。ソウルに中心をおき，エリート主義的で，活動の派手さの割にはメンバーが少ない団体が韓国を代表してきたのである。しかし，現在韓国で進行している程度のほどほどの地方分権は，地域に根ざし，メンバーシップのはっきりした団体の活動を促進する可能性がある。本章で検討するラブホテルとの戦争は，その可能性を物語るものである。

はじめに

　1999年，韓国でラブホテルが社会問題として急浮上した。ソウル周辺の衛星都市を中心にラブホテルが急増し，生活環境や教育環境を脅かし始めたのである。ヨーロッパ中世の城を思わせる異様な姿や口にはしにくい垂れ幕の文字，怪しげな男女の昼間からの出入り。新たに登場したラブホテル群は，市民の反発を買い，首都ソウルのベッドタウンであるコヤン市のイルサン新都市を嚆矢として各地に住民運動を呼び起こした。この住民運動は，1年もしないうちにラブホテルとの戦いに勝利し，ラブホテルの建築許可取り消しや，業種転換を引き出し，都市計画の図面を書き換えさせ，地方自治体の条例を修正させていったのである。

　住民団体が短期間に，いわゆる「ラブホテルとの戦争」に勝利できたのはなぜなのか。この問いに答えることで，本章は韓国の中央－地方関係と利益集団の関係について考察する。

1　契機と成果

　急速な工業化・都市化の影響を受けて，韓国では1990年代にラブホテルが急増した。1990年に全国で4,437であったラブホテルは，1999年末には9,709に達し，2000年には1万を越えた（中央日報 2000.9.5）。特に首都ソウル近郊の京畿道では，ベッドタウンであるイルサン，ソンナム，ジュンドン新都市を中心に，この10年間に4倍近く増加したのである（同 2000.9.5）。京畿道での急増ぶりが目立つようになったのは，1998年初めである。その異様な形状は存在感があり，ラブホテルがどこにあるかは遠くからでも一目で知ることができる。

　1990年代，特に通貨危機以降にラブホテルの建設が目立つようになったのはなぜであろうか。その理由として，次の2つが考えられる。1つは，規制緩和であり，もう1つは，通貨危機以降の地方歳入の減少である。

　規制緩和は，1993年以降の金泳三政権，金大中政権のいずれもが，新自由主義的な改革の一環として実施した。権威主義体制の残滓の一掃と，小さな政府の実現を掲げた金泳三政権は，総務処のなかに規制改革担当部局を設けたうえに，日本の臨調を彷彿とさせる行政刷新委員会を設置し，政府による

規制の全面的再検討を行った（行政刷新委員会 1998）。この中には，建設交通部の管轄する都市計画に関する部分も多く，地方自治体への権限委譲と，規制それ自体の緩和の双方が行われることになった。この流れを更に加速させたのが，金大中政権であった。金大中政権は，国務総理直属の規制改革委員会を設け，規制の半減を目指した（総務庁 1999）。規制改革委員会には，省庁ごとに規制の半減案を提出させ，それをもとに法令の改正を進めた。こうした規制改革の流れは，用地利用に関する政府の介入余地を，大幅に狭めることになった。1997年9月には，準農林地区でのラブホテル・豪華飲食店等の建設を原則的に禁じていた国土利用管理法施行令を改正し，一括禁止するのではなく，自治体が実情に応じて例外を認定する条例を制定，施行できるようにしたため，事実上準農林地区におけるラブホテル建設が解禁された（中央日報 1998.11.4）。加えて，従来は都市美観，周辺環境に照らして不適当なものは，建築法第8条4項によって規制が可能だったが，1999年2月にこの条項が削除された。このようにして，政府はラブホテル進出を制限する権限を失っていったのである。

地方自治体の歳入減少は，ラブホテルの進出を地方政府が後押しするインセンティブを与えることになった。韓国の地方財政制度は，基本的には日本と似ている。地方政府の歳入において，地方税が占める割合は3割にとどまること，地方交付税により，自治体が基本的な行政を行うために必要な経費である基準財政需要額の不足分を補填すること，および国庫補助金の存在などはほぼ同じである。ただし類似性もここまでである。日本と異なり，韓国の地方交付税制度は基準財政需要額の不足分を完全に埋めることを前提にはしていない。地方交付税の総額は，内国税の13.27％と法定化されているため（韓国地方行政研究院 1997:51），景気の悪化などで内国税収入が不足すると，地方自治体はとたんに歳入不足に陥ることになる。

通貨危機はこの意味で地方財政を直撃した。1998年以降，地方自治体は歳入不足から，深刻な財政難に陥ったのである（中央日報 1999.5.29）。経済活動の沈滞は，財産課税と所得課税を中心とする地方税収入を減少させた上，不足分を埋めるべき地方交付税も，不十分にしか受け取ることができないため，自助努力を促されることになった。歳入を増やすための手っ取り早い方法が，ラブホテルを初めとする遊興施設の建設促進であった。経済危機下に

あっても，韓国の遊興施設，特にラブホテルは不況知らずであった。例えば，京畿道の農村地域（郡）でも，1998年3月時点で一日10回客が入れ替わるほどの繁盛ぶりで（同 1997.3.15），2000年には年間売り上げが15億ウォンに達していたのである（同 2000.10.27）。客室数が30程度と，建設も容易で儲けの確実なラブホテルは新規に開業しやすく，供給されやすい条件が整っていた。
　以上のようなラブホテルの建築は，税収にも直結した。ホテルの建築・開業はそれ自体が税収増に直結したうえ，建設景気の到来ももたらすため，所得税関連の収入も増やすことになる。歳入減に苦しむ地方自治体にとって，財政面から見れば，ラブホテルの進出は歓迎される存在であったのである。
　こうした自治体の意向は，ラブホテル等遊興施設の建築を制限する，学校保健法の緩やかな解釈となって表れた。政府は1967年，学校保健衛生および学習環境保護を目的に，学校出入り口から50メートルは一切の有害施設が置けないように，学校保健法に規定した（学校保健法第5条）。同時に，学校境界から200メートル以内は，相対浄化区域として宿泊・遊興施設が基本的に置けないこととなっていた。ただし，相対浄化区域については，「学習と保健衛生に悪い影響を与えない場合例外とする」という但し書き条項が存在した。そこで，相対浄化区域での建築の是非を判断するのが，各地域教育庁傘下の[3]学校環境衛生浄化審議委員会（以下，浄化委員会）であった（中央日報 2000.9.5）。
　浄化委員会は，教育庁および市，学校，警察署等関連機関の公務員，保護者，地域社会の代表等，15名以内で構成することとなっている。通常自治体は，建築法等特別の規定がない場合，教育庁の審議結果をほとんど唯一の基準として許可してきた。
　通貨危機以降，浄化委員会は，通常審議過程で，①すでに建築された宿泊所との均衡を図る，②学校からは宿泊所内部が見えない，③建築許可申請者の立場も考えざるを得ない等の理由を挙げて，ラブホテル等遊興施設の建築を基本的に許容してきた（同 2000.9.30）。このため，住居地区の近くであろうとも教育施設に近かろうとも，ラブホテルの営業が比較的簡単にできるようになっていた。
　以上に述べた要因で，近年，とくに通貨危機以降，韓国の首都近郊でラブホテルが大量に建設され，営業を開始したのである。しかし，経済活動の活

性化に一役買うとはいえ、ラブホテルの林立は、周辺住民の住環境および教育環境の悪化に直結し、資産価格の下落にもつながるため、住民の反発を呼び起こすことになった。地方自治体対住民の対立構図が表面化したのは、1999年の5月以降であった。首都近郊の田園都市として開発されたコヤン市のイルサン新都市を中心に始まった、反ラブホテル運動は、2000年には全国化し、中央の市民団体もとり上げるところとなり、最終的には、秋の定期国会が「ラブホテル国会」と揶揄されるほど重要な争点となったのである。

このいわゆる「ラブホテルとの戦争」は、大きく分けて4つの争点を軸に議論が展開していった。第一は、地方自治体がラブホテルの建築許可を与える条件をめぐってで、自治体は条例を改正して条件を緩和しようとし、それに住民団体が反対した。第二は、既に建築許可が与えられたが、工事が未着工の建築許可の取り消しをめぐるものである。第三は、工事中の建築物に対する許可取り消しと業種転換をめぐるもので、第四は営業中のラブホテルの営業停止と自治体による買いとりをめぐるものであった。

この4つの争点全てについて、住民団体は勝利し、住宅周辺及び教育施設近辺からのラブホテルの追放に成功したのである。いかなる条件の下で、住民運動は成功したのであろうか。以下、ラブホテルとの戦争の中心地であった、コヤン市イルサン新都市の運動をとり上げて検討する。

2　ラブホテルとの戦争：事件の経過

イルサン新都市におけるラブホテルとの戦争は、大きく分けて3つの時期からなっている。第一は、1999年の間の準農林地区をめぐる時期で、第二は、2000年5月から9月までの、学校環境衛生浄化地区をめぐる時期、第三は、2000年9月の定期国会以降の時期である。以下、時期別に運動がどのように展開したのか見ていこう。

2－1　準農林地区をめぐって

韓国でも日本と同様、都市計画の一環として用途規制を行っている。イルサン新都市で最初に問題となったのは、主として農林業用に用途規制された、準農林地区の用途規制緩和をめぐってであった。1997年9月の国土利用管理法施行令改正に伴い、準農林地区の用途規制は、自治体の実状にあわせて柔

軟に運用できるようになっており，1999年5月には，イルサン新都市が属するコヤン市でも条例を改正して，宿泊施設の建築制限を緩和しようとした（中央日報 1999.5.25）。準農林地区での規制緩和のための条例改正は，1998年11月頃から全国の市・郡で見られ（同 1998.11.4），コヤン市もその流れを受けたものであった。しかし，自然のあふれる，豊かな田園都市をキャッチフレーズとして，新しく開発が進められていたイルサン新都市にとって，豊かな田園を保障するはずの準農林地区の規制緩和は，住環境の悪化につながるものであった。

　住民団体が，準農林地域での宿泊施設の建築を許容・推進しているコヤン市とコヤン市議会の動きに反応したのは，1999年の5月24日である（同 1999.5.25）。この時，コヤン市は，「イルサン新都市に首都圏総合展示場が誘致されるのに伴い，宿泊施設を拡充し，地域発展および建設景気活性化のために」用途規制緩和の方向で条例を制定しようとした。すなわち，市は準農林地区における宿泊施設間の距離を最低限500メートル，道路と鉄道からの距離をそれぞれ50メートルと200メートルをおくように，用途制限を緩和する案を，コヤン市議会に提示した。市議会は「特定地域に対する特恵の是非等を考慮」する立場から，審議の過程でこの条件を更に緩和し，宿泊施設間の距離制限を廃止し，宿泊施設と道路の間の距離も50メートルから30メートルに縮小する案に修正した（同 1999.5.25）。18日にはコヤン市議会都市建設委員会で「コヤン市準農林地域内宿泊所等設置許容条例案」として，同案が通過した（同 1999.5.25）。

　これに対し，女性民友会，市民会等コヤン市内の18の住民，社会団体は，24日「コヤン市民生活環境権死守汎市民対策委員会」（以下，対策委員会）を結成し，10万人市民反対署名運動をはじめた（中央日報 1999.5.25）。コヤン市民会会長が，「田園都市として開発中の，イルサン新都市をはじめとするファジョン，ヘンシン，タニョン等，宅地地区の横にラブホテル村が入ってくれば，教育上深刻な問題を引き起こすことになる」と強調したように，住民団体は用途規制緩和を，イルサン新都市で急増しているラブホテルとリンクして考えていたのである。

　住民団体の動きを受けて，27日コヤン市議会は，コヤン市が提出した原案へと規制緩和を後退させて条例案を通過させた（同 1999.5.28）。コヤン市は

ある程度住民の意向を受け入れたが、この時点では基本的な方向の変更はしなかったのである。

　こうした市の動きに対し、住民団体は猛烈に反発し、反ラブホテル運動を急速に進展させていくことになった。条例案の本会議通過の日に、「対策委員会」は本会議場と市庁正門前で糾弾デモを行い、6月1日から市民署名運動に着手した（同 1999.12.13）。住民団体は、10月11日までに17,271名の署名を集めて、市議会に条例廃止の請願を提出した（同 1999.12.13）。

　住民運動を考慮し、11月26日、コヤン市議会都市建設委員会は「コヤン市準農林地域内宿泊所等設置許容条例改正条例案」を可決した（同 1999.11.27）。改正案は、客室30室以上の観光ホテルは、国際行事開催等に備えるために、一般および休憩飲食店は住民の生計維持のためにそれぞれ新築を許容するが、ラブホテル、旅館等一切のその他宿泊施設は設置を認めないこととした。また、キャバレー、ナイトクラブ等遊興飲食店の新築も、全面制限することとした（同 1999.11.27）。この改正条例案は12月13日に本会議に上程され可決成立した（朝鮮日報 1999.12.14）。

　以上の過程で、住民団体は市の方針を完全に覆し、準農林地区でのラブホテル建設を不可能にしたのである。住民団体の大きな勝利であった。

2－2　浄化地区をめぐって

　準農林地区での新規建築が不可能になって、一段落したかに見えたラブホテルとの戦争だが、ラブホテルの事業主が、建築先を商業地区に移したことで再燃し、更に大きな住民の反発を招くことになった。

　第2ラウンドの直接的なきっかけは、学校保健法上、相対浄化区域として宿泊・遊興施設の建設が規制されている、教育施設から200メートル以内の区域に、ラブホテルの新築許可が大量に下りたことであったが、その背後には、快適な田園計画都市を標榜して造成されたイルサン新都市が、駅周辺を中心にラブホテル等の遊興施設のせいで、そのイメージを大幅に崩しつつあることにあった。住民団体は、群生する住宅地近辺と教育施設周辺からの、ラブホテル等遊興施設の一掃を目指し、コヤン市に対策を要求した。しかし、新規建築のみならず、営業中のラブホテルにまで対策を講じるよう要求する住民団体に対し、コヤン市は十分対応できなかったのである。

当初焦点となったのは，イルサン新都市のデファ洞ジャンソン小学校周囲であった（中央日報 2000.5.26）。小学校より120メートル離れたところに，モーテル2軒が営業中で，1つが建設中であったうえに，新たにラブホテルの新築許可が下りる情勢であった。本来，学校保健法上，相対浄化区域内では青少年有害施設を置けないが，コヤン教育庁学校環境衛生浄化審議委員会が，「学習と保健衛生に悪い影響を与えない場合例外とする」という学校保健法の但し書き条項を根拠に，モーテル新築に同意してきたことから，ラブホテルが学校周辺にまで押し寄せることになったのである。問題となったのは市とコヤン教育庁の対応であった。市は，宿泊施設建設について，次の2点で反対でなかった。第一に，教育庁が学校教育上問題がないと認めている以上，宿泊施設の新築許可に問題はなく，「適法手続きにしたがった建物新築許可申請は阻止できない」からである。第二に，宅地開発が完了して，土地利用計画によって分譲まで終了したので，詳細計画変更が困難であるうえ，宿泊施設が人口に比して，まだ不足している現状をふまえると，宿泊施設建設は積極的に推奨されるべきであったためである。

　教育庁の対応は，学校200メートル以内宿泊所許可については，学習と保健環境に与える影響をまず考慮すべきで，むやみに不許可とすべきでなく，宿泊施設についても，学校からラブホテルが見えなければ，大きな問題ではないというものであった。

　こうした市と教育庁の方針に，住民団体は反発し，反対運動を展開し始めた。2000年6月12日，全教組コヤン地域所属教師，正しい教育保護者会コヤン支部，デファ洞住民，コヤン青年会，コヤン市民会関係者等100余名は，コヤン市教育庁の前で，「学校周辺ラブホテル乱立防止対策準備」を要求する糾弾大会を開いた（同 2000.6.13）。これらは「コヤン教育庁学校環境衛生浄化委員会は拒否権を行使せず，学校周辺が歓楽地域に変わってしまった」，「浄化委員会は議事録を公開して委員全員がすぐに辞任しろ」，「コヤン市も責任を感じて，無事安逸な姿勢を見せるコヤン教育庁は住民に謝罪しろ」と主張した。

　しかし，依然対策はとられなかった。教育庁と住民の間では，見解の相違がかなり大きかった（同 2000.7.13）。すなわち，①学校200メートル以内の宿泊施設許可時，拒否権行使の是非については，住民側は学校環境のために，

無条件に拒否権を行使すべきと考えているのに対し，教育庁は学習と保健環境に与える影響をまず考慮すべきとし，②浄化委員会会議録公開の是非については，住民側に住民の知る権利充足のために公開すべきであるとするのに対し，教育庁は，情報開示に関する法律に会議録が非公開情報として明示されており，公開に難しいとした。最後に，③宿泊所の有害性の是非についても，住民側が学校周辺のラブホテルは学生に悪影響を与えるとするのに対し，教育庁は学校からラブホテルが見えないので，大きな問題はないとしていた。

そこで，コヤン市デファ洞住民で構成される「住民対策委員会」は，コヤン教育庁を相手に，許可経緯等に対する行政情報公開請求訴訟を翌週に出すとの方針を，7月12日明らかにした（同 2000.7.13）。デファ洞ドンブアパート入居者代表会長は，「デファ洞地域の11のラブホテルのほとんどが学校から200メートル以内の浄化区域にある」「ラブホテル新築許可過程で，教育庁が同意した理由を明らかにするため，学校環境衛生浄化委員会の議事録公開を要求してきたが，断られたので訴訟をすることにした」。更に，コヤン教育長を初めとする，浄化委員会全員の辞任運動を立案したのである。

他方，市は，建築申請者が適格用件を持つか，適法な手続きを経た場合まで含めて，ラブホテルと観光ホテルの新築許可を規制することにした（同 2000.7.4）。すなわち，住宅街では市は，以後建築審議委員会審議時，共同および単独住宅と道路をはさんで接するところには，地上1，2階にラブホテル等宿泊施設を作れなくし，相対浄化地区内でも同じ制限を適用するとした。ただし，市はかわりに，観光客収容のため，1部屋当り25平方メートル以上の部屋面積を持つ，客室数30の観光ホテル級以上の宿泊施設新築は，住宅街周辺でも許可するとした（同 2000.7.4）。

これでは不十分と考えた住民団体は，さらなる対策を要求することにした。すなわち，7月5日，イルサン新都市内108のアパート団地連合体である入居者代表協議会は，翌週までラブホテル対策を要求する署名活動を行い，これを京畿道第2庁，コヤン市等に提出する計画をたてた（中央日報 2000.7.6）。この中で，彼らは「デファ洞一帯に現在10のラブホテルが作られたか，新築中で，このうち3つは相対浄化区域である学校と200メートル以内にある」と指摘し，「デファ洞一帯がこれ以上歓楽の都市に転落しないようコヤン市とコヤン市教育庁は，新築許可はもちろんすでに許可が出たところも，教育環境

破壊防止のために再検討しなければならない」とした。

　8月21日,コヤン青年会,コヤン女性民友会等,7つの市民団体と,デファ洞・マドゥ洞住民が結成した「コヤン市ラブホテル乱立阻止共同対策委員会」所属500余名は,コヤン市庁前で大規模な決起大会を開き,宿泊施設建築不許可を内容とする,地区単位計画を樹立するよう市に要求し,浄化区域内で営業中のラブホテルの即刻閉鎖も要求した(同 2000.8.21)。

　続いて8月23日には,デファ洞住民1,519名が,コヤン教育庁を相手に,建設許可審議過程に対する情報公開拒否処分の取り消しを求める訴訟を,ソウル行政裁判所におこした(同 2000.8.24)。彼らは,「これらラブホテルはすべて,『教育環境に危害がない』とする学校環境衛生浄化委員会の審議を経て,建築が可能だった」が,「このような決定は,学校保健法の目的にも全面的に反している」とし,その責任を追及すべく,コヤン教育庁浄化委員会の審議会議録および学校長意見書等一切の関連記録公開を要求した。

　コヤン教育庁は,「翌月から教育庁関係者,警察および行政公務員,前・現職校長等からなる,9名の浄化委員会の委員数を15名に広げ,市民団体,教職員労組,学院連合会関係者等も委員として委嘱し,より広範囲な意見集約をする」と,住民に歩み寄る姿勢を示したが(同 2000.8.24),住民は更に,コヤン教育長を初めとする浄化委員会委員全員の退陣運動を予定し,行政当局の失敗が確認されれば,コヤン教育庁とコヤン市を相手に,集団損害賠償請求訴訟もすることとした(同 2000.8.24)。

　住民は市に対しても,更に強硬な姿勢を示すことにした。「コヤン市ラブホテル乱立阻止共同対策委員会」会員500余名は,8月30日コヤン市庁前で第2次決起大会を開いて2時間デモをした(同 2000.8.31)。21日の決起大会のとき,①宿泊施設不許可のための地区単位計画樹立,②教育および住居環境を侵害する,宿泊施設建設許可取り消し等を要求したが,コヤン市が不可能だという立場を明らかにしたので,この日第2次決起大会を開いた。これ以降,住民団体は市を相手に連日デモを繰り返した。

　住民団体は,9月15日には,5月初めにコヤン市が建築許可を出していた,ペクソク洞1335イルサン商業地域内の,「東洋最大」を銘打ったナイトクラブに対しても,許可取り消しを要求した(同 2000.9.16)。クッチェ,ハンジンアパート住民は,ナイトクラブがペクシン小学校と192メートルに位置して

いて，浄化委員会の審議を受けねばならないのに，この手続きがなされなかったとして，建築許可取り消しを要求した。

以上の住民の動きに対して，コヤン市は9月19日，イルサン新都市等の一般商業地域での，ラブホテル新築を抑制するために，地区単位計画変更案を準備することにした（同 2000.9.20）。市はこれを通じて，アパート隣接100メートル，学校境界から200メートル以内には，宿泊施設建築許可を出さないことにした。

ところが，これは住民団体の要求をとうてい満たすものではなかった。コヤン市のラブホテル乱立防止対策と関連して，コヤン市ラブホテルおよび遊興施設乱立阻止共同対策委員会は20日，「実効性がない言葉の遊びに過ぎない」と反発し，営業中や建設中のラブホテルに対する対策がないことには，何の意味もないとしたのである（同 2000.9.21）。

2－3　争点の全国化：問題の解決

住民団体の要求に対し，コヤン市が受け入れたのは，新規のラブホテル建築許可を出さないということであった。すなわち，現行法上おこりうる将来の行政行為をとらず，その方向で条例も改正するというものであった。しかし，住民団体が求めたのは，現在存在する環境破壊行為の排除であった。すなわち，建築許可を受けたが未着工のもの，現在工事中のもの，現在営業中のものを含めて，宅地近辺および教育施設周辺から，ラブホテルを一掃することであったのである。これは，すでに市がなした行政行為を否定するだけでなく，既存のラブホテル事業主の経済活動にも，制約を加えようとするもので，市も簡単に，住民団体の意向に沿って動くわけにはいかなかった。なぜならそれは，市自らが法に違反し，事業主の財産権を侵害するものであったからである。ここに来てラブホテルとの戦争は膠着状態に陥った。

そこで住民団体が採った戦略は，運動を全国規模に拡大し，中央政府を動かすことによって，市を自分たちの意思に従わせるというものであった。これによって，住民団体はほぼその目的を達成するのである。

まず，当初の中央政府の態度を見てみよう。イルサン以外にも，首都圏のあちこちでおこっていたラブホテルとの戦争を，中央省庁は，地方自治体の失策として冷たい目で見ていた（同 2000.9.22）。すなわち，建設交通部関係

者は,「都市計画樹立指針として, アパートと向き合う商業地域については, 自治体が緩衝空間確保の是非を計算したあと, ラブホテルを許可するよう明示した」にもかかわらず, 問題が生じているのは,「自治体がこれに背いているだけで, 法には問題がない」と考えていた。教育部もほとんど同じ認識で, 法を適切に使えなかった地方自治体に責任があるとし, ラブホテルとの戦争を傍観していたのであった。

このような姿勢は, ラブホテル問題を全国規模の市民団体がとり上げることで, 大きく変わることになった。経実連等の全国規模の市民団体は当初からラブホテルとの戦争に関心を示していたが, 本格的に関与するようになるのは2000年9月後半になってからである。9月18日に, 緑色連合環境訴訟センターと学校建て直し実践連帯が, 京畿道コヤン市韓国通信会議室で開いた,「ゆれる教育環境, どうやって解決するのか」という主題の討論会で, 都市計画法と学校保健法等, 関連法の改正が最も急がれるとの専門家等の指摘が行われたのに続き(同 2000.9.19), 翌日には, イルサン新都市住民とコヤン青年会, コヤン女性民友会, 全教組コヤン支部会等, 7つの市民団体で構成する「コヤン市ラブホテル乱立阻止共同対策委員会」が,「反ラブホテルホームページ」を開設し, 全国の似た環境に直面する住民との連帯を求めるや, にわかにその動きが活発になってきた(同 2000.9.20)。22日には全国組織網と20万余の会員を持つ韓国YMCA全国連盟が, 生活および教育環境を損ねるラブホテル退治運動を宣言し, 問題となっているソウル, イルサン, ブチョン, ソンナム等新都市地域で, 署名運動等本格活動に入った(同 2000.9.23)。YMCAは政府に対し,「政府と国会は青少年有害施設が, 住居地域と青少年教育, 文化空間に入ってこないよう, 建築法, 都市計画法, 学校保健法等」の改正強化と,「京畿道と該当自治体は, 住居地域および学校近くのラブホテル認許可をすぐに取り消し, 根本的な対策を準備」するよう要求し, 事業主に対しては,「青少年と住民の情緒を破壊する行為に目覚めて, 公益に目を配」るよう主張した(同 2000.9.23)。

この動きは, 直ちに中央省庁を法令修正の方向に動かした。建設交通部は, 最近ラブホテルが, 住宅街近くや学校周辺に乱立して社会的に問題となっていることと関連して, 宿泊・遊興施設の建築を制限する,「特定用途制限地区」制度を導入, 施行する計画だと, 25日明らかにした(同 2000.9.26)。建

設交通部は、地方自治体が制定・改定作業中である都市計画条例に、この制度を反映させる方針で、施行時期は、自治体ごとに多少違いがあるが、早ければ年内であるとした（同 2000.9.26）。加えて建設交通部は、年末までに都市計画法施行令を改正して、商業地域でも住居地域の近くには、住居地から一定の距離をおくか、緩衝緑地等を設置しないと建築許可を与えないことにした。特にブンダン、イルサン等地区単位計画樹立地域は、住居地や学校の近くの商業地域での、これら施設の用途を制限する方向へ指針を直すことにした。現在営業中の宿泊・娯楽施設に対しては、住居地側の窓に遮断施設を設置するようにするなど、行政指導を強化して、行政自治部の協力のもと、ネオンサイン看板等行きすぎた広告を引き続き取り締まる方針を打ち出した（同 2000.9.26）。

教育部も、年末までに「学校環境衛生浄化区域」制度を補完して、学校から直線距離で200メートル以内の地域は、宿泊施設等の新築を抑制する計画を示したのである（同 2000.9.26）。

ただし以上の省庁の反応は、住民が問題としている、既存の施設に関する行動を含むものではなかったため、依然住民運動の沈静化につながるものではなかった。そこで動いたのは政党である。与野党双方が、住民団体に近い立場で、ラブホテル追放への働きかけを始めたのである。

市民団体とも近い関係にある与党民主党は、議員立法発議を通じて有名無実化した学校保健法改正を行い、浄化区域の範囲を、学校から200メートルから300メートルへ拡大すると、26日に方針を発表した（同 2000.9.27）。コヤン市市長を出している野党ハンナラ党では、同日乱開発対策特別委員会委員がイルサン新都市を訪問し、住民との懇談会の席で、今回の定期国会で法的、制度的対策を準備していると伝えた（同 2000.9.27）。また、市長を党から除名せよという住民の要求を受けて、ハンナラ党院外委員会は市長に、「ラブホテルとペンシル・ビルの許可を取り下げろ」と要求した。市長がこれを拒否したため、党総裁の命令で、市長を党紀委員会にかけることになった（同 2000.9.27）。

ハンナラ党の動きに競合するかのように、更に過激な動きを見せたのが民主党であった。民主党議員は、10月から始まる定期国会での国政監査を前に、国政調査権を利用して、教育庁傘下の浄化委員会の、不適切な運営実態を明

らかにしていった（同 2000.9.30）。浄化委員会は，1998年1月から8月の間に，相対浄化区域に申請された885件の宿泊施設の中で，78.8％である697件に対して，建築を許可していたことが明らかになった。特に京畿道では，半数の教育庁が申請を100％許可していたのである。

このように，ラブホテルの建築許可を乱発したのは，浄化委員会の運営に問題があったためであることも明らかになった。すなわち，浄化委員会は，教育庁および市，学校，警察署等関連機関の公務員，保護者，地域社会の代表等，15名以内で構成することとなっているが，代表的なラブホテル乱立地域である，イルサン新都市を管轄するコヤン教育庁の浄化委員会は，最近まで9名の委員中，保護者と住民団体代表を1名もおいていなかったのである。

9月30日に民主党は，コヤン市イルサン新都市のマドゥ洞で，「ラブホテルおよび遊興施設乱立阻止10万名署名土曜集会」を開いた（同 2000.10.1）。この中で，コヤン市地域選出の鄭範九議員は，「快適な教育環境を求めてきたこの地域が遊興地に変化している」と，住民の憂慮を共有することを示した上で，「民主党がこれを防ぐために法を改正する」とし，同じく同地域選出の金徳培議員とともに，宿泊・飲食施設等を制限する必要がある地域を，特定施設制限地区として指定する法案を提出した。また，現在建築中の建物に対して，建築許可取り消し等の強力な措置を要求し，すでに営業中のところにも，住居環境を害するならば，地方自治体が買い上げて用途を変更する方法も提示する方針だと述べた（同 2000.10.1）。コヤン市地域選出の国会議員4議席はすべて民主党が持っているが，彼らは，「特に選挙のときに発言権が大きい，主婦の関心事であるという点に注目して」いたのである。

同日開かれた政府与党連絡会議は，こうした民主党議員の主張を全面的に反映したものとなった（同 2000.10.1）。ここで政府は，都市計画法，建築法，学校保健法の改正等を行い，事態の抜本解決に挑むことになったのである。

翌日2日に，政府と民主党は，新都市周辺に乱立している，ラブホテルと遊興施設に対する方針を立てた（同 2000.10.3）。すなわち，都市計画法，建築法等関係法を改正し，これら施設の新築を大幅に制限すること，これら施設の不法，変態営業に対する取締りを強化し，法規制に違反する場合，徹底した行政・司法措置で対応することで，有害施設の自然減少と退去を誘導することとした。ゾーニングに関連して，都市計画法改正時，住居地域から一

定距離離れるか，緑地，空き地等緩衝地帯が確保できる場合に限ってのみ，宿泊・享楽施設の新築と営業許可をできるようにすること，学校周辺浄化区域の範囲を拡大し，浄化委員会の退廃施設審議・規制機能を強化する方向で，学校保健法を改正することとした。

　この方針を受けて，教育部は，浄化委員会に保護者委員を半分以上参加させるなど，委員会の審議を強化する方法で学校周辺有害施設新設を抑制することにした。教育部は10月6日，全国市，教育庁学校保健関係官会議を通じて，これからは審議過程公開，委員の現地訪問等を通じて，委員会の審議機能を大幅に強化することを指示した（同 2000.10.7）。

　ついで，10月8日に，青少年保護委員会は，遊興施設を特定地域に集中させ，未成年者の出入りを遮断する，「青少年有害施設集中化案」を推進中だと明らかにした（同 2000.10.9）。すなわち，このブロック以外の地域には，成人施設の新規許可を認めず，既存の施設は一定期間の後，成人施設ブロック内への移転か，業種転換を誘導する構想である。このブロックには，青少年通行が禁止ないし制限されるとした。

　こうした中央の動きを受けて，コヤン市は，既存のラブホテルに対する方策を提案し始めた。まずコヤン市長は，8日コヤン市長室で，地区選出の民主党国会議員およびイルサン警察署長，コヤン教育長，イルサン区庁長，審議会議長等が参加する中で，「ラブホテル合同対策会議」を持って，現在営業中のデファ洞（13），ペクソク洞（4）等のラブホテル20と新築工事中であるデファ，マドゥ洞の2つのホテルを，図書館，住民福祉施設等に用途を変更する案を，積極的に推進すると表明した（同 2000.10.9）。

　翌日市は，市長の方針を受けてラブホテルに関する対策案を提示した（中央日報 2000.10.10）。すなわち，市はまず新築許可された宿泊施設のうち，未着工のものは中心商業地域への移転を勧誘し，事業主側が従わない場合，行政権を発動して，許可取り消しをする。また，建築中であるところに対しては業種転換を誘導し，営業中のところは，敷地を売却した土地公社と政府が購入し，学校，住宅地から離れた商業地域に移転させるとした（同 2000.10.10）。

　そのための法的根拠について，市長は「適法な手続きを経て許可が出ている宿泊施設の許可を取り消す法的根拠は現在はない」が，「行政機関の指導を受け入れないことに対する行政権発動次元」で，「行政訴訟等で敗訴する場合

があっても，許可取り消しを断行する」とした。

　ただし，ラブホテルの購入方法については，市は積極的な役割を果たさないとした。イルサン新都市で，営業中か新築中の30余箇所のラブホテルを購入するだけで，最小千億ウォンが必要となる展望だが，市の財政事情では，2，3のホテルを買い受けられる程度の財政余力しかない上，そもそも政府と土地公社側の都市計画に問題があったので，購入責任は市にはないとした。

　続いてコヤン市長は12日，住民および市民団体代表と懇談会を持ち，ペクソク洞に新築中の，大型ナイトクラブの営業許可を出さないとした（同 2000.10.13）。市長は，「まず事業主に対して，教育と住居環境に支障がない業種へ変更するよう勧誘する計画」である。また，市長は未着工のラブホテル許可取り消し，新築中の施設用途変更推進，営業中の施設用途変更または移転推進等の案を発表した。コヤン市は12日，未着工のラブホテル事業主5名と懇談会を持って，用途変更および移転に応じない場合，建築許可を取り消すという立場を公式に通報した（同 2000.10.13）。

　もう１つの当事者のコヤン教育庁は，12日浄化委員会審議会議事録および学校長意見書，審議委員名簿等行政情報一切を住民に公開した（同 2000.10.14）。住民はこの情報に基づき，責任者に対する退陣運動および損害賠償請求訴訟の提起を検討するとした。

　住民団体が要求していた，営業中および工事中，未着工のラブホテルについても，ついに市は対応する姿勢を見せたのである。しかし，住民が求める措置にはまだまだ及ばないものであったため，住民団体は反発した。コヤン市住民800余名は15日，「コヤン市ラブホテルおよび遊興施設乱立阻止共同対策委員会」主催で，ラブホテルの許可取り消しおよび閉鎖を要求して街頭デモを行った（同 2000.10.16）。運動側は，「コヤン市が提示したラブホテル移転用途は根本対策とならない」と，市の対応を批判し，「建築中のラブホテルをすぐに許可取り消し，営業中のラブホテルは閉鎖し購入しろ」と主張した。共同対策委員会はまた，市長退任および市長リコール制導入のための10万名署名運動も続けてすることにした。

　コヤン市を最終的に住民の前に屈服させたのは，国会と全国化した市民運動であった。イルサンでの激しいデモを受けて，国会は10月19日に，国会行政自治委員会の国政監査の席にコヤン市長を呼びつけ，イルサンで大騒動に

発展しているラブホテル問題を詰問した（同 2000.10.20）。これを受ける形で，同日コヤン市議会は議員集会をもって，市に宿泊・遊興施設規制案の準備を要求することとした。市議会は11月初めの臨時議会で関連決議文を採択，政府と教育部，京畿道，コヤン市等に伝達することとした（同 2000.10.20）。市議会は決議文に，未着工宿泊・遊興施設の建築許可の即時取り消し，新築または営業中の施設の自主廃業および用途変更誘導，宿泊・遊興施設の許可時における，市の建築審議委員会と教育庁浄化委員会の審議強化等を要求事項とした。これは，事実上市議会がラブホテルとの戦争に参加することを意味した。10月26日には，14の市民団体が「ラブホテル乱立反対全国共同対策委員会」発足式を開いて，全国的次元の共同対応に出ることとなった（同 2000.10.27）。

地域対策委員会と，韓国YMCA連盟等14の市民団体は，26日委員会を組織，政府に対策準備を要求した（同 2000.10.27）。京畿道コヤン，ソンナム，ブチョン市と，インチョン，テジョン，テグ等全国から集まった百余名の関係者は，「教育環境と住居環境を破壊するラブホテルを追放しなければならない」と主張した。委員会はそのために，ラブホテル認許可と関連した学校保健法，都市計画法等の改正案を準備し，政府に対して改正を要求した。改正法律案は，学校絶対浄化区域を現行50メートルから200メートルに，相対浄化区域を200メートルから300メートルに拡大する内容で，都市計画法に住居，商業地域細分化を規定し，住居地域と隣接した商業地域に，緩衝地域を設定するようにし，建築法で建築委員会の建物適正性審議権限を付与し，地方自治法に首長に対する住民統制装置を準備するよう要求した。

四面楚歌に陥ったコヤン市は，10月31日，「ラブホテルおよび遊興施設乱立阻止共同対策委員会」との間で，学校環境衛生浄化区域内に新築中の宿泊施設に対して，工事中止命令を出すことにするなど，4項目で暫定合意した（同 2000.11.1）。すなわち，共同対策委員会が，学校環境衛生浄化区域内に新築中の宿泊施設4つと，ナイトクラブ1つに対して，建築許可取り消しと，工事中止のための行政審判を提起すれば，コヤン市はこれを根拠に，工事中止命令を出すということである。両者はまた，浄化地区以外に新築中の宿泊施設17に対しても，年末まで竣工検査をしないとした。

市と共同対策委員会は，このために各界の専門家が参加する「ラブホテル

共同対策委員会（仮称）」を構成し，営業中の宿泊施設と遊興施設の処理案に対しても，具体的な解決策を準備することとした。共同対策委員会はこれにより，近いうちに関連書類を準備，行政審判を出すこととした。

　コヤン市関係者は，「今年の国政監査で浄化委員会の審議過程に問題があったことがわかった以上，これを根拠に許可取り消しおよび工事中止命令が可能になると見て，ラブホテル問題解決の糸口が準備できたと判断した」。これ以降，コヤン市は，11月9日の未着エラブホテル5箇所の建築許可取り消しを皮切りに，住民団体の方針に沿った形で，ラブホテルの追放を進めていくこととなったのである（同 2000.11.2）。

3　説明

　首都近郊の田園都市として開発された，コヤン市のイルサン新都市は，金泳三，金大中と続いた規制緩和路線の中で，ラブホテルなどの遊興施設の進出によって，住環境と教育環境の破壊に直面することになった。これ以上の破壊を防止し，快適な環境を回復するべく住民運動が展開され，最終的には住民団体の意思が通って，住宅街周辺と教育施設近辺からラブホテルが，営業中のものも含めて追放されることになったのである。住民団体が地方自治体を動かしたという点で，この事例は，近年よく観察されている韓国におけるNGOの成長の1つとして考えることができるであろう。

　しかし，この事例は，住民団体の勝利ということにとどまらない，より興味深い知見を与えてくれるものである。それは，韓国の中央－地方関係についてである。

　イルサン新都市でおこった住民運動は，準農林地区における局面と，学校相対浄化地区での将来の局面については，住民団体の行動のみで自らの選好を市に押しつけることができた。それは，市にとっては，まだ生じていない将来の行政行為に関してであって，条例の修正ですむ話であったからである。しかし，住民団体が更に要求した，ラブホテルに対する建築許可の取り消しや，工事中および営業中のラブホテルに対する業種転換，市による強制購入については，住民団体だけで市が動かされることはなかった。こうした行為は，行政裁判および通常の裁判の対象となりえ，事業主から裁判を起こされた場合に，市が勝てる見通しがなかったからである。住民団体単独での行動

には限界があったのである。

　この限界をうち破ったのが，ラブホテルとの戦争の全国化であった。全国化は大きく2つのルートで起こっている。1つは，全国規模の市民団体が行動を起こし，それに中央省庁が対応した結果，地方自治体も対応するというものである。もう1つは，政党が動くことで，地方自治体が対応するというものである（前者を行政ルート，後者を政治ルートと呼ぶ）。

　問題は，なぜ中央政府が動かされると，地方政府が動くのかである。中央政府が法律を改正するか，行政指導を行うことによって地方政府を動かすのであれば，理解がしやすいが，この事例ではそのようなことがなされていない。ラブホテルの進出を制限する法律改正が行われるのは，コヤン市が最終的な方針転換をした後であった。行政指導を行うにしても，都市計画に関する権限は，多くが地方自治体に移転していたことと，もし行政指導が可能だとしても，その内容がその時点では違法で，私権を侵害する可能性が高いことを考えると，中央省庁が敢えてするとは思えないので，行政ルートでは市の政策を動かすとは考えにくいのである。

　したがって，決定的に重要であったのは政治ルートであったと考えられる。政治ルートが地方自治体を動かしたのは，国会を通じてと政党を通じてであった。韓国では，憲法によって，全ての行政権は最終的に大統領に属し（憲法66条），主務長官は管轄分野に関して指揮監督権を有し，それは地方自治体にも及ぶことになっている（政府組織法26条）。国会はこうした長官で構成される内閣に対する行政監査権を有しているため，地方自治体の行政機関をも行政監査することができる。本章事例では，国会の行政監査権が発動され，地方自治体の首長を呼び出して，ラブホテルとの戦争についての喚問が行われた。これが，市庁を揺るがし，住民団体寄りにスタンスを変えることにつながったのである。

　政党を通じた揺さぶりは更に重要であった。韓国では政党は地域政党的な色彩が強いが，首都圏は無党派層が多く，地域的な色分けはなされていなかった。イルサン新都市を抱えるコヤン市も，市長は野党ハンナラ党だが地元選出国会議員は与党民主党所属であった。コヤン市の政策は選挙に直結していたため，中央党本部もコヤン市の動向には敏感であった。政党は与野党ともに市の政策に介入し，主婦層を基盤とする，反ラブホテル住民団体の意向

を汲むように働きかけたのである。このため，当初宿泊施設建設に積極的であった市議会も，ラブホテル追放でまとまり，市庁に圧力をかけるまでになった。

以上に見られるように，韓国には，集権的で選挙民の動きに敏感な政党構造と，分権化を根本的に阻止している憲法構造が存在する。その枠組みが生み出す機会をうまく利用し，争点の全国化によって政治的動員を図ったことが，住民運動の最終的な成功につながったと考えられるのである。

4　結論：不十分さの勝利

これは，住民団体にとって皮肉な結果である。彼らは政治的機会をうまく利用して，ラブホテルとの戦争での勝利を勝ち取ったが，それは彼らが決して好ましいとは思っていない，中央集権的な政治構造があったればこそのことであった。

1987年の民主化以降，韓国は漸進的に地方分権化改革を進めてきた。1992年には地方議会が発足し，1994年には民選の地方首長が制度化され，機関対立主義に基づく地方自治が展開できるようになった。その後も，地方自治体に勤める国家公務員の数を徐々に減らすなど，改革は少しずつ進められている。分権化改革はまだ韓国において道半ばである。

しかし，この不十分さが，今まで活発とはいえなかった地方の市民団体に広大な政治的機会を与えているように考えられる。自治体の政治行政を実際に動かす，地方政府の首長も議員も民選であるため，市民団体は分権化以前の集権的な政治行政システムに比べれば，低いコストでその選好を押しつけることが可能である。もはや最初から全国的な運動を組織する必要はないので，運動組織を形成するための初期投資はかなり低くなっているのである。

加えて，仮に地方自治体レベルでの運動が十分成果を出せないにしても，全国規模の市民団体を動かすことに成功すれば，アジェンダを中央にのせることができる。そうなれば中央省庁と中央の政治家が動員され，目的達成の方向で地方行政への介入がなされていく可能性が開けるのである。

韓国の市民運動は，これまで「市民なき市民運動」と呼ばれてきた。ソウルに中心をおき，エリート主義的で，活動の派手さの割にはメンバーが少ない団体が韓国を代表してきたのである。(4) しかし，現在韓国で進行している程

度のほどほどの地方分権は，地域に根ざし，メンバーシップのはっきりした団体の活動を促進する可能性がある。本章で検討したラブホテルとの戦争は，その可能性を物語るものである。

  （１）　日本の旧総務庁に相当。1998年の省庁再編で内務部と合併し行政自治部となっている。行政自治部は現在の日本の総務省にほぼ相当する。
  （２）　日本の国土交通省に相当。
  （３）　教育庁は日本の教育委員会に相当する。
  （４）　韓国によく見られる，このような市民団体は，パットナムが「第３次社会集団」と呼ぶものにほぼ相当する。パットナムは，メンバーシップ型の社会集団が衰退し，人間関係資本が少なく，かつ情報化の進展した社会では，集団内部にメンバーをあまり抱え込まず，効率的に資金を集め，効率的にマスメディアや政策決定者にアクセスし，目的実現を目指す集団が増加するという（Putman 2000）。もしそうであれば，これまでの韓国の市民運動は，市民社会の豊かさ故にもたらされたものではなく，貧しさ故にもたらされたものといわねばならないであろう。しかし，本章の検討は，韓国でエリート主義的な市民団体が発達したのは中央集権的な政治制度故のものであることを強く示唆する。したがって，地方分権化という政治制度の変化は，団体分布を今後，大きく変える可能性がある。

第IV部

総合的な分析と結論

第17章

市民社会の団体配置構造：
数量化Ⅲ類による日韓比較

辻中豊・崔宰栄

　数量化Ⅲ類を用いて，主要な変数，団体分類，設立年などの多次元的な関係を統計的に分析し，団体の系統樹を作成する。現代韓国の市民社会は，ほぼ日本での分析と同様に，政治への関与の積極・消極という度合い，行政・政党志向，ローカル（国内モノ）志向・地球化情報志向という3つの次元で分かれる。この共通性自体が驚きである。

　現在の韓国市民社会の構図は，日本のような既存政治体制派と，新しい団体が市民社会自立派として分岐し政党に対して懐疑的な構図であり生産者団体は政治に積極的で国内モノ志向といった明快な構図とは異なる。権威主義の前・後に設立された新旧のアドボカシー団体や労農団体は積極的であり，法人格なしも含め政党志向である。政党はこれまでの分析で見たようにしっかりした市民社会集団的基礎がないが，その分新しい団体，革新系団体に期待を持たれているのである。

はじめに

　本章では，特定の従属変数を予め想定せず，韓国の市民社会組織・利益団体の全構造を，日本との比較をもとに，鳥瞰図を作成してみたい。日本の図表は，大部になることと，すでに第1巻で詳細に記載したこともあり，韓国の図表のみ掲載し，比較と分析の結果を記述する。

　データは日本での分析（第1巻14章）と同様，団体の分類，団体目的，関心分野，法人格分類，活動範囲，国との関係，新韓国党（金泳三）との関係，国民会議（金大中）との関係，自民連（金鐘泌）との関係，国の予算編成関与，働きかけ（ロビイング）の有効対象，働きかけ（ロビイング）の方法，情報収集源，設立年，インターネット発信有無など，団体の属性，活動の方向，他アクター関係，行動様式を示す15分野を選んだが，特に本書での分析では，韓国での各団体分類の相対的位置，および団体法人格の種類，設立年の位置に注目するだけでなく，日本のそれらとの比較を通じて，市民社会の多様な種類の団体が，いかなる基準からみて異なる回答パターンを持つか，その日本との異同が明らかになる。それは，こうした団体がもつ行動の志向性，関係の違いを基に，団体を分類し類型化することを可能にし，韓国の市民社会と政策過程の構造を，日本との対比をもとに推論させることを可能にするであろう。

1　方法

　数量化Ⅲ類は，数多い情報（変数）をもつ定性的な事象から，ある似たパターンのものを集め分類するとともに，その事象の数量化，または視覚化を可能にする統計手法である。これは，定量的な事象に対し，一般的に使われているパターン分類の因子分析とも同じ機能を果たす手法である。因子分析の場合，各定量変数の相関パターンが同じくなるような潜在因子を抽出し，そのパターンを分類するが，数量化Ⅲ類は，定性変数の各カテゴリーとケースとの反応パターンに基づき，似た反応パターン同士を分類するものである。[1]

　数量化Ⅲ類のパターン分類の基本的な考え方は，「ケース×カテゴリー」のデータ行列（反応：1，非反応：0）に対し，「行」と「列」を並べ替えることによって，反応「1」がデータ行列の対角線に極力集まるようにすれば，

その隣り合うケースやカテゴリーは，その性質が似かよったものである，とみなすことである。

数量化Ⅲ類では，同時に反応することの多いカテゴリー（変数）に類似の値を与え（つまり数量化し），一方で同時に反応することの少ないカテゴリーには離れた値を与え，それをカテゴリー・スコアと呼び，同様にサンプル（ケース）に付与された値をサンプル・スコアと呼び，それらの相関が最大になるように両方のスコアを決定する。出力の解釈としては，各軸で大きなスコアのカテゴリーと小さなスコアのカテゴリーとを比較し，それが反対の意味を持つように軸の意味を付与するのが一般的である。

数量化Ⅲ類を用いた分析例は第1巻でも引いたのでそれを参照されたい。[2]

2 データ

用いた設問は，韓国と日本の市民社会の『団体基礎構造調査』JIGS（1997年）データの内，K-JIGSとJ-JIGSのそれぞれQ1Q1団体分類（被対象団体の自己分類），Q2Q2(団体の活動目的)，Q3Q3(団体の関心政策)，Q4Q4(団体の法人格有無と分類)，Q6Q6(団体の地理的活動範囲)，Q8Q8(国の行政との関係)，Q13Q13（新韓国党・自民党との支持関係），Q14Q14（新韓国党・自民党との接触関係），Q13Q13（国民会議・新進党との支持関係），Q14Q14（国民会議・新進党との接触関係），Q13Q13（自民連・民主党との支持関係），Q14Q14（自民連・民主党との接触関係），Q19Q16（国の予算編成への働きかけ），Q22Q19（働きかけの有効な対象），Q24Q21（働きかけ－ロビイングの種類と程度），Q25Q22（情報の収集源：第1位），Q33Q30（設立年），Q39-3Q36-3(インターネット情報発信)の15種類である。

変数のまとめ方としては，日本分析と同様いくつかについては設問の下位設問が多いのでそれを主成分分析し総合したものを用いた（K，JともにQ2，Q3）。また変数値も有無の2カテゴリーもしくは高中低の3カテゴリーに集約したものが多い。欠損値の幾つかについては表17－1の注にあるように意味を考慮して再コード化した（日本については辻中編 2002：306参照）。

3 数量化Ⅲ類による分析結果

Ⅰ軸，Ⅱ軸，Ⅲ軸をSPSS版数量化プログラムによって計算した。分析の

結果，日本と韓国では極めて相似形の3つの軸が発見された。以下に述べるように日韓両国の違いも，両国の特性を理解する上で大きな意味があるが，まずこの両国の相似性に注目したい。日韓以外の米独中との比較は本シリーズの別巻でなされる予定であり，ここで詳しく述べることはできないが，日韓とは大幅に異なっているからである。以下に述べる3つの軸は，日韓では同じ命名が可能な軸となっているが，他の国ではかなり注釈が必要となる。

3－1　第Ⅰ軸：政治的関与の軸

　第Ⅰ軸は固有値が日韓ともに0.17[3]であり，そう高くはないが，多くの変数において正負への散らばりが適度に見られ，変数全体の配置を鳥瞰できる。日韓ともに政党への接触や支持の高さ，与党や行政だけでなく，連合形成，専門情報提供やマスメディア対応まで含め政治的な働きかけ，いわゆる働きかけ（ロビイング）に積極的であることと，それらへの消極性で軸が特徴づけられるので「政治的関与の軸」と呼ぶことができる。

　この第Ⅰ軸　政治的関与の点からみた積極性・消極性について，日韓を対比してみよう。ここでは，属性変数群，関係変数群の順に観察する。

　属性群変数においては日韓ともに団体分類の違いが印象的である（図17－1）（日本の図表は紙面の都合により省略する。辻中編2002：第4章参照）。

　団体分類では，日本において，政治団体，農業団体が群を抜き，ずっと遅れて経済，労働，行政団体が積極性を示す。韓国では，労働，農業，政治，市民が群を抜く。日本における政治，農業，経済，行政団体が積極的なのは，与党ネットワーク（本書第8章）との関係が考えられる。これに対して，韓国における労働，市民の強さ，経済の弱さが印象的である。共通性として福祉，教育団体の消極性が指摘できる。

　団体目的において，日本では政治的アドボカシー，経済利益が積極性，韓国では内部的・経済利益が積極性を示す。韓国では，日本のような「行政利益」「政治的アドボカシー」の政党政治化が未成熟であり，行政利益は積極性どころか政党・働きかけ（ロビイング）には強い消極性すら示す。上に見た労働，農業，市民も，自己規定は，自衛的な組織の政治化である。

　関心政策では,日本では環境,経済,公共開発政策志向が同じ程度積極的,教育が消極的である。韓国では,経済政策のみが積極的,教育が消極的である。韓

表17−1　各変数のカテゴリー（韓国）

変数	カテゴリー	変数		カテゴリー
団体分類 (Q0100)	1. 農業団体 2. 経済団体 3. 労働団体 4. 教育団体 5. 行政団体 6. 福祉団体 7. 専門家団体 8. 政治団体 9. 市民団体 10. 宗教団体 11. その他	新韓国党との関係	新韓国党の支持 (Q1311)	1. しない 2. する
			新韓国と接触程度 (Q1411)	1. しない 2. する
		国民会議との関係	国民会議の支持 (Q1312)	1. しない 2. する
			国民会議と接触程度 (Q1412)	1. しない 2. する
		自民連との関係	自民連の支持 (Q1313)	1. しない 2. する
			自民連と接触程度 (Q1413)	1. しない 2. する
関心分野[1] (Q2)	1. 経済政策 2. 科学政策 3. 安保政策 4. 地域政策 5. 公共開発政策 6. 環境（国際）政策 7 教育政策	国の予算編成に働きかけ (Q1901)		1. しない 2. する
		働きかけ有効対象	政党(Q2211)	1. 非有効 2. 有効
			行政(Q2212)	1. 非有効 2. 有効
団体目的[2] (Q3)	1. 内部的な経済利益の組織 2. 政治的アドボカシー組織 3. 経済利益の組織 4. 対外サービス組織		裁判所(Q2213)	1. 非有効 2. 有効
		働きかけの有無	与党と接触 (Q2401)	1. しない 2. する
法人格分類 (Q4)	1. 財団法人 2. 社団法人 3. その他法人 4. 法人格がない		政府省庁と接触 (Q2403)	1. しない 2. する
			専門情報の提供 (Q2406)	1. しない 2. する
活動範囲 (Q0601)	1. 市郡里レベルの活動 2. 広域市・道レベルの活動 3. 広域圏レベルの活動 4. 全国レベルの活動 5. 世界レベルの活動		マスコミに情報提供 (Q2411)	1. しない 2. する
			他団体と連合形成 (Q2414)	1. しない 2. する
国との関係	国の許認可 (Q0801)	1. 受けない 2. 受ける	第1の情報収集先(Q2501)		1. 行政 2. 政党 3. 専門家 4. 協力団体 5. その他
	国の法的規制 (Q0802)	1. 受けない 2. 受ける			
	国の行政指導 (Q0803)	1. 受けない 2. 受ける	設立年(Q3300)		1. 44年以前 2. 45年～54年 3. 55年～74年 4. 75年以後
	国に協力 (Q0804)	1. しない 2. する			
	国と意見交換 (Q0805)	1. しない 2. する	インターネット情報発信 (Q3903)		1. 非発信 2. 発信
	国の審議会等に委員の派遣(Q0806)	1. しない 2. する			
	行政退職者のポスト提供(Q0807)	1. しない 2. する			

注）1. 関心分野：「Q2. あなたの団体が関心のある政策……」の質問項目である「1. 財政政策～22. その他」を主成分分析により，集約したものである。
　　2. 団体目的：「Q3. あなたの団体の主な目的，活動は……」の質問項目である「1. 会員・組合員への情報提供～12. その他」を主成分分析により，集約したものである。
　　3. 欠損値がある変数についてはその質問に対し，否定的と見直し，Q0100と，Q2501は「その他」，Q4は「法人格がない」，Q0801～Q0807は「受けない」または「しない」，Q1311～Q1313，Q1411～Q1413，Q2401～Q2414は「まったくない」，「あまりない」と共に「しない」，Q1901は「しない」，Q2211～Q2213は「非有効」，Q3903は「非発信」で，再コードしたものである。

図17-1　第Ⅰ軸：政治的関与の軸（韓国）

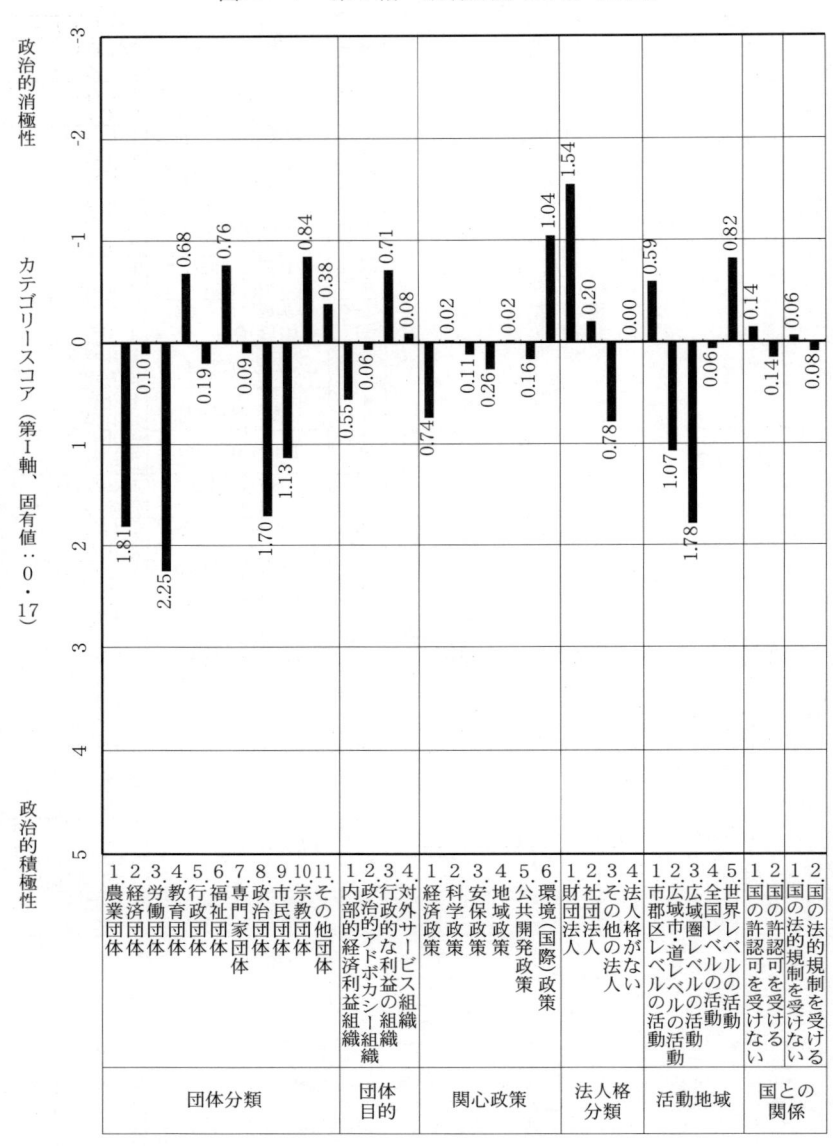

第17章　市民社会の団体配置構造：数量化Ⅲ類による日韓比較　421

カテゴリ	値（上）	値（下）
国との関係		
1.国の行政指導を受ける		0.03
2.国の行政指導を受けない	0.02	
1.国に協力		
2.国に非協力	0.24	
1.国と意見交換する	0.70	
2.国と意見交換しない		1.34
1.国の審議会等に委員の派遣	0.47	
2.国の審議会等の委員の非派遣		1.49
1.行政退職者のポスト提供	0.02	
2.行政退職者のポスト非提供		0.28
新韓国党の関係		
1.新韓国党の支持する	0.85	
2.新韓国党の支持しない		2.70
1.新韓国党と接触する	0.90	
2.新韓国党と接触しない		3.56
国民会議の関係		
1.国民会議の支持する	0.77	
2.国民会議の支持しない		2.55
1.国民会議と接触する	0.78	
2.国民会議と接触しない		3.93
自民連の関係		
1.自民連の支持する	0.51	
2.自民連の支持しない		3.38
1.自民連と接触する	0.64	
2.自民連と接触しない		4.13
国予算編成に		
1.働きかけ	0.41	
2.非働きかけ		4.03
働きかけの有効対象		
1.政党働きかけ有効	0.17	
2.政党働きかけ非有効		1.14
1.行政働きかけ有効	0.38	
2.行政働きかけ非有効		0.21
1.裁判所働きかけ有効	0.22	
2.裁判所働きかけ非有効		0.01
働きかけの程度		
1.与党と接続する	0.92	
2.与党と接続しない		3.05
1.政府省庁と接続する	1.35	
2.政府省庁と接続しない		1.57
1.専門情報の提供する	0.78	
2.専門情報の提供しない		1.78
1.マスコミに情報提供する	0.63	
2.マスコミに情報提供しない		2.04
1.他団体と連合形成する	0.65	
2.他団体と連合形成しない		2.16

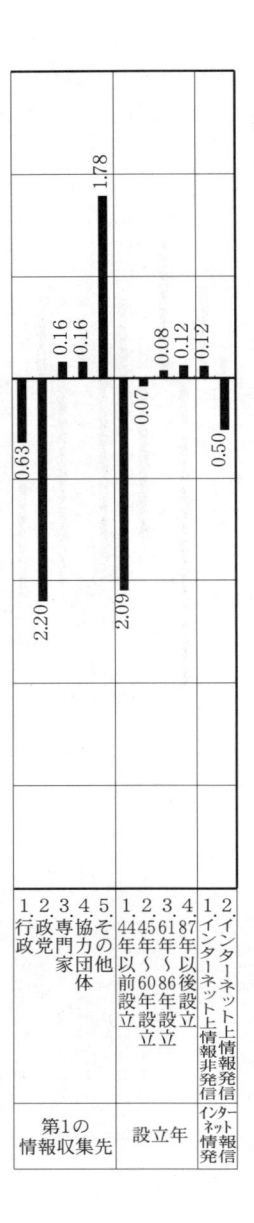

図17-2 第Ⅱ軸：政党志向か行政志向

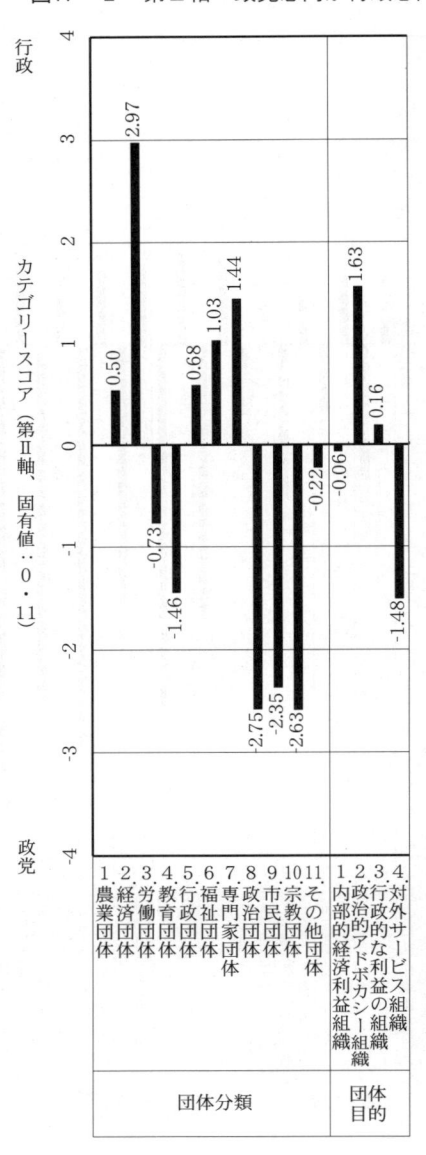

第17章　市民社会の団体配置構造：数量化Ⅲ類による日韓比較　423

かの軸（韓国）

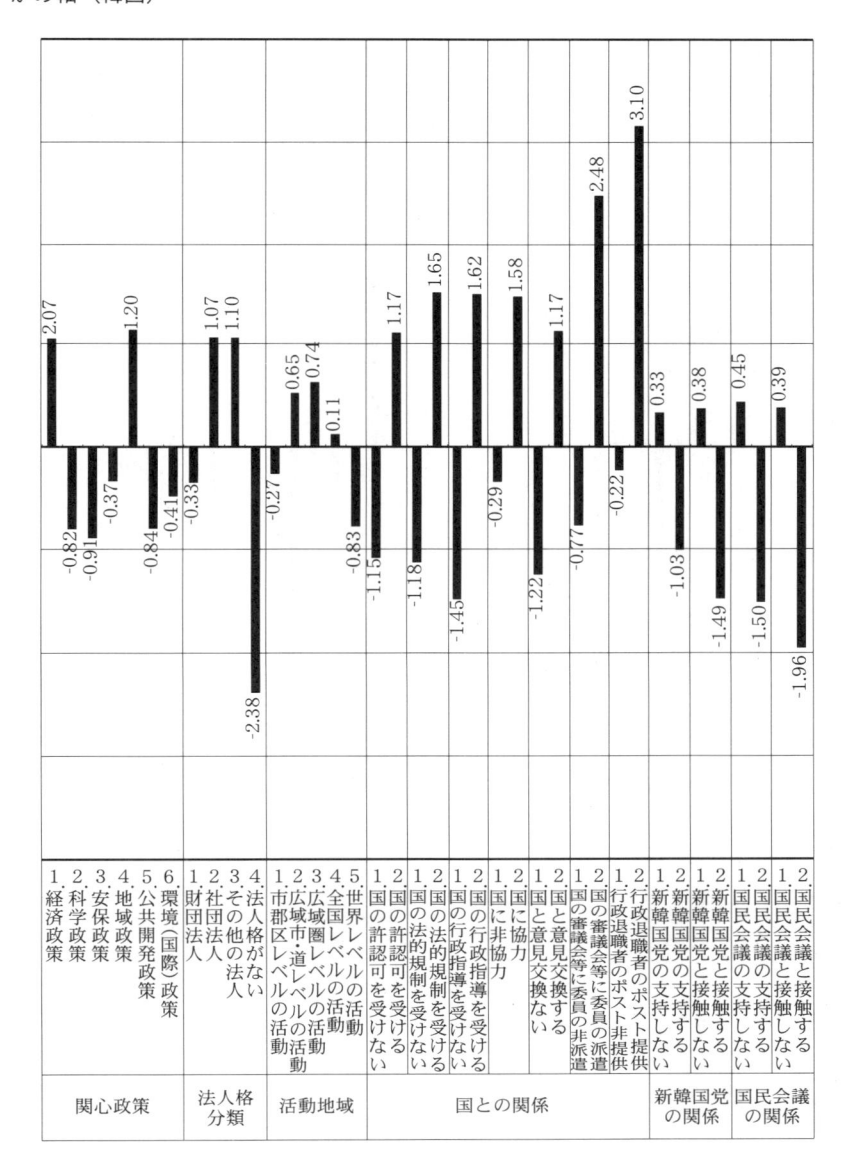

カテゴリ	値
関心政策	
1. 経済政策	2.07
2. 科学政策	-0.82
3. 安保政策	-0.91
4. 地域政策	-0.37
5. 公共開発政策	1.20
6. 環境（国際）政策	-0.84
法人格分類	
1. 財団法人	-0.41
2. 社団法人	-0.33
3. その他の法人	1.07
4. 法人格がない	1.10
活動地域	
1. 市郡区レベルの活動	-2.38
2. 広域市レベルの活動	-0.27
3. 広域道レベルの活動	0.65
4. 全国レベルの活動	0.74
5. 世界レベルの活動	0.11
国との関係	
1. 国の許認可を受ける	-0.83
2. 国の許認可を受けない	1.17
1. 国の法的規制を受ける	-1.15
2. 国の法的規制を受けない	1.65
1. 国の行政指導を受ける	-1.18
2. 国の行政指導を受けない	1.62
1. 国に協力する	1.58
2. 国に協力しない	-1.45
1. 国と意見交換する	1.17
2. 国と意見交換しない	-0.29
1. 国の審議会等に委員の派遣	2.48
2. 国の審議会等に委員の非派遣	-1.22
1. 行政退職者のポスト提供	3.10
2. 行政退職者のポスト非提供	-0.77
新韓国党の関係	
1. 新韓国党と接触する	-0.22
2. 新韓国党と接触しない	0.33
1. 新韓国党の支持する	0.38
2. 新韓国党の支持しない	-1.03
国民会議の関係	
1. 国民会議と接触する	0.45
2. 国民会議と接触しない	-1.49
1. 国民会議の支持する	0.39
2. 国民会議の支持しない	-1.50
	-1.96

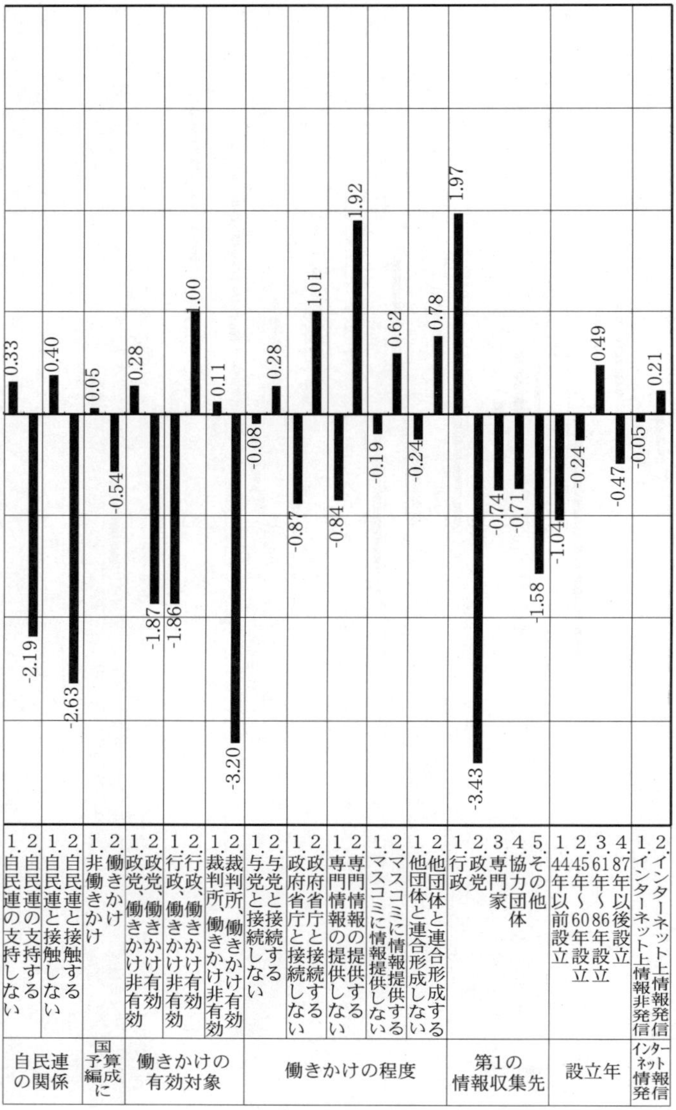
0.33
-2.19
0.40
-2.63
0.05
-0.54
0.28
-1.87
-1.86
1.00
0.11
-3.20
-0.08
0.28
-0.87
1.01
-0.84
1.92
-0.19
0.62
-0.24
0.78
1.97
-3.43
-0.74
-0.71
-1.58
-1.04
-0.24
0.49
-0.47
-0.05
0.21
1.自民連の支持しない
2.自民連の支持する
1.自民連と接触しない
2.自民連と接触する
1.非働きかけ
2.働きかけ
1.政党、働きかけ非有効
2.政党、働きかけ有効
1.行政、働きかけ非有効
2.行政、働きかけ有効
1.裁判所、働きかけ非有効
2.裁判所、働きかけ有効
1.与党と接続しない
2.与党と接続する
1.政府省庁と接続しない
2.政府省庁と接続する
1.専門情報の提供しない
2.専門情報の提供する
1.マスコミに情報提供しない
2.マスコミに情報提供する
1.他団体と連合形成しない
2.他団体と連合形成する
1.行政
2.政党
3.専門家
4.協力団体
5.その他
1.44年以前設立
2.45年～60年設立
3.61年～86年設立
4.87年以後設立
1.インターネット上情報非発信
2.インターネット上情報発信
自民連の関係
国予算編成に
働きかけの有効対象
働きかけの程度
第1の情報収集先
設立年
インターネット情報発信

第17章　市民社会の団体配置構造：数量化Ⅲ類による日韓比較　425

図17-3　第Ⅲ軸：地球化・情報志向とローカル志向の軸（韓国）

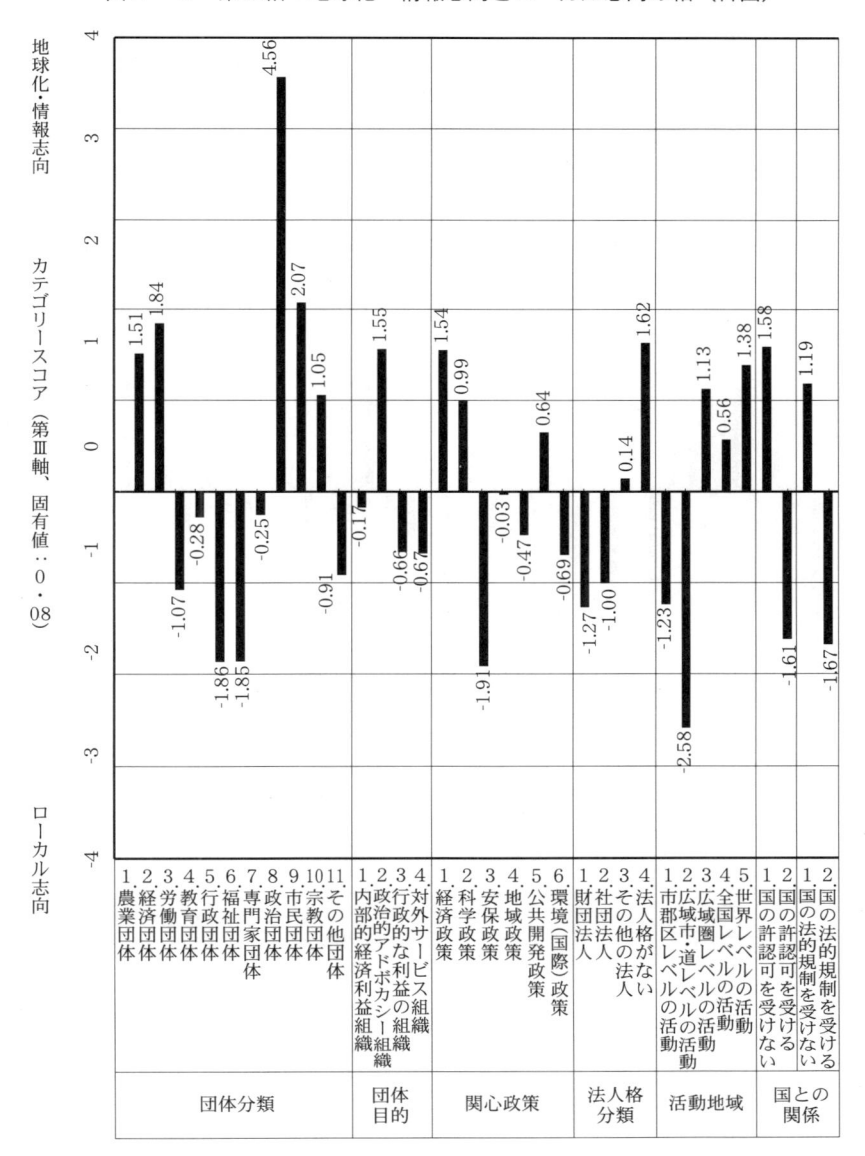

団体分類												団体目的				関心政策						法人格分類				活動地域					国との関係			
1.農業団体	2.経済団体	3.労働団体	4.教育団体	5.行政団体	6.福祉団体	7.専門家団体	8.政治団体	9.市民団体	10.宗教団体	11.その他団体		1.内部的経済利益組織	2.政治的アドボカシー組織	3.対外的な利益の組織	4.行政サービスの組織		1.経済政策	2.科学政策	3.安保政策	4.地域政策	5.公共開発政策	6.環境（国際）政策		1.財団法人	2.社団法人	3.その他の法人	4.法人格がない法人		1.市郡区レベルの活動	2.広域市・道レベルの活動	3.広域圏レベルの活動	4.全国レベルの活動	5.世界レベルの活動		1.国の法的規制を受ける	2.国の法的規制を受けない		1.国の許認可を受ける	2.国の許認可を受けない
1.51	1.84	-1.07	-0.28	-1.86	-1.85	-0.25	4.56	2.07	1.05	-0.91		-0.17	1.55	-0.66	-0.67		1.54	0.99	-0.03	-0.47	0.64	-0.69		-1.27	-1.00	0.14	1.62		-2.58	-1.23	0.56	1.13	1.38		1.58	-1.61		1.19	-1.67

縦軸：カテゴリースコア（第Ⅲ軸、固有値：0・08）　地球化・情報志向／ローカル志向

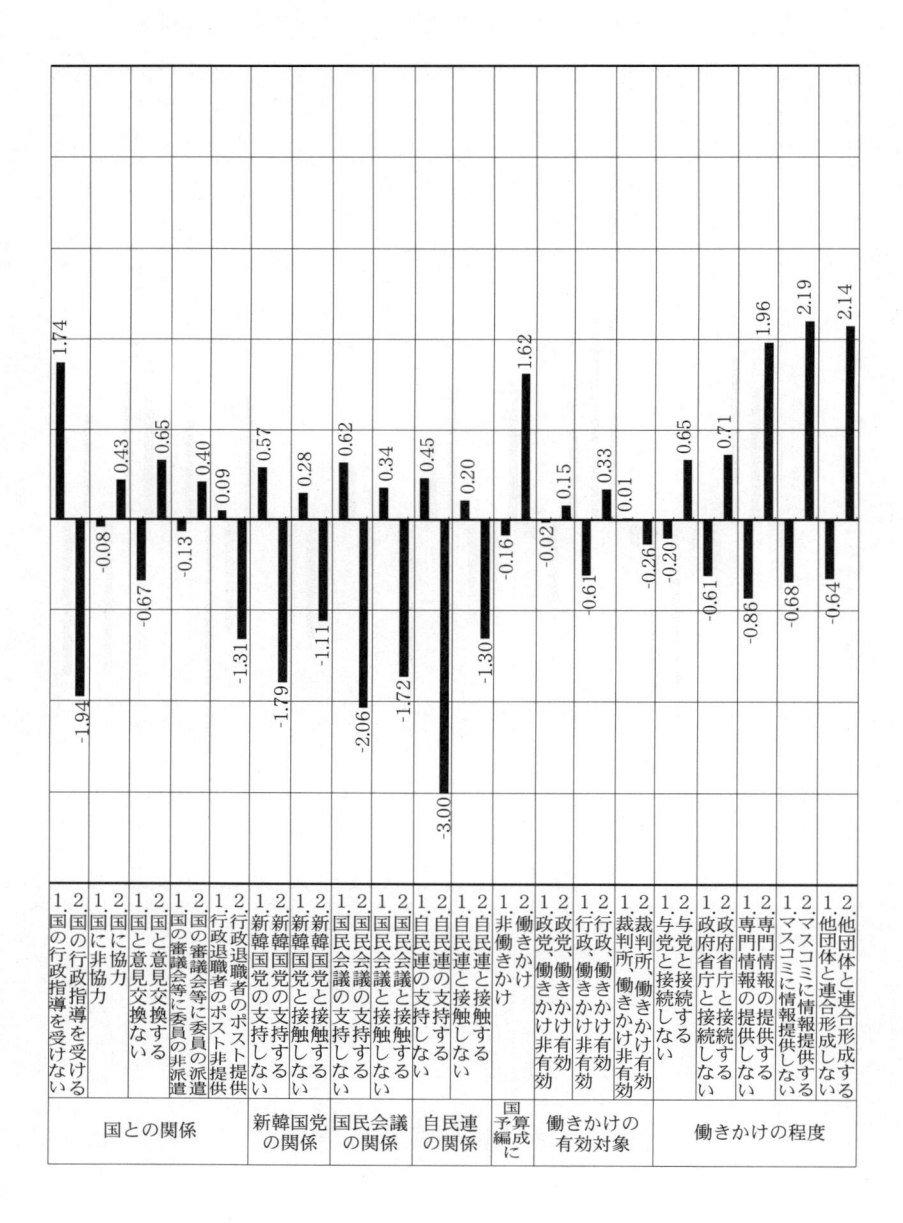

		1	2		
国との関係	国の行政指導を受けない	1.74	-1.94		
	国に非協力		-0.08	0.43	
	国に協力	0.65	-0.67		
	国と意見交換する		-0.13	0.40	
	国と意見交換しない	0.09	-1.31		
	国の審議会等に委員の派遣				
	行政退職者のポスト非提供	0.57	-1.79		
新韓国党の関係	新韓国党の支持する		0.28		
	新韓国党と接触しない	0.62	-1.11		
国民会議の関係	国民会議の支持する		0.34		
	国民会議と接触しない	0.45	-2.06		
自民連の関係	自民連の支持する		0.20	-1.72	
	自民連と接触しない		-0.16		-3.00
国予算編に	働きかけ	1.62	-1.30		
	非働きかけ		-0.02	0.15	
働きかけの有効対象	政党、働きかけ有効			0.33	-0.61
	行政、働きかけ有効		0.01		-0.26
	裁判所働きかけ非有効		-0.20	0.65	
働きかけの程度	与党と接続する	0.71	-0.61		
	与党と接続しない		-0.86		
	専門情報の提供する	1.96	-0.68		
	政府省庁と接続しない	2.19	-0.64		
	マスコミに情報提供する	2.14			
	マスコミに情報提供しない				
	他団体と連合形成する				
	他団体と連合形成しない				

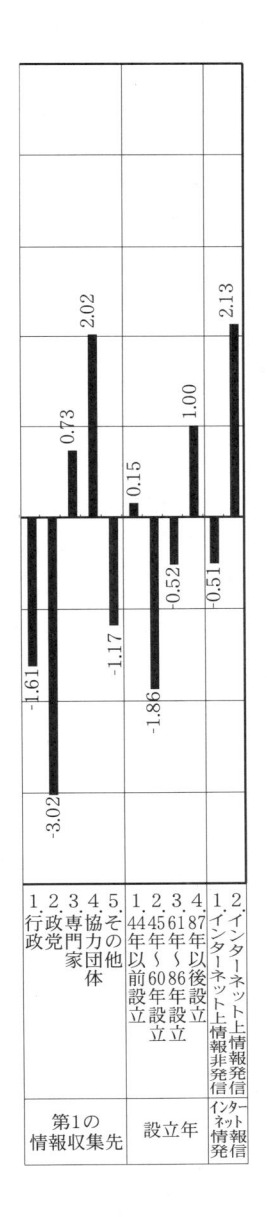

国ではまだ，関心政策があまり積極性・消極性を規定しない。

法人格に関して，日本ではその他（協同組合，労組，特殊ほか），社団が積極的であり，財団や法人格なしが消極的である。韓国では，その他（特殊，社会福祉，中小，労組など）の法人が積極的であり，財団，社団は消極的である。韓国では日本と違い社団は消極側であり，中間法人的な団体が唯一積極的である。韓国でのコントラストは日本より大きい。

活動地域に関して，日本では，弱いが県と全国レベルが積極的，世界レベルが消極的である。韓国では広域市・道，広域圏レベルが積極的，世界と地方レベルが消極的である。韓国では日本よりコントラストが大きく，活動範囲が重要である。数は少ないが広域市・道（39）や広域圏（11）が意味をもつ。草の根が消極であり，面白い。日韓共通で世界レベルは消極的である。

設立年に関して，全体に大きな差はないが，日本では1945～54年，55～74年が積極的であり，いわゆる55年体制期の団体が積極的な方向に反応している。それ以前の古い歴史を持つ団体である44年以前は消極的である。それに対して，韓国では44年以前（13ケース）が積極的であり，その他は関係がない。日韓で設立が古いものの意味の違いが逆転しており，印象的である。

インターネット情報発信は，日韓ともにあまり関係ないが，韓国において発信がやや積極的である。

政治的関与に関して，日本では団体分類に次いで，活動目的や政策への関心分野が重要であり，

韓国では，法人格，活動範囲，設立年が重要である。

関係変数群

ここでの違いが，この軸の命名根拠であるから，当然，図の正負に大きなカテゴリースコア（以下，スコア）の違いが見られる（図17-1）。

国との（行政）関係　全体に日本において，行政関係のスコアのより強い傾向が示される。国への協力，退職後のポストの提供，審議会派遣が大きなスコアを示す。韓国では，許認可，法的規制，行政指導がほとんど無関係である。日韓ともに，許認可，法的規制，行政指導より協力，意見交換，審議会委員の方がより強い傾向を示す。

政党（各政党）関係　政党への接触，支持が最も大きなスコアを示し，日本と韓国が極めて類似している。全政党，特に第二野党が最も強く反応する。そこまで働きかけることが，政党・働きかけ（ロビイング）積極性の意味することかもしれない。つまり，日本では民主党，新進党との関係が大きい値を示し，韓国では自民連，国民会議が大きい値を示す。

予算編成・ロビイング（働きかけ）　日本と韓国が極めて類似している。特に，予算編成および与党（接触）働きかけ（ロビイング）がよく効いている。有効な対象，（働きかけ（ロビイング））有効対象に関して，どちらも政党，行政の順であるが，1位に選んだもの（標的として有効）のもつ積極的な意義では，日韓の傾向はほぼ同じであるが，裁判所（12ケース）ついて韓国は消極を示している。

第1の情報の収集先　日本と韓国がよく類似している。積極的な志向は，第一に政党，そして行政を収集先とし，消極的な志向はその他が第1の情報収集先である。

政治関与という軸をめぐる重要な示唆として，日韓ともに政治関与の積極性は政党関係（接触，支持，与党接触）や情報提供など様々な働きかけ（ロビイング）への関与で示されるが，日本ではそれに加えて，行政との関係，国との意見交換や審議会への参加が大きな要因となっていることである。日本では，政権党への関与と行政への関与がセットになっていることを示唆する。さらに関心政策，活動目的ともより連関している。

3-2　第II軸：政党か行政かの軸

第Ⅱ軸は固有値が日韓ともに0.08であり，高くはないが，多くの変数において正負への散らばりが適度に見られ，変数全体の配置を鳥瞰できる。日韓とも極めてくっきりと政党志向か行政志向かで分かれ，ほとんど相似といえる類似性を示す（図17-2）。

第Ⅱ軸では，情報源が政党か行政か，行政に退職後ポストの提供をするか，第2野党に接触するかなどをめぐって，両国とも綺麗に「政党志向」対「行政志向」に分かれているという特徴がある。

属性変数群

団体分類に関して，日本では政党志向として政治，ずっと遅れて労働，市民，それに対して行政志向は，農業，行政，ずっと低い値で経済，専門家団体である。韓国では，日本以上に政党志向の団体と行政志向の団体が明確に分かれている。政党志向は，政治，宗教，市民，そして値が少し低くなって教育，労働団体である。行政志向の団体は経済が突出し，値が低くなって専門，福祉，行政，農業が含まれる。韓国での宗教，市民団体は政治団体並みに政党に近く，労働団体が日本と異なりそれほど政党に近くない。日本のようには労働の政党化が進んでいないことを示唆する。また日本のようには農業の行政化も進んでいない。

団体目的　日本ではスコアが大変小さい。内部的な団体が生産関係団体が多いので政党志向を示し，政治的アドボカシーの団体が行政志向である。それに対し，韓国では活動目的の変数ははかなり大きなスコアを示す。政党志向は，対外サービス団体であり，行政志向は日本と同じ政治的アドボカシー団体である。政治的アドボカシーは政策志向であり，行政へ向かうのが日韓共通である。韓国の対外サービスには外部への啓蒙活動団体も入っており，政党志向である。

関心政策　日本ではスコアはあまり大きくない。政党志向は，安全，福祉政策であり，行政志向は，環境がややスコアが大きく，経済，開発，教育政策が含まれる。韓国では，スコアはかなり大きく，政党志向は，安保，環境国際，科学政策であり，行政志向は経済，開発政策である。日韓共に，経済，開発政策への関心団体は行政志向である。

法人格　日本ではかなり大きなスコアを示し，政党志向は，法人格なし，その他（中小，労組，商工，特殊法人など）が，行政志向は社団，財団法人が

示す。韓国でもかなり大きなスコアを示し，特に法人格なしは大きく政党志向である。財団も政党志向であるが値は小さい。行政志向は社団，その他（特殊，福祉，中小企業関連法人など）である。法人格なしは政党に向かう共通性がある。

活動地域　日本では政党志向は，ローカルほどほぼ強い傾向であり，市，県，広域の順に大きなスコア，世界志向も政党志向である。唯一行政志向なのは全国レベルで活動する団体である。韓国ではそうした活動地域の志向はあまりスコアが大きくない。政党志向は世界レベルと市レベルである。行政志向は広域，広域市である。韓国では日本のように，政党がローカルなものと連携がないことを示唆する。

設立年　日本：ほとんど関係ない。韓国では，行政志向が61～86年という権威主義期であり，その他は特に44年以前と87年以後が政党志向である。日韓共に高度成長期，生産団体の相対的な比率が高い時期は行政志向である。

インターネット情報発信　あまり関係ないが，ともに発信は行政志向である。

関係変数群

国との（行政）関係　当然であるが，行政志向が効いている。日韓は極めて相似形である。まず行政退職者へのポストの提供や審議会への参加がともに大きな値を示し，他の項目，法的規制，行政指導，国への協力が韓国ではそれに続く。日本では国への協力が先のものに続きニュアンスの差が残る。

政党関係　これも当然日韓ともによく効いており，しかも与党よりも少数野党へいくほど大きなスコア値を示すという特徴がある。ここでの政党志向とは具体的には野党志向の側面が強い。

予算編成・働きかけ（ロビイング）活動　予算編成はともにあまり大きなスコアを示さない。働きかけ（ロビイング）手法もあまり大きくないが，日本では与党接触を除き行政志向。韓国は専門情報の提供でスコアが高く，その他もすべて行政志向。日韓共に，専門情報の提供が効いているところが類似している。

働きかけ（ロビイング）有効対象　日韓ともに標的として政党と裁判所は政党志向，行政は行政志向であるが，韓国の方がかなりその差が大きく意味がある。志向としての政党と行政の区別が明確で，関係が深くないことを示す。行政が働きかけの対象として有効でない，そして司法と政党を対象とすると

い関係が明確に韓国では窺われる。

第1の情報収集先　日本と韓国がよく類似している。政党志向は，第一に政党，そしてその他，専門家，協力団体を収集先とし，行政志向は行政が第1の情報収集先であり，この構成は日韓共通である。

韓国での各変数の政党志向性は日本より明確である。宗教，市民団体，法人格なしは政治団体並みに政党に近く，労働団体が日本と異なりそれほど政党に近くない。日本と異なり，労働の政治化が進んでいないことを示唆する。また日本と異なり，農業の行政化も進んでいない。ローカルほど政党志向であるという日本の傾向は韓国には見出せない。政治的なアドボカシーを目的とする団体は行政志向であること，ここでの政党志向が野党志向である点は日韓共通である。

3-3　第Ⅲ軸：地球化・情報志向とローカル（日本：国内モノ）志向の軸

第Ⅲ軸は固有値が日韓ともに0.08であり，高くはないが，多くの変数において正負への散らばりが適度に見られ，変数全体の配置を鳥瞰できる。

第Ⅲ軸の地球化・情報化とローカル志向軸は，マスメディアへの情報提供，インターネットからの情報の発信への態度と世界レベルでの活動地域を指標として，地球化・情報志向と命名し，他方でその反対側を，広域市・道や市町村といったローカルな活動地域と先の情報志向への反対志向から，ローカルな志向と命名できる（図17-3）。

日本では，このローカルな志向は，経済・福祉政策志向や経済利益という活動目的と結合していたため，国内モノ志向と命名したが，韓国ではそうした政策志向や活動目的との関連は弱い。この軸に関しては，そのほかにも日韓の違いが目立っている。韓国では図のように検討した変数全体でばらつきがあるが，日本ではほぼ属性関連変数と情報源のみが重要である。韓国での軸は，日本とやや異なり，世界レベル活動地域の規定性が特別高いわけでなく，広域市対「それ以上のレベル」となること，また活動目的もモノ志向を示す成分（内部的経済利益）がやはり低い。それと関連して属性に関しても以下に述べるような違いが見出される。

属性変数群

団体分類　日韓共に分類ごとに大きな違いがある。日本では農業，経済，労

働，福祉，行政団体が国内・モノ志向を示し，まさに生産者に関連する団体と行政からの利益，政策受益に期待する社会サービス団体がそこに含まれる。反対に地球化・情報志向として専門，市民，教育，政治，その他団体が含まれ，情報性とアドボカシー（主義主張）性のある団体であり，この軸の命名と符合する。

　韓国では，行政，福祉，労働，その他，そして低い値であるが教育と専門家団体がローカル（国内モノ）志向であり，行政受益団体が入るものの，（農業，経済は入らず）モノ志向性は薄く，ローカル志向であるという軸の命名どおりである。地球化・情報志向としては政治，市民，経済，農業，宗教団体が入る。アドボカシー系と生産者団体である。韓国では特に政治団体（8）のスコアが高い。経済，農業団体も地球化・情報志向側で，IMFショック時の影響が見える。

活動目的　日本はここでも明快で，国内・モノ志向は経済利益，内部組織の団体が入り，地球化・情報志向は政治アドボカシー，対外サービス団体であり，上記団体分類と符合する。韓国では，どの項目もスコアがあまり大きくないが，ローカル志向は対外サービス，行政的経済利益団体であり，地球化・情報志向は政治的アドボカシー団体である。政治的アドボカシー団体が地球化・情報志向で日韓共通（後の働きかけ（ロビイング）も同様）である。若者中心の市民団体の性格が反映する。

関心政策　日本では，経済，福祉，開発，環境（農林）の関心政策が国内モノ志向で，地球化・情報志向は教育，安全政策関心であるというこれも明快な構図である。韓国ではローカル志向は安保，教育，開発に関心があり，地球化・情報志向は経済，科学，環境国際政策に関心がある。韓国での安全安保，教育がモノ志向というのは日本の逆であるし，経済，環境が日韓で異なり，日本は国内・モノ，韓国は地球化・情報志向という違いがある。団体分類と同じでIMFショック後の顕著なグローバリゼーションの影響が見える。

法人格　日本では国内・モノ志向は，その他（中小，労組）の法人，地球化・情報志向は財団，法人格なし，社団であり，法人格別に綺麗に分かれた。韓国では，ローカル志向は財団，社団であり，地球化・情報志向は法人格なし（低いスコアでその他）であり，韓国と日本では財団，社団，その他の法人の志向性が全く逆である。日本は地球化・情報志向側，韓国はローカル志

向側である。確立した法人格のある団体，既成の団体は韓国ではローカルであり，法人格のない団体が地球化・情報化を志向している。

活動地域　日本では国内・モノ志向は広域圏以下を活動域とするローカルな団体，地球化・情報志向は世界が大きなスコアを示し，全国もこの志向性である。他方，韓国ではやはりローカル志向は広域市以下の活動域であり，地球化・情報志向は世界，広域圏，全国がそうである。日本では，世界活動志向とそれ以外の対比は，激しいが，韓国は，広域圏の上下で分かれる。韓国では，道より広い広域圏が意味を持っている。

設立年　日本では国内・モノ志向は45〜54年，55〜74年設立年の団体であるが，特に戦後すぐの団体，地球化・情報志向は44年以前の古い団体と75年以後の新しい団体である。韓国ではローカル志向は45〜60年，61〜86年であり，地球化・情報志向は民主化以後の87年以後の設立団体である。日韓はある意味で似た傾向で，高度成長期およびそれ以前の戦後には国内モノ志向やローカル志向であるが，日韓ともに高度成長後，特に韓国では民主化後の新しい団体の地球化・情報化志向がやや強い。

インターネット情報発信　日本，韓国ともに，これが指標となって軸の命名がされているのだから，当然，地球化・情報志向はインターネットで発信する団体である。

関係変数群

国との（行政）関係　日本は，この軸によって行政関係が大きなスコアを示さず，弱い関連にある。国内・モノ志向を示すのは法的規制，行政指導，許認可ありであり，地球化・情報志向は審議会委員派遣，国に協力である。

　韓国では，行政関係の変数でもかなり大きなスコアを示している。ローカル志向は行政指導，法的規制，許認可，ポスト提供ありであり，地球化・情報志向は，行政指導なし，許認可なし，法的規制なし，と行政との関係の薄さを示す変数とともに低いスコアで国との意見交換，協力，審議会委員派遣が入る。

　日韓で，行政からの規制，許認可，行政指導が国内・モノ志向やローカル志向を示す点は共通であり，また地球化・情報化が行政協力や委員派遣などと関連することも共通である。

政党関係　日本はここでもスコアはあまり大きくない。国内・モノ志向は自

民党支持・接触と関連し，地球化・情報志向：民主党，新進党接触と関連するが値は小さい。

韓国は日本と比してかなり大きい。ローカル志向は自民連支持，国民会議支持，新韓国党支持，各党接触と関連するが，地球化・情報志向は特に関連しない。

日本では，ほぼ与党のみが国内・モノ志向と関係し，民主党など少数野党は地球化・情報側である。韓国では第3党の自民連まで全ての政党が国内モノ側で，韓国の政党が総保守であるという性格が関係する可能性を示唆する。

予算編成 日韓共通の傾向であるが，日本は弱い関連を示す。共通の傾向とは，地球化・情報志向は予算編成に働きかけをするという点である。

働きかけ（ロビイング）有効対象 日韓ともにあまり関連を示さない。日本では国内・モノ志向で裁判所がやや高いスコアを示す。

働きかけ（ロビイング）の程度 日韓共通で「働きかけをする」方が，地球化・情報志向である。地球化・情報志向ではマスメディア，専門情報提供，政府省庁接触，与党接触，連合形成，いずれも「働きかけをする」方向である。韓国でもマスメディア，連合形成，専門情報提供，政府省庁接触，与党接触の順に地球化・情報志向がある。

情報収集先 日本では国内・モノ志向は行政，地球化・情報志向は専門家が情報源であるが関連は弱い。韓国では強い関連を示す。ローカル志向は政党，行政，その他を情報源とし，地球化・情報志向は，協力団体や専門家を情報源とする。韓国では，ローカル志向はまず政党に，また地球化・情報志向はまず協力団体ということになる。韓国では，政治的な連合，政党が情報源としてより重要である。日韓共通して専門家は，地球化・情報志向である。

Ⅲ軸ではⅠ，Ⅱ軸と比べ日韓の違いが目だった。まず軸の命名に関して，地球化・情報志向という際の「情報」の成分はインターネット情報発信，マスメディア，専門情報と日韓共通であったが，韓国では「地球化」という際のメルクマールとなった世界レベルでの活動は高いレベルではなかった。日本ではそれに反対側の方向を国内モノ志向としたが，関心分野，活動目的，団体分類でそうしたモノ志向性は薄く，ローカル志向となった。

4　全体の変数配置の分析と考察

第Ⅰ，Ⅱ，Ⅲの数量化の３つの軸は，それぞれ政治関与の積極対消極および政党志向対行政志向，地球化・情報志向対ローカル志向という興味深い構造軸を構成するものであり，大変興味深いことにほぼ日本のそれと相似したものであった。

ここでは第１巻での日本についての分析と同様にこの３つの軸をそれぞれＸ，Ｙ軸として，そこにここでのすべての変数カテゴリーをプロットして，３種類の図を作成してみることにしよう。第１巻同様に様々な変数カテゴリーの関係を見る際，団体の11種類の分類別と法人格別の４種類の分類，計15団体カテゴリーおよび４つの設立時期区分を１つの導き手として用いることにする。さらに，ここでは，日本ではどうであったかという観点からもコメントするとともに（関心のある読者はぜひ辻中編 2002：318－9，322－3，326－7を参照されたい），時期別では，民主化（86年）以前と（87年）以後の対比にも注目する。

４－１　政治関与の積極性と政党・行政志向

Ｘ，Ｙの２軸が４つの象限を構成するから，右下から時計周りに，政治的積極性・政党，消極・政党，消極・行政，積極・行政の４つの象限の区画が生れる（図17－４）。

左下の政治的積極性・政党から観察しよう。「政治団体」「市民団体」「労働団体」「44年以前設立団体」が「政党からの情報を収集」や主要諸政党との「支持・接触」，「政党，働きかけ有効」「予算編成働きかけ」というカテゴリーなどとともに存在する。日本では，政治団体だけが遥かに原点から離れ，団体のなかで後援会を中心とするであろうこの類型がいかにユニークかを示していた。韓国では，政治，市民，労働団体は原点からかなり離れ明確なグループをなして，積極・政党志向なのである。

左上の政治的な積極性と行政次元に移ると５つの団体カテゴリーが存在するが，いずれもあまり座標軸から離れておらず，性格は強くないことがわかる。ここには「農業団体」「その他（特殊，福祉，中小企業など）法人」，「行政関係団体」「経済団体」「専門家団体」が入る。農業団体の積極性，経済団体の行政志向は明確だが，あとの団体の性格は弱い。日本において，この次元で農業団体が突出していたが，韓国ではそうした突出した行政志向・積極

図17－4　数量化Ⅲ類による韓国の分析図（第Ⅰ軸×第Ⅱ軸）

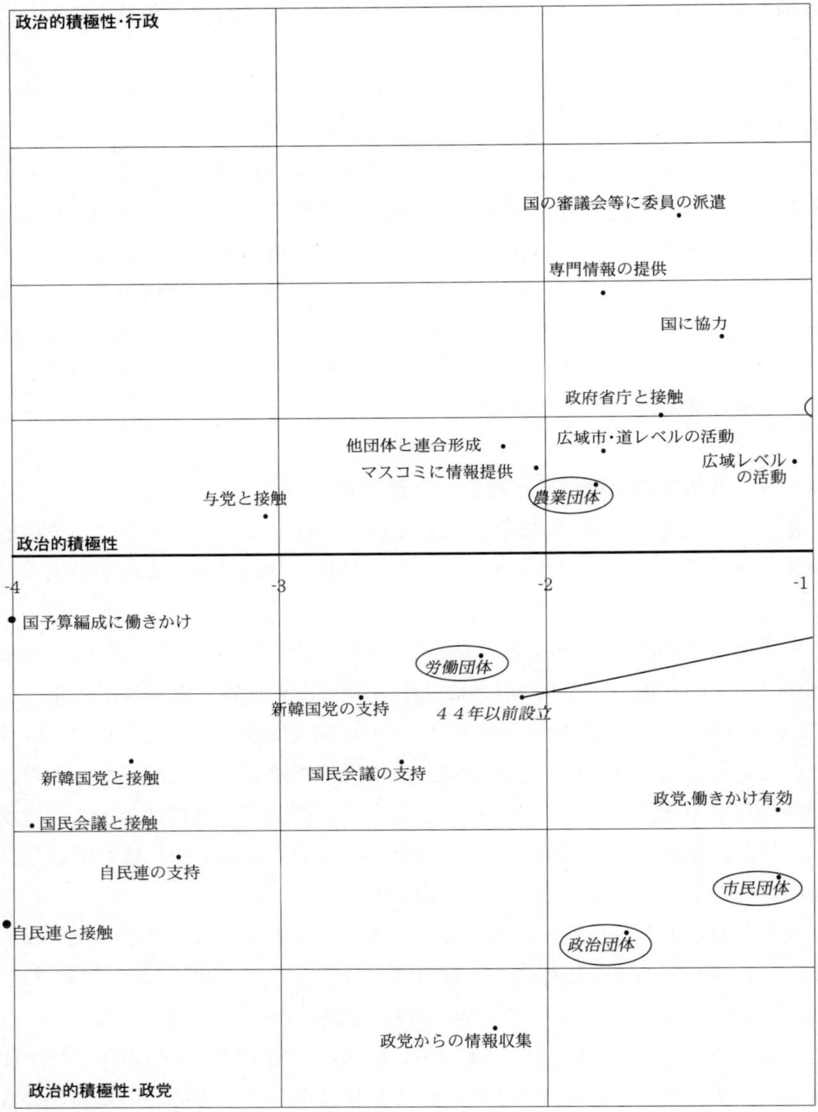

政治的積極性・行政		
		国の審議会等に委員の派遣 ・ 専門情報の提供 ・ 国に協力 ・ 政府省庁と接触 ・
	他団体と連合形成　・ マスコミに情報提供	広域市・道レベルの活動 ・　　広域レベル・ 　　　　　の活動 （農業団体）
与党と接触 ・		

政治的積極性

-4　　　　　　　　　-3　　　　　　　　　-2　　　　　　　　　-1

● 国予算編成に働きかけ

　　　　　　　　　　　　　（労働団体）

　　　　　　　　　　新韓国党の支持　　４４年以前設立

新韓国党と接触 ・ ●国民会議と接触	国民会議の支持 ・	政党,働きかけ有効 ・
自民連の支持 ・		（市民団体）
●自民連と接触		（政治団体）
政治的積極性・政党	政党からの情報収集 ・	

第17章　市民社会の団体配置構造：数量化Ⅲ類による日韓比較　437

軸ラベル：
- 縦軸上：行政
- 縦軸下：政党
- 横軸右：政治的消極性
- 右上：政治的消極性・行政
- 右下：政治的消極性・政党

上部（y≈3付近）：
- 行政退職者ポストの提供
- (経済団体)

y≈2付近：
- 経済政策に関心
- 行政からの情報収集

y≈1.5付近：
- 国の法的規制を受ける
- 政治的アドボカシー組織
- 国の行政指導を受ける

y≈1付近：
- 専門家団体
- 国と意見交換　国の許認可を受ける　公共開発政策に関心
- (その法人)　行政、働きかけ有効　(社団法人)　(福祉団体)
- (行政団体)　61年〜86年設立

y≈0.5付近：
- 裁判所、働きかけ非有効
- インターネット上情報発信　自民連と非接触　国民会議の非支持
- 韓国全国レベルの活動　自民連の非支持　国民会議と非接触
- 政党、働きかけ非有効　新韓国党と非接触
- 国予算に非働きかけ　行政的な利益の組織　新韓国党の非支持

y≈-0.5付近：
- 内部的経済利益組織　45年〜60年設立　与党と非接触
- 行政退職者ポストの非提供　インターネット上情報非発信　マスコミに情報非提供
- 地域政策に関心　その他団体　他団体と連合非形成
- 87年以降設立　国団体　市郡区レベルの活動　教育政策に関心　(財団法人)
- 非協力他　協力団体/専門家からの情報収集

y≈-1付近：
- 環境(国際)政策に関心　科学政策　国の審議会　世界レベルの活動
- 安全保障政策に関心　に関心　等に委員の非派遣　専門情報の非提供　政府省庁と非接触

y≈-1.5付近：
- 国の法的規制を受けない　国の許認可を受けない　国と意見交換しない
- 国の行政指導を受けない　(教育団体)
- 対外サービス組織　その他からの情報収集
- 行政、働きかけ非有効

y≈-2付近：
- (法人格がない)
- (宗教団体)

y≈-3付近：
- 裁判所、働きかけ有効

関与団体はない。

この次元に「政府省庁との接触あり」「国の行政への協力」「国の審議会への委員派遣」「行政からの情報収集」といった政府省庁との強い結合, さらに「専門情報の提供あり」「他団体との連合形成あり」「マスメディアへの情報提供」といったロビイング手段での圧力団体としての特性カテゴリーを含んでいる点は日本とも共通だが, 与党への支持や接触は団体のグループから離れており, 与党ネットワークの弱さを示している点が日本と異なる。

この象限でのY軸に近いやや性格が曖昧なグループには, 「行政関係団体」, 「専門家団体」「経済団体」があり, 政治への積極性が弱い。この集団の近くには, 国の「法的規制」「行政指導」「許認可」「退職者ポスト提供」という行政との規制関係要因, 「行政からの情報収集」「行政が(働きかけ(ロビイング))働きかけ有効」「国との意見交換」といった対行政の行動的要因, さらに「経済政策」「公共開発政策」への関心があり, 行政とタイアップして活動するこれらの団体の性格を示し, 日本とほぼ共通である。

次に政治積極関与型の団体から, 右側, つまり, 「消極型」の団体に目を転じる。右上の象限, つまり消極・行政の区画には, 社団法人, 福祉団体が含まれるだけである。このグループの近く, つまり似た反応を示す要因としては, 否定的なものがほとんどである。各政党への「接触」「支持」の「なし」であるとか, 政党, 裁判所「働きかけ有効でない」「予算編成への働きかけしない」とか等々である。ここに権威主義体制下にある「61～86年設立団体」が原点近くであるが位置するのは, この象限の性格を説明する。

さらに右下, 政治への消極性・政党志向の象限を見てみよう。ここにはY軸, 政党・行政志向軸の政党志向の強い方向から, 「宗教団体」「法人格なし」そして「教育団体」「財団法人」「その他の団体」の分類が含まれる。これと反応パターンが似た要因として, 「市町村レベルの活動」「世界レベルの活動」といった両極の(実は類似団体特性である)地理的活動範囲, 幾つかの否定的要因と共に, 「裁判所が働きかけに有効」「専門家からの情報収集」「協力団体からの情報収集」「その他からの情報収集」「対外サービスの組織」といった政治・行政から自治的志向性が含まれる。団体分類で, 法人格なしと教育団体以外は日本と共通でないが, 次元の性格は全く同じである。宗教団体や財団がここにあるのが特徴である。また日本と共通なことに最も新しい団体

があるのもこの次元である。

政党志向という点で，政治，市民，法人格なし，宗教団体は近く，また日本より政党志向は明確である。設立年では古い団体を除きこのⅠ，Ⅱ軸では大きな違いは見られなかったが，権威主義期設立団体とは異なり，60年以前設立の古い団体とともに民主化以後設立団体に政党への期待があることを示唆する。

4－2　政治関与の積極性と地球化・情報志向

図17－5は，やはり第1巻での日本での図と比較しながら，左上の政治関与が積極的で地球化・情報志向のある象限から見ていこう。

ここには，政治，市民，農業の3団体分類がグループをなしている。Y軸近くの弱い政治積極性で地球化・情報志向に，「経済団体」と「法人格なし」がある。日本と異なり政治団体は孤立していない。

この象限の中央には「専門情報の提供」「マスメディアへの情報提供」「インターネットでの情報発信」といった情報関連変数が，また「予算編成への働きかけ」「政府省庁との接触」「国と意見交換」「与党接触」などの働きかけ（ロビイング）の積極性を示す変数が存在する。政策的にも環境政策関心や経済政策関心が含まれる。日本とは異なり，専門家団体，教育団体，財団法人，その他の団体などはこの象限にはいない。

左下の政治的積極性・ローカル志向に目を転じよう。ここには労働団体と行政関係団体，そして原点近くに専門家団体が存在する。日本ではこの象限に，労働，行政に加えて経済，農業団体，その他の法人も含まれた。この次元には政党支持・接触など政党関連と行政ポスト提供，行政からの情報収集，許認可など行政関連変数も含まれる。

左下の政治関与が消極的で・ローカル志向をみると，福祉，教育，その他の団体，財団，社団法人，61年から86年設立の権威主義体制下の設立団体が含まれるが，他の変数は消極的なものばかりである。日本ではここには福祉団体のみであった。

右上の政治関与が消極で地球化・情報志向の象限に目を移せば，宗教団体，法人格なしが含まれ，世界レベルの活動，協力団体や専門家からの情報収集が近い。

図17-5 数量化Ⅲ類による韓国の分析図 (第Ⅰ軸×第Ⅲ軸)

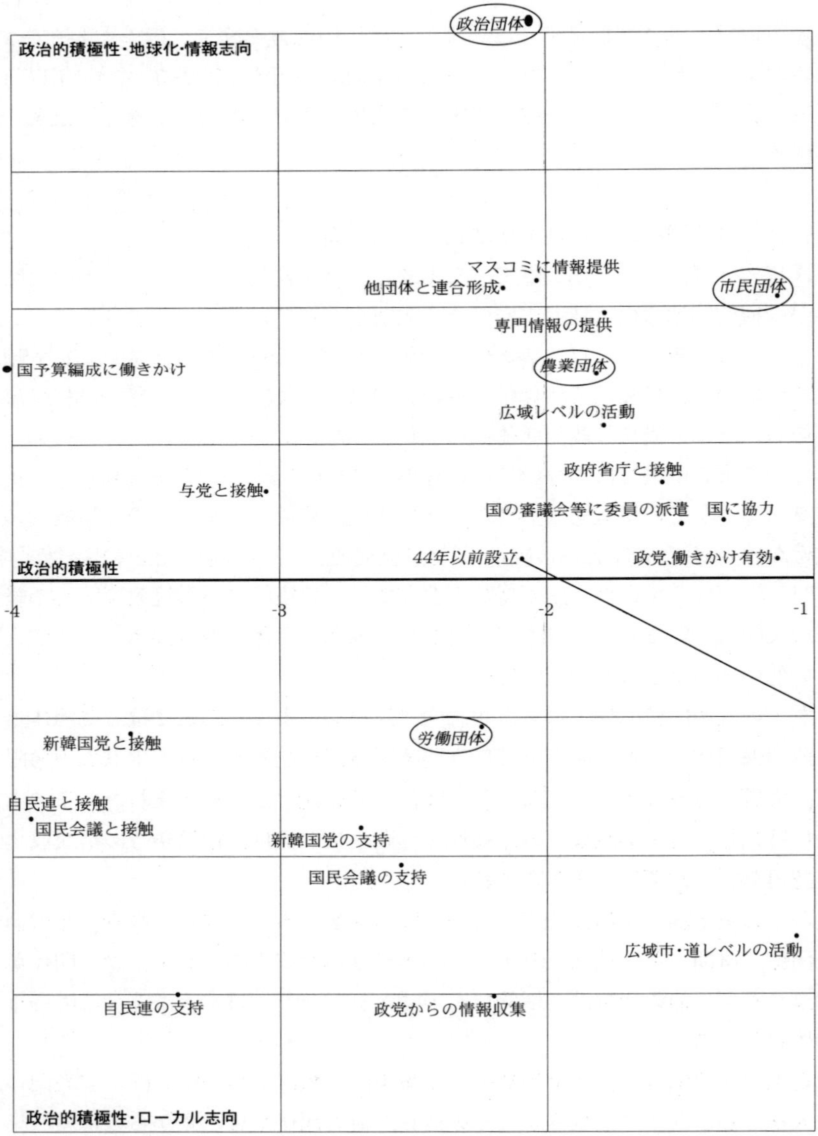

政治的積極性・地球化・情報志向

⊙政治団体

マスコミに情報提供
他団体と連合形成・
⊙市民団体
専門情報の提供
・国予算編成に働きかけ
⊙農業団体
広域レベルの活動

政府省庁と接触
与党と接触・
国の審議会等に委員の派遣　国に協力
政治的積極性
44年以前設立・
政党、働きかけ有効・

-4　　　　　　　-3　　　　　　　-2　　　　　　　-1

新韓国党と接触
⊙労働団体
自民連と接触
・国民会議と接触　　新韓国党の支持
国民会議の支持
広域市・道レベルの活動
自民連の支持　　政党からの情報収集

政治的積極性・ローカル志向

第17章 市民社会の団体配置構造：数量化Ⅲ類による日韓比較 441

すでに見たように設立年ではこのⅠ,Ⅲ軸では大きな違いが見られる。44年以前は積極・弱い地球化・情報志向, 45〜60年は弱い積極・ローカル志向, 61〜86年は弱い消極・弱いモノ志向, そして最近の民主化後の87年以降は, 弱い消極・地球化情報志向である。45年から60年, 61年から86年, 87年以降と積極・消極性はあまり変わらないが, 着実に地球化・情報志向は強まっていることがわかる。

4－3　政党・行政志向と地球化・情報志向

図17－6も, 日本と比較しつつ観察していきたい。

左上の政党志向で地球化・情報志向のある象限から見ていこう。

ここにはかなり原点から離れた地点に, 日本同様の分類として政治団体, 市民団体, 法人格なしの団体があり, さらに宗教団体もこの象限に含まれる。関連する変数としては, 世界レベルの活動, 専門家からの情報提供, 行政指導受けずなど行政関係の消極性の変数が存在し, 政策では科学政策, 環境政策への関心が入る。原点にやや近いが, 87年以降の設立や44年以前の設立団体がここに入る。政党志向で地球化・情報志向であるが, 政党との接触・支持はこの次元にはなく, すべてその下のローカル志向の側である。民主化後の新しくまた力を増した勢力があり, かつ4つのいわゆる在野系の集団が揃って似た傾向を示しているのに, その政党との関係が薄いことを示唆する。

左下の, 政党志向でローカル志向を見よう。日本では唯一労働団体だけがこの象限に入っていたが, 労働が入る点は日本と同じであるが, 韓国では, 労働以外に教育, 財団法人, その他の団体も含まれる。政党支持・接触関係もここに入る。45〜60年設立が含まれ, 政党からの情報収集, 市郡区レベル活動, 対外サービス組織などがそれらに関連する。

右下の, 行政志向でローカル志向をみると, 福祉, 行政関係, 専門家団体と社団法人が含まれる。日本と共通なのは行政関係団体だけである。公共開発政策への関心, 国の法的規制, 行政指導, 許認可, 行政からの情報収集, 行政退職者へのポスト提供, 61〜86年の設立年などが近く, 内容的には日本とほぼ共通である。

最後に右上の行政志向, 地球化・情報志向を見てみよう。経済, 農業団体, 財団法人, その他の団体が存在し, この団体分類は日本と共通性はない。イ

ンターネット上の情報発信，マスメディアへの情報提供，専門情報の提供，審議会への委員派遣，経済政策，政府省庁との接触，国の行政への協力などが関連変数である。

すでに見たように設立年ではこのⅡ，Ⅲ軸でもかなり明快な違いが見られる。44年以前は政党・地球化情報志向，45〜60年は政党・ローカル志向に，61〜86年は，行政・ローカル志向に，そして87年以降は，再び政党で，地球化と情報を志向する象限に向かう。

これは権威主義期（61〜86年）は行政志向であるが，それ以外は政党志向であること，解放後から民主化以前はローカル志向であるが，最も古い伝統を誇る団体と最も新しく民主化後の団体が，地球化・情報志向であるという，対照が明快である。

5　結論

本章の数量化分析から，一種の記述的な推論として韓国の市民社会と政策過程における団体配置の鳥瞰図的な構造を論じることができる。本章の分析でJIGS調査の主要な変数間の関係がいくつかのグラフ，配置図に統計的に集約された。

結論として，第一に強調すべきなのは，韓国の市民社会・政策過程構造は日本のそれとほぼ共通する政治関与の積極－消極性，政党志向－行政志向，地球化・情報志向－ローカル志向という3つの軸を持つという点である。米独調査とくにアメリカ調査は若干調査質問が異なるので厳密な比較は難しいが，日韓のような類似性はない。

軸ごとの示唆として

(1)　政治関与の積極・消極を示すⅠ軸では，まず，日韓の基本的な類似性が挙げられる。政党関係と働きかけ（ロビイング）程度によって決まる点が共通である。日本では加えて行政との関係も強く，政権党への関与と行政への関与がセットになっていること，逆に韓国では日本ほどにはその関係（政権与党ネットワーク）が強くないことが示唆される。他方で，韓国では労働や市民団体の積極性が目立っている。日韓共通で世界レベル活動団体は消極的である。

(2)　韓国での各変数の政党志向性は日本より明確である。宗教，市民団体，

figure 17-6 数量化Ⅲ類による韓国の分析図（第Ⅱ軸×第Ⅲ軸）

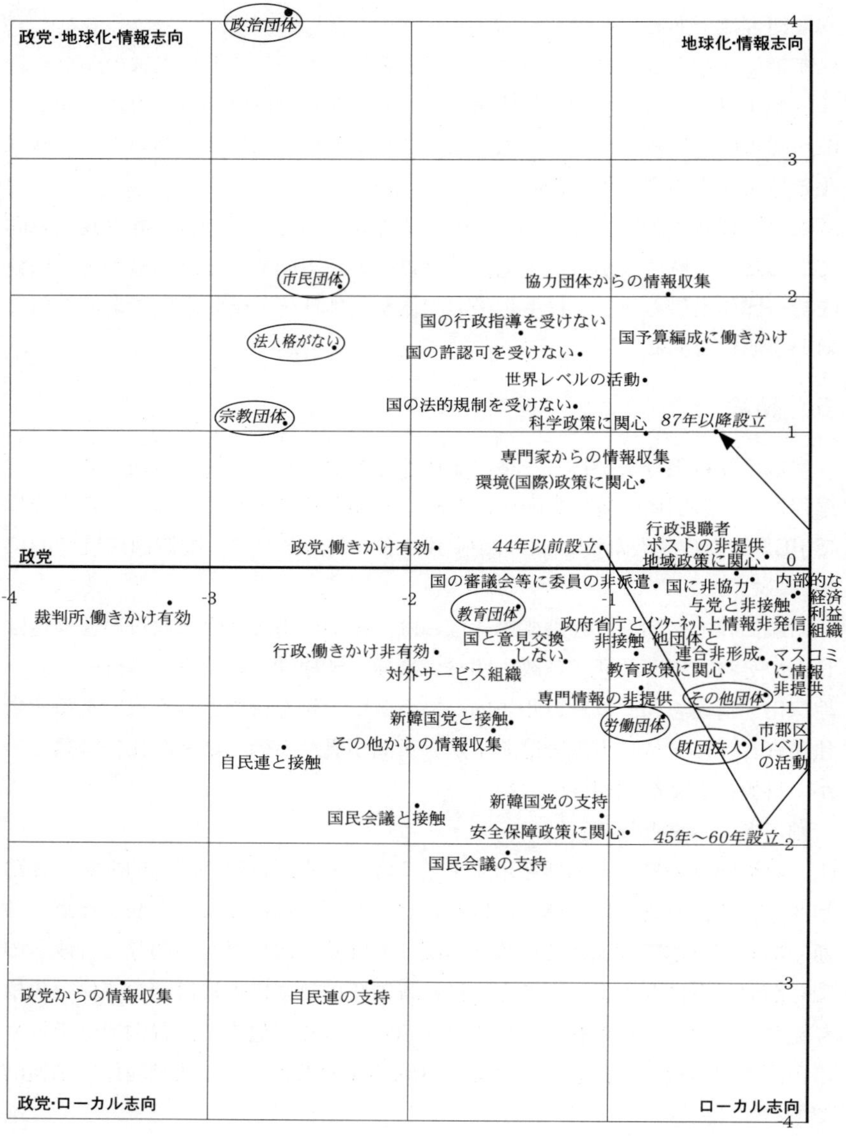

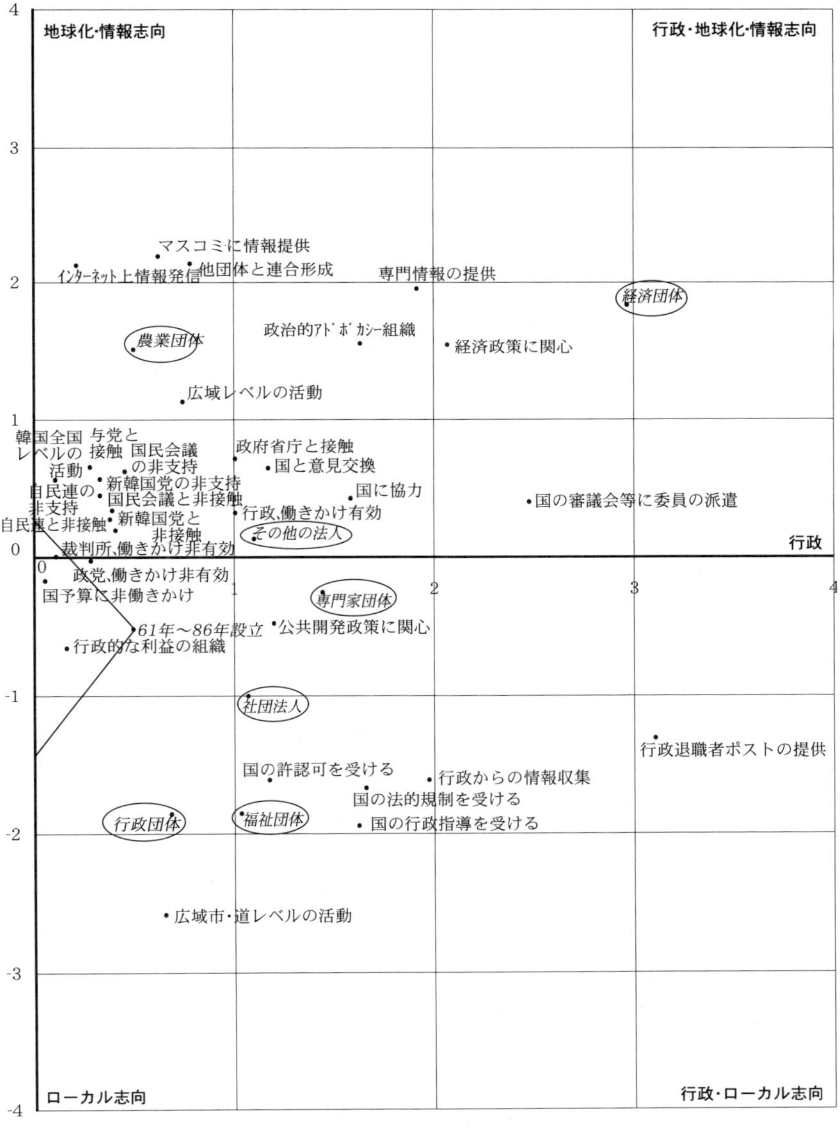

第17章　市民社会の団体配置構造：数量化Ⅲ類による日韓比較　445

縦軸上（地球化・情報志向 ↔ ローカル志向）、横軸（行政）で展開される散布図。主な項目配置は以下の通り：

上部（地球化・情報志向側, y≈1.5〜2）
- マスコミに情報提供
- インターネット上情報発信
- 他団体と連合形成
- 専門情報の提供
- 農業団体
- 政治的アドボカシー組織
- 広域レベルの活動
- 経済政策に関心
- 経済団体

中央付近（y≈0〜1）
- 韓国全国レベルの活動
- 与党との接触
- 国民会議の非支持
- 新韓国党の非支持
- 自民連の非支持
- 国民会議と非接触
- 自民連と非接触
- 新韓国党と非接触
- 政府省庁と接触
- 国と意見交換
- 国に協力
- 国の審議会等に委員の派遣
- 裁判所,働きかけ非有効
- 行政,働きかけ有効
- その他の法人

下部（ローカル志向側, y≈-1〜-2）
- 政党,働きかけ非有効
- 国予算に非働きかけ
- 61年〜86年設立
- 行政的な利益の組織
- 公共開発政策に関心
- 専門家団体
- 社団法人
- 国の許認可を受ける
- 行政からの情報収集
- 国の法的規制を受ける
- 国の行政指導を受ける
- 行政退職者ポストの提供
- 行政団体
- 福祉団体

最下部（y≈-2.5）
- 広域市・道レベルの活動

四隅ラベル：
- 左上：地球化・情報志向
- 右上：行政・地球化・情報志向
- 左下：ローカル志向
- 右下：行政・ローカル志向

法人格なしは政治団体並みに政党に近く、労働団体がそれほど政党に近くない。日本と異なり、労働の政党化が進んでいないことを示唆する。また農業の行政化も進んでいない。ローカルほど政党志向であるという日本の傾向は韓国には見出せない。政治的なアドボカシーを目的とする団体は行政志向であること、ここでの政党志向が野党志向である点が日韓共通である。

(3) Ⅲ軸ではⅠ、Ⅱ軸と比べ日韓の違いが目立った。まず軸の命名に関して、地球化・情報志向という際の「情報」の成分はインターネット情報発信、マスメディア、専門情報と日韓共通であったが、韓国では「地球化」という際のメルクマールとなった世界レベルでの活動は高いレベルではなかった。日本ではそれに反対側の方向を国内モノ志向としたが、関心分野、活動目的、団体分類でそうしたモノ志向性は薄く、ローカル志向となった。

　日韓のより詳細な異同については、もう少し全体の発見を集約して検討する。というのはこれまでの数量化分析の3つの軸に関するグラフに従った変数群別の記述、その軸を組み合わせた変数配置図によるそれぞれの4象限記述で、特性や日本との異同を叙述したが、かなり複雑な内容になったためである。さらに集約するため、数量化法（林Ⅲ類）の示す系統樹を提示しよう（図17-7）。

　日本との違いに注目して纏めてみよう。

　価値推進系団体セクターに関して　①価値推進系の団体（政治、市民）、特に市民団体、法人格なしの団体が明確に政治関与（政党・働きかけ（ロビイング））の軸において積極性の側である点。日本では、この両者は弱い消極性を示していた。市民団体と法人格なしの団体が政治に積極性を持つことで、結果として、政治、市民、法人格なしという比較的新しい市民団体は同じ傾向、政治に積極、政党志向、地球化情報志向においてグループをなすことになった。

　②日本と市民、法人格なしと同じ系統樹上の地点にいるのは、韓国の宗教団体である。近年の設立団体は両国とも同じ地点にいる。韓国の宗教団体は、日本の市民団体や法人格なしと類似した志向を示し、新しい設立団体の傾向と同じであることを示唆する。

　生産者団体セクターに関して　③日本では国内モノ志向であったセクター団体の農業、経済が韓国では地球化・情報志向である。特に情報を重視する

図17－7 韓国の市民社会組織と政策過程：数量化法（林Ⅲ類）による系統樹

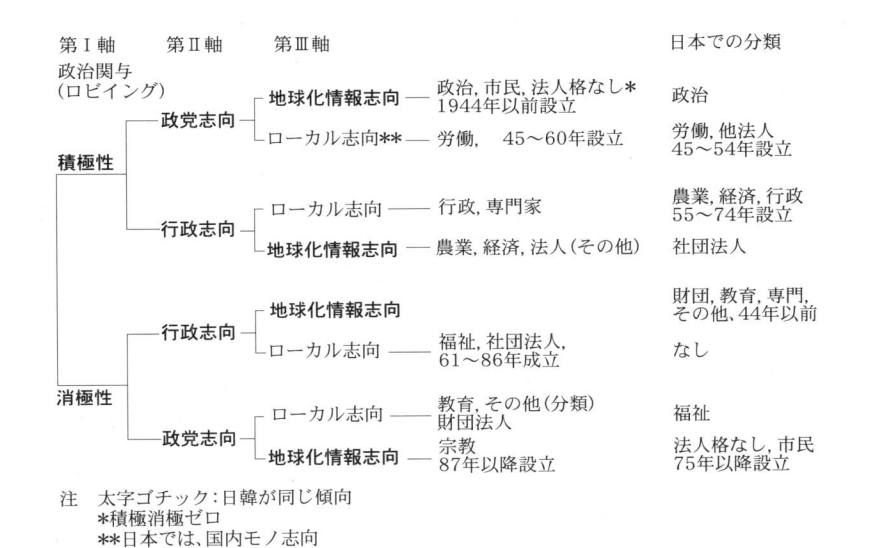

```
第Ⅰ軸      第Ⅱ軸      第Ⅲ軸                                          日本での分類
政治関与
（ロビイング）
                     ┌ 地球化情報志向 ── 政治，市民，法人格なし*        政治
          ┌ 政党志向 ┤                    1944年以前設立
          │          └ ローカル志向** ── 労働，  45～60年設立           労働，他法人
積極性 ┤                                                                  45～54年設立
          │          ┌ ローカル志向 ── 行政，専門家                     農業，経済，行政
          └ 行政志向 ┤                                                  55～74年設立
                     └ 地球化情報志向 ── 農業，経済，法人（その他）      社団法人

          ┌ 行政志向 ┌ 地球化情報志向                                    財団，教育，専門，
          │          │                                                  その他，44年以前
          │          └ ローカル志向 ── 福祉，社団法人，                なし
消極性 ┤                                 61～86年成立
          │          ┌ ローカル志向 ── 教育，その他（分類）             福祉
          └ 政党志向 ┤                    財団法人
                     └ 地球化情報志向 ── 宗教                           法人格なし，市民
                                         87年以降設立                    75年以降設立
```

注　太字ゴチック：日韓が同じ傾向
　＊積極消極ゼロ
　＊＊日本では、国内モノ志向

傾向が韓国の生産者団体にある。

　政策受益団体セクターに関して　④財団法人，教育団体も日本では，行政志向，地球化情報志向であったが，韓国では政党志向，ローカル志向である。⑤福祉団体も，日本では政党志向であるが，行政志向である点が違う。⑥専門家も，日本では消極，行政，地球化・情報志向であったが，政治関与において積極性である点，ローカル志向である点が異なる。④⑤⑥は政策受益団体の問題で，そのローカル性が目立つ。

　⑦K-JIGS調査で量的に最大である福祉団体（ソウルで14％），社団法人（ソウルで38％）は，権威主義期（61～86年）設立団体とともに，消極，行政，ローカル志向であり，これに対応する日本の団体分類はない。

　日韓の共通点に注目すると⑧労働団体，戦後すぐに設立された団体の位置（積極，政党，ローカル），行政関係団体（積極，行政，ローカル）が同じ傾向である。

　このように数量化による網羅的で統計的な構造分析によって，韓国の市民

社会の諸組織の配置構造を析出した時，これまでの各章での検討と一致する傾向が明示的に現れる。全体の結論は章をあらためて論じるとして，いくつかの重要なポイントについて触れておきたい。
(1) 「革新」側の強さ。政治団体や農業団体の性格の日韓の違いが関係するかもしれない。韓国では農業団体や政治団体（実数が少ないので断定できない）は革新的であり，日本のそれは保守的である（第3章参照）。結果としてⅠ軸での政治的な積極性側の労働，農業，政治，市民団体がスコアとして顕著であり，かつ政治団体の性格，農業団体の性格から，全般に革新側が強い。
(2) 市民社会側のアドボカシー団体の「革新」的な「団結」。市民団体，宗教団体，法人格なしも含め，積極性（Ⅰ軸。但し宗教以外）で政党志向（Ⅱ軸），地球化・情報志向（Ⅲ軸）であったし，また新しい団体（87年以後設立）も政治的にはやや消極側であるが，上記3分類と同様に，政党志向，地球化・情報志向をし，結果的に回答パターンの「団結」を示す。
(3) 労働団体は，アドボカシーセクター（政治，宗教，市民団体）よりも政党志向が弱く，日本と比べ政党と距離がある。
(4) 日本のようなⅢ軸で「国内モノ」志向性が明確に現れず，「ローカル」志向に留まることは，生産者セクター（経済，農業），政策受益セクター（専門家，行政，教育，福祉，専門家）の団体に対する政権側からの，分配・再分配政策による政策受益化の傾向が見られないことと関係するだろう。ローカル志向側の関心政策として，安保政策が大きなスコアを示し，経済・科学・農水政策は地球化情報志向であった。またそれは行政関係団体，経済団体，社団法人の政治的な積極性が弱いこと，行政利益目的団体の消極性にも，政治的な積極性において「政策」や「国との（行政）関係」の規定性が弱いことでも見られる。
関連して，(5) 農業団体や行政関係団体の行政志向が弱く，日本と異なり行政との距離がある。
(6) 活動地域でみると，政党志向がローカルなものと関連がない（Ⅱ軸）。
(7) 地球化（韓国では世界化）は進んでいるが，日本とは異なるタイプの地球化（IMF危機以後）認識の可能性がある。韓国では，経済，農業団体も地球化・情報志向側にあり，国際環境，経済政策も同様である。Ⅲ軸で世界志向団体は，あまり規定性がない。

(8) 国との（行政）関係で，行政指導など制度的公式的な関係がローカル，協力など実質的な関係が地球化・情報志向側というのは日韓共通である。

(9) 韓国の政党は，日本と異なりすべてローカル側で，地球化・情報志向側がなく，多様性が好まれないか，総保守性を示す。

(10) 最後に，設立年の規定性が日本より大きく，体制変化の意義を示唆する。

  （1） 林（1993）。三宅・中野・水野・山本（1983）。田中・脇本（1983）。駒澤（1984）。田中・垂水・脇本（1984）。浅野（1996）などを参照。
  （2） 村松・伊藤・辻中（1986：199-203）。林・入山（1997：65-71, 228-229）。林（1997：108-115）。Hayashi, Iriyama, and Tanaka（2000：67-88）．
  （3） 正確に言えば，日本0.16848，韓国0.16794である。
  （4） 正確には日本，0.10507，韓国0.10706である。
  （5） 正確には日本，0.08394，韓国0.08107である。

第18章

結　論

辻中豊・廉載鎬

はじめに

　1987年の民主化宣言（体制変化）を挟むおよそ20年の間に韓国社会と韓国政治に何が起こったのか，それを市民社会，利益団体の観点から，日韓比較という方法を用いて実証的に明らかにするのが，本書の目的であった。本書は，その主たる素材として，民主化宣言から10年目の1997年末に行われた韓国JIGS調査と同年それに先行して行われた日本JIGS調査を用いた。これらの調査は市民社会の基礎構造を団体レベルで明らかにするためになされた包括的な組織・団体を対象とした世界的にも貴重な調査であった。このサーベイを補完するために本書では，両国の現代韓国研究者による事例研究を行い，より事件，組織の現実に深い接近を試みた。

　本書の掲げた最も大きな疑問として次の3つを挙げた。
1　韓国市民社会の団体配置の変容を政治体制の変化から説明する，もしくは団体変容で体制変化を説明することができるか？　両者の相互関係は何か。
2　韓国の市民社会の活性化は本当か？

　韓国社会の変化の中で，狭義の市民社会，すなわち市民団体，NGO，NPOなどアドボカシーセクターの団体が活性化したという議論が台頭した。増大し盛んに見える市民団体などの活動を目前にして，韓国の方が日本より（参加）民主主義的という議論も見出される。他方で，韓国のこうした民主化以後「急造」された市民社会（狭義）に，脆弱性の問題，政治・社会構造の安定性の問題，政治社会との連結やそれ自体の制度化の問題はないかと問う声もある。韓国の経済発展に見られるように，政治においても「後発利益」はあるだろうか。果たして本当に市民社会の諸団体は活性化しているのだろうか？　そうだとすればどのレベル，どのグループがそうなのか。何が，なぜそれらを活性化させているか？
3　韓国の市民社会・政治構造における影響力の配置はどのようなものか？

　韓国の政治体制変化と市民社会の関係，市民社会の活性化を検討した後，私たちが得たい認識は，いうまでもなく現代韓国の影響力配置である。

　この3つの基本的な問いに付随する下位の設問として，
4　韓国ではエリートレベルもしくは中央において市民社会組織が，革新的かつ強力であるが，草の根レベルもしくは地方において市民社会組織が弱い，

という議論は実証できるか？　とりわけ市民社会組織と政党や官僚制など政治社会との関係はどうか？　こうした問いは韓国の民主主義への移行において，強い民主化運動がなぜ政治社会で自己を組織化するのに失敗したか（少なくとも1997年の調査時点までは）という問いと関連する。またこれは2003年以降の盧武鉉政権のもとでの市民社会と政治社会の問題へと発展する。

5　日本との対比において，同じ発展志向型の資本主義国家であるのに，なぜ韓国では生産者団体（セクター）が市民社会で十分なスペースの確保に成功しなかったか，なぜ韓国の経済団体や労働団体などは，市民（アドボカシー）団体のスペース獲得を許したか？　といった問いである。それは翻って，なぜ日本では生産者団体（セクター）が一貫してスペースの継続的な確保に成功しつづけているか，アドボカシーセクターはいかにして日本において大きなスペースを獲得できるのか，韓国では労働者がなぜ政治的および社会的レベルにおいて階級として組織化できなかったのかという問題に連なる。

こうした問いかけの説明枠組みとして，統合空間ダイナミクスモデルを提示した。このそれぞれにこれまでの発見を関連づけ，またモデルとの関連を述べて結論としたい。

1　政治体制と市民社会

政治体制の変化が，87年を大きな転換点として韓国に生じたことは確実である。ただそれは「革命」「体制転換」というより漸進的な体制移行，既成体制側と新体制側の合意による，大変動ではあるが内容的には緩やかなものであったことは本書の様々な分析でも発見され，確認された。

磯崎（第2章）は体制と市民社会の関係を新旧ネットワークの並存と絡み合いながらの変化として歴史的に分析した。権威主義体制期には政権の統治構造からのネットワーク形成の規定性が大きく，87年の体制移行の開始後も政権は新旧ネットワークと単純でない関係を持ちつつ市民社会に影響を与えた。97年の調査時点は丁度，新旧せめぎ合いの時期である。

体制変化が開始されたということは市民社会の諸組織に様々な影響を与えたが，それを87年前後の設立団体のイデオロギー分布の「揺れ」として辻中（第3章）は捉え確認した。全体として，韓国の市民社会は革新化したが，執

行部での革新化は特に農業,市民,福祉,宗教,労働団体など「大衆組織」で生じ,エリート主導型の経済,教育,行政,専門家では執行部や会員の保守化が生じ,両極化したと推論できる。

　政治体制の変化は団体の形成に大きな影響を与えると予想される。統合空間ダイナミクスモデルによっても政治体制の変化は政府の団体規制の自由化を招来し,利益集団空間が爆発的に拡大するからである。第4章での分析は,87年以後の過程が複雑なものであったことを示唆した。87年直後に進んだのは労働の噴出を除けば経済団体などの整理であり,次いで主として93年の文民政権期に労働,政治,その他,市民,専門家,宗教団体などが噴出した。国家コーポラティズムの消滅から労働・階級政治の台頭と退潮,そして多元的様相へ,時期を追って移行したのである。その過程で,政権がそれぞれ性格を変えていき,団体政策も漸進的に自由化されたため多様な国家・市民社会(団体)関係が生じたが,経済危機を経た99年以降市民団体の定着など多元的な安定が生じている。韓国において,民主化への政治体制変化が漸進的であったこともあり,体制変化と市民社会の関係は,とりわけ相互規定的であった。

　第5,第6章では,統合空間ダイナミクスモデルの一部である社会・資源次元と国家・制度次元の変容について分析した。開発志向の権威主義体制下に発した韓国経済・社会の変容は,「急速かつ圧縮した変化」を導き,成熟と未成熟のやや斑な部門構成を持つとはいえ,90年代には先進国社会に入ったことを確認した。さらに民主化後も政治からの団体への規定性が大きかったことを制度変化を丹念に分析することで示した。97年の調査時点は経済危機と政治的な最終的な自由化という異なる次元・方向のベクトルがクロスした時であった。

　このように第一義的に政治体制変化が市民社会を変えていったことは事実である。しかし,急速・圧縮した社会変動に裏打ちされた市民社会の団体からの圧力は,国家側が関連団体を積極的に組織し,国家コーポラティズム的な編成を行わせただけでなく,権威主義の弛みに際して間欠的に投票行動や社会運動の形で政治過程に噴出し,体制変化を促す効果を持った。民主化後には,段階を経て,市民社会は膨張し成熟したが,調査時点後の金大中,盧武鉉政権を経て,市民社会の関与によるガバナンス自体の変容の可能性も生

じている（第7章，第Ⅲ部参照）。

　特にガバナンスの観点から見れば，政治体制の変化自体も，単に選挙制度，大統領制等のような既存の政治制度変化のみならず，政治システムの運営に対する変化にも注目し理解しなければならない。市民団体の積極的な活性化が，政党構造の再編，汚職政治家の退出，選挙公認制度の改善，選挙区及び比例代表制等，具体的な政治改革に大きな影響力を行使していることをみると，単に政治制度的な民主化だけで政治体制が変化したと捉えることには限界がある。市民団体の政治改革への理念や意思が，政党及び政治システムの運営にどのような影響を及ぼしているかを理解することが，政治体制変化の確認にとって大きな助けとなるものと思われる。

　本書で行ったのは政治体制と市民社会の関連をめぐる記述的な推論であり，そのメカニズムの解明については今後の課題とする。

2　市民社会の活性化

　市民社会の活性「化」を検討するということは比較を前提とする。歴史的に民主化「以前」より活性化したかという比較，さらに他の国々より活性化したかという比較である。市民社会を，市民社会の組織全体と見る「広義」の場合と市民社会組織のうち，アドボカシー団体と呼ばれるNGOやNPOを含む市民団体，政治団体に限る「狭義」の場合がある。両方で検討し結論づけてみたい。

　広義について，韓国の団体総量の分析（第1，4章）は，民主化前後20年で団体の事業所数（密度）は倍増以上であるが団体従業者数（密度）は微減を示す統計から出発した。日米との比較では，団体事業所数はほぼ追いついたが，従業者数は逆に引き離されたのである。団体の形成，設立の点から言えば，80年代後半から確かに設立数は全般に増えているが，総量のグラフからみれば90年代中葉までは増大し，その後停滞している。広義の市民社会組織は民主化以前よりは量的に拡大したが，90年代中葉から停滞し，特に団体従業者数は民主化後の一時的なバブル的拡大から半減している。数量的には民主化以前との比較では活性化したものの，民主化後は必ずしも活性化傾向が続いているとはいえない。

　狭義の市民社会組織，アドボカシー団体を見れば，民主化以前と比べ政治

団体は微増,市民団体はかつては統計になかったものが登場したという点では増大傾向のようであるが,統計を取り始めた93年以降は減少している。JIGS調査の設立年では90年代にかなりの市民・政治団体が設立されている。

　広義,狭義ともに,量的には,民主化以降一時的な活性化の後限界を迎え安定化した中で,質的な活性化はどうみるべきだろうか。JIGS調査に基づいて団体全体と行政や政党との関係でみれば,国や自治体行政の各クラスとの接触は相当増大したし,それらとの協調もやや深まっている。しかも狭義の市民社会組織である政治,市民団体,量的にも増大している専門家団体,農業団体でも,行政との接触や協調は増大しているのである。政党との関係でも,政党接触はやや増大しており,政党によって異なるが農業,労働,市民,政治団体の伸びが注目できる。このように政治アクターとの関係は,狭義の市民社会を中心に確かに活性化したのである。

　市民社会の活性化とは,革新化を意味する訳では必ずしもない。前節で触れたように,全体として,韓国の市民社会は革新化したが,執行部での革新化は特に農業,市民,福祉,宗教,労働団体など「大衆組織」で生じ,エリート主導型の経済,教育,行政,専門家では執行部や会員の保守化が生じ,両極化した。革新化した団体の政治的な活性化が生じたのである。さらに団体の自己影響力（認知）を規定する要因（第10章）において,韓国では執行部の革新性（革新的な人が多い）が自己影響力を拡大する方向に作用することが発見されているから,革新化した上記の狭義の市民社会が含まれる大衆組織は影響力認知を増す傾向があると推定できる。

　こうしたサーベイでの発見を,典型的組織の事例研究（第13章），政府－NGO関係（第14章），女性運動（第15章），住民運動（第16章）の事例研究それぞれで,その活性化の実態,その理由,ならびに,その問題点が検討されている。なお単純に活性化し影響力を増しただけでなく,体制移行期の制度的な要因なども関係するが,広義・狭義の市民社会が活性化したことは支持された。

　このような市民社会の活性化を前提とすると,現代の韓国では市民社会（および経済社会）の先進性と政治社会の非先進性が共存する非同時性（co-existence of non-simultaneous phenomena, 社会下位システム間のギャップ）問題が生じていると思われる。市民社会の政治的レベルは相当程度活性化し

先進化したものの,権威主義的政治体制から急速に民主化した政治システムは基本的になおこれまでの権威主義的大統領制と権威主義的政党体制の性格を維持しており,市民社会からの圧力に直面せざるをえない。事実,民主化運動の先頭に立ってきた金泳三と金大中の両大統領までも,軍事独裁時代の権威主義的政治スタイルから脱せずにいると批判された。こうした政治システムの遅れは,既成政党と政治家に対する国民の不信を深めさせ,市民団体の鮮明な先進性を浮き彫りにする結果をもたらした。

3　影響力配置

本書では,主として市民社会の諸組織へのサーベイを基にして分析を行っており,団体の視角からみた影響力配置しか論ずることはできない。しかし,多様な団体に多様な政治・社会アクター間の関係(第11章),影響力関係(第9章),政策関心(第12章)を聞いているし,自己の影響力の認知(第10章)も聞いており,そこでの回答のパターンに関して主成分分析やグラフィカル分析を行ったので,団体からみた現代韓国の影響力配置を推定することができる。

JIGS調査での影響力評価順位の4ヵ国比較では,韓国において政党,マスメディア,文化人・学者,消費者団体の評価は最も高く,農業,福祉団体の評価は最低であった。日本との比較では,マスメディア,労働,文化人・学者,外国利益団体,消費者団体,NGO・市民団体ほか,女性・婦人団体の評価が相対的に高かった。政治・社会アクター間の影響力関係を主成分分析した結果から推定されたのは,日本と比べてマスメディア,文化人・学者が「体制権力構成」グループとして認識されるという点で異なった。またアクター間の関係から導かれたグルーピングでは,体制を構成する集団のうち,政党,経済団体,官僚とは別に,マスメディア,大企業,文化人・学者がグループをなした。さらに自己影響力は確かに政策への実際の影響力と同じではないが,それを規定する要因として,日本以上にマスメディアへの情報提供が強い規定性を持つと共に執行部イデオロギーの革新性も重要であった。

このように見れば,韓国において,他の国々と共通する政党や大企業,官僚制といった資本主義的な先進国共通の権力アクター以外に,マスメディア,文化人・学者,そして一部の市民団体が相当な影響力を有していると認識さ

れていることは間違いない。一種のアイディアや情報の政治が，重要な意味を持っていると予想される。

　加えて，前章で数量化分析によって詳しく構造分析したように，政治，市民，法人格なしの団体分類は，3つの析出されたすべての軸において，政治関与の積極性，政党志向，地球化・情報志向で共通し，グループをなしていた。87年以降設立，労働団体も，87年以降設立がやや消極性である点，労働がローカル志向である点を除けば共通であり，在野系集団が共通した態度傾向を示していた。

　ここでその影響力配置について結論づけることはできないが，おそらく韓国の場合，影響力評価など多くの設問・分析で政党とマスメディア，そして文化人・学者，一部市民団体の影響力が高いのは，それらが政治的民主化の過程で国民の政治化に重要な役割を担った社会集団であるからであろう。一方，官僚組織などは，経済発展の過程では重要な役割を担当したものの，社会的問題や政治化した争点では重要な社会集団として認識されていない可能性がある。つまり官僚組織は，政治的利害の絡む争点では表には登場できず，政治的道具として認識されていると推定できる。このような本書の分析から析出されたマスメディア，文化人・学者，そして一部の市民団体が影響力をもつアイディアや情報の政治と，政治関与の積極性，政党志向，地球化・情報志向で共通する狭義の市民社会，アドボカシーセクターの政治が，相乗効果を発揮する時，金大中政権から盧武鉉政権にいたる新しい影響力配置の構造を垣間見ることができるだろう。

4　中央のエリートによる政治社会と分離した市民社会

　本書では，市民社会組織の団体リーダーの社会経済的背景や教育の属性について分析していない。それゆえそうした属性の点で，中央のエリート性を結論づけることはできない。

　ここで述べたいのは，韓国の市民社会は，末端の自治体などローカルなもの，草の根に発するものの規定性が弱いこと，ローカルなものと政治関係，政治社会・政党との関係が弱いことである。そこからの推定として，従来から記述的に論じられているエリート性や政治社会との疎遠性を検証できるのではないかということである。

このことを体系的に論じたのは，第8章で，韓国における与党（政権党）ネットワークの欠如という議論である。団体が活動レベルに関係なく国の行政を志向する活動地域差は韓国では重要でなく，基礎自治体レベルで政党の意義が小さい。基礎自治体レベルでの団体と政党との接触は日本より少なく，突出した政党もなく，各政党は地方の団体を掌握していないように見える。団体は特定の政党と結合することが少なく，日本のような政党にそった系列化は見られない。

政策を検討した第12章でも，一般に韓国の団体は他の設問では日本より積極的な回答が見られるが，政策に関しては消極的であった。特に日本の茨城県が高い政策関心を持つのに比して京畿道がそうではなかった。韓国では政治社会との連動が弱いため，政策関心が弱い。

組織事例研究（第13章）では，中央のエリート型市民団体の台頭，そしてそれが既成政治への一員として市場型・マスメディアタイアップ型になりつつあること，脱理念化，争点複合化，組織規模の巨大化という傾向を示すこと，その例としての中央の女性運動（第15章），さらにそうした強力な市民団体が行政と政策協議に入り合意形成する過程（第14章），中央の団体が地方自治体と中央政治機構を結ぶことで住民団体の運動を成功に導く過程（第16章）が分析された。いずれも先に触れたように市民社会（狭義）の影響力増大の例であると同時に，その中央集権性，エリート性，そして政党との距離の例でもあった。

第17章の数量化分析でも，以上の点の確認として，政党志向とローカルな活動地域との関連が少なく，基礎自治体を除いて行政志向であるなど，政党の浸透が弱いことが示された。他方で，政治，宗教，市民団体，法人格なしの団体分類は，教育，労働団体以上に明確に政党志向であり，政党への期待は高いのである。

市民社会，特に狭義のそれ，アドボカシーセクターは，政党など政治社会との関係を求めているが，地方自治制度の遅れもあり，政治社会の浸透はまだローカルまで達しておらず，また市民社会自体もローカルな発展が遅れているのであろう。

5　残された問いかけ：現代日韓分析への示唆

近代化論的な発想で開始された JIGS 調査は，韓国調査の分析が進むにつれ，基本的転換を余儀なくされ，問題点は残るが，活性化した，力強い市民社会を韓国に発見した。それは GEPON 調査でも検証された事実であった。そしてその発見を裏付けるように，調査後の政治の現実は金大中政権から盧武鉉政権へと推移した。同時に，ここで示したエリート性や政治社会との連関の弱さは両政権の抱えた市民社会的な問題点を示すものでもあった。韓国社会は，安定した民主主義政治へ向けて，政治社会と市民社会の調和的な統合を模索中であるように見える。

　現時点から総括すれば，韓国の1987年民主化宣言は S. Krasner (1984) がいう「均衡の断絶」(punctuated equilibrium) に該当すると考えられる。新制度主義的観点からみると，こうした均衡の断絶は韓国社会の政治制度を根本的に変えることになったが，この制度を動かしていく下位単位の政党構造と政治家の属性は変わらず，制度的葛藤（ギャップ）が生じることになった。こうした現象は第二次世界大戦後に植民地から独立した国家が民主化した政治体制への道に進めず，かえって一層権威主義的で，独裁的な政治体制の道を歩んだ現象に類似している。

　韓国社会の政治体制の民主化と市民団体の影響力に対する分析は，本書では十分展開できなかった新制度主義の理論的観点からも興味深い。つまり，急激な制度の変化があらゆる社会的問題を解決するものではない。急激な制度の変化が現れると社会システムにおいて，先進と後進が共存するいわゆる非同時性の現象が発生することになる。まるで激しい地殻変動が生じた後，常態に復帰するまで一定の時間がかかるように，非同時性現象の共存は，激しい社会的葛藤過程を経験しながら，幾度にわたる社会的調整を通して１つの均衡状態をなす制度に発展していくことになる。この点で，2003年以降さらに激しさを増した韓国の政党と市民団体の葛藤，盧武鉉政権の政治改革の限界等は，まだ韓国の現在が政治制度の均衡状態を目指していく過渡期そのものであることを説明している。

　同様の観点から日本を見れば，日本では1993年の政治変化（連立政権）が韓国社会のような均衡の断絶をもたらすことはできず，結局既存の制度的特性へと回帰する現象として現れた。したがって，市民団体と政治社会集団間の深刻な葛藤よりは，政治社会集団内部の漸進的な政治改革の形態として現

第18章　結論　461

れた。つまり，政治システムは従前の均衡を維持しながら政治集団内部の編成替え作業によって変革を推進していこうとするため，10年余にわたる政治改革の長期化現象が現れたと見ることができる。

　ただこうした新制度主義的な理論説明を追究する旅も，次の巻の課題へと持ち越し検討していくことにしたい。

　他方で，比較調査と分析の旅を続ける私達は，分析枠組みを統合空間ダイナミクスモデルへと転換し，その枠組みを意識しながら検討を続けてきた。

　すなわち，本研究の方法論における残されたもう１つの課題は，サーベイ調査で分析した韓国の基礎レベルの団体の全般的な変化と民主化以後の韓国政治システムの変化との相互関係をいかに科学的に推論するかである。一般的にいって，本調査が個々の団体の属性，行動や関係などミクロ・レベルでの現象を主に分析するものであるため，マクロ・レベルでの市民社会の特性を推論するのには限界があることを意味する。この限界を克服するために，本研究では統合空間ダイナミクスモデルを用いて，基礎団体のサーベイ調査結果を分析した。この研究を通して韓国の基礎団体の特性に関する体系的な分析が初めて行われたことは大変意味のある作業として評価できるだろう。他方，マクロ・レベルでは，韓国の市民社会を理解するにあたって，韓国の政治社会の変化が基礎団体の変化よりもいっそう激しく，この変容過程で特定の市民団体が及ぼす影響があまりにも大きいため，単純なサーベイ結果だけで韓国の市民社会の性格を明らかにすることには限界がある。つまり，方法論上，韓国のJIGS研究で調査された団体の特性を集計した結果だけを用いて韓国の市民社会の現象に関して分析する際，「参与連帯」，「経実連」，「環境運動連合」など大きな影響力を持つ市民団体が非常に強いダミー変数（dummy variable）の役割を果たすため，分析結果の全体的な説明力を低下させる可能性がある。したがって，韓国の市民社会に関する研究は，本研究でも試みたように単純なサーベイ方法に依存した実証研究のみならず，事例研究による補完作業を通してこそ正確に把握できるのである。すなわち，方法論的個体主義（methodological individualism）に依存した行動主義的アプローチの限界を新制度主義のような全体論（holism）的な方法論で補完して総合的にアプローチするとき，ミクロ・レベルの分析を通したマクロ・レベルの特性の理解が可能になる。

こうした方法論的な諸点を意識して，本書を構成したが，筆者たち自身もそれに満足している訳ではない。例えば，韓国の市民社会はいかにしてスペースを確保し，アドボカシーは陣地を確保したかという問いかけは，93年以後も，実質的な政権交代がほとんどなく，アドボカシーセクターの脆弱性になお悩む日本の市民社会・利益団体分析からは，魅力的な問いである。残念ながら，そのメカニズムについて，私達がここで行ったのは，一種の記述的な推論を様々な角度から行うことであった。一種の市民社会の陣地取りゲームをある程度因果論的にかつ実証的に明らかにしてこそ，統合空間「ダイナミクス」モデルであるが，この巻の分析も十分なものではなかった（そのため第五の問いには正面から答えていない）。このモデルの具体化に向け今後も理論的分析化に努力していきたい。

　こうしたミクロとマクロの総合という課題は，今後も続けられる5ヵ国全体の基礎団体に対する比較研究の中でなお一層重要な問題となるだろう。それを克服するためには，各国の制度主義的な特性を十分に検討し，分析の基礎資料とし，または分析の背景として理解することが必要となってくる。こうした制度論的な基礎作業を前提にして実証的な調査から得られたデータを相互比較するとき，市民社会に対する総合的な理論枠組みが出来上がるものと思われる。国際JIGS調査において各国間の単純なデータ比較を通じてミクロ・レベルを分析するのみならず，市民社会の変化とその特性に関するマクロ・レベルの理解のための理論枠組みをもってデータの性格を明らかにする作業が行われるとき，比較政治研究の第三の方法論を提示できると期待する。すなわち，ミクロ・レベルにおいてJIGS調査から得られた資料を分析し，事例研究を通してマクロ・レベルの特性を把握し，各国の市民社会の特性に対する総合的な理解を図ることが必要である。

　最後の残された問いの例を引けば，なぜ日韓の基本構造（第17章における3つの軸の共通性など）は類似しているかである。他の諸国，米独だけでなく，中国，ロシア，トルコなど非西欧圏も含めて展開している国際JIGS調査は，本当にこれは日韓だけの類似なのか，どのように，どうしてそうなのかを今後比較精査しつつ，普遍的な市民社会と利益団体の構造，論理，機制を求めて検討を行う旅を続けていくことになる。

参考文献*

*基本的に引用文献に限った。図表の基礎となった資料については，各図表および注に記載した。

＜邦文（五十音順）＞

浅野紀夫『統計・分析手法とデータの読み方』日刊工業新聞社1992：202.
足立研幾（2002）「利益団体とマス・メディア：関係性の諸相」，*IPE Discussion Paper* No. 5，1−19.
尹景徹（1986）『分断後の韓国政治』木鐸社.
石田雄（1978）『現代政治の組織と象徴』みすず書房.
伊藤光利（1998）「大企業労使連合再訪」特集「政権移行期の圧力団体」『レヴァイアサン』臨時増刊：76−77.
猪口孝ほか編（2000）『政治学事典』弘文堂.
イーストン，デヴィッド（山川雄己監訳）（1998）『政治構造の分析』ミネルヴァ書房.
磯崎典世（1998）「開発によるアイデンティティと価値観の変容−韓国の『上からの開発』の進展と社会意識の変化−」川田順造他編『岩波講座 開発と文化4 開発と民族問題』岩波書店：257−282.
磯崎典世（2001）「韓国−アドボカシー中心の民主化団体−」重冨真一編著『アジアの国家とNGO：15カ国の比較研究』明石書店：354−379.
磯崎典世（2003）「韓国の市民社会と政治参加−2002年大統領選挙過程を軸に−」『現代韓国朝鮮研究』3号.
伊藤大一（1980）『現代日本官僚制の分析』東京大学出版会.
ウィルソン，グラハム・K（1986）「合衆国には何故コーポラティズムがないか」Ph. C. シュミッター G. レームブルッフ（山口定監訳）『現代コーポラティズムⅡ：先進諸国の比較分析』木鐸社.
大西裕（2002）「韓国における金融危機後の金融と政治」村松岐夫／奥野正寛『平成バブルの研究（下）崩壊編』東洋経済新報社.
蒲島郁夫（1985）「影響力の階層構造」『平等をめぐるエリートと対抗エリート』創文社.
蒲島郁夫（1990）「マスメディアと政治」『レヴァイアサン』7号.
木宮正史（2001）「韓国における経済危機と労使関係レジームの『転換』：労・使・政委員会の活動を中心に」松本厚治・服部民夫編『韓国経済の解剖』文真堂：213−235.
木宮正史（2003）『韓国—民主化と経済発展のダイナミズム』ちくま新書.
金浩鎮（李健雨訳）（1993）『韓国政治の研究』三一書房.
駒澤勉（1984）『数量化理論とデータ処理』朝倉書店.
クズネッツ・サイモン（塩野谷祐一訳）（1968）『近代経済成長の分析 上』東洋経

済新報社.

佐藤誠三郎（1992）『死の跳躍を超えて：西洋の衝撃と日本』都市出版.

サルトーリ，G.（岡澤憲芙・川野秀之訳）（1980）『現代政党学Ｉ』早稲田大学出版部.

下平好博（1994）「コーポラティズムと経済パフォーマンス」稲上毅・H. ウィッタカー・逢見直人・篠田徹・下平好博・辻中豊（1994）『ネオ・コーポラティズムの国際比較』日本労働研究機構：376－421.

社会経済生産性本部（2003）『活用労働統計2003年版』社会経済生産性本部.

シュミッター，Ph. C.（辻中豊訳）（1984）「いまもなおコーポラティズムの世紀なのか」Ph. C. シュミッター・G. レームブルッフ（山口定監訳）『現代コーポラティズムＩ：団体統合主義の政治とその理論』木鐸社：23－100.

趙昌鉉（朴盛彬・大友貴史訳）（1998）「韓国の政治体制と地方政治」『レヴァイアサン』23号：151－164.

徐輔健（2001）「市民団体の選挙運動と政治参加－2000年韓国の総選挙中の落選運動について」『阪大法学』第51巻1号.

ジョンソン，チャルマーズ（中本義彦訳）（1994）『歴史は再び始まった：アジアにおける国際関係』木鐸社.

慎斗範（1993）『韓国政治の現在：民主化へのダイナミクス』有斐閣.

滝沢秀樹（1992）『韓国の経済発展と社会構造』御茶の水書房.

田口富久治（1969）『社会集団の政治機能』未来社.

建林正彦（1994）「産業政策と行政」西尾勝・村松岐夫編『講座行政学　第3巻』有斐閣.

ダール，R. A.（高畠通敏訳）（1999）『現代政治分析』岩波書店.

ダール，R. A., C. E. リンドブロム（磯辺浩一訳）（1961）『政治・経済・厚生』東洋経済新報社.

崔章集（中村福治訳）（1997）『現代韓国の政治変動：近代化と民主主義の歴史的条件』木鐸社.

崔章集（中村福治訳）（1999）『韓国現代政治の条件』法政大学出版局.

曺圭哲（1995）『日本の政府・企業関係と政府資源動員のオズモティック・ネットワーカーとしての天下り』（筑波大学博士学位請求論文）.

田中豊・垂水共之・脇本相昌（1984）『パソコン統計解析ハンドブックⅡ：多変量解析編』共立出版株式会社.

田中豊・脇本和昌（1983）『多変量統計解析法』現代数学社.

辻中豊（1984）「日本における利益団体の形成と組織状況」『北九州大学法政論集』12巻1号：231－284.

辻中豊（1988）『利益集団』東京大学出版会.

辻中豊（1994）「比較コーポラティズムの基礎的数量分析：韓国とアメリカ，日本

の比較　利益集団分析」稲上毅・H. ウィッタカー・逢見直人・篠田徹・下平好博・辻中豊（1994）『ネオ・コーポラティズムの国際比較』日本労働研究機構：422－477.

辻中豊（1997）「日本政治のベクトル転換：コーポラティズム化から多元主義化へ」『レヴァイアサン』20号：130－132.

辻中豊（1998）「成熟社会におけるNGO・NPO・市民活動団体」成田憲彦編『次の時代を担う　日本の新しい組織とグループ』NIRA研究報告書.

辻中豊（1999a）「日本の地球環境政策アクターとは何か」『選挙』2月号：8－13.

辻中豊（1999b）「韓国の地球環境政策アクターとは何か」『選挙』3月号：13－18.

辻中豊（1999c）「比較の中での日本の市民社会と市民社会の組織」『選挙』4月号.

辻中豊（2002）「世界政治学の文脈における市民社会，NGO研究」『レヴァイアサン』31号：8－25.

辻中豊・石生義人・三輪博樹（1997）「日本における地球環境政策ネットワークの現状」『中央調査報』NO.482：1－5.

辻中豊他（1998）「現代日本における利益団体の行動様式：『団体の基礎構造に関する調査』に基づく市民社会の団体行動の実態」『国際政治経済学研究』創刊号：63－83.

辻中豊・朴盛彬（1998）「日韓利益団体の基礎的比較研究」『筑波法政』25号：49－75.

辻中豊・森裕城（1998a）「現代日本における利益団体の存立様式」『筑波法政』24号.

辻中豊・森裕城（1998b）「現代日本における利益団体：活動空間別にみた利益団体の存立・行動様式」『選挙』4月号.

辻中豊・李政熙・廉載鎬（1998）「日韓利益団体の比較分析―1987年民主化以後の韓国団体状況と政治体制」『レヴァイアサン』23号：18－49.

辻中豊・崔宰栄（1999a）「現代日本の利益団体と政策ネットワーク：日米独韓比較実態調査を基にして（その9）日本と韓国の市民社会と影響力構造」『選挙』9月号.

辻中豊・崔宰栄（1999b）「現代日本の利益団体と政策ネットワーク：日米独韓比較実態調査を基にして（その10）日本と韓国のアクター・団体間関係の構造」『選挙』10月号：16－26.

辻中豊編（1999a）『地球環境政策ネットワーク調査（日本）J-GEPONコードブック』1月.

辻中豊編（1999b）『地球環境政策ネットワーク調査（韓国）K-GEPONコードブック』2月.

辻中豊編（2000）特集「地球環境政治と市民社会」『レヴァイアサン』27号.

辻中豊編（1999c）『団体の基礎構造に関する調査（韓国）K-JIGSコードブック』エル・デー・ビー.

辻中豊編（2002）『現代世界の市民社会・利益団体　研究叢書Ⅰ：現代日本の市民社会・利益団体』木鐸社．
土本武司（1995）『最新公職選挙法罰則精解』日本加除出版株式会社．
恒川惠市（1996）『企業と国家』東京大学出版会．
富永健一（1988）『日本産業社会の転機』東京大学出版会．
ハンチントン, S. P.（坪郷實・中道寿一・藪野祐三訳）（1995）（原文1991）『第三の波－20世紀後半の民主化』三嶺書房．
朴喆熙（2000）『代議士の作られ方：小選挙区の選挙戦略』文芸春秋．
林知己夫（1993）『数量化－理論と方法』朝倉書店．
林知己夫編（1997）『現在日本の非営利法人の実像：日本の財団・社団の実態調査を中心として』笹川平和財団．
林知己夫・入山映（1997）『公益法人の実像：統計から見た財団・社団』ダイヤモンド社．
広瀬道貞（1981）『補助金と政権党』朝日新聞社．
バリントン・ムーア, Jr.（宮崎隆次・森山茂徳・高橋直樹訳）（1986）『独裁と民主政治の社会的起源Ⅰ』岩波現代選書．
バリントン・ムーア, Jr.（宮崎隆次・森山茂徳・高橋直樹訳）（1987）『独裁と民主政治の社会的起源Ⅱ』岩波現代選書．
樋渡展洋（1991）『戦後日本の市場と政治』東京大学出版会．
ヘンダーソン, グレゴリー（鈴木沙雄, 大塚喬重訳）（1973）『朝鮮の政治社会』サイマル出版会．
ペンペル, T. J., 恒川惠市（辻中豊訳）（1984）（原文1979）「労働なきコーポラティズムか：日本の奇妙な姿」Ph. C. シュミッター・G. レームブルッフ（山口定監訳）『現代コーポラティズムⅠ：団体統合主義の政治とその理論』木鐸社：239－293．
福井治弘・李甲允（1998）「日韓国会議員選挙の比較分析」『レヴァイアサン』23号：50－77．
文正仁（2001）「日韓政治経済の比較分析－問題領域, 理論, 研究課題」小此木政夫・文正仁編『日韓共同研究叢書4　市場・国家・国際体制』慶應義塾大学出版会．
升味準之輔（1960）「圧力団体の問題点」日本政治学会編『年報政治学　日本の圧力団体』岩波書店．
升味準之輔（1990）『西欧と日本』東京大学出版会．
松井茂記（2002）『日本国憲法　第2版』有斐閣．
松本厚治・服部民夫編著（2001）『韓国経済の解剖』文眞堂．
三宅一郎（1985）『政党支持の分析』創文社．
三宅一郎・中野嘉弘・水野欽司・山本嘉一郎（1983）『SPSS統計パッケージⅡ：解析編』東洋経済新報社．

村松岐夫（1985）「政治過程」三宅一郎・山口定・村松岐夫・進藤栄一『日本政治の座標』有斐閣．
村松岐夫（1994）『日本の行政：活動型官僚制の変貌』中央公論社．
村松岐夫・伊藤光利・辻中豊（1986）『戦後日本の圧力団体』東洋経済新報社．
村松岐夫・伊藤光利・辻中豊（2002）『日本の政治　第2版』有斐閣．
森裕城・足立研幾（2002）「団体－行政関係：政府と社会の接触面」辻中豊編『現代日本の市民社会・利益団体』木鐸社．
森裕城（2002）「団体－政党関係：選挙過程を中心に」辻中豊編『現代日本の市民社会・利益団体』木鐸社．
森山茂徳（1998）『韓国現代政治』東京大学出版会．
山口定（1989）『政治体制』東京大学出版会．
山口定（1998）「政治体制」『新訂版現代政治学事典』ブレーン出版：546．
山之内靖・ヴィクター・コシュマン・成田龍一編（1995）『総力戦と現代化』柏書房．
ラセット，ブルース（鴨武彦訳）（1996）『パクス・デモクラティア：冷戦後世界への原理』東京大学出版会．
「労組専従者の賃金支給問題と政労使の取り組み」（2000）（国別労働事情「韓国」）『海外労働時報』293号：2月．
山本正ほか（1998）『「官」から「民」へのパワー・シフト』TBSブリタニカ．

＜韓国語文＞（著者名については漢字もしくはカタカナで表記した．五十音順）
『韓国行政学報』34（2）．
『民主女性』（6号88.12－19号95.4）．
アン・ムンソク（1990）「協同生成の条件と行政の役割」『社会科学論集』（高麗大），15：25－41．
イ・ジョンヒ（1996）「韓国の利益集団の4大地方選挙参加戦略」1996年韓国政治学会月例発表大会論文．
イ・スフン（1996）『世界体制の人間学』社会批評社．
イ・スンヒ（1994a）『女性運動と政治理論』緑豆．
イ・スンヒ（1994b）『韓国現代女性運動史』白山書堂．
イ・ミギョン他（1988）『韓国女性団体連合10年史』，同徳女子大学校出版部．
イム・スンビン（2000）「日韓の地方自治体の政策過程におけるNGOとのパートナーシップの関係」『韓国行政学会2000年度企画セミナー論文集：政府とNGO』．
イム・ヒソプ（1999）『集合行動と社会運動の理論』高麗大学出版部．
イム・ヒョンジン／ゴン・ソクギ（1997）「韓国社会と新社会運動―運動組織の分析」『韓国社会科学』19（2）ソウル大学社会科学研究院．
イム・スンビン（1999）「行政とNGOとのネットワークの構築に関する研究」ソウル：韓国行政研究院．

イム・スンビン (2000)「韓・日地方政府の政策過程におけるNGOとのパートナーシップ関係」『政府とNGO』,韓国行政学会2000年度発表論文集：113-133.

オ・ジェイル (2000)「地域社会における地方政府とNGOとの関係に関する考察」『政府とNGO』韓国行政学会2000年度発表論文集：351-369.

ガン・ミョング (2000)「政府とNGO関係：国家と市民社会の相互強化（mutual empowerment）のための比較論的検討」『政府とNGO』韓国行政学会2000年度発表論文集：47-61.

キム・キョンヒ (2000)「国家フェミニズムの可能性と限界」『経済と社会』2000年春号.

キム・キョンヒ (2001a)「地域女性政策と予算の新たなパラダイムのために」韓国女性民有会教育資料.

キム・キョンヒ (2001b)「政府と女性NGOの女性政策議論：性主流化の戦略を中心に」韓国NGO学会学術大会.

キム・ジュンギ (1998)「韓国の非営利団体（NPO）の社会・経済的役割に関する研究」『1998年韓国行政学会冬季学術大会発表論文集』.

キム・ジュンギ (1999)「政府－NGO関係に対する理論的考察及び政府のNGO支援事業分析」『韓国行政学会冬季学術大会発表論文集』.

キム・ジュンギ (2000a)「非営利セクターの成長と政府との関係に関する研究」『韓国行政学会2000年度企画セミナー論文集：政府とNGO』.

キム・ジュンギ (2000b)「地方自治体とNGOの望ましい関係」『地方行政』49（通巻595）.

キム・ソンジョン (1994)「選挙制度と投票行動：カナダとアメリカの比較」『韓国と国際政治』10（2）.

キム・ホギ (2000a)「市民社会の構造と変動：1987-2000」『韓国社会』第3集.

キム・ホギ (2000b)「NGO主導の社会改革の方向」梨花女子大学社会科学研究所ガバナンス教育研究団学術大会発表論文.

キム・ヨンホ (2001)「国際レジームの形成とNGO：NGOの役割の概念化および影響力分析」『韓国北東アジア論争』6（3）.

キム・ヨンレ (1990)『韓国の利益集団と民主政治の発展』デワン社.

キム・ヨンレ (1999)「市民団体の政治参加の発展方向」2000年韓国政治学会企画学術会議発表論文.

キム・ヨンレ/イ・ファス/イ・ギホ (2001)「非政府組織（NGO）の超国家的ネットワークと市民社会の活性化戦略に関する比較研究：韓国・日本・アメリカ」『国際政治論集』41（4）.

キム・ワンシク (1995)「韓国の政府－利益集団の関係のパターン：一つのサンプル調査」アン・ビョンジュンほか『国家，市民社会，政治民主化』ハンウル・アカデミー.

キム・インチォル/チェ・ジンシク (1999)「地方政府間の葛藤と協力に関する研究：デグウォチォン工業団地造成とブサンナッドンガン水質改善問題を中心に」『韓国政策学会報』3（3）：99-120.

キム・ジュンハン (1996)「行政府と代替的な紛争解決制度」『韓国行政学報』30（4）：37-53.

キム・ジョンスン (1999)「韓国NGOの実態と発展方向：民間環境団体を中心に」『韓国行政研究』8（1）：68-88.

キム・ハンギュ (1995)「政策決定過程における政治的合理性の確保方法に関する研究」『韓国行政学報』29（3）：681-698.

キム・ヒョクレ (1997)「韓国の市民社会と非政府団体（NGO）の研究」『東西研究』9（2）.

キム・ヨンピョウ/シン・シンウ (1991)「韓国官僚制の機関葛藤と政策調整」『韓国行政学報』5（1）：307-324.

キム・ヨンフン (1996)「技術政策における政府組織間の競争に関する研究」博士学位論文（ソウル大学校行政大学院）.

キム・ヨンレ (1999)「非政府組織（NGO）と国家間の相互作用の研究：協力と葛藤」『国際政治論叢』39（3）：79-97.

グ・ドワン (1996)『韓国の環境運動の社会学』文学と知性社.

クォン・テファン/イ・ジェヨル (1998)「社会運動組織間の連結網」『韓国社会科学』20（3）ソウル大学社会科学研究院.

クォン・ヘス (1992)「社会運動と公共政策のダイナミズムに関する研究」博士学位論文（ソウル大学校行政大学院）.

クォン・ヘス (1999)「市民団体の組織化過程と政策変化に対する影響力の比較研究」『政府政策及び政府改革の評価』韓国政策学会・韓国行政学会夏季学術大会発表論文集：333-347.

クォン・ヘス (2000)『市民団体の組織化過程と政策変化に対する影響力の比較研究』ソウル行政学会論文資料室.

クリスチャン・アカデミー女性社会研究会『女性と社会』1978.11，1978.12，1979.1，1979.2，1979.3∽5.

サ・ドクファン (1997)「地方時代の環境葛藤の解決機制：第3者調整を中心に」『韓国行政学報』31（3）：187-201.

参与連帯 (1994)『参与連帯創立大会資料集』.

ジ・ウニ/カン・イス (1988)「韓国女性研究の自己反省的な評価」『80年代人文社会科学の現段階と展望』歴史批評社.

ジュ・ジェボク (2000)「政府組織間紛争の組織過程と協力規則：ハンガン水系の地方政府間水紛争事例を中心に」博士学位論文（高麗大学校一般大学院）.

ジュ・ジュンヒ (1995)『北京世界女性会議と女性の政治参加』韓国女性政治文化

研究所.
ジュ・ソンス（1999）「市民社会と第3セクター」ソウル：漢陽大学校出版部.
ジョ・デヨプ（1995）『韓国の社会運動と組織類型の変化に関する研究』高麗大学博士学位論文.
ジョ・デヨプ（1996a）「90年代の市民社会の意識変化と市民社会の成長」『韓国と国際政治』15（2）.
ジョ・デヨブ（1996b）「1990年代における社会運動組織分化の類型的な特性」『韓国社会学』30（夏号）：389-415.
ジョ・ヒヨン（1993）「新しい政治状況と進歩的運動の進路」『経済と社会』第18号（夏），韓国産業社会学会，ハンウル.
ジョ・ヒヨン（1995）「民衆運動と市民社会，市民運動」ユ・パルム／キム・ホギ編『市民社会と市民運動』ハンウル.
ジョ・ヒヨン（1999a）「『総合的市民運動』の構造的性格とその変化の展望に関して」『当代批評』冬号.
ジョ・ヒヨン（1999b）「参与連帯5年の省察と展望」参与連帯5周年記念シンポジウム資料集『韓国の市民運動，21世紀の代案を求めて』参与社会研究所.
ジョ・ヒヨン（1999c）「韓国の民主主義への移行と市民運動」高麗大学社会学colloquium 第50回特別シンポジウム資料集『韓国の市民運動の変化と展望』高麗大学社会学科・韓国社会研究所.
ジョ・ヒヨン（1999d）「統計で見る韓国の市民団体の現住所」月刊『参与社会』12月号.
ジョ・ヒヨン（2001a）「総合的市民運動の構造的性格と変化展望に関する研究」ユ・パルム／金チョンフン編『市民社会と市民運動2：新しい地平の探索』ソウル：ハヌル.
ジョ・ヒヨン（2001b）「市民社会の政治改革運動と落薦・落選運動」ユ・パルム／金チョンフン編『市民社会と市民運動2：新しい地平の探索』ソウル：ハヌル.
ジョ・ヒヨン編（1990）『韓国社会運動史』竹山.
ジョ・ヒヨン編（1999）「参与連帯5周年の評価と反省－韓国の市民運動，21世紀の代案を求めて」参与連帯創立5周年記念シンポジウム資料集，参与連帯敷設参与社会研究所.
ジョ・ムソン（2000）「NGOの診断と改革：癌退治NGOの事例分析」『政府とNGO』韓国行政学会2000年度発表論文集：283-315.
ジョン・ジョンクォン（2000）「市民運動に対する批判的評価」『経済と社会』第45号（春），韓国産業社会学会，ハンウル.
ジョン・テソク（1996）「韓国の市民社会論争－市民社会概念の批判的な意味付け」文化と社会研究会編『現代社会の理解』，民音社.
ジョン・テソク（2001）「6月闘争以降の韓国市民社会の変化と社会運動論のイデ

オロギー」『経済と社会』2001年春号特別付録，韓国産業社会学会，ハンウル．
ジョン・ドングン（2000）「政府の役割とNGOの機能」『韓国行政学会2000年度企画セミナー論文集：政府とNGO』．
ジョン・スボク（2000）「韓国市民運動のパラダイム転換をための理論的模索」『政府とNGO』韓国行政学会2000年度発表論文集：63－76．
シン・グァンヨン（1999）「非政府組織と国家政策：外国の事例を中心に」『韓国行政研究』8（1）：5－28，ソウル：韓国行政研究院．
シン・ヒョンギュン（1992）「公共組織の政策競争及び戦略選択と制度の役割：環境規制政策を中心に」博士学位論文（高麗大学校一般大学院）．
セマウル研究会（1980）『セマウル運動10年史』ソウル：内務部．
ソ・キョンソク（2000）「韓国の市民運動の現状と今後の方向」『韓国行政学会2000年度企画セミナー論文集：政府とNGO』．
ソウル大学助手セクハラ事件共同対策委員会編（1994）「女性の平等な労働権と職場内のセクハラ」職場内セクハラ防止と対策のための公聴会資料．
ソン・ヒジュン（1999）「国家と市民社会の関係：理論的観点と実践的展望」『韓国行政研究』8（1）．
ソン・ヒョクジェ（2000）「政治改革とNGO」『韓国行政学会2000年度企画セミナー論文集：政府とNGO』．
ソン・ホグン（1998）「新社会運動への参加者の分析」『韓国社会科学』20（3），ソウル大学社会科学研究院．
ソン・ユボム（1991）『対米「ロビー」活動の重要性に関する研究：議会のロビーを中心として』国防大学院修士学位論文．
ソン・ハジュン（2000），ペイ・キョンナム／ソン・ハジュンほか（共著）『新しい千年の韓国政治と行政』：371－404，ソウル：ナナム出版．
ソン・ヒジュン（1999）「国家と市民社会の関係：理論的概観と実践的関係」『韓国行政研究』8（1）：5－28，ソウル：韓国行政研究院．
チェ・ソンド（1987）『政治的影響力の文脈から見た国会政策分析機関：国会委員会専門委員と立法調査局を対象として』高麗大学修士学位論文．
チェ・ハンス（1995）「6.27地方選挙の評価：政党支持及び地域主義の実態」『韓国政治学会報』29（3）．
チャ・ミョンジェ（1999）「韓国の市民社会の発展と課題」ジュ・ソンス編著『新千年韓国市民社会のビジョン』漢陽大学出版部．
チャ・ミョンジェ（2000）「21世紀環境問題と環境運動の展望」（未刊行原稿）．
チャン・ミギョン／ベ・ウンギョン（1996）「女性の視点から見た市民社会論と市民運動」（未刊行原稿）．
ノ・シピョン（1998）「立法府の自律性と行政統制の機能」カン・インジェ／イ・ダルゴン他『韓国行政論』所収，デヨン文化社．

ハ・スンチャン（2000）「市民運動10年が産んだ問題」延世大学東西問題研究院第1次東西政策フォーラム「市民運動，このままで良いのか」発表論文．

パク・サンピル（1999）「市民団体と政府の関係の類型と支援体制」『韓国行政学報』33（1）：261-278．

パク・サンピル（2000）「利益集団葛藤と社会資本：経実連の漢方薬紛争調停の事例研究」『韓国行政学報』34（2）：121-138．

パク・ジョンミン（1994）「韓国における非選挙的政治参加」『韓国政治学会報』28（1）．

パク・チャンウク（1992）「総選挙の政治的意義と行動・態度の分析：第14回国会議員総選挙における政党支持の分析」『選挙と韓国政治』．

パク・チョンオ（1999）「韓国の利益集団の政策過程における影響力と活動のパターン：官僚制との関係を中心として」『韓国行政学報』33（1）．

パク・ドンソ（2000）「韓国の NGO の活動方向」『韓国行政学会2000年度企画セミナー論文集：政府と NGO』．

パク・ビョンオク（2000）「NGO －国家間の正しい関係の定立のための方案」『韓国行政学会2000年度企画セミナー論文集：政府と NGO』．

パク・ミョンス（2000）「国家の政策過程と NGO の関係」『中央行政論集』14（2）．

パク・ヨンド（1997）「NPO（非営利組織）の活性化のための立法方向」『韓国法制研究』．

パク・グンフ（1992）「韓国の政策形成及び執行における部間の非協調と調整に関する研究」『カンドン大論集』20．

パク・ジョンミン（2000）「地方政治における市民と国家：ソンナム市事例」『政府学研究』6（1）：193-221．

パク・ホンシク（2000）「海外反腐敗 NGO 活動の意味」『政府と NGO』韓国行政学会2000年度発表論文集：219-233．

ハンギョレ新聞（市民の新聞）．

ヒョン・ジョンミン（1989）「有権者の再編成と投票：1987年大統領選挙の分析」『韓国政治学会報』23（2）．

ベ・ウンファン（2002）「地方自治体と地方環境 NGO の関係：開発論理に対する環境保存論理の対応を中心として」『韓国行政学報』36（1）．

ペク・ワンギ（1990）「行政の葛藤管理能力の向上方案：行政仲裁」『韓国社会開発研究 XXVI』高麗大アジア問題研究所：68-82．

ホン・ソンマン（2001）「政府機関と NGO との政策競争の条件探索：ダム開発政策をめぐる韓国水資源公社と環境運動連合との関係を中心に」『政府学研究』7（2）：172-202．

ホン・ソンマン（2002）「政府と非政府組織（NGO）の政策競争と合意形成の過程：ヨンウォル（ドンガン）ダム建設をめぐる政策組織と環境運動連合を中心として」

『韓国行政学報』36（1）.
ミム・ジュンギ（1998）「非営利団体（NPOs）の生成と一般的な行動：本人—代理人理論の観点から」『行政論叢』36（1）：61－86.
ミム・ジュンギ（2000a）「非営利部門の成長と政府との関係に関する研究」『政府とNGO』韓国行政学会2000年度発表論文集：77－96.
ミム・ジュンギ（2000b）「政府—NGO関係の理論的考察：資源依存モデルの観点から」『韓国政策学報』9（2）：5－28.
ムン・スンホン（2000）「ヨンウォル（ドンガン）ダムイシューの全国化過程に対する分析」『ドンガンダム建設問題の社会文化的調査研究報告』韓国環境社会学会.
ムン・テフン（2001）「保全と開発をめぐる各部間の環境葛藤の原因とその低減方策に関する研究」『韓国行政学報』35（1）：1－18.
ヤン・ヨンヒ（1998）「市民団体の募金および会員管理方式の改善方法」アジア市民社会運動研究院『市民団体の安定的財政確保および活性化方法』ソウル：アジア市民社会運動研究院.
ユ・ソクチュン／キム・ヨンミン（2000）「韓国市民団体の目的の転置：経実連と参与連帯を中心として」延世大学東西問題研究院第1次東西政策フォーラム.
ユ・パルム（2001）「非政府社会運動団体（NGO）の歴史と社会的役割：市民運動と政府との関係を中心として」ユ・パルム／キム・ジョンフン編『市民社会と市民運動2：新しい地平の探索』ハンウル.
ユ・パルム，キム・ホギ編（1995）『市民社会と市民運動』ハンウル.
ユ・ミンボン（1994）「政策分析の枠組みとしての政策論弁モデル」『韓国行政学報』28（4）：1175－1190.
ユン・ヒョンソプ／キム・ヨンレ（1989）「韓国の利益集団の政治参加に関する研究」『韓国政治学会報』23（1）.
ユン・ヒジュン／チャ・ヒウォン（1999）「イシューの属性に関係する行動的公衆（市民団体：NGO）の葛藤初期の行動類型に関する研究」『広告学研究』10（3）：31－67.
ヨム・ジェホ（1992）「科学技術政策における中間団体の役割」『韓国科学技術院政策企画本部』.
リ・グンジュ（2000）「NGOの失敗と政府の支援に関する研究：環境NGOを中心に」『韓国行政学報』34（1）：291－307.
リ・ゾンボム（1999）「改革ディレンマと組織の制度的対応：行政刷新委員会の組織化規則と戦略」『政府学研究』5（1）：185－227，ソウル：ナナム出版.
安ビョンジュン他（1995）『国家，市民社会，政治民主化』ソウル：ハヌル.
環境運動連合（1993－1999）「環境運動」各巻.
環境運動連合（1998）『環境運動連合第6次代議員総会資料集』.
環境運動連合（2000）環境運動連合ホームページ，http://www.kfem.or.kr/

環境部（1993-1999）ヨンウォルダム建設関連公文.
韓国女性団体連合『定期総会資料』（1990-2001）.
韓国女性団体連合性暴力特別法制定推進特別委員会（1992）「現行性暴力関連法の何が問題なのか！」『公開討論会資料』.
韓国女性民有会（1997）「共に生きる女性」『Women Link97』.
韓国政党政治研究所編（2000）『4・13総選挙：キャンペーン事例研究と争点分析』（ムン・ヒョン）
韓国地方行政研究院（1997）『韓国の地方自治制度』
金ソング（2001）「韓国の市民社会と新社会運動」ユ・パルム，金チョンフン編『市民社会と市民運動2：新しい地平の探索』ソウル：ハヌル
金ホギ（2002）「市民社会の類型と二重的な市民社会」『市民と世界』創刊号.
金グァンシク（1999）『韓国のNGO』ソウル：東明社.
金ホギ（1997）「民主化，市民社会，市民運動」崔章集/イム・ヒョンジン編『韓国社会と民主主義－韓国民主化10年の評価と反省』ソウル：ハヌル.
金永来（1987）『韓国の利益集団』大旺社.
金永来編（1997）『利益集団政治と利益葛藤』ソウル：ハヌル.
金均（2002）「自由市場と市民社会」『市民と世界』創刊号.
金炳局・他（1999）『韓国の保守主義』ソウル：インガンサラン.
クォン・テファン/イ・ジェヨル（1998）「社会運動組織間の連結網」『韓国社会科学』20（3）：ソウル大学社会科学研究院.
経済正義実践市民連合編（1995）『'95コペンハーゲン社会開発首脳会議と韓国社会』人間社会開発韓国フォーラム.
経実連（1996）『経実連創立記念資料集』ソウル：経実連.
経実連（1989a）「経実連発起宣言文」.
経実連（1989b）「経実連発起趣旨文」.
経実連（2000）経実連ホームページ，http://www.ccej.or.kr/jojik/ccej_start.html
建設交通部（1996）「水資源長期総合計画」
建設交通部，（1990-2000）『内部政策資料』.
建設交通部・水資源公社（1997）「ヨンウォル多目的ダム建設事業環境影響評価書（補完）」
洪性満（2000）「政府と非政府組織の政策競争：東江ダム開発政策事例を中心に」高麗大学校博士論文.
行政刷新委員会（1998）『文民政府の行政刷新5年』
参与連帯経済民主化委員会（1998）『公益財団法人白書』ソウル：参与社会研究所.
市民の新聞社（1996）『韓国民間団体総覧1997：Directory of Korean NGOs』ソウル：市民の新聞社.
市民運動情報センター（1999）『2000韓国民間団体総覧：Directory of Korean NGOs』

(全2巻），ソウル：市民の新聞社．
社会浄化運動委員会（1986）『社会浄化運動史』ソウル：社会浄化運動委員会．
朱（ジュ）ソンス／南ジョンイル（1999）『政府と第三セクターのパートナーシップ』ソウル：漢陽大学校出版部．
女性の電話（1991）「性暴力関連法立法のための公聴会資料」女性の電話．
女性史研究会（1988）『女性2』創作と批評社．
女性史研究会（1989）『女性3』創作と批評社．
女性平有会『女性平有』創刊号（1984.6.18），第2号（1984.10.15），第3号（1985.3.15）．
水資源公社（1990－2000）内部政策資料．
総務庁長官官房企画課（1999）『大韓民国の行政』
孫浩哲（2001）「国家‐市民社会論：韓国政治の新しい代案なのか？」ユ・パルム／金チョンフン編『市民社会と市民運動2：新しい地平の探索』ソウル：ハヌル．
大韓毎日新聞
男女雇用平等のための教授集会編（1994）「職場内のセクハラをどのように考えるか？：ソウル大学セクハラ事件を契機に」男女雇用平等のための討論会資料．
中央日報
張勲（2000）「民主主義の危機と政党，市民運動：英国の経験」国会事務処『IMF体制以後の韓国政治のビジョンと戦略』ソウル：国会事務処．
朝鮮日報
鄭用徳（2002）『韓日国家機構比較研究』大永文化社
電通総研（ジェ・ジンス訳）（1996）『NPO』サムイン．
電通総研（ゼ・ジンス訳）（1999）『市民経営学：NPO』ソウル：サムイン．
東亜日報
内務部（1984）『セマウル運動』ソウル：内務部．
任爀伯（2000）『世界化時代の民主主義』ソウル：ナナム出版．
朴サンピル（2001a）「NGOに対する政府の財政支援類型比較」『行政論叢』，第39巻，第4号．
朴サンピル（2001b）『NGOと現代社会』ソウル：アルゲ．
朴ヒョジョン（1999）「民主政治と韓国保守主義の位相—金泳三政府の対北政策を中心に—」金柄局他『韓国の保守主義』ソウル：インガンサラン．
朴容相（憲法裁判所事務局長）（2000）「選挙運動と表現の自由」『憲法論叢』（憲法裁判所）第11篇：41－173．
愈（ユ）パルム／金ジョンフン編（2001）『市民社会と市民運動2』ソウル：ハヌル．
李キホ（1998）「社会運動組織の政治参加と議会政治」『議政研究』通巻7号：93－111．
李根柱（2000）『NGO支援と政府』ソウル：韓国行政研究院．
李淑鍾（2002）『韓国市民団体の政策提言活動』ソウル：世宗研究所．

李政熙（1990）「韓国公共利益団体のロビー活動」『韓国政治学会報』24集1号：79−103.
李政熙（1992）「韓国の利益集団の選挙戦略の研究：14回総選挙を中心に」韓国政治学会編『選挙と韓国政治』ソウル：韓国政治学会：317−343.
李政熙（1994）「利益集団の構成員の政治意識と政治行動」『韓国政治学会報』27集2号：245−260.
李政熙（1996）「市民団体の政治的な役割と課題」『政策論壇』秋号：169−177.
李政熙（1997）「韓国利益集団の第4回地方選挙への参加戦略」『議政研究』第3集：249−270.
李政熙，ナム・グンヨン（1993）「韓国利益集団研究の対象と方法」金桂洙他編『韓国政治研究の対象と方法』ソウル：ハンウル.
梁現謨（2000）『NGO意思決定過程：経実連と参与連帯事例』ソウル：韓国行政研究院.
林承彬（イム・スンビン）（1998）『行政とNGO間ネットワーク構築に関する研究』ソウル：韓国行政研究院.
廉載鎬（1994）「国家政策と新制度主義」『社会批評』11号.
崔章集／イム・ヒョンジン編（1997）『韓国社会と民主主義−韓国民主化10年の評価と反省』ソウル：ハヌル.
崔章集（2000）「韓国の民主化, 市民社会, 市民運動」『政治批評』通巻7号,：156−184.
崔章集（2002）『民主化以後の民主主義』ソウル：フマニタス.
趙（ジョ）デヨプ（1999）『韓国の市民運動：抵抗と参与の動学』ソウル：ナナム出版.
参与社会研究所（2000）『市民社会の成長と市民社会運動』ソウル：参与社会研究所.

<英文>

Almond, Gabriel A. and Bingham Powell (1978) *Comparative Politics: System, Process, and Policy*, Boston: Little Brown Co.

Alvarez, Sonia E. (1990) *Engendering Democracy in Brazil: Women's Movements in Transition to Politics*, Princeton University Press.

Arunachalam, V., W. Dilla, M. Shelley, & C. Chan (1998) "Market Alternatives, Third Party Intervention, and Third Party Informedness in Negotiation," *Group Decision and Negotiation*, 7:61-107.

Arunachalam, V. & W. Dilla (1995) "Judgment Accuracy and Outcomes in Negotiation: A Casual Modeling Analysis of Decision-aiding Effects," *Organizational Behavior and Human Decision Processes*, 61:289-304.

Barnes, Samuel H. and Max Kaase (1991) *Political Action: Mass Participation in Five*

Western Democracies, Beverly Hills, CA: Sage.

Bazeman, M. H. & Carrol, J. S. (1987) "Negotiator Cognition," B. Staw & L.L. Cummings eds., *Research in Organizational Behavior*, 9. Greenwich, CT: JAI Press.

Berry, Jeffery M. (1977) *Lobbing for the People: The Political Behavior of Public Interest Groups*, Princeton, NJ: Princeton University Press.

Berry, Jeffery M. (1984) *The Interest Group Society*, Boston: Little Brown Co.

Boulding, K. E. (1998) *Conflict & Defense*, University Press of America.

Campbell, Angus, Phillip E. Converse, Warren E. Miller and Donald E. Stokes (1960) *The American Voter*, NY: Wiley.

Campbell, John (1984) "Policy Conflict and Its Resolution within the Governmental System," Ellis Krauss ed., *Conflict in Japan*, University of Hawaii Press.

Chaiken, S. L., Gruenfeld, D. H., & Judd, C., M. (2000) "Persuasion in Negotiations and Conflict Situations," M. Deutsch & P. T. Coleman eds., *The Handbook of Conflict Resolution*, 21-40, San Francisco, Jossey-Bass Publishers.

Chelf, Carl P. (1981) *Public Policy Making in America: Different Choices, Limited Solutions*, Glenview, IL: Scott, Foresman.

Choi, Jang-jip (1989) *Labor and the Authoritarian State: Labor Union in South Korean Manufacturing Industries, 1961-1980*, Seoul: Korea University Press.

Choi, Sang-Yong (1997) *Democracy in Korea:Its Ideals and Realities*.

Chon, Soohyun (2000) "The Election Process and Informal Politics in South Korea," Lowell Dittmer, Haruhiro Fukui, and Peter N. S. Lee eds. *Informal Politics in East Asia*, Cambridge University Press.

Coglianese, Cary (1996) "Unequal Representation: Membership Input and Interest Group Decision-Making," URL: http://www.ksg.harvard.edu/prg/coglianese/unequal.htm.

Cohen, Jean L. and Andrew Arato (1992) *Civil Society and Political Theory*. Cambridge, MA: The MIT Press.

Coston, Jennifer M. (1998) "A Model and Typology of Government-NGO Relationships," *Nonprofit and Voluntary Sector Quarterly* 27(3): 358-382.

Cramton, Roger (1972) *Party Politics and Pressure Groups*. NY: Thomas Y. Crowell.

Dahl, Robert A. and Bruce Stinebrickner (2003) *Modern Political Analysis*, 6th ed. Englewood Cliffs: Prentice-Hall.

Ehrmann, Henry W. ed. (1958) *Interest Groups on Four Continents*, University of Pittsburgh Press.

Inglehart, Ronald (1990) "Values, Ideology and Cognitive Mobilization in New Social Movement", Dalton and Kuechler eds., *Challenging the Political Order*, Oxford: Oxford University Press.

Dalton, Bronwen and James Cotton (1996) "New Social Movements and the Changing Nature of Political Opposition in South Korea," Garry Rodan ed., *Political Oppositions in Industrialising Asia*, London and New York: Routledge : 282-299.

Deutsch, M. (2000). "Cooperation and Competition," M. Deutsch & P. T. Coleman eds., *The Handbook of Conflict Resolution*, 21-40. San Francisco, Jossey-Bass Publishers.

Diamond, Larry (1994) "Rethinking Civil Society: Toward Democratic Consolidation," *Journal of Democracy*, Vol. 5.

Diamond, Larry and Byung-Kook Kim eds. (2000) *Consolidating Democracy in South Korea*, Boulder: Lynne Rienner Publishers.

Diamond, Larry and Shin, Doh Chull eds. (1999) *Institutional Reform and Democratic Consolidation in Korea*, California: Hoover Institution Press.

Downs, Anthony (1957) *An Economic Theory of Democracy*, NY: Harper & Row.

Duverger, Maurice (1972) *Party Politics and Pressure Groups*, NY: Thomas Y. Crowell.

Eder, Norman (1996) *Poisoned Prosperity: Development, Modernization, and the Environment in South Korea*, New York: M.E. Sharpe, Inc.

Esman, M. & Uphoff, N. (1984) *Local Organizations: Intermediaries in Rural Development*, Ithaca: Cornell University Press.

Evans, Peter (1995) *Embedded Autonomy: States and Industrial Transformation*, Princeton University Press.

Fischer, Robert & J. Kling (1994) "Community Organization and New Social Movement Theory," *Journal of Progressive Human Services*, Vol. 5, No. 2.

Gerschenkron, Alexander (1962), *Economic Backwardness in Historical Perspective: A Book of Essays*, Cambridge MA: The Belknap Press of Harvard University Press.

Gidron, B., R. M. Kramer and L. M. Salamon (1992) *Government and the Third Sector: Emerging Relationships in Welfare States*, San Francisco, CA: Jossey-Bass.

Giugni, Marco; McAdam, Doug and Tilly, Charles (1998) *From Contention to Democracy*, Maryland: Rowman & Littlefield Publishers, Inc.

Gordon, C. Wayne and Nicholas Babchuk (1959) "A Typology of Voluntary Associations," *American Sociological Review*, 24.

Grindle, Merilee S., ed. (1980) *Politics and Policy Implementation in the Third World*, Princeton: Princeton University Press.

Hall, Richard H. (1991) *Organizations: Structures, Processes, and Outcome*, Prentice Hall.

Hamel, Gary & C.K. Prahalad (1990) "The Core Competence of the Corporation," *Harvard Business Review*, May/June.

Han, Sang-Jin (1997) "The Public Sphere and Democracy in Korea : A Debate on Civil Society," *Korean Journal*, 37-4 (Winter 1997).

Hayashi, Chikio, Akira Iriyama, and Yayoi Tanaka (2000) "Public-Interest Corporation in

Japan Today: Data Scientific Approach," *Behaviormetrika*, vol. 27, No. 1: 67-88.

Henderson, Gregory (1968) *Korea: the Politics of the Vortex*, Cambridge, Mass.: Harvard University Press.

Himmelweit, Hilda, P. Humphreys and M. Jaeger (1985) *How Voters Decide*, Milton Keynes: Open University Press.

Hoare, Quintin and Geoffrey Nowell Smith, "Notes on Politics," Hoare, Quintin and Geoffrey Nowell Smith eds., *Selections from the Prison Notebooks of Antonio Gramsci*, NY: International Publishers.

Hollingsworth, J.Roger and Robert Boyer (1997) *Contemporary Capitalism : The Embeddedness of Institutions*, Cambridge University Press.

Jessop, B. (1998) "The Rise of Governance and the Risks of Failure: The Case of Economic Failure," *International Social Science Journal*, Vol. 155.

Jessop, B. (2000) "Governance Failure," G. Stoker, ed., *The New Politics of British Local Governance*, London: MacMillan Press.

Johnson, Chalmers (1987) "Political Institutions and Economic Performance: The Government-Business Relationship in Japan, South Korea, and Taiwan," Frederic C. Deyo ed., *The Political Economy of the New Asian Industrialism*, Ithaca: Cornell University Press.

Jun, Jong S. (2002) "New Governance in Civil Society: Changing Responsibility of Public Administration," Jong S. Jun, ed., *Rethinking Administrative Theory: The Challenge of the New Century*, Westport, CT: Praeger.

Katz D. and Kahn R. L. (1967) *Power and Authority: The Social Psychology of Organization*, NY: Wiley.

Kim, Hyuk-Rae (2000) "The State and Civil Society in Transition: The Role of Non-governmental Organizations in South Korea," *The Pacific Review*, 13(4).

Kim, Kyounghee (1998) *Gender Politics in Korea: The Contemporary Women's Movements and Gender Policies, 1980-1996*, University of Wisconsin-Madison, Ph.D. Dissertation.

Kim, Sun-hyuk (1996) "Civil Society in South Korea: From Grand Democracy Movements to Petty Interest Groups?," *Journal of Northeast Asian Studies*, 15-2 (Summer 1996): 81-97.

Kim, Sun-hyuk (2000) *The Politics of Democratization in Korea: The Role of Civil Society*, Pittsburgh: University of Pittsburgh Press.

Kim, Sun-hyuk (2002) "Civil Society and Political Change in South Korea," presented at Civil Society and Political Change in Asia, Second Workshop.

King, Gary, Robert Keohane and Sidney Verba (1994) *Designing Social Inquiry: Scientific Inference in Qualitative Research*, Princeton University Press.

Kochan, T. A. & Jick, T. (1978) The Public Sector Mediation Process: A Theory and Empirical Examination," *Journal of Conflict Resolution*, 22:209-240.

Kingdon, John W. (1984) *Agenda, Alternatives and Public Policy*. Boston: Little Brown Co.

Koo Hagen ed. (1993) *State and Society in Contemporay Korea*, Cornell University Press.

Kooiman, J. (1993) "Governance and Governability: Using Complexity, Dynamics and Diversity," J. Kooiman, ed., *Modern Governance: New Government-Society Interactions*, London: Sage Publication.

Krasner, Stephen (1984) "Approaches to the State: Alternative Conceptions and Historical Dynamics," *Comparative Politics*, Vol. 16, No. 2.

Krasner, Stephen (1988) "Sovereignty: An Institutional Perspective," *Comparative Political Studies*, Vol. 21, No. 1.

Lan, Zhiyong. (1997) "A Conflict Resolution Approach to Public Administration," *Public Administration Review*, 57(1): 27-35.

Lee, Chung Hee (1996) "Campaign Strategy of Interest Groups in Korea: The Case of the 14th Presidential Election," Asian Perspective, vol. 20 no. 2: 243-263.

Lee, Chung Hee (1997) "Citizen Groups in the Korean Electoral Process: The Case of the 15th General Election," *Korean Observer*, vol. XXVIII no. 2: 165-180.

Lee, Hye-Kyung (1995) "NGOs in Korea," Yamamoto, Tadashi ed., *Emerging Civil Society in the Asia Pacific Community*, Tokyo, Japan Center for International Exchange: 161-164.

Lichbach, Mark Irving and Alan S. Zuckerman (1997) *Comparative Politics: Rationality, Culture and Structure*, Cambridge University Press.

Linz, Juan J., and Alfred Stepan (1996) *Problems of Democratic Transition and Consolidation: Southern Europe, South America, and Post-Communist Europe*, Baltimore and London: The Johns Hopkins University Press.

Louie, Miriam and Ching Yoon (1995) "Minjung Feminism: Korean Women's Movement for Gender and Class Liberation," *Women's Studies International Forum*, 18 (4): 417-430.

March James, G. & John P Olsen (1976) *Ambiguity and Choice in Organization*, Bergen: Universitetsforlaget.

McAdam, Doug, John D. McCarthy, and Mayer N. Zald (1996) *Comparative Perspectives on Social Movements*, Cambridge University Press.

Masuyama, Mikitaka (2003) "An Analysis of Group Lobbying in Japan and Korea," paper prepared for delivery at the 2003 World Congress of the International Political Science Association, Durban, South Africa, June 29 to July 4, 2003.

McCarthy and Zold (1973) *The Trend of Social Movements in America: Professionalization and Resource Mobilization*, Morristown, NJ: General Learning Co.

McCarthy and Zold (1977) "Resource Mobilization and Social Movement: A Partial Theory," *American Journal of Sociology*, 82 (6).

Melucci, Alberto (1989) *Nomads of Protest: Social Movements and Individual Needs in Contemporary Society*, Philadelphia: Temple University Press.

Milbrath, Lester W. and M. L. Goel (1977) *Political Participation 2nd ed.* Chicago: Rand McNally.

Mitchell, B.R. (1992) *International Historical Statistics Europe 1750-1988*, Stockton Press.

Mitchell, B.R. (1992) *International Historical Statistics Americas 1750-1988*, Stockton Press.

Moe, Terry (1990) "The Politics of Structural Choice: Toward a Theory of Public Bureaucracy," O. E. Williamson, ed., *Organization Theory: From Chester Barnard to the Present and Beyond*, New York: Oxford University Press.

Molyneux, Maxine (1985) "Mobilization without Women's Emancipation? Women's Interest, the State, and Revolution in Nicaragua," *Feminist Studies* 11(2): 227-54.

Moon, Chung-In & Song-Min Kim (2000) "Democracy and Economic Performance in South Korea," Larry Diamond & Byung-Kook Kim, eds., *Consolidating Democracy in South Korea*, Boulder, Colorado: Lynne Rienner Publishers.

Morris, Aldon D. (1984) *The Origin of Civil Rights Movement*. NY: Free Press.

Muller, Edward N. (1979) *Aggressive Political Participation*. Princeton: Princeton U. P.

Nelson, John M. (1987) "Political Participation," Myron Weiner and Samuel P. Huntington eds., *Understanding Political Development*, Boston: Little Brown Co.

O'Donnell, Guillermo, and Philippe C. Schmitter. (1986) *Transitions from Authoritarian Rule: Tentative Conclusions about Uncertain Democracies*, Baltimore: Johns Hopkins University Press（真柄秀子・井戸正伸訳．1986．『民主化の比較政治学：権威主義支配以後の政治世界』未来社）．

Okimoto, Daniel I. (1989) *Between MITI and the Market: Japanese Industrial Policy for High Technology*, Stanford University Press.

Olson, Mancur (1971) *The Logic of Collective Action*. Cambridge, Mass: Harvard University Press.

Patrick, Dunleavy and Christopher Husbands (1985) *British Democracy at the Crossroads*, London: Allen & Unwin.

Pekkanen, Robert (2003) "Civil Society and Political Change in Japan and Korea: Comparing the Role of Advocacy Sector and Professional Lobbying Agents: Takuan vs. Kimchi," prepared for presentation at at the 2003 World Congress of the International Political Science Association, Durban, South Africa, June 29 to July 4, 2003.

Pondy, Louis. (1967) "Organizational Conflict: Concepts and Models," *Administrative*

Science Quarterly, 12 (2): 296-320.
Pops G., and J. Mok. (1991) "Managing Public Organizations under the Conditions of Conflict," Presented at the ASPA meeting Washington, D.C.
Prethus, Robert (1974) *Elites in the Policy Process*, Cambridge University Press.
Putnam, Robert D. (2000) *Bowling Alone: The Collapse and Revival of American Community*, Simon & Schuster.
Rosenau, J. N. & E. Czempiel, eds. (1992) *Governance Without Government: Order and Change in the World Politics*, Cambridge: Cambridge University Press.
Rucht, Dieter (1990) "The Strategies and Action Repertoires of New Movements," Russell J. Dalton and Manfred Kuechler eds., *Challenging the Political Order: New Social and Political Movements in Western Democracies*, Cambridge:Polity Press.
Salamon, L.M. (1995) *Partners in Public Service: Government-Nonprofit Relations in the Modern Welfare State*, Baltimore, MD: The Johns Hopkins University Press.
Saldivar-Hull, Jose (1991) "Feminism on the Border: From Gender Politics to Geopolitics," Hector Calderon and Jose Saldivar eds., *Border Feminism*, Duke University Press.
Salisubury, Robert H (1992) *Interest and Institution: Substance and Structure in American Politics*, University of Pittsburgh Press.
Schattschneider, E. E. (1983) *The Semisovereign People: A Realist's View of Democracy in America*, Hinsdale, IL: The Dryden Press.
Schmidt, Stuart M. & Thomas A. Kochan (1972) "Conflict: Toward Conceptual Clarity," *Administrative Science Quarterly*, 17(3): 359-370.
Schmitter, Philippe (1983) "Democratic Theory and Neo-Corporatist Practice," *Social Research*, 50 (4): 886-928.
Schwartz, Frank J. (1998) *Advice and Consent: The Politics of Consultation in Japan*, Cambridge University Press.
Seong, Kyoung-Ryung (2000) "Civil Society and Democratic Consolidation in South Korea: Great Achievements and Remaining Problems," Larry Diamond & Byung-Kook Kim, eds., *Consolidating Democracy in South Korea*, Boulder, Colorado: Lynne Rienner Publishers.
Shin, Doh C. (1999) *Mass Politics and Culture in Democratizing Korea*, Cambridge University Press.
Shorrock, Tim (1986) "The Struggle for Democracy in South Korea in the 1980s and the Rise of Anti- Americanism," *Third World Quarterly*.
Simon, Herbert A. & James. March (1958) *Organizations*, Jon Wiley & Sons, Inc.
Snow, David A., Burke Rochford Jr., Steven K. Worden, and Robert Benford (1986) "Frame Alignment Process, Micromobilization, and Movement participation," *Ameri-

can Sociological Review, 51.
SPSS (1991) SPSS *Statistical Algorithms*, second edition, SPSS inc. Chicago.
Steinmo, Sven, Kathleen Thelen, & Frank Longstreth, eds. (1992) *Structuring Politics: Historical Institutionalism in Comparative Politics*, Cambridge: Cambridge University Press.
Streek, Wolfgang and Phillippe C. Schmitter (1985) "Community, Market, State, and Associations: The Prospective Contribution of Interest Governance to Social Order," Streek, Wolfgang and Phillippe C. Schmitter eds., *Private Interest Government: Beyond Market and State*, Beverly Hills, CA: Sage.
Tarrow, Sidney (1998) *Power in Movement: Social Movements and Contentious Politics*, Cambridge University Press.
Thompson, J. D. & McEwen, W. J. (1958) "Organizational Goals and Environment," *Administrative Science Quarterly*, 121-137.
Truman, David B. (1951) *Governmental Process: Politician Interests and Public Opinion*, NY: Alfred A. Knopf.
UN (1980) *Non-governmental Organizations Associated with the Development of Public Information*, NY: United Nations.
Valley, K., S. White, & D. Iacobucci (1992) "The Process of Assisted Negotiation: A Network Analysis," *Group Decision and Negotiation*, 2:117-135.
Verba, Sidney and Norman H. Nie (1972) *Participation in America*, Chicago: University of Chicago Press.
Wade, Robert (1992) "Review Article: East Asia's Economic Success: Conflicting Perspectives, Partial Insights, Shaky Evidence," *World Politics* 44.
Weisbrod, Burton A. (1997) "The Future of the Nonprofit Sector: Its Entwining with Private Enterprise and Government," *Journal of Policy Analysis and Management* 16 (4).
West, Guida and Rhoda Lois Blumberg (1990) *Women and Social Protest*, Oxford University Press.
Yeom, Jaeho (1999) "Institutional Legacy and Limits of Reform: Administrative Reform of the Kim Young Sam Administration in Korea," Soo-Young Auh, Jaeho Yeom, & Jung-Ho Bae, eds., *Leadership of East Asia in the 21st Century*, Seoul : The Korean Association of Japanese Studies.
Yeom, Jaeho (1998) "Economic Reform and Government-Business Relations in Korea: Towards an Institutional Approach," Akio Hosono & Neantro Saavedra-Rivano, eds., *Development Strategies in East Asia and Latin America*, London: MacMillan Press Ltd.

索引

- 記入に際して，漢字の人名は日本語の音読みをもとに表記している
- ページ数がイタリック体のものは図表を含むことを示している
- （ ）内の国は図表に掲載されている対象国および比較国（地域）を示している

あ行

維新憲法 58
イデオロギー傾向・団体分類別（韓日） *54*
　──政党支持・接触の相関（韓） *237*
　──設立時期・執行部別（韓） *72*
インターネット（韓日） *155*
ウェスト（West, Guida）とブルームバーグ（Blumberg, Rhoda） 374
運動性 323-324
運動イシュー 327-330
影響力の政治 336-343
影響力評価（韓日米独） 22
　──（韓日） *244-257, 292-295*
　──の主成分分析（韓日） *252-257*
　認知影響力（韓日） *246-251*
　自己認知影響力（韓日） *262-266*
　──と要因比較（韓日） *271-279*

か行

階級政治 151
階級闘争（労働政治） 103
学歴（韓日） *154*
活動地域 218-219
　──と政策関心 220-221, *299-307*
　──と情報源 220-222, *230-231*
蒲島郁夫 245
環境運動連合 187, 191, 197-198, *327*, 329-330, *333, 335*, 355-367
韓国現代史年表 *33*
韓国 JIGS 調査 4-7, 32-43
　──質問表 *40-42*
　──団体分類 *42-43*
　──の意義 32
　──の目的 37-38
　──の母集団・標本・回収 *39*

韓国自由総連盟 65
韓国女性団体連合 373, *377*, 380-389
韓国女性民友会（民友会） 379
韓国政党の系譜 *34*
韓国公職選挙法 164-169
韓国民間団体総覧 186, 189, *331-333*
韓国 YMCA 全国連盟 402, 407
官辺団体 58
議会政治 68
規制緩和 393-395
規制行政・助成行政 *231-232*
木宮正史 155
教育 153
協議方式の類型 351-353
協調度（韓日） *282-285*
　──と対立（韓日） *285-289*
　──の主成分分析（韓日） *289-294*
金浩鎮 134
均衡の断絶（punctuated equilibrium） 203, 460
金大中 36-37, 66-69, 393
金泳三 35-36, 63-66, 123, 165-166, 187, 392-393
クズネッツ（Kuzunets, Simon） 148
組立型工業化 147
クラズナー（Krasnar, Stephen） 460
グラフィカル分析 270-271
経常収支（韓日） *146*
携帯電話加入者数（韓日） *155*
経済正義実践連合（経実連） 187, 191, 194, 325-326, *327-328, 333, 335*
権威主義体制 52-61, 86-99, 111, 114, 128-136
工業社会化 148-149
公職選挙法（韓） 164-169
　──（日） 169-171
コーヘン（Cohen, Jean），アレイト（Arato, Andrew） 206-207
コーポラティズム 102-136, 148

国家コーポラティズム 104, 109-117, 130-131
社会コーポラティズム 104
効能性 349
国民所得（韓日）*145*
国家－社会関係 57-69

さ行

崔章集 23, 25, 108, 134, 144, 147, 164
財政規模・GDP比（韓日）*159-160*
財務状況・団体分類別（韓）*190-193*
参加の政治 384-387
産業別寄与率（韓日）*148*
——人口構成（韓日米）*149-152*
3大官辺団体 65, 72, 188
三民理念 375-380
参与民主社会市民連帯（参与連帯）187, 191, 194-195, 198-200, 326, *327*, 329, *333*, 335
GEPON調査 244-245
事業所統計 19
——事業所・従業者密度（韓日米）*20*
——人口当り団体数・従業者数（韓）*113-117*
——人口当り団体数・全産業の経年変化（韓日米）*107*
——人口当り従業者数・全産業の経年変化（韓日米）*108*
——団体分類別従業者数の変化（韓日米）*115-116*
J-IGS調査（データ）3
——団体分類（韓日）*299-300*
資源動員論 323
実質経済成長率（韓日）*145*
司法 68-69
市民社会 184-209, 452-462
——とニューガバナンス 185-210
——のイデオロギー 86-99
——の活性化 455-457
——のネットワーク 52-78
——の配置構造（韓日）*416-448*
市民社会組織と政策過程（韓）447
市民団体（韓）184-196, 206-210
——の会員・財政規模の変化（韓）*333-335*
——の会員数・常勤者数・役員数・予算額・参加団体平均（韓）*332*
——の会員分布（韓）*189-190*
——の活動方式（韓）*338-340*
——の市場性 322-324, 333-335
——の戦略 336-343
——の分野別分布（韓）*331*
——の類型 322
——の予算平均比率（韓）*192*
——の理念志向（韓）*327*
社会運動の戦略類型 *336*
主成分分析 252
体制権力構成成分 252-254
体制外構成成分 255
非「体制権力」構成成分 254-255
シュミッター（Schmitter, Philippe C.）136, 367
女性運動 372-389
——の定義 373
シン（Sin, Doh）52
人口ピラミッド（韓）*153*
新聞発行部数（韓日）*154*
数量化Ⅲ類 416-417
政治的関与の軸（韓）*418-429, 435-442*
政党志向か行政志向かの軸（韓）*422-424, 429-431, 435-439, 442-443*
地球化・情報志向とローカル志向の軸（韓）*425-427, 431-435, 439-443*
生活政治 196, 207, 383
政策関心（韓日）*298-317*
——と活動地域（韓日）*220-221, 299-307*
——の主成分分析（韓日）*308-312*
政治活動規制（韓）164-169
——（日）169-171
政治参加 52
政治体制 102-137
政治的標的 220-222
性主流化 385-387
政府－非政府 346-368
設立時期・団体分類別（韓）*122*
設立年（韓日米独）*119-126*
——・セクター別（韓日米独）*121*
——設立パターン・団体分類別（韓）*124-125*
——設立パターン・団体分類別（日）*125-126*
セマウル（新しい村）運動 59, 187-188

全斗煥　59-61, 123, 130-131, 186
戦略　349-351
　　　――と協議方式形成のまとめ　365
総選（挙）市民連帯　168, 200-201
組織構造と意志決定システム　193-196

た行

ダール（Dahl, Robert）　142-143
多元化　104, 109
多元主義　103-104, 142-144, 244-246
　　　メディア多元主義　245
多次元尺度分析　270-271
多重分散分析　267-271
ベル（Bell, Daniel）　149
団体間関係　282-295
団体－行政関係（韓日）　223-234, 238-240
　　　――団体分類別（韓日）　232-234
　　　――の協調性（韓日）　228-229
団体－政党関係（韓日）　226-227, 234-239
　　　――の選挙活動（韓）　234
　　　――政党支持・接触（韓日）　234-238
団体名鑑　128-129
　　　――民主化以前の団体設立数（韓）　129
　　　――民主化以前の種類別団体数（韓）　129
ジョンソン（Chalmers, Johnson）　104
張夏成　198
統合空間ダイナミクスモデル　25-31
同盟時事年鑑
　　　――戦前の団体設立動向（日）　132
　　　――戦前の分野別団体設立動向（日）　132
特定非営利活動促進法（NPO法）　170-171
都市化　152
富永健一　143

な行

盧泰愚　32, 61-63, 123, 186-187
ニューガバナンス　202-206, 209-210

は行

ハーシュマン（Hirshman, Albert O.）　144
パク・サンピル　347
パク・チョルヒ　216
パソコン保有台数・個人（韓日）　155

パルゲサリギ（正しく生きる）運動中央協議会　65
ハンチントン（Huntington, Samuel P.）　134, 142
プシェボルスキー（Przeworski, Adam）　144, 151
保革傾向と働きかけ変数間相関（韓）　74
保革指数　89
保革度　89
　　　――設立時期・執行部一般会員別（韓）　88
　　　――民主化前後・執行部一般会員別団体構成割合（韓日）　93-98
　　　――民主化前後・団体分類・執行部一般会員別（韓日）　89-92
朴正熙　57-59, 122-123, 130-131, 186
保守主義　71
補助金（韓）　74-75
ポリアーキー　143

ま行

升味準之輔　143
松下圭一　143
ミルズ（Mills, Wright C.）　103
三宅一郎　143
民間団体支援事業　193
村松岐夫　216
森山茂徳　151

や行

輸出（韓日）　146
ユン・ヒジュン，チャ・ヒウォン　350
与党ネットワーク　216-240

ら行

落薦・落選運動　168, 200-201, 204
ラジオ・テレビ受信機数（韓日）　154
リ・ゾンボム　350
労働組合諸データ（韓）　157-159
労働時間・製造業（韓日）　156-157

わ行

綿貫譲治　143

執筆分担＊および執筆者一覧
＊執筆分担について，ゴシック体は単独執筆，その他は共同執筆。

(初出順)

辻中豊（つじなか　ゆたか）（編者，1章，**3章，4章，5章，6章，9章，10章，11章，12章，17章，18章**）

　　1954年　大阪府生れ。大阪大学大学院法学研究科単位取得退学。博士（法学，京都大学1996年）。現在　筑波大学社会科学系教授。『利益集団』東京大学出版会1988年。『日本の政治　第2版』有斐閣2001年（共著）。『現代日本の市民社会・利益団体』木鐸社2002年（共編著），「特集：市民社会とNGO」『レヴァイアサン』31（2002秋，編著），「政党と利益団体・圧力団体」『現代日本政党史論3』第一法規2003。*Comparing Policy Networks: Labor Politics in the U.S.A., Germany and Japan* (Cambridge University Press, 1996 coauhtor). "Japan's Civil Society Organizations in Comparative Perspective," in Frank J. Schwartz and Susan J. Pharr eds. *The State of Civil Society in Japan*. Cambridge University Press 2003.

廉載鎬（ヨム・ゼホ）（編者，1章，**7章，18章**）

　　1955年　ソウル市生れ。1978年　高麗大学校法科大学 行政学科卒業。Stanford University, Department of Political Science, Ph.D. 1989年。現在　高麗大学校政経大学行政学科教授。"Institutional Legacy and Limits of Reform: Administrative Reform of the Kim Young Sam Administration in Korea," in Soo-Young Auh, Jaeho Yeom, & Jung-Ho Bae, eds., (1999) *Leadership of East Asia in the 21st Century* (Seoul: The Korean Association of Japanese Studies). 「韓国の経済発展と技術基盤：産業政策から見る」（進藤栄一編『アジア 経済危機を読み解く』日本経済評論社　1999年）。「21世紀韓国行政のビーゾン」（『韓国行政研究』9（1），2000年）。「規制緩和，官僚政治，政策進化：日本NTT民営化の政治経済学」（『亜細亜研究』Vol. 43, No. 2. 2000年）。「韓国の市民社会とニューガバナンス：民主化以後の市民団体の政治化」（『レヴァイアサン』31, 2002）。

磯崎典世（いそざき　のりよ）（**2章**）

　　1962年　和歌山県生れ。東京大学大学院総合文化研究科博士課程中退。現在　学習院大学法学部教授。「韓国の市民社会と政治参加－2002年大統領選挙過程を軸に－」（『現代韓国朝鮮研究』3号，2003年）。"South Korea: Advocacy for Democratization," in Shinichi Shigetomi ed. *The State and NGOs: Perspective from Asia* (Institute of Southeast Asian Studies, 2002).

崔宰栄（チェ・ジェヨン）（4章，9章，10章，11章，12章，17章）

1965年　韓国プサン生れ。筑波大学社会工学研究科単位取得退学。博士（工学，筑波大学，2003年）。現在，筑波大学社会科学系講師。「ファジィ・ニューラルネットワークによる阪神・淡路大震災時の避難発生交通の需要モデル」『地域安全学会論文集』No. 4（2002年）。「日本と韓国の団体から見た政策の構造」（『選挙』52巻11号，1999年，共著）。「日本の市民社会と政策過程の基軸構造」（『選挙』52巻12号，1999年，共著）。『現代日本の市民社会・利益団体』木鐸社2002年（共著，3，12，13，14章執筆）ほか。

河正鳳（ハ・ジョンボン）（5章，6章）
　　　1969年　韓国生まれ。高麗大学校政経大学卒業，ソウル大学行政大学院修了，修士（行政学），東亜日報記者（韓国），現在，筑波大学社会科学研究科在学中。

足立研幾（あだち　けんき）（6章）
　　　1974年　京都府生れ。筑波大学国際政治経済学研究科修了，博士（国際政治経済学）。現在　金沢大学法学部助教授。「日本における世界志向団体の存立・活動様式」（『国際政治経済学研究』5号，2000年）。「国際政治過程における非政府組織（NGO）：対人地雷禁止条約形成過程を一事例として」（『国際政治経済学研究』6号，2000年）。『現代日本の市民社会・利益団体』木鐸社2002年（共著，6，9章執筆）。"The Ottawa Treaty: An Analysis of Canada's Decision to Lead the International Movement to Ban Anti-Personnel Landmines," *The Annual Review of Canadian Studies*, No. 23, 2003,「対人地雷全廃レジーム形成過程の分析」（『国際政治』第130号，2002年）ほか。

大西裕（おおにし　ゆたか）（8章，16章）
　　　1965年　兵庫県生れ。京都大学大学院法学研究科後期博士課程中途退学。法学修士（京都大学）。現在　大阪市立大学大学院法学研究科助教授。「日韓における在留外国人管理制度形成の研究」（水口・北原・真渕編『変化をどう説明するか　行政篇』木鐸社，2000年）。「韓国財務部の選好形成」（日本比較政治学会編『グローバル化の政治学』早稲田大学出版部，2000年）。「政治的支持と金融構造調整」（チンチャンス編『韓国と日本の金融改革』セジョン研究所【韓国語】，2001年）。「韓国－政治的支持調達と通商政策－」（岡本次郎編『APEC早期自由化協議の政治過程』アジア経済研究所，2001年）。「韓国における金融危機後の金融と政治」（奥野正寛・村松岐夫編『平成バブルの研究（下）』東洋経済新報社2002年）など。

趙大燁（ジョ・デヨプ）（13章）

1960年　慶北 安東生れ。高麗大学校文科大学社会学科卒業。1995年　高麗大学校社会学博士。現在　高麗大学校文科大学社会学科副教授。『韓国の市民運動：抵抗と参与との動学』(ナナム出版，1999年)。『新しい社会運動の理論と現実 (共著)』(ムンヒョン，2000年)。「1990年代の社会運動の組織分化の類型的特徴」(『韓国社会学』30巻1号，1996)。「韓国の市民社会の再編とNGOの展望」(『比較社会』4輯，2002)。「韓国の社会運動世代：386」『季刊思想』ガウル号，2002)。

洪性満(ホン・ソンマン)(14章)

1966年　忠南夫余生れ。1992年　高麗大学校政経大学行政学科卒業　2001年 高麗大学校行政学博士。現在　高麗大学校政府学研究所研究副教授。「政府機関と非政府組織との政策競争の条件探索」(『政府学研究』7巻2号，2001年)。「研究開発 (R&D) 組織の創意的研究成果のための組織管理戦略」(『韓国政策学会報』10巻2号，2001年)。「中央政府間の紛争調停過程と規則の探索 (共著)」(『省谷論叢』33輯，2002年)。「政府と非政府組織との政策競争と合議形成過程」(『韓国行政学報』，36巻1号 2002年)。「自律規則形成を通しての公有財管理：大浦川水質改善事例を中心に (共著)」(『韓国行政学報』37巻2号 2003年)。

金京姫(キム・キョンヒ)(15章)

1964年　済州生れ。1987年　延世大学教文科大学社会学科卒業。1998年　University of Wisconsin-Madison, Department of Sociology, Ph.D. 現在　中央大学校社会学科教授。Gender Politics in South Korea: The Contemporary Women's Movement and Gender Policies, 1980-1996, University of Wisconsin-Madison, Sociology, Ph.D Dissertation.「女性運動の制度化と自律性：濠洲，美国，ブラジルの事例を中心に」(『延世女性研究』1998年)「国家フェミニズムの可能性と限界」(『経済と社会』春号，2000年)。A Frame Analysis of Women's Policies of Korean Government and Women's Movements in the 1980s and 1990s, 2002, *Korea Journal* vol. 42(2) Summer, UNESCO.「性認知的予算導入のための試論的研究：地方自治団体の女性政策の予算分析の事例を中心に」(『韓国女性学』19巻1号，2003年)。

訳者

朴仁京(パク・インキョン)

筑波大学国際政治経済学研究科在学中。

李芝英（イ・ジョン）
　　筑波大学人文社会科学研究科　現代文化・公共政策専攻在学中。

川村祥生（かわむら　やすお）
　　筑波大学地域研究研究科修了。現在，富山県庁勤務。

索引作成
濱本真輔（はまもと　しんすけ）
　　筑波大学人文社会科学研究科　現代文化・公共政策専攻在学中

世界の市民社会・利益団体研究叢書
Ⅱ　現代韓国の市民社会・利益団体：日韓比較による体制移行の研究

2004年4月20日　第一版第一刷印刷発行　Ⓒ

|編著者との
了解により
検印省略|編著者　辻中　豊・廉　載鎬
発行者　坂口　節子
発行所　㈲木鐸社（ぼくたくしゃ）
印刷　㈱アテネ社　製本　関山製本社|

〒112-0002 東京都文京区小石川 5－11－15－302
　　電話 （03） 3814-4195番　　振替 00100-5-126746
　　ファクス （03） 3814-4196番　http://www.bokutakusha.com/

ISBN4-8332-2320-1　C3330　　　　　　乱丁・落丁本はお取替致します

辻中豊総編集　世界の市民社会・利益団体研究叢書　全6巻

第1巻　辻中豊編著
『現代日本の市民社会・利益団体』(既刊)
　　　　　　　　　A5判 370頁 4000円　ISBN4-8332-2319-8

第2巻　辻中豊・廉載鎬編著
『現代韓国の市民社会・利益団体：日韓比較による体制移行の研究』
　　　　　　　　　A5判 500頁 6000円　ISBN4-8332-2320-1

第3巻　辻中豊・久保文明編著
『現代アメリカの市民社会・利益団体：ロビー政治の実態と日米比較』
　　　　　　　　　　　　　　　　　　　ISBN4-8332-2321-X

第4巻　辻中豊・フォリヤンティ＝ヨスト・坪郷實編著
『現代ドイツの市民社会・利益団体：団体政治の日独比較』
　　　　　　　　　　　　　　　　　　　ISBN4-8332-2322-8

第5巻　辻中豊・李景鵬・国分良成編著
『現代中国の市民社会・利益団体』　　　ISBN4-8332-2323-6

第6巻　辻中豊編著
『現代世界の市民社会・利益団体比較：5カ国比較』
　　　　　　　　　　　　　　　　　　　ISBN4-8332-2324-4

研究叢書の目的
世界的な比較の中で，各国市民社会組織の構成や配置そして，利益団体としての政治過程での行動，関係を体系的に分析し，各国の政治社会構造的な特性を摘出する。とりわけ，日本と各国の比較に力点を置く。共通の調査分析部分とそれを踏まえた各国別の固有の質的な分析を行う。

特徴
①同じ研究枠組みの下での各国の実態調査(1997-2003)に基づく。この調査は，世界的に見ても極めて稀な特長をもつ。すなわち，
　(a)　現在考えられる最も包括的な市民社会組織総体に対する調査データ，
　(b)　各国首都地域ともう1地方の2地域（以上）への調査，
　(c)　無作為系統抽出法による団体調査，
　(d)　異なる文化的背景を持つアジア，ヨーロッパ，アメリカ大陸に跨る調査，
　(e)　中国に対する初めての市民社会組織・利益団体調査（2001-2003年）。
②各国のチームと日本チーム（筑波大学）との緊密な連携のもとに調査を遂行し分析も共同実施した。

　　　　　　　　　　　　　　　　　　価額は税抜のものです